最新刑事诉讼法司法操作全攻略　　刘家琛 总主编

刑事证据
规则适用

刘玉民　于海侠 编著

中国民主法制出版社

2012·北京

图书在版编目（CIP）数据

刑事证据规则适用／刘家琛主编．—北京：中国民主法制出版社，2012.3
（最新刑事诉讼法司法操作全攻略）
ISBN 978 - 7 - 5162 - 0025 - 4

Ⅰ．①刑…　Ⅱ．①刘…　Ⅲ．①刑事诉讼 - 证据 - 规则 - 法律适用 - 中国
Ⅳ．①D925. 213. 5

中国版本图书馆 CIP 数据核字（2012）第 033894 号

图书出品人：肖启明
文 案 统 筹：刘海涛
责 任 编 辑：逯卫光　陈　曦

书 名／刑事证据规则适用
　　　　Xing Shi Zheng Ju Gui Ze Shi Yong
作 者／刘家琛　总主编
　　　　刘玉民　于海侠　编著

出 版·发 行／中国民主法制出版社
地 址／北京市丰台区玉林里 7 号（100069）
电 话／63055259（总编室）　　63057714（发行部）
传 真／63055259
E-mail：MZFZ@ 263. net
经 销／新华书店
开 本／16 开　710 毫米 ×1000 毫米
印 张／21.75　　字 数／395 千字
版 本／2012 年 5 月第 1 版　2012 年 5 月第 1 次印刷
印 刷／河北永清金鑫印刷有限公司

书 号／ISBN 978 - 7 - 5162 - 0025 - 4
定 价／52.00 元

总　序

　　2012年3月14日，第十一届全国人民代表大会第五次会议通过了《关于修改〈中华人民共和国刑事诉讼法〉的决定》。《中华人民共和国刑事诉讼法》（以下简称《刑事诉讼法》）制定于1979年，在1996年进行过一次修正。此次是第二次修改，内容涉及140多处，比例超过总条文的50%，修正后的条文总数达到290条，增加了新的编、章、节。篇幅之大、条文之多、改动之巨，在我国法律修改历史上十分罕见，是一次名副其实的"大修"。这是中国特色社会主义刑事司法制度的重大发展和健全完善，是加强依法治国、建设社会主义法治国家的重要成果，标志着中国民主政治建设与人权发展事业进入了新时期。

　　本次《刑事诉讼法》修改坚持社会主义现代法治理念，贯彻宽严相济刑事政策，落实中央深化司法体制和工作机制改革的要求，适应新形势下惩罚犯罪与保护人民的需要，着力解决司法实践中迫切需要解决的问题，符合我国国情和司法实际，有很多亮点和创新之处。概括起来，主要包括以下内容：

　　一是贯彻"尊重和保障人权"宪法原则。《刑事诉讼法》是中国特色社会主义法律体系中的一部极其重要的基本法，它不只是一部单纯的程序法，也是贯彻落实宪法的人权保障原则的"行动中的宪法"、"司法领域中的小宪法"。本次修改将"尊重和保障人权"写进《刑事诉讼法》总则第2条，并在多项具体规定和制度完善中加以贯彻和体现。例如，明确不得强迫任何人证实自己有罪，确立非法证据排除制度；完善逮捕条件和人民检察院审查批准逮捕的程序，严格限制采取强制措施后不通知家属的例外规定；明确犯罪嫌疑人在侦查阶段可以委托辩护人，完善辩护律师会见和阅卷的程序，扩大法律援助的适用范围；完善讯问犯罪嫌疑人、被告人的规定，强化对侦查活动的监督；明确第二审应当开庭审理的案件范围，完善上诉不加刑原则，规范发回重审制度，增加社区矫正的规定，设置未成年人附加条件不起诉和犯罪记录封存制度等等。

　　二是改革侦查程序，健全强制措施。侦查是刑事起诉的前提和基础，强制措施是刑事诉讼活动顺利进行的重要保障。本次《刑事诉讼法》修改，完善了讯问犯罪嫌疑人的程序和必要的侦查措施，强化了对侦查措施的规范和监督，防止滥用。增加了口头传唤犯罪嫌疑人、询问证人、完善人身检查的程序的规定，规定了在查询、冻结的范围中增加规定债券、股票、基金份额等财产，根据侦查犯罪的实际需要，增加了严格规范技术侦查措施的规定。将关于逮捕条件中"发生社会危险性，而有逮捕必要"的规定细化为以下情形：可能实施新的犯罪；有危害国家安全、公共安全或者社会秩序的现实危险；

可能毁灭、伪造证据，干扰证人作证或者串供；可能对被害人、举报人、控告人实施打击报复；企图自杀或者逃跑。增加规定了检察院审查批准逮捕时讯问犯罪嫌疑人和听取辩护律师意见的程序，以及在逮捕后对羁押必要性继续审查的程序。此外，还将监视居住定位于减少羁押的替代措施，规定了与取保候审不同的适用条件，增加了指定居所监视居住的执行方式，并明确检察机关对指定居所监视居住的决定和执行实行监督。对采取强制措施后不通知家属的例外作了严格限制，明确采取逮捕和指定居所监视居住的，除无法通知的以外，应当在 24 小时内通知家属。将拘留后因有碍侦查不通知家属的情形，仅限于危害国家安全犯罪和恐怖活动犯罪。

三是规范司法行为，完善证据制度。规范司法行为，是我国司法改革确定的一项重要任务。此次《刑事诉讼法》修改，在坚持"严禁刑讯逼供和以威胁、引诱、欺骗以及其他非法的方法收集证据"规定不动摇之外，又增加规定"不得强迫任何人证实自己有罪"。同时明确，在拘留、逮捕后应当立即将被拘留、逮捕人送看守所羁押；增加规定犯罪嫌疑人被送交看守所羁押后，侦查人员对其进行讯问，应当在看守所内进行，并规定对讯问过程实行录音录像的制度。证据是诉讼的灵魂，也是司法公正的基石。严格依法办事，必须讲证据讲事实，不枉不纵，确保每一起刑事案件都经得起法律和历史的检验。此次《刑事诉讼法》修正，正式确立了非法证据排除规则，规定对采取刑讯逼供等非法方法获取的犯罪嫌疑人、被告人供述，应当予以排除，不得作为起诉意见、起诉决定和判决的依据。修改了证据的定义、证明标准和举证责任，在种类中新增了电子数据，明确了"证据确实、充分"的具体条件，增加了强制证人出庭制度、鉴定人出庭作证，完善了证人保护制度和损害赔偿等制度，是我国刑事证据制度进一步民主化、法治化的重要标志。

四是完善辩护制度，扩大法律援助。辩护制度是刑事诉讼中的一项重要制度。本次《刑事诉讼法》修改，明确了律师在侦查阶段介入诉讼的辩护人身份，规定"犯罪嫌疑人在侦查期间可以委托律师作为辩护人"。保障了律师会见在押犯罪嫌疑人和阅卷的权利，除危害国家安全犯罪、恐怖活动犯罪、特别重大贿赂犯罪案件外，在侦查期间律师会见在押的犯罪嫌疑人不需经侦查机关批准。辩护律师持律师执业证书、律师事务所证明和委托书或者法律援助公函要求会见在押的犯罪嫌疑人、被告人的，看守所应当及时安排会见。辩护律师会见犯罪嫌疑人、被告人时不被监听。在审查起诉和审判阶段，辩护律师均可以查阅、摘抄、复制本案的案卷材料。为贯彻公民在适用法律上一律平等的宪法原则，加强对诉讼弱势群体的特别保护，本次《刑事诉讼法》修改还进一步完善了法律援助制度。扩大了法律援助的适用对象，将适用对象扩大至可能被判处无期徒刑而没有委托辩护人的情形。提前了法律援助的适用时间，将法律援助的时间提前至侦查阶段，明确了当犯罪嫌疑人具有法律规定适用法律援助的各项情形时，有权得到法律援助。明确公安机关、人民检察院和人民法院一样，均有应当通知法律援助机构指派律师为法律援助对象提供辩护的义务和责任。

五是健全审判程序，提高诉讼效率。审判是决定被告人是否有罪和判处刑罚的关键阶段。审判程序的改革完善是此次《刑事诉讼法》修改的重头戏，涉及内容广，修改条文多，改革力度大。第一，调整简易程序适用范围，完善第一审程序。将简易程序审判的案件范围，修改为基层人民法院管辖的可能判处有期徒刑以下刑罚、被告人承认自己所犯罪行的案件。对第一审普通程序中的案卷移送制度、开庭前的准备程序、与量刑有关的程序、中止审理程序等都作了补充完善，还根据审判实践需要，对审判期限作了适当调整。第二，明确第二审应当开庭审理的案件范围，对发回重审作出限制性规定。明确了第二审应当开庭审理的案件范围，增加规定：上诉人对第一审认定的案件事实、证据提出异议，可能影响定罪量刑的，被告人可能被判处死刑的上诉案件等，第二审人民法院应当开庭审理。对于因事实不清或者证据不足，第二审人民法院发回原审人民法院重新审判的案件，原审人民法院再次作出判决后，被告人提出上诉或者人民检察院提出抗诉的，第二审人民法院应当依法作出判决或者裁定。落实上诉不加刑原则，增加规定：第二审人民法院发回原审人民法院重新审判的案件，除有新的犯罪事实，人民检察院补充起诉的以外，原审人民法院也不得加重被告人的刑罚。此外，本次《刑事诉讼法》修改还完善了查封、扣押、冻结的财物及其孳息的处理程序。第三，完善附带民事诉讼程序，增加规定被害人死亡或者丧失行为能力的，其法定代理人、近亲属有权提起附带民事诉讼；附带民事诉讼的原告人或者人民检察院可以申请人民法院采取保全措施；人民法院审理附带民事诉讼案件，可以进行调解，或者根据物质损失情况作出判决。第四，对死刑复核程序作出具体规定。明确规定：最高人民法院复核死刑案件，应当作出核准或者不核准死刑的裁定。对于不核准死刑的，最高人民法院可以发回重新审判或者予以改判。同时增加规定：最高人民法院复核死刑案件，应当讯问被告人，辩护律师提出要求的，应当听取辩护律师的意见。在复核死刑案件过程中，最高人民检察院可以向最高人民法院提出意见。最高人民法院应当将死刑复核结果通报最高人民检察院。第五，对审判监督程序进行补充完善。通过审判监督程序对确有错误的生效判决、裁定予以纠正，有利于确保案件质量，维护司法公正。本次《刑事诉讼法》修改对现行审判监督程序作了必要的修改补充，主要涉及对申诉案件决定重审的条件，指令原审法院以外的法院审理，检察院派员出席法庭，再审案件强制措施的决定，原判决、裁定的中止执行等内容。

六是强化诉讼监督，维护司法公正。增添了诉讼监督的内容，扩展了诉讼监督的范围；丰富了诉讼监督的手段，明确了诉讼监督的效力；强化了诉讼监督的责任，健全了诉讼监督的程序。

除了以上内容外，本次《刑事诉讼法》修改还对取保候审和监视居住的监督管理，辩护人和诉讼代理人的申请回避权，辩护人对阻碍其依法行使诉讼权利的申诉控告及处理机制，中级法院的管辖范围，社区矫正执行等作了补充和完善。

本次《刑事诉讼法》修改，既与当前经济社会发展水平相适合，又和依法治国事业、人权事业发展同步，将人权事业又融入中国特色社会主义民主政治建设的主题中，形成人权保护、民主政治、依法治国共同促进、共同发展的良好势头。作为一名法律人，看到法律进步的历程，看到广大群众积极表达利益诉求、表达对法治的愿望，看到程序正义的独立价值愈来愈受到重视，我感到非常高兴。

法律的生命在于施行。充分学习好、贯彻好、实施好《刑事诉讼法》修改内容，尤为重要。为了深入宣传新的《刑事诉讼法》，全面贯彻新《刑事诉讼法》的立法精神，中国民主法制出版社组织立法部门、司法机关和学术界人员编写了这套《最新刑事诉讼法司法操作全攻略》丛书。本套丛书共四本，分别是《刑事证据规则适用》、《刑事审判技能》、《刑事辩护技巧》、《刑事诉讼文书制作》。丛书结合具体司法实践，针对实际工作中经常遇到的重点、难点和热点问题，对修正后的《刑事诉讼法》进行了全面系统地诠释。丛书体例别致和谐，要点精准突出，分析透彻简明，案例新颖权威，具有较强的实践性和可操作性。对于司法工作人员和广大读者学习新《刑事诉讼法》，正确掌握新《刑事诉讼法》的立法精神，准确理解新《刑事诉讼法》的有关规定大有裨益，是一套不可多得的好书。

我们期待，修改后的《刑事诉讼法》能够不折不扣地实施，使我国的刑事程序法治真正迈上一个新台阶，为国家的长治久安和人民的幸福安康作出新贡献！

2012 年 4 月

前　言

　　证据是诉讼的灵魂，也是司法公正的基石。刑事审判工作关乎国家长治久安，关乎社会和谐稳定，关乎当事人的生命、自由、财产，应当慎之又慎。严格依法办事，必须讲证据讲事实，不枉不纵，确保每一起刑事案件都经得起法律和历史的检验。刑事诉讼的过程主要是围绕着证据进行的，即在收集、审查、判断、运用证据准确认定案件事实的基础上正确适用法律，公正处理案件。刑事证据规则，则是合法、客观、全面收集证据，正确审查判断证据，使依据证据所认定的案件事实符合事实真相的程序保证。以社会主义法治理念为指导，进一步加强我国刑事证据规则的建设，是诉讼文明进步的必然趋势，是依法治国的时代呼唤，是保障司法公正、维护人民群众合法权益的现实需要，也是解决司法实践问题的迫切要求。

　　此次刑事诉讼法修正吸收了国外立法的有益经验，在总结司法实践经验、借鉴外国有益做法和吸收法学界研究成果的基础上，对我国的刑事证据制度作出有力度的改革，具有突破性和创新性。比如全面建立了非法证据排除制度，明确规定不得强迫任何人自证其罪，在证据种类中新增了电子数据，明确规定了"证据确实、充分"的具体条件，增加强制证人出庭制度、完善了证人保护制度和损害赔偿制度等，使我国刑事证据规则有了较大的发展和完善，是我国刑事证据制度进一步民主化、法治化的重要标志。2010年6月13日，最高人民法院、最高人民检察院、公安部、国家安全部、司法部联合发布了《关于办理死刑案件审查判断证据若干问题的规定》和《关于办理刑事案件排除非法证据若干问题的规定》。这两个文件以司法解释的形式对有关刑事证据规则的内容作出了具体的规定，其中有许多规定是以前所没有的，是对我国刑事证据制度的补充和完善。例如，《办理死刑案件证据规定》第2条明确规定了证据裁判原则，第3条明确规定了程序法定原则，第5条明确规定了死刑案件证明标准是证据确实充分、结论惟一，第15条明确规定了证人出庭作证制度等等；又如，《非法证据排除》不仅要求排除非法言词证据，也规定了对非法实物证据的排除，明确规定了人民检察院在审查批准逮捕、审查起诉阶段负有排除非法证据的义务，建立了在审判阶段排除非法证据的程序等。这些都是对原有规则的细化与发展，对于依法、全面、客观地收集审查判断证据、准确认定案件事实提供了法律依据。

　　为了帮助相关读者准确理解和掌握最新刑事诉讼法及之前"两个规定"的具体内容和精神，全面了解刑事证据相关法律、法规、司法解释及其他规范性文件，以便于在具体实践中理解和运用，本书从刑事司法实践的视角出发，立足于广泛的社会调研和实证分析，结合大量具有典型性的鲜活案例，深入探究了刑事证据规则的内在规律，全面阐述了正确适用刑事证据规则的要点与技巧，规范、严谨、准确、实用。

　　刑事证据的专业性、技术性比较强，对广大公民来说，了解这方面的法律和专业知识，同样是有现实意义的。因为刑事诉讼关系到广大公民的基本权利以及社会的安全和公正，熟悉刑事证据知识和法律规则，是广大公民在刑事诉讼中行使自己的诉讼权利，维护自己的合法权益，监督司法公正的有效途径。因此，本书也十分注重从向广大公民介绍刑事证据法律知识的角度出发，在案例选择、文字表述、评析内容上作了相应的安排，从而使本书做到专业性与普及性、知识性与可读性的统一。

　　本书借鉴了国内外关于刑事证据的立法及司法实践，吸收了著名专家在刑事证据制度方面的最新研究成果。在此，向这些材料的编写者致以崇高的敬意和衷心的谢意。由于作者能力有限，书中难免有不当之处，敬请广大读者指正。

编　者
2012 年 4 月

目 录

第一章　刑事证据规则概述

第一节　刑事证据的判断标准

【规则要点】

可以用于证明刑事案件事实的材料，都是证据。判断刑事证据，一般采用客观性、关联性和合法性三个基本标准。

【理解与适用】

一、刑事证据的定义

所谓证据，是指证明案件事实或者与法律事务有关之事实存在与否的根据。[1] 这个概念的基本精神同样适用于刑事证据。但刑事证据是一种专门证据，而且诉讼制度和证据法学理论已赋予它更丰富和特定的内涵，理解刑事证据的概念，不仅要了解它的基本含义，还要了解它的特定含义和主要特征。

对于刑事证据，在法律制度、司法实践和法学理论上有不同界定，大体上可分为以下三种定义方法：一是证据资料说。我国最新修正的《刑事诉讼法》第 48 条第 1 款明确规定："可以用于证明案件事实的材料，都是证据。"在第 2 款列举了以下八种证据形式，"证据包括：（一）物证；（二）书证；（三）证人证言；（四）被害人陈述；（五）犯罪嫌疑人、被告人供述和辩解；（六）鉴定意见；（七）勘验、检查、辨认、侦查实验等笔录；（八）视听资料、电子数据。"并规定："证据必须经过查证属实，才能作为定案的根据。"在这里，证据的内在规定性已不仅仅是一种事实，同时也指证据事实的载体即证据的形式，如物证、书证、证人证言等。因此证据在法律和司法实践中，可以界定为能够证明案件情况的事实材料或事实载体。司法实践中人们常说"某人的证言是一份重要证据"、"某被告的供述是有力的证据"，以及"移送证据"等说法，都是在证据资料意义上运用证据概念的。证据资料说，可以视为证据的形式定义。二是证据事实说。如我国 1996 年《刑事诉讼法》第 42 条第 1 款规定："证明案件真实情况的一切事实，都是证据。"据此，刑事证据应该是证明案件真实情况的一切事实。《牛津法律大

---

〔1〕　参见何家弘主编：《证据法学研究》，中国人民大学出版社 2007 年版，第 84 页。

词典》对证据一词解释为"事实，从事实上推断出的结果及陈述。这些事实、结论和陈述有助于法院或其他调查主体确信某些尚不知道但正在调查之中的事实和情况"[1]。证据事实说在确认对案件事实的证明能力的基础上强调证据是一种客观事实，可以说这是证据的实质定义。三是证据手段（或证据方法）说。这是国外学者经常使用的证据界定方法。如法国《拉普斯大百科全书》对证据的定义是："证据就是为了确定某一个法律事实的真实情况（或某一文件的存在）所使用的手段"[2]。日本平凡社所编《世界大百科事典》亦称："证据是法律用语，是法官在诉讼上为了获得资料确定判决基础所采取的一种手段。"这种定义强调证据作为证明手段的功能，可以称其为证据的功能定义。

在我国，主要运用的是前两种定义，即事实说和资料说。[3] 采用形式定义，将证据作为一种诉讼材料可以防止司法人员主观地区分证据资料，保证具有相关性的证据材料都进入诉讼过程，从而能综合判断证据，客观全面地认识案件事实。采用事实说，强调证据作为客观事实的性质，有利于我国刑事诉讼法"以事实为根据，以法律为准绳"原则的贯彻。

二、刑事证据的判断标准

刑事证据是在诉讼过程中对案件真实情况有证明力的材料。判断一份材料是否属于刑事证据，一般采用三个基本的标准：

（一）客观性

客观性是指作为案件证据的客观物质痕迹和主观知觉都是已发生的案件事实的客观遗留和客观反映，是不以人们的主观意志为转移的客观存在。具体而言，客观性表现在两个方面：其一，诉讼证据有自己存在的客观形式，并且这种形式能为人的认识所感知到，如物证、书证、证人证言、鉴定结论、视听资料、电子证据等。如果不具有能为人们在现在条件下感知的形式，它就不能被人们认识并被用作诉讼证据证明案情。其二，诉讼证据所反映的内容必须是客观的，是不以当事人和司法人员的意志为转移的。一切主观臆断、想象都不能作为证据，证据资料中所包含的虚假内容也不具备证据的本质属性（但不排斥其在形式上具备证据资格）。

客观性是证据的本质属性，它要求证据所反映或包含的内容真实可靠，符合实际，并经得起经验与逻辑的验证。因此，从证据的这一本质属性出发，要求办案人员在证据调查中努力由表及里，去伪存真，认真搜索和切实把握能够确实反映案件真实情况、经得起经验和逻辑的科学验证的证据，并善于鉴别和排斥伪证（但从另一方面看，伪证对作证人的作伪故意和伪证行为以及与本案的可疑联系也有证明作用）。

承认证据客观性并不意味着排斥证据的主观性。证据资料中的"人证"，是以主观感知和主观陈述的方式产生，但主观性只是说明部分证据的产生渠道和表现形式，并非

---

[1] 参见《牛津法律大词典》中文版，光明日报出版社1988年8月版，第316页。
[2] 参见上海社科院法研所编译：《诉讼法》，知识出版社1981年12月版，第193页。
[3] 参见徐静村主编：《刑事诉讼法学》，法律出版社1997年7月版，第135页。

证据的本质属性，只有客观性才是证据的本质属性。

（二）关联性

关联性是指证据必须与案件事实有实质性联系并对案件事实有证明作用。其一，关联性是证据的一种客观属性，即证据事实同案件事实之间的联系是客观联系而不是办案人员的主观想象和强加的联系。它是案件事实作用于客观外界以及有关人员的主观知觉所产生的。其二，证据的关联性应具有实质性意义，即与案件的基本事实相关。在刑事案件中，是指关系当事人是否犯罪、犯罪性质及罪责的轻重等，与这些基本事实无关的证据材料则不具有关联性。其三，相关的形式或渠道是多种多样的，联系的基本类型包括直接相关和间接相关，必然关联与偶然关联，肯定性关联与否定性关联，单因素关联及复合性关联等。但联系如果过于间接，关联性十分微弱，这样的证据便可能视为不具有关联性。例如对一盗窃犯，举证其多年前的小偷小摸行为，这一证据事实虽然不能说与本案中的盗窃行为全无联系，但很可能因关联性太弱而被排斥。其四，关联性的实质意义在于证明力，即有助于证明案件事实。因此可以说考察分析证据的关联性，其落脚点在证据的证明力。证据法专家乔恩·R. 华尔兹称："如果所提出的证据对案件中的某个实质性争议问题具有证明性（有助于认定该问题），那它就具有关联性。"[1]

（三）合法性

合法性是指一定的事实材料符合法律规定的采证标准，可以被采纳为诉讼证据。合法性主要涉及法律问题，因此也可以称为法律性或可采性。证据的合法性标准一般包括四个方面：

1. 由法定的主体提出和收集。如证人证言的合法主体只能是自然人，法人和其他组织不能提供证人证言。在我国刑事诉讼中，"生理上、精神上有缺陷或者年幼，不能辨别是非不能正确表达的人，不能作证人。"鉴定结论只能由具有特定资格因而有鉴定权的人员出具，否则也不能采纳为证据。收集证据亦同。一般来说，控诉方和辩护方均可收集证据，法官也可以依职权调取证据。但收集某些类型的证据或采用某些特定方法收集证据，只能由特定主体实施。如搜查、扣押、电讯监听等具有强制性或侵权可能的取证措施，法律规定只能由具有侦查权、检察权和审判权的国家机关实施，其他主体不得直接实施（仅可根据法律申请有权机关实施），违反这些限制所获取的证据在法律上不具有合法性。

2. 符合法定程序。各国刑事诉讼法（包括成文法和判例法）对证据收集的方法和程序，都作了具体的限定，同时也作出了禁止性规定。例如我国最新修正的《刑事诉讼法》第50条明确规定："审判人员、检察人员、侦查人员必须依照法定程序，收集能够证实犯罪嫌疑人、被告人有罪或者无罪、犯罪情节轻重的各种证据。严禁刑讯逼供和以威胁、引诱、欺骗以及其他非法方法收集证据，不得强迫任何人证实自己有罪。"刑事诉讼法还具体规定了讯问嫌疑人、被告人和询问证人以及勘验、检查、搜查、扣押物

---

〔1〕 参见〔美〕乔恩·R. 华尔兹著、何家弘译：《刑事证据大全》第64页，中国人民公安大学出版社1993年3月版，第17页。

证、书证、侦查实验等侦查取证行为的程序。收集证据必须符合这些法定程序。

3. 具备法定形式。如我国刑事诉讼法将证据形式分为八种，不属于这些法定证据形式的，原则上不得采纳为证据。但就法定形式问题，有的国家赋予法官裁量权，允许使用某些法律未规定的证据。如《意大利刑事诉讼法典》第 189 条规定："如果需要获取法律未规定的证据，当该证据有助于确保对事实的核查并且不影响关系人的精神自由时，法官可以调取该证据。法官在就调取证据的方式问题上听取当事人意见后，决定采纳该证据。"

4. 不违反有关证据规则。非法证据排除，是普遍性的证据规则。我国最新修正的《刑事诉讼法》第 53 条规定："对一切案件的判处都要重证据，重调查研究，不轻信口供。只有被告人供述，没有其他证据的，不能认定被告人有罪和处以刑罚；没有被告人供述，证据确实、充分的，可以认定被告人有罪和处以刑罚。证据确实、充分，应当符合以下条件：（一）定罪量刑的事实都有证据证明；（二）据以定案的证据均经法定程序查证属实；（三）综合全案证据，对所认定事实已排除合理怀疑。"第 54 条规定："采用刑讯逼供等非法方法收集的犯罪嫌疑人、被告人供述和采用暴力、威胁等非法方法收集的证人证言、被害人陈述，应当予以排除。收集物证、书证不符合法定程序，可能严重影响司法公正的，应当予以补正或者作出合理解释；不能补正或者作出合理解释的，对该证据应当予以排除。在侦查、审查起诉、审判时发现有应当排除的证据的，应当依法予以排除，不得作为起诉意见、起诉决定和判决的依据。"第 55 条规定："人民检察院接到报案、控告、举报或者发现侦查人员以非法方法收集证据的，应当进行调查核实。对于确有以非法方法收集证据情形的，应当提出纠正意见；构成犯罪的，依法追究刑事责任。"第 56 条规定："法庭审理过程中，审判人员认为可能存在本法第五十四条规定的以非法方法收集证据情形的，应当对证据收集的合法性进行法庭调查。当事人及其辩护人、诉讼代理人有权申请人民法院对以非法方法收集的证据依法予以排除。申请排除以非法方法收集的证据的，应当提供相关线索或者材料。"第 57 条规定："在对证据收集的合法性进行法庭调查的过程中，人民检察院应当对证据收集的合法性加以证明。现有证据材料不能证明证据收集的合法性的，人民检察院可以提请人民法院通知有关侦查人员或者其他人员出庭说明情况；人民法院可以通知有关侦查人员或者其他人员出庭说明情况。有关侦查人员或者其他人员也可以要求出庭说明情况。经人民法院通知，有关人员应当出庭。"并在第 58 条规定："对于经过法庭审理，确认或者不能排除存在本法第五十四条规定的以非法方法收集证据情形的，对有关证据应当予以排除。"证据是一个法律概念，但在法律上具有意义的仅仅是诉讼证据，即进入诉讼过程并能产生诉讼证明作用的证据，才属于诉讼法意义上的证据。

【典型案例分析】

1. 专家出具法律意见书，能否作为证据使用？

【基本案情】

2002 年 4 月 17 日，辽宁省铁岭市中级人民法院经开庭审理，以被告人刘涌犯故意伤害罪，判处死刑，与其所犯其他各罪实行并罚（组织、领导黑社会性质组织等多项罪名），决定执行死刑，剥夺政治权利终身，并处罚金人民币 1500 万元。刘涌不服，上诉至辽宁省高级人民法院。

该案的辩护律师田某在北京组织了 14 名国内知名的刑法学专家和刑事诉讼法学专家进行论证，并形成了对刘涌有利的《沈阳刘涌涉黑案专家意见书》。田某将此论证意见书提交给辽宁省高级人民法院，其中该意见书说，"与会专家听取了律师的介绍并查阅了公诉人提交的证据，一致认为：本案的证据方面存在严重问题。"并且认为本案可能存在刑讯逼供问题。

2003 年 8 月 11 日，辽宁省高级人民法院对该案作出终审判决，以"不能从根本上排除公安机关在侦查过程中存在刑讯逼供情况"和"鉴于其犯罪的事实、犯罪的性质、情节和对社会的危害程度以及本案的具体情况"为由，对刘涌所犯故意伤害罪改判死刑，缓期二年执行，剥夺政治权利终身；对刘涌所犯其他各罪，维持一审判决。

二审判决发生法律效力后，最高人民法院于 2003 年 10 月 8 日作出再审决定，依照审判监督程序对刘涌一案提起再审，并于同年 12 月 22 日上午对刘涌案经再审后作出判决：以故意伤害罪，判处刘涌死刑，剥夺政治权利终身；与其所犯其他各罪实行并罚，决定执行死刑，剥夺政治权利终身，并处罚金人民币 1500 万元。

【法理分析】

所谓专家意见书，主要指专家就未决案件中专门性问题进行论证，提出专业意见而制作的论证书。具体来说，专家意见书的主体是各种专家，即"具有专门技能的以及在某些职业或技术领域里有经验的人"，既包括不同部门法领域的法律专家也包括具有不同技术背景的技术专家；其客体基本上是未决案件的专门性问题（实践中已决案件也有作专家论证的，但少之又少，可以忽略不计），既包括法律问题，也包括事实问题；其表现形式通常为对论证意见进行记载而形成的书面文件。

如果以其主客体的不同为标准，专家意见书大体上可以分为专家法律意见书与专家事实意见书两种。前者是法律专家就案件中的实体法问题、程序法问题与证据法问题所作的论证意见，后者是技术专家就如何解读案件中的专门性证据，进而如何认定案件事实所作的论证意见。在本案中，14 位法律专家得出的结论是"本案的证据方面存在严重问题"、"本案可能存在刑讯逼供"等，这当然属于专家法律意见书，因为其针对的是证据资格等证据法问题；假如本案聘请的不是法律专家，而是技术专家，论证的对象不是证据资格，而是诸如"某人身上的伤口是刑讯逼供的结果还是自残伤"等，那么这便属于专家事实意见书。

由于专家意见书具有客观的形式，所以考察其能否作为证据使用，主要标准是"其是否用于证明案件事实问题"。显然专家法律意见书是用于"证明"案件法律问题的，专家事实意见书是用于证明案件事实问题的；前者不是证据，后者则可作为证据使用。尽管后者不是我国法律规定的典型证据形式，但在符合一定条件后完全可以作为证据采纳，它相当于鉴定结论的变体。随着我国刑事证据制度的演变，也许在不久的将来，专家事实意见书可以作为类似于民事诉讼中的"技术顾问"证据处理。[1]

也就是说，法律专家作出的法律意见书不能作为证据使用，而技术专家作出的事实意见书可以作为证据使用。

2. 和解协议与案件事实没有关联性，能否作为证据使用？

【基本案情】

2008年8月3日，张某在龙岩市新罗区的一条河边放鸭时，趁在此放牛的被害人杨某不注意，强行实施奸淫。2010年11月，被害人的母亲吴某到龙岩市公安局大池派出所报案。上述事实有控告状、情况说明等相关书证，被害人杨某的陈述，证人证言，被告人张某的供述等相关证据予以证实。公诉机关认为，被告人张某的行为已构成强奸罪，应依法追究其刑事责任。

法院经审理查明：2008年8月3日中午，张某在龙岩市新罗区的一条河边放鸭时，与在此放牛的杨某发生了性关系。2010年张某与杨某家私下达成协议，由张某赔偿杨某人民币800元，但张某仅支付了人民币500元，余款至案发仍未支付。后张某的家人因此事与杨某的家人发生争吵，2010年11月，杨某及其母亲吴某到龙岩市公安局大池派出所报案。

福建省龙岩市新罗区人民法院认为，公诉机关提供的现有证据只能证实被告人张某与杨某发生了性关系，无法证实被告人张某违背妇女意志，因此判决张某无罪。

【法理分析】

和解协议能否作为证据使用，这是英美法上一个由来已久的话题。各国立法和实务中的立场也在不断地修正。一般来说，当代英美证据法大多持否定态度。如美国《联邦证据规则》之规则第408条规定，"为证明对请求权应承担的责任或请求权无效或请求的金额，而提出与下列事项有关的证据无合法性：在对一项主张的有效性或金额存在争议时，为达成和解或试图达成和解，而（1）提供或提议或允诺提供，或（2）接受或允诺接受一项对价，同样，与和解谈判中的行为或言论有关的证据，亦无合法性。此项规则并不要求，对通过其他途径发现的任何证据，仅仅因为其在和解谈判中出示过而予以排除。此项规则亦不要求，对为其他目的出示的该证据予以排除，例如证明证人的偏见或成见、否认不当拖延诉讼的争议或证明旨在妨碍刑事侦查或起诉的尝试。"美国《加利福尼亚证据法典》第1152条和澳大利亚《1995年证据法》第131条有着类似的规定。从这些条款可以看出，英美法关于和解协议的证据规则是"原则上不可采，仅在特殊情况下例外"。那么，和解协议在我国究竟能否作为证据使用呢？答案取决于和解协议是否满足客观性、关联性与合法性三项标准，特别是关联性标准。

关联性是强调证据与案件事实之间的联系，这是一个经验性的尺度，例如，在强奸案中，关于被害人品格的证据对于否认强行行为的发生是否具有关联性？在合同纠纷中，关于行为人过去行为习惯的证据对于证明合同已经成立是否具有关联性？这些问题

---

〔1〕 参见刘品新：《刑事证据疑难问题探索》，中国检察出版社2006年5月版，第11页。

都是见仁见智，有人主张有关联，因为许多生活经验表明上述品格或习惯同行为之间有着可意会不可言传的联系；有人主张无关联，因为虽然品格或习惯在一定程度上能够影响行为，但并不必然如此。同样，在和解过程中一方做出让步的证据，同其违法犯罪行为之间有无关联，也不能一概而论，因为一方当事人提出和解提议的动机既可能是认可自己有过错或罪错，也可能是谋求和睦。为了科学地界定关联性，各国立法界和法学界做出了不懈的努力，从法理上讲，一些人将关联性概括为客观联系、内在联系、普遍联系、紧密联系或有机联系等，不一而足，但均未能得到普遍认可；从立法上讲，美国《联邦证据规则》之规则第 401 条规定："'有关联性证据'指具有下述盖然性的证据，即任何一项对诉讼裁判结果案有影响的事实的存在，若有此证据将比缺乏此证据时更为可能或更无可能"，这一条具有标示意义，但也具有普遍性。[1]

　　和解协议的出发点是化解纠纷，而不是确定事实真相，它通常并不如实反映案发情况，只反映当事人之间的主观心态，因而同案件事实之间没有关联性，也就没有合法性。在本案中，司法人员也面临着被告人张某与被害人杨某之间赔偿协议的关联性问题，这个问题从事实层面难以判断，而从价值层面上判断为否。而且，被告人张某之所以同被害人杨某达成赔偿协议，是因为他想化解两家之间的矛盾，这种解决方法显然不以查清事实真相为前提。假如被告人张某在发生性关系的事情上真有过错或者犯罪，那岂是 800 元的赔偿能解决的？最重要的是，如果法律允许将和解协议作为证据采纳，那必然会造成一种鼓励当事人不进行和解的价值导向，这种负面影响对维护社会稳定是不利的。因此，张某强奸罪一案中和解协议不能作为刑事诉讼中的证据使用。

　　3. 在认定形迹可疑型自首的过程中，如何理解形迹与证据的关系？

　　【基本案情】

　　刘某深夜盗窃他人摩托车一辆，但无法发动车子，便将车子推往住处。路上碰到民警巡逻，民警见其深夜推车而不骑车，觉得可疑，便拦住盘问。刘某见瞒不住，便主动交代了盗窃事实。该案事实简单清楚，但在关于刘某是否具有自首情节这个问题上，公诉机关与辩护人的意见有分歧。公诉机关认为，刘某之所以被民警怀疑，不仅仅是因为他行为古怪，更主要是因为赃物摩托车就在他的手上，他无法对此作出合理的解释。在这种情况下，刘某不得不选择坦白道路，因此不符合"形迹可疑型自首"的相关规定。辩护人认为，民警之所以盘问刘某，是因为他深夜在外，不骑摩托车反而推着行走，行为古怪，而且刘某完全可以编造谎言予以搪塞，但他选择了主动交代自己的罪行，这种情形属于"形迹可疑型自首"。

　　【法理分析】

　　1998 年 5 月 9 日，最高人民法院颁布了《关于处理自首和立功具体应用法律若干问题的解释》（法释〔1998〕8 号），其中第 1 条规定：罪行尚未被司法机关发现，仅因形迹可疑，被有关组织或司法机关盘问、教育后，主动如实交代自己的罪行的，视为投案

---

〔1〕　参见刘品新：《刑事证据疑难问题探索》，中国检察出版社 2006 年 5 月版，第 62 页。

自首。这就是所谓的"形迹可疑型自首"。司法实践中有不少随意扩大形迹可疑的范围从而错误认定"形迹可疑型自首"的情形,对此有必要予以澄清。问题的关键在于如何正确理解"形迹可疑型自首",特别是如何理解"形迹"与刑事证据的关系。

"形迹可疑型自首"具有以下法律特征:(一)怀疑的主观性。相对人之所以被盘问,是因为其形迹可疑,而且仅仅是因为其形迹可疑。所谓形迹,按照《现代汉语词典》的解释,是指举动和神色,其外延包括:神态、表情、衣着、体形、语言、举止、动作、活动方式等。它与刑事证据不同,刑事证据是能够证明案件真实情况的一切事实,它的外延包括物证、书证、陈述等等。形迹本身不是刑事证据,它们的根本区别在于,形迹反映了相对人的某种外观特征,它与具体案件没有必然的联系,而刑事证据则表明了相对人与具体案件之间内在的、必然的客观联系。从这里可以看出,形迹可疑的"疑"只是一种主观猜测,没有相应的客观事实为依据,体现了较强的主观性特点。(二)时间性。此类自首成立的时间必须是在罪行尚未被司法机关发现之前,包括两种情况:一是犯罪事实尚未被司法机关发现,二是犯罪事实虽已被发现,但司法机关尚未将相对人确定为犯罪嫌疑人。这两种情况的共同点就是相对人与具体案件之间的客观联系尚未被司法机关明确,正是相对人的交代第一次确立了其犯罪嫌疑人的地位。(三)归案的被动性。严格来讲,此类自首并非自动投案,因为从主观态度来讲,作为盘问者的有关组织或司法机关是主动的,而作为被盘问者的相对人则完全是被动的、非自愿的。由于这种被动归案符合其他特定的条件,司法解释才将其视为自动投案,这是一种法律拟制的自动投案,不能因此而否认其本身所具有的被动性和非自愿性。(四)交代的主动性。所谓主动交代,是指相对人在司法机关没有出示任何证据的情况下,出于自己的主观愿望自动交代自己的罪行。这种交代反映了相对人主观上具有认罪和悔罪的诚意,这也是所有类型自首成立的共同条件,是自首之所以会成为从轻或减轻情节的根本原因。如果是在司法机关出示相关证据进行针对性讯问和教育后才交代自己罪行的,属于被动交代,不能认定为主动交代。

实践中有时会把某些犯罪嫌疑(尤其是指犯罪事实被发现之前的犯罪嫌疑)当作形迹可疑看待,从而错误地认定了"形迹可疑型自首",这是不正确的。首先,形迹可疑和犯罪嫌疑是两个不同的概念,必须准确区分。形迹可疑是指一个人的举动和神色异乎寻常,因而引起他人的怀疑;犯罪嫌疑是指有确实证据证明一个人与某一具体犯罪之间具有客观联系,因而使相应的机关或人员怀疑其实施了犯罪。二者之间的区别主要有:(一)产生依据不同。形迹可疑依据的是相对人反常的或怪异的举动或神态,但没有任何确实的证据,因而属于仅凭常理的估计和推测,其主观性和随意性都很强,而犯罪嫌疑依据的是确实具体的证据,属于对证据进行分析、判断的结果。(二)产生时间不同。形迹可疑和犯罪嫌疑都可以产生在犯罪事实被发现之前,也可以产生在犯罪事实被发现以后,但形迹可疑必须产生在相对人被确定有犯罪嫌疑之前,在犯罪嫌疑确立之后不存在"形迹可疑型自首"的问题。(三)怀疑程度不同。形迹可疑只是一般性怀疑,比如"这个人是否做了什么坏事"之类,这种怀疑因为没有确实依据,也没有任何针对性,因此非常容易解释甚至根本就无需解释。而犯罪嫌疑是具体的、有针对性的怀疑，比如"此物是否被盗窃而来"，"这个人身上的刀是不是杀了人"，等等，要排除这种怀疑必须作出比较合理的解释，甚至还必须提供相关证据。（四）法律后果不同。因形迹可疑而被盘问时，相对人可以选择交代罪行、编造谎言或者干脆保持沉默，交代罪行则使其处于犯罪嫌疑人地位，不交代则导致盘问结束，盘问者无权对相对人采取某种侦查手段或强制措施。犯罪嫌疑则不同，一旦相对人被认为有犯罪嫌疑，那么无论其是否主动如实交代、是否提出合理解释，都不会影响到司法机关对其采取相应侦查手段或强制措施。依据《人民警察法》第9条的规定，人民警察对有违法犯罪嫌疑的人员，经出示相应证件，可以当场盘问、检查，对有现场作案嫌疑或携带的物品有可能是赃物的，可以将其带至公安机关留置盘问48小时。所以说，相对人如果无法合理地排除其犯罪嫌疑，将面临公安机关对其采取某种剥夺或限制人身自由的法律后果。其次，在同为被动归案的前提下，相比较而言，形迹可疑的相对人交代罪行完全出于自愿，既反映了其认罪、悔罪的诚意，又有利于迅速侦破犯罪，节约了司法成本，提高了司法效率，应该从法律的层面予以鼓励。而犯罪嫌疑的相对人对罪行的如实交代是在司法机关已掌握其犯罪证据的情况下被动作出的，主观上没有明显的认罪、悔罪诚意，最多只能算作如实供述予以酌情处理，但不宜认定为法定自首情节。第三，如果把犯罪嫌疑当作形迹可疑看待，实际上是对犯罪嫌疑和形迹可疑的相对人的不公平对待，容易被某些罪犯钻空子，从而导致放纵犯罪，有违法律的本意。比如，某人入室杀人抢劫，刚冲出房间便碰到警察巡逻，警察见其匕首带血，认定其有重大犯罪嫌疑，遂进行盘问，该犯眼见无法抵赖，只好交代罪行。在这里，犯罪分子被怀疑犯罪时，犯罪事实尚未发现，但具有明显的犯罪嫌疑，如果把这种情况仍看作是"形迹可疑型自首"显然是不正确的。

综上所述，本案中刘某不具有"形迹可疑型自首"情节。理由是：刘某被民警发现时，赃物摩托车正在他的手上，此时盗窃犯罪事实虽还未被司法机关发现，但对赃物的持有状态足以说明他当时不仅形迹可疑，而且具有犯罪嫌疑。民警根据物证，有理由怀疑刘某实施了与该赃物有关的犯罪，这种怀疑以证据为基础，是对证据进行分析、判断的结果。同时，刘某没有合法手续，无法对赃物摩托车的情况进行合理的解释，所以不得不选择交代自己的罪行，这种交代是在证据面前被迫作出的无奈之举，属于被动交代。

第二节　刑事证据的分类

【规则要点】

对于刑事证据的分类，法理上一般分为四种：直接证据和间接证据；原始证据和传来证据；控诉证据和辩护证据；言词证据和实物证据。根据最新修正的《刑事诉讼法》的规定，证据包括以下八种法定种类：（一）物证；（二）书证；（三）证人证言；

（四）被害人陈述；（五）犯罪嫌疑人、被告人供述和辩解；（六）鉴定意见；（七）勘验、检查、辨认、侦查实验等笔录；（八）视听资料、电子数据。

【理解与适用】

一、刑事证据的学理分类

刑事证据的学理分类，是指在学理上从不同角度按照不同标准将证据划分为不同的类型。证据的学理分类不同于法律规定的证据种类。法律规定的证据种类，也是对证据的一种分类，是在立法时由立法者根据证据的存在和表现形式对证据所作的划分，是法律上的划分；而证据的学理分类是从理论上对证据进行的分类研究。证据的种类具有法律上的效力，不具备法定表现形式的证据不得作为定案的根据；而证据的分类则既无立法上的依据，又无法律上的效力，仅仅是学理上的解释。证据的种类是在立法文件中将证据依其存在和表现形式以列举的方式排列出来，划分标准是单一的；而证据的分类与法律上的证据种类区别是明显的。同时两种划分又是交叉的，同是一种证据，由于分类的标准和角度不同，其类属也不完全相同，具有多重性。

刑事证据的分类，是对刑事证据从不同角度、按不同标准所作的划分。由于分类标准的多样化，对刑事证据的分类也有许多方式。如分为直接证据和间接证据、原始证据和传来证据、控诉证据和辩护证据、言词证据和实物证据、独立证据和辅助证据、最佳证据和次要证据、主要证据与补强证据、事前证据与当时证据以及事后证据、主证与旁证等等。这些分类，有的望文知意比较简单，有的缺乏普遍意义，有的在我国情况下没有多少实践意义。[1] 现根据传统的证据分类方法，对以下四种分类证据进行阐述。

（一）直接证据和间接证据

根据证据与案件事实之间相互联系的性质，证据可分为直接证据和间接证据。在诉讼法理论和司法实践中，直接证据与间接证据的划分是以能否直接说明案件的主要事实为标准，凡是能直接说明案件主要事实的某一证据为直接证据；不能单独直接说明案件主要事实，而只能间接证明某些相关事实的，为间接证据。在英美法系国家，间接证据通常又称为情况证据。案件的主要事实，是关于犯罪事实是否发生以及由何人所为的事实。例如，在杀人案件中，声称目睹凶杀情况的证人证言是直接证据，因为被告杀死被害人是案件的主要事实（应注意，单一的直接证据只能"说明"而不足以"证实"案件的主要事实，因为这一直接证据的真实性也需要证据检验和证明，即所谓"孤证不能定案"）。另一方面，有人证和书证证明被告购买枪支、在枪支上检查出被告指纹、经鉴定致被害人死亡的子弹是从这支枪发射的、有人证实被告有作案时间而且事前曾威胁被害人等，这些都属于间接证据。因为这些证据就其单个而言，并不能证明被告杀人这一案件的主要事实，而只能证明与主要事实有关的某一或某个情节。然而，这些证据事实如果能相互结合形成证据锁链，通过逻辑推理，就可以得出被告枪杀了被害人这一案件

---

〔1〕 参见徐静村主编：《刑事诉讼法学》，法律出版社1997年7月版，第149页。

主要事实的结论。由于物证、鉴定结论等证据都不能单独说明案件主要事实，因此属于间接证据。而常见的直接证据包括：关于案件主要事实的被害人陈述、证人证言、被告人口供，以及能反映案件主要事实的书证和视听资料等。

将证据划分为直接证据和间接证据，有利于揭示这两类证据的特征及其运用规律，帮助办案人员正确认识证据在证明案件事实中的不同作用，尤其是帮助他们在缺乏直接证据的情况下，掌握间接证据定案的要求和方法。

直接证据的基本特征是能够单独地、直接地证明案件主要事实，其优点在于证明力强，运用简便，只要直接证据属实，就可据以定案。然而，直接证据通常数量较少，往往不易获得，而且多为言词证据，其失真的可能性大，不稳定性较强，这是直接证据的弱点。因此运用直接证据需注意查证核实，直接证据之间以及直接证据与间接证据之间应彼此吻合，相互映证。

间接证据的基本特征是不能独自证明案件的主要事实，只能与其他间接证据相结合，或与直接证据相佐证才能达到证明目的。因此间接证据具有证明关系上的间接性、证明方法上的推断性、证明作用的相互依赖性等特点，这些特点使得运用间接证据定案的难度大而且容易发生差错。但是，在多数情况下，罪犯实施犯罪行为时留下的间接证据数量较大，而且较易收集，加之这些证据多为物证、书证，或者是鉴定结论、勘验检查笔录等，一般不容易受人们主观影响发生变异，失真可能性较小，稳定性相对较高。尤其是随着权利保护制度的发展，在刑事诉讼中禁止强迫自证其罪的情况下，被告人的供述更加难以取得，那种依靠口供或者主要依靠口供定案的证明方式越来越过时，因而间接证据的证明作用及运用规则更值得重视。

间接证据常常是侦查破案的线索，对司法证明而言其主要作用表现在：其一，辅助证明作用。它是鉴别、印证、强化直接证据的重要手段。直接证据往往是通过间接证据得到检验和佐证的，许多案件都是通过直接证据与间接证据的相互印证得以证实的，在这些得到证明的案件中，缺了直接证据不行，少了间接证据也难以定案，除非重新搜集证据予以补强证明。其二，独立证明作用。间接证据虽然具有相互依赖性，但在缺乏直接证据的情况下，凭多个间接证据所形成的符合证明条件的"证据群"，也能证明案件事实。

（二）原始证据和传来证据

根据证据来源的原生或派生性，诉讼证据可以分为原始证据和传来证据。原始证据是直接来源于案件事实的"第一手"证据资料，如当事人、证人就案件事实的亲自所为、亲身感觉、亲眼所见所作的陈述，物证、书证的原件与原物，直接录下作案经过的视听资料的"母带"、原盘等。传来证据是经复制、转述等中间环节形成的"第二手"证据材料，如证人转述他告知的案情、物证、书证、视听资料的复制品、复制件等。

划分原始证据与传来证据的主要意义在于：其一，确立一种"最佳证据"观念。由于传来证据是由原始证据派生的证据，而在原始证据被复制和转述的过程中，可能出现所含信息减损和扭曲的可能，因此一般来说，传来证据的可靠性和证明力不及原始证据。在这个意义上，原始证据为"最佳证据"（英美证据法中有"最佳证据规则"，但主要针对书证的原件和复制件），办案人员在不忽略传来证据的同时，应当尽力寻找、搜集和运用原始证据。其二，注意审查形成传来证据的中间环节，掌握传来证据可能出现的失真，以免判断事实出现失误。

应当说明，对原始证据和传来证据作最佳与次要的区分主要是用于人证和书证，即就被告人、被害人及证人的陈述而言，原始证据的可靠性和证明力显然大于传来证据；书证原件、原本证明效力应大于复制件、抄件。但物证则不然。在现代，对于物证的固定、保全，以及发掘物证的证明能力，常常需要借助现代科技手段，即如对被告用赃款购置的大件物品和不动产，只有用拍照、录像等方式形成物证的复制材料在法庭予以出示，这样的证据就不宜被视为次要证据。又如现场指印，通过照像等途径才能被鉴定确认，因此就证据效力而言，作为传来证据的指印照片与作为原始证据的现场指印不应有最佳与次要之分。

在证据分类理论中，传来证据的使用和判断是一个重点。在我国诉讼制度中，传来证据的作用主要表现在：通过传来证据可以发现和收集到原始证据；利用传来证据可以检验原始证据的真实可靠程度；在没有原始证据或不必使用原始证据的情况下，经过合法调查获得的传来证据仍可作为定案的根据。

（三）控诉证据和辩护证据

根据证据在刑事诉讼中不同的证明作用，可以分为控诉证据和辩护证据（或称有利被告的证据和不利被告的证据）。凡是能够证明被告人有罪以及应当从重、加重处罚的证据，是控诉证据；凡是能够证明被告无罪、罪轻或者应当减轻、免除被告人刑事责任的证据，是辩护证据。

划分控诉证据和辩护证据的基础，是在刑事诉讼中存在着控诉与辩护这两种相互对抗的诉讼职能以及诉讼证据所含信息的特定性。控诉证据服务于控诉职能，辩护证据服务于辩护职能。对证据作控诉和辩护的划分，其基本意义在两点：一是便于控辩双方把握证据的性质和不同特点，运用证据完成其控诉犯罪的举证责任或有效地行使其辩护权利；二是便于确立司法人员收集证据、客观认定事实的"客观义务"。我国刑事诉讼法规定，侦查人员、检察人员和审判人员必须依照法定程序，收集能够证实被告人有罪或者无罪、犯罪情节轻重的各种证据。司法人员上述"客观义务"确立的逻辑前提就是将诉讼证据划分为控诉和辩护证据，在此基础上，要求司法人员全面收集、使用，综合予以判断。

运用控诉证据和辩护证据，首先应注意这两类证据的不同特点以及在运用时所具有的不同要求。要揭露和证实犯罪，控诉方提出的控诉证据，应达到"证据确实充分、犯罪事实清楚"的证明要求，因此，证据必须具有一定的质，即真实性和证明力；同时证据还需达到一定的量，以保证案件的事实和有关的情节都得到映证。在诉讼中，如果控诉证据不充分，即使没有辩护证据存在，也不能认定指控事实。司法实践中，有的司法人员以对犯罪事实"既不能完全肯定，又不能完全否定"为由，拒绝对证据不足的案件作无罪处理，这是错误的，因为不能肯定就应当否定，否则就会蹈入专制主义诉讼"疑罪从有"的覆辙。而另一方面，辩护证据则无需全面证实事实情况，只要有一两个关键证据或一组证据能够打破控诉证据的证据锁链，使对方的有罪立证难以成立即可。例如，只要以确实证据证明被告人没有作案时间，就可以彻底推翻控诉方全部有罪立证而证明被告人无罪。因此辩护证据通常不要求较大数量，也不要求证据的连贯性或组成完整的证明体系，这是辩护证据运用的一个重要特点。

运用控诉证据和辩护证据，还应当注意这两类证据的划分仅具有相对的意义。这种相对性表现在：（1）证据属于控诉一类或者辩护一类是相对于指控而言的。例如证明被告实施故意伤害犯罪行为的证据，相对于一项故意杀人犯罪指控，是一种辩护证据，因为一般的故意伤害犯罪相对于故意杀人犯罪是一种轻罪。但如果是相对于一项无罪辩解，它就是控诉证据，因为它否定了被告无罪而证明被告犯有故意伤害犯罪。（2）二者相互包含，亦此亦彼。一个证据材料可能只含有对被告有利或对被告不利的单一的证据信息，这是单一证据。但许多情况下，可能既含有控诉因素，又含有辩护因素，是复合证据。例如证明被告人在被追捕过程中投案的证据，就是包含了被告案发后妄图逃避刑事责任这一从重因素，又包含了被告自首这一从轻因素。对于复合证据，不能简单地划为控诉证据或辩护证据，而应当辩证认识，辩证应用，既注意其中的控诉信息，又注意其中的辩护因素，从而实事求是、恰如其分地对案件事实作出认定。（3）某一证据在诉讼中的证明作用，可能随情况的变化和认识的深化发生改变。在特定的诉讼中，对证据的控诉属性或辩护属性的确定，有可能受某些客观条件或办案人员的主观认识影响，当情况变化或办案人员的认识发生变化时，证据在诉讼中的证明作用也可能随之改变。例如，一起受贿案，被告交出一份借据，以证明对方不是给予的而是借给的，这个书证可以说明被告没有受贿事实，因此属于辩护证据。但检察人员搜集证据证明此借据纯系伪造，它就可能转化为指控被告做贼心虚、欲盖弥彰的控诉证据。认识控诉证据与辩护证据分类的相对性，有利于使我们保持思维的灵活性，注意诉讼证据的复杂性，注意在证明过程中不断调整某些不符合实际的判断，不断深化对证据和案件事实的认识。

（四）言词证据和实物证据

以证据的来源和存在表现形式为标准，可以把证据分为言词证据与实物证据。言词证据是指以人的陈述为存在和表现形式的证据，而陈述的内容应当是有关案件事实的直接和间接的感知情况，又称为人证。它包括以人的陈述形式表现出来的证据，具体包括证人证言、被害人陈述和被告人（含嫌疑人）口供。

言词证据就其内容而言，是陈述人直接或间接感知的与案件有关的事实，表现形式是通过询问或讯问而取得的陈述，而陈述又往往固定于一定的载体之中。言词证据通常以笔录（即记录材料）为载体，在一些重大案件的调查中，也可以使用录音、录像的方式记录陈述人的陈述。但不论记载方式如何，记载的内容仍是陈述人陈述的案件事实，因此不能因记载方式表现为实物而影响言词证据与实物证据的分类。鉴定结论是一种较为特殊的言词证据。它与当事人的陈述、证人证言等言词证据有所不同。它的内容不是陈述人对案件事实的直接或间接的感知，而是鉴定人对司法和执法人员提交的与案件有关的专门性问题进行鉴定后出具的书面结论。但这并不影响鉴定结论属于陈述的一种形式。

言词证据的一个重要特征是动态反映性，即它能够从动态上揭示案件发生的起因、过程和具体情节，从而有助于判明案件的性质，分清被告主观上的罪过，并确定罪责的轻重。言词证据的另一特征是不稳定性。由于受客观因素和主观因素的影响，提供言词证据的主体对案件客观事实的反映可能发生变化，即将其表述内容予以改变。在诉讼中就可能使这类证据呈现出反复多变的"易变性"，从而造成真假难辨。由于刑事案件无一例外的是涉及人（被告人、被害人和其他相关人员）的事件，任何一个案件中都有言词证据，而且通常情况下，言词证据是案件证据中最大量的，常常也是最重要的证据类型。

实物证据是指能够证明案件真实情况的实物和物质痕迹，这些实物和痕迹包括作案的工具、行为所侵害的客体物、行为过程中所遗留下来的物品和痕迹等。它包括各种具有实物形态的证据：物证、书证、音像证据、勘验笔录等。物证、书证、音像证据都是以实物形态存在的，自然应归属于实物证据。勘验笔录是由司法和执法人员对与案件有关的场所、物品、人身、尸体进行实地查看、检验、调查后所作的记录，通常表现为一定的书面材料、照片、绘图，而且就其内容而言，它是对有关场所、物品、人身、尸体情况的客观记载，而非司法和执法人员的意见或判断，因而也应归入实物证据。

实物证据既有无生命的物品和物质痕迹，也包括人体的特征和人体上的与案件有关联的伤痕等。同时还包括其他生物的形态、特点、生物体上的痕迹等。实物证据具有相对稳定性、被动性和间接性特征。相对稳定性是指实物证据在一定时间内保持了相对的静止和稳定，从而保留了具有证明意义的特征，并使实物证据所含信息具有相对的确定性。被动性是指实物证据不能以自身的特征自我说明案件事实，必须通过人的作用才能发挥其证明作用。间接性是指物证对案件主要事实的证明只能起到间接证据的作用，通过与其他证据结合对案件事实作间接的推论，而不能直接证明案件的主要事实。

二、刑事证据的法定种类

根据我国最新修正的《刑事诉讼法》第 48 条的规定，刑事证据有八种法定种类，分别是物证；书证；证人证言；被害人陈述；犯罪嫌疑人、被告人供述和辩解；鉴定意见；勘验、检查、辨认、侦查实验等笔录；视听资料、电子数据。

（一）物证

物证有广义和狭义之分，狭义的物证是指以其外部特征、存在状态、物质属性等来证明有关案件事实的物品和痕迹。这里的"物"，不同于民法中的必须有使用价值之物，泛指司法实践中所有可以作为物证之物，如各种物品、动物、植物、人体等有形物和气体等无形物。广义的物证是以物质形式表现出来的证据，就是我们上面所说的"实物证据"，包括狭义的物证、书证和视听资料等。刑事诉讼法中规定的物证，即狭义之物证。

（二）书证

所谓书证，是指以文字、符号、图画等表达的思想或者记载的内容来证明有关案件事实的书面文件或其他物品。书证的范围十分广泛，包括载有文字、符号、数字、图画、印章或其他具有表情达意功能痕迹的所有实物材料。在刑事诉讼中，经常使用的书证有证实经济犯罪的账册、单据、合同（尤其在贪污罪中，账册、发票、收据、记账凭证等反映资金存留和资金去向的书证往往是定案的关键证据）；诬告案中的诬告信；危害国家安全犯罪中的犯罪纲领、计划和传单；一般犯罪中反映犯罪故意、犯罪预谋与犯罪实施过程的书信、日记；反映犯罪分子主体身体的工作证、身份证、户口簿、任免文件等。书证按不同标准划分可分为公文书证与非公文书证；一般书证与特别书证；原本书证与副本、复制本、节录本书证等。

书证与物证的主要区别，证书是以其思想内容证明案件事实，而物证是以物品的自然属性或外部形态起证明作用。因此，被告人的身份证以其记载的内容证明被告的身份，系书证。但涂改、伪造的证件不是以记载的内容而是以书面形态和特征证明涂改、伪造证件的事实，所以属于物证而不属于书证。正是由于书证在证明上的这一特征，与物证相比，书证证明作用的直接性较强。书证一般形成于诉讼开始之前，具有比较显明的意思表示，通常能较为直接地反映案件的某一事实情节甚至反映案件的主要事实。

（三）证人证言

证人证言，是指除当事人以外的知道案件事实情况的第三人，向办案人员所作的有关案件部分或者全部事实真相的陈述。在法定证据种类中，证人证言是刑事诉讼中最常见的一种言词证据。证人证言的优点在于，和物证等间接证据相比，它反映的案件事实比较全面，往往能证明案件事实的主要部分，而且其"中立"地位有别于犯罪嫌疑人和受害人，可靠性强，能为寻找其他证据提供很多有价值的线索，在揭露犯罪事实、查获犯罪分子方面具有特别重要的意义，因而受到司法机关的"青睐"。但不容忽视的是，由于证人证言是一种言词证据，它不可避免地受到主观条件的影响，而导致一定的偏差，所以相对物证而言，它又缺乏稳定性，因此将证人证言作为定案根据必须非常慎重。从本质上说，证人证言是客观世界发生的事实在人们的头脑中形成映像，再由证人通过言语表述出来的一种信息。[1]

（四）被害人陈述

被害人陈述，是指受犯罪行为直接侵害的人向公安机关就其遭受犯罪行为侵害的事实和有关犯罪嫌疑人、被告人的情况所作的口头或者书面的陈述。被害人是合法权益遭受犯罪行为直接侵害的人，一般是自然人，有的案件中可能是单位，不是所有的案件都有被害人，在一些"无被害人的犯罪"案件中，贩卖毒品、贿赂犯罪案件等，就没有被害人。作为证据种类的被害人陈述，具有如下特点：

1. 被害人陈述主体的不可替代性。被害人必须是遭受犯罪行为侵害的人，因此只有

---

〔1〕　参见何家弘主编：《证人制度研究》，人民法院出版社 2004 年 6 月版，第 18 页。

实际遭受犯罪侵害的人才能以被害人的身份提供此种形式的证据，其他任何人包括间接遭受犯罪侵害的人，都不能代替被害人陈述案件事实经过。

2. 被害人陈述的内容具有双重性。一方面，被害人亲身经历了案件事实，直接遭受了犯罪的侵害，甚至与犯罪分子有直接的接触，因此被害人的陈述一般来说比较真实，而且具有直接、形象、具体、生动等特点，另一方面，由于各种主客观因素的影响，被害人的陈述有可能是虚假的、不真实的。此类情形一般在以下情况下发生：（1）因受犯罪侵害精神高度紧张，心理状态异常，观察有偏差或者有遗漏，记忆模糊，造成存在差错；（2）在受到犯罪侵害后，出于仇恨犯罪人的心理而夸大犯罪事实；（3）由于自身存在一定过错，对案件中某些事实加以掩盖，为此进行虚假陈述，或者出于个人私利或某种卑劣目的，虚构事实，企图以虚假陈述诬告陷害他人；（4）受到犯罪行为侵害后，失去了感知能力或者记忆出现障碍，如因受伤而昏迷，因中毒而出现幻觉，无法对被害经过作出陈述或者作出虚假陈述；（5）顾虑个人利益，如前途、名誉、家庭关系、子女利益等，没有勇气如实陈述有关犯罪事实；（6）出于亲情或者人情，或者受他人威胁、恐吓、干扰，作出虚假陈述。

3. 被害人陈述表达方式具有多样性。被害人在实践中通常以口头的方式进行陈述，此时应有公安司法人员做笔录，被害人陈述也可以以文字的形式表现出来，被害人可以自行书写够证明遭受犯罪行为侵害的事实以及相关情况的书面材料。同时被害人陈述也可以用录音、录像、电子储存信息等形式加以表达等。

（五）犯罪嫌疑人、被告人供述和辩解

犯罪嫌疑人、被告人供述和辩解通常成为口供，它是指犯罪嫌疑人、被告人就有关案件事实情况向侦查人员、检察人员、审判人员所作的陈述。口供通常包括两个方面的内容：一是承认犯罪事实的供述，包括对本案共犯犯罪事实的供述；二是说明自己无罪或罪轻的辩解。犯罪嫌疑人、被告人的供述和辩解应当是口头陈述，以笔录加以固定。经被告人请求或办案人员要求也可以由犯罪嫌疑人、被告人亲笔书写供词。被告人检举他人犯罪是否属于被告人供述，理论界认识不统一。一般认为，对被告人检举他人犯罪的性质、内容应当加以适当分析，只有在共犯同案被告人检举、揭发其他共犯的犯罪事实时才是口供，否则是证人证言。[1]

犯罪嫌疑人、被告人供述和辩解在诉讼中有重要意义，它可能是案件最真实、最全面、最具体的证据材料，经查证属实，可以作为定案的一种根据。但由于被告人与案件的处理结果有直接的切身利害关系，故口供虚假的可能性极大，应该注重对口供的审查判断。刑事诉讼法对待口供的原则是重证据，重调查研究，不轻信口供。在收集口供中要严禁刑讯逼供，禁止以欺骗、引诱等违法方法套取口供。在定案中必须坚持只有被告人供述，没有其他证据的，不能认定被告人有罪和处以刑罚；没有被告人供述，只有达到犯罪事实清楚，证据确实充分的要求，才可以认定有罪和处以刑罚。

---

〔1〕 参见杨迎泽、张红梅主编：《刑事证据适用指南》，中国检察出版社 2011 年 9 月版，第 99 页。

（六）鉴定意见

鉴定意见，即鉴定人的意见，是由鉴定人接受委托或者聘请，运用自己的专门知识和现代科学技术手段，对诉讼中涉及的专门性问题进行检测、分析、鉴别和判断后，所出具的结论性书面意见。此次修正刑事诉讼法将"鉴定结论"修改为"鉴定意见"，在表述上更为科学和严谨。在我国司法鉴定中，常用的刑事技术鉴定主要有：（1）法医鉴定。指运用法医专门知识，对尸体与活体及其分泌物、排泄物等有关问题所作的鉴别与判断。其中包括基因鉴定、死因鉴定、伤害鉴定、血型鉴定等。（2）司法精神病鉴定。确定被鉴定人是否患有精神病及其程度，从而确定鉴定对象的责任能力和行为能力。（3）痕迹鉴定。对与案件有关的指纹、脚印、交通工具印痕、犯罪工具破坏痕迹、弹头及枪支膛线等，与嫌疑人和嫌疑物的相应部位进行对比，作出是否同一的鉴定结论，以确定犯罪人和作案工具等。（4）笔迹鉴定。即运用笔迹鉴定检验的专门知识，将证据材料的有关笔迹与嫌疑人的笔迹进行对照，作出笔迹是否涂改、伪造或是否同一的结论，以确定作案人及其作案手段。（5）司法会计鉴定。即对与案件有关的财务账目、单据和报表进行鉴定，确定账据是否真实，财务收支是否平衡以及资金的流转等，以帮助司法人员查明是否有经济方面的犯罪情况等。（6）毒物和司法化学鉴定。即通过对可疑物质、药品、毒物进行分析化验，认定被检验物的成分、含量、作用等。（7）一般技术鉴定。以案件中涉及到工业、农业、交通运输、航空、建筑等各种专门技术问题时进行鉴定，以确定事故以及其他特定事件发生的性质、原因与后果等，为确定责任事故以及其他违法犯罪行为提供证据。

鉴定意见的诉讼作用，一是帮助司法人员查清无法直接判明的事实，诸如犯罪现场的指纹、脚印、车胎印、血迹、枪弹痕迹、嫌疑物、凶器和尸体等，司法人员常常无法直接判明其是否具有证据价值，只有通过司法鉴定，才能发掘出它们与案件事实之间的联系，发挥其证明作用。二是查清案件中某些专门性问题的主要手段。如经济案件中的账上短款原因，暴力犯罪案件中的死因、伤害程度、精神状态，重大责任事故案中的事故发生原因等，都是必须以专门知识通过特定的科学技术手段予以鉴别的问题，对这些问题，鉴定意见发挥着其他证据难以取代的证明作用。

（七）勘验、检查、辨认、侦查实验等笔录

勘验是指公安司法工作人员针对与案件有关的场所、物品、尸体等"死"的物体所进行观察、测量、拍照、绘图等活动，其目的是为了直接了解案件的有关场所、物品、尸体，发现和收集证据材料。检查，是指公安司法人员针对与案件有关的"活"着的人所进行的观察、检验等活动，其目的在于确定犯罪嫌疑人、被害人的某些特征、伤害情况或者生理状态。对此，两种行为所作的书面记录，就属于勘验、检查笔录这种证据形式。此外，侦查实验是为验证在某种条件下某一事件或者现象是否发生和后果如何，而实验性地重演该事件的侦查行为，由于其目的、方式和参加人员与勘验、检查基本相同，而且常与勘验、检查同时进行，因此一般将侦查实验笔录归于勘验、检查笔录。辨认是在侦查人员主持下由被害人、证人、犯罪嫌疑人对与案件有关或疑与案件有关的物品、尸体、场所进行识别认定的一项侦查措施。辨认笔录是以笔录的方式全面、客观地记录辨认的全过程和辨认结果并有在场相关人员签名的笔录。勘验、检查、辨认、侦查实验笔录通常被称为司法检证。这类证据形成的特点是司法人员凭借自己感官的感觉（视觉、听觉、嗅觉、味觉和触觉），直接感知被检证对象而形成一定的认识，是就观察所见作出的如实记录。因此，它与鉴定结论不同。司法检证也不等同于物证。它虽然要详细记载现场、物品、人身和尸体的情况，并附加绘图、照片等，使物证的某些情况得以固定，但它并不是物证本身。它不仅能提供物证进入诉讼，作为运用物证的根据，而且能反映与犯罪现场有关的各种痕迹、物品存在或形成的环境、条件及其相互关系，从而提供物证本身并不携带的证据信息，因此司法检证应当是一种具有综合证明作用的独立证据。司法检证一般包括现场勘验、人身检查、尸体检验以及侦查实验等。司法检证活动遵行强制原则。司法人员的检证活动不受当事人意志左右，可以强制进行，如必要时可以作物品破坏性检验；在对人身进行检查时，如果被检查人员不配合，可以强制实施。正是因为这种取证手段可能与公民权益相冲突，各国法律一般要求有一定的审批程序，如申请司法令状，某些情况下还可由法官直接实施。

在司法实践中，司法检证常常在发案之初就能提供了与案件有关的大量信息，从而成为侦查破案的向导。作为诉讼证据，它主要有两种作用：一是通过客观地反映现场、物品、尸体或人身的各种情况，能证明或佐证犯罪的时间、地点、作案的方法、手段、过程及案犯的特点等案件情况；二是通过对有关证据提取时所处位置的提取情况的记载，对勘验、检查过程和勘验、检查人员所见所感情况的记录，使其成为固定证据的有效手段。在这一点上，其突出意义表现在：除有些物证可能重复检验外，对人身、尸体、场所的勘验、检查往往随时间和环境条件的变化，丧失观察的可能，这样，司法检证就因其固定了有关的证据信息，而在证明活动中具有不可替代的证据意义。

（八）视听资料、电子数据

所谓视听资料，是指能够证明案件真实情况的音像信息资料。主要包括：录音资料、照相资料、录像资料、胶片、光盘、电脑贮存的资料，以及其他运用专门技术设备得到的信息资料。视听资料主要是在案件发生过程中对有关声音和形象的记录形成的，它以声象的动态复原来反映案件事实，其主要特点是：（1）直接性和逼真性强。视听资料可以原原本本地将案发当时的声音、形象，作案人的动作、表情及现场环境等作动态的、连续的记录，其内容丰富全面，可以作为一种逼真性很高的直接证据。（2）稳定性强。与证人证言等人证容易受主客观因素影响发生变化的情况相比，视听资料稳定性高得多，其反映的内容可以长期保持而无变化。（3）容易伪造，不能盲目相信。视听资料是用科技手段制作的，所以能比较容易地采用科技手段加以篡改，因此应当注意鉴别真伪，并结合案内其他证据审查判断其真实可靠性。

所谓电子数据，是指以电子形式存在的、用作证据作用的一切材料及其派生物。它既包括反映法律关系产生、变更或消灭的电子信息正文本身，又包括反映电子信息生成、存储、传递、修改、增删等过程的电子记录，还包括电子信息所处的硬件和软件环境。从目前的司法实践来看，在刑事诉讼中常见的电子数据主要包括："一是现代通信技术应用中出现的电子数据，常见的有电报电文、电话录音、传真资料、寻呼机记录等；二是电子计算机技术应用中出现的电子数据，常见的有单个计算机文件、计算机数据库、计算机日志等；三是网络技术应用中出现的电子数据，常见的有电子邮件、电子公告牌记录、电子聊天记录、电子数据交换、电子报关单、黑匣子记录、智能交通信息卡资料等；四是电子货币，包括信用卡、转账卡、ATM 卡等；五是电视电影技术等应用而产生的电子数据，如影视胶片、VCD、DVD 光盘资料等。"[1] 最高人民法院、最高人民检察院、公安部、国家安全部、司法部《关于办理死刑案件审查判断证据若干问题的规定》[2] 第一次在司法解释中将电子数据作为一种独立的证据种类加以确认。该规定第 29 条将电子邮件、电子数据交换、网上聊天记录、网络博客、手机短信、电子签名、域名均视为电子数据。最新修正的《刑事诉讼法》采用了这种观点，将电子数据规定为一种独立的证据种类，为司法实务提供明确的法律依据。电子数据的主要特点是：（1）易变性。电子数据的易变性有两层含义。首先是指电子数据在生成、存储及传输的过程中容易被修改、破坏，这种修改和破坏可能是由于人为因素产生的，也可能是由于计算机自身因素产生的，但这些被修改、删除的电子数据在某种程度上还可以借助专门技术修复。其次是指电子数据会随时间的流逝而改变，在计算机及电子设备中存储的电子数据的动态性很强，其存储的时间不固定，有的时间以天、月计，有的时间短到以毫秒计，并且会依系统设定不定期的自动删除，这类电子数据有：计算机内存数据、网络传播中的数据、各种网络缓存数据等，这些电子数据如果不能及时收集，其完整性就会难以保证。（2）表现形式多样性。电子数据经磁性载体反映到数据显示设备上表现的形式是多种多样的，不仅可以表现为一般的文本、图形、图像，还可以表现为音频、视频、计算机运行的程序语句以及它们的复合形式，也可以输出到计算机外部设备上，如打印到纸张上或制作成微缩胶卷。（3）对电子设备和系统环境的依赖性。电子数据由计算机或者特定的电子设备产生，必须要有相应的播放、显示设备才能从存储状态到为人所感知，才能为法庭所认可和采信。而电子数据所依赖的系统环境如果发生变化，电子数据也可能无法显现或者显现错误的信息。[3] 因此，收集、出示、认定、采信电子数据都不能脱离产生电子证据的电子设备和系统环境。

【典型案例分析】

1. 卫星图片等高科技产物，能否作为证据使用？

【基本案情】

2002 年 10 月 9 日，广州市白云区人民检察院将被告人陈某以滥伐林木罪向该区人民法院提起公诉。公诉机关指控称，1997 年 3 月，陈某租用白云区罗岗镇八斗村的山岭

---

〔1〕 参见刘品新：《中国电子证据立法研究》，中国人民大学出版社 2005 年 6 月版，第 98 页。
〔2〕 以下统一表述为"两高三部"《死刑案件证据规定》，编者注。
〔3〕 参见童学义、黄金荣：《刑事诉讼电子证据研究》，载《云南法学》2011 年第 5 期，第 50 页。

土地用于开发经营。1997年5月至2000年12月，陈某未经林业主管部门批准，共计毁林面积71.9亩，采伐林木6655株（其中幼树1797株），采伐林木蓄积81.47立方米，而被告陈某则辩称：他从来没有滥伐林木，因为在他承包该山地时，已没有林木了。

为此，公诉机关首次采用卫星影像图和航拍红外线遥感影像图进行举证。国家林业局调查规划设计院，受广州市公安局森林分局委托，提供了中国科学院卫星地面站接收的美国陆地卫生数据：大麻坑山地卫星影像图两份；广州市规划局委托城市规划自动化中心提供了彩红外线航空摄影影像图，这些证据科学地反映出，大麻坑山地在陈某承包后，森林植被大量减少。

陈某的辩护律师称，卫星接收技术是一种远离法庭的高科技，卫星接收图片从未在法庭上作为证据使用过。人们无从了解这种证据形式和判断其真实性，因此不宜将其作为证据使用。即使作为证据使用，其效力也非常低下，不能直接证明陈某有滥伐林木的行为。

在案件审理的过程中，白云区人民法院最终确认了公诉机关指控的犯罪事实，判决被告人陈某无视国家法律，违反森林法的有关规定，滥伐林木，数量巨大，其行为构成了滥伐林木罪，判处其有期徒刑三年六个月。

据称，这是我国首次将卫星地面站接收系统拍摄的卫星接收图片作为重要证据而判决的一起刑事案件，一度在社会上引起广泛关注，关注的热点是卫星接收图片的证据效力问题。[1]

【法理分析】

任何一种新型技术的出现，都有可能应用于司法活动中，如DNA技术、电子技术等自从问世以来，就能很快应用于法庭审判，并蓬勃发展为一门崭新的法庭科学。密切关注自然科学的发展并吸收其为己所用，是法庭科学的重要特点，法庭不得以任何技术过新为由而否认其司法价值，亦不得否认相关技术成果的证据地位。

卫星接收图片这样的新材料能否作为证据使用，将主要取决于其是否满足证据的三项标准，即能否用于证明案件事实、是否表现为某种客观形式以及能否查证属实。在本案中，卫星接收图片是高科技的产物，具有足够的准确性保障。控方提交的卫星接收图片旨在证明"大麻坑山地在陈某承包后，森林植被大量减少，裸地逐年增加"的状况，这些图片是一种外在的客观形式，能够在专家的帮助下得到有效的质证，法官能够据此解读林木覆盖情况变化的信息，完全可以采纳为定案证据。因此，白云区人民法院经过审理，对国家林业局调查规划设计院受广州市公安局森林分局委托，提供的中国科学院卫星地面站接收的美国陆地卫星数据予以认定，并认为可以作为证据，这一判断是完全符合证据法理的。

2. 侦查人员制作"案发经过"，能否作为刑事证据使用？

【基本案情】

钱某是某地无业人员，经常做些小偷小摸的勾当。2004年7月某日深夜，钱某从朋

---

〔1〕 参见刘品新：《刑事证据疑难问题探索》，中国检察出版社2006年5月版，第44页。

友家喝完酒回来，在途经某企业仓库时，萌发了偷点东西换点钱花的念头。钱某从仓库窗户爬入，将该企业储存在仓库内的一箱用于为当年的先进工作者发奖的英雄牌钢笔偷出（价值为 3000 元）。在钱某扛着箱子回家的途中，被正在巡逻的派出所联防队员发现。联防队员见其形迹可疑，遂将钱某拦住进行盘查。经开箱检查，钱某对偷来的一箱名牌钢笔无法作出合理解释，联防队员遂将钱某带回派出所。经值班民警讯问，钱某交代了盗窃经过。公安机关将钱某拘留，侦查结束后将该案移送人民检察院审查起诉。人民检察院以盗窃罪对钱某提起公诉。在公安机关移送的证据中有办案人员制作的案发经过。该案发经过表述得十分简单，称"钱某在深夜实施盗窃行为后运赃途中，被巡逻联防队员发现，见其形迹可疑，遂将其带至派出所，经教育，钱某交代了犯罪事实"。公诉机关经审查后认为，根据"案发经过"的描述，钱某符合形迹可疑型自首的特征。但联系该案的其他证据，钱某又应该是在盗窃作案后运送赃物的途中被抓获，经公安机关讯问才交代了犯罪事实。由于"案发经过"与其他证据之间存在矛盾，公诉机关要求公安机关补充侦查，澄清该案的疑点。公安机关的办案人员重新制作了案发经过，客观地叙述了案发过程，使该案得到了正确的处理。

【法理分析】

所谓"案发经过"，是指侦查人员制作并在刑事案件提请审查起诉时随案移送的，说明有关案件案发过程、侦破过程及犯罪嫌疑人到案情况的陈述性书面材料。在实践中，"案发经过"是每个刑事案件必备的书面材料，庭审中也必然对其予以宣读，这已成为约定俗成的惯例。那么，"案发经过"究竟是不是符合法律规定的证据呢？

从法定证据种类看，"案发经过"不是书证。所谓书证，是指以文字、符号、图画等表达的思想或者记载的内容来证明有关案件事实的书面文件或其他物品。书证具有两个特征，即特定的期限（诉讼发生前）和特定的主体（事件的实施者、知情者）。书证存在于调查之前，产生于实体过程（主要指案件发生的过程），因为不是在这个过程形成的事实，就不可能同司法中需要查明的实体事实之间存在客观上的联系，也就不可能构成书证。刑事诉讼发生前所形成的书面材料可以成为书证，而诉讼发生以后所形成的书面材料不能称之为书证。在诉讼进行过程中，诉讼当事人、第三人所作的书面陈述，如被告人所作的亲笔供词、证人所提供的书面证言等，本质上仍然分别属于被告人供述、证人证言。在诉讼进行过程中，司法人员或者其他诉讼参与人对案件的实体问题、程序问题及其他证据材料等问题所作的记载，如侦查人员勘验、检查后形成的书面材料，司法机关指派或聘请鉴定人提供的鉴定意见书等，则应当根据其不同的特征归类于勘验、检查笔录，鉴定意见等。书证有制作主体的限制，这个特征往往被忽视，由于书证是在诉讼发生前制作的，其制作主体限于事件的实施者、知情者，不包括参加诉讼的司法人员或者其他诉讼参与人。这是因为，证据的收集主体不能同时是证据的形成主体或证据的提供主体。[1] 因而，侦查人员或侦查机关作为证据的收集主体，不能同时制作

---

〔1〕　参见杜世相：《刑事证据运用研究》，中国检察出版社 2002 年版，第 37 页。

并提供证明实体问题的书证。书证作为证据是客观事实，它独立于办案人员或者其他诉讼参与人的意识之外，如果认为经过办案人员的认识思维加工制作的"成品"也是书证，这样的"证据"不就成了可以任随办案人员的主观意志而转移的东西了吗？"案发经过"是诉讼发生后（一般为侦查终结时）侦查人员所作的记载，明显不符合书证的形成期间与制作主体的特征。

从证据内容看，"案发经过"不是证人证言。"案发经过"所述的案发情况的来源有多种途径，大致可分为以下三种：（1）"认识"。是侦查人员通过阅卷，对各类证据进行审查分析综合后形成的对案发事实的认定。这部分内容源于证据但本身不是证据，是侦查人员对证据进行认识思维，加工制作后的认识结果，本质上属于主观意识的范畴。而我们知道，证据是人认识的对象，并非认识的结果，证据是没有主观性的，人的认识是不能创造出证据的。这部分属于"认识"的内容案卷内已有相关证据可以证实，所以，不需要也不允许再"重复作证"，而如果侦查人员"认识"错误，则反受其害。（2）"传闻"。起"弥补"作用的"传闻"是侦查人员通过向亲历案发情况的人询问后间接了解的案发情况（实践中预审人员所作的"弥补"均源于"传闻"，侦查人员所作的"弥补"不少也源于"传闻"），"传闻"属于第二手材料，由于没有注明情况的来源，不属"转述"，不成立传来证据，故不具有合法性，其本身不是证据。这部分内容虽然需要作证，但不应当采用"传闻"的形式，而应当由亲历者作证，不应当舍本求末以"传闻"替代证人证言。（3）"亲历"。是侦查人员单独或与他人共同亲历的案发情况。"亲历"部分本质上属于证人证言，然而，公安人员亲历了案发过程，那么只有以下两种选择：要么作为证人作证同时依法回避对本案的侦查工作，也就不可能再以侦查人员的身份制作"案发经过"；要么作为侦查人员不能作证而由其他亲历者作证，也就不需要再制作"案发经过"，因为侦查人员作为"在刑事诉讼中通过参加诉讼活动了解案件情况的人，不能作为证人"。[1] 我国《刑事诉讼法》规定办理本案的司法人员不得同时为证人，同时规定证人应为自然人，排除了单位作证。因而侦查人员或侦查机关不符合证人证言的主体要求。而如果将其"转化"为书证，也不能自圆其说：一是其表达方式为陈述性言词，其质证方式为宣读而非出示，明显有别于书证；二是如前所述，"案发经过"的形成期间和制作主体不符合书证的构成要件，因此，也就不能"转化"为书证。实践中，由于侦查人员一般不可能自始至终亲历案件的全部案发情况（因为案发情况一般发生于诉讼发生前，而侦查始于诉讼发生后），故"案发经过"只能是"认识"、"传闻"、"亲历"中的一种或是两种以上的混合物。其中，"认识"和"传闻"部分均不具有客观性，有违证据的实质真实要求，不具有证据效力；"亲历"部分虽具有客观性，但形式不合法，也不具有证据效力。同时，"案发经过"中起拾遗补阙作用的"亲历"与"传闻"混杂在一起，旁人难以分辨；又与"认识"交织在一起，而"认识"是侦查人员对各类案发证据（包括涉及案发事实的报案记录、被害人陈述、被告人

〔1〕 参见陈国庆、何秉群：《中国诉讼制度与改革》，中国人民公安大学出版社 2001 年版，第 284 页。

供述、证人证言、勘验、检查笔录等）的综合，对于这样一个"大杂烩"，我们很难将"案发经过"与哪一个法定的证据种类对上号。可见，将"案发经过"作为诉讼证据使用，在实践中将有很多的弊端。

从"证据"效应看，将"案发经过"作为证据使用必然导致实践中的混乱与弊端。（1）引发和助长审理案件中重"案发经过"、轻其他相关证据，甚至唯"案发经过"的现象。一些司法人员会认为，既然"案发经过"是书证，那么侦查机关提供的公文书证具有优先适用的效力；那么出自侦查机关的书证更可靠更权威；那么书证就是直接证据，就不需要与其他证据相结合便能证明待证事实。于是他们在案件的审理中，其他相关合法证据终成"弃儿"，这种做法又打击了司法人员搜集和补充其他合法证据的积极性，从而凸显"案发经过"、"唯我独尊"，甚至成为认定自首等案发情况的"唯一证据"。结果造成舍本求末，不利于全面搜集、审查和使用证据。（2）难以保证实体公正，助长司法腐败。将"案发经过"作为证据使用，并形成重"案发经过"的现象，等于是用"认识"和"传闻"来证实案情，这必然导致人们忽视事实，忘却根本，而忽视事实，必然不能保证实体公正。而且由于起拾遗补阙作用的"传闻"和"亲历"是"案发经过"的重要内容，案卷中往往无其他任何证据"佐证"，故无法保证其客观真实，无法达到"证据确实、充分"的要求。将诉讼发生以后所形成的"案发经过"作为书证使用，其制作人无需出庭作证，不利于查明案情，保证实体公正。我国刑事诉讼法规定，在诉讼发生以后所形成书面材料的证据主体，包括证人，鉴定人，勘验、检查笔录制作人等，都可经公诉人、被告人、辩护人、被害人等提请，审判长准许出庭作证。此外，唯"案发经过"现象的形成，也给司法腐败大开了方便之门。一个案件的自首等情节成立与否，关键在于"案发经过"怎么写，司法腐败者根本不需要伪造证据，只需在"案发经过"上做些文章就行了，对明明不是自首的，也可以"送"。（3）难以体现程序公正。在法庭上宣读"案发经过"，等于让本案的侦查人员同时向本案作证，这既与侦查人员的诉讼职责不符，也易引起人们的不信任；将不属侦查机关法定的法律文书作为书证使用，等于承认侦查机关、侦查人员在侦查活动中可以"制造"证明实体问题的书证，这是不可思议的；将不符合法定证据种类的"案发经过"作为书证使用，本身不符合程序公正的要求，也不利于维护司法公信。

综上所述，由侦查人员制作的"案发经过"不具备法定证据形式，因而不属于证据。

3. 犯罪嫌疑人的手机中奖短信，是否属于刑事诉讼中的证据？

【基本案情】

庄某等人利用手机进行诈骗活动。他们以手机号码中奖为诱饵，向大量手机用户密集发送短信，在得到回复后要求对方交付100元到300元不等的保证金才能领奖，骗取的款项一律汇至以借假身份证开立的银行账户上。在2004年6月至10月间，庄某等人共诈骗钱款共计13万多元。后经群众举报，公安机关经过周密侦查，将庄某一伙缉捕归案。同时，在收集证据的过程中，办案人员封存了多部受害人保存的诈骗短信的手机。庄某等人归案后订立了攻守同盟，一致否认诈骗事实。公安机关根据掌握的大量证据，将该案移交人民检察院审查起诉。人民检察院以诈骗罪对庄某等人提起公诉。在法庭上，公诉机关出示了多名受害人保存的庄某等人发出的手机中奖短信。被告人的辩护人提出，不能证明手机短信就是庄某等人所发。公安机关再次出示在庄某等人住处查获的多部手机，证实该手机号码即为发送中奖短信的手机号码；电信部门的用户协议上的签名经鉴定为庄某等人的笔迹。面对确凿的证据，庄某等人无法抵赖，没有逃脱法律的制裁。人民法院以诈骗罪对庄某等人分别判处了相应的刑罚。

【法理分析】

随着计算机和网络技术的发展，网络已成为人们生活和工作中不可或缺的一部分，与此同时因计算机网络引起的民事纠纷和刑事犯罪也不断增加。电子数据这一以高科技电子介质为载体的证据形式也随之进入司法领域，对我国原有的证据体系提出了新的挑战。电子数据与传统证据的区别在于：电子数据是指以电子形式表现出来的、可以证明案件事实的一切材料。目前司法实践中，经常碰到的电子数据主要有手机短信、电子邮件 E – mail 网上聊天等形式。相对于其他证据，电子数据具有高科技性和无形性、内容的易破坏性和不安全性、多媒体性和复合性、易保存性和传输快捷性以及反复重现性。

电子数据认证的标准包括三点：（1）关联性标准。也就是说所收集调查的电子数据应当与需要证明的案件事实或者其他争议的事实具有一定的联系。证据的相关性，不仅是解决证据资格即证明能力的实质标准，更是证据能否完成证明的核心，是证明力的惟一内容。（2）客观性标准。电子数据一大特点就是易破坏性和不安全性，因此保证电子数据的客观性是决定该证据是否得到采纳的关键。当然，要求电子数据具有一定的真实性，而不是绝对的真实性，因为电子数据所依赖存在的计算机和网络技术都不可能百分之百的不存在缺陷。（3）合法性标准。最新修正的《刑事诉讼法》明确地将电子数据列为一种独立的证据种类加以规定，彻底解决当前电子数据法律地位的问题。

由于电子数据表现形式的多样性，因此在收集时应区别对待：（1）手机短信形式电子数据的收集。近年来，手机短信成为人们的重要联络方式，由于其具有便捷性和隐蔽性，也被犯罪分子作为重要的犯罪手段和犯罪工具使用，如利用短信指挥犯罪活动或者直接进行诈骗活动。在这类案件中，若能收集该类证据，对证实案件往往起到一锤定音的作用，因为每个手机用户的手机号码和入网证号都是惟一的，短信发出后，接受者手机又能显示对方的手机号码。这样就可以确定发送者是谁，起到证实案件事实的作用。在收集该类证据时，可以采取以下方法：一是在接受信息者未将短信删除的情况下，直接将此信息予以储存，并将手机封存，作为最终审判的证据材料。二是在与案件有关的短信被删除情况下，可以通过手机短信运行商来调取短信内容。在收集时，可以通过运行商的储存信息将对应的手机短信的发送时间、双方手机号及内容打印出来，并由在场的工作人员签字盖章证实出处，以供侦查和审判中使用。（2）电子邮件形式电子数据的收集。电子邮件是基于因特网而产生的一种新型通信方式，其与传统的通信方式的区别在于，它把人们所要表达的意思转化为数字信号，并通过网络传输呈现在对方的电脑屏幕上。电子邮件在民事诉讼中已经得到确认，如我国《合同法》规定合同的书面形式包括电子数据邮件形式。在刑事诉讼领域中、司法机关的解释中也有所体现，但对如何收集并未规定。收集时应首先了解电子邮件的特征，电子邮件区别于其他形式电子证据的特点是每个电子邮件使用者必有一个电子信箱，而每个电子信箱其用户名、账户名以及密码是惟一的，纯电子邮件的信头都带有收发件人、网址及收发时间。任何人掌握了某一注册用户的用户名、账户名、密码，就可以收发或删除邮件。当然，对于一般人来说，直接在收件箱中修改文件并不是容易的事，因为收件箱中的文件为只读文件，拒绝修改。即使将其另存，也只改变其位置，并不能改变其属性。针对电子邮件的上述特点，在收集时必须有一个前提，即保证所收集的电子邮件是在安全环境下的邮件，也就是说该邮件所存在的计算机硬件运行系统是安全的，电子邮件没有遭到病毒或黑客侵袭，否则收集到的证据材料是缺乏意义的。要满足这种条件，收集的人员必须具备一定的计算机和网络技术，同时还要有一定的设备。在民事诉讼中，最高人民法院在《关于民事诉讼证据的若干规定》中规定了专家出庭作证的做法，这种做法在国外称为技术顾问制度。刑事诉讼中也可以借鉴这种制度，在收集电子证据中聘请专门技术人员进行收集，在出庭时由其对收集情况进行说明。专业人员收集时，可以通过打印或拷贝的方法将其固定起来，在法庭上可以通过多媒体示证的方式将电子邮件的内容及用户名等直接显示出来。（3）网络聊天形式电子数据材料的收集。网络聊天是随网络技术的发展出现的一种及时双向沟通的通信方式，主要有两种：聊天室聊天和QQ聊天。聊天室聊天是通过网站上开设的聊天室进行"一人对多人"的公聊，而QQ聊天是指"一对一"的私聊，相对于电子邮件来讲，存在的环境更加开放，收集起来更难。因此，在收集网络聊天证据时要收集三类证据：第一类是聊天内容证据，包括聊天对话的内容，也包括聊天者简单的个人信息，当然这些信息一般是虚假的，须借助收集到的上网IP地址及上网使用的网络进行佐证；第二类是系统环境证据，即我们借助的计算机硬件和软件数据是否正常，用以辅助证明网络聊天证据的可靠性；第三类是附属信息证据，如IP地址、所借助的服务器、上网账号、信息传递的路径等，从而将聊天者与某个特定的行为人联系起来。对于聊天内容，可以通过网络服务商以拷贝、打印的方式收集，在网络服务商未保存的情况下，可以从聊天者双方电脑记录中收集，并将其以拷贝或打印的方式固定下来。对于被篡改的聊天记录，可以聘请专门技术人员对其进行恢复，因为当前的技术足以证实每一次硬盘的擦写记录都可以进行恢复，计算机对文件的修改也不是完全意义的删除或覆盖。对此收集的证据，可以由相关专家出具鉴定结论的方式予以固定，在运用时可以作为再生证据加以运用。

在本案中，庄某等人利用手机进行诈骗活动，通过发送手机中奖短信诈骗钱财。公安机关在侦查过程中收集了受害人保存的手机短信作为证据，并封存了保存诈骗短信的手机。在诉讼过程中，这些短信作为电子数据和其他证据相结合有力地证明了庄某等人的犯罪事实，证明了电子数据在刑事诉讼活动中的证据价值。公安机关注意收集和保存手机短信电子数据的做法是正确的。

第三节　刑事诉讼举证责任

【规则要点】

公诉案件中被告人有罪的举证责任由人民检察院承担，自诉案件中被告人有罪的举证责任由自诉人承担。辩方在特殊情况下负举证责任。被告人有权举证证明无罪或罪轻。法院负有调查核实证据的责任，无举证责任。

【理解与适用】

一、刑事诉讼举证责任的概念与特点

所谓举证责任，是指当事人双方在诉讼过程中，提供证据以证明其主张之案件事实的责任。举证责任包含三层含义：第一，就事实主张提供证据的责任，又称为举证的行为责任；第二，用充分证据说明其事实主张的责任，又称为举证的说服责任；第三，当不能提供充分证据而且案件事实未能查清时承担不利后果的责任，又称为举证的结果责任。

刑事诉讼中的举证责任是指在审判过程中，控方向法庭提供证据以证明其主张之案件事实、指控的犯罪成立及其他定罪量刑情节，辩方在特殊情况下向法庭提供证据以证明被告人不构成犯罪、罪轻或者免予刑事处罚的责任。其主要有以下特点：

1. 控方承担举证责任。刑事诉讼中的举证责任通常由控方承担，这是刑事诉讼区别于民事诉讼"谁主张谁举证"原则的一个重要特征。现代刑事诉讼程序的一个原则是"反对强迫自证其罪"，即任何人不能强迫被告人作不利于自己的证言或强迫其承认犯罪。在此原则下，证明犯罪嫌疑人、被告人有罪的责任应当由控方承担，犯罪嫌疑人、被告人没有证明自己有罪、无罪的责任。公诉案件由公诉人承担；自诉案件由自诉人承担，被告人只在反诉的情况下承担。控方必须围绕犯罪的构成要件，提出充分的证据以达到证明被告人是否构成犯罪、构成何罪、罪重抑或罪轻的目的。

2. 辩方在特殊情况下负举证责任。控方承担举证责任，不等于被告人、辩方永远不承担举证责任。"有原则必有例外"，在某些情况下，依据法律规定，举证责任由被告方承担。这是举证责任的倒置。在国外，如被告人作精神病辩护或法律有特殊规定的，由被告人承担举证责任；我国刑法规定的巨额财产来源不明罪、非法持有型犯罪等亦属此类例外。[1]

3. 被告人有权举证证明无罪或罪轻。刑事诉讼需要依靠控辩双方平等对抗加以推进。如果被告人不能用反驳证据否定控方的指控证据，指控就会成立，被告人就会被定

---

〔1〕　参见沈志先主编：《刑事证据规则研究》，法律出版社 2011 年 8 月版，第 35 ~ 36 页。

罪。因此，面对控方的有罪证据，被告人为了使自己免受刑事追究，会积极提出抗辩，也有权利提供反驳的证据。从某种角度来说，这是举证责任的转移。这里的举证责任转移，并不是说刑事案件的证明责任转移给被告人，而是行为意义的举证责任转移。

4. 法院无举证责任，只是负有调查核实证据的责任。现代刑事诉讼的构造是控辩双方平等对抗，法官居中公正裁判的结构，因此刑事诉讼举证的主体是控辩双方，需要依靠控方提出证据以证明被告人有罪，辩方反驳提出证据以证明无罪或罪轻，双方平等对抗。法官不负举证责任，而是居中对证据进行调查核实，确认证据的效力，以查清案件之事实、是非之曲直，据此对被告人是否有罪、何罪、罪的轻重、应否处罚、如何处罚作出裁决。

二、刑事诉讼举证责任的立法现状

1. 举证责任的承担主体是控诉机关和负有举证责任的当事人，即公诉案件中的公诉人和自诉案件中的自诉人

我国最新修正的《刑事诉讼法》第49条规定："公诉案件中被告人有罪的举证责任由人民检察院承担，自诉案件中被告人有罪的举证责任由自诉人承担。"第190条规定："公诉人、辩护人应当向法庭出示物证，让当事人辨认，对未到庭的证人的证言笔录、鉴定人的鉴定意见、勘验笔录和其他作为证据的文书，应当当庭宣读。审判人员应当听取公诉人、当事人和辩护人、诉讼代理人的意见。"第204条规定："自诉案件包括下列案件：（一）告诉才处理的案件；（二）被害人有证据证明的轻微刑事案件；（三）被害人有证据证明对被告人侵犯自己人身、财产权利的行为应当依法追究刑事责任，而公安机关或者人民检察院不予追究被告人刑事责任的案件。"第205条规定："人民法院对于自诉案件进行审查后，按照下列情形分别处理：（一）犯罪事实清楚，有足够证据的案件，应当开庭审判；（二）缺乏罪证的自诉案件，如果自诉人提不出补充证据，应当说服自诉人撤回自诉，或者裁定驳回。自诉人经两次依法传唤，无正当理由拒不到庭的，或者未经法庭许可中途退庭的，按撤诉处理。"从以上规定可以看出，我国刑事诉讼举证责任的承担主体是控诉机关和负有举证责任的当事人，即公诉案件中的人民检察院和自诉案件中的自诉人。他们必须依照法定程序承担证明犯罪事实是否发生和犯罪嫌疑人或被告人有罪、无罪以及犯罪情节轻重的责任，这是举证责任理论中"谁主张谁举证"原则在刑事诉讼中的直接体现。就公诉案件而言，由检察机关代表国家对被告人提出有罪指控，作为控方的人民检察院，必须向法庭提供足以证明被告人有罪的确实、充分的证据，并派员出庭支持公诉。检察机关派员出庭支持公诉向法庭充分展示证据，以说服法官相信其控诉证据是确实充分的。如果检察机关提出的证据不足，人民法院应依法宣告被告人无罪。这意味着检察机关败诉。检察机关所承担的证明犯罪的责任，是一种完全的、绝对的责任，在任何情况下都不能推卸给他方。就自诉案件而言，自诉人对被告人进行有罪指控，也必须提供足以证明被告人有罪的确实、充分的证据。对于已经立案，经审查缺乏罪证的自诉案件，如果自诉人提不出补充证据，法庭应当说服自诉人撤

回起诉或者裁定驳回起诉。

2. 犯罪嫌疑人、被告人不负证明自己无罪的责任，但有权提出证据证明自己无罪或罪轻

犯罪嫌疑人一旦被采取强制措施后，就失去了人身自由，他不具有收集证据的条件。基于此，法律并不强制他承担证明自己无罪的责任。但是这不是说犯罪嫌疑人、被告人就无权举证。在控方完成了举证责任之后，被告人就面临被定罪的可能性。如果被告人不能用反驳证据否定控方的指控证据，指控就会成立，被告人就会被定罪。面对控方的有罪证据，被告人为了自己免受刑事追究，就会提供反驳证据，这是其举证证明无罪或罪轻的权利，是举证责任的转移，或者说是行为意义的举证责任转移。我国最新修正的《刑事诉讼法》第 192 条规定："法庭审理过程中，当事人和辩护人、诉讼代理人有权申请通知新的证人到庭，调取新的物证，申请重新鉴定或者勘验。公诉人、当事人和辩护人、诉讼代理人可以申请法庭通知有专门知识的人出庭，就鉴定人作出的鉴定意见提出意见。"最高人民法院《关于执行〈中华人民共和国刑事诉讼法〉若干问题的解释》[1] 第 140 条规定："被告人、辩护人、法定代理人经审判长准许，可以在起诉一方举证提供证据后，分别提请传唤证人、鉴定人出庭作证，或者出示证据、宣读未到庭的证人的书面证言、鉴定人的鉴定结论。"显然，上述法律和司法解释的条文明确了被告人、辩护人在审判过程中有权举证证明自己无罪或罪轻。这也是为了充分调动犯罪嫌疑人、被告人进行抗辩的积极性、保证诉讼得以顺利进行。我国最新修正的《刑事诉讼法》第 35 条规定："辩护人的责任是根据事实和法律，提出犯罪嫌疑人、被告人无罪、罪轻或者减轻、免除其刑事责任的材料和意见，维护犯罪嫌疑人、被告人的诉讼权利和其他合法权益。"如果辩护人不能提出证明犯罪嫌疑人、被告人无罪、罪轻或者减轻、免除其刑事责任的材料和意见，那么其辩护就难以获得成功。

3. 法律规定的举证责任倒置——被告人承担举证责任

犯罪嫌疑人、被告人一般不承担举证责任，但在少数法律推定有罪的特定案件如巨额财产来源不明案件、非法持有型犯罪中，犯罪嫌疑人和被告人也负有证明自己无罪的责任。我国《刑法》第 395 条第 1 款明确规定："国家工作人员的财产、支出明显超过合法收入，差额巨大的，可以责令该国家工作人员说明来源，不能说明来源的，差额部分以非法所得论，处五年以下有期徒刑或者拘役；差额特别巨大的，处五年以上十年以下有期徒刑。"在巨额财产来源不明案件中，立法者出于严厉打击贪污贿赂犯罪的需要，规定由被告人承担举证责任。只要被告人不能用充分的证据证明其巨额财产有合法来源，法官就可以推定那些财产是非法所得。《刑法》第 128 条第 1 款规定的非法持有、私藏枪支、弹药罪，以及《刑法》第 130 条规定的非法携带枪支、弹药、管制刀具、危险物品危及公共安全罪，只要执法人员在不符合配备、配置枪支、弹药条件的人员身上或住处查获了枪支、弹药，在不能携带枪支、弹药、管制刀具、危险物品进入公共场所

---

〔1〕 以下统一表述为《刑事诉讼法司法解释》，编者注。

或者公共交通工具的人员身上查获上述物品，就可以认定是非法持有、私藏或携带，除非持有或携带人用证据证明其行为的合法性或合理性。《刑法》第 282 条第 2 款规定："非法持有属于国家绝密、机密的文件、资料或者其他物品，拒不说明来源与用途的，处三年以下有期徒刑、拘役或者管制。"这条规定的非法持有国家绝密、机密文件、资料、物品罪，其客观方面表现为非法持有属于国家绝密、机密的文件、资料或者其他物品，拒不说明来源与用途的行为。这里的"拒不说明来源与用途"，是指在有关机关责令说明其非法持有的属于国家绝密、机密的文件、资料或者其他物品的来源与用途时，行为人拒不回答或者作虚假回答。显然本罪的构成要件必须是行为人非法持有属于国家绝密、机密的文件、资料或者其他物品，但拒不说明来源与用途，即被告人应当承担说明非法持有属于国家绝密、机密的文件、资料或者其他物品的来源与用途的责任，否则构成本罪。《刑法》第 348 条规定的非法持有毒品罪，客观方面表现为非法持有较大数量毒品的行为。这里的"非法"是指违反国家法律和主管部门的有关规定，"持有"是指对毒品实际占有、携有、藏有或者以其他方式持有毒品的行为，"数额较大"是指鸦片 200 克以上、海洛因或者甲基苯丙胺 10 克以上或者其他毒品数量较大。在非法持有毒品罪案件中，只要执法人员在嫌疑人身上查获了毒品，就可以认定是非法持有，除非嫌疑人用证据证明持有的合法性或合理性。[1]

4. 司法解释关于非法证据排除认定的举证责任倒置——公诉人承担举证责任的规定

我国最新修正的《刑事诉讼法》第 50 条规定："审判人员、检察人员、侦查人员必须依照法定程序，收集能够证实犯罪嫌疑人、被告人有罪或者无罪、犯罪情节轻重的各种证据。严禁刑讯逼供和以威胁、引诱、欺骗以及其他非法方法收集证据，不得强迫任何人证实自己有罪。"长期以来，在司法实践中，被告人当庭翻供是司法机关最为头痛的问题之一。从实践来看，被告人往往把当庭翻供的原因归结为在侦查阶段受到了刑讯逼供。这就使得控辩双方往往就此产生相当大的争议。控方往往认为被告人是在当庭撒谎，意图推翻真供逃避刑事追究，因此主张以其庭前供述为定罪的根据；辩方则往往认为是控方的刑讯逼供等非法取证手段导致被告人在庭前作了假供，其庭上的供述才反映了案件真实情况，因此主张应以其庭上供述为定案的根据。而审判人员面对这种局面，也往往难以决断。无论控辩双方的主张如何，我国司法实践中还存在刑讯逼供等违法取证现象却是不争的事实。

针对刑讯逼供案件如何分配举证责任的问题，比较一致的意见就是，在我国刑事司法中，应当借鉴外国法律对刑讯逼供举证责任的合理规定，在涉及是否有刑讯逼供时，不是由提出存在刑讯逼供事实的被告人承担证明责任，而是实行举证责任倒置，由检察机关证明不存在刑讯逼供。当然，主张刑讯逼供的被告人也应该承担提出一些表面证据的责任（自由证明），使法官有理由相信刑讯逼供存在的可能，但最重要的举证责任（严格证明）则由检察机关来完成。虽然这样做可能会降低侦查机关的侦查能力，对打

---

〔1〕 何家弘：《刑事诉讼中举证责任分配之我见》，载《政治与法律》2002 年第 1 期，第 69 页。

击犯罪不利，但从长远来看，这样做却有利于促使侦查机关合法行使职权，增强司法威信。这是因为被告人相对于警察来说，力量相差悬殊，而且警察在对被告进行刑讯逼供时，被告人通常被限制了人身自由，极少有其他旁证和证人证言；如果警察不承认或者互相推诿，仅凭被害人的陈述又无法证明，那么就会出现诸如被告人被非法关押、殴打却无人承担刑事责任的极不公正的情形。举证责任倒置的基本原则就是在他方当事人出现难以收集证据，难以举证情形时对其提供保护的公正诉讼原则。根据这一原则，在刑讯逼供案中适用举证责任倒置是可行的。

最高人民法院、最高人民检察院、公安部、国家安全部、司法部《关于办理刑事案件排除非法证据若干问题的规定》[1] 针对通过刑讯逼供等非法手段获取的言词证据的举证责任分配问题，采纳了类似的观点。"两高三部"《排除非法证据规定》第 6 条规定："被告人及其辩护人提出被告人审判前供述是非法取得的，法庭应当要求其提供涉嫌非法取证的人员、时间、地点、方式、内容等相关线索或者证据。"这一条文规定了主张刑讯逼供的被告人及其辩护人的举证责任，启动证据合法性调查程序的初步责任由被告人及其辩护人承担。由被告人承担初始推进的举证责任的理由在于：第一，国家追诉机关行为具有假定的合法性。一般而言，国家追诉机关是依法行使权力的，其权力行使违法只是一种例外；如果不对其行为的合法性提出异议，其行为是否合法的问题将不在诉讼中加以考虑，国家追诉机关也无须证明其行为的合法性。因此，被告人应当提出刑讯逼供事实存在的初步证据。第二，基于诉讼效率的考虑。如果只要被告人以刑讯逼供为由当庭翻供，法官都要进行审查，这会极大地阻碍原案的诉讼进程，耗费大量的司法资源，也为不法分子随意扰乱法庭审判，拖延诉讼提供了借口。根据"两高三部"《排除非法证据规定》第 7 条第 1 款规定，经审查，法庭对被告人审判前供述取得的合法性有疑问的，公诉人应当向法庭提供讯问笔录、原始的讯问过程录音录像或者其他证据，提请法庭通知讯问人员出庭作证，对该供述取得的合法性予以证明。公诉人当庭不能举证的，可以根据刑事诉讼法的规定，建议法庭延期审理。这一条款明确了应由公诉机关对被告人的审判前供述的合法性负举证责任和因举证不能时应该承担不利后果的责任。在刑事诉讼中，公诉机关承担提供证据证明被告人犯罪的职责，对于被告人及其辩护人所提供被告人庭前供述系非法取得的线索或者证据，同样承担证明被告人庭前供述系合法取得的举证责任。在控方不举证或者已提供的证据不够确实、充分的情况下，则应当承担不能以该证据证明指控的犯罪事实的法律后果和责任。由控方承担刑讯逼供事实不存在的举证责任的理由在于：第一，当国家追诉机关行为的合法性受到质疑时，具有假定的行为合法性特征的国家追诉机关便有责任证明其真正的合法性。同理，当怀疑有刑讯逼供行为时，追诉机关当然要提出刑讯逼供事实不存在的证据。第二，控方具有较强的举证能力，显然也处于举证的便利位置，这也是举证责任分担中需要考虑的一个技术性因素。诉讼中举证能力较强的一方应该承担较多的举证责任；反之，则承担较少的举证

---

〔1〕 以下统一表述为"两高三部"《排除非法证据规定》，编者注。

责任。相比检察机关、公安机关，被告人由于人身自由被限制很难进行举证，即使确实存在刑讯逼供事实，也难以证明，而且被告人通常也缺乏必要的法律常识和技能进行取证，但是如果由控方证明其不存在则相对容易。这种力量的悬殊对比决定了审判中证明自身行为合法性的负担必然置于控方。第三，这种制度安排可以提醒检控人员在讯问犯罪嫌疑人、被告人时，节制诉讼手段，杜绝刑讯逼供手段的使用。第四，这种制度促使追诉机关对某些其一贯抵制的如律师在场制度、警察出庭作证等诉讼制度产生内在的需要，有利于整个刑事司法制度的完善、程序价值的彰显、刑事诉讼人权保障机能的强化。

需要说明的是，这里所说的举证责任倒置，是由具体事实主张的相对方承担举证责任，即由公诉人承担举证责任。被告人是提出非法证据排除的启动方、主张者，其举证的责任较轻，只需提供涉嫌非法取证的人员、时间、地点、方式、内容等相关线索或者证据，如果无法提供，不是说非法取证行为就不存在，也并不必然对其产生不利的后果。

三、刑事诉讼举证责任的实践操作

（一）控方举证责任的范围及程度

控方指控被告人犯罪，需要对其主张的每一节事实在举证时遵循全面举证、有效举证、举证解说等规则。

在控方举证的范围上，要注意把握以下几个方面：一是针对性。应当围绕指控的犯罪事实和情节举证，围绕犯罪的构成要件、事实情节提供证据证明被告人的行为是否构成犯罪，构成什么犯罪，罪行轻重。二是全面性。控方应提供证明其指控的事实和情节的全部证据，包括对被告人有利和不利的证据，证明被告人罪重或罪轻、从重或从轻等量刑情节的证据。三是有效性，举证方从证据的"三性"（客观真实性、合法性、关联性）证明其所举证据的效力。

在控方举证证明的程度上，要达到证据确实充分。这既包括对证据质的要求也包括对证据量的要求。"两高三部"《死刑案件证据规定》第5条对"案件事实清楚，证据确实、充分"作了细化规定：一是定罪量刑的事实都有证据证明；二是每一个定案的证据均已经法定程序查证属实；三是证据与证据之间、证据与案件事实之间不存在矛盾或者矛盾得以合理排除，强调必须排除其他可能性；四是共同犯罪案件中被告人的地位、作用均已查清；五是根据证据推断案件事实的过程符合逻辑和经验规则，由证据得出的结论惟一。以上五项必须同时具备，才能认为证据达到确实充分的程度，这一要求也应适用于办理其他案件。

在审判实践中，往往会遇到控方举证不力的情况，公诉机关对案件相关事实情节未举证或举证欠缺，如遗漏被告人身份证明、前科劣迹、自首、立功等证据材料，甚至对定罪的关键证据未尽举证责任，或者对犯罪构成要件的认识产生偏差而未能完成其举证责任，等等，给案件的处理带来了消极影响。对此，法庭应当当庭向控方提出，明确要求公诉机关补充举证，必要时进行补充调查核实，对于不能补充举证或证据不足的，应当依据现有证据依法作出认定或不予认定的裁决。

（二）举证责任转移的实践操作[1]

实践中，刑事诉讼中的举证过程是，首先由控方对作为证明对象的事实要素提供证据加以说明，当控方证明到一定程度时，法官就会经推理得出案件事实主张成立的临时心证；如果辩方不进行强有力的反驳，法院只能判定控方主张的事实成立，被告人败诉。在这种情况下，辩方就会积极地提出与控诉方相反的事实主张，并提供证据加以证明，因而也就会使案件更加明朗，更接近于真实情况。辩方履行此项举证责任的目的，就是指出控方证据的虚假和矛盾而使其证明难以成立，或者提出相反的事实主张来抵消控诉方的事实主张，以使举证责任恢复到由控方承担。举证责任的转移是控方履行举证责任进行的证明达到一定程度时所产生的法律效果，有利于查明案件的真实情况，也是法官运用司法判断权对证据进行初步认定的结果；如果没有相反证据来推翻这一认定，那么将确认其真实性并作为定案的依据。

一般情况下，只有在被告人及其辩护人针对控方的指控提出新的主张，直接影响到罪与非罪或量刑轻重的认定，而这一事实并未被控方所掌握时，才产生举证责任的转移，举证责任由控方转移到辩方，被告人及其辩护人需要对其提出的积极抗辩事由承担一定的举证责任。如果被告人不能举证证明其辩护主张具有合理的可能性，那么法官很可能要根据控诉方所指控的事实判被告人有罪。在举证责任转移至辩方情况下，辩方所承担的举证责任或证明标准较控方的要求要低，提供相关证据或线索并达到优势证明标准即可。对于被告人的辩解和辩护人的意见，法院应当要求被告人及其辩护人提供相关证据或线索，并及时予以核实。如果被告人无罪或罪轻的辩解得到相关证据印证，应当作为否定犯罪事实的依据或者从宽处罚的依据。被告人没有提供相关证据或线索，或提供的证据和线索无法查实的，法院要综合全案证据作出判断。主要有以下几种情况：

1. 被告人根本不可能实施指控犯罪行为的事实主张。例如，案发时被告人不在犯罪现场，这种情况比较典型。对此，被告人就应该承担举证责任，即举出证据证明他案发时不在犯罪现场，而在另外一个地方。

2. 被告人独知的事实。依据某种只有他自己知道的事实而提出某种主张的当事人必须证明他所依据的事实，否则将承受不利的法律后果。一般来说，被告人独知的事实，由控方证明往往难度较大，而且该事实对于案件的查明属于关键问题，因此基于经验法则以及证据距离、举证难易的考虑，理应由被告人对其独知的事实承担证明责任。

3. 被告人主张不可抗力、意外事件、无意识、正当防卫、紧急避险等阻却违法性及有责性的事由。例如，不可抗力是指行为在客观上虽然造成了损害结果，但不是由于故意或过失，而是由于不能抗拒的原因所引起的情形。如驾驶人员驾车行驶在马路上，由于机械突然出现故障使汽车失去控制撞死、撞伤行人。对刹车失灵这一不可抗拒的外

---

〔1〕 参见沈志先主编：《刑事证据规则研究》，法律出版社2011年8月版，第53~55页。

力，被告人有责任提出证据予以证明，否则很可能被判有罪。

4. 被告人主张精神不正常的事实。对人们的行为一般都推定为在神志正常的状态下进行的，基于这一推定，控方在指控某人犯有罪行时，对被告人犯罪时的精神状态的正常性是不承担任何举证责任的。一旦辩方提出被告人实施行为时精神错乱，实际上是对这一推定的否定。因而举证责任就必然落在辩方肩上。一般认为被告人对其所控制和掌握的有关自己的情况特别是自己在犯罪行为发生时的精神状态比控诉方更易于提供证明。

5. 被告人提出侦查人员或执法人员行为违法性的事实主张。例如，被告人之所以实施被指控的犯罪行为，是因为掉进公安人员的"侦查陷阱"。

6. 被告人先前行为的犯罪性导致其对后续行为承担举证责任。在贪污受贿案件中，被告人常常辩称所得的赃款没有非法据为己有，而是为公请客送礼支出，总之没有装入自己腰包，要求宣告无罪或从轻处罚。在这种情况下，随之而来就产生了被告人对其主张进行证明的责任；被告人有义务说明其转移所有权的行为是一种非个人意图和实际用途，如果被告人不履行或不能有效履行这一证明责任，应当推定其非法占有，即据为己有。被告人履行证明责任的表现是举出具体的原因、时间、地点、经过、证明人等。这些情况经查可以证实，或者即使难以印证，但其陈述符合情理，可能性很大，就可以认为嫌疑人完成了举证责任。

（三）举证责任倒置的实践操作[1]

举证责任倒置一般由法律以推定的形式明确规定，即举证责任由被告人或者具体事实主张的相对方承担，换言之，这是举证责任的特殊、例外情形。

1. 巨额财产来源不明案件的举证责任倒置。在审理巨额财产来源不明案件中，只要被告人不能用充分的证据证明其巨额财产有合法来源，法官就可以推定那些财产是非法所得，当然在此类案件举证责任倒置的情况下，公诉方仍应承担初始推进性的举证责任。公诉方只要用证据证明被告人的财产或支出明显超过合法收入，差额巨大，就完成举证责任，此后，案件中主要的举证责任便由被告人承担。

2. 非法持有型犯罪中的举证责任倒置。在非法持有型犯罪（包括非法持有毒品罪，非法持有、私藏枪支、弹药，非法携带枪支、弹药、管制刀具、危险物品危及公共安全罪，非法持有国家绝密、机密文件、资料、物品罪等）案件中，只要执法人员在犯罪嫌疑人身上、住处等处查获了毒品（或枪支、弹药、国家绝密、机密文件、资料、物品等），就可以认定犯罪嫌疑人是非法持有（或私藏、携带），除非其用证据证明其行为的合法性或合理性。具体来说，如果被告人声称有合法理由携带、存放，或者说是别人为陷害他而在他不知晓的情况下放在他身上、包里或住处等，那么他对这一事实主张就要承担举证责任。如果他不能用证据证明其携带的合法性或合理性，法院就可以推定其行为属于非法持有（或私藏、携带）并判其有罪。换言之，在被告人是否"非法"持有

---

[1] 参见沈志先主编：《刑事证据规则研究》，法律出版社2011年8月版，第56~57页。

（或私藏、携带）的问题处于事实不明的状态时，被告人就要承担不利的诉讼后果。

3. 对刑讯逼供等非法手段取证的举证责任倒置。对涉及刑讯逼供等非法手段取得的被告人供述，实行举证责任倒置，即由公诉机关证明不存在刑讯逼供等非法手段。依据"两高三部"《排除非法证据规定》的相关规定，在实践中，应当把握好以下方面：其一，启动的初步责任。程序启动的初步责任指提出刑讯逼供事实存在的初步线索或证据，证明有必要启动排除程序。对其证明标准应当做较低的要求，如优势证明的标准，使法官认为刑讯逼供事实存在的可能性大于不存在的可能性时，被告人就完成了举证责任。根据"两高三部"《排除非法证据规定》第6条的规定，被告人及其辩护人提出被告人审判前的供述是非法取得的，法庭应当要求其提供涉嫌非法取证的人员、时间、地点、方式、内容等相关线索或者证据，即证据合法性调查程序的初步责任由被告人及其辩护人承担。当然，法庭应当对非法言词证据线索进行初步的审查，以防止被告人及其辩护人任意启动排除程序。一旦法庭发现被告人及其辩护人提供的非法言词证据的线索和异议明显不成立的，可以不再进行独立的调查，直接对指控的犯罪事实进行审理，以便提高庭审效率。其二，控方的举证责任。在刑讯逼供案件中，被告人完成程序启动的初步责任，法庭初步审查之后，控方即应承担刑讯逼供事实不存在的举证责任，如果其不能有效证明，则推定刑讯逼供事实存在。当然这并不意味着控方在每一案件中都需要主动证明被告人的供述具有合法性。原则上，控方的证明必须以辩方提出异议为前提，并且如果控方不坚持适用该供述作为定案的根据，就不存在法庭质证和排除的问题。其三，法院的查实责任。如果被告人及其辩护人提出被告人审判前的供述是非法取得的，并提供涉嫌非法取证的人员、时间、地点、方式、内容等相关内容线索或者证据，而公诉机关针对被告方的主张提出如讯问录像等相关证据，法庭应当根据双方所提出的证据，结合案件其他相关证据，综合分析认定，以查明案件事实。

（四）刑事自诉案件的举证责任

我国最新修正的《刑事诉讼法》第205条规定："人民法院对于自诉案件进行审查后，按照下列情形分别处理：（一）犯罪事实清楚，有足够证据的案件，应当开庭审判；（二）缺乏罪证的自诉案件，如果自诉人提不出补充证据，应当说服自诉人撤回自诉，或者裁定驳回。自诉人经两次依法传唤，无正当理由拒不到庭的，或者未经法庭许可中途退庭的，按撤诉处理。"可见，自诉案件原则上应由自诉人负举证责任。自诉人在提出起诉时，必须提供必要的证据，如其提不出确实充分的证据，则要承担败诉的风险。刑事自诉案件审理中，应当把握好以下方面：首先，自诉人有自己的具体的诉讼主张，该主张既限定了人民法院审理的范围，也是自诉人履行举证责任的对象；其次，自诉人对其起诉主张必须承担提供证据加以证明的责任，该责任履行与否是人民法院决定是否受理自诉人起诉的重要条件；最后，自诉人提出证据后，举证责任并未卸下，他必须在整个诉讼过程中积极履行说服责任，即运用已经提出的证据尽量去影响法官，使得法官最终作出被告人有罪的认定。如果自诉人未能完成举证责任或者其举证责任行为未能使法官形成对其有利的心证，自诉人就应承担败诉的不利后果。因此自诉人是自诉案件举证责任的承担者，在自诉案件中被告不负举证责任，仅在例外情形下或者当被告人提出反诉时，被告人才成为举证责任的承担者。

【典型案例分析】

1. 犯罪嫌疑人涉嫌犯诽谤罪，诉讼中的举证责任应当如何分担？

【基本案情】

郎某为某市的无业人员，终日无所事事。2004年6月，郎某听说住所附近的一家饭店要转让，地段和装修都不错，转让费20万元。郎某动了念头，但又苦于没钱盘店。一次，在与朋友闲聊的过程中，郎某听说李某是一家大企业的老板，拥有巨额资产，于是异想天开，想向李某借钱开店。2004年7月某日，郎某到某私营企业主李某的办公室，向李某提出要求借款30万元。李某因与郎某素不相识，不同意借款给郎某，并向公安派出所报警，派出所派员将郎某驱赶出该企业。郎某就此怀恨在心，伺机报复。此后，郎某将道听途说到的内容，冒用该企业女员工张某男朋友的名义落款，编写成大字报，称：李某与该企业女工张某有不正当两性关系，并且有一私生子；李某在汽车里同女人乱搞被某镇联防队抓住罚款等；请有关领导挽救一下李某，不要让他再破坏自己与张某的恋爱关系，等等。郎某叫人把以上内容抄成大字报，于2004年9月某日凌晨，把上述内容的4张大字报分别贴在李某企业的大门外、该企业员工公寓大门外、该镇政府大门外及该镇菜场大门外。李某在次日早上发现大字报后，即派人揭下。李某了解到大字报系郎某所为后，向法院提起自诉，要求追究郎某诽谤罪的刑事责任。被告人郎某辩称：这些大字报是我贴的，大字报内容是听别人说的，是否属实不清楚。郎某辩护人的辩护意见是：郎某的行为尚不构成诽谤罪。1.有多名证人证言证实李某与其企业的女工有不正当两性关系，存在大字报上所写有非婚生子的事实，郎某并非捏造事实。2.上述证人证言说明李某的生活作风之事，在郎某贴大字报之前已是众所周知，大字报没有造成"恶劣影响"，不能认为是"情节严重"。

【法理分析】

我国《刑法》第246条规定："以暴力或者其他方法公然侮辱他人或者捏造事实诽谤他人，情节严重的，处三年以下有期徒刑、拘役、管制或者剥夺政治权利。前款罪，告诉的才处理，但是严重危害社会秩序和国家利益的除外。"根据上述法律规定，所谓诽谤罪，是指故意捏造并散布某些虚构的事实，足以破坏他人名誉，损害他人人格，情节严重的行为。对于本案郎某的行为是否购成诽谤罪，应从以下两个方面进行分析：

1. 对所散布内容是否属实的举证责任

在《刑法》中对构成诽谤罪的客观方面要件作了规定：（1）要有捏造某种事实的行为。即诽谤他人的内容必须是捏造和虚构的。即要求"被散布的内容必须不是客观存在"，如果散布的内容是客观存在的事实，即使有损于他人的人格，也不构成本罪，而是名誉侵权行为。（2）要有散布捏造事实的行为。（3）诽谤行为是针对特定人所进行的。由于诽谤涉及的内容通常是不公开的，隐秘的，往往不为人所知，在审判实践中对该内容是否属"虚构"的认定往往比较困难。其中如男女关系，按通常理解，非婚姻的男女之间交往密切尚不能指责他们有男女关系，只有在他们之间存在不正当性关系时，才是人们通常所说的男女关系。但证实这种男女关系，除了有人证实亲眼所见或用照相、录像、录音等手段固定证据或对所生子女进行 DNA 鉴定等来认定外，其他诸如风言风语的传闻、人们感觉中的想象等都不能成为法律上的事实。而要证实男女关系是否存在却是比较困难的；指控方一般很少能拿到确凿的证据，而另一方似乎也难能证实自己的清白，因为证实自己清白的方式只是自己及被指为男女关系的另一方都声明自己是清白的，但自己本身作为利害关系人的辩白，所具有的证明效力又有限；针对那些没有指明具体时间、地点等细节的诽谤，无法通过其他旁证用排除法来证明，法院无法采信。如本案就属这种情况，按辩护人提供的十几个人的证言，都只是证明说知道李某有这种事，但没有一个证实是亲眼所见或直接证实的。

诽谤罪属于自诉案件。我国《刑事诉讼法》规定自诉人起诉必须提供有能证明被告人犯罪事实的证据。这一规定已经明确：证明被告人犯罪的责任在自诉人一方，而不是由法院查证。对于证明诽谤内容是真实还是虚构的举证责任分配，则应由被告人承担举证责任。被告人如认为自己言行不构成诽谤罪，其应该对自己所散布言论负责，举证说明其真实性，应言责自负；其散布内容是否真实，不应由相对方来反证其是不真实的。被告人如不能证明所散布的内容是客观存在的，就应承担诽谤罪责任。诽谤行为（捏造、虚构、散布）和诽谤内容（所散布的虚假事实）两者的结合组成诽谤罪构成要件的客观方面。按照法理上举证责任分配原则，在法律要件事实存否不明的情形下，如该法律要件事实属于权利发生法律要件事实（作为诽谤罪来讲，就是控诉方要求追究诽谤罪权利形成所须具备的该罪构成要件事实；所须要件齐备，追究权形成），由主张权利存在的人负举证责任。而当该法律要件事实属于权利妨害、权利受制（如被告人主张自诉人追究诽谤罪的权利不成立，就属于妨害、制约追究权成立的情况）或权利消失的法律事实时，则由主张权利不存在的人负举证责任。被告人把真实作为对其诽谤指控的抗辩理由，被告人主张对其指控的诽谤罪不成立，其就应证明所散布的事实是客观存在的。民事上的诽谤侵权行为与诽谤罪的区别，是由于"情节严重"这个量的指标发生变化而引起民事与刑事性质的变化。但两者都是诽谤行为，若要进行民事诉讼，对应由散布者来举证证明其散布内容真实，从而否认是诽谤；这样分配举证责任符合谁主张、谁举证的原则。当然，即使所散布内容为真实，公布他人隐私也是侵权。无论民事还是刑事，被告人应对自己散布的言论负责，对散布事实的真实性负举证责任。

2. 如何认定诽谤罪中的"情节严重"

诽谤罪的构成中必须达到"情节严重"。对于"情节严重"，一般理解为是手段恶劣，后果严重，影响很坏的情形。关于手段恶劣，即散布诽谤内容的手段，一种是言语散布；另一种是用文字散布，即用大字报、小字报、图画、报刊、图书、书信等方法散布。为了达到使诽谤内容传播得广，使被诽谤人受打击大而采用的手段，应可认定为手段恶劣。本案中被告人采用在企业门口、政府门口、菜场门口、职工宿舍楼门口张贴大字报即为手段恶劣。关于后果严重，如造成被诽谤人自杀、精神失常、失去生活工作能力、神情恍惚而发生意外事故等等，应可认定为后果严重。关于影响很坏，主要是指造成恶劣的政治影响、社会影响。

在本案中，被告人郎某故意捏造并散布虚构的事实，破坏他人名誉，损害他人人格，其行为已构成诽谤罪。辩护人所举证人证言内容均没有直接证实大字报内容是确有其事，又未能提供其他证据予以证实，被告人郎某也已承认这些内容是听说的，是否属实不清楚，应认定这些事实是虚构的；被告人郎某采用贴大字报的手段，将道听途说的内容公之于众，造成一定社会影响，足以并已经破坏他人名誉，损害他人人格，应当被认定为情节严重。因此，法院对于辩护人意见应当不予采纳，对被告人郎某以诽谤罪定罪量刑。

2. 在刑事诉讼中，对于犯罪构成要件事实应当由哪方承担举证责任？[1]

【基本案情】

汪某在明知不法分子区伟某、区丽某参与毒品犯罪并企图将违法所得转为合法收益的情况下，仍建议并参与其将毒品犯罪所得用以购入工厂经营为合法收益的犯罪活动。2002 年 8 月，汪某及区伟某、区丽某用毒品犯罪违法所得 520 万港币（折合人民币 550 万元）购得广州市百叶林木业有限公司的 60% 股权后，将该公司更名为广州市腾盛木业有限公司，由区丽某任法定代表人，汪某任董事长，以经营木业贸易为名，采用制造亏损账目的手段，为区伟某、区丽某掩饰、隐瞒其违法所得的来源与性质。公诉机关认为，汪某的行为触犯了《刑法》第 191 条的规定，已构成洗钱罪；并认为汪某曾因犯罪被判处有期徒刑，刑罚执行完毕后五年内再犯罪，是累犯，应当从重处罚。

在法庭上，被告人汪某辩解，他并不知道区伟某的投资款就是贩毒款，也不清楚区丽某收购公司后在经营中虚假作账；被告人汪某的辩护人认为，洗钱罪的前提必须是被告人明知是毒品犯罪的违法所得，本案认定被告人明知区伟某的投资款是贩毒所得证据不足，不构成洗钱罪。

在庭审过程中，公诉人提交了证人许某、廖某、麦志某、麦俊某、陈某、徐某的证言，汪某、区伟某的供述，《股权转让协议书》、营业执照、报账材料等有关书证，以及作案现场和赃物照片等物证，加以证明。

【法理分析】

在刑事诉讼中有关案件事实原则上由控方（包括公诉人和自诉人）承担证明责任，而辩方享有证明被告人无罪或罪轻的权利；同时这并不排除法律特别规定由辩方承担证明责任的做法，即辩方在例外情况下也承担一定的证明责任。另外需要申明的是，控方原则上承担证明责任并不意味着只能通过证据来证明，对于某些案件事实也可以通过免证方法来证实。

具体到本案中，有关被告人汪某是否实施了洗钱罪的案件事实应该说是控方的证明

---

〔1〕 参见刘品新：《刑事证据疑难问题探索》，中国检察出版社 2006 年 5 月版，第 240～242 页。

责任，控方需要举证证明被告人汪某明知区伟某的投资款就是贩毒款，而实施了掩饰、隐瞒这一违法所得及其收益的行为，即控方需要对犯罪客观方面、犯罪主体与犯罪主观方面承担证明责任，而对犯罪客体则由法官直接认定。其中关于被告人汪某是否明知贩毒款的这一主要争议事实，既可以由法官根据控方举出的间接证据作出推理，也可以由法官根据经验法则进行推定。

本案例是我国审理的第一起洗钱犯罪案件。事实上，负责本案主审的广州市海珠区人民法院正是按照这一思路处理的。该院审查控方在提出下列证据的基础上，对被告洗钱的犯罪事实作出了认定。这些证据包括：（1）证人许某的证言。主要内容是：汪某于2003年8月协助区丽某、区伟某以520万元港币购买他和廖某占有的广州百叶林木业有限公司的60%股份。（2）证人廖某的证言。主要内容是：汪某于2003年8月伙同区丽某、区伟某一起在广州市黄浦广东明晗律师事务所以区丽某的名义用520万元港币，购买许某和自己占有的广州百叶林木业有限公司的60%股份。（3）证人麦志某、麦俊某父子的证言：主要内容是：他们占有的广州百叶林木业有限公司的40%股份。汪某于2003年8月协助区丽某、区伟某以港币520万元购买许某和廖某占有的广州百叶林木业有限公司的60%股份，后将其改为广州市腾盛木业有限公司，由区丽某操纵公司财务，对公司财务进行控制，汪某任董事长负责全面工作，麦志某担任总经理负责生产和销售，后他们与区丽某在生产方面发生矛盾，在公证处办理了退股手续，以人民币220万元将40%的公司股份转让给区丽某。（4）证人陈某的证言。主要内容是：2003年1月按照区伟某的指示，在广州滨江东路将50万元港币现金交给了汪某。（5）证人徐某的证言。主要内容是：区伟某是做贩毒生意的，他与区伟某一起带了300多万元港币从香港到广州。区伟某对他讲过，回广州后用贩毒的钱买下木材厂，是为子女着想。（6）区伟某的供词。主要内容是：广州市腾盛木业有限公司是自己出资300多万元港币，区丽某出资180多万元港币买回来的。该笔钱是自己贩毒赚来的钱，出资的目的是为了转做正当的生意，为儿子及家人以后的出路着想，这方面的情况我曾经对汪某说过。（7）《股权转让协议书》、营业执照、报账材料等有关书证。证明2002年8月16日区丽某、区伟某到广州市黄浦广东明晗律师事务所，用区丽某的名义以港币520万元购得广州百叶林木业有限公司的60%股权。将该公司更名为广州市腾盛木业有限公司，采用制造亏损账目的手段，掩饰、隐瞒其违法所得的来源与性质。（8）汪某在公安机关的供述。主要内容是：他听说区伟某过去是做毒品生意的，区伟某也曾经和他说过，这次是为今后的出路着想，做正当的生意。（9）作案现场和赃物照片证实，汪某协助区伟某运送部分毒品所得作为转让款的情况和汪某在广州市腾盛木业有限公司挂名出任该公司董事长经营木业的情况，以及区丽某、区伟某送给汪某一辆奔驰小汽车的事实。

综上所述，上述证人证言、供述、书证及物证已经构成一个相对完整的证据体系，控方已经完成了证明责任。

3. 在刑事附带民事案件诉讼中，民事部分的证明责任应当由何方承担？

【基本案情】

16岁的少年秦某初中毕业后，从四川来重庆打工，认识了同事的12岁的女儿李某，一日秦某到李某家串门，发现李某独自在家时，便强行与李某发生了性关系。事后秦某不知收敛，反而到处炫耀，此事便很快传开了，得知此事的李某父母向警方报案。秦某被抓住后对所犯罪行供认不讳，相关人证、物证亦相互印证。

检察院对秦某提起涉嫌强奸罪的公诉，在刑事案件开庭时，被害人李某还向法庭递交了一份刑事附带民事索赔诉讼状，要求被告人秦某赔偿精神损失 5 万元和处女膜修补费 1 万元。

李某的代理人称，李某被强奸后，强奸犯却大肆宣扬，让厂里和学校的人都知道了此事，让他们全家人在那个地方都抬不起头来，精神上受到了极大的伤害，李某才 12 岁，就失去了女人最宝贵的东西（处女膜），这将成为她一生的伤痛。因为它是一个女人贞洁的象征，既然被玷污后造成破裂，就需要花钱治疗和修复。

法院审理后认为，秦某明知李某是未满 14 岁的幼女，仍与其发生性关系，其行为已构成强奸罪，对于这一点，组成合议庭的法官均无异议。然而，对于应否确认被告人对被害人的精神损害赔偿责任，尤其是对应否确认被告人的处女膜修补赔偿责任，合议庭成员却存在着不同的认识。第一种观点认为，在刑事附带民事诉讼中，有关附带民事诉讼的赔偿请求应该由附带民事原告承担。只要附带民事原告李某能够举出足够的证据证实，其处女膜是秦某实施强奸造成破裂的，并因修复产生了费用，那么就应该支持其赔偿请求。第二种观点认为，我国的刑事附带民事诉讼在整体上是一个诉讼，它以刑事审判为主，以刑事上的认定说明并代替了民事上的认定。因此，刑事附带民事诉讼不存在独立的证明责任问题，法官应当依照刑事审判所确定的事实来作出附带民事部分的判决。也就是说，对于被害人李某是否因被强奸而造成处女膜破裂的事实，应由法庭参照公诉人举出的李某被强奸的证据，依据职权作出认定，而不是强求被害人承担证明责任。

【法理分析】

本案反映了我国刑事附带民事诉讼中证明责任如何分配的问题。从设计的目的来看，刑事附带民事诉讼制度旨在节约诉讼成本，提高诉讼效率，在这种制度下，附带民事原告无须另行取证与举证，可以也应当借助公诉人提出的证据来维护自己的利益。相应地，附带民事诉讼也就没有了独立性，其在证明环节、证明方法、证明规则与证明标准等方面均是从属于刑事诉讼的。可见，从理论上讲，一个案件中结果意义上的证明责任只能分配给一方当事人，否则便会出现事实不清、真伪不明时无法下判的情形，因此附带民事诉讼的证明责任分配结果同刑事诉讼的证明责任分配结果应当是统一的；而从实践看，在刑事诉讼中承担证明责任的控方往往只会举出证明被告人有罪、罪重的证据，如在强奸案中公诉人会举证证明被告人实施了强奸行为，而不会举证证明被告人的行为是否造成了处女膜破裂、修补处女膜的费用是多少等附带性事实问题，这样一来由谁来证明附带性事实就成了一个现实难题，由此可见，无论附带民事诉讼的证明责任制度是否独立，都存在着法律障碍。

证明责任制度本质上是一个对事实不清案件予以裁判的机制。将证明责任分配给谁，必须考虑证明标准涉及谁的利益，而后在公平与效率的基础上作出决定。从这个角度上说，附带民事诉讼显然只关系到附带民事原告与刑事被告人的利益，证明责任只能在他们两者之间进行分配，相比而言，将证明责任分配给附带民事原告要合理得多，也更符合"谁主张谁举证"的基本原则。

具体到本案，将附带民事诉讼的证明责任分配给刑事被害人（即附带民事原告），无疑是一个相对合理的选择，这实际上也是绝大多数刑事附带民事诉讼中分配民事部分证明责任的机制。附带民事原告李某应当证明自己因被告人秦某的行为遭到了处女膜破坏的损害，以及损害的大小。诚然，这些证明均是盖然性的，而不必确凿无疑。比如，附带民事原告李某完全可以要求法庭依据自己仅年满 12 岁而推定案发前处女膜完好，依据一般修补处女膜手术的费用而推定自己的损害赔偿数额要求。除非被告人秦某拿出有效证据反驳，上述推定原则可以满足附带民事原告履行证明责任的要求。

4. 在刑事诉讼中，关于积极抗辩的事实应当由何方承担举证责任？[1]

【基本案情】

2002 年 11 月 14 日晚，周某与妻子因琐事发生争吵，其妻陈某气不过，趁周某熟睡时掐他的脖子，周某惊醒后将陈某推倒，用裤子蒙住陈某的头部，用肘部顶着陈某的脖子，直到陈某的手脚不能动弹。周某见陈某没气了，便用裤子裹住尸体，用尼龙绳捆好，塞入卧室衣柜里。同年 11 月 24 日，周某到公安局投案自首，供认全部犯罪事实，经法医鉴定，被害人陈某系被他人捂压窒息而亡。

庭审中，被告人周某及辩护人提出陈某患有精神病，周某是在受到不法侵害时采取的防卫行为，依法不应负刑事责任。其两个朋友也证明陈某患有精神病。

法院经审理认为，周某没有提出医学上的证明和其他证据证明陈某患有精神病，仅有的两份证人证言也不足以证明陈某患有精神病，对此辩解意见不予采纳。

对于周某的行为是否属正当防卫，法院认为，周某在将陈某推倒用裤子盖住并压在陈某身上后，陈某已无反抗能力，而周某仍对陈某实施故意非法剥夺其生命的行为，不属正当防卫。周某的行为已构成故意杀人罪，鉴于其能主动投案，有自首情节，且认罪态度较好，依法可从轻处罚。最终，法院以其犯故意杀人罪，判处行凶丈夫周某死刑，缓期二年执行，剥夺政治权利终身。

【法理分析】

由辩方承担刑事证明责任的做法被称为"证明责任的转移"，这种要求辩方承担证明责任的事实主张被称为"积极抗辩"。在刑事诉讼中，并非辩方对其所有的辩护主张都要承担证明责任，如果辩方只是消极地否定控方的事实主张，如声称被告人没有杀人，那么辩方对这种事实主张就不承担证明责任，或者说，这里就不能发生证明责任的转移。只有当辩方提出具有积极辩护意义的事实主张时，证明责任才转移到辩方。在司法实践中常见的能够导致证明责任转移的积极抗辩主张包括五类：（1）关于被告人责任

---

〔1〕 参见刘品新：《刑事证据疑难问题探索》，中国检察出版社 2006 年 5 月版，第 273～274 页。

能力的事实主张，如被告人有精神病、在案件发生时精神不正常或没有达到法定的刑事责任年龄等；（2）关于被告人行为合法性或正当性的事实主张，如被告人的行为属于正当防卫或紧急避险等；（3）关于侦查人员或执法人员行为违法性的事实主张，如被告人遭遇了"侦查陷阱"等；（4）关于被告人根本不可能实施指控犯罪行为的事实主张；（5）其他积极抗辩事实。

辩方所承担的转移而来的证明责任是行为意义上的证明责任。首先，这种证明责任转移不是由法律规定的，而是在具体诉讼活动中由辩方的事实主张所引发的。其次，这种证明责任转移所要求的证明程度要低于控方的举证要求。如果说控方对犯罪构成要件的证明必须达到"证据确实充分"或者"排除合理怀疑"的标准，那么辩方的证明则不必达到上述标准，而只要能够达到"优势证明"标准即可。再次，如果辩方未能完成这一转移而来的证明责任，不会承担全案败诉的后果，仅仅导致其所提出的积极抗辩主张得不到法庭支持。最后，这种证明责任转移不是固定不变的，它可能随着辩方的责任而再临时性地转向控方。

总之，在刑事诉讼中辩方提出积极抗辩事由的，其必须同时承担对这一事实的证明责任，否则，其抗辩主张便得不到法庭的支持。本案中，被告人周某提出了正当防卫的积极抗辩，他理应承担有关的证明责任。由于被告人周某所举出的证据既不足以证明被害人陈某精神病发作，也不足以证明案发时有防卫的必要，故法庭驳回了其正当防卫的主张，这一处理在证明责任方面是妥当的。

第四节　刑事证据适用原则

【规则要点】

证据必须经过查证属实，才能作为定案的根据。具体包括证据裁判原则、程序法定原则和未经质证不得认定原则。

【理解与适用】

我国最新修正的《刑事诉讼法》第48条第3款规定："证据必须经过查证属实，才能作为定案的根据。"该条款延续1996年《刑事诉讼法》确定的证据适用原则，没有做改动。根据这一原则，无论是物证、书证、证人证言，还是被害人陈述、视听资料、电子证据，都应当经过查证属实后，才能作为定案根据。该原则适用于刑事诉讼的全过程。司法人员在侦查、起诉、审判程序中，都要对证据进行查证核实。证据必须查证属实原则在诉讼过程中的全面贯彻，是查明证据真伪和正确判断其证明力的重要保证。2010年6月，"两高三部"《死刑案件证据规定》确定了证据裁判原则、程序法定原则和未经质证不得认定原则。根据"两高三部"的通知精神，这三项原则也应当同样适用于普通刑事案件证据的审查判断，应当是对证据适用原则的具体阐述。

一、证据裁判原则

（一）证据裁判原则的内容

刑事审判的主要任务就是认定控诉方指控的犯罪事实是否存在即犯罪是否构成，构成犯罪的如何处罚，而犯罪事实的认定完全有赖于证据。实际上，以事实为根据最终是要归结到以证据为根据上的。证据裁判，就是指对于案件争议事项的认定，应当依据证据。证据裁判原则要求裁判的形成必须以达到一定要求的证据为依据，没有证据不得认定犯罪事实。根据各国立法及司法实践，证据裁判原则包括三方面内容。

1. 裁判的形成必须以证据为依据，没有证据不得认定犯罪事实。刑事诉讼中犯罪嫌疑人、被告人是否犯罪，如何犯罪是客观存在的事实。由于这些事实都是诉讼前发生的，承办案件的司法人员要认识它，只能依靠证据，通过证明活动来实现。而行为人在预谋、实施犯罪的过程中及犯罪后，一方面会留下物品、痕迹、文书或是与案件事实有关的环境状况等客观存在的实体物质和客观情况；另一方面其犯罪行为还可能为其他人所知悉。这些反映了案件事实的痕迹、物品、文书以及知情人陈述等经公安司法人员收集、固定后即成为证明犯罪嫌疑人、被告人实施犯罪的证据。由这些主、客观痕迹去逻辑地推断案件事实真相，是由思维科学及哲学认识论所确认的理性和科学的证明方法。[1] 在诉讼发展史上，曾经存在凭借证据之外的其他客观社会现象如对神宣誓、水审、火审、决斗或者依靠司法人员的主观臆测、长官意志来认定案件事实，评判是非曲直的证据制度。事实证明，在一般情况下，依靠神灵启示、主观臆断既不能揭示案件真相，也不能保障当事人的合法权益。由此"随着近代合理主义的兴起，开始通过人的理性发现事实真相。因此，形成一项原则：认定事实必须依据证据，其他人和东西都不是认识案件事实的依据"。[2]

2. 作为认定犯罪事实基础的证据必须是具有证据能力。证据是司法裁判的基本依据。于是以什么样的证据认定犯罪事实是人们首先要解决的问题。在大陆法系，作为判决基础的证据必须具备证据能力。证据能力，亦称证据资格，或称证据适格性，是指具有可为严格证明系争议的实体法事实之资料的能力。[3] 在大陆法系，为了发挥职权主义的精神，法律上对于证据能力一般不作出积极的规定，而是仅仅消极地对无证据能力或限制其证据能力的情况进行明确。证据能力属于可以作为证据使用的一般形式的资格，不允许法院自由判断。大陆法系虽然由富有知识和经验的法官进行审判，可以期待他们作出合法适当的证据判断，但是，大陆法系对于证据能力也并非毫无限制。违背如下原则所取得之证据，一般被认为无证据能力：（1）直接审理原则。不能依照直接审理原则进行调查的证据资料，如单纯的传闻、调查报告、警察局案件移送书、自诉状、意见

---

〔1〕参见龙宗智：《刑事庭审制度研究》，中国政法大学出版社 2001 年版，第 66 页。
〔2〕参见［日］田口守一著，刘迪、张凌、穆津译：《日本刑事诉讼法》，法律出版社 2000 年版，第 217 页。
〔3〕严格证明是自由证明的对称，来自德国证据理论，指对于犯罪事实是否存在以及与刑法权范围有关的待证事实严格按照证据法的规定进行的证明。自由证明主要是对程序事实的证明，立法上不直接设立客观规则，而委诸法官的裁量，也称释明。参见卞建林主编：《证据法学》，中国政法大学出版社 2000 年版，第 73 页。

书，都没有证据能力；证人在审判外所作的陈述，除法律另有规定外，也不得作为证据使用。（2）任意性法则。被告人自白必须处于强暴、胁迫、利诱、诈欺、违法羁押或其他不正当之方法取得，才具有证据能力。（3）关联性法则。（4）合法性法则。未具备法定方式或要件之证据，如没有依照勘验程序而进行的勘验，未经宣誓的证言或鉴定。（5）信用性原则。基本不正当方法取得之证据。（6）意见法则。证人之个人意见或者推测之词，不得作为证据。[1] 在英美法系，证据要能够被允许在诉讼中出示，用以证明争议事实并为法院所采纳，必须既具有相关性，又具有合法性。为此确立了相关性规则、非法证据排除、传闻证据规则等一系列的证据规则，这些规则使得某些具备上述基本品质的"证据"丧失了证据资格，从而不能再作为裁判的根据。根据我国证据法学界的主流观点，我国的诉讼证据应具备三个基本特征，即证据的客观性、关联性和合法性。证据的客观性是从辩证唯物论的哲学反映论的观点来分析证据特征的。它是指证据必须以客观存在的事实为依据。证据的关联性，指的是作为证据内容的事实与案件的待证事实之间存在某种客观的联系，具有对案件事实加以证明的作用。证据的合法性标准一般包括四个方面：一是由法定的主体提出和收集。如证人证言的合法主体只能是自然人，法人和其他组织不能提供证人证言。鉴定结论只能由具有特定资格因而有鉴定权的人员出具，否则也不能采纳为证据。二是符合法定程序。我国最新修正的《刑事诉讼法》第 50 条明确规定："审判人员、检察人员、侦查人员必须依照法定程序，收集能够证实犯罪嫌疑人、被告人有罪或者无罪、犯罪情节轻重的各种证据。严禁刑讯逼供和以威胁、引诱、欺骗以及其他非法方法收集证据，不得强迫任何人证实自己有罪。"刑事诉讼法还具体规定了讯问嫌疑人、被告人和询问证人以及勘验、检查、搜查、扣押物证、书证、侦查实验等侦查取证行为的程序。收集证据必须符合这些法定程序。三是具备法定形式。如我国刑事诉讼法将证据形式分为八种，不属于这些法定证据形式的，原则上不得采纳为证据。四是不违反有关证据规则。非法证据排除，是普遍性的证据规则。第 53 条规定："对一切案件的判处都要重证据，重调查研究，不轻信口供。只有被告人供述，没有其他证据的，不能认定被告人有罪和处以刑罚；没有被告人供述，证据确实、充分的，可以认定被告人有罪和处以刑罚。证据确实、充分，应当符合以下条件：（一）定罪量刑的事实都有证据证明；（二）据以定案的证据均经法定程序查证属实；（三）综合全案证据，对所认定事实已排除合理怀疑。"第 54 条规定："采用刑讯逼供等非法方法收集的犯罪嫌疑人、被告人供述和采用暴力、威胁等非法方法收集的证人证言、被害人陈述，应当予以排除。收集物证、书证不符合法定程序，可能严重影响司法公正的，应当予以补正或者作出合理解释；不能补正或者作出合理解释的，对该证据应当予以排除。在侦查、审查起诉、审判时发现有应当排除的证据的，应当依法予以排除，不得作为起诉意见、起诉决定和判决的依据。"证据是一个法律概念，但在法律上具有意义的仅仅是诉讼证据，即进入诉讼过程并能产生诉讼证明作用的证据，才属于诉

---

[1]　参见陈朴生：《刑事证据法》，三民书局 1979 年版，第 177 页。

讼法意义上的证据。

3. 据以作出裁判的证据必须达到相应的标准和要求。证据裁判原则要求以证据作为裁判的根据，但是，在没有证据的情况下，裁判者仍然要作出裁判，并且，在双方都没有证据的情况下，裁判者并不能判决双方都败诉。因此从相反的方向来看，证据裁判原则还包括这样一层含义：对就某事实承担证明责任的那方当事人来说，如果他没有足够的证据进行证明（"没有证据"并不是说证据在数量上为零，而是指依据这些证据所进行的证明达不到证明标准的要求），那么裁判者不能认定其所主张的事实，也即应当认定该事实不成立。[1] 我国最新修正的《刑事诉讼法》第53条规定："对一切案件的判处都要重证据，重调查研究，不轻信口供。只有被告人供述，没有其他证据的，不能认定被告人有罪和处以刑罚；没有被告人供述，证据确实、充分的，可以认定被告人有罪和处以刑罚。证据确实、充分，应当符合以下条件：（一）定罪量刑的事实都有证据证明；（二）据以定案的证据均经法定程序查证属实；（三）综合全案证据，对所认定事实已排除合理怀疑。""两高三部"《死刑案件证据规定》第5条也规定，办理死刑案件，对被告人犯罪事实的认定，必须达到证据确实、充分。第36条第3款规定，不能排除被告人具有从轻、减轻处罚等量刑情节的，判处死刑应当特别慎重。第40条第2款规定，未排除证据之间的矛盾，无充分证据证明被告人实施被指控的犯罪时已满十八周岁且确实无法查明的，不能认定其已满十八周岁。

（二）适用证据裁判原则应注意的问题

1. 正确理解案件事实

以事实为根据、以法律为准绳，是我国法治的基本原则。以事实为根据，就是要求司法人员在审理案件的过程中，必须以客观存在的案件事实为根据，不能以主观的臆测、推断、猜疑为基础。在刑事审判中，必须认真落实这一原则，正确理解案件事实。

（1）认定事实只能依靠证据，即依据证据规则和程序规则由当事人或司法机关发现、提供给法庭的证据。证据是案件发生后遗留下来的事实的片断，裁判者必须以这些片断来重构作为裁判基础的事实，绝不能以任何猜想和臆断来认识案件事实。也就是说，证据之所以能够作为认定案件事实的根据，关键在于证据的客观性。即证据所反映的内容必须是客观存在的事实。证据必须具备客观性，这是证据最根本的属性，缺乏这个属性，证据便不成为证据。现代证据制度是以证据事实求证案件的客观事实，因为证据的实质内容是随着案件的发生、发展过程而遗留下来的。这种事实一经发生，即不以人们的意志为转移。人类正是根据证据这一已知的事实，推导出案件事实这一未知的事实，获得了极大的可靠性，也是最坚实、最有说服力的。当然，证据并不等同于客观事实。必须认识到，证据裁判原则并非是一种尽善尽美的方法，它在重构案件事实方面也存在着难以克服的弱点，这主要根源于证据相对于案件事实的不完整性。证据作为案件发生之后遗留下来的蛛丝马迹，就像一只花瓶打破后的碎片，由其重新拼接起来的花瓶

---

[1] 参见卫跃宁：《诉讼现代化：从"以事实为根据"原则转向"证据裁判"原则》，载《湘潭大学学报》（哲学社会科学版）2008 年第 4 期，第 5 页。

尤如案件事实，与客观事实之间或多或少地存在差异。

（2）发现和判断案件事实要严格遵照法律程序，不能脱离刑事诉讼程序法认定事实，要通过法庭调查、法庭辩论等环节来认定有证据支持的案件事实，即法律事实。从理想状态而言，裁判所依据的事实，必须是客观真实的事实即事实真相。然而，受认识能力、认识手段等主、客观条件的限制，司法裁判绝对地以客观真实的事实作为根据是根本不可能的，但法院裁判依据的事实即法律事实是以客观事实为基础的，是经过严格的法定程序所确定的。要贯彻和落实以事实为根据这一原则，就要使证据获得的事实尽可能接近客观事实，尽可能与客观事实相符合、相一致。

2. 坚持无罪推定，慎重处理证据存在案

无罪推定，又可称为无罪类推（与有罪类推相对应），是指任何人在未经证实和判决有罪之前，应视其无罪。无罪推定所强调的是对被告人所指控的罪行，必须有充分、确凿、有效的证据，如果审判中不能证明其有罪，就应推定其无罪。无罪推定原则是现代法治国家刑事司法通行的一项重要原则，是国际公约确认和保护的一项基本人权，也是联合国在刑事司法领域制定和推行的最低限度标准之一。世界许多国家都在宪法或宪法性文件及刑事诉讼法典中规定了无罪推定原则。如：加拿大宪法、法国 2000 年最新修改的刑事诉讼法典、俄罗斯 2001 年新刑事诉讼法典等等。我国 1996 年《刑事诉讼法》在第 12 条规定："未经人民法院依法判决，对任何人都不得确定有罪。"虽然该规定中没有出现"推定"或"假定"无罪的规范性表述，但却含有无罪推定的精神。同时，在第 162 条第（3）项中还相应规定了罪疑从无原则，即"证据不足，不能认定被告人有罪的，应当作出证据不足、指控的犯罪不能成立的无罪判决"。最新修正《刑事诉讼法》不仅延续了这些原则，而且在立法上确定了反对强迫自证其罪原则。在第 50 条明确规定："审判人员、检察人员、侦查人员必须依照法定程序，收集能够证实犯罪嫌疑人、被告人有罪或者无罪、犯罪情节轻重的各种证据。严禁刑讯逼供和以威胁、引诱、欺骗以及其他非法方法收集证据，不得强迫任何人证实自己有罪。"这是对无罪推定原则的有力保障和积极丰富，既有利于维护犯罪嫌疑人、被告人的合法权益，也有利于实现刑事司法公正及推动其他诉讼制度的完善和发展。

在刑事案件的实际办理过程中，由于种种原因，会出现证据不确实、不充分，在事实的认定上可作这样认定，也可作那样认定的时候，公安司法人员应贯彻无罪推定原则的精神，从防止冤枉无辜，防止错判误判，有利于犯罪嫌疑人、被告人的方面去理解和认定存疑证据。有学者提出审理死刑案件处理模式和处理标准，也可供审理普通刑事案件时参考：[1]

（1）当无充分证据认定被告人犯罪，认定被告人犯罪的主要证据之间或者证据与案件事实之间存在无法排除的矛盾，认定被告人犯罪的主要证据不确实时，依据全案证据无法得出排他性结论时，应认定无罪。

---

〔1〕 参见陈华杰：《死刑案件事实证据审查"七要"》，载《人民检察》2005 年第 5 期（上），第 13 页。

（2）被告人犯罪的事实已经查清，认定犯罪的主要证据查证属实，但影响其量刑的证据没有全部查清，或者不能排除被告人具有立功、自首等从轻、减轻处罚等量刑情节，对被告人判处死刑立即执行的证据不足，但判处死刑缓刑或者无期的证据充足，应就低处理。

（3）在共同犯罪案件中，如果多数案犯在逃尚未追捕归案，已归案的少数案犯在罪责上又否认或互相推托，主要责任确实难以划清的时候，对已归案的少数案犯，宜留有余地，不应判处死刑立即执行。如果多数或半数案犯已归案（如两人作案一人在逃或三人作案一人在逃），主要罪责可以划清认定，对已归案的半数或多数案犯，该判死刑的可判死刑。

（4）在共同故意杀人犯罪案件中，当被告人罪责相当，轻重难分的，要从实际出发，审慎认定、处理。在司法实务中，没有绝对同一的罪责，也没有罪行绝对均等的罪犯，在适用刑罚，尤其适用死刑时，要始终贯彻坚持惩罚打击少数，挽救教育多数的方针。

（5）在雇凶杀人、伤人，或组织、策划指挥他人杀人、伤人案件中，罪责的划分应遵循如下原则：一人指挥，多人杀人（伤害），则指挥者罪责最重；一人指挥，一人或个别人去杀人（伤害），则杀人（伤害）者罪责最重。

（6）当未排除证据之间的矛盾，无充分证据证明被告人实施指控的犯罪时已满 18 周岁且确实无法查明时，不能认定其已满 18 周岁时，不得判处被告人死刑。

二、程序法定原则

（一）程序法定原则的内容

在刑事法领域，法治精神在实体法上表现为罪刑法定原则，在程序法上表现为程序法定原则。程序法定原则是刑事诉讼法的基本原则，在证据适用中强调这一原则，是为了使程序法得到应有的尊重，使法定程序得到切实的遵守。从内容上看，程序法定原则包括了形式意义上的程序法定原则和实质意义上的程序法定原则。所谓形式意义上的程序法定原则，是以程序合法性为中心，要求国家发动刑事诉讼，进而干涉公民个人权利，必须有法律的明确授权，并且应严格遵守法律所设定的条件、步骤和方式进行；缺乏明确的法律上的根据，不得任意干涉、处分公民权利，否则即属于违法侵害公民基本权利的行为。只要国家的刑事诉讼活动形式上符合法律，即视为达到程序法定原则的要求。而实质意义上的程序法定原则不仅要求程序合法性，而且要求程序的正当性，即规范诉讼程序的刑事诉讼法本身必须具有社会的正当性。[1] 就形式意义上的程序法定原则而言，程序法定原则包含了对立法和司法两个方面的要求。（1）在立法的形式上，刑事程序应当而且只能由国家立法机关制定的法律加以确定。在立法的内容上，刑事诉讼法一方面应当确定各司法机关的管辖范围，以杜绝就特定案件设置临时法庭或任意选择管

---

〔1〕 参见万毅、林喜芬：《现代刑事诉讼法的"帝王"原则：程序法定原则重述》，载《当代法学》2006 年第 1 期，第 28 页。

辖法院。另一方面应预先明确专门机关的职权及其追诉犯罪的程序，以避免专门机关假借追诉犯罪之名随意扩张追诉权。同时刑事立法不得包含未经正当程序就剥夺公民权利的条款。（2）在司法的形式上，行使权力的国家机关一方面必须按照程序法律规定的方式和限度行使权力，否则将承担程序性制裁的后果。另一方面，在执法过程中，执法（司法）机关不得通过解释任意扩张自身权力或者随意限制公民权利，在发生疑问的情况下，应当朝着有利于受追诉人的方向解释这些法律。

为保证程序法定原则在司法实践中得到切实的贯彻落实，要做到以下两点：（1）公检法三机关应当坚决地、不折不扣地执行现有的法律和规定，依法收集、审查和运用证据。刑事案件事关当事人的生命和人身自由，司法人员在办理案件认定事实和运用证据上不可以犯任何错误，有任何纰漏。从媒体曝光出来的佘祥林案、赵作海案、聂树斌案等案件看，影响办理刑事案件质量和效率的根本问题，是有些公安机关、检察机关、法院没有严格地执行现有法律、司法解释及相关规范性文件的规定。在现有刑事诉讼制度下，提高办理刑事案件的质量和效率的根本出路在于各机关及其办案人员要从全面准确执行国家法律，贯彻党和国家刑事政策的高度，充分认识出台刑事诉讼法及相关司法解释的重要意义，牢固树立惩罚犯罪与保障人权并重的观念、实体法和程序法并重的观念，认真履行法定职责，严格地、不折不扣地依法收集、审理和运用证据。（2）要明确违反法定程序所要承担的法律后果，确立相应的制裁性措施。"没有救济则没有权利，有违法则必有制裁"，对于违反法定程序行为的制裁，首先表现为对违法者实体法上的直接制裁，如依法追究办案人员的纪律责任、行政责任甚至刑事责任。同时违反法定程序也必须承担一定的程序性法律后果，"两高三部"《死刑案件证据规定》规定要对违反法定程序所获得的证据依据不同的情况加以审查，对于明显违反法律规定影响证据的合法性或真实性的，明确排除于正式的证据调查程序之外，使之不能作为定案的依据。"两高三部"《排除非法证据规定》还设置了专门程序对侦查机关取证行为的合法性进行审查，并规定经依法确认的非法言词证据应当予以排除，也正是典型的程序性制裁方式。从一定意义上讲，因程序性制裁措施的实施而导致"诉讼行为无效"，可以更加有效地对侦查人员、检察人员、审判人员的违法取证行为进行制约，并对被告人的诉讼权利进行及时的救济，在司法实践中应严格执行相关规定。

（二）适用证据法定原则应注意的问题

司法公正包括实体公正和程序公正，两者是辩证统一的。坚持实体公正与程序公正相结合，既重视实体公正，又保证程序公正，是政法工作中应当着重把握的要求。目前，在一些公安司法人员中一定程度上还存在着"重实体轻程序"、"程序虚无主义"的观念。在这种观念的主导下，一些执法主体不惜采取各种违法手段求证实体公正，结果造成了一系列不公正。特别是在刑事诉讼方面，为了求证所谓的客观事实真相，一些执法人员不惜用刑讯逼供等严重侵犯人权的手段要求犯罪嫌疑人自证其罪，结果造成了大量的冤假错案，这方面的教训是极其深刻的，公安司法人员及其工作人员作为司法公正的实现者、捍卫者，应该吸取这方面的教训。

强调程序公正的价值，但结合中国实际不主张程序优先，而主张实体公正和程序公正并重。因为当事人参加诉讼，其主要目的不是追求过程的公正，而是要求有一个有利于自己的公正结果。司法实践中，当事人不服一审判决提起上诉，或者对已生效裁判提出再审申诉的，其理由绝大多数是由于实体不公，因此要进一步端正执法思想，牢固树立实体法和程序法并重、打击犯罪和保障人权并重的刑事诉讼观念。

程序公正和实体公正各自有着独立的内涵和标准，不能互相替代，它们在总体上是一致的，但有时会发生冲突。冲突时要具体分析，有时要程序优先，比如非法证据排除、超期羁押必须放人。有时要实体优先，例如，错误认定事实或者错误适用法律造成了错判、错杀，冤枉无辜，一旦发现就不受程序和诉讼时限的约束，必须纠正并且给予国家赔偿，而不是一律程序优先。[1]

程序公正和实体公正，不是静态的并重，而是动态的平衡，中国长期存在着"重实体轻程序"的传统，应当着力加以纠正，在立法上完善公正程序，司法上大力克服程序不公的现象，力争办理案件更好地做到司法公正，保障实现社会公平正义，促进和谐社会建设。

三、未经质证不得认定证据原则

（一）未经质证不得认定证据原则的内容

质证有广义和狭义之分。从广义上讲，质证是指在诉讼过程中，由法律允许的主体比如法官、公诉人、辩护人、被告人等，对包括当事人提供的证据在内的各种证据采取询问、辨认、质疑、说明、解释、咨询、辩驳等形式，从而对法官的内心确信形成特定说明力的一种诉讼活动。狭义的质证，主要是指在庭审过程中，由诉讼当事人就质证所出示的证据进行的对质、核实等活动。未经质证不得认定证据原则中的"质证"是广义上的"质证"，是与取证、举证、认证相对应的概念，具体是指证据必须提交法庭并由诉讼各方当面质询、诘问、探究和质疑，包括对证据与事实的矛盾进行辩驳、澄清后，才能作为定罪量刑的根据。[2] 该原则具体包括两个方面内容：

一方面，证据必须经过当庭出示、辨认、质证等法庭调查程序，才能作为定罪量刑的根据。法庭调查是指在审判人员主持下，控、辩双方和其他诉讼参与人的参加下，当庭对案件事实和证据进行审查、核实的诉讼活动。[3] 一项证据要想成为最终定罪量刑的根据，一个基本的前提就是必须经过当庭出示、辨认、质证等法庭调查程序，否则，该证据不能作为定罪量刑的根据。换句话说，即使证据在客观上具有真实性，但并未经过在法庭上出示、辨认或质证等调查程序，那么，该证据也不能作为定罪量刑的根据。

另一方面，证据必须经过查证属实，才能作为定罪量刑的根据，并不是所有经过法庭调查程序的证据都能作为定罪量刑的根据。一项证据能否作为据以定罪量刑的根据，

---

〔1〕 参见何家弘主编：《新编证据法学》，法律出版社 2000 年版，第 390 页。

〔2〕 参见张军主编：《刑事证据规则理解与适用》，法律出版社 2010 年 9 月版，第 62 页。

〔3〕 参见宋英辉主编：《刑事诉讼法学》，中国人民大学出版社 2007 年版，第 379 页。

取决于该项证据能否客观、真实地反映案件事实真相。能够作为定罪量刑根据的证据，必须能够客观、真实地反映案件事实，而不是主观想象、猜测和捏造的。如果对某项证据的真实性存在疑问，则必须提供相应材料来辅助证明其真实性，或者由法庭予以调查核实。经过补充收集证据或者法官调查核实，仍然难以查明该项证据是否属实的，则该项证据不能作为定罪量刑的根据。换句话说，只有那些经过法庭调查程序查证属实的证据，才能作为定罪量刑的根据。

（二）适用未经质证不得认定证据原则应注意的问题

首先，法庭最终据以定罪量刑的根据，必须是在法庭上予以出示，并经过控辩双方询问、质证的证据。如果某项证据没有在法庭上出示，或者没有经过控辩双方的询问、质证，无论其是否具有证据能力以及证明力的大小如何，都不能作为定罪量刑的根据。

其次，要注意法庭调查的程序和方法的问题，使得通过控辩双方的询问、辩驳等确实能够真正揭示出证据的真伪，同时要防止法官形成先入为主的判断而使法庭调查流于形式。

最后，当某一证据经过当庭出示、辨认、质证等法庭调查程序后仍然难辨真伪时，应当允许法官于庭外对这些证据予以调查核实。但对法官行使庭外调查权的范围、措施和程序都应当有所限制或规制，以保障法官的中立立场，而防止其演变为一个积极主动地追查罪证的犯罪调查与追诉者，保障控审分离。例如，法官调查的范围应仅限于对控辩双方提出的证据予以核实，而不应积极主动地去搜寻新的证据，如果在核实证据过程中确实发现了可能影响定罪量刑的新证据，也应当在通知控辩双方到场的情况下调查新的证据，等等。总之，法官庭外调查应以确定控辩双方所提供证据之真伪，也即判明证据是否属实，是否能够作为定罪量刑的依据为目的。

【典型案例分析】

1. 在刑事诉讼中疑罪从有未审先定，是否符合证据适用的基本原则？

【基本案情】

佘祥林，又名杨玉欧，湖北省京山县雁门口镇人。1994 年 1 月 2 日，佘祥林患精神病的妻子张在玉突然失踪。张的家人怀疑张在玉被其丈夫佘祥林杀害。同年 4 月 11 日，该镇吕冲村一水塘发现一具女尸，经张在玉的亲属辨认后，被认定是张在玉，经有关部门检测，女尸的年龄、体征、死亡日期与张在玉吻合，因此佘祥林被公安机关当作重点犯罪嫌疑人抓获。佘祥林及其家人始终没有看到死者的真容，他们追问派出所凭什么认定腐烂的女尸就是失踪已久的张在玉时，警察的回答是：这个不由你说了算，政府肯定没有错。4 月 28 日，佘祥林因涉嫌杀人被批准逮捕。在公安机关侦查期间，佘祥林受到了刑讯逼供，承认自己杀害了妻子张在玉，但是先后交代了四种不同的作案经过、五种杀妻动机。

1994 年 10 月 13 日，佘祥林被湖北省荆州市中级人民法院一审被判处死刑，剥夺政治权利终身。佘祥林不服提出上诉。在写给湖北省高级法院的一份申诉材料中，佘祥林写道：此后残忍地体罚毒打了 10 天 10 夜，（我）精神麻木，当时只要能让我休息一下，无论什么要求都会答应。于是，在办案民警的"提示下"，佘祥林开始一个一个细节地交代自己的"犯罪经过"，直至完成"1990 年 7 月，佘祥林在高关水库治安队工作期间，与未婚女青年陈某长期保持不正当两性关系……趁张不备用石头猛击张的头、面部至张不再动弹，将张拖到堰塘东北角，沉入水中"的全部供述。湖北省高级人民法院以事实不清、证据不足发回重审。几次补充侦查后，京山县人民法院最终于 1998 年 6 月 15 日，以故意杀人罪判处佘祥林有期徒刑 15 年。此时佘祥林的哥哥佘锁林在湖北省天门市石河乡姚岭村打听到张在玉（又名张爱青）曾经出现过后。并且，该村 3 名村民为此写下一份《关于张爱青来我村的经过》的证明。佘锁林拿着准备好的材料以及一份申诉状来找办案民警和有关部门时，得到的答复是："你们这种事情我们见得多了，有本事你们自己找张在玉回来再说。"

湖北省高级人民法院以"事实不清、证据不足"为由发回重审。后经京山县人民法院和荆门市中级人民法院审理，佘祥林被判处 15 年有期徒刑。2005 年 3 月 28 日，佘妻张在玉突然从山东回到京山县。据张在玉说，她吵架后离家出走，一路乞讨到了山东，并与山东一男子"结婚"，育有一子。目前，与张在玉一起回娘家的就有她的现任"丈夫"和儿子。得知张在玉归家后，京山县公安局、京山县法院立即调查核实，确认张在玉当年系离家出走，当年在该镇吕冲村发现的女尸不是她。3 月 29 日晚上，荆门市中级人民法院审判委员会决定，撤销当年京山县人民法院及该法院作出的两审判决，将该案发回京山县人民法院重审，京山县人民法院决定：对尚在沙洋监狱服刑的佘祥林变更强制措施。京山县人民法院将依程序重审该案，京山县公安局决定就当年发现的无名女尸重新展开侦查。2005 年 4 月 13 日，京山县法院开庭审理佘祥林故意杀人案，当庭宣布佘祥林杀人罪不成立，无罪释放。9 月 2 日佘祥林领取 70 余万元国家赔偿。

在新华社《冤案是怎样造成的?》中记载以下事实[1]：狱中记下好几本日记。11 年来，佘祥林在狱中写了厚厚的申诉材料，并记下了好几本日记。尽管这些材料内容的真实性和准确性尚待证实，但从一个侧面为人们查寻"冤案"根源提供了线索。荆门市中院 1998 年的刑事裁决书称，经审理查明，被告人佘祥林犯故意杀人罪的事实和情节有法医鉴定、尸检照片、现场勘查笔录，有证人证言证实，被告人的作案"行走路线图"及将公安带到作案现场的记录印证。对此，佘祥林的申诉材料写道："侦查员叫我将关桥水库机台的构造画出来，可我从来就没去过那里，且根本就没有杀人，怎么能画得出来？就这样，1994 年 4 月 15 日下午，那位指导员见我实在说不出死者的方位，就将我拉到写字台旁，给我画了一张'行走路线图'，并叫我依照他画的那张图画了一张。""这次我说是用石头杀人，这是因为在前一次我说是用木棒杀人的人，但侦查员硬逼我交出木棒，可我根本就没有杀人，哪里交得出木棒，这次想到石头到处都有，如你再叫我交出石头我可以随地捡一块石头给他们，这样就可以少吃亏。"对于当时"指认现场"

---

〔1〕 参见新华社唐卫彬、黎昌政：《冤案是怎样造成的?》，载《北京青年报》2005 年 4 月 8 日。

的情景，佘祥林写道："他们问我在什么地方杀的人，我随便指了一个地方，他们就给我照了相。而后要我交出杀人的石头，我准备随便找一块石头给他们，谁知那地方根本就没有石头，他们又见我实在找不到石头，就直接将我架到堰塘的另一头站定，问我尸体沉在哪里，我见某某（注：此处隐去姓名）面对着堰塘，且我们站的地方有很多纸，就猜着说在这里，他们就给我照了相。""当时我已被残忍体罚毒打了10天10夜，精神麻木，早已处于昏睡状态，且全身伤痕累累，根本无法行走站立，我只有一个愿望就是希望能尽快地休息一会儿，只要能让我休息一下，无论他们提出什么要求，我都会毫不犹豫地顺应。"

【法理分析】

坚持证据裁判原则，要坚持三个"必须"：第一，必须坚持无罪推定原则，做到认定案件事实有相应的证据予以证明，一切要靠证据说话，无证据不得认定犯罪事实；第二，必须坚持疑罪从无原则，做到存疑的证据不能采信，确保判决认定的事实证据确实、充分，这是对证据运用的最基本要求；第三，必须做到用合法的证据来证明案件事实，非法取得的证据应当排除，不能作为定案的证据。佘祥林冤案的制造，每一个环节都打上了法律被扭曲的烙印，都是对证据裁判原则的违背，凸显了刑事诉讼法适用过程中存在的诸多问题。

1. 刑讯逼供在一定范围内仍然存在。尽管我国刑事诉讼法明确规定，对一切案件的判处都要重证据、重调查研究、不轻信口供。但是获得犯罪嫌疑人的口供在实践中仍然是侦查工作的重心，而犯罪嫌疑人往往不会主动地承认犯罪，在这种情况下，通过刑讯逼供等非法的方式来获得犯罪嫌疑人的口供无疑是最便捷的途径。佘祥林案中的有罪供述就是在警方的逼供下被迫做出的。佘祥林在申诉材料中指出"我敢说那10天10夜的痛苦滋味并不是每个人都能理解的，鼻子多次被打破后，他们竟将我的头残忍地按到浴缸里，我几次因气力不足喝浴缸里的水呛得差点昏死……长期蹲马步，还用穿着皮鞋的脚猛踢我的脚骨。"

2. 案件主要事实的认定缺乏合理依据。在佘祥林案件中案件事实的认定缺乏规范，致使对案件关键事实的认定出现重大偏差。具体而言，首先，体现在未作司法鉴定的情况下，认定死者为张在玉。虽然张在玉的亲属认为在吕冲村附近发现的女尸为张在玉，张在玉母亲说明的张在玉一些身体特征与女尸尸检的情况也一致，但由于尸体已高度腐烂，面貌已浮肿难辨，准确辨认存在困难，因此，很难得出排他的结论证明死者为张在玉。张在玉的亲属提出进一步确认尸体时，当地警方却以没有办案经费为由让张家出两万元做亲子鉴定，"不出钱，我们也就相信了。"其次，证据的取舍没有合理依据。在该案中佘祥林共作出了四份口供，供出了四种不同的作案方式，杀人的手段与情节均存在明显的不一致，但法院只采纳其中对定罪最有利的口供，而并未提出合理的理由。一份证明张在玉曾经出现的"良心证明"却为司法机关忽视，司法人员不仅没有对该证据调查核实，相反"良心证明"的四位提供者后来却均以涉嫌"包庇"等罪名被羁押和监视居住。

3. 疑罪从轻。京山县法院在案件的最终判决中认定佘祥林故意杀人罪成立，但是却未依法判处死刑抑或死缓，而仅判了有期徒刑 15 年，这显然不符合常理。表明法院已经认识到了案件本身在经过补充侦查之后仍然存在疑点，没有达到案件事实清楚，证据确实、充分的定罪要求，但是基于"疑罪从轻"的观念，为免"放纵犯罪"，以平息社会矛盾，仍然判处了佘祥林 15 年有期徒刑。上级法院也未对此提出异议，而支持这一缺乏法律依据的判决。

4. 先定后审。新华社在通讯《冤案是怎样造成的？——湖北佘祥林"杀妻"案追踪》中披露了荆门市中院在一份总结材料中谈到的佘案教训："要排除一切干扰，依法独立行使审判权。佘祥林案件的处理结果是经过市、县两级政法委组织有关办案单位、办案人员协调，并有明确处理意见后，由两级法院作出的判决。这种'先定后审'的做法，违背了刑事诉讼法的有关规定，是导致冤案发生的重要原因。审判机关应严格依法办案，即使有关部门组织协调，法院也必须依法独立审判。"

我国《宪法》第 33 条第 3 款明确规定："国家尊重和保障人权。"这是刑事司法制度所必须遵循的基本原则。其要求司法机关不仅要把惩治打击犯罪作为法定任务，而且要把尊重和保护犯罪嫌疑人、刑事被告人的合法权利，以事实为根据，以法律为准绳，独立行使司法权作为重要任务。两者辩证统一，共同保证司法机关准确、及时、有效地打击犯罪，维护公共安全。我国《刑事诉讼法》第 2 条明确规定："中华人民共和国刑事诉讼法的任务，是保证准确、及时地查明犯罪事实，正确应用法律，惩罚犯罪分子，保障无罪的人不受刑事追究，教育公民自觉遵守法律，积极同犯罪行为作斗争，维护社会主义法制，尊重和保障人权，保护公民的人身权利、财产权利、民主权利和其他权利，保障社会主义建设事业的顺利进行。"可以看出，惩治犯罪与保障无罪的人不受刑事追究，是我国刑事制度并列的两大功能。无罪推定、疑罪从无等，正是从这一保障功能中衍生出来的具体制度。佘祥林一案，也正是忽视了这一保障功能，才有了司法机关重打击、轻保护的错误办案原则，导致有罪推定、未审先定、疑罪从有，并最终酿成冤假错案。

2. 仅有犯罪嫌疑人的口供，能否据此定罪量刑？[1]

【基本案情】

被告人郭某，汉族，某杂志社记者。因涉嫌犯故意杀人罪于 2001 年 3 月 10 日被羁押，同年 4 月 18 日被逮捕。2002 年 1 月 9 日，北京市人民检察院第一分院指控被告人郭某犯故意杀人罪，向北京市第一中级人民法院提起公诉。北京市人民检察院第一分院认为，被告人郭某的行为构成故意杀人罪，提请法院依法惩处。其辩护人的辩护意见是：公诉机关指控被告人郭某犯有故意杀人罪的证据不足，要求本案鉴定人及相关证人出庭作证，请求宣告被告人郭某无罪。北京市第一中级人民法院认定，被告人郭某于 2000 年 11 月 3 日 23 时许，在北京市昌平区平西府镇家中，与其妻麦某（时年 32 岁）发生争吵，即猛掐麦某的颈部，并用袜子堵塞麦某的口腔，麦某因被扼压颈部及闷堵口

---

〔1〕 参见朱平：《无罪判例名案精析》，群众出版社 2004 年 8 月版，第 413~423 页。

鼻致机械性窒息死亡，后郭某将麦某的尸体移出室外，弃于某小区北侧荒地内。由于被告人郭某的犯罪行为使附带民事诉讼原告人麦某某、魏某某遭受了一定的经济损失。

判决认定上述事实，有下列证据证明：（1）证人甲某有证言证明：2001年3月10日8时许，在某小区外散步时，发现某小区外北侧地里有一具尸体，头东脚西，身体裸着，脸和两腿之间盖着东西。（2）证人乙某证言证明：2000年12月之前或11月份一天，楼下房间吵过两次架，晚上11点钟左右吵得很厉害，还有关门下楼的声音。（3）证人丙证言证明：2000年11月3日15时许，她在西安曾给麦某打过电话，麦某告诉她给其汇款人民币1000元。麦某失踪后，她来北京，在麦某的住处，发现了麦某往家里寄钱的邮局汇款单。（4）证人丁某证言证明：2000年11月3日18时许，麦某来到酒吧上班，当晚19时许离开酒吧。（5）证人戊某证言证明：2000年11月3日晚9时许，郭某同她及她丈夫己某回到亚运村北侧的家中，后郭某于当晚不到12点离开，回自己居住的小区。（6）证人己某证言证明：2000年11月3日晚，郭某到他家，当晚23时许郭某自己乘出租车离开。（7）现场勘查笔录证明：现场位于昌平区平西府镇某小区路北荒地内，尸体向东约400米是立汤路，向南80米是定泗路。尸体为女性，头东脚西仰卧，头上盖着一件绿白相间的方格秋衣，一件紫色带白色细条纹的针织衫；口腔中塞有两只白色女式针织袜；脖颈上有掐痕，尸体乳房上方有一件白色乳罩，尸体其他部位裸露，下身被焚烧，腿上有焚烧过的衣服碎片。距尸体西南约2.5米处有一片火烧灰烬，经勘查为一件蓝色带拉链粗线针织毛衣；距尸体位置东北方向70米处地面上发现一个被烧毁的棕黑色带花的皮包，包内有一被烧毁的记账本及用塑料袋包着的三个桔子。（8）北京市公安局刑事科学技术法医物证鉴定结论证明：经对尸体头发与麦某之母魏某某静脉血进行同一鉴定，不排除尸体头发为魏某某之女麦某所拥有。（9）北京市公安局刑事科学技术尸检报告检验结论证明：死者麦某颈部可见皮肤损伤，该损伤扼压可以形成，麦某符合被他人扼压颈部及闷堵口鼻致机械性窒息死亡。（10）辨认笔录证明：2001年3月15日15时许，由犯罪嫌疑人郭某辨认其交待的抛尸路线及现场。犯罪嫌疑人郭某将公安人员带至小区东门东侧4米土堆处，指出当时由此翻越铁栏将尸体运出，后肩扛尸体穿过定泗路至北侧荒地中；后带路至南距定泗路约80米、东距立汤路约400米的荒地处，郭某指出当时尸体就抛于此处。（11）被告人郭某于2001年3月14日、15日、16日供述杀死麦某的作案时间、地点、情节、手段与上述证据基本吻合，可以相互印证。（12）附带民事诉讼原告人麦某某、魏某某向法庭出具的法医鉴定费、丧葬费、交通费单据，证明遭受经济损失共计人民币二万零五百五十一元。根据以上事实及证据，北京市第一中级人民法院认为，被告人郭某故意非法剥夺他人生命，致人死亡，其行为已构成故意杀人罪，犯罪后果特别严重，依法应予惩处。但根据本案的具体情节，对被告人郭某判处死刑可不立即执行。因此判决郭某犯故意杀人罪，判处死刑，缓期二年执行，剥夺政治权利终身；郭某赔偿附带民事诉讼原告人麦某某、魏某某丧葬费、法医鉴定费、交通费等经济损失共计人民币二万零五百五十一元整。

一审宣判后，原公诉机关北京市人民检察院第一分院对原审刑事部分判决提出抗诉，原审被告人郭某对原审刑事部分判决不服，提出上诉；原审附带民事诉讼原告人麦某某、魏某某对原审附带民事部分判决不服，提出上诉。

北京市高级人民法院经审理查明，原判认定郭某之妻麦某被杀害的事实存在，上述事实有证人证言、现场勘查笔录、尸体检验鉴定结论等证据在案证明，但原判认定郭某将麦某杀死的事实不清，证据不足。原审判决认定郭某犯故意杀人罪所依据的证据，除郭某在预审期间所作的有罪供述外，没有其他确实、充分的证据证明郭某是杀死麦某的案犯；发现尸体现场未能获取与原判认定的杀人现场有关联的物证，郭某的有罪供述与现场勘查情况存在的矛盾缺乏合理解释，有罪证据无法形成完整的证明体系；郭某推翻有罪供述，使本案缺少了据以定罪的充分根据。故原审判决认定郭某杀死被害人麦某的事实不清，证据不足，不能认定上诉人郭某有罪；附带民事赔偿亦失去根据。北京市人民检察院决定撤回北京市人民检察院第一分院的抗诉，依法应予准许。上诉人郭某及辩护人所提原判认定郭某犯罪的证据不足的上诉理由和辩护意见成立，予以采纳。据此，北京市高级法院判决上诉人郭某无罪。

【法理分析】

证据裁判原则要求以证据作为裁判的根据，而且必须达到相应的标准和要求。但是，在没有证据的情况下，裁判者仍然要作出裁判，并且，在双方都没有证据的情况下，裁判者并不能判决双方都败诉。因此从相反的方向来看，证据裁判原则还包括这样一层含义：对就某事实承担证明责任的那方当事人来说，如果他没有足够的证据进行证明（"没有证据"非指证据在数量上为零，而是指依据这些证据所进行的证明达不到证明标准的要求），那么裁判者不能认定其所主张的事实，也即应当认定该事实不成立。[1]我国最新修正的《刑事诉讼法》第53条规定："对一切案件的判处都要重证据，重调查研究，不轻信口供。只有被告人供述，没有其他证据的，不能认定被告人有罪和处以刑罚；没有被告人供述，证据确实、充分的，可以认定被告人有罪和处以刑罚。证据确实、充分，应当符合以下条件：（一）定罪量刑的事实都有证据证明；（二）据以定案的证据均经法定程序查证属实；（三）综合全案证据，对所认定事实已排除合理怀疑。"

实践中，对于犯罪嫌疑人、被告人的供述，应当综合案件的全部证据以判断其真伪。在一个刑事案件中，如果证明被告人实施了指控的犯罪行为的惟一证据是其本人的供述，则不能认定该被告人有罪和处以刑罚。值得注意的是，补强证据应与口供出于不同的来源。例如，警察的询问笔录、被告人对其他人讲述的对犯罪的承认，都不能作为口供的补强证据。

本案中，公诉机关指控被告人郭某实施了故意杀人行为。关于指控的故意杀人事实，被告人郭某曾经在侦查机关作出有罪供述，但在后来侦查讯问及审查起诉、法庭审理阶段又推翻了原来的供述，否认实施了故意杀人行为，因此，对被告人郭某是否实施了故意杀人行为，在证据的审查判断上就存在一个如何看待和适用口供证据的问题。根

---

[1] 参见卫跃宁：《诉讼现代化：从"以事实为根据"原则转向"证据裁判"原则》，载《湘潭大学学报》（哲学社会科学版）2008年第4期，第5页。

据口供的补强规则，如采纳被告人郭某的有罪供述，则仍然需要对口供所证明的内容进行补强，且补强证据应当达到能够独立地证明故意杀人的犯罪事实是被告人郭某所实施的程度，或者至少必须与有罪供述的内容一致，并印证有罪供述的真实性。如不采纳被告人郭某的有罪供述，则除口供以外的其他证据应能够证明被告人实施了故意杀人行为，且必须达到确实、充分的程度。因此，被告人郭某是否实施了故意杀人行为，并不取决于其是否作出了有罪供述，关键在于补强证据的证明力。

从本案现有证据看，指控被告人郭某实施了故意杀人行为证据不足。理由如下：原审判决认定郭某犯故意杀人罪的 11 项证据中，证人景某的证言、现场勘查笔录、法医物证鉴定书、尸检报告检验结论可以证明麦某被他人扼压颈部及闷堵口鼻致机械性窒息死亡，以及发现麦某尸体的现场情况。证人姚某的证言证明：2000 年 12 月之前或 11 月份一天晚上 11 点钟左右，郭某家曾发生过吵架，还有关门下楼的声音；证人郭某和郑某的证言证明：2000 年 11 月 3 日 23 时许，郭某从位于亚运村北侧的某小区返回自己住的小区。上述两份证言可以证明郭某家曾发生过争吵，推论麦某于 2000 年 11 月 3 日夜被杀害时，郭某有作案时间。证人魏某某的证言证明：2000 年 11 月 3 日 15 时许，麦某通过电话告诉其当天给其汇款，后其在冠雅苑小区麦某的住处发现了邮局汇款单；证人李某的证言证明：2000 年 11 月 3 日 18 时许麦某来上班，19 时许麦某下班离开；上述两份证言可以证明麦某在 2000 年 11 月 3 日曾经回家，但不能排除麦某在同日 18 时上班前已回过一次家，将邮局汇款单先放在家中的可能，故不能作为具有排他性的证据证明麦某在当晚下班回到家中被害和排除在其他地点被害的可能。郭某曾于 2001 年 3 月 14 日、15 日、16 日供认杀死麦某，并辨认了其交代的抛尸路线及现场；但郭某的有罪供述与其他证据存在矛盾，包括郭某供述的麦某衣着、麦某的书包及包内物品的种类、抛弃物品位置等，与现场勘查情况明显不符，且郭某在此后的讯问及审判中，均否认犯罪。尸体检验报告和照片中显示尸体左额顶部有一处 5×4 厘米的皮下出血，该伤成因不明。

经核查，尸体上已有被烧毁的蓝色裤子一条，随案移送在发现尸体现场附近提取的牛仔裤、破旧床单等物品，与原判认定的杀人现场缺少关联性。能证明杀人现场与抛尸现场关联性的证据，原判认为有床单和袜子，现经审查发现，郭某没有供述过床单的特征，程序上也没有经过辨认，现场附近就堆积有破旧生活用品的垃圾，没有证据能证明抛尸现场的床单与案件还是与垃圾有关联，不能认定为郭某杀人运尸的证据。从袜子情况看，如认定袜子是在被害人生前被塞入口中的，则排除了袜子是在被害人死后抛尸时为伪造现场而塞入口中的，虽能说明抛尸现场与杀人现场的关联，但仅这一个证据较为单薄，因尸体被发现时脚上无袜子，现场也未发现第二只袜子，郭某又推翻了原来的供述，因而不能完全排除被害人在尸体被发现的现场附近被他人杀害的可能。

因此，本案一审基本上是根据口供定案，现无直接证据证实被告人郭某犯罪，且郭某的交代与现场勘察结果存在矛盾，抛尸现场未发现与郭某或郭某家中有关联的物证，间接证据无法形成证据体系，得出的结论不具有排他性，在郭某翻供的情况下，定罪证据不足，应以证据不足宣告被告人郭某无罪。二审据以改判是正确的。

第五节　刑事证据证明标准

【规则要点】

刑事诉讼的证明标准是证据确实、充分。证据确实、充分，应当符合以下条件：（一）定罪量刑的事实都有证据证明；（二）据以定案的证据均经法定程序查证属实；（三）综合全案证据，对所认定事实已排除合理怀疑。

【理解与适用】

一、刑事证据证明标准的概念和特点

证明标准则是指法律规定的负有证明责任的诉讼主体运用证据证明争议事实、论证诉讼主张并须达到程度方面的要求。[1] 首先，证明标准是法定的，侦查、检察人员和法官只能根据法律规定的证明标准判断事实，而不能根据自己的主观标准认定；其次，证明标准针对的是证明对象，即实体法事实和程序法事实；最后，证明标准指的是一种程度的要求，这种要求是法律上真伪的分界点。如果证明程度不能达到这一要求，则所证事实应被认为不存在，如果证明程度达到或超过了证明标准的要求，则所证事实应被认为成立。[2]

刑事证据证明标准是贯穿整个刑事证明过程始终的一根主线。刑事诉讼主体收集证据、审查判断证据、进行实体处理活动均须围绕证明标准而展开。刑事案件证明标准具有如下特点：

1. 层次性。证明标准不是单一的，而是多元化、多层次的，表现在以下三个方面：第一，不同的诉讼阶段应适用不同的证明标准，刑事诉讼阶段是指在刑事诉讼过程中，按顺序和时序进行相互独立又相互衔接的各个部分，在不同的诉讼阶段，其直接任务和诉讼主体的行为都不相同。第二，不同的证明主体适用不同的证明标准。在刑事诉讼中，证明责任原则上由控方承担，被告人不承担证明自己无罪的责任。但在法律有特别规定的情况下，被告人仍要对特定事项尤其是证明其无罪的情况承担局部的证明责任。第三，不同的证明对象适用不同的证明标准，如前所述，证明对象包括实体法事实和程序法事实，对于这两种事实的证明标准应该加以区别。

2. 客观性。证明标准虽然是裁判者主观相信程度的描述，但证明标准本身却是客观的，裁判者形成内心确信的过程从理论上可以分为两个步骤：一是对有举证责任一方提供给他的证据进行思考评价判断，在内心形成一定的相信程度；二是用证明标准去衡量已形成的内心相信程度，如果这种相信程度达到了证明标准，就认为举证一方的事实主

---

〔1〕　参见宋英辉主编：《刑事诉讼法学》，中国人民大学出版社 2007 年版，第 379 页。

〔2〕　参见李玲：《重构我国的刑事诉讼证明标准》，郑州大学 2004 年硕士学位论文，第 1～5 页。

张成立，虽然裁判者形成确信的过程离不开裁判者的主观认识活动，但证明标准本身是客观的，它独立于裁判者的意志之外，由法律设定，不以任何人的意志为转移。[1]

3. 最低性。最低性是指证明标准为证明主体认识事实设定了一条底线，若证据的证明力高出这条底线，就可认为所证事实为真，如果低于这一底线，则需认为事实处于真伪不明状态。证明标准是证明主体认定事实的界限，但并不等于在每次认定过程中，证明主体的认识一旦达到证明标准就不再收集证据或审查证据。相反，证明主体总是尽可能地提高自己的相信程度，只有在根据现有证据确实不能达到确信或排除合理怀疑的情况下，证明标准才会成为衡量工具。

二、证明标准的具体内涵

在刑事诉讼中，负有证明责任的证明主体对案件事实的证明究竟是否达到了证明标准，最终还是要由案件事实的认定者，即法官来予以判断。因此，西方国家往往会从法官认识的角度来对证明标准作出描述。在英美法系国家，根据证明的具体问题不同，可以将证明标准分为不同等级，其中对被告人作出有罪判决必须达到"排除合理怀疑"的证明标准。所谓"合理怀疑"，是指"基于原因和常识的怀疑——那种将使一个理智正常的人犹豫不决地怀疑"，所以，排除合理怀疑的证明必须是如此给以人信服以至于"一个理智正常的人在处理他自己的十分重要的事务时将毫不犹豫地依靠它并据此来行事"。在大陆法系国家，认定被告人有罪的证明标准通常被称为"内心确信"，这与法官的自由心证联系密切，即法官通过对证据的审查判断所形成的那种内心信念为"心证"，当这种"心证"达到深信不疑或者排除合理怀疑的程度，便形成确信。在我国，根据刑事诉讼法的相关规定，人民法院对被告人作出有罪判决，必须做到犯罪事实清楚，证据确实、充分。证据确实、充分，是统一的不可分割的两个方面，是确认犯罪事实，正确定案的"尺度"，它们是相互依存，缺一不可的。[2]证据确实是就个别证据而言的，证据充分是就全案证据而言的，证据充分以证据确实为基础。

1. "确实"是对证据在质上的要求，是指每一项证据都必须真实可靠，都必须能够如实地反映案件的事实真相。具体包括：第一，每个证据都必须是客观存在的，且与案件存在客观联系；每个证据都必须经过查证属实，具有证明案件事实的资格和能力。也就是说，即使证据是真实的，但如果与犯罪事实无客观联系，也谈不上此项证据达到了确实的标准。第二，证据与证据之间、证据与案件事实之间不存在矛盾或者矛盾得以合理排除。只有当各个证据之间，证据与案件事实之间没有任何相互排斥的矛盾，才能据此认定被告人实施了犯罪行为，依法予以定罪量刑。如果证据之间或者证据与案件事实之间有矛盾，必须合理地予以排除，否则，应当按照"疑罪从无"的原则，不能认定被告人有罪。

2. "充分"是对证据在量上的要求，是指符合确实标准的证据在量上必须达到法律

---

〔1〕 参见李玲：《重构我国的刑事诉讼证明标准》，郑州大学 2004 年硕士学位论文，第 1~5 页。

〔2〕 参见王洪俊：《论证据的确实充分》，载《刑事诉讼法学五十年》，警官教育出版社 1999 年版，第 124~125 页。

规定的能够认定案件事实的要求。证据的量因案件而异，在不同的案件中有不同的规定性，要以能够证明案件事实情况为标准。具体包括：第一，属于犯罪各构成要件的事实都有相应的证据加以证明。也就是说，有关犯罪时间、地点、过程、手段、工具、后果、目的、动机、犯罪嫌疑人和被告人的个人情况等，都有相应的证据予以证明。第二，如果是共同犯罪的案件，应当查明被告人在共同犯罪中所处的地位及所起的作用。被告人在共同犯罪案件中的地位和作用直接关系到其刑事责任的承担，只有清晰地查明被告人在共同犯罪案件中的地位和作用，才能对其正确定罪和判处相应的刑罚。第三，所有的证据综合起来必须形成一个完整的、协调的证明体系，对案件事实的推论过程不违反逻辑和经验规则，足以得出惟一的、确定无疑的结论，排除一切合理的怀疑。如果对案件事实的推论过程存在瑕疵，不符合逻辑和经验规则，或者根据已经收集到的证据不能得到惟一结论，则不能据此认定案件事实。

3. 证据确实充分不仅是对被告人定罪量刑时应当遵守的证明标准，也是公安机关侦查终结移送审查起诉和检察机关依法决定提起公诉时应当遵守的证明标准，如果认为案件没有达到事实清楚，证据确实、充分的标准，那么公安机关不应当将案件移送审查起诉，检察机关也不应当提起公诉。[1] 我国最新修正的《刑事诉讼法》进一步肯定了这个证明标准，并且确定了三项具体条件。该法第 53 条第 2 款规定："证据确实、充分，应当符合以下条件：（一）定罪量刑的事实都有证据证明；（二）据以定案的证据均经法定程序查证属实；（三）综合全案证据，对所认定事实已排除合理怀疑。"第一个条件是说案件事实均有必要的证据予以证明。这是指司法机关所认定的对解决争议有意义的事实均有证据作根据，没有证据证明的事实不得认定。第二个条件要求据以定案的证据均需要查证属实。这是指作为定案根据的每一个证据都具有证据的本质属性，即客观性、关联性和合法性。第三个条件是指证据之间、证据与案件事实之间的矛盾得到合理的排除，对案件事实的证明结论是惟一的，排除了其他的可能性。办案中收集到的证据可能与其他证据或案件事实有矛盾，这时，必须进一步补充证据，有根据地排除矛盾，查明事实真相，否则，不得认定有关的事实。

三、确定刑事证据证明标准应注意的问题

（一）正确理解"证据不足"

我国最新修正的《刑事诉讼法》第 195 条规定："在被告人最后陈述后，审判长宣布休庭，合议庭进行评议，根据已经查明的事实、证据和有关的法律规定，分别作出以下判决：（一）案件事实清楚，证据确实、充分，依据法律认定被告人有罪的，应当作出有罪判决；（二）依据法律认定被告人无罪的，应当作出无罪判决；（三）证据不足，不能认定被告人有罪的，应当作出证据不足、指控的犯罪不能成立的无罪判决。"司法实务中，如何理解"证据不足"呢？

---

〔1〕 参见杨迎泽、张红梅主编：《刑事证据适用指南》，中国检察出版社 2011 年 9 月版，第 41 页

1. 只有证明犯罪构成要件的证据缺失，才属于《刑事诉讼法》规定的"证据不足"。依据证据裁判原则，案件事实的认定须依赖于证据。依所证明的对象划分，证据可分为三类：一是证明犯罪构成要件的证据。犯罪构成要件事实是刑事案件的主要证明对象，所以，该证据也就成为刑事案件的关键证据。二是证明量刑情节的证据。某些刑事案件具有特定的量刑情节，如从重、加重或者从轻、减轻、免除刑事处罚的情节等。这些量刑情节都是需要证据支持的。三是证明犯罪嫌疑人、被告人个人情况的证据。犯罪嫌疑人、被告人个人情况，主要指姓名、性别、年龄、文化程度、民族、职业等情况。实践中，当证据不足，指控的犯罪不能成立时，我们称其为"疑罪"，根据刑事诉讼法基本原则及国际惯例，对于疑罪是不能定罪的。

2. 证明主要案件事实的直接证据未查证属实，间接证据难以形成锁链的，属于证明犯罪构成要件的证据不足。根据证据与主要案件事实的证明关系，证据可分为直接证据与间接证据。"主要案件事实"是指被告人是否实施犯罪行为这一事实。首先，直接证据查证属实的，犯罪构成要件证据即属充分，可以认定被告人有罪。由于直接证据对案件主要事实有直接的证据作用，因此只要查证属实，犯罪要件就可以得到证明，有罪或无罪的结论就很明显，证明犯罪构成的证据即属充分。实务中，直接证据多为被告人口供，口供如果属于没有得到查证的直接证据，不能作为有罪判决的依据。其次，没有直接证据，或虽有直接证据但未查证属实，间接证据又难以形成锁链的，属于证明犯罪的构成要件的证据不足。当案件中没有直接证据，或虽有证据但不能查证属实的，就需要依靠间接证据定案。依靠间接证据定案，必须保障所有的间接证据能够形成完整的证据锁链。《死刑案件证据规定》第33条也专门规定间接证据的定案规则。这实际是常年人民司法工作的经验总结，同时又反作用于司法实践，对于法官审查判断证据起到指南和定向作用。具体而言，犯罪构成要件事实均得到证明，犯罪行为每一环节均得到证明，且环环相扣。前已述及，犯罪构成要件事实涉及七个方面即人物、时间、地点、目的、方法、行为、后果等。对任何一个刑事案件而言，犯罪构成要件事实都是正确定罪量刑的基础，必须查明。无论是依靠直接证据定案，还是依靠间接证据定案，都无一例外。但是，当运用间接证据定案时，尤其要强调这一点，即证据之间没有矛盾，证据与案件事实之间没有矛盾，或矛盾能够得到合理解释或排除。运用间接证据定案时，尤其要注意排除证据之间、证据与案件事实之间的根本性矛盾。对于矛盾，不能做机械理解。由于人的记忆、感知能力的特点而产生的合理矛盾不影响间接证据定案，而存在实质差异的根本性矛盾必须得到排除或合理解释，这种合理解释必须符合经验法则。运用间接证据定案，必须保障综合全案间接证据，能够排除其他可能性，得到确定性的惟一结论。如果根据间接证据不能得出排他性结论，只能得出可能性结论，间接证据就没有达到环环相扣的锁链程度，不能认定有罪。

（二）正确理解排除合理怀疑的标准

我国最新修正的《刑事诉讼法》第53条第2款规定："证据确实、充分，应当符合以下条件：（一）定罪量刑的事实都有证据证明；（二）据以定案的证据均经法定程序查证属实;（三）综合全案证据，对所认定事实已排除合理怀疑。"这其中的第三个条件确定了"排除合理怀疑"的标准。对于排除合理怀疑的证明标准，可以在逻辑上作一番推论和证明。法律事实观要求，一切进入刑事程序的证据，必须受到法律的严格制约，这种制约表现在两个方面：（1）刑事实体法的制约。它规定了需要证明的案件事实的构成要件，证据必须与其具有相关性，才有可能具有合法性。（2）刑事程序法和证据法的制约。它们规定了证据的合法性标准。同样，依据这些证据认定案件事实，也必须受到法律的制约。在刑事诉讼中，不存在超越于法律之外的客观事实，所有的事实必须在进入刑事程序之中的证据的基础上，并且依照法定的程序推论出来，即根据法律规定的机制和标准得出关于事实的结论，这也就是法律事实，而法律事实应当具有合理的可接受性。然而，如何使法律事实具有合理的可接受性呢？不言而喻，这种关于事实的结论，其精确度要达到很高的程度，人们才可以接受。最高的标准当然是客观真实，但这种标准不但难以实现，而且还会带来消极后果。可能性的标准显然又太低了，不能说因为某人可能实施了某一犯罪行为，就宣称他是罪犯。所以，案件事实的结论必须具有一定的确定性。但问题是，这种确定性并不好把握。不过，对于不能从正面来把握的问题，可以从反面来把握。可以这样说，一个结论如果能够排除对它的合理疑问，它就具有确定性。这种确定性对于一个具有正常理智的人来说，显然具有合理的可接受性。这种合理的可接受性一方面要有充足的证据作为依据，另一方面还要根据法律规定的机制和标准产生。被追诉人通过法律程序参与对案件事实的发现和形成，是合理的可接受性得以形成的重要一环。由被追诉人提出合理怀疑，同时由对方排除合理怀疑，正是被追诉人得以有效地参与事实发现和形成的重要法律机制和标准。可见，排除合理怀疑的证明标准一方面可以使案件结论达到一定的确定性，另一方面又尊重了法律尤其是刑事程序的规定及其价值，是法律事实观逻辑发展的必然结果。

我国最新修正的《刑事诉讼法》将排除合理怀疑标准列为刑事证据证明标准，对于精确把握"案件事实清楚，证据确实、充分"具有重要的意义。首先，排除合理怀疑的标准本身就不低于案件事实清楚的标准，因为案件事实中的合理怀疑被排除之后，它就应该而且必然是清楚的。其次，案件事实清楚的确实性从正面比较难以把握，如果不经过合理怀疑的排除过程，这种确实性就可能是不完善的。再次，排除合理怀疑的证明标准更加注意被追诉人参与对案件事实的发现和形成，更重视法律程序的作用和价值。在司法实践中，很多司法人员在认定案件事实的过程中，正是依据这一思路进行判断的。有时候，合理的怀疑往往是发现案件真实情况的最好线索。

【典型案例分析】

1. 在刑事诉讼中，如何判断间接证据是否达到证明标准？[1]

【基本案情】

被告人黄某，1970 年 11 月 20 日出生，汉族，大学文化，北京某软件公司职员，住

---

〔1〕 参见顾永忠主编：《中国疑难刑事名案程序与证据问题研究》，北京大学出版社 2008 年 12 月版，第 303～313 页。

郑州市东明路某院。被害人刘某与男友黄某于 1997 年 11 月恋爱，并已长期同居，曾多次商量结婚之事，1998 年 10 月 23 日晚，二人同宿于被害人父母家中。第二天早上 9 时左右，黄某离开刘家开车回自己家中。上午 10：30 分左右，被害人刘某被其父亲发现死于卧室之中。经侦查人员现场勘查，死者身着粉红色睡衣，下身赤裸，左颈部锁骨上方插有不锈钢单刃餐刀，颈部上方有一道浅表切划伤，喉结处有闭锁状索沟，手上有轻微抵抗伤，左大腿外侧上方有一锐器刺伤，右大腿内侧上方有一道擦伤。根据 1998 年 10 月 28 日郑州市公安局出具的《刑事技术鉴定书》被害人的死亡时间为 1998 年 10 月 24 日 1 时许，与被害人同居的男友黄某被列为最大杀人嫌疑。

经公安机关侦查终结，河南省郑州市人民检察院以郑检起诉（2001）16 号起诉书，指控被告人黄某犯故意杀人罪，于 2001 年 2 月 1 日向郑州市中级人民法院提起公诉。郑州市人民检察院指控：1998 年 10 月 23 日夜 11 时 30 分许，被告人黄某与其女友刘某在同村的王某某家因打牌发生口角，后一同回到二人住处。第二天早上 9 时许黄某离开住处回其父母家。10：30 分左右，刘某父亲刘某某上楼查电话线时发现刘某被害。经法医鉴定，刘某系被他人勒住颈部并用单刃刺器伤左颈部致机械性窒息合并失血性休克而死亡，死亡时间约在 1998 年 10 月 24 日 1 时许。公安机关经过现场调查以及讯问被告人黄某，同时根据法医对刘某死亡时间的鉴定证实：刘某被害时黄某始终在犯罪现场，实施了杀害刘某的行为。针对上述指控，公诉机关提供了被告人黄某供述、刘某某等证人证言、鉴定结论、现场勘查笔录，以及有关查证情况的说明等证据。公诉机关认为，被告人黄某故意非法剥夺他人生命，致一人死亡，其行为已构成故意杀人罪提请法院依法惩处。

被害人的父母刘某某、任某某提起了刑事附带民事诉讼，要求依法追究被告人黄某的刑事责任，并赔偿丧葬费、停尸费、赡养费及精神损失费共计 102635 元。

郑州市中级人民法院依法开庭对本案进行了审理。控方出具的相关证据有：（1）被告人黄某的所有供述材料，刘某某、任某某、王某某等证人证言及黄某当庭供述，证明了案发前一晚上，黄某和刘某在王某某家发生口角、案发当天黄某离开家时与刘某之母任某某的对话、离开家后帮其姐买电脑配件以及刘某某发现其女儿刘某被害死亡等事实。（2）刘某被杀案发现场勘查笔录，记载现场的情况。（3）郑州市公安局（1998）公法医鉴字第 243 号刑事技术鉴定书，记载刘某系被他人扼勒颈部并用单刃刺器伤左颈部致机械性窒息合并失血性休克而死亡，死亡时间约在 1998 年 10 月 24 日 1 时许。（4）公安部（1999）公物证鉴字第 3904 号物证鉴定书，最高人民检察院（2000）高检鉴第 05 号鉴定书和省、市公检法及金水公安分局的法医关于刘某死亡时间会议纪要，证明刘某的死亡时间为 1998 年 10 月 24 日 1 时或 2 时许。（5）公诉机关提供的公安部（1998）公物证鉴字第 3059 号物证检验报告记载："刘某的阴擦拭检见大量精子，并检出 A、B 型物质"。经公安部（1998）公物证鉴字第 3276 号物证鉴定书、（2001）公物证鉴字第 2303 号物证鉴定书证实，该精子 DNA 基因型与黄某 DNA 基因型不同。

被告人黄某辩解称：其没有杀害刘某。其辩护人辩护称：公诉机关仅依据关于刘某死亡时间的鉴定结论这一与其他证据相矛盾的间接证据，指控被告人黄某构成故意杀人罪，严重不符合"证据应当确实充分"的法定证明标准。（1）被告人黄某没有故意杀害刘某的犯罪动机。（2）起诉书认定的刘某死亡时间与刑事技术鉴定书记载的刘某尸体的尸斑、角膜、瞳孔等尸体现象明显不符。（3）从死者体内检出并非黄某所留的"大量精子"说明，刘某有可能是在从黄某离开刘某到刘某某发现刘某被害之间的两个小时内被他人所害。（4）刘某被害一案疑似为他人强奸杀人案。

郑州市中级人民法院于 2002 年 12 月 27 日对该案进行宣判，认定检察机关指控被告人黄某实施杀害刘某的行为事实不清，证据不足，指控罪名不成立，不予支持。附带民事诉讼原告人要求被告人黄某赔偿之诉请，因认定被告人黄某杀害刘某的证据不足、指控的犯罪不成立而不予支持。被告人黄某及其辩护人关于指控黄某犯故意杀人罪的事实不清、证据不足的辩解、辩护意见成立，予以采纳，最终判决被告人黄某无罪，并且不承担民事赔偿责任。

法院在郑州市第一看守所宣告黄某无罪的判决后，同时送达了释放证明，但是，黄某没有迈出看守所，郑州市公安局金水分局声称掌握了黄某涉嫌杀人的新证据，直接从看守所将黄某押往他处，对其继续关押，经黄某亲属及辩护人多方努力，直到 2003 年 3 月黄某才真正获得自由。

【法理分析】

黄某被控故意杀人案在证据上的最大特点是控方所使用的都是间接证据。在诉讼中，间接证据通常只能证明时间、地点、工具、手段、结果、动机等单一事实要素和案件情节。但是间接证据范围广，数量多，比较容易收集，在诉讼中发挥着重要作用。对于间接证据的界定、间接证据的运用以及运用间接证据所要达到的证明标准等问题，在理论上值得探讨，而且在具体的司法实践中也必须解决。

间接证据是指不能单独、直接证明案件主要事实，而需要与其他证据结合才能证明的证据。[1] 间接证据在案件中的来源广泛，表现形式多样，但对案件主要事实的证明需依赖其他证据，证明过程相对复杂。间接证据与直接证据相比，具有以下特点：（1）间接证据只能证明案件事实的某个片段。间接证据只能证明案件事实的某个片段，如果要证明案件主要事实，则需先证明案件的某一事实或情节，再从这一事实或情节出发，与其他一系列证据结合起来才能做到。而直接证据则不同，它能够单独地证明案件的主要事实，特别是能单独地证明作案人是谁的事实。（2）间接证据不能证明作案人、也不能排除作案人。在案件的主要事实中，包含了案件的发生以及作案人两方面。间接证据通常不能证明作案人是谁，但也不能排除谁是作案人。间接证据对案件事实的证明是把作案人与案件事实分割开来的，而直接证据则不同，它能证明或排除作案人，对案件事实的证明是把作案人与案件事实联系在一起的。（3）间接证据的证明过程具有依赖性。间接证据对案件主要事实的证明，有赖于若干间接证据相互结合，形成一个相互依赖、相

---

〔1〕 参见卞建林主编：《证据法学》，中国政法大学出版社 2002 年版，第 186 页。

互联系的证据体系。这些证据形成一条证据锁链，各个证据必须环环相扣，缺少其中任何一环都无法实现对案件事实的证明。

在黄某被控故意杀人案中，涉及的证据主要有：（1）黄某的供述，交代案发前一天晚上，案发当天的全部活动，但未承认实施杀人行为。刘某某、任某某、王某某等证人证言及黄某当庭供述，证明了案发前一晚上，黄某和刘某在王某某家发生口角、案发当天黄某离开家时与刘某之母任某某的对话、离开家后帮其姐买电脑配件以及刘某某发现其女儿刘某被害死亡等事实。（2）刘某被杀案发现场勘查笔录，记载现场的情况。（3）郑州市公安局（1998）公法医鉴字第 243 号刑事技术鉴定书，记载刘某系被他人扼勒颈部并用单刃刺器伤左颈部致机械性窒息合并失血性休克而死亡，死亡时间约在 1998 年 10 月 24 日 1 时许。（4）公安部（1999）公物证鉴字第 3904 号物证鉴定书，最高人民检察院（2000）高检鉴第 05 号鉴定书和省、市公检法及金水公安分局的法医关于刘某死亡时间会议纪要，证明刘某的死亡时间为 1998 年 10 月 24 日 1 时或 2 时许。（5）公诉机关提供的公安部（1998）公物证鉴字第 3059 号物证检验报告记载："刘某的阴擦拭检见大量精子，并检出 A、B 型物质"。经公安部（1998）公物证鉴字第 3276 号物证鉴定书、（2001）公物证鉴字第 2303 号物证鉴定书证实，该精子 DNA 基因型与黄某 DNA 基因型不同。应当说，黄某故意杀人案中的证据均属于间接证据：（1）黄某的供述，只能证明黄某在案发前后的诸如打牌、买电脑设备等活动情况，但由于黄某一直未承认实施杀人行为，对于黄某是否杀死刘某这一主要案件事实，黄某的供述无法进行证明。因此黄某的供述属于间接证据。（2）刘某某、任某某、王某某等证人证言及黄某当庭供述，证明了案发前一晚上，黄某和刘某在王某某家发生口角、案发当天黄某离开家时与刘某之母任某某的对话、离开家后帮其姐买电脑配件以及刘某某发现其女儿刘某被害死亡等事实。但是上述事实也仅是案件事实的一部分，既不能肯定谁实施了杀死刘某的行为，也不能排除谁实施了上述行为，因而只是间接证据。（3）案发现场的勘查笔录、司法机关制作的刑事技术鉴定书、物证鉴定书、物证检验报告等证据材料，也都只是证明发案现场的情况，被害人的死亡时间等事实，而不能证明案件是谁实施了犯罪行为，因此也都属于间接证据。

由于间接证据自身存在的特点，对间接证据的运用，需要遵循一定的规则。间接证据与直接证据相比，运用规则既相同也有所区别。就两者共同的运用规则而言，无论是运用直接证据还是间接证据，都必须符合客观性、关联性和合法性的要求。用于证明案件事实的每个证据都必须真实可靠；证据必须与案件存在客观联系，对证明案件有实际意义，证据的取得、运用必须符合法律的要求。由于任何单一的间接证据都无法证明案件的主要事实，只有存在若干个间接证据，并且间接证据相互联系，形成统一的证据锁链，经过合乎逻辑的推理，才能得出证明结论。因此运用间接证据证明案件事实，应特别注意以下规则：（1）间接证据之间的协调性。间接证据之间以及间接证据与案件事实之间必须协调一致，没有矛盾。这要求所有间接证据对同一案件事实的证明在内容上必须是一致的，不能相互排斥。（2）间接证据形成的证明体系的完整性。多个间接证据必须形成一个完整的证明体系。每个间接证据只能证明案件的某个事实和情节，只有把能证明全部案件事实和各个情节的间接证据按照它们之间的联系排列起来，形成一个完整的证明体系，才能定案。（3）间接证据推理出的结论具有排他性。按照间接证据所构成的证明体系进行综合分析和逻辑推理后得出的关于案件事实的结论必须是惟一的，才不会产生任何其他结论。

在黄某故意杀人案中，控方要证明黄某实施了故意杀人行为，其对间接证据的运用并不符合上述规则的要求。在证据的协调性方面，各间接证据之间存在矛盾。死亡时间的鉴定证明被害人死于10月23日凌晨1时许，但是该鉴定与本案的其他证据存在矛盾，例如鉴定书中记载"死亡的眼角膜透明"、"尸斑淡紫红色，指压部分退色"等证据又表明，死者的死亡时间可能不是凌晨1时许。虽然本案有证据证明黄某有作案时间，是可能的凶手，但是死者体内检测出他人的大量精子、杀害刘某的凶器来源不明等证据又证明杀死刘某的凶手可能另有其人。从证明体系的完整性上看，由于证据之间存在矛盾，控方的证明体系并不完整，存在诸多漏洞。例如控方将案发前夜，在打牌时黄某因刘某出错而发生口角的事实写进起诉书，以此作为黄某杀害刘某犯罪动机的起因，这种证据之间的联系是不紧密的，所完成的证明体系并不完整、严密，热恋中的恋人因打牌出错而杀人，这在情理上很难成立，也没有事实根据。从证明结论的惟一性上看，控方提供的证据所获得的结论并不能排除其他可能性，未能达到惟一性的要求。死亡时间的鉴定能证明黄某具有杀人时间，但是凶器来源、精液等却证明凶手另有他人，根据这些证据，并不能得出刘某是黄某所杀这样必然性的结论。由于本案间接证据的运用，未能符合上述运用规则的要求，因此本案的证明也未能达到相关证明标准的要求。

2. 关键证据相互矛盾，能否认定犯罪事实？

【基本案情】

巴某为无业青年。自2001年起，巴某与当地一批社会闲散人员勾结在一起，到处寻衅滋事，扰乱社会秩序，多次被公安机关给予治安处罚。2004年10月8日，巴某与同伙到某夜总会唱歌，欲强行带服务员出台，遭老板杨某、王某拒绝。巴某及同伙遂对王、杨二人殴打。后巴某被公安机关抓获，同伙在逃。公诉机关对巴某提起公诉，指控：被告人巴某于2004年10月8日，与他人在某歌厅生事，并殴打歌厅老板杨某和王某。巴某用玻璃杯将杨某头部砸伤，并强行抓扯走王某手上所戴两条价值4000余元的黄金手链。杨某所受损伤为轻伤。公诉机关认为，被告人巴某故意伤害他人，致人轻伤，并乘人不备，抢夺他人财物，诉请依照《刑法》第234条、第267条规定，以故意伤害罪、抢夺罪，予以判处。公诉机关就指控巴某于10月8日的涉嫌犯罪事实，当庭出示了以下证据：（1）被害人王某的陈述，先被巴某打耳光倒在地上，后听见"叭"一声响，杨某被打伤，自己起身抓巴某时被巴某扯其手链。案发后一个叫钟某的人赔了手链款4000元。（2）被害人杨某陈述先听王某喊手链不见了，后不知谁砸伤自己。（3）证人谌某证实目睹巴某用玻璃杯打杨某，且是巴某抓扯走王某的手链。（4）证人医生鲁某证实巴某于10月8日晚带一小伙子治手伤，该人的手指系被玻璃砸伤，左手除中指外，四指均受伤，拇指第三节部位有一个很大的创口，四指和五指受伤较重，五指的上部都快断掉，掌心内有玻璃渣。（5）证人陈某、张某、范某、胡某证实目睹纠纷过程，但不知是谁打伤杨某。证人李某证实钟某赔了手链款4000元。（6）辨认笔录：杨某辨认系巴某打伤自己；张某、周某辨认系巴某打伤杨某；陈某辨认巴某系打王某耳光的人。（7）同案人朱某供述不知是谁打伤杨某。（8）杨某伤情鉴定：杨某系被他人用玻璃杯打伤致左额部、颞部两条创口累计长度9厘米，构成轻伤。被告人巴某辩称自己打王某耳光是事实，但未用玻璃杯打杨某，不知道王某戴有手链，更未扯王某的手链。与自己同行的一伙子当晚手指被玻璃砸伤，是自己将其带到鲁某处治伤，可能是那个伤者所为。

【法理分析】

我国1996年《刑事诉讼法》第162条第3项明确规定："证据不足，不能认定被告人有罪的，应当作出证据不足、指控的犯罪不能成立的无罪判决。"该条规定是疑罪从无原则在我国刑事诉讼法律中的具体体现。最新修正的《刑事诉讼法》延续了这个原则，没有变动。疑罪从无即控诉方提出的证据不足以认定犯罪嫌疑人或被告人有罪时，应当作无罪处理。疑罪从无是无罪推定原则的一个派生标准，即对任何一个案件的认定必须依靠确实、充分的证据，如果达不到证明标准，就会形成疑案，在判决的结果上宣告无罪。从本案看，公诉机关指控巴某致人轻伤和抢夺的事实不清，证据不足，可以依据以上规定，对巴某犯抢夺罪的指控不予支持。理由如下：

法院审判刑事案件的证明标准有二：一是案件事实清楚；二是证据确实充分。案件事实清楚是指犯罪事件的发生、发展、经过及结果准确无误。案件事实主要有七大要素构成，即何人，何动机、目的，何时，何地，何手段，何犯罪行为，何后果。案件事实清楚，就是这七大要素明确无误。从犯罪构成理论分析，犯罪的成立则必须具备主体、客体、主观方面、客观方面四大构成要件。无论是七大要素，还是四大要件，都是指案件事实的构成。换句话讲，案件事实清楚，就是指案件事实的构成确实、全面、无疑。疑罪案件，则是指案件事实的构成上有缺陷的案件，而且这一或这些缺陷足以导致案件罪与非罪认定的两难性。证据确实充分，是刑事诉讼法对证据质和量上的基本要求，证据要达到确实充分的证明标准，应符合以下条件：（1）据以定案的证据均已经查证属实且符合证据的基本三性，即真实性、关联性、合法性；（2）案件事实、各情节间都要有必要的证据予以证明；（3）案件事实之间的矛盾可依据证据予以排除；（4）案件的证据不自相矛盾，得出的结论是惟一的，排除了其他的可能。

在本案中，公诉机关指控被告人巴某有两个犯罪事实，触犯两个罪名。一是殴打杨某致其轻伤；二是抢夺王某金手链。对上述事实，控辩双方各执一词。从公诉机关提供的证据看，关键证据之间存在矛盾：（1）被害人陈述相互矛盾。被害人王某陈述系先听见"叭"的一声，起身先发现杨某头部被打伤，后被巴某强行抓扯手链；被害人杨某陈述先听王某惊呼"手链不见了"，才冲过去帮忙，头部被打了。二人均是犯罪行为的直接受害者，但却在主要事实的时间关系上明显矛盾。（2）言词证据与辨认笔录相互矛盾。杨某、张某在证言中均称不知是谁用玻璃杯打伤杨某，但在辨认笔录中却非常肯定地辨认出巴某就是用玻璃杯打杨某的人。周某辨认确定巴某是行为人，但周某是否在现场，无人证实，亦无周某的证词佐证。辨认笔录的客观性应质疑。陈某辨认巴某系打王某耳光的人，只能证明事情的起因，但对何人殴打杨某并无证明力。（3）传来证据与原始证据相互矛盾。王某称听张某说是巴某用玻璃杯打伤杨某，而张某证言证实不知是谁打伤杨某。传来证据无原始证据印证，不能采信。（4）存在其他人实施行为的可能性。医生鲁某证实巴某于案发当晚带另一个小伙子治手伤的证言，从其证实该人手部伤害的具体情形，极大可能该人是用玻璃杯击打杨某头部而造成了自身左手掌的损害。鲁某与本案无利害关系，其证言亦与巴某的辩解相印证，具有较强的证明力。

综上，对指控的事实，公诉机关虽提交了数个证据，但少数关键证据之间相互矛盾，不具备证据的关联性和客观性。现场虽有数名证人，仅有被害人王某指认和证人谌某证实，王某和谌某均指认用玻璃杯砸伤杨某和抓扯王某的金手链是同一人即巴某所为，但证人鲁某的证言客观地反映了存在他人用玻璃杯砸伤杨某的可能性，与王某的陈述以及谌某的证言在证实何人砸玻璃杯这一事实上出现疑点，不能排除其他人砸伤杨某的可能性，由于王某和谌某证实二行为系同一人所为，因此，亦不能排除系他人抢夺金手链的可能性。此外，手部受伤的小伙子是谁？钟某又是谁？为何要来赔手链款？这几个事实均未查清。由于本案案件事实与证据之间、证据与证据之间、证据自身存在疑点和矛盾，不能得出惟一结论。从七要素的要求看，是何人所为存在疑问；从犯罪构成理论分析，犯罪主体是谁，亦存在疑问。因此，本案认定巴某致人轻伤和抢夺的事实不清，证据不足。因此，按照《刑事诉讼法》的规定，应判决巴某无罪。

3. 仅有同案人的供述，能否认定犯罪事实？

【基本案情】

某省为修建高速公路，征用了甲乙毗邻两县的土地。省政府制定了统一的征地补偿政策。由于补偿政策迟迟未能得到落实，多年来，两县群众纷纷上访。甲县群众的上访受到当地人民政府的高度重视，征地补偿政策不久得到了兑现。于是，乙县群众派出代表到甲县取经。甲县的农民张某与乙县群众代表有过多次接触并帮忙写上访材料。2004年5月某日，乙县群众聚集拦截了途经当地的一列火车，造成了列车停运6个多小时。张某事前不知乙县群众要拦截火车，也未参与此次拦截火车事件。事后，有四名参与拦火车事件的首要分子对张某进行指控。其中薛某交待，2004年3月某日，张某与乙县群众商量征地补偿问题时说："某地有下岗工人去拦截火车，后来中央派人下来查，最后问题都解决了。"孙某交待，同年4月某日，张某对他们说："把风声放出去，我们要去拦截火车，给政府施加压力。"关于谁最初提议拦截火车，只有1人说是被告，其他3人说是别人；关于被告对拦火车的态度，其中1人说被告积极支持，1人说被告讲"只要放出风声就行了"，薛某在两次讯问中的说法不一（先说被告没表态，后说他建议去拦截火车）。上述被告所说的第一句话仅有薛某的供述证明，并且薛某称这话是对大家说的，然而其他同案人的讯问笔录中没有体现这一点。公诉机关以聚众扰乱交通秩序罪对张某提起公诉，认为张某上述所说的话系出谋划策、煽动，导致乙县群众聚众拦截客运列车，其行为已经构成聚众扰乱交通秩序罪；张某的辩护人认为，张某在主观上没有扰乱公共秩序、制造事端的故意，在客观上也不能仅以同案人所交待的张某说过的两句话来认定他是首要分子地位。

【法理分析】

最新修正的《刑事诉讼法》第53条规定："对一切案件的判处都要重证据，重调查研究，不轻信口供。只有被告人供述，没有其他证据的，不能认定被告人有罪和处以刑罚；没有被告人供述，证据确实、充分的，可以认定被告人有罪和处以刑罚。证据确实、充分，应当符合以下条件：（一）定罪量刑的事实都有证据证明；（二）据以定案的证据均经法定程序查证属实；（三）综合全案证据，对所认定事实已排除合理怀疑。"第195条规定："在被告人最后陈述后，审判长宣布休庭，合议庭进行评议，根据已经查明的事实、证据和有关的法律规定，分别作出以下判决：（一）案件事实清楚，证据确实、充分，依据法律认定被告人有罪的，应当作出有罪判决；（二）依据法律认定被告人无罪的，应当作出无罪判决；（三）证据不足，不能认定被告人有罪的，应当作出证据不足、指控的犯罪不能成立的无罪判决。"证据是否确实、充分是案件事实是否清楚的前提，也是正确审理案件的先决条件。从本案案情来看，仅根据四名同案犯的讯问笔录，不能认定张某犯了聚众扰乱交通秩序罪。理由如下：

首先，四名同案犯的供述相互矛盾。根据《刑法》第291条的规定，所谓聚众扰乱交通秩序罪，是指首要分子聚众堵塞交通或者破坏交通秩序，抗拒、阻碍国家治安管理工作人员依法执行职务，情节严重的行为。该罪的主体是首要分子，即在聚众扰乱交通秩序的活动中起组织、策划、指挥作用的人。从本案来看，如果要说张某犯聚众扰乱交通秩序罪，至多只能以他从事了策划行为为由，因为他在拦截火车事件中自始至终没有组织和指挥行为。因此，谁是拦截火车的最初提议人是本案一个关键问题，因为它决定着对张某是否教唆犯的认定。教唆是为了假他人之手实现本人的犯意，制造犯意并激发起他人的犯罪决意。如果其他共同犯罪人原本没有犯意，由于行为人向其灌输了犯意才产生犯罪的决意，这样的行为人才属于教唆犯。否则，在其他共犯已经产生了犯意之后予以物质的或精神的支持，这样的人只能称作帮助犯。从同案犯的询问笔录来看，证明张某是最初提议者有之，证实其他共犯是最初提议者也有之，因而不能认定张某是犯意的首倡者。如果张某是在其他共犯产生了拦截火车的犯意之后才提出要拦截火车的建议，只能算作帮助犯。帮助犯属于从犯的范畴，不能列为首要分子。张某对拦截火车的态度也是需要加以澄清的问题。积极的态度是成为首要分子的必要但非充分要件。同案犯对张某拦截火车事件所持态度的说法不一致，证实他持积极态度的和证实他持消极甚至反对态度的人数不相上下。如果要在对被告不利与有利的证据之间进行取舍，就要给出更加有力的理由，否则难以令人信服。根据薛某的供述，张某曾对大家提及某地下岗工人拦截火车的事情。这里的大家包括了薛某和另外的同案人，为什么其他人没有证实这句话，从讯问笔录中也没有体现出薛某在场的情况。这个疑点若不能得到合理解释，恐怕也不能采信这句话作为定案的根据。

其次，单凭同案人的供述不足以证明张某犯罪。最新修正的《刑事诉讼法》第53条第1款规定："对一切案件的判处都要重证据，重调查研究，不轻信口供。只有被告人供述，没有其他证据的，不能认定被告人有罪和处以刑罚。"单独犯罪中，在适用这一条文时一般不会产生争议。那么，在共同犯罪中，单凭其他共同被告的供述能否直接认定其中某个被告有罪呢？回答是否定的。因为共同被告不同于与案件无关的第三人（证人），他们深知案件的处理结果与自身有极大的利害关系，往往避重就轻或将责任推卸给别人，其供述虚假的可能性较大或真假混杂，证明力也就比较弱，以之作为定罪的根据难以保证证据的确实性。尽管本案的被告只有张某一人，但证明其犯罪的四人处于同案被告的地位，如果将张某与该四个同案人同时审理，这一点则十分明显。因此，他们的口供同样归为被告人的供述，即使能相互印证，也不能作为认定张某犯罪的惟一证据。

最后，本案的犯罪事实不清。即使有确凿的证据证明张某的确说了上述两句话，也不能认为他是聚众扰乱交通秩序罪的首要分子。犯罪的成立必须具备法定的构成要件，这是罪刑法定原则的必然要求。要认定张某犯罪，必须能够排除其他一切合理怀疑地证明被告在主观上有聚众扰乱交通秩序的故意，在客观方面作为首要分子实施了策划扰乱交通秩序的行为。首先，从主观上分析，张某提及某地下岗工人拦截火车，不必然地得出他存在为出谋划策、煽动别人去拦截火车的故意。我们要深入考察张某说这句话的背景，才能知道张某的用意，因为某地下岗工人拦截火车只是一个不带任何感情色彩的中性事件。我们需要收集更多的信息，结合张某说这句话的上下文，才能准确判断他的主观心态。如果张某在说完这件事之后还表达对拦截火车事件的消极评价的话，他的用意则是以此作为反面的例子提醒其他人不要盲目模仿。因此，在处理刑事案件时一个很大的忌讳就是断章取义。其次，从客观上，不能凭一两句话简单地认定张某参与了对拦截火车事件的谋划。张某说："把风声放出去，我们要去拦截火车，给政府施加压力。"这句话的含义也不是十分明确，而是存在歧义的：第一种理解是张某主张通过拦截火车的实际行动去给政府施加压力；另一种理解是仅仅放出拦火车的风声给政府施压，但不是真正地去实行拦截火车的行为。然而，在事实上对张某的话到底应作哪一种理解，离开具体的语境也无法得出确切的答案。需要指出的是，不能想当然地在一些在表面上看起来有一定关联的行为之间划等号。比如，同案犯与张某商谈征地问题就等于是谈拦截火车，张某谈拦截火车就等于支持、煽动拦截火车，张某呼吁大家去放出拦截火车的风声就等于号召大家去真正地拦截火车。总而言之，在没有将本案一些涉及张某有罪无罪的基本问题弄清楚之前，草率地认定他犯聚众扰乱交通秩序罪，不符合"以事实为根据"的法治基本原则。

第二章　刑事证据的收集

第一节　刑事证据收集的原则

【规则要点】

审判人员、检察人员、侦查人员收集刑事证据要坚持以下原则：目的明确、迅速及时；全面客观、深入细致；依靠群众同利用科学技术手段相结合；严格依法，反对非法取证，反对强迫任何人自证其罪。公安机关提请批准逮捕书、人民检察院起诉书、人民法院判决书，必须忠实于事实真相。人民检察院和公安机关有权向有关单位和个人收集、调取证据。有关单位和个人应当如实提供证据。对于涉及国家秘密的证据，应当保密。凡是伪造证据、隐匿证据或者毁灭证据的，无论属于何方，必须受法律追究。

【理解与适用】

一、刑事证据收集的基本原则

刑事证据的收集是指公安机关、人民检察院和人民法院为了查明案件事实真相，客观公正地处理案件，而对能够证明案件事实的证据，依照法定程序予以发现、获取和确认的诉讼行为。收集证据是分析研究案情的前提和先决条件，也是判断、认定案件事实的基础。只有做好收集证据的工作，审查、运用证据认定案件事实才有充分、可靠的证据材料。将收集证据的工作贯穿于刑事诉讼的各个阶段，是整个刑事诉讼活动的基础和核心。最新修正的《刑事诉讼法》第50条规定："审判人员、检察人员、侦查人员必须依照法定程序，收集能够证实犯罪嫌疑人、被告人有罪或者无罪、犯罪情节轻重的各种证据。严禁刑讯逼供和以威胁、引诱、欺骗以及其他非法方法收集证据，不得强迫任何人证实自己有罪。必须保证一切与案件有关或者了解案情的公民，有客观地充分地提供证据的条件，除特殊情况外，可以吸收他们协助调查。"依此规定，公安司法机关在收集刑事证据时应当遵循以下基本原则：

（一）刑事证据收集要目的明确、迅速及时

收集证据的目的，是为了如实地反映案件事实的本来面目，查明案件的事实真相，即在取得充分、确实的证据的基础上，对犯罪嫌疑人、被告人是否构成犯罪，犯什么罪，作出正确的结论，以完成刑事诉讼的任务，为完成此目的，办案人员要明确依照法

定程序，运用法定方法，迅速及时地收集各种证据，证据虽然是客观存在的，但是在证据未被收集固定之前，很容易受到各种因素的影响而发生变化，从而降低甚至丧失证据应有的效力。犯罪分子为了掩盖罪行，可能破坏现场、毁灭罪证；各种自然因素也可能破坏甚至毁灭犯罪现场或犯罪行为造成的痕迹；保留在人们意识中的有关案件真实情况的各种印象，随着时间的推移、记忆的减弱，也可能逐渐变得淡漠或失真，等等。因此，收集证据只有做到迅速及时，才能抓住战机，获取到更多准确的证据，否则，将会时过境迁，贻误战机，一旦情况发生变化，就会造成证据不足，使刑事诉讼活动难以顺利进行。

（二）刑事证据收集要全面客观、深入细致

所谓全面，就是要从不同的角度去收集证明案件全部事实的证据。既要收集证明犯罪嫌疑人有罪、罪重、从重处罚的证据，又要收集证明犯罪嫌疑人无罪、罪轻或可免除处罚的证据；既要听取被害人的陈述，又要听取犯罪嫌疑人、被告人的辩解。凡是能证明案件事实的各种证据，都应当全面加以收集。为了实现全面收集证据，办案人员应当深入案件实际中去，调查研究，仔细发现和了解细微的迹象和可疑的线索，细心加以收集。所谓客观，就是要从案件的客观实际情况出发，按照证据的本来面目去如实地收集，既不能用主观猜想去代替客观现实，也不能按主观需要去收集证据，更不能弄虚作假地去伪造证据；既不能夸大，也不能缩小，更不能歪曲。在收集证据中，做到收集证据采用的方法和手段科学可靠，收集证据的过程科学可靠，收集证据的结果科学可靠。

所谓深入就是收集证据的活动不能停留在表面现象上，而要透过现象抓住本质，发现并提取真正同案件有关并对查明案件真实情况有实际意义的证据材料。所谓细致就是在收集证据的活动中，要坚持严谨的工作作风，注意证据材料的各种细节，注意一切可疑的现象，决不放过任何蛛丝马迹。司法实践证明，在某种情况下，一些不引人注目的物体或物质痕迹，一些细致入微的现象，在经过认真调查后，可能成为查明案情的重要线索或依据。

（三）刑事证据收集必须坚持依靠群众同利用科学技术手段相结合

广大群众是人民司法机关的力量源泉。长期的司法实践证明，只有紧密联系群众，依靠群众，深入群众进行调查研究，才可能及时地发现线索，收集到必要的证据。如果脱离群众，搞神秘主义，则势必使自己变成聋子或瞎子。一方面，必须保证一切与案件有关或者了解案情的公民，有客观地充分地提供证据的条件，除特殊情况外，并且可以吸收他们协助调查。另一方面，随着科学技术的迅猛发展和整个社会科学水平的提高，犯罪分子利用科学技术手段犯罪已经成为一个应当引起足够重视的动向等，都要求司法机关必须特别注意科学技术的发展，在收集证据时必须特别注意运用现代化的科学技术方法，以切实保证能收集到充分、确实的证据。

（四）刑事证据收集应当严格依法，反对非法取证，反对强迫自证其罪

收集证据是一项法律性很强的活动，侦查人员、检察人员、审判人员必须依照法定程序，收集能够证实犯罪嫌疑人、被告人有罪或无罪、犯罪情节轻重的各种证据。我国刑事诉讼法对于讯问犯罪嫌疑人，询问证人、被害人，勘验、检查，搜查，扣押物证、书证，鉴定等收集证据的方法及其程序，都作了十分明确、具体的规定。严格按照法律规定的程序合法地收集证据，不仅有利于切实保障公民的人身权利、民主权利和其他权利不受侵犯，而且有利于发现并取得能够反映案件真实情况的证据，为正确认定案情和适用法律提供可靠的依据。收集证据严格依法主要有三层含义：（1）收集证据的主体主要是侦查人员、检察人员和审判人员，辩护律师和自诉人也可以进行一些收集证据的活动。（2）收集证据的方法、手段和过程必须依法进行，严禁刑讯逼供和以其他非法方法收集证据。公安司法人员只有严格依照法律的规定收集证据，才能取得反映案件真实情况的证据，才能切实保障公民的合法权益不受侵犯，并防止伪证和诬陷，为正确认定案件事实提供可靠依据。非法取证的手段既包括刑讯逼供，还包括以威胁、引诱、欺骗以及其他非法的方法收集证据。所谓刑讯逼供，就是在审讯活动中，对有关人员施以肉刑或变相肉刑，以逼取被告人口供或证人证言的野蛮行为。它不仅严重侵犯了公民的人身权利，还容易导致冤假错案的发生，因此被我国法律严格禁止。司法人员对被讯问人员刑讯逼供的，应按刑法规定追究有关国家工作人员的刑事责任，采取威胁、引诱、欺骗等其他手段获取口供和证言的做法同样与社会主义法治理念相悖的，也为刑事诉讼法所禁止。本次修正将"严禁刑讯逼供和以威胁、引诱、欺骗以及其他非法的方法收集证据"修改为"严禁刑讯逼供和以其他非法方法收集证据"，在表述上更为准确、全面和科学。（3）收集证据的结果必须符合法律的要求。最新修正的《刑事诉讼法》第54条规定："采用刑讯逼供等非法方法收集的犯罪嫌疑人、被告人供述和采用暴力、威胁等非法方法收集的证人证言、被害人陈述，应当予以排除。收集物证、书证不符合法定程序、可能严重影响司法公正的，应当予以补正或者作出合理解释；不能补正或者作出合理解释的，对该证据应当予以排除。在侦查、审查起诉、审判时发现有应当排除的证据的，应当依法予以排除，不得作为起诉意见、起诉决定和判决的依据。"第55条规定："人民检察院接到报案、控告、举报或者发现侦查人员以非法方法收集证据的，应当进行调查核实。对于确有以非法方法收集证据情形的，应当提出纠正意见；构成犯罪的，依法追究刑事责任。"第56条规定："法庭审理过程中，审判人员认为可能存在本法第五十四条规定的以非法方法收集证据情形的，应当对证据收集的合法性进行法庭调查。当事人及其辩护人、诉讼代理人有权申请人民法院对以非法方法收集的证据依法予以排除。申请排除以非法方法收集的证据的，应当提供相关线索或者材料。"第58条规定："对于经过法庭审理，确认或者不能排除存在本法第五十四条规定的以非法方法收集证据情形的，对有关证据应当予以排除。"

（五）公安司法机关制作有关文书必须忠于事实真相

我国最新修正的《刑事诉讼法》第51条规定："公安机关提请批准逮捕书、人民检察院起诉书、人民法院判决书，必须忠实于事实真象。故意隐瞒事实真象的，应当追究责任。"忠于事实真象是指侦查人员、检察人员、审判人员在查处案件时，要尊重证据的客观存在，如实地反映案件的真实情况。其实质则要求司法人员在运用证据证明案件时，必须做到实事求是，提请批准逮捕书、起诉意见书、起诉书、判决书分别是公安机关、检察机关和审判机关代表国家追究犯罪、行使法定职权在法律文书上的集中表现，具有特定的法律效力和处置意义。作出这样的决定，都必须以事实为根据，否则就可能放纵罪犯或者追究无辜者的刑事责任，并严重损害法制的权威。因此司法人员在制作这些法律文书时必须忠于事实真象，不但要查清犯罪嫌疑人、被告人是否构成犯罪、构成何种犯罪以及罪行轻重的有关事实、情节，而且要有充分的认定事实、情节的证据。对于故意隐瞒事实真相、蓄意使有罪的人逃避法律追究或使无辜者错受法律追究的，要追究其应负的法律责任。对于不构成犯罪的，应根据《人民警察法》、《检察官法》和《法官法》的有关规定，予以行政或纪律处分。对于受到刑事追究的无辜者应按《国家赔偿法》的有关规定予以应有的赔偿。对于情节严重，构成犯罪的，应依以下规定追究刑事责任：（1）报告陷害罪。《刑法》第254条规定："国家机关工作人员滥用职权、假公济私，对控告人、申诉人、批评人、举报人实行报复陷害的，处二年以下有期徒刑或者拘役；情节严重的，处二年以上七年以下有期徒刑。"（2）包庇罪。《刑法》第310条规定："明知是犯罪的人而为其提供隐藏处所、财物，帮助其逃匿或者作假证明包庇的，处三年以下有期徒刑、拘役或者管制；情节严重的，处三年以上十年以下有期徒刑。犯前款罪，事前通谋的，以共同犯罪论处。"（3）徇私枉法罪。《刑法》第399条第1款规定："司法工作人员徇私枉法、徇情枉法，对明知是无罪的人而使他受追诉、对明知是有罪的人而故意包庇不使他受追诉，或者在刑事审判活动中故意违背事实和法律作枉法裁判的，处五年以下有期徒刑或者拘役；情节严重的，处五年以上十年以下有期徒刑；情节特别严重的，处十年以上有期徒刑。"

司法人员要做到忠于事实真相，关键要忠实于人民和国家的利益，不畏权势，不徇私情，不屈从于外界压力，还要努力克服自身的主观主义作风，纠正偏听偏信的倾向，提倡运用证据的科学态度。

（六）相关单位和个人有提供证据的义务

我国最新修正的《刑事诉讼法》第52条第1款规定："人民法院、人民检察院和公安机关有权向有关单位和个人收集、调取证据。有关单位和个人应当如实提供证据。"人民法院、人民检察院和公安机关为了查明案件事实情况、完成刑事诉讼的任务，依照法定权力向掌握、了解与案件情况有关的材料的单位和个人收集、调取证据，这是代表国家行使司法权力。有关的单位和个人负有如实提供证据的法定义务，应当支持和协助司法机关依法采取扣押书证、物证，询问证人，查询存款等收集证据的措施或调查手段，不得以任何借口拒绝。这里的单位和个人不仅包括中国的公民、法人、机关、团体，还包括外国人，无国籍人，中外合资、中外合作、外商独资的公司、企业等，本法的这一规定，明确了应向司法机关如实提供证据，任何拒绝履行这一义务的行为，都是法律所不允许的。

（七）对于涉及国家秘密的证据，应当保密

我国最新修正的《刑事诉讼法》第52条第3款规定："对涉及国家秘密、商业秘密、个人隐私的证据，应当保密。"我国保密法对国家秘密分为绝密、机密、秘密三个等级。所谓国家秘密，是指保密法规定的涉及国家安全利益的政治、军事、外交、财政等不宜公开的事项，保守国家秘密是每个公民的义务，司法人员在对办理刑事案件中掌握的涉及国家秘密的证据，从证据的收集、保存到使用，都应注意保密，以免使国家利益受损。《公安机关办理刑事案件程序规定》第 52 条第 2 款还将技术侦查措施也作为保密事项予以规定。技术侦查措施是指只为公安机关少数侦查人员掌握和使用的，相对处于保密状态的，获取犯罪证据的手段和方法。对于获取犯罪证据的技术侦查措施，应当严格保密，不让无关的人知道，同时对于通过技术侦查手段获取的证据材料做好转化工作，使其能够作为公开使用的证据，并在法庭开庭审判时，经得起律师的质证。《刑事诉讼法司法解释》第 62 条规定了公开审判案件时，涉及国家秘密的处理，即"公开审理案件时，对于公诉人、诉讼参与人提出涉及国家秘密或者个人隐私的证据时，审判长应当制止。如确与本案有关的，应当决定案件转为不公开审理。"

（八）伪造、隐匿、毁灭证据必须承担法律责任

我国最新修正的《刑事诉讼法》第 52 条第 4 款规定："凡是伪造证据、隐匿证据或者毁灭证据的，无论属于何方，必须受法律追究。"证据是否充分确实，是能否对犯罪分子追究刑事责任的关键。如果公安机关获取的证据，检察机关获取、认定的证据和人民法院予以采信的证据虚假，就会造成对不应当追究刑事责任的人追究刑事责任，或者对应当追究刑事责任的人予以放纵。如果证据被藏匿或者毁灭，司法机关收集不到充分的证据，也会使犯罪分子逃避法律的制裁，或者使无辜的人难以排除嫌疑。所以对于伪造、隐匿、毁灭证据的人，不管他是侦查人员还是单位和其他个人，都应当依照法律规定追究其法律责任。

二、反对强迫自证其罪原则

反对强迫自证其罪原则是现代法治国家为被告人设立的一项基本权利，是司法正当程序的重要保障，也是本次刑事诉讼法修正最新增加的内容。我国最新修正的《刑事诉讼法》第 50 条规定："严禁刑讯逼供和以威胁、引诱、欺骗以及其他非法方法收集证据，不得强迫任何人证实自己有罪。"反对强迫自证其罪原则是指在刑事诉讼中，证明责任由控方担任，作为犯罪嫌疑人或被告人不负证明责任，不能自我归罪，对犯罪嫌疑人或被告人口供的收集必须遵循自愿性准则。[1] 反对强迫自证其罪原则主要有以下特点：

1. 诉讼证明责任由控方承担，法院仅对其证明内容与方法加以指导。在刑事诉讼中，控方负有提出自己主张的事实，并对所主张事实提出证据加以证明，以及负有说明证据具有客观性、关联性和合法性，对主张的事实具有证明力的责任。如果控方举证不足，不能认定被告人有罪的，则将承担其主张的事实不能成立的法律后果。在刑事诉讼

---

〔1〕 参见谭永多：《刑事证据规则理论与适用》，人民法院出版社 2003 年 1 月版，第 1~3 页。

中，法官只承担判断证据的责任。例如，英国《1984 年警察和刑事证据法》第 76 条第 2 款规定，如果公诉方引用被告人的供述作为证据，那么就要证明供述的取得是没有对被告人采取压迫的手段，或者该供述没有在不可信的任何语言或行为结果的情况下所作出的；如果公诉方无法证明的，法院应予排除，法官并无自由裁量权。

2. 被告人不负诉讼证明责任。被告人所以不负证明责任，这是由于被告人在诉讼中处于特殊地位，被告人是被追诉的对象，处于一种不利的地位，由于其可能被采取强制措施，限制人身自由，因而其既没有收集证据的能力，也没有收集证据的条件。为了保证查明案件的客观真实，保障被告人的合法权益，被告人可以提出证明自己无罪或罪轻的材料和意见，但这是法律赋予被告人的辩护权，而不是义务。其不行使这项权利，不会导致判其有罪的法律后果，对被告人供述的辩解材料必须查对核实，才能作为定案的依据。例如，被告人被指控故意杀人罪，但被告人辩解其被指控实施的犯罪时间，其正在医院接受手术治疗，并提供了其母亲的证言证实，对被告人不在犯罪现场的辩解，控方必须进行查证，因为被告人与母亲有直接利害关系，其母亲提供的证言的证明力极低，必须到医院调查核实证据，由此可见，在刑事诉讼中，承担证明责任始终是控方，而不是被告人。

3. 反对强迫自证其罪是被告人的一项诉讼权利。它实际上包括两种特权：一是被告人可以选择不作证；二是即使被告人选择作证，也有权拒绝回答特定的问题。当然，既然被告人有选择不作证的权利，即拒绝陈述，控方和警察就不得强迫被告人开口，更不能以暴力、威胁、利诱和其他方法迫使被告人作有罪陈述。[1] 当被告人行使该项权利时，不得因被告人拒绝回答使其处于不利境地或作出对其不利的裁判。该项诉讼权利是强调控辩双方的平等，一方面限制控方权力，因为控方是作为国家的化身，行使国家的追诉权，其拥有一支庞大的侦查队伍、充足的物质基础和先进的技术装备；另一方面，赋予被告人的辩护权和沉默权等权利，因为被告人的人身自由往往受到了限制，既没有收集证据的权利，也没有收集证据的条件；为使相对弱小的被告人与控方能够平起平坐，反对自证其罪特权对维护这种平衡是不可或缺的，它充分体现了一种程序公正性。

4. 收集被告人的口供必须遵循自愿性准则。为保证口供的自愿性和真实性，收集被告人的口供时，必须依照法定程序，如不得以刑讯逼供的方法获取口供，律师对侦查机关讯问犯罪嫌疑人时有权到场提供帮助，被告人对任何人关于可能会导致自己陷于有罪的问题有不回答的权利。保障被告人的人权，实质上也是所有社会成员的权利提供保障，因为任何人都有被怀疑犯罪或受到刑事指控的潜在可能。

【典型案例分析】

1. 取证手段和程序严重违反法律规定，审判机关能否予以采用？[2]

【基本案例】

1998 年 4 月 22 日上午，在云南省昆明市圆通北路 40 号，警方发现了一辆被丢弃的

---

〔1〕 参见刘善本、毕玉谦、郑旭：《诉讼证据规则研究》，中国法制出版社 2000 年版，第 79 页。
〔2〕 参见张军主编：《刑事证据规则理解与适用》，人民法院出版社 2010 年 9 月版，第 351～357 页。

警用昌河牌微型面包车，车内有一男一女两具尸体，昆明市公安局刑侦支队现场勘查后证实，男性死者系昆明市所辖的路南县（现为石林县）公安局副局长王俊波，另一人是昆明市公安局女民警王晓汀，两人身着便服，被人近距离开枪打死。警方认定，杀人的凶器便是王俊波随身佩带的"七七"式手枪，枪支去向不明。

当天 14 时许，昆明市公安局戒毒所民警杜培武被抓到昆明市公安局，这时他才知道妻子王晓汀被杀害，而自己成了杀人嫌疑犯。在专案组，杜培武经历了连续 10 天 10 夜的审讯，主要手段是疲劳战：不准睡觉。但审讯一无所获。6 月 30 日上午，杜培武被押到昆明市中级人民法院进行测试，最后的综合结论是杜培武在说谎，换句话说，杜培武将被当做杀害"二王"的重大嫌疑犯。从测试的当天晚上开始，办案人员给杜培武戴上了脚镣，责令他交代杀害"二王"的犯罪过程，从 6 月 30 日到 7 月 19 日整整 20 天，杜培武基本没有睡过觉，"跪在地上回答问题就是最好的休息，也只有这个时候我才能缓一缓，补充一下体力"。期间，杜培武于 1998 年 7 月 2 日被刑事拘留。几天后，杜培武慢慢地缓了过来，他写好了《刑讯逼供控告书》交给驻所检察官，这位检察官当着上百名在押疑犯和管教干部的面，为杜拍下了四张伤情照片。

1998 年 12 月 17 日，昆明市中级法院开庭审理杜培武故意杀人案。公诉机关指控杜培武的杀人动机是"因怀疑其妻王晓汀与王俊波有不正当两性关系，而对二人怀恨在心"。令人关注的是，公诉方同时提供了侦查机关利用"高科技"手段获得的证据：包括警犬气味鉴别、泥土化学成分分析、"拉曼测试"（射击火药残留物测试）等，称昌河面包车离合器踏板、油门踏板、刹车踏板上的泥土，与杜培武所穿鞋袜的气味相一致，与其衬衣及衣袋上黏附的泥土痕迹、衣袋内一张 100 元人民币上的泥土痕迹等为同一类泥土，并在其所穿衬衣右袖口处检出军用枪支射击后附着的火药残留物。据此，侦查和公诉机关认定杜曾驾驶过这辆微型面包车并且开过枪，并指派了 11 名工程师级的刑侦人员出庭作证。

律师认为，指控被告人杜培武犯有故意杀人罪的基本事实不清，证据不足，取证严重违反法律程序，为杜培武作了无罪辩护。

第一，指控被告人杜培武犯有故意杀人罪的取证程序严重违法。（1）刑讯逼供后果严重。本案才一开庭，被告人杜培武就向法庭陈述了在侦查过程中遭受刑讯逼供的情况，并将手上、腿上及脚上的伤痕让合议庭及诉讼参与人过目验证，足以证实其撰述遭到刑讯逼供的情况的客观存在，请求法庭依法确认被告人杜培武所作的供述无效。（2）虚构现场"刹车踏板"、"油门踏板"上有足迹附着泥土的证据，误导侦查视线。本案《现场勘查笔录》及《现场照片》仅仅客观记载了：车内离合器踏板上附着有足迹遗留泥土，然而"警犬气味鉴别"是以汽车中"刹车踏板"和"油门踏板"上的足迹遗留的泥土为嗅源来与被告人杜培武的鞋袜气味进行甄别，结果是："警犬反映一致"，从而认定是被告人杜培武所为。试问：现场勘查根据没有"刹车踏板"和"油门踏板"附有足迹泥土的记载（记录）或事实，何来嗅源？何来正确的鉴定结果？其次，1998 年 4 月 20 日发案，直至 1998 年 8 月 3 日才由警犬甄别是何原因？嗅源是否可以长期保管而不发生变化和失效？

第二，本案没有证据证明被告人杜培武具备故意杀人的主观动机。从庭审质证的情况可以看出，所谓"杜培武因怀疑其妻王晓湘与王俊波有不正当两性关系而对二人怀恨在心"的指控，仅仅是被告人杜培武一人在刑讯逼供下所作的孤证，没有其他证据印证，由此，指控杜培武犯有故意杀人罪缺乏主观要件，不能成立。

第三，在客观方面没有证据能够证明杜培武实施了故意杀人的行为。（1）从时间上来看：法医认定，被害人死于距受检时间40小时左右，公诉机关把死亡时间固定在40小时，即4月20日晚8点。但是有证据证明指控杜培武出入的地方有人值班，4月20日晚值班人员没有看到有人出入。如果没有证据证明值班人员有吃夜宵、巡视等离岗的情况发生，又没有证据证明杜培武从其他出口离开过戒毒所，杜培武有作案时间的说法就不能成立。（2）从案发地点看，公诉机关没有明确说明案子发于何地，只说是在车上实施的犯罪，案件究竟在何处发生，也就成了本案一个必须解决的问题，而且需要有肯定、明确的地点，才能判断杜培武作案的可能性。另外，如果公诉机关所指控的在车内杀人的说法成立，为什么车内没有喷射状血迹？子弹头怎么又到了死者的前面？车内怎么没有检测到射击残留物？指纹怎么没有检测到？等等，这些问题在本案均无合乎逻辑的解释，由此，可以看出，指控在车内实施的犯罪，是不能成立的。（3）从作案工具看，本案中通过对弹痕的鉴定，确认死者是被路南县公安局配发给王俊波的自卫枪所杀，此枪至今去向不明，公诉机关当庭也说道，杜培武过去的交代是老实的，那为什么不能查找到枪的去向，这其中只有两种可能：一种是杜培武没有如实交代，另一种是杜培武根本就不知道枪的去向，如果第二种假设成立，也就从另一侧面否定了杜培武作案的可能。（4）从射击残留物上看：由于取证的程序问题，射击残留物的鉴定是否合法存在着很大的疑问，另外，就算取证程序合法，鉴定真实有效，此鉴定也只能证明杜培武有过射击的行为，并不能证明此射击行为就是发生在4月20日晚，射击的事实有戒毒所的多名干警证实，所以，在杜培武衣袖上查出射击残留物不足为奇，更不能以此为证。

1999年1月15日，昆明中院第二次开庭。经过一个月的准备，公诉机关提供了一份《补充现场勘查笔录》"补足"了原来没有的"刹车踏板"和"油门踏板"的泥土记录。杜培武要求公诉人出示伤情照片，公诉人说，照片找不到了。杜培武解开风衣，从裤子里扯出了一套血班斑的衣服，"我还有他们刑讯逼供的证据！这是我当时穿在身上被他们打烂的衣服！我没有杀人！我受到了严刑逼供！"审判长说："不要纠缠这些问题了。你说没有杀人，你拿出证据来！"1999年2月5日，昆明市中级法院以故意杀人罪一审判处杜培武死刑，剥夺政治权利终身。

1999年10月20日，云南省高级人民法院以"根据本案的具体情节和辩护人所提其他辩护意见有可采纳之处"为由，终审改判杜培武死刑缓期二年执行。

2000年6月，昆明警方破获一起特大杀人盗车团伙，其中一名案犯供述，1998年的王晓湘、王俊波案是他们干的，枪杀王晓湘和王俊波的真凶"杀人魔王"杨天勇等人就此落入法网，后公安人员从杨天勇的保险柜内提取了致"二王"死命的那把"七七"

式手枪，2000 年 7 月 11 日，云南省高级人民法院下达再审判决，宣告杜培武无罪。

【法理分析】

刑讯逼供问题一直困扰着我国的刑事诉讼制度，成为一个屡禁不止的制度难题，几乎每一起冤假错案的发生，都不同程度地有着刑讯逼供的潜在影响。杜培武获释后不久的 2000 年 9 月，全国人大常委会对全国 6 个省、市、区进行的刑事诉讼法执法检查，其报告明确指出，在最严重的三大问题中"首要的问题就是刑讯逼供现象没有得到遏制"。[1]

刑讯逼供罪是指司法工作人员对犯罪嫌疑人、被告人使用肉刑或变相肉刑，逼取口供的行为。无论是使用肉刑还是变相肉刑，均可成立本罪，构成该罪必须有逼供行为，即逼迫犯罪嫌疑人、被告人作出行为人所期待的口供。[2] 按照这种文意解释，只要司法工作人员存在对犯罪嫌疑人、被告人使用肉刑或变相肉刑，逼取口供的行为，就构成刑讯逼供罪，而不问是否造成了严重的后果。我国《刑法》第 247 条规定："司法工作人员对犯罪嫌疑人、被告人实行刑讯逼供或者使用暴力逼取证人证言的，处三年以下有期徒刑或者拘役。致人伤残、死亡的，依照本法第二百三十四条、第二百三十二条的规定定罪从重处罚。"在针对杜培武刑讯逼供提起的起诉书中，记录着令人震惊的一些细节：杜培武被拘留后，负责该案侦查的秦伯联、宁兴华先后采用不准睡觉、连续审讯、拳打脚踢，或者指使、纵容办案人员对杜滥施拳脚，用手铐把杜吊在防盗门上，反复抽垫凳子或拉拽拴在杜培武脚上的绳子，致使杜双脚悬空、全身重量落在被铐的双手上。杜培武难以忍受，喊叫时被用毛巾堵住嘴巴，还被罚跪、遭电警棍击打，直到杜屈打成招，被迫承认了"杀了人"的犯罪"事实"，指认了"作案现场"，从而酿成了这起差点使无辜者枉死的惊天冤案。经昆明医学院法医技术鉴定中心鉴定，刑讯逼供导致杜培武双手腕外伤、双额叶轻度及萎缩，已构成轻伤。公诉人认为，宁、秦二人身为国家司法工作人员，对被害人杜培武使用肉刑或变相肉刑逼取口供，造成错案，其行为已触犯了《刑法》第 247 条的规定，构成刑讯逼供罪，法院经审理，确认了上述指控属实，以刑讯逼供罪判处宁兴华有期徒刑 1 年零 6 个月，缓刑 2 年，秦伯联有期徒刑 1 年，缓刑 1 年。

对刑讯逼供的程序性制裁，主要体现在《刑事诉讼法》、"两高三部"《死刑案件证据规定》和《排除非法证据规定》上。我国最新修正的《刑事诉讼法》第 50 条规定："审判人员、检察人员、侦查人员必须依照法定程序，收集能够证实犯罪嫌疑人、被告人有罪或者无罪、犯罪情节轻重的各种证据。严禁刑讯逼供和以威胁、引诱、欺骗以及其他非法方法收集证据，不得强迫任何人证实自己有罪。""两高三部"《死刑案件证据规定》第 3 条规定："侦查人员、检察人员、审判人员应当严格遵守法定程序，全面、客观地收集、审查、核实和认定证据。"第 6 条规定："对物证、书证应当着重审查以下内容：……（二）物证、书证的收集程序、方式是否符合法律及有关规定；经勘验、检

---

〔1〕 参见廖卫华：《人大有望明年修改刑事诉讼法》，载《新京报》2005 年 7 月 13 日。
〔2〕 参见高铭暄：《刑法学》，北京大学出版社 1998 年版，第 420～421 页。

查、搜查提取、扣押的物证、书证，是否附有相关笔录或者清单；笔录或者清单是否有侦查人员、物品持有人、见证人签名，没有物品持有人签名的，是否注明原因；对物品的特征、数量、质量、名称等注明是否清楚。（三）物证、书证在收集、保管及鉴定过程中是否受到破坏或者改变。……"第9条规定："经勘验、检查、搜查提取、扣押的物证、书证，未附有勘验、检查笔录，搜查笔录，提取笔录，扣押清单，不能证明物证、书证来源的，不能作为定案的根据。物证、书证的收集程序、方式存在下列瑕疵，通过有关办案人员的补正或者作出合理解释的，可以采用：（一）收集调取的物证、书证，在勘验、检查笔录，搜查笔录，提取笔录，扣押清单上没有侦查人员、物品持有人、见证人签名或者物品特征、数量、质量、名称等注明不详的；（二）收集调取物证照片、录像或者复制品，书证的副本、复制件未注明与原件核对无异，无复制时间、无被收集、调取人（单位）签名（盖章）的；（三）物证照片、录像或者复制品，书证的副本、复制件没有制作人关于制作过程及原物、原件存放于何处的说明或者说明中无签名的；（四）物证、书证的收集程序、方式存在其他瑕疵的。对物证、书证的来源及收集过程有疑问，不能作出合理解释的，该物证、书证不能作为定案的根据。"第19条规定："采用刑讯逼供等非法手段取得的被告人供述，不能作为定案的根据。""两高三部"《排除非法证据规定》第5条规定："被告人及其辩护人在开庭审理前或者庭审中，提出被告人审判前供述是非法取得的，法庭在公诉人宣读起诉书之后，应当先行当庭调查。法庭辩论结束前，被告人及其辩护人提出被告人审判前供述是非法取得的，法庭也应当进行调查。"第7条规定："经审查，法庭对被告人审判前供述取得的合法性有疑问的，公诉人应当向法庭提供讯问笔录、原始的讯问过程录音录像或者其他证据，提请法庭通知讯问时其他在场人员或者其他证人出庭作证，仍不能排除刑讯逼供嫌疑的，提请法庭通知讯问人员出庭作证，对该供述取得的合法性予以证明。公诉人当庭不能举证的，可以根据刑事诉讼法的规定，建议法庭延期审理。经依法通知，讯问人员或者其他人员应当出庭作证。公诉人提交加盖公章的说明材料，未经有关讯问人员签名或者盖章的，不能作为证明取证合法性的证据。控辩双方可以就被告人审判前供述取得的合法性问题进行质证、辩论。"第11条规定："对被告人审判前供述的合法性，公诉人不提供证据加以证明，或者已提供的证据不够确实、充分的，该供述不能作为定案的根据。"

根据报道，在侦查阶段，办案人员曾用手铐将杜培武的双手呈"大"字形悬空吊在铁门上，吊一段时间后，在脚下塞进一个凳子，以换取其"老实交代"。杜培武不断地声称冤枉，这又被认为是"负隅顽抗"，审讯人员便又猛地抽掉凳子，让其突然悬空，如此反复。这仍然不能令杜培武屈服，审讯人员又用高压电警棍逐一电击他的脚趾和手指，酷刑下，杜培武开始"供述杀人的罪行"。"为了不挨打，我不仅要按照审讯者的要求说，而且尽可能地揣摩他们的意图"，杜培武说，编好了"杀人现场"，"杀人枪支"的下落却苦了杜培武。他"交代"了一个地方，刑警们马上就押着他去找，找不到就吊起来一顿毒打。杜培武绞尽脑汁地想了一招——"枪被拆散，沿途扔了，扔到滇池里去了。"

另外，本案中，除被告人杜培武相互矛盾的供述之外，公诉机关还出示了如泥土、射击残留物、气味等的鉴定结论，期望通过这些鉴定来证实杜培武确实构成了犯罪。但是在庭审过程中，公诉机关不能出示这些物证的提取笔录，所以不能证明物证、书证的来源，取证行为的合法性存在诸多疑问，严格来讲，这些证据应当予以排除，不能作为定案的根据，也就不能依靠这些证据认定被告人有罪和处以刑罚。

2. 违反法定程序收集指纹并据此作出鉴定意见，能否作为认定案件事实的依据？

【基本案情】

李某失业后呆在家里，终日与一些社会上的闲散人员混在一起，逐渐走上了盗窃犯罪的道路。1999年8月至2002年4月期间，李某采取爬下水管后翻窗入室的手段，先后8次进入居民住宅行窃，共窃得铂金钻戒等物品（合计价值人民币23649元）及人民币11670元、美金50元。其中，前7次盗窃数额合计人民币34649元、美金50元，第8次盗窃数额为人民币470元。2002年4月，李某在行窃过程中被当场抓获。侦查结束后，公安机关将李某一案移交人民检察院审查起诉。为证实以上犯罪事实，公安机关提供了以下相关证据：（1）某市公安局某区分局刑事侦查大队三中队出具的"破案经过"。证实某市公安局某区分局某派出所民警于2002年4月2日凌晨值勤巡逻时，发现犯罪嫌疑人李某形迹可疑，经留置盘问，李某供认于当日凌晨进入某市某区一居民住宅内，窃得人民币470元的事实。（2）某市公安局某区分局"扣押财物清单"。证实某市公安局某区分局某派出所于2002年4月3日，扣押犯罪嫌疑人李某人民币470元的事实。（3）某市公安局某区分局出具的"现场勘查笔录"。证实案发后公安侦查人员分别在上述前7次各盗窃案发现场分别提取可疑指纹或掌纹的事实。但上述"现场勘查笔录"中均没有"见证人"的签名。（4）某市公安局某区分局出具的"刑事科学技术（手印）鉴定书"、"刑事科学技术（掌纹）鉴定书"和"刑事科学技术（指纹）鉴定书"。证实公安机关分别在上述前7次各盗窃案发现场提取的可疑指纹和掌纹均系犯罪嫌疑人李某所留。（5）各失窃被害人的陈述。分别证实了各次失窃的地点、时间、财物等事实。（6）某市价格认证中心出具的×价鉴字（2002）第252号、第357号"价格鉴定报告书"。证实失窃物品于案发时的实际价值。（7）失主傅某出具的"领条"。证实某市公安局某区分局某派出所于2002年4月3日，扣押犯罪嫌疑人李某的人民币470元已由失主傅某领取的事实。（8）犯罪嫌疑人李某的身份证。证实了李某的身份。（9）犯罪嫌疑人李某的供述及辩解。证实了上述第8次盗窃作案的地点、时间、财物和经过，并向公安人员实地辨认出上述第8次盗窃作案的地点。但同时辩解未实施其他盗窃行为，称自己"从未到过盗窃案发现场，也不认识其间居住的人"。犯罪嫌疑人李某在本案审查起诉期间作了与在公安机关侦查期间相同的供述及辩解。某市某区人民检察院经审查，以被告人李某涉嫌上述8次盗窃，向某市某区人民法院提起公诉。在本案庭审期间，被告人李某委托的辩护人辩称："公安机关在案发现场所作勘验笔录没有见证人签名，程序违法，故所作出的指纹鉴定结论不能作为定案证据。"

【法理分析】

本案所反映的问题是公安机关违反法定程序收集的"现场嫌疑指纹"以及在此基础

上作出的"指纹鉴定结论"能否作为认定案件事实的有效证据？对此，应当从以下几个方面进行分析：

首先，公安侦查人员在对本案各盗窃案发现场进行勘验的基础上分别制作的"勘验笔录"依法均不具有证据能力，不能作为定案的证据。1996 年《刑事诉讼法》第43 条规定："严禁刑讯逼供和以威胁、引诱、欺骗以及其他非法的方法收集证据。"最新修正的《刑事诉讼法》第 50 条规定："审判人员、检察人员、侦查人员必须依照法定程序，收集能够证实犯罪嫌疑人、被告人有罪或者无罪、犯罪情节轻重的各种证据。严禁刑讯逼供和以威胁、引诱、欺骗以及其他非法方法收集证据，不得强迫任何人证实自己有罪。"第 131 条规定："勘验、检查的情况应当写成笔录，由参加勘验、检查的人和见证人签名或者盖章。"根据我国《刑事诉讼法》第 131 条和《人民检察院刑事诉讼规则》第 170 条之规定，"勘验、检查的情况应当制作笔录，由参加勘验、检查的人和见证人签名或盖章"。勘验、检查笔录相关人员签名的合法化和规范化是勘验、检查笔录规范性特征的重要内容，也是本案中"现场勘验笔录"这一关键证据具备证明效力的法定前提和重要保证。由于见证人在刑事诉讼中的现场勘验程序中所处的地位是独立的第三方，他不从属于任何一方，只忠实于现场取证的客观情况，从而达到监督侦查人员依法取证的目的，其作用不容忽视。缺少见证人的见证，勘验程序就不合法。这种证据就不应被采纳。因此，本案中的"现场勘验笔录"依法均不具备证据能力，不能作为定案的证据。

其次，公安机关依据涉案"现场勘验笔录"据以证实其来源合法性的"现场嫌疑指纹"，以及在此基础上，通过对这些"现场嫌疑指纹"与"犯罪嫌疑人李某本人捺印的样本指纹"进行科学比对和分析所作出的"指纹鉴定结论"，依法亦不具有证据能力，不能作为定案证据。对于本案中前 7 次盗窃事实这一证明对象而言，由于犯罪嫌疑人李某对此未作有罪供述，仅凭对应被害人的相关陈述显然不足以认定。因此，本案刑事诉讼证明的基本路径是基于犯罪嫌疑人李某"从未到过盗窃案发现场，也不认识其间居住的人"的相关辩解，依据公安侦查人员依法于案发后在对各盗窃案发现场进行勘验的基础上所制作的"现场勘验笔录"，证实侦查人员在各盗窃案发现场提取的嫌疑指纹的合法性，并在对这些"现场嫌疑指纹"与"犯罪嫌疑人李某本人捺印的样本指纹"进行科学比对和分析的基础上得出"在本案各盗窃案发现场依法提取的嫌疑指纹均为犯罪嫌疑人李某所留"的"指纹同一性鉴定结论"，从而使犯罪嫌疑人李某"从未到过盗窃案发现场，也不认识其间居住的人"的相关辩解直面"在本案各盗窃案发现场依法提取的嫌疑指纹均为犯罪嫌疑人李某所留"这一科学的"指纹同一性鉴定结论"的质疑，进而使犯罪嫌疑人李某"从未到过盗窃案发现场，也不认识其间居住的人"的相关辩解的真实性因违背逻辑推理的矛盾规律而导致不攻自破，从而完成对"犯罪嫌疑人李某就是本案中各次盗窃行为的实施者"这一法定证明对象的证明任务。然而，由于本案中的各份"现场勘验笔录"中均不具有见证人签名这一法定的形式要件，致使本案中由公安侦查人员在各案发现场提取的"嫌疑指纹"的真实性以及取证程序自身的合法性无法得到证实，进而导致依据"现场嫌疑指纹"与犯罪嫌疑人李某本人捺印的样本指纹进行科学比对和分析的基础上作出的"指纹同一性鉴定结论"的真实性和合法性亦荡然无存。换言之，在本案中，公安机关依据涉案"现场勘验笔录"据以证实其来源合法性的"现场嫌疑指纹"，以及在此基础上，通过对这些"现场嫌疑指纹"与"犯罪嫌疑人李某本人捺印的样本指纹"进行科学比对和分析所作出的"指纹鉴定结论"，依法均不具有证据能力，不能作为定案证据。

综上所述，因本案现有的证据体系仅能依法证实犯罪嫌疑人李某盗窃人民币470元的事实。我国《刑法》第264条规定："盗窃公私财物，数额较大的，或者多次盗窃、入户盗窃、携带凶器盗窃、扒窃的，处三年以下有期徒刑、拘役或者管制，并处或者单处罚金；数额巨大或者有其他严重情节的，处三年以上十年以下有期徒刑，并处罚金；数额特别巨大或者有其他特别严重情节的，处十年以上有期徒刑或者无期徒刑，并处罚金或者没收财产。"最高人民法院《关于审理盗窃案件具体应用法律若干问题的解释》第3条规定：盗窃公私财物"数额较大"、"数额巨大"、"数额特别巨大"的标准如下：（一）个人盗窃公私财物价值人民币五百元至二千元以上的，为"数额较大"。（二）个人盗窃公私财物价值人民币五千元至二万元以上的，为"数额巨大"。（三）个人盗窃公私财物价值人民币三万元至十万元以上的，为"数额特别巨大"。各省、自治区、直辖市高级人民法院可根据本地区经济发展状况，并考虑社会治安状况，在前款规定的数额幅度内，分别确定本地区执行的"数额较大"、"数额巨大"、"数额特别巨大"的标准。因此，依照《刑法》及相关司法解释的规定，犯罪嫌疑人李某的涉案行为不构成盗窃罪。

第二节　刑事证据收集的方法

【规则要点】

刑事证据收集的一般方法主要有：精心细致发现证据；及时快速提取证据；准确预测证据变化的可能性；全面细致收集证据；合法及时固定证据。不同罪名案件证据收集有各自特点和方法。

【理解与适用】

一、刑事证据收集的一般方法

由于案件情况千差万别，不同罪名的刑事案件，其证明的对象不同，收集证据的方法也各不相同。而即使同一罪名的刑事案件，其证明对象虽然相同，但由于案件的具体情况不同，收集证据的方法也并非是完全一致。结合司法实践，收集证据的一般方法和

技巧主要有：[1]

1. 精心细致发现证据。"发现问题是解决问题的一半"。要善于发现证据，一要耐心细致，善于发现一些不太为人注意的线索；二要掌握相关的专业知识，准确判断证据如凶器等一般最有可能藏于何处；三要善于分析判断，哪些证据材料与案件有关，哪些与案件无关，要去粗取精，去伪存真，由此及彼，由表及里地排除一条条相关的线索，最后使客观的证据浮出水面。许多案件可能由于不善于发现证据而最终被淹没，而同样一些案件，由于耐心细致，选准了突破口，最终案件得以被侦破。比如，马某某、杜某贩毒一案，嫌疑人马某某一直用手机与下家联系贩毒，下家从未与其见过面，仅知其手机号码，在公安人员的安排下，下家通过手机与马某某取得联系后，将其抓获。马某某被抓后，始终不承认贩毒事实，是否能确定下家提供的手机号码为马某某所有，成为本案能否认定马某某贩毒的关键。侦查机关没有收集到这方面的证据，案件移送起诉后，承办人发现马某某的手机登记所用的证件均系伪造，承办人员及时调出马某某手机的所有通话记录，经过分析发现，马某某被抓的当天早上，用手机与另一手机通话，且时间长达两分钟，与其通话的人极有可能认识马某某，办案人员通过该证人的手机登记资料找到他，该证人证实其在经营手机生意与马某某相识，并将手机卖给了马某某，当天确与马某某通过话，经查该证人的手机通知记录，进一步确认了该事实，从而证实了马某某贩毒的下家证言中所讲的该手机为马某某所有的证据。

要发现证据，就要加强办案的工作责任心，尤其是在案件侦查的开始阶段，寻找证据要细致，任何粗枝大叶都会影响到侦破和取证的方向，从而影响到案件事实的认定。比如，卢某故意伤害一案，被告人到案后供述自己只在双方扭打中无意刺中被害人胸部一刀，而被害人家属则坚称除了发现被害人右胸部被刺一刀，还看见在其足踝部也有被刀砍过的痕迹，且已有部分断裂，但尸检报告中仅检见被害人右胸部被刺一刀，未检出足踝部有伤痕。孰是孰非？本案是否存在其他共同加害人？被害人家属强烈要求重新验尸。后经重新检验，结果的确发现被害人足踝部有被砍过的痕迹，一个小小的刀痕使事实发生重大变化，其影响之大可见一斑，不容忽视。

2. 及时快速提取证据。证据是以不同表现形式存在的犯罪痕迹，随着时间的推移，极有可能遭到外力的破坏而灭失，具有不可逆转性，所以要及时收集并加以固定。哪怕是一枚指纹、一个鞋印，数量虽少，但往往对定案却具有关键性的作用。比如，王某故意杀人案，王某在电脑房认识了一个年轻女收银员李某，后因故将其杀死，并将李某藏匿在该电脑房一个不为人注意的壁橱内。王某起初拒不供认自己的杀人案，公安人员在现场勘查中及时从藏有尸体的壁橱门上提取一枚灰尘性指纹，经鉴定，系被告人王某所留。在尸体检验过程中又发现被害人指甲中留有斑迹，经提取并作比对，证实系嫌疑人王某所留，在证据面前王某不得不供述自己的罪行。如不及时提取，现实一旦被破坏，尸体一旦被火化，那么证据也就灭失了，在此案件中这两个痕迹的及时提取为证实犯罪

---

〔1〕 参见张少林：《刑事证据的运用》，中国方正出版社 2003 年 8 月版，第 33～37 页。

起到至关重要的作用。

3. 准确预测证据变化的可能性。收集证据的目的是为了查明和证实案件事实。因此在收集证据时要考虑到证明标准的要求，预测证据发生变化的可能性。随着时间的推移和案件诉讼的进展，一些证据容易发生变化，特别是一些言词证据，如犯罪嫌疑人、被告人口供、被害人陈述、证人证言等，因种种原因，犯罪嫌疑人、被告人可能翻供，证人可能翻证，被害人也可能改变原先的陈述。为防止这种现象的发生，这除了有效地固定和保全证据外，一个重要的方面就是要预测证据发生变化的可能性，以便采取相应的预防或补救措施。比如，某杀人案件，原来有 10 个知情的证人，负责侦查任务的办案人员只找了其中 4 个证人取证，也没有收集其他证据，后来犯罪嫌疑人翻供，这 4 个证人也都推翻了原来的供词，侦查人员再重新寻找其他证人时，已经是"求"之不得，他们或出国，或外出经商，致使此案证据不足，无法再次进入诉讼程序。

4. 收集证据注意全面细致。尤其是侦查的初始阶段，在收集证据时要全面，对已纳入侦查人员视线内的痕迹，原则上都应提取。特别是一些细节，如杯上的指纹、唇纹、烟缸中的烟蒂都不应放过。这些细节往往会成为定案的支撑性证据。比如，徐某故意杀人案，公安人员在现场勘查时对现场遗留的烟蒂、果皮、果核均未注意到，而被告人在有罪供述时恰恰供述到曾在现场抽过烟，被害人还曾削过一个梨给他吃。如能从现场的这些物证进一步提取被告人遗留的痕迹，则能起到很好的证明作用，但这些很关键的物证却被侦查人员忽视了，未予提取，因此无法驳倒被告人案发时未到过现场的辩解。又比如，某案在搜查时，扣押了一件从拍卖会上买来的文物，但没有把与此文物相关的拍卖材料扣押，致使缺少了对此文物价值认定的重要证据。

5. 合法及时固定证据。固定证据是体现证据价值的形式，它可以防止证据变化，如证人翻供、被告人翻供等。固定证据可以采取多种形式，如书面形式、录音录像形式、对物证复制模型、将材料送鉴定机构鉴定等。固定证据要做到下列几点：一是尽可能保持证据的原貌，还原其本来面目，做到"原汁原味"，不掺入主观东西。二是要排除与案件无关的干扰作用。三是要及时固定，防止证据毁灭，如用作物证的刀，提取后对刀上的指纹、血迹要及时作鉴定，否则审查起诉时会因时过境迁而证据灭失。比如，陈某抢劫一案，侦查机关在擒获陈某时，当场从其身上缴获作案工具刮胡刀一把，陈某到案后也供述曾在实施抢劫时用该刀划伤被害人的脸、面部，刀上沾有血迹。然而侦查人员不仅未对刀上的血迹作进一步鉴定，而且在机关搬家时将此刀丢失了。随后，侦查人员照着原先拍摄的照片另寻一把类似的刮胡刀随案移送。审查起诉承办人在审案时经仔细对比发现照片上的刀和实际移送的刀在尾部细节花纹处不一致，因此，现有的这一物证刮胡刀来源不合法，根本不能用于证实陈某实施抢劫的犯罪事实。

在侦破案件过程中，不但要及时收集所有与案件有关的证据，更重要的是要对有关证据予以固定，忽视了证据固定这一环节，就有可能使被告人逃避法律的惩处，给审查起诉、法庭审判留下后患。比如，马某非法持有毒品案，涉及毒品海洛因 38 千克。嫌疑人马某在某宾馆与对方交易时被侦查人员当场抓获，并在其租赁的房间内搜缴海洛因

800 余克。侦查人员在搜查时按法律规定出示了搜查证，有见证人，并作了搜查笔录，但忽略了让嫌疑人在搜查笔录上签名认可，没有及时地将在该房间内搜缴到的海洛因所处位置、归属等问题予以固定，且又没有对搜缴的海洛因外包装作及时的指纹鉴定等，由于侦查人员忽略了这些环节，使该案到了后阶段，特别是在审查起诉阶段，嫌疑人马某便作了翻供。马某辩称：该房间是其近日临时租借的，其不知房间内有毒品。为了要证实该房内的毒品是马某而非他人的，检察人员连续几天加强审讯力度和调查取证，最后，马某在事实证据面前不得不作了如实供认，并交代其翻供的主要原因是由于当时侦查人员没让他在搜查笔录上签名，他为此便产生了侥幸心理，对藏匿在房间内的毒品能赖则赖，实在赖不过去再承认。

二、故意杀人案件证据的收集方法

（一）故意杀人案件证据的特点

故意杀人罪是指故意非法剥夺他人生命的行为。故意杀人案件证据有如下特点：（1）犯罪嫌疑人为了达到逃脱法律的罪责，往往选择比较隐蔽的作案地点和无人知晓的作案时间，这决定了在大多数情况下，故意杀人案件中不会有目击整个杀人过程的目击证人。（2）根据刑法规定，故意杀人罪的最高刑为死刑，出于本能的求生欲望，犯罪嫌疑人的供述常会有反复。因此在整个诉讼过程中，许多犯罪嫌疑人、被告人的口供常常不稳定，时翻时供。（3）故意杀人案件一般有作案现场，凶犯在实施杀人的过程中，一般在现场上接触物体较多，有的被害人与凶手还进行过搏斗，因此犯罪现场往往有伤痕和大量的其他物证。物证在故意杀人案件中起着较为重要的证明作用，勘验检查笔录是故意杀人案件中的常见证据种类。（4）如果被害人当场已经死亡，在故意杀人案件中就没有被害人陈述这一直接证据。（5）杀人案件多有尸体、尸块存在，即使未将人杀死也有伤情可查，因此鉴定结论在杀人案件中起着重要作用。

（二）故意杀人案件证据的收集方法

故意杀人犯罪的常见手段主要有凶杀，包括锐器和钝器实施的杀人、持枪杀人、爆炸杀人、纵火杀人、雇佣杀人等。这里主要谈一般杀人（凶杀）和投毒杀人两种杀人案件证据的收集方法。

1. 一般杀人案件证据的收集方法[1]

对于一般杀人案件证据的收集，主要是通过询问证人、搜查、组织辨认、技术鉴定、讯问犯罪嫌疑人等方法进行，并着重对杀人凶器、血迹、案犯遗留物和现场手印、足迹等物品进行查证和鉴别。

（1）勘查现场、检验尸体。现场勘查包括对被害人尸体的勘查和犯罪嫌疑人现场遗留物的收集与判断，以发现证据。勘查的内容主要包括：一是对现场血迹，包括被害人血迹、犯罪嫌疑人血迹的勘查和检验。二是对现场遗留痕迹、物品的勘查，如枪弹、指

---

〔1〕 参见李新成：《故意杀人罪侦破指南》，载姜伟主编：《刑事司法指南》2000 年第 3 辑，法律出版社 2000 年版。

纹、脚印、伤痕、衣物以及现场遗留的犯罪嫌疑人的物品如手套、作案工具等的收集。三是对尸体的检验，包括尸表检查与解剖检验，应对尸体、躺卧的位置、姿势、四肢状态详细勘验，仔细观察研究。

在勘查现场时要全面细致。不但要对破坏严重，人们经常接触的部位进行勘查，还应注意对那些边边角角、容易被人们忽视的部位进行勘查。

（2）及时进行调查访问，寻找犯罪线索。调查访问的对象主要包括报案人、最早发现尸体的人、被害人的家属及亲朋好友、街坊邻居及其他知情人。调查访问的内容主要包括现场情况，发案前现场情况，发案后的现场的实际情况及变动情况；被害人情况包括其身份、家庭情况、主要社会关系、平时及发案前的表现，经济状况；犯罪嫌疑人的情况包括向被害人家属及周围的群众了解哪些人可能是犯罪嫌疑人及其根据；犯罪嫌疑人的人数、体貌特征、口音、衣着打扮、携带物品、逃跑方向或藏匿地点等，与犯罪有关的其他情况。

（3）抓获犯罪嫌疑人，收集证据。在发现犯罪嫌疑人时，要注意犯罪嫌疑人一般具有如下特征：一是犯罪嫌疑人一般都是有作案时间的人，即犯罪嫌疑人举不出发案时自己不在发案现场的证据，侦查人员也找不出他不在犯罪现场的证据。二是犯罪嫌疑人是具有杀人动机的人。三是犯罪嫌疑人是身边或住处可能有杀人凶器或杀人现场物品的人。四是犯罪嫌疑人一般都是身上带有特定的伤痕、血迹的人。五是犯罪嫌疑人在作案后一般会有反常行为，如无端清洗衣物，粉刷墙壁，打扫房间；精神反常；对案件及案件侦破情况特别敏感，多方打听消息，甚至找人作假证明等，这些证据如注意收集的话，在审查案件事实中有时会起到意想不到的效果。

（4）讯问犯罪嫌疑人。讯问犯罪嫌疑人在侦破故意杀人案件和证据相互印证中作用很大。在讯问时，要注意讯问清下列内容：一是犯罪嫌疑人的个人情况和家庭情况。二是犯罪嫌疑人有无故意杀人犯罪行为。三是若犯罪嫌疑人承认杀人事实，应问清楚其故意杀人犯罪行为的动机和目的。如是仇杀、情杀、财杀、奸杀还是斗杀等。四是故意杀人的犯罪手段，是枪杀、毒杀、炸杀、斗杀还是纵火杀人。五是故意杀人使用的工具是什么，其来源怎样，实施犯罪的时间和地点。六是故意杀人犯罪涉及的人，包括同案犯的具体情况，藏匿地点，窝藏包庇犯罪嫌疑人的具体情况及藏匿地点。七是故意杀人犯罪涉及的事和物，包括杀人有无他人指使，杀人后是否窃走被害人的财物以及销赃或藏匿地点等。八是故意杀人犯罪的具体过程和细节，如何预备、实施故意杀人犯罪，有无他人看见或知道，在犯罪实施过程中，被害人有无反抗或搏斗的情况，什么人有可能知道自己的犯罪行为等。

犯罪嫌疑人作了有罪供述后，并不意味着大功告成，为证明犯罪事实，还应注意强化物证、书证收集、查证的意识，尽量做到全案证据的完整性、充分性，这样即使在犯罪嫌疑人的供述发生变化后，检察机关仍可以指控犯罪。

（5）进行司法鉴定。故意杀人案件中的司法鉴定的种类较多，主要包括：一是对现场遗留的可疑凶器通过技术检验、鉴定确定是否为杀人的凶器，再通过辨认等措施确定该凶器是否为犯罪嫌疑人所有；二是对犯罪嫌疑人身上的可疑血斑应采取有效方法加以提取，并进行理化检验，确定其血迹是否与被害人的血型一致；三是收集到犯罪嫌疑人的手印、足迹、字迹与犯罪现场等进行比对，鉴定是否同一，获取罪证；四是通过对现场遗留的物证、物品，组织辨认、技术鉴定等确认是否为凶犯所遗留，以作为认定案件事实的证据。比如，丁某一案，现场提取一根鞋带，经法医鉴定该鞋带为杀人凶器，随后，侦查机关又在犯罪嫌疑人宿舍床下发现一根与现场鞋带相似的鞋带。在该案移送起诉后，由于这两根鞋带是否是一副，涉及犯罪嫌疑人供述中犯罪使用的工具来源的真实性，对该案能否认定其犯罪起着重要作用，承办人要求侦查机关对这两根鞋带做了鉴定，在得到肯定的鉴定结论后，该案已提起了公诉，法院作出了有罪判决。

（6）通过控制与杀人案件有关的赃款、赃物获得者获取证据。

2. 投毒杀人案件证据的收集方法[1]

投毒杀人案件证据除具有一般杀人案件证据的特点外，还具有下列特点：一是由于犯罪分子行为隐蔽，证据不易提取，大量案件因证据问题困扰着司法机关，导致案件的侦查难，起诉难，审判难。二是由于犯罪分子在实施投毒行为时，一般只有犯罪嫌疑人一人在场，行为隐蔽，物证中的毒药包装物往往被犯罪分子烧毁、抛弃、打碎而灭失，无法收集指纹及包装袋上撕剪的痕迹，在侦查过程中如没有得到充分的重视，证人证言又难以直接证明犯罪，所以犯罪嫌疑人翻供后，证明犯罪嫌疑人有罪的证据难免显得单薄。三是鉴定结论在投毒杀人案件中起着重要的作用。

由于投毒杀人案件直接证据缺乏，因此主要是运用间接证据来证实。需要注意的是，在完全依靠间接证据认定被告人犯有被指控罪行时，必须遵守一定的规则：一是据以定案的每一间接证据必须查证属实。二是每一间接证据必须与案件事实有客观联系，能够证明案件的某些事实或情节。三是间接证据必须形成一个完整的证明体系，案件事实的各个部分之间有相应的间接证据加以证明。四是间接证据之间、间接证据与案件事实之间必须协调一致，矛盾得到合理排除。五是依照间接证据形成的证明体系足以对案件事实得出肯定的结论，并排除其他一切可能性。

在运用间接证据来证实投毒杀人案件时要注意，间接证据形成锁链的"环节"一般包括：一是证明犯罪嫌疑人犯罪动机，如反映犯罪嫌疑人与被害人的关系、纠纷等情况的证人证言、被害人陈述。二是证明犯罪嫌疑人毒物的来源。三是证明犯罪嫌疑人有作案时间及案发前引过现场，如反映案发时的犯罪嫌疑人行踪的证人证言，犯罪嫌疑人案发时是否到过现场的证言，有无其他人曾出入案发现场的证人证言。四是证明犯罪嫌疑人的犯罪行为、手段，如反映犯罪嫌疑人在现场留下的各种痕迹的笔录、照片等。五是证明犯罪嫌疑人犯罪后果，如法医尸检鉴定、被害人中毒症状的陈述，反映被害人中毒后情况的证人证言等。六是证明犯罪嫌疑人有伪造现场和毁灭、隐匿罪证的行为，如现场勘查中反映有伪造现场的部分，犯罪嫌疑人指认罪证藏匿地点的笔录，提取的笔

---

[1] 参见戴长林、王志华：《刑事证据理论在投毒杀人案件中的应用研究》，载《中国法学》1999年第6期，第124~126页。

录等。

在审查运用间接证据时，一个重要的方面是注意犯罪嫌疑人、被害人口供是"先供后证"，还是"先证后供"，即物证与供述先后的问题。一般来说，犯罪嫌疑人先供述，然后根据犯罪嫌疑人的供述提取物证，此证据的虚假性小，证明力强。在投毒杀人案件中，公安机关根据犯罪嫌疑人的供述提取的容器等物证，经鉴定确认与案件的关联性后，往往对认定犯罪嫌疑人的犯罪行为起着决定性作用。

具体收集证据的方法包括：一是认真检验中毒尸体，发现可疑迹象。二是勘验中毒现场的遗留物，注意发现、提取呕吐物、腹泻物及其他排泄物，现场遗留的药瓶、药渣，被害对象吃剩的饭、菜、汤等食物，对被害人家中的粮食、面粉、饲料等可进食物品，也应重点检查。三是注意发现犯罪痕迹，如手印、足迹等，以便进行同一认定。四是询问证人，如被害对象的家庭成员，询问中毒未死的被害者。重点询问：发现的人基本情况，发现的时间，发现的地点和过程，中毒前的饮食情况，中毒后的各方面情况。五是对毒物进行鉴定。六是对犯罪分子的住所及其衣物等进行搜查，以获取罪证。七是讯问犯罪嫌疑人，搞清案件的来龙去脉等。

三、盗窃案件证据的收集方法

（一）盗窃案件证据的主要特点

盗窃罪是一类发生较为常见的犯罪，它是指以非法占有为目的，秘密窃取数额较大的公私财物的行为。盗窃案件证据主要有以下特点：（1）有赃物可查。犯罪分子盗窃的目的就是为了获取某种财物供其挥霍。一旦偷盗得逞，犯罪分子就会对赃物采用各种方法进行处理。不管采取何种处理方法，都会暴露一些可疑迹象为人们所知晓。（2）对盗窃的财物应进行估价，这是区分盗窃罪和一般盗窃行为的前提条件。对盗窃的财物应聘请或指派专门的机关或人员进行估价。估价鉴定书是盗窃案件最为常见的证据之一。（3）窝赃人、购赃人对赃物处置情况的供述、证言在盗窃案件的证明中起着较为重要的作用。它对于侦破盗窃案件，甚至确认盗窃的犯罪分子都有着重要的意义。（4）犯罪人作案后一般都会有现场，会在现场遗留各种痕迹和物证。（5）由于盗窃犯罪常常是秘密进行，除非被他人当场发现，抓获犯罪分子或者犯罪嫌疑人供述自己的犯罪事实，盗窃案件往往缺乏直接证据，收集的证据多为间接证据。若全部以间接证据定案的，应必须遵守相关的证据规则，如所有的证据应查证属实，证据与证据之间、证据与案件事实之间的矛盾得到了合理排除，全案的证据之间能形成一条环环相扣的锁链，并排除其他可能性等。

（二）盗窃案件证据的收集方法[1]

1.调查访问，详细了解案件情况。调查访问的对象包括被盗窃财物的所有人、看护人、经管人和其他了解案件的情况的人，如事主、现场周围居住的群众、被盗单位的工

---

〔1〕 参见李新成：《盗窃罪侦破指南》，载姜伟主编：《刑事司法指南》2001年第1辑，法律出版社2001年版。

作人员和值班人员等知情人员。访问的内容主要包括：案件的发现经过、被盗财物的详细情况，如名称、数量、种类、特征等；案件发生前后的可疑情况，如是否有可疑人员在现场或现场附近出现；犯罪嫌疑人可能是谁，与盗窃有关的其他情况。

2. 勘查犯罪现场，寻找犯罪线索。一般来说，盗窃犯罪多有确定的犯罪现场，勘查犯罪现场，寻找犯罪嫌疑人遗留在犯罪现场的痕迹、物证和其他可疑物质，发现犯罪线索，是侦破盗窃犯罪同时也是盗窃案件收集证据的重要方法。勘查的重点是：发现并提取犯罪嫌疑人遗留的各种痕迹，如指纹、足迹、血迹；各种物质，如衣物、布片、鞋帽、纸片、食品、包装物、烟头、唾液、毛发等。现场勘查，一般以被盗处所和被破坏处所为重点，同时要注意对现场周围环境的勘验。

3. 技术鉴定。对现场发现并提取犯罪嫌疑人遗留的各种痕迹，比如指纹、足迹、血迹、烟头、唾液、毛发等进行物证技术鉴定。

4. 组织群众辨认。对现场遗留的盗窃分子的破坏工具，如螺丝刀、手电筒、打火机等，组织群众进行辨认，通过辨认获取证据。

5. 讯问犯罪嫌疑人。在讯问时，要讯问清：一是犯罪嫌疑人的个人情况、家庭情况。二是盗窃犯罪的次数及每次盗窃物品的名称、种类、数量、特征。三是盗窃犯罪的手段和方法，是临时起意，还是经过了事前策划，策划的具体内容，作案的动机是什么，窃取后打算怎样处理，对行为对象的性质、功用等特征是否存在正确认识。四是盗窃使用的工具及其来源及藏匿地点。有被害人的，应询问被害人的衣着打扮和体态特征。五是盗窃犯罪的时间和地点，包括预备犯罪、实施犯罪的时间和地点，包括窝赃、销赃的地点和时间。讯问盗窃现场和周边环境的有关情况。六是有无共同犯罪嫌疑人及各人的具体情况，各共同犯罪嫌疑人在共同犯罪中的分工，对实施盗窃商议的情况。七是赃款、赃物的下落、如何处置、如何销赃、如何窝赃、由谁帮助销赃窝赃。八是盗窃犯罪的具体过程和细节，包括预备犯罪的过程和情节、实施犯罪的过程和情节。犯罪嫌疑人有无前科劣迹，社会生活经验、履历方面的证据。

6. 控制赃物。盗窃犯罪在作案以后为了逃避侦查，往往急于出售或设法转移赃物。根据财物的种类和用途，分析盗窃分子对赃物可能采用的处置途径，侦查人员应有目的、有重点的对盗窃分子易于销赃的场所布置控制。

7. 通过搜查获取赃物、赃款。在侦查中，发现犯罪嫌疑人住处或其他场所隐藏本案的赃物、赃款，可依法进行搜查，从中获取证据。

四、强奸案件证据的收集方法

（一）强奸案件证据的主要特点

强奸罪是指违背妇女意志，使用暴力、胁迫或者其他手段，强行与妇女发生性交的行为。依据犯罪场所的不同，强奸案件分为入室强奸和拦路强奸。强奸案件证据主要有以下特点：（1）在强奸犯罪中，实施强奸犯罪的犯罪分子无论采取何种手段，强奸犯罪嫌疑人与被害人有着直接面对面的身体接触，且持续一段时间跨度。在这个过程中，受害人对犯罪嫌疑人的人数、形体、面貌、口音、年龄、衣着、身体上的标记，甚至身体上的特殊气味都会有所认识，因此被害人陈述是强奸案件中的一重要证据，而且被害人陈述往往较为具体详细、全面。（2）一般来说，强奸犯罪都有现场可供勘查，且现场往往留有双方的对抗痕迹、精斑、毛发、指纹、脚印等犯罪证据，只要及时进行认真细致地进行现场勘查，都能为证实犯罪、寻找犯罪嫌疑人提供可靠的依据。因此勘验检查笔录是强奸案件中的一个重要证据。（3）由于强奸犯罪多发生在夜间，作案地点多在室内及其他封闭或偏僻场所，发案环境的这一特殊性，制约了受害人的感知。如夜间暗弱或环境陌生，会不同程度地影响受害人的感知、识别能力，致使受害人在描述犯罪分子的体态特征或现场情况等方面可能与事实有所出入；有些受害人因处于孤立无援的环境中，表现出精神紧张，惊恐甚至昏厥，对案件发生的某些情况可能产生记忆混乱、中断或错觉；还有的被害人出于对犯罪分子的强烈憎恶，可能在其陈述中存在夸大其辞的情况，因此强奸案件中的被害人陈述既有可能真实的一面，也可能发生虚假错误的可能，对受害人的陈述要具体分析，不能盲目全信。（4）由于相当一部分强奸案件都是经过犯罪嫌疑人的周密策划而实施的，带有很大的隐蔽性。因此，在强奸案件中往往缺少目击的证人证言，即使有证人证言，也往往为间接证据，如看到犯罪嫌疑人进入被害人房间、听到被害人反抗的声音等。一般直接目击强奸过程的证人证言少之又少。（5）在强奸案件中，现场多有搏斗痕迹和其他证据。现场勘查时，可以从现场采集到犯罪人的足迹、毛发、血迹、精斑、衣服碎片、纽扣等痕迹物证。因此在一般情况下强奸案件都有物证，而且这些物证对于查明犯罪嫌疑人和认定犯罪分子具有重要意义。

（二）强奸案件证据的收集方法[1]

1. 及时询问被害人。询问的重点主要包括：案件发生的时间；被害人以前是否认识或见过犯罪嫌疑人，如认识，问清犯罪嫌疑人是谁；犯罪嫌疑人从何处用什么方式进入现场；自己是否被挟持到现场，从何处被挟持的；犯罪嫌疑人手持何物，有无犯罪工具，自己被什么方式挟持或施加暴力；强奸犯罪的过程与情节，之中发生了什么事，犯罪嫌疑人说过什么话；有无对抗情况，双方何人受伤及受伤的部位，什么工具致伤，对抗过程中双方有无毛发、衣物或其他小物件脱落；被害人在被挟持的过程中有无呼救；犯罪嫌疑人的身体有何特征，身上有何特殊标记；是否有财物被抢及被抢财物的情况；犯罪嫌疑人是一人还是多人，其体貌特征和衣着装饰如何、口音如何等。对于被害人要问清问细，这对于查明犯罪嫌疑人或印证犯罪分子有着重要的意义。而对于一些夸大其辞的被害人，在详细有效地询问下也可能暴露其陈述的虚假性。

2. 访问受害人的家属、亲友及其他知情人。这个过程主要是收集情况证据而非直接证据。应着重问明：案发前后现场附近是否发现过什么人经过作案现场，案发当时是否听到过可疑声响或呼救声；受害人有无婚恋纠纷，平时的思想品德、生活作风如何，受害人平时的活动规律，是否有人从旁打听过受害人的生活起居和活动规律，案发后是否

---

〔1〕　参见李新成：《强奸罪侦破指南》，载姜伟主编：《刑事司法指南》2000 年第 2 辑，法律出版社 2000 年版。

发现被害人有何异常等。

3. 及时勘查犯罪现场。对强奸犯罪现场的勘查一定要及时，避免各种可以用于证明犯罪确定犯罪嫌疑人的各种痕迹、物品灭失。勘查时要重点注意以下几个方面：一是犯罪嫌疑人与受害人的对抗痕迹。包括身体压痕、指纹、脚印、对抗过程中碰撞坏的器物、被害人的衣物、床单上的指纹血迹等。二是犯罪嫌疑人遗留在现场的各种物品，如手套、手帕、帽子、烟头、空酒瓶、唾液、衣片、钮扣等。三是作案使用的工具如刀具、石块、砖块、棍、棒、擦有精液的纸片、布片等。四是犯罪嫌疑人身体的分泌物和脱落物主要包括精液、唾液、汗液、血迹、毛发、皮屑等。

4. 运用科学技术收集证据、证明犯罪。对强奸案件的发生现场所遗留的手印、脚印、血迹、毛发等痕迹、物证进行科学技术鉴定，以认定现场上痕迹、物证是否为犯罪嫌疑人所留。通过将对犯罪嫌疑人的精液与强奸现场遗留的精斑进行科学鉴定获取犯罪证据。通过现场指纹与犯罪嫌疑人的指纹进行比对，确定犯罪嫌疑人。

5. 组织受害人进行辨认。在侦查过程中，一旦发现具体的嫌疑对象，应及时地组织受害人进行辨认，也可以对嫌疑人的照片进行辨认，辨认的方法依照法律关于辨认的规定。

6. 搜查获取证据。对重大嫌疑人的住处或可能藏匿赃物、罪证的场所依法进行搜查，以发现犯罪物证和犯罪痕迹，以及强奸后抢劫被害人的财物和其他罪证。

7. 讯问犯罪嫌疑人。在许多强奸案件中，往往出现"一对一"的证据情况，因此对于犯罪嫌疑人要认真细致地讯问，以判断犯罪嫌疑人、被告人供述和辩解的真实性。在讯问时，要讯问清楚：一是有无强奸犯罪行为。二是强奸犯罪行为的动机和目的。三是犯罪的手段，如暴力手段、胁迫手段或麻醉手段等。四是犯罪工具及其来源和藏匿地点。五是强奸犯罪的时间和地点，包括预备犯罪、实施犯罪的时间和地点。六是强奸犯罪涉及的人，包括同案犯的具体情况，藏匿地点、窝藏犯罪嫌疑人的具体情况及藏匿地点。七是强奸犯罪涉及的事和物。八是强奸犯罪的具体过程和细节，如如何预备、实施强奸犯罪，强奸过程中，有无他人看见或知道，在实施过程中，被害人有无反抗，反抗或对抗的过程和结果如何，什么人知道自己的犯罪行为等。强奸案件最难认定的是是否违背妇女意志，因此在讯问犯罪嫌疑人时，还应注意讯问犯罪嫌疑人与被害人案发前是否认识，如认识，两人的关系如何，两人之间有无来往，两人以前是否发生过性关系，事后犯罪嫌疑人是否给被害人钱物，被害人是否接受或者被害人是否索要钱物，以后是否多次发生性关系等。

五、绑架案件证据的收集方法[1]

绑架罪是一类暴力性犯罪，它是指利用被绑架人的近亲属或其他人对被绑架人安危的忧虑，以勒索钱物或满足其他不法要求为目的，使用暴力、胁迫或麻醉方法劫持或以

---

〔1〕　参见李新成：《绑架罪侦破指南》，载姜伟主编：《刑事司法指南》2000 年第 4 辑，法律出版社 2000 版。

实力控制他人的行为。绑架案件证据的收集方法主要有以下内容：

1. 详细询问被绑架人的近亲属、事主及其他知情人，正确划定犯罪嫌疑人范围，判断犯罪嫌疑人的个人情况。一般来说，以勒索财物为目的的绑架案件犯罪嫌疑人对事主的家庭经济状况比较了解，知道被绑架人的姓名、性别、年龄及体态特征，以劫持人质为目的的绑架，对事主的职业、身份、地位比较了解。根据这一特点，绑架犯罪案件发生后，要立即组织力量对事主及被绑架人的家庭或近亲属进行询问，了解他们在各方面的交往情况，从中确定犯罪嫌疑人的范围。在具体工作中，一般将下列人员列为犯罪嫌疑人的范围：一是直接或间接地了解事主或被绑架人的经济状况，事发后去向不明的人；二是直接或间接地了解事主或被绑架人的经济状况，事发后有反常表现的人；三是嫉妒事主或被绑架的人的经济状况，伺机损人利己的人；四是与事主或被绑架人有矛盾冲突，伺机报复、要挟的人；五是了解事主的职业、身份、地位，要求事主帮助办事没有达到目的的伺机报复的人等。

2. 搞好调查访问，弄清犯罪嫌疑人的特征和犯罪工具、犯罪手段的特征。调查访问的对象主要是现场目击人、围观人、知情人、居住现场周围的群众以及被绑架人的同学、同事、朋友等与绑架人交往较密切或较了解被绑架人的交往情况和活动规律的人。调查访问的内容主要包括：犯罪嫌疑人的个人特征；绑架犯罪工具的特征；发案前后作案现场附近有何异常人出现及事件发生等情况。

3. 收集各种物证、书证，以证实犯罪事实。包括前述犯罪嫌疑人为实施绑架行为所使用的犯罪工具、现场遗留的物品；犯罪嫌疑人勒索的被害人的财物，现场被害人遗留的各种物品；在犯罪过程中所发生的与本案有密切关系的被害人或犯罪嫌疑人的各种信件、字条等。

4. 组织辨认。一旦确定了犯罪嫌疑人，对犯罪嫌疑人组织被害人或证人进行辨认，对与本案有关的物品组织被害人、证人辨认。

5. 进行科学鉴定。对被害人的伤情进行法医鉴定，对现场遗留的痕迹进行痕迹鉴定，对犯罪嫌疑人和被害人之间发生的各种信件、字条、收条等进行文书鉴定等。

6. 讯问犯罪嫌疑人。在讯问时，要讯问清：一是有无绑架犯罪行为。二是绑架犯罪行为的动机和目的。如勒索钱财，劫持人质等。三是绑架犯罪的手段，如暴力手段、胁迫手段或没有麻醉手段等。四是绑架使用的工具及其来源和藏匿地点。五是绑架犯罪的时间和地点，包括预备犯罪、实施犯罪的时间和地点。实施犯罪的时间和地点，又包括绑架他人的时间、地点和藏匿被绑架的人的时间和地点。六是绑架犯罪涉及的人，包括同案犯的具体情况，藏匿地点，窝藏包庇犯罪嫌疑人的具体情况及藏匿地点。七是绑架犯罪涉及的事和物，包括有无非法占有被绑架人的财物，有无伤害被绑架人的身体等。八是绑架犯罪的具体过程和细节，比如如何预备、实施绑架犯罪，有无制定犯罪方案，共同犯罪的，各犯罪嫌疑人的分工等。

六、贪污案件证据的收集方法

(一) 贪污案件证据的主要特点

贪污罪是指国家工作人员利用职务上的便利，侵吞、盗窃、骗取或者以其他手段非法占有公共财物的行为。贪污案件证据具有如下特点：(1) 证明贪污行为的各种证据总是与贪污犯罪嫌疑人所经管的财物有关。物证、书证、犯罪嫌疑人口供和司法会计鉴定结论是几种常见的基本证据。(2) 证人证言多为直接证据。在贪污案件中，没有利害关系的并了解案情的证人很少，证人最大的特点是与案件或犯罪嫌疑人有不同程度的利害关系或亲密关系，即相当一部分证人是案件的知情人，在不同程度上与案件有一定的利害关系，所以贪污案件中证人证言的审查判断，除按一般原则审查外，要特别注意证人与案件事实上有无利害关系，是否有可能为袒护他人或因惧怕牵连自身、受打击报复而不如实陈述。(3) 有较多的再生证据。所谓再生证据是指在犯罪行为实施完毕后，行为人为了逃避法律追究而进行一系列反侦查活动中产生的，能够证明犯罪事实存在或原生证据存在的证据。司法实践中的再生证据主要有四种：一是串供、订立攻守同盟；二是隐匿、销毁证据；三是转移赃款、赃物；四是收买、威胁证人等[1]。(4) 贪污案件中的口供不同于一般案件，犯罪嫌疑人是在合法的身份掩护下所进行的犯罪，作案手段十分隐蔽，现场一般没有痕迹。行为人自视手段高明，不会被发现，因此对自己的罪行总是极力加以掩饰，在没有掌握行为人有关犯罪行为的主要证据之前，他们一般不会轻易交代犯罪事实。(5) 书证较多。书证能较客观全面地反映行为人的作案手段、贪污数额，此外还可以证明行为人是否具有贪污罪的主体身份，贪污案件是在各项经济活动中发生，而经济活动的各个环节均有一套严密的手续制度，行为人要想达到占有公共财物的目的，必然会采取各种手段，在有关手续上留下痕迹，使其成为查获犯罪的有力的书证材料。一般都有会计资料可查，会计资料为主要证据。(6) 在收集证据时一般没有现场可言，通常没有明显的现场可供勘查，因此，贪污罪的证据一般没有勘验检查笔录，但是有赃款、赃物可查，贪污分子在非法获取公共财物之后，多半将赃款、赃物隐匿或转移。收集和审查判断都有一定的专业性，需借助有关科学审查和鉴定，才能查清犯罪事实。(7) 贪污罪一般没有直接受害人，因此在贪污案件中，一般没有被害人陈述这一证据。(8) 从收集证据的顺序上，由于贪污案件的主体是一种特殊主体，并且大多数在某些方面有所暴露而被怀疑、控告，所以其侦破过程和收集证据的过程一般是由人到事，司法人员可直接接触或讯问犯罪嫌疑人，获取口供和其他证据。(9) 从作案手段看，犯罪嫌疑人、被告人多利用专业知识、技术专长作案，非法占有公共财物的同时利用某种技术手段进行伪装、掩盖，从而具有较强的欺骗性和隐蔽性，从行为方式看，多在单位财务账册中做手脚，以达到非法占有公共财物的目的。(10) 从案件本身看，行为人一般作案多次，持续时间长，案情相对复杂，且往往与受贿、挪用公款等经济犯

---

〔1〕 参见姜伟主编：《刑事司法指南》2000 年第 4 辑，法律出版社 2000 年版，第 53 页。

交织在一起。

（二）贪污案件证据的收集方法[1]

1. 主动及时地查封各种账册和文件材料，收集书证，防止犯罪嫌疑人转移、隐匿和销毁罪证。贪污是犯罪嫌疑人利用其合法经手、管理公共财物或者账务之便进行作案的，犯罪嫌疑人在管理活动中，一般不直接接触实物，而是与各种账册、票据、凭证等打交道，会计资料往往在他们的直接控制之下，一有风吹草动，他们就会涂改、销毁或隐匿会计资料。由于这类书证能全面反映犯罪事实，并且书证具有客观性强，不易发生变化的特点，因此，它是认定贪污事实的最有效的证据之一，因此对它应全力收集。收集的方法为：立案后通过讯问被告人及关联人，判断书证可能存在的处所或方向；迅速通知有业务的单位和个人，控制有关书面材料；约请财经管理人员进行复制、取样本拍照，予以固定入卷；对于证明被告人主体身份的证据，由被告人所在单位提供。收集时，对重要的书证，应当用拍照、复制等方法及时提取和固定，并注明与案件的关系，尽量提取原始书证包括被告人经管的账册、发货票、票据、存根、单据、凭证等，此外，还应调查被告人工作期间与之有经济往来关系的单位和个人手中的各种书面材料等。

2. 询问证人，收集证人证言。询问证人应围绕着犯罪嫌疑人的业务活动和经济收支情况进行。重点询问下列几方面的人：案件的控告、举报人；与犯罪嫌疑人有业务往来的人；犯罪嫌疑人的领导、同事及其他知情人；犯罪嫌疑人的家属亲友；财务人员、主管人员、经手人员。询问的内容主要包括：证人与犯罪嫌疑人的关系，与指控犯罪相关的经济往来；犯罪嫌疑人犯罪过程中履行职务和利用职务便利的情况；公款、公物的所有权；公款被贪污的时间、地点、数量、公物的数量、特征；公款、公物支出的手段、名义；单位对被贪污公款的财务计账、平账情况；犯罪嫌疑人对贪污行为的隐瞒、欺骗情况；发现犯罪的经过，抓获犯罪嫌疑人的经过等。

3. 讯问犯罪嫌疑人。在犯罪主体方面，讯问犯罪嫌疑人是否具有国家工作人员身份，包括工作单位、单位性质、部门职务、职权、级别及获得上述职务、职权的时间。在犯罪主观方面，讯问犯罪嫌疑人的犯罪动机、目的、犯意产生的原因、过程。如是共同犯罪，还应讯问犯罪预谋过程。在犯罪客观方面，应讯问实施贪污的时间、地点、次数、参与人、经手人；贪污公款的数额，多次贪污的，要讯问每次贪污的数额；贪污公款的来源；贪污公款的手段；贪污公款的形式，是现金、支票，有价证券还是实物，是人民币还是外币；贪污公款的去向、用途；起获赃款的情况、地点、数量；贪污公款归还的情况，是主动归还还是被迫上缴，是全部归还还是部分归还，归还的是原物还是折抵的人民币。针对犯罪嫌疑人供述经常发生变化的原因，可采取一定的措施予以固定，如让犯罪嫌疑人亲笔书写供述，或对整个讯问过程用录像的方法加以固定。

4. 搜查、扣押。在贪污案件立案或传讯犯罪嫌疑人时，必要时应同时对犯罪嫌疑人

---

〔1〕 参见苗生明、李继华：《指控贪污罪的最低证据标准》，载姜伟主编《刑事司法指南》2000年第2辑，法律出版社2000年版。

的住处、办公室、人身及其他可能隐藏赃款、赃物和其他证据的地方进行搜查。

5. 通过技术鉴定获取证据。包括文书鉴定和会计业务资料的鉴定。对于利用伪造、变造各种文书、单据从事贪污犯罪的，对其文书单据的书写格式、习惯、字迹、签名和图章、印文等进行科学技术鉴定。确定该文书、单据是否真实，是否经过涂改、伪装，从而为揭露、证实贪污犯罪提供证据。对案件中有关财务事实，应指定或委托专门人员进行司法会计鉴定，从中获取证据。[1]

在收集贪污案件证据时，要求：一是主体方面的证据，要求明确行为人具有调拨、支配、转移或以其他方式支配公共财物的主管职务便利，或具有监守、保管公共财物的管理职务便利或具有领取、支出公共财物等经手公共财物的权力和方便条件。二是客观方面的证据，要求应证明贪污的次数、每次贪污的时间、手段（是侵吞、窃取还是骗取，是私分、截留，是涂改账目、收入不入账还是使用虚假发票等），贪污的对象，具体公共财物的种类，贪污的目的、动机及赃款赃物的去向。三是主观方面的证据，在通过客观行为推导主观故意时除应证明其主观系明知并持希望追求态度外，还要证明是否有非法占为己有的目的并以此区别于挪用公款罪。四是客体的证据，应明确贪污数额不满 5000 元时，应注意取证证明是否具有贪污救灾、防汛、防疫、优抚、扶贫、移民、救济款物、赃款赃物、暂扣款物等情节。

七、受贿案件证据的收集方法

（一）受贿案件证据的特点[2]

受贿罪是指国家工作人员利用职务上的便利，索取他人财物或者非法收受他人财物而为他人谋利益的行为。受贿案件证据具有下列特点：（1）受贿案件证据多呈"一对一"的状况，能证明案件主要事实的直接证据较少，大部分为间接证据。贿赂案件一般在行受贿双方当事人行受贿意识统一的基础上进行，双方形成了一种互利关系，一旦事发，双方均可能受到法律追究。为逃避法律制裁，双方不留字迹、不打字据、不计账目，或者交接物品时规避第三人，采取"一对一"的方式。由于"一对一"的情况，没有中间人或第三者的介入，使得受贿案件往往不留痕迹，具有较强的隐蔽性，很难从外围突破。（2）在受贿案件中，除少数索贿犯罪外，行受贿双方都是既得利益者，共同的利益促使他们结成同盟，订立"君子协议"，一旦案发任何一方都不会轻易供出对方，给取证带来困难。此外，行受贿双方行为时往往以奖金、劳务费、酬劳费、佣金等合法报酬名义进行或者以"借贷""赠与"等形式行贿赂之实，给行贿、受贿披上合法的外衣，从而掩人耳目，案发后又往往以借用、试用、代为保管等方法加以掩盖，从而使得这类案件具有较强的欺骗性，有时行贿人行贿后，并不急于让受贿人为其谋取利益，一旦案发，受贿人往往以"朋友间的礼尚往来"等种种借口辩解，给侦查人员取证增加难度。（3）就犯罪嫌疑人口供来说，受贿案件犯罪嫌疑人往往有反侦查的准备，一旦东窗

---

〔1〕 参见王传道：《刑事侦查学》，中国政法大学出版社 1998 年版，第 241 页。
〔2〕 参见林明辉：《贿赂罪案证据的收集与固定》，载《人民检察》1998 年第 5 期，第 24～25 页。

事发，受贿者往往抱着侥幸心理，诡辩和翻供情况经常发生或者供述反复不定。（4）对于证人证言，在侦查领导干部受贿犯罪中干扰多、阻力大，常有证人不敢如实作证的情况。特别是在侦查领导者台前幕后的夫妻共同犯罪中，其家属总是想方设法对抗侦查，取证非常困难。（5）受贿案件一般都有赃物、赃款可查。但由于犯罪分子收受贿赂后，大多将钱存入银行、证券或者其他投资，购买房屋、电器等高档耐用消费品等，受贿后，犯罪分子常把受贿来的现款往往与其合法收入混在一起，较难分清哪些是受贿来的赃款，哪些是合法收入，而赃物一般又表现为种类物，而非特定物，即使通过搜查等手段收集得到也很难区分是赃物。（6）受贿案件物证、书证少，言词证据地位突出，大多数账上不留痕迹，更没字据、指纹等可查，案件线索的来源、案件的调查突破、犯罪事实的确认，大多依靠言词证据。

（二）受贿案件证据的收集方法

1. 询问行贿人。主要问清：行贿人的自然情况，与受贿人的个人关系，工作业务关系；行贿的原因、目的；受贿嫌疑人凭什么职权、什么地位受贿；受贿行贿的商谈经过，是主动行贿还是对方索要；受贿人是如何利用职务便利为其谋取利益，是否为他人谋取了利益，谋取的什么利益，是正当利益还是非正当利益；行贿的次数、时间、地点、数额、在场的人物、接受财物的是受贿人本人亲自接受还是别人代为接受；贿赂的形式，是现金还是财物，是人民币、外币还是有价证券，金钱或有价证券的数额、面值、包装、物品名称、品牌、价值；行贿行为是否还有其他知情人，知情人的情况和知情的原因及经过等。

2. 从外围入手，调取情况证据。受贿嫌疑犯非法收受钱财后，就可能出现与自己正常收入不相符的表象。如收受的是钱款，那么就可以从银行的存款、家庭生活非正常开支等方面调查收集相关的证据。要查明受贿嫌疑人受贿前当时的经济状况，是否有来源不明的款物和收入，消费支出是否明显超出平常。

3. 收集再生证据。从案发后犯罪嫌疑人的行为表现中收集间接证据。行贿方、受贿方一旦发现自己的权钱交易被察觉或贿赂的同案嫌疑人落网，特别是通过各种途径探知对方已坦白供述，必然会生反常心理，采取各种掩盖事实真相的对策，进行频繁活动，如转移赃款、赃物、涂改、伪造和销毁能够证明贿赂犯罪的书证，频繁同行贿嫌疑人会面或用电话、书信同行贿嫌疑人联系，订立攻守同盟。

4. 讯问犯罪嫌疑人，要注意问清下列情况：一是犯罪主体，是否具有国家工作人员身份，具体的国家工作人员种类，要问到其工作单位、部门、职务、职权、级别及获得上述职务、行使职权的时间。二是主观方面，讯问犯罪嫌疑人关于利用职务之便的认识，关于为他人谋利益的认识，关于占有财物的认识，以及犯意产生的动机、目的、原因、过程等主观认识因素。三是客观方面，问清利用职务便利的详细经过；受贿行贿的商谈经过；接受财物的次数、时间、地点、在场的人物、是个人亲自接受还是别人代为接受，是事前接受还是事后接受；贿赂的形式，是现金还是财物；受贿的数额、面值、包装、物品名称、品牌、价值；收受财物存放形式、地点、去向和用途；是主动索要还是被动收受财物；受贿的名义是一般意义上的贿赂，还是以回扣、手续费为名义；行贿人的自然情况，与本人的个人关系，工作业务关系，是否为他人谋取利益，谋取的什么利益，是正当利益还是非正当利益，收受的财物是否上缴、退赔等。比如，犯罪嫌疑人梁某受贿案。该案中，梁某利用职务之便收受某摩托车厂负责人所送金项链，最初梁某矢口否认受贿事实，声称金项链是自己买的，发票已经遗失，是别人有意栽赃陷害。面对这一情况，侦查人员认真细致地讯问了犯罪嫌疑人。问："金项链是从什么地方买的？"答："在广州某某市场买的。"再问："这家商场的金器首饰柜台是在几楼？""这条项链有多重？""当时的金价一克是多少钱？"梁某没有考虑到侦查人员问得这么细，一时张口结舌，再也不敢胡乱编造，经过法律政策教育，梁某终于承认了收受金项链等财物犯罪事实。

5. 搜查获取物证和书证，如有关行贿、受贿的记录本、书信、收条、书信往来；现金、高档商品和有关的物品等。

6. 运用技术鉴定获取证据。对某些专门性的问题，可指定或聘请有关技术人员进行鉴定。常用的有文书鉴定、司法会计鉴定、声像资料鉴定、技术鉴定和产品质量鉴定等。

八、挪用公款案件证据的收集方法

（一）挪用公款案件证据的主要特点

挪用公款罪是指国家工作人员利用职务上的便利，挪用公款归个人使用，进行非法活动的，或者挪用公款数额较大，进行营利活动的，或者挪用公款数额较大，超过3个月不还的行为。挪用公款案件证据具有下列特点：（1）经常与贪污、受贿及其他类犯罪交织在一起，往往会涉及此罪与彼罪、一罪与数罪的区分，对案件性质的判断相当复杂。（2）有些案件因为没有相应的账目等书证资料，查证相对困难。（3）证据一般比较公开，易于收集。（4）证明挪用公款时间、挪用款项的性质、用途等证据比较重要，它直接关系到行为人的行为是构成一般的挪用行为还是构成挪用公款罪，即罪与非罪、此罪与彼罪的问题。（5）书证是主要的证据形式，一般都有会计资料可查。挪用公款的目的是为了非法使用后予以归还，因此犯罪嫌疑人一般不会销毁账目。会计账内的公款被挪用，通过查账即可发现，会计账外的公款被挪用，虽然在会计账内无直接反映，但被各种相关的财务关系或财务资料所控制，通过有关方面对账，也能发现公款被挪用的事实。

（二）挪用公款案件证据的收集方法[1]

1. 当贪污的既遂、未遂与挪用公款交织在一起时，要收集证据来区分贪污罪与挪用公款罪，从司法实践的经验看，一般来说可以从两个方面区分：一是调取证据查明有关账目是否已经做平，一般做平的是贪污，延账或无账多为挪用；二是调取有关证据查明

〔1〕 参见侯亚辉：《挪用公款罪的证明方法》，载姜伟主编：《刑事司法指南》2002年第3辑，法律出版社2002年版。

是公款的所有权被侵犯，还是使用权被侵犯，前者多为贪污，后者多为挪用公款。

2. 应调取充公的证据证明公款的使用情况：如果是将公款用于盈利活动的，要证明挪用公款数额较大；如果是将公款用于非法活动的，应具体查明是用于何种非法活动，挪用的数额及使用人不影响本罪的成立，但当公款是交由他人用于非法活动时，应调取证明挪用人主观明知的证据材料，当挪用公款用于一般使用时，应调取证明挪用数额较大及挪用时间超过 3 个月未归还的证据材料。

3. 在挪用对象为公物时，应注意查明挪用的是特定物还是一般物，挪用一般物的不构成本罪，挪用后予以变卖的，可能会涉及贪污等其他罪名。

4. 应调取证据证明被挪用款物的归还、追缴情况，在公款没有归还的情况下，应查明是由于客观原因无法归还，还是基于主观原因的不归还。

5. 询问证人：挪用公款案件的证人主要有控告人、举报人、犯罪嫌疑人所在单位的主管领导、同事、同犯罪嫌疑人有业务往来的人、犯罪嫌疑人的家属、亲友、被挪用公款的使用人及其亲属等。办理挪用公款案件询问证人的方法与办理贪污案件基本相同，在挪用公款案件中询问证人所不同的是还应重点询问证人下列事项：一是挪用人与使用人对挪用一事有无通谋，若有通谋，双方是怎样通谋；二是挪用人对所挪公款用途的知道程度；三是使用人与挪用人是否存在不正常的经济关系，挪用人有无向使用人提出什么个人要求，使用人有无给挪用人什么经济利益，所给经济种类及具体经过。

6. 讯问犯罪嫌疑人，具体与讯问贪污案件犯罪嫌疑人基本相同，所不同的是还应重点讯问清：对挪用公款给他人使用的，要注意查明挪用人对所挪用公款用途的知道程度，有无与使用人通谋，有无从挪用人处得到什么经济利益等。

九、渎职案件证据的收集方法

（一）渎职案件证据的主要特点

渎职罪是指国家机关工作人员在履行职责或者行使职权的过程中，滥用职权、玩忽职守或者徇私舞弊，危害国家机关的正常活动，致使公私财产或者国家和人民利益遭受重大损失的行为。渎职案件证据主要有下列特点：（1）从证据种类上，证人证言、犯罪嫌疑人、被告人供述和辩解、鉴定结论、书证较多。视听资料、勘查检验笔录、被害人陈述、物证较少。"渎职案件一般没有直接的被害人，也多没有犯罪现场，取证的重点应放在书证和犯罪嫌疑人、被告人供述和辩解上"[1] 勘查检验笔录一般在有犯罪现场和被害人的渎职案件中较多使用。（2）从犯罪嫌疑人、被告人口供看，实践中"一对一"的情况较少（少数出现在徇私舞弊类渎职罪）。这有别于受贿罪的证据。因而在渎职罪中，对犯罪嫌疑人、被告人供述和辩解不如受贿罪那么强调，对旁证要求反而较高。但是犯罪嫌疑人、被告人供述和辩解在每个案件中都是基本证据，对每个渎职案件的认定都起着重要的证明作用。犯罪嫌疑人、被告人身为国家机关工作人员，一般具有

---

〔1〕 参见周琼华：《"侵权"犯罪与渎职犯罪的区别及对侦查的影响》，载《人民检察》2000 年第 12 期，第 30 页。

较高的文化知识和专业技能，知法懂法，有的还拥有某种职权，具有反侦查的条件和能力，加之犯罪嫌疑人、被告人在工作和生活中形成了一种比较有影响力和渗透力的关系网。[1] 上述种种因素使得渎职案件的犯罪嫌疑人、被告人的口供常常出现避重就轻或经常翻供的现象，这是审查渎职罪证据应当注意的。（3）从证人作证看，证人与犯罪嫌疑人关系比较密切，大多数是犯罪嫌疑人的同事、下级、师生、战友、亲戚、朋友等，有的还可能与案件有某种牵连，对犯罪结果的发生有的证人还负有一定的责任，只是不构成刑事责任，而有的证人处于被害人一方，只是不具有实质的被害结果，证人的基本情况可能影响着证言的真实可靠性。(4) 从证据的范围看，较为广泛，且许多涉及各方面的专业知识如可能涉及到财政、税务、海关、建筑、工商、金融等方面的专业知识，因此比较强调鉴定结论。(5) 从证明对象看，许多渎职案件存在原案问题，尤其是一些徇私舞弊类渎职案，查处原案是办理本案的关键，原案的证据是本案的证据。(6) 从证明内容看，要求证据证明的环节多，既要证明行为的职责所在，又要证明行为人有无渎职行为和如何渎职，渎职的具体情节；要求证据之间的相互印证性强，既要有充分的证据证明各个事实环节，还要求有充分的证据证明各个环节之间的必然联系性。(7) 从证明方法看，侦破渎职案件，是由人到事，先确定犯罪嫌疑人，然后查明其行为是否构成犯罪，这与故意杀人致死等案件由事到人的特点不同。"渎职案件侦查活动是一个由人到事的过程，而公安机关侦查的一般刑事案件如杀人、抢劫案等是一个由事到人的过程。"因而，渎职案件中一般既有间接证据，又有直接证据，纯粹以间接证据定案的极少。

（二）渎职案件证据的收集方法[2]

1. 主体证据的收集方法。第一，证明主体身份的书证最好能得到证人证言和犯罪嫌疑人、被告人供述的印证。书证、证人证言、犯罪嫌疑人、被告人供述三种证据相印证，即比较确信地证明犯罪嫌疑人、被告人的主体身份。第二，在审查主体身份时，要特别注意犯罪嫌疑人、被告人对自己为非国家机关工作人员的辩解。实践证明，在许多情况下这直接影响着案件指控成功的关键。审查时，要特别注意犯罪嫌疑人、被告人供述和辩解是否有理，一般常见的是犯罪嫌疑人、被告人辩称其所在单位不是国家机关，或其所从事的工作为非公务性质。第三，渎职罪的主体虽都为国家机关工作人员，都有其相应的职责，但不同的工作岗位和担任的不同职务，决定其职责不同。为证明其职责所在，在证明主体身份时，除了应证明行为人是国家机关工作人员外，还应证明其具体所在的岗位、担任的具体职务、分管的工作、任职时间等。第四，对于主体的刑事责任能力，一般在行为主体达到了刑事责任年龄时即推定其具有刑事责任能力，如有相反证明除外，无须特别地单独证明。

2. 职责证据的收集方法。第一，对于职责的证明越具体越有说服力。一般而言，越是细小的内部的规定，对行为人的职责范围、行使职责正当程序、方式、方法等的规定越详细越具体。因而证据的证明力越强，因此收集证据时应尽可能收集较为具体的证

---

〔1〕 参见李文生主编：《侵权渎职犯罪侦查实务》，中国民主法制出版社 1999 年版，第 194 页。

〔2〕 参见张智辉、谢鹏程主编：《中国检察》，中国检察出版社 2003 年版，第 136 页。

据。如监管民警因打牌致监狱犯人打架致死的玩忽职守案。证明监管民警的职责有《看守所条例》、《公安机关看守所安全大检查与值班巡视暂行规定》等，前者第16条规定"看守所实行24小时值班制度，值班人员应坚守岗位，随时巡视监房"。后者第8条规定："巡视间隔时间不得超过20分钟。深夜和上下班时，更应加强巡视。"这样，同样是证明同一案件行为人职责的书证，后者对行为人巡视职责（时间）规定得更为详细具体，更具有证明力。该案中，监管民警打牌，两个多小时未进行巡视，致监狱犯人互殴致死，是严重不负责，属严重失职。第二，职责证明时，应查清行为人的职责是临时赋予的，还是某个时期上级机关布置的某项任务，或者是某次会议上决定某项工作由其负责。第三，对于职责的范围，有书面明确规定的，依规定，没有明确规定的，有习惯的，依照过去习惯。第四，记载职责的书面证据，其证明力比言词证据强。言词证据由于陈述主体记忆力等因素的影响，可能失真。言词证据最好得到书面证据的印证。第五，至于由多人负责的某事项，要查清行为人职责的大小是负全责，还是主要责任，还是次要责任，还是不应负责。

3. 渎职行为证据的收集方法。第一，在渎职案中，渎职行为的证明是全案证明的重点，渎职行为包括作为和不作为，渎职作为，行为人不可避免地会留下蛛丝马迹，因此，证明渎职作为的证据较多，尤其是书证。而证明渎职不作为的证据较少，证明的方法是进行分析推理，即若行为人履行了职责应具备哪些材料，而行为人渎职不作为往往不具备这些材料。第二，对于渎职作为留下的材料，要认真审查。行为人为掩盖其犯罪事实，往往以合法的外衣来掩盖其材料的违法性。其渎职作为留下的材料，有的是无中生有伪造的，有的是形式合法，但内容违法。辨别这些材料的真实性，往往要联系其他证据，看它们相互间是否存在矛盾，能否相互印证。

4. 危害结果证据的收集方法。第一，造成危害结果的证明，除了证明造成法定的结果外，还应证明造成危害结果的大小，数额的多少。第二，注意渎职行为造成危害结果，是指渎职行为造成的直接损失，一般不包括间接损失。直接经济损失是定案的依据，间接经济损失是定罪量刑考虑的情节。第三，要特别注意无形的危害结果，如损害国家声誉、造成恶劣社会影响。无形结果不易精确估计，主要靠书证及其他相关证据来判断，较难证明。

5. 因果关系证据的收集方法。犯罪嫌疑人、被告人的行为与结果之间的因果关系，是犯罪嫌疑人、被告人承担刑事责任的基础。犯罪嫌疑人、被告人只承担自己因不履行或不正确履行工作职责而造成重大损失的责任。具体来说，对造成损失的直接责任人员追究刑事责任，而对其行为只是结果发生的一个条件的犯罪嫌疑人、被告人来说，则不承担刑事责任。要注意的是：首先要划分直接责任人和间接责任人的责任。其次，要划分主要责任和次要责任的界限。再次，要划清直接责任人员与领导的责任。实践中，如果具体实施行为人按领导的意图行事，在执行过程中发现问题，并提出了纠正意见和建议，但领导不予采纳，从而产生严重后果，这时就应由领导负直接责任。若具体实施人不按规章办事，领导却视而不见，听而不闻，以致造成重大损失的，则要由具体实施人和领导共同承担刑事责任。

6. 犯罪对象证据的收集方法。第一，在证明对象上犯罪嫌疑人、被告人往往存在不明知犯罪对象的辩解，如不明知案件是应当移送的刑事案件，不明知某事项是国家秘密，不明知某人是企图超越国（边）境的人员等。犯罪嫌疑人、被告人对犯罪对象是否明知，是否应当知道，可以以下方法来证明或推知：一是从犯罪嫌疑人、被告人历年的工作经验、过去是否办过同类事项，来推知行为人应当知道犯罪对象。二是行为人有时会将自己的心理活动告诉他人，表现到外部，或者犯罪对象直接向行为人表明过身份。三是以书证、物证间接推知。一般而言，如果行为人不明知犯罪对象，则不存在涂改、伪造材料的情况。

7. 主观方面证据的收集方法。第一，行为人主观上的故意或过失是行为人对渎职行为所造成结果的主观态度，是存在行为人内心的思想意识，而行为人的思想意识往往通过一定的行为表现在外部，因此行为人的主观过错是通过外部证据来证明的。第二，渎职罪在主观方面表现比较复杂，既包括行为人对渎职行为本身的态度，也包括行为人对渎职行为造成的危害结果的心理，但确定行为人主观罪过形式是故意还是过失，主要取决于行为人对待渎职行为所造成危害结果的心理态度。[1]

十、电子数据的收集方法

电子数据是一种新的证据形式。以电子形式存在的、能够证明案件真实情况的、具有证据价值的一切材料及其派生物，均为电子数据。所谓电子形式是指由磁性物、光学设备、计算机内存或类似设备生成、发送、接收、存储的任一信息的存在形式。从上述定义来看，首先，电子数据的产生、存储和运输离不开计算机技术、存储技术、网络技术的支持；其次，经过现代化的计算工具和信息处理设备的加工，信息经历了数字化的过程，转换为二进制的机器语言，实现了证据电子化；再次，电子数据是能够证明一定案件事实的证据，这是其作为诉讼证据的必要条件，因此，不能把保存在计算机及其外围设备中的数据都看成是电子数据。电子数据容易被伪造、篡改，而且被伪造、篡改后不留痕迹，再加上电子数据由于人为的原因或环境和技术条件的影响容易出错，常常需要经过专业检验鉴定方能证明其真实性。电子数据的收集是否严密、合法直接影响其证明效力，在实践中，收集电子数据时应注意以下几点：[2]

1. 严格依法进行各种电子数据的提取收集。为了保证将储存在电子介质内的电、磁、光记录物转换成能够让人们识别的文字、数字、符号、图形等方式来反映案件的事实，除按照刑事诉讼法所规定的收集证据的方法和程序外，同时应注意以下几点：必须由两人以上进行提取操作，并在提取电子数据进行文书化后的证据材料上签名，如有证人或犯罪嫌疑人在场的也应签名；必须提交关于提取电子数据过程的文字说明材料，并注意提取证据涉及到的硬盘等存贮介质上文件的存贮位置、文件名、文件后缀等细节；

〔1〕 参见张穹主编：《贪污贿赂"侵权"犯罪案件立案标准》，中国检察出版社 2001 年版，第 121 页。
〔2〕 参见孙建国：《如何搜集与审查判断电子证据》，载《人民检察》2006 年第 6 期，第 60 页。

提取的电子数据内容来源必须与原始计算机和备份硬盘、软盘的编号一致。

2. 深入细致地查找线索，全面客观调查取证。由于电子数据自身易篡改、伪造的特点，容易导致制造假象、隐匿或销毁罪证，从而使案件更加错综复杂。可以通过磁盘存储空闲空间的数据分析技术进行数据恢复，获得文件被增、删、改、复制前的状态，也可通过将收集的程序、数据和备份与当前运行的程序数据进行对比，从中发现篡改的痕迹。

3. 积极利用证人、犯罪嫌疑人配合协作取证。随着计算机技术的发展，操作系统的更新换代日益频繁，应用系统也因开发工具、开发人员的不同而存在差异。因此在加强计算机知识和技能培训外，还必须积极利用证人、专业人员等的配合协作，从他们那里初步了解操作系统、储存数据的硬盘位置、文件目录，等等，然后开展取证工作。

4. 利用科学方法，做好证据固定保全。电子数据的固定和保全，为有利于诉讼，除落实专人保管外，必须考虑电子证据的备份和电子数据的知识产权问题。原则上不应将证据存放在硬盘并和原操作系统相分离。同时应进行证据多备份，首先是将证据拷贝到软盘中，再进行外接硬盘的拷贝，形成双备份。此外，对涉及知识产权问题的证据要依法保全和固定，防止引起知识产权的诉讼。

5. 积极开展电子数据检验鉴定。电子数据一般需要通过鉴定才能成为诉讼的直接证据，司法机关在办理涉及到电子数据的案件时，需要对提取的电子数据进行检验分析，找出电子数据与案件事实的客观联系，从而确定电子数据的真实性和可信性。电子数据的检验鉴定是使电子数据成为直接证据的关键，开展电子数据检验工作能够提高犯罪侦查效率和能力。

十一、虚假短信诈骗案件的收集方法

（一）虚假短信诈骗案件证据的特点

利用手机短信进行诈骗是目前犯罪案件中出现的一种作案类型，虚假短信诈骗犯罪近年来在全国各地频繁发生，呈蔓延之势，严重地威胁着社会安定，因而也越来越成为刑事侦查部门关注的焦点。必须根据其特点采取相应措施和方法收集和运用这类证据，才能够有力地打击这种新型的诈骗犯罪。虚假短信诈骗是指以虚构的根本不存在的事情，比如：虚构"婚姻介绍"、"办理证件"、"海关处理罚没商品"、"中奖"、"返还车税"、"亲友出车祸"、"子女被绑架"、"官员受贿"等信息，利用手机短信、电子邮件、网络等实施诈骗的犯罪行为。虚假短信诈骗作为一种新型诈骗犯罪，除了具备普通诈骗犯罪的一般特征外，还具有以下明显的特点：（1）作案手段具有隐蔽性。利用虚假短信实施诈骗的作案人一般都是通过固定电话、手机、电脑和短信群发器等工具来发送短信作案，在选择通讯工具时大多会隐蔽自己的真实身份。如其所使用的固定电话一般是利用假的身份证明进行登记，一旦诈骗得手马上转移住址。因此，按照固定电话登记表上的姓名是很难找到作案人的。还有就是利用假的身份证明对移动电话进行登记或者使用移动通讯公司发行的不用登记身份证的"神州行"等充值卡同样能隐瞒真实身份。

（2）非接触性。与传统面对面接触的诈骗方式不同，虚假信息诈骗一个重要特征是非接触性，作案人根本不与受害人发生直接接触，而是充分利用网络、通信等高科技手段实现"隐身"，以电子邮件、广告、短信息、电话等方式散发虚假信息，一旦受害人上当，则利用银行 ATM 机从网上银行账户获取赃款。因其避免与受害人直接接触，所以受害人无法提供作案人的体貌特征，给案件的侦破带来一定的难度。（3）具有智能性和反侦查能力。作案手法跟进科技发展，不断更新换代，特别是近年来，作案人选用跨省手机卡异地漫游接打电话、群发短信，采取手机、小灵通多重转接方式，使用"任意显号"软件任意设置虚拟号、设置虚假电脑模拟语音提示等，其智能化程度越来越高。作案人往往采取使用假身份证件登记银行账号、作案手机与生活手机不互用、团伙分工明确等伎俩，规避刑侦部门目前使用的多种侦查手段，以逃避公安机关的侦查打击。（4）作案成本低。虚假信息诈骗犯罪成本低，购齐一套电脑、手机、短信群发器等作案工具只需万元左右，而一旦诈骗成功，获利往往数十倍，甚至数百倍于成本。受经济利益的驱使，此类犯罪规模不断扩大，犯罪区域迅速蔓延，危害程度不断升级。在全部案件中所占的比重越来越大，如不严厉打击惩治，发案势头将迅速上升。（5）案件证据获取比较困难。一般讲，此类案件的证据主要是作案工具（如手机、电话、电脑或短信群发器等）、受骗人的汇款单、提供给受骗人的银行账号中的存款或者作案人收款后的存款等。由于短信作为一种电磁信息难以固定，作案人不与受骗人直接见面，受骗人汇给作案人的款项，作案人可以通过异地取款的方式获取，通过银行账号、手机、电话、汇款地址、姓名很难确定作案人的真实身份，而且作案人经常在诈骗得手后变换住址，使得案件证据的获取比较困难。由此可见，虚假信息诈骗案件在侦查及调查取证方面存在一定难度，作案人被抓获归案后，往往因证据不足而不能从严处罚，从而影响了打击力度。因此，收集运用电子证据信息不仅能在案件的诉讼中，用以证实犯罪，而且能够震慑虚假信息犯罪，维护社会治安稳定。

（二）虚假短信诈骗案件证据的收集方法[1]

由于虚假短信诈骗案件证据存在的上述特点，在收集过程中既要坚持和遵循传统的工作方法，也要根据实际情况采取一些特别的措施，要坚持在对原有物证不进行任何改动或损害的前提下获取电子证据。具体来说，可以采用以下方法：

1. 做好犯罪现场保护工作。对涉及虚假短信诈骗犯罪的电子证据现场，在专业收集人员到达之前，任何人不得触及现场的作案用手机、短信群发器、播放器、计算机等物。如若发现手机、播放器、计算机等设备正在删除文件、上传文件、系统自毁或进行其他的危险活动，应立即切断电源线，以防止证据遭到进一步的破坏。

2. 尽早收集虚假短信诈骗犯罪电子证据。利用手机短信形式实施虚假信息实施诈骗犯罪，犯罪嫌疑人是用手机向受害人手机发送短信，由于这类信息容易被删除灭失，所以要尽早收集。（1）受理案件后对涉案短信收信人制作询问笔录，反映涉案短信的整个

---

[1] 参见翟鲁平：《短信诈骗案件电子证据的收集和运用》，载《贵州警官职业学院学报》2010 年第 5 期，第 35～37 页。

接收过程，以及短信证据所显示的具体内容。要尽快对储存有涉案短信的收信手机进行拍照，用相机来形象地固定手机显示屏上展现的收信手机收件箱中的涉案短信内容，用以固定手机显示屏上显示的拨打受害人手机的号码或发送的虚假诈骗信息的内容及发短信的日期和时间。(2) 对涉案短信所显示的发信手机号码，通过相应的运营服务商调取其登记的用户资料，同时拉出涉案短信对应的发信详单，用发信的"时间、对方号码、信息长度"等信息来进一步印证该发信事实。必要时在可能的情况下，通过相应运营服务商，在相关设备中拷贝出涉案短信的原始数据，刻录成光盘固定保全，以备再现和分析。(3) 如若与案件有关的手机短信被删除灭失，可以通过手机运营商来调取相关内容，将对应的手机及短信的发送时间、双方手机号及内容打印出来，并由在场的工作人员签字盖章证实出处，以供侦查和审判中使用。

3. 对犯罪嫌疑人通话记录进行取证。虚假信息诈骗犯罪，无论是短信诈骗、网络诈骗还是虚假广告诈骗，大多数犯罪嫌疑人与受害人都有通话记录，所以向手机通信运营服务商调取犯罪嫌疑人登记的客户资料和涉案的通话记录，这些信息在案件诉讼中证实犯罪事实非常关键。对这些通话记录可以打印出来，也可以文档形式保存。在收集该类证据时，注意手续要完备，程序要合法。

4. 运用手机信息痕迹进行查询。在实际侦查工作中要根据具体的案情需要，设计模糊查询手机信息痕迹的方案，通过调取《移动通信信息数据库》中手机卡名登记信息、手机登录基站信息、手机通话信息、手机串码信息等，利用手机信息模糊查询软件，查询未知的犯罪嫌疑人使用的手机信息痕迹，分析其通话情况、移动轨迹及停留位置等线索，获取证据，锁定犯罪嫌疑人，达到破案的目的。侦查实践中，手机信息痕迹的查询方式主要有：通讯话单查询、串码追踪查询、信号重复查询、信号伴随查询、信号时空查询等。(1) 通讯话单查询：这是最常用的一种查询方法，即调取已知涉案手机号码近期的通话话单，分析未知新手机号码，或已知一个涉案手机号码，查询其他未知一机多卡手机号码。如果犯罪嫌疑人为了隐藏手机通讯信息，停止使用原手机卡，而换用了新的未知手机卡，可首先调取该手机原号码最后一段时间的通话记录，以此查询出与其通话频率较高的关系人，然后再分别调取上述多名关系人最新一段时间内的话单，查询在多人话单共同出现的一组或多组手机号码，通过分析找出其规律特点而锁定其新换手机号码。(2) 串码追踪查询：手机用户每次按发射键后，手机射频系统就会向小区基站发射一组数据：被叫方电话号码、主叫方号码、移动设备识别码（串码）和用户识别码等。这些数据都存储在《移动通信信息数据库》中，为侦查部门串码追踪查询提供了数据基础。手机串码是用电子数据方式在生产制造中储入手机模块中的，具有单一性，是手机的个体识别码。通过串码追踪查询，可以确定老手机新卡号，以及老卡号的新手机串码，为侦查机关提供犯罪嫌疑人换卡或换机后的电子证据。(3) 信号重复查询：在侦查系列案件中，根据案发时间、地点，调取案发地涉案基站发案时间段内的手机登录信息，分析整理出各涉案基站内重复出现的手机号码，查询出一个或多个可疑的手机号码，以发现和寻找持机的犯罪嫌疑人。(4) 信号伴随查询：利用已知其他手机号码（如司机、人质等），调取该号码最新登录的基站数据，发现提取已切换登录多个基站的情况下，始终与涉案手机号码在同一基站同时出现的可疑手机号码，经过分析和筛选确定犯罪嫌疑人的手机号码。(5) 信号时空查询：案件发生后，经过现场勘查和访问，确定作案时间段。在《移动通信信息数据库》中调取案发现场基站手机信息数据，结合案情进行综合分析研究。手机是目前人们普遍使用的一种通讯工具，犯罪嫌疑人在作案过程中携带或使用手机的可能性很大，而手机本身也是犯罪嫌疑人盗抢的目标，因此，涉及手机的各类案件比例很高。开机状态下的手机是一部无线收发装置，基站就像一个忠诚的哨兵，时刻记录着进入或离开"辖区"的手机登陆信息，能准确无误地将手机信息痕迹传输至《移动通信信息数据库》中，因此，利用手机信息痕迹破案的前景非常广泛。

【典型案例分析】

1. 在刑事诉讼中，对贩毒案件的证据应当如何收集？

【基本案情】

某市公安机关接到举报，有人将走私大量毒品入境。2004 年 7 月某日清晨，某市公安局缉毒大队的侦查人员发现一辆运载木材的大货车，遂对其进行检查。在检查过程中，侦查人员在对一根楠木进行敲打时，发觉声音有异样。经观察发现，这根楠木有树皮，而其他楠木都没有树皮，而且树皮很不完整，再仔细查看，树皮上竟然有生锈的铁钉。侦查人员将树皮撬开后，发现树皮下有一些白色的东西；又继续撬，很快发现了一条约两厘米宽的缝隙。往缝隙里一看，看见了一些黄色的块状物，一闻，有一股强烈的酸味。接着，侦查人员用刀子沿缝隙刺进去，将刀子拔出后，发现刀尖上带有白色粉末，用舌头舔了舔，认定很可能是海洛因。当即叫来技术人员进行鉴定，确认是一种纯度很高的海洛因。经查验，发现楠木内共藏有海洛因 350 块，总重 410 千克。此时，这批货物的老板向某还不可能知道自己的毒品已被公安机关查获，于是侦查人员决定跟踪深入，将毒贩一网打尽。侦查人员兵分三路：一路将运输毒品的车辆和驾驶员一同押往目的地；一路赶赴毒品来源地进行调查；一路对留置的同车人员进行审讯。在路上，侦查人员指挥运送毒品的驾驶员与等待接货的向某进行联系，让向某没有产生怀疑，大货车正常开往目的地。当载有毒品的大货车来到木材交货地点：一个露天的货场时，向某没有露面。事后，向某交代，因为他当时看到许多的陌生人进出货场，东张西望，怀疑情况不对。向某当即打电话给境外的贩毒分子，称"火太大，饭可能烧糊了，我检查一下哪里漏气"。监听到向某打出的这个电话之后，侦查人员觉得事不宜迟，必须马上抓捕向某，封锁消息。经过紧张的排查，侦查人员在向某化名登记的某酒店的房间里将其抓获。经审讯，向某交代了自己运输和贩卖海洛因的事实。在抓获向某后，由于保密工作做得比较成功，几乎没有人知道向某已经被捕，许多毒贩仍然与向某联系要求购买毒品。在短短的几天里，公安机关就抓获了多名贩毒分子。检察机关以运输和贩卖毒品罪对向某提起公诉，并提交了公安机关的抓获经过、毒品照片、样品、鉴定结论、犯罪嫌疑人供述等大量充分、有力的证据。

【法理分析】

我国《刑法》第347条规定："走私、贩卖、运输、制造毒品，无论数量多少，都应当追究刑事责任，予以刑事处罚。走私、贩卖、运输、制造毒品，有下列情形之一的，处十五年有期徒刑、无期徒刑或者死刑，并处没收财产：（一）走私、贩卖、运输、制造鸦片一千克以上、海洛因或者甲基苯丙胺五十克以上或者其他毒品数量大的；（二）走私、贩卖、运输、制造毒品集团的首要分子；（三）武装掩护走私、贩卖、运输、制造毒品的；（四）以暴力抗拒检查、拘留、逮捕，情节严重的；（五）参与有组织的国际贩毒活动的。走私、贩卖、运输、制造鸦片二百克以上不满一千克、海洛因或者甲基苯丙胺十克以上不满五十克或者其他毒品数量较大的，处七年以上有期徒刑，并处罚金。走私、贩卖、运输、制造鸦片不满二百克、海洛因或者甲基苯丙胺不满十克或者其他少量毒品的，处三年以下有期徒刑、拘役或者管制，并处罚金；情节严重的，处三年以上七年以下有期徒刑，并处罚金。单位犯第二款、第三款、第四款罪的，对单位判处罚金，并对其直接负责的主管人员和其他直接责任人员，依照各该款的规定处罚。利用、教唆未成年人走私、贩卖、运输、制造毒品，或者向未成年人出售毒品的，从重处罚。对多次走私、贩卖、运输、制造毒品，未经处理的，毒品数量累计计算。"根据上述法律规定，所谓贩卖毒品罪，是指非法倒卖毒品或自制自销毒品的行为，亦指非法售卖毒品或以营利为目的，非法收买毒品的行为，是毒品犯罪中最普遍，最基本的形式。掌握此类案件在取证上的特点和规律，科学地审查判断证据，对有力地打击毒品犯罪，维护法律秩序和社会利益，具有十分重要的意义。

此类案件证据在收集上具有以下特点：

（一）从案件的来源上看，这类案件的发现一般有以下几种途径：知情人的控告和检举，如在本案中，公安机关就是从知情人的举报中获取的破案线索；秘密缉毒人员的信息和情报。禁毒情报是侦破此类案件的最初的证据，也是这类案件成功破获的前提条件。因此，在长期的禁毒实践中，公安机关的禁毒机构是否重视禁毒情报的收集，以为进一步的侦查工作做好充分的准备。

（二）这类案件多为境内外的贩毒分子相互勾结、组织严密的集团作案。由于毒品产地与我国边境相邻，使得境内外的犯罪分子能够相互勾结起来，从事毒品犯罪活动。在本案中，向某就是与境外的贩毒分子勾结，从事毒品运输和贩卖犯罪活动的。这种内外勾结、组织严密的集团犯罪一般都涉及较多的国家和地区，具有人员复杂、组织严密、分工细致等特点，因而给侦查取证工作带来很多的困难。

（三）藏运毒方式变化难测，手段趋向现代化。犯罪分子除采用传统的利用运毒载体藏毒外，还采用了更隐蔽的藏毒、运毒手段。在本案中，毒品就是隐藏在楠木中运输的。随着科学技术的发展，犯罪分子还采用了现代化的藏毒、运毒方式，如将毒品溶解在日常用品当中（如饮料、食品、衣物），再用科技手段进行还原。种种手段翻新的藏毒、运毒方法对传统的取证方法提出了挑战，给侦查工作增加了难度。

（四）因为涉毒人员狡猾、隐蔽的特性，使得这类案件在获取一定的证据之后，要想最终定案、形成证据锁链比较困难。走私、运输、贩卖毒品案件通常是在极其隐蔽的状态下进行的，犯罪活动实施后，即使执法部门获得一定的证据，证据之间也难以相互印证。

在侦破此类案件的过程中，为了获取有力证据，侦查人员通常要采取下述证据收集方法：

（一）讯问犯罪嫌疑人。确定犯罪嫌疑人后，应当及时采取强制措施将其抓捕归案，并立即进行讯问，通过讯问可以获得以下几方面的证据：一是犯罪嫌疑人的基本情况，如姓名、出生年月日、住址、籍贯等；二是犯罪嫌疑人的有罪供述和无罪辩解。有罪供述，如走私、运输毒品犯罪案件，侦查人员应当讯问走私、运输的毒品来源何处，幕后的指挥者的具体情况，毒品数量和价格，毒品运输的方式和路线，接头的地点和联络方式，共同实施犯罪的嫌疑人的情况，以及犯罪动机和目的等。在本案中，侦查人员就是通过对运输毒品人员的讯问而获得了进一步破案的有力线索，抓获了前来接货的幕后老板向某，并通过对向某的审讯，又抓获了大量贩毒分子；三是讯问犯罪嫌疑人可以获得其他的线索和证据。在本案中，抓到犯罪嫌疑人后，通过突破其口供，得到了更多的线索为下一步扩大战果奠定了基础。

（二）调查询问取得旁证。在走私、贩卖、运输、制造毒品的案件中，通过调查询问取得的旁证是获取线索、核实口供的重要手段。调查的对象可以是不明真相而参与了某一犯罪环节的人，也可以是知晓和目睹他人走私、贩卖、运输、制造毒品的人。

（三）查缉毒品，获取赃物证据。在走私、贩卖、运输、制造毒品的案件中，人赃俱获是查缉此类案件的重要原则，同时也瓦解犯罪嫌疑人的侥幸心理，让其供认犯罪情节的关键，因而，侦查人员在获得可靠的线索后，应当时刻把握毒品的去向。对查获的毒品应当及时在扣押清单上注明查获地点、时间、种类、颜色、形状、重量，并贴上标签。另外，还应当注明是在何人、何物中发现的。

（四）勘察现场，提取相关证据。毒品的走私、运输、贩卖案件中，物证除了毒品外，还有藏匿毒品的物品、运输工具及毒资、毒品收益、房产等。本案中就包括了上述证据。侦查人员在查获这些证据后，应当按照要求制作现场勘验笔录、现场图，并拍摄现场照片或录像。对现场提取的物品和痕迹，应当妥善保管。

（五）鉴定。在查获这些毒品犯罪案件后，需要对毒品进行鉴定，通过鉴定查明真伪，查明毒品来源、种类。鉴定结论不仅是诉讼的证据，也是量刑的证据，在毒品案件中所起的作用是无法替代的。

对贩毒案件证据的审查应当从以下几个方面来进行：

（一）对毒品的审查。在贩毒案中，最重要的证据就是毒品。毒品是指鸦片、海洛因、吗啡、大麻、可卡因、甲基苯丙胺以及国务院规定管制的其他能够使人形成瘾癖的麻醉药品和精神药品。对毒品的审查一般来说有以下几方面：（1）弄清毒品的出处，如毒品是从被告人身上、住所抑或其他地方缴获的？当时在场的共有几人？毒品属谁所有等，有无当场提取笔录，拍摄照片加以固定，有无嫌疑人签名捺印，以及旁证者证明等，减少法庭翻供的可能系数。（2）审查送交的毒品有无进行定性分析，测出其确切重量，排除笼统地说"毒品若干包"的不科学做法。（3）毒品鉴定结论是否做到形式合法、检验手段科学、论证严谨、结论客观，以确保证据的确定性，审查鉴定人的资格、业务水平，以及能否作出正确的鉴定结论，审查鉴定人进行鉴定时是否受到外界的干扰影响，审查鉴定结论与其他证据有无矛盾，这些都是审查时应注意的问题。

（二）对被告人口供的审查。被告人口供具有两个基本特点：一方面被告人作为犯罪行为的当事人是最了解案情的人，他们对是否实施犯罪，怎样实施犯罪，比任何人都清楚，真实的口供能较全面详尽地反映案件的全貌；另一方面，由于被告可能成为定罪科刑的对象，案件的处理结果与其有直接的利害关系，被告人的口供又具有较大的虚假性。口供的上述特点，决定了办案人员在收集证据时必须十分重视口供，在判决证据时又不可轻信口供。贩毒案件被告人口供应注意从以下方面进行审查：（1）初次口供审查判断。在被告人被抓获的初期，由于惊魂未定，做贼心虚，初次同公安人员接触时形成的材料，一般具有较高的真实性，通常情况下，贩毒案件被告人在这一时间多数容易说出真实情况，对这部分口供的审查，应注意审查被告人的供述是在什么情况下作出的，有无诱、逼、套、指供的情况，被告人供述的完整性、可信性和真实性的程度如何，内容有无矛盾；对于违反法律程序取得的供词不具有合法性，不能作为证据使用。（2）翻供的审查判断。翻供是指被告人对原供的推翻，有部分或全部推翻。对于翻供，不能一律视为坏事，推翻虚假的供述对案件的真实情况的确定反有好处。因此，供认后推翻不等于没有口供，而是哪种口供真实可信的问题，对于翻供的审查应注意查明被告人原供的动机和条件；翻供的原因是什么，原供在取得时是否有违法情况，还要注意查明翻供时机和阶段，是否受他人的教唆以及翻供的内容是否符合情理和逻辑，有无其他证据印证。通过审查，以确定被告人翻供是否有理。（3）同案被告人口供的审查。贩毒犯罪多系共同犯罪，由于同案犯在共同犯罪中的地位和作用不同，他们的罪责轻重不同，处理结果不同，同案犯有可能互相推卸罪责，从而做出虚假的供述。审查时应注意：A. 同案人之间有无事前、事后串供，有无攻守同盟。一般情况下，口供之间如出现反常的一致性，则表明同案人之间有过串供或订有攻守同盟，对一人包揽全部罪行，其他同案人否认犯罪的，要善于从口供中发现矛盾，找出破绽，以制服被告人，使其作出真实的供述。B. 对于同案人口供作定案的基本证据，要注意查明同案人口供是在什么情况下取得的，有无逼供、诱供、指供情况，对未经查证属实的一方被告人口供，不能作为判断另一方被告人口供是否确定的标准。C. 对未查获毒品物证的案件，不能仅凭同案人口供定案，必须查清毒品的来源、去向。一般来说，根据下列标准处理：a. 一个或多个被告人，多次供述，由于认罪态度较好，如毒品数量、价格、买卖时间、地点都较为吻合，这种口供可信，能认定。b. 买卖双方不是同时被抓，毒品在卖主或买主一方手中，被缴获毒品的一方，作了如实供述，而另一方，在审讯作的供述，主要情况与前一方吻合，可以认定。c. 有多个被告人的案件中，多数被告人作了供述，有少数被告人始终不作供述，而多数被告人的供述之间有主要情节吻合，是比较有力的证实，是可以认定的。d. 买卖双方不是同时在现场抓获，只有一方被告人供述，另一方不供述，又无法获得其他旁证材料印证，形成一对一，是孤证，在这种情况下，不能认定。e. 被告人虽承认贩毒事实，但对贩毒数额前后供述不一致，又没有其他旁证可以证明的，应以"就低不就高"的原则来认定。

（三）对证人证言的审查。贩毒案件的证人包括从犯罪分子手中购买零星毒品供自己吸食、注射的人，在被告人欺骗下，不明真象为被告人走私、运输毒品的人，目睹他人从事毒品犯罪活动的人，从他人口中探知毒品来源而提供传闻证据的人等等，这些证人，由于身份不同，其证据力和证明程度也不同。（1）吸毒者的证言审查。在贩毒案中，吸毒人员是案件的主要参与者之一，对毒品交易的整个过程耳闻目睹，对被告人的犯罪事实有清楚的了解，可以证实买卖毒品的时间、地点、贩卖人的体貌、口音、衣着等，证言很具直接性。并且，在我国，吸毒不为罪，吸毒人员作证时是无需隐瞒购、食毒品事实，证言相对可靠。但是，也要弄清楚被告人与证人是否相识，有无利害关系，有无作假证可能性；吸毒人员作证时身体状况是否正常，头脑是否清醒，这对提高证人证言的可靠性及证明力是非常重要的。（2）对"特情"证言的审查。"特情"是公安机关设下的提供线索的耳目，很多贩毒案都源于此类线索。在审查"特情"证言时，首先要注意"特情"与被告人及案件的处理结果有无利害关系，这与"特情"报告的真实性密切相关，多数情况下，"特情"发现犯罪线索向公安机关报告，是出于正常的工作目的，但个别"特情"却存在急功近利思想，他们为了立功或是为了取得公安机关的信赖，有的甚至为了报酬不惜夸大事实，此类报告动机往往影响可靠性。查获案件的情况能否印证"特情"的报告，是审查"特情"报告动机的一个重要途径。其次，审查"特情"有无诱人犯罪情况，对被告人的申辩应足够重视审查有无被诱骗的情况，如被告人与"特情"说法不一的，就应查明原因，结合案件其他证据排除矛盾，对"特情"为破获"大案"让被告人再次搞来毒品的行为，对被告人处刑时应注意区别情节。最后审查"特情"证言取得方式是否正当、合法，有无逼、骗、诱等情况。"特情"报告内容的合法性是"特情"证言真实性的保证，"特情"是否具备证人资格，其身份公安机关有无材料说明以及报告内容是否以证言笔录的形式反映，报告人是否签字、盖章、笔录中涂改过的内容是否盖章认可等都要审查。

（四）对"抓获经过"材料的审查。贩毒分子一般都是在交易时被一网打尽的，其交易的场面、过程、细节都在抓获经过材料中得以体现，所以笔者认为，抓获经过材料应是贩毒案中最有力的佐证，因为具有敏锐洞察力的办案人员亲眼目睹了在场的所有人的活动，有的还扮做吸毒者诱发交易的进行，摄下交易的全过程，对这一犯罪现象的认识应是十分透彻的，其所做的书面证明更具有直接性和证明性。刑事诉讼法修改后，在控辩式法庭上，缉拿罪犯的刑警人员作为控方的证人，陈述缉拿经过的情况已屡见不鲜，所以把抓获经过作为一种公安方面出具的证据是可行的，但至今为止，抓获经过材料仅作为一种线索入档，并未作为证据呈现于起诉书纲要，这是需要改进的。另外，抓获经过材料还应表现得具体、全面些，有机地与提取笔录结合起来。在审查抓获经过材料时应注意查明：（1）抓获材料是否合法，材料是否如实地记录抓获被告人时所发生的主要情况，是否客观地反映抓获过程，记录中有无抓获人员的推测，判断和随意取舍的情况，抓获材料制作程序是否合法、法律手段是否完备。（2）抓获材料内容是否齐全，抓获时间、地点、被抓获人的姓名、职业、住址以及抓获现场的具体位置及周围环境是否清楚，查获毒品的名称、数量以及毒品被查获时的存在状态是否清楚。

（五）"明知"证据的审查判断。认定"明知"的证据有告诉明知和被告人应当知道是毒品的认识明知。告诉明知是被告人在贩卖毒品时已被明确告知所贩卖物品为毒品；认识明知是指依据被告人年龄、知识和认识能力结合被告人在帮他人贩卖毒品时各种情形以及毒品被查获时的存在状况，从被告人的客观行为推断被告人主观上应当知道是毒品。对告诉明知，审查证明时应注意被告人在取得毒品时，对方是否确定告诉为毒品，有无供述在案，只要排除，对方有意栽赃、陷害、诬告的情况，其供述可以作为认定被告人明知的直接证据。对认识明知，应注意审查被告人在帮他人贩卖毒品过程中的事实是否清楚，有无证据证明，这些证据是否能证明被告人应当知道是毒品，推断被告人应当知道的间接证据是否具备。一般来说，下列事实可以认定具有"明知"故意：（1）采取隐蔽方式从事禁毒法中规定的客观行为，如将毒品巧妙隐藏后贩卖，在隐蔽地方贩卖毒品等等。这种隐蔽方式已说明行为人事先有准备地进行贩卖毒品活动，企图逃避法律制裁。（2）当执法机关对其进行检查时，抗拒检查或逃跑的。例如张某在机场接受检查时，神色慌张，略一质问，就弃箱逃跑，当场被查获海洛因1100克，案犯被抓获后不承认自己知道箱内有毒品，但行为人的逃跑行为实际上已经说明其主观上明知携带的是毒品。（3）行为人从同案犯的言语暗示或优厚报酬中已经知道是毒品或可能是毒品，但为了牟取利益，却放任危害结果的发生。

（六）对物证的审查。这里的物证是指与贩毒有关的物品，如大量的毒品，称毒用的天平，联系用的 BP 机、手机，携带毒品的工具，如有夹层的提包和箱子，各种藏匿毒品的物品，大笔贩毒赃款等。吸毒人员不需要也不具备上述用品，他们一般都小包购买，每小包大约1~2分（1克＝10分），价值50元至100元不等。因为一来大量持有毒品要负刑事责任，二来长期吸毒，已无力支付大笔购买费用，所以一般只有贩毒者为牟取暴利，才会大量购入毒品。他们把毒品过秤分装后，小包出售。为隐匿自己的犯罪行踪，贩毒者不会亲自上门推销，只会给熟悉的吸食者留下联系号码，由吸食者需要时打电话，再把毒品送过去，所以贩毒者的受机和电话号码只是少数吸毒者及由吸毒者介绍熟悉的人知道，并且，为贩毒需要，他们不只携有一个手机，所以在讯问时，特别要详记吸毒者供出的手机号码，只要能与其他口供相互印证，便可证明此手机主人就是贩毒者。此外，从犯罪嫌疑人住处搜出天平等秤量用具，若其没有合理解释的话，这些都是贩卖毒品的有力证明。

（七）对指纹的审查。指纹作为一种痕迹物证，在认定罪犯上起着一定的证据作用。因为毒品案件证据种类狭窄单薄，加之被告人拒供，翻供情况突出，有的贩毒案件除查获毒品以外，没有其他证据将毒品与被告人的犯罪行为联系起来，这时指纹鉴定将发挥其优越性，起到其他证据难以起到的作用。在被告人拒不供认毒品以及装有毒品的物体是自己的情况下，从毒品或包装毒品物体上检出被告人指纹，经鉴定同一，可以直接认定犯罪事实。可见，证据是无所不在，只要犯罪分子实施了犯罪行为，其一定逃不了时空限制，痕迹浸染的过程，而只要坚守犯罪必留痕的信念，理论指导实践，发掘犯罪信息，必定能找出确凿的证据，将罪犯绳之以法。

在本案中，由于掌握了毒品、鉴定结论、犯罪嫌疑人供述等有力的证据，从而为查明案件事实，追究和惩罚犯罪提供了有利条件。

2. 在刑事诉讼中，社会调查报告能否作为证据使用?[1]

【基本案情】

2004 年 6 月 2 日，山东省东营市河口区人民检察院以东河检刑诉字（2004）第 59 号起诉书指控被告人薛某、赵某、王某、张某、黄某、丁某、董某犯抢劫罪，被告人钟某犯包庇罪，向山东省东营市河口区人民法院提起公诉。法院于当日立案，并依法组成合议庭，因本案涉及未成年人犯罪，故不公开开庭审理了本案。河口区人民检察院指派检察员梁磊出庭支持公诉，上述被告人及被告人张某、黄某、丁某、董某的法定代理人，被告人赵某、张某、黄某、丁某、董某的辩护人及本院聘请的社会调查员到庭参加了诉讼。

检察院指控：2003 年 11 月 18 日，被告人薛某、赵某、王某、张某、黄某、丁某、董某与纪某窜至东营市河口区仙河镇市场"东方通讯"手机店内，抢劫手机 16 部，价值 19500 元。同年 11 月 20 日，被告人钟某明知薛某等人是犯罪嫌疑人而提供钱财帮助其逃逸，并在公安机关对其讯问时仍作假证言予以掩饰薛某等人犯罪。2003 年 11 月 3 日，被告人薛某、赵某、董某与段某窜至河口区孤岛社区协作二村 30 号楼西侧，抢劫张威的"三星牌"手机一部，销赃后得赃款 200 元。上述指控，检察机关提供了相应的证据以证实，被告人薛某、赵某、王某、张某、黄某、丁某、董某的行为均构成抢劫罪，被告人钟某的行为已构成包庇罪，被告人张某、黄某、丁某、董某犯罪时不满十八周岁，请求依照《刑法》的规定处罚。被告人薛某、赵某、王某、张某、黄某、丁某、董某、钟某对检察机关指控的犯罪事实供认不讳，对当庭出示、宣读的证据不持异议。被告人张某、黄某、丁某、董某的法定代理人亦未对检察机关的指控和提供的证据提出异议。被告人赵某的辩护人以被告人赵某系从犯，且归案后认罪态度较好为由，请求对其从轻或减轻处罚。被告人张某、黄某、丁某、董某的辩护人分别以被告人张某、黄某、丁某、董某系未成年人犯罪、从犯，且归案后认罪态度较好为由，请求对其从轻或减轻处罚。

经东营市河口区人民法院审理查明：2003 年 11 月 18 日 17 时 30 分许，被告人薛某、赵某、王某、张某、黄某、丁某与纪某（在逃）携带刀具窜至东营市河口区仙河镇市场"东方通讯"手机店，由被告人王某、丁某在店外的出租车上接应，其他人窜入店内，

---

〔1〕 参见刘品新：《刑事证据疑难问题探索》，中国检察出版社 2006 年 5 月版，第 14~18 页。

采用胁迫手段抢劫各种型号新手机16部及部分手机附件，价值19500元，之后被告人钟某在明知纪某等人是犯罪人的情况下而为其提供钱财，帮助其逃跑，并在公安机关对其讯问时仍作假证言予以掩饰薛某等人的犯罪事实。2003年11月3日21时20分许，被告人薛某、赵某、董某与段某（在逃）携带刀具窜至河口孤岛社区协作二村30号楼西侧，抢劫孤岛采油厂准备大队职工张威的"三星牌"手机一部，销赃后得赃款200元（赃款已挥霍）。上述事实，有检察机关提交并经法庭质证、认证的下列证据予以证明：（1）被害人李云霞、金鑫陈述证实"东方通讯"手机店被抢劫的时间、被抢手机的数量及经过；（2）被害人张威陈述证实四名歹徒抢劫其手机的经过；（3）证人张照证言及被抢的手机明细表证实"东方通讯"手机店被抢手机的数量。

河口区法院聘请的社会调查员董海军、高立燕、赵辉对被告人张某、丁某、董某的非涉案情况进行了调查并出庭宣读了调查报告。依据经控辩双方质证并经法庭认证的调查报告查明：被告人张某系独生子，其父母文化水平较低，张某从小就经常受到母亲的拳打脚踢，其父母还时常在张某的面前吵架，这种过于简单粗暴的管理方法和家庭环境对张某的心理造成了一定的不良影响。张某本人对自己也约束不严，不思上进，自暴自弃，在校学习不认真，成绩较差，还经常打架，这也为他发展到今天埋下了祸根。被告人丁某性格内向，自幼跟随其外祖父生活，与外祖父感情较深，其父母文化水平较低，与丁某交流较少，缺少对孩子行为的正确引导、分析和帮助，丁某涉世的无知性、盲目性使其在辍学后两天就滑向了犯罪的深渊。学校法制教育的不力和社会法制教育的空白也是被告人丁某走向犯罪的一个原因。被告人董某性格活泼，待人热情，懂礼貌，家庭成员关系和睦，父母均无文化，在家务农，不懂得对孩子的教育方法，平时忙于农务无暇对孩子给予更多的辅导和教育，董某也从不主动和父母沟通，以致父母对孩子的心理动态无从知晓。董某法制观念淡薄，自律意识差，过早放弃学业走向社会使其在分辨能力尚不成熟的情况下沾染了哥们义气和享乐思想。董某走上犯罪道路与家庭、学校、社会缺少关心和帮助也有一定的关系。三名社会调查员均建议法院应本着对未成年人"教育、感化、挽救"的方针，对被告人张某、丁某、董某从轻或减轻处罚。

河口区法院认为：被告人薛某、赵某、王某、张某、黄某、丁某、董某无视国法，以非法占有为目的，采用暴力、胁迫手段抢劫他人财物，其中被告人薛某、赵某、王某、张某、黄某、丁某抢劫数额巨大，其行为均已构成抢劫罪；被告人钟某明知是犯罪人而为其提供钱财，帮助其逃匿，并在公安机关对其讯问时作假证言掩饰他人犯罪，其行为已构成包庇罪。被告人张某、黄某、丁某、董某犯罪时不满十八周岁，系未成年人犯罪，应减轻处罚，对上述四被告人的辩护人的相关辩护意见予以采纳。被告人赵某、张某、黄某、丁某、董某的辩护人分别认为各自的当事人系共同犯罪中的从犯的辩护意见，经审理后认为，参与抢劫犯罪的各被告所称的起组织、指挥及主要作用的同案犯纪某、段某在逃，未经法庭审判不能确定在逃人员有罪，更能将其认定为主犯，在案的被告人之间主次作用不明显，不宜划主从犯，对辩护人的此项辩护意见不予采纳，但综合分析各被告人在共同犯罪中所起的作用，可分别酌情，考虑对其从轻的幅度。上述八被告人归案后认罪态度较好，且被告人王某、丁某、董某的近亲属为其可能判处的财产刑的执行提供了财产保证，均可酌情从轻处罚，辩护人的上述相关辩护意见及社会调查员的上述意见予以采纳。

【法理分析】

最高人民法院《关于审理未成年人刑事案件的若干规定》第21条规定："开庭审理前，控辩双方可以分别就未成年被告人的性格特点、家庭情况、社会交往、成长经历以及实施被指控的犯罪前后的表现等情况进行调查，并制作书面材料提交合议庭。必要时，人民法院也可以委托有关社会团体组织就上述情况进行调查或者自行进行调查。"第28条规定："法庭调查时，审判人员应当核实未成年被告人在实施被指控的行为时的年龄。同时还应当查明未成年被告人实施指控的行为时的主观和客观原因。"为了落实这些条款，我国一些地方法院就逐步推行了社会调查员制度，委托专门的调查员就未成年人性格特点、家庭情况、社会交往、成长经历以及实施被指控的犯罪前后的表现等情况进行调查和举证。

所谓社会调查员，不是一个职务，是临时性的专项工作人员。凡18周岁以上的公民都可以担任。人民法院、控诉机关、未成年犯罪嫌疑人及被告人的监护人及其辩护人都可以自己进行社会调查或委托有关社会团体组织派员进行社会调查。而社会调查员报告则是社会调查员针对未成年人所犯罪的情况，独立制作出来的，有关未成年犯罪嫌疑人、被告人性格特点、家庭情况、社会交往、成长经历以及实施被指控的犯罪前后的表现等情况的书面材料。这些材料以书面形式表现出来，具有客观性，判断其是否为证据，主要标准是"其是否用于证明案件事实问题"。从司法实践来看，社会调查员报告基本上用于法官量刑时参考，控辩双方可以就此进行质询，即它们是用于证明"量刑情节"的。如本案中，社会调查员报告建议法院对被告人张某、丁某、董某从轻或减轻处罚，这一意见为法院所采纳。

那么，现在的问题是"量刑情节"是否为案件事实？从学理上讲，作为证据证明对象的"案件事实"是指法律规定司法机关为了正确作出裁判必须明确的事实，是适用法律不可缺少的基础。我国最新修正的《刑事诉讼法》第50条规定："审判人员、检察人员、侦查人员必须依照法定程序，收集能够证实犯罪嫌疑人、被告人有罪或者无罪、犯罪情节轻重的各种证据。"因此，与犯罪嫌疑人、被告人是否有罪及犯罪情节轻重有关的事实都属于刑事诉讼中需要证明的案件事实。《刑事诉讼法解释》第52条规定得比较明确：（刑事诉讼中）需要运用证据证明的案件事实包括：（1）被告人的身份；（2）被指控的犯罪行为是否存在；（3）被指控的行为是否为被告人所实施；（4）被告人有无罪过，行为的动机、目的；（5）实施行为的时间、地点、手段、后果以及其他情节；（6）被告人的责任以及与其他同案人的关系；（7）被告人的行为是否构成犯罪，有无法定或者酌定从重、从轻、减轻处罚以及免除处罚的情节；（8）其他与定罪量刑有关的事实。

具体来说，刑事诉讼需要证明的案件事实包括：（1）被指控犯罪行为构成要件的事实，具体分为犯罪客体、犯罪主体、犯罪的客观方面和犯罪的主观方面等。（2）与犯罪行为轻重有关的各种量刑情节的事实，具体分为从重处罚的事实、加重处罚的事实以及从轻、减轻处罚或者免除处罚的事实等。（3）排除行为的违法性与可罚性的事实；（4）排除或减轻刑事责任的事实；（5）刑事诉讼程序的事实，具体分为对犯罪嫌疑人、被告人采取强制措施的事实，有关回避的事实，关于诉讼程序的进行是否超越法定期限的事实，公安司法机关是否存在侵犯犯罪嫌疑人、被告人诉讼权利的事实，其他与程序的合法性有关的事实以及与执行的合法性有关的事实等。[1]

我国最新修正的《刑事诉讼法》第52条第2款规定："行政机关在行政执法和查办案件过程中收集的物证、书证、视听资料、电子数据等证据材料，在刑事诉讼中可以作为证据使用。"从程序方面看，社会调查员的报告是要提交法庭的，在整个诉讼过程中控、辩双方均可以查阅、摘抄、复制该报告的全部或部分，在庭审过程中社会调查员还要出庭接受控、辩双方的质询，这完全遵循一般证据的举证、质证规则。

据此可见，社会调查员报告所证明的是"与犯罪行为轻重有关的各种量刑情节的事实"。当然属于案件事实的范畴，因而其本身也就具有证据的地位。如果要对社会调查员报告进行具体定位的话，应该说它确实不是我国法律规定的鉴定结论、证人证言，而类似于英美法系国家所说的"品格证据"。

品格证据是指证明某些诉讼参与人的品格或品格特征的证据。品格证据能否用于成年人刑事案件在国际上尚存争议，而用于未成年人审判则成为一种国际惯例。《联合国少年司法最低限度标准准则》中在"社会调查报告"一题中倡导："所有案件除涉及轻微违法行为的案件，在主管当局作出判决前的最后处理之前，应对少年生活的背景和环境或犯罪的条件进行适当的调查，以便主管当局对案件作出明智的判决。"这说明，在大多数未成年人刑事诉讼案件中，只有借助社会调查报告，司法当局才能够了解未成年人的社会和家庭背景、学历、教育经历等有关事实，即未成年被告人的"品格"，进而决定适当的刑罚，促成未成年犯罪改过自新及健康成长。事实上，这种社会调查制度是很多国家在未成年人刑事诉讼中的共有程序。在我国当前的成年人刑事审判实践中，"品格证据"已经在许多地方被广泛应用。

3. 在侦查犯罪的过程中，如何使用秘密监听的技术侦查措施？

【基本案情】

某市公安机关获得线索，当地居民乔某在出售毒品。侦查人员对乔某进行布控，但由于乔某十分狡猾，一直未能取得其犯罪的有力证据。经公安机关研究，决定对乔某的住宅电话和手机采取秘密监听措施。侦查人员从乔某与他人的通话中获得了其截获的线索，经周密部署，当场抓获乔某及其同伙，并缴获了10克海洛因。

【法理分析】

我国《国家安全法》第10条规定："国家安全机关因侦察危害国家安全行为的需

---

〔1〕 参见何家弘、刘品新：《证据法学》，法律出版社2004年版，第205～207页。

要，根据国家有关规定，经过严格的批准手续，可以采取技术侦察措施。"《人民警察法》第 16 条规定："公安机关因侦查犯罪的需要，根据国家有关规定，经过严格的批准手续，可以采取技术侦察措施。"所谓秘密监听是采用秘密方法获取相对人（被监听者）与犯罪有关的言词信息的一种技术侦查手段。秘密监听是在被监听者没有发觉的情况下进行的，因而通常必须依靠科学技术手段才能实施。我国刑事诉讼法对秘密监听并未作出规定，但 1993 年通过的《国家安全法》以及 1995 年通过的《人民警察法》均规定，国家安全机关和公安机关经过严格的审批手续，可以采用技术侦查措施。当前，随着我国市场经济的逐步发展和改革开放的深入，犯罪无论是在数量上还是在结构上都发生了很大的变化，高技术型犯罪、有组织犯罪和跨国犯罪的大量出现，必然要求侦查手段的技术含量必须随之提高。由于秘密监听有着较高的技术性以及由此而获取信息的可靠性，因而秘密监听作为一种侦查手段在刑事诉讼中的地位和作用不断提高。

由于秘密监听通常都是采用秘密手段且是在被监听者不知道的情况下进行的，因此它的使用直接涉及到对公民个人隐私权的干预，所以对秘密监听的适用应当有严格的限制条件。这些限制条件通常包括以下几个方面：（一）秘密监听只能适用于重大疑难复杂的刑事案件。采用秘密手段这种对公民隐私权侵害较大的方法去侦查对社会危害不大的犯罪案件，是违背侦查价值和得不偿失的。因而，西方各国的刑事立法都规定秘密监听只能适用于法律明文规定的重大、复杂的案件。对于一般性的危害不大的刑事案件，是不宜采用秘密监听这一侦查手段的。在我国刑事司法实践中，也应将秘密监听限制适用于重大疑难复杂的刑事案件。（二）秘密监听只能在采用常规的侦查手段而无法查清案件事实时才能适用。常规侦查手段一般可分为强制性侦查措施和非强制性侦查措施。非强制性侦查措施，如询问被害人、证人等，对诉讼参与人的权利影响不大；强制性侦查措施虽然会导致对诉讼参与人权利的一定程度的限制，但由于这些措施都是公开进行的，在具体实施时会受到来自诉讼参与人和社会各界的监督和制约，权力被滥用的可能性较小。而秘密监听则是非公开进行的，难以受到有效的监控，易被滥用，且直接触及公民的隐私，因此在侦查过程中应尽量使用对诉讼参与人权利的限制较小，且不易被滥用的常规性侦查手段。只有在常规性侦查手段难以达到侦查目的时才可以采用秘密监听手段。（三）适用秘密监听必须经过法定的机关批准。这是适用秘密监听的程序性条件。由于秘密监听是在被监听者不知道的情况下进行的，因此为了防止侦查机关在实施过程中侵犯公民的个人权利，必须经过有关机关的批准。西方各国均规定秘密监听的适用必须由侦查机关提出申请，法官审查批准后才能使用，在特殊情况下也可以由检察官直接决定适用，但必须随后取得法官的认可。在我国，人民检察院是国家的法律监督机关，拥有决定是否逮捕的权力，同时它又享有一定的侦查权，当前由其决定秘密监听的适用是可行的。同时，从被追诉者权利的保护和侦裁分离的角度出发，将来在立法上确定秘密监听应由法院决定更为妥当，这也符合世界各国的通例。

秘密监听在经过法定的机关批准后，就进入具体的执行阶段。由于秘密监听直接涉及被监听者的隐私权的保护，因此其执行程序的设置必须非常严格。（一）执行的依据。

法定机关签发的批准监听书是秘密监听的执行依据。警察或检察官在执行时必须严格按批准书上的条款执行。由于批准监听书既是执行机关有权进行秘密监听的法律依据，也是判断执行机关在执行秘密监听的过程中是否越权的标准，因而法律必须对其内容作详细规定。综观世界各国立法，批准监听书应包括如下内容：被监听者的姓名、身份，涉嫌的罪名，监听的地点、方式（包括协助单位）、范围、期限及所用设备，执行人员的姓名、身份，执行机关和决定机关的名称等。（二）执行的期限。秘密监听一旦启动，被监听者个人的秘密都将暴露在侦控人员的监视之下，这是对公民个人隐私权的极大侵犯，因此，监听的期限必须受到严格的限制。那么多长时间才为合适的期限呢？为了满足侦查的实际需要，同时对被监听者隐私权的限制保护，规定监听期限为三个月比较合适，符合一定的条件的，还可以申请延长。（三）信息的保存、使用和销毁。在实施秘密监听后，为防止监听到的信息被泄露或篡改，秘密监听的期限一到，执行机关必须立即将所监听到的有关信息材料送交决定机关，在决定机关的监督下复制一份，复制件由决定机关签名后随案移送；原件由执行机关和决定机关共同签名封验后，交由法官保存，以便在审理时控辩双方对复制件的内容发生争议时予以拆封核对、质证。为防止导致被监听者隐私的过分扩散，采用秘密监听获得的证据通常只能在本案中使用，不能扩大其使用范围，特殊情况下需要在其他案件中使用的必须严格限制。此外，为了减少被监听者的个人隐私被泄露和滥用的可能性，监听信息材料一旦在本案中被使用完毕，就必须马上销毁。当然，为了打击科技含量和复杂程度不断提高的刑事犯罪，我们必须在一定条件下，按照法定程序，允许侦查机关对相对人采用秘密监听手段，但为了避免对相对人和第三者（与相对人涉嫌犯罪无关的通话而被监听者）的利益造成不必要的损失，我们还必须注意加强对被秘密监听程序中个人权利的保护。比如赋予被监听者对秘密监听所获得的信息材料的审查和异议权、请求排除权以及辩护人享有秘密监听信息的使用权等。

　　在本案中，为侦查犯罪的需要，公安机关经研究决定对乔某采取秘密监听的技术侦查措施，并获取了有力的证据。从《国家安全法》和《人民警察法》的规定看，公安机关的行为并无不当之处，对侦查犯罪也起到了积极作用，是合法的、有效的，应当在证言采用上予以认可。

第三章 刑事证据的审查

第一节 刑事证据的综合审查和运用

【规则要点】

审查刑事证据，要从证据的"三要素"入手，审查证据的来源、证据本身的内容、证据与事实的关系，重点审查证据是否能达到案件事实清楚、证据确实充分的证明标准。具体包括：对证据证明力的审查判断；运用间接证据定案的规则；对被告人口供的审查；对特殊侦查措施取得证据的审查认定；对量刑证据的审查认定；言词证据的补强规则；庭外调查核实证据；对自首立功量刑情节的审查；对未成年人年龄的审查判断。

【理解与适用】

一、刑事证据审查概述

（一）刑事证据审查的概念

刑事审判性命攸关，案件质量至关重要。在整个刑事诉讼过程中，证据是基础和核心，只有通过对大量的证据进行审查和判断，经过质证认证，才能作为证据适用。只有正确理解证据的重要性，准确掌握证据的客观性、关联性、合法性，并运用科学方法审查和判断证据，才能揭露犯罪真相，打击犯罪，同时保护公民合法权益不受侵犯，防止冤、假、错案的发生。

审查证据是指甄别、分析现有证据、证据材料的证据能力和证明力，据此认定案件事实，并作出认定结论的专门活动。运用刑事证据证明犯罪，其主要工作体现在两个方面：一是通过对刑事证据资格和证明力的审查，确定各在案证据的客观性、合法性和关联性；二是通过对刑事证据的综合判断，确定在案证据是否达到"事实清楚，证据确实充分"的证明标准。具体而言，审查一个证据是否具有证据资格主要审查证据的客观性和合法性；审查一个证据是否有证明力，则主要审查证据的关联性。在审查证据具有客观性、合法性、关联性的基础上，再看这些证据是否能达到案件事实清楚、证据确实充分的证明标准。

我国最新修正的《刑事诉讼法》在证据审查方面，新增加了许多重要的内容。该法在原刑事诉讼法"重证据、轻口供"的基础上，进一步明确了"证据确实、充分"的三个条件。其第 53 条规定："对一切案件的判处都要重证据，重调查研究，不轻信口供。只有被告人供述，没有其他证据的，不能认定被告人有罪和处以刑罚；没有被告人供述，证据确实、充分的，可以认定被告人有罪和处以刑罚。证据确实、充分，应当符合以下条件：（一）定罪量刑的事实都有证据证明；（二）据以定案的证据均经法定程序查证属实；（三）综合全案证据，对所认定事实已排除合理怀疑。"特别是第一次在国家基本法中确立非法证据排除原则，并从具体审查机制保障方面作了明确规定，这是特别大的进步。第 54 条规定："采用刑讯逼供等非法方法收集的犯罪嫌疑人、被告人供述和采用暴力、威胁等非法方法收集的证人证言、被害人陈述，应当予以排除。收集物证、书证不符合法定程序，可能严重影响司法公正的，应当予以补正或者作出合理解释；不能补正或者作出合理解释的，对该证据应当予以排除。在侦查、审查起诉、审判时发现有应当排除的证据的，应当依法予以排除，不得作为起诉意见、起诉决定和判决的依据。"第 55 条规定："人民检察院接到报案、控告、举报或者发现侦查人员以非法方法收集证据的，应当进行调查核实。对于确有以非法方法收集证据情形的，应当提出纠正意见；构成犯罪的，依法追究刑事责任。"第 56 条规定："法庭审理过程中，审判人员认为可能存在本法第五十四条规定的以非法方法收集证据情形的，应当对证据收集的合法性进行法庭调查。当事人及其辩护人、诉讼代理人有权申请人民法院对以非法方法收集的证据依法予以排除。申请排除以非法方法收集的证据的，应当提供相关线索或者材料。"第 57 条规定："在对证据收集的合法性进行法庭调查的过程中，人民检察院应当对证据收集的合法性加以证明。现有证据材料不能证明证据收集的合法性的，人民检察院可以提请人民法院通知有关侦查人员或者其他人员出庭说明情况；人民法院可以通知有关侦查人员或者其他人员出庭说明情况。有关侦查人员或者其他人员也可以要求出庭说明情况。经人民法院通知，有关人员应当出庭。"并在第 58 条规定："对于经过法庭审理，确认或者不能排除存在本法第五十四条规定的以非法方法收集证据情形的，对有关证据应当予以排除。"

（二）刑事证据审查的一般方法

1. 注意审查刑事证据的来源。证据的来源是指发现和形成证据的主体过程，包括证据的提供、侦查收集、制作或侦查收集证据的时间、地点和方法等。审查刑事证据的来源，主要是要侧重审查以下方面：（1）审查提供证据人的动机、目的。有的人提供证据是为了协助司法人员查明事实真相，而有的人提供证据可能是为了转移司法人员的注意力，掩盖事实真相，提供虚假的证据。（2）审查提供证据人本身的情况。提供证据人本身的情况直接影响证据的真实性。（3）审查发现证据时的客观环境。客观环境包括距离、光线、天气、地形、温度、湿度等，它们既是形成证据的客观条件，也是发现证据的影响因素。（4）审查收集征集的合法性。审查侦查收集证据的方法直接影响证据的证据能力和证明力。诉讼证据的合法性，是指诉讼证据必须是按照法律的要求和法定程序而取得的事实材料。证据必须具有合法的来源，必须是法定人员以合法方法进行收集，必须经法定程序查证属实。

2. 审查证据本身的内容。审查判断证据时，审判人员应当从案件的具体情况出发，不能离开具体的案情去审查判断证据。审查刑事证据的本身，主要是要侧重审查以下方面：（1）审查证据本身的特性。证据包括书证、物证、犯罪嫌疑人和被告人的陈述、证人证言、鉴定结论、视听资料、电子证据、勘验笔录、现场笔录、检查笔录和其他笔录等。其中，既有言词证据，也有实物证据；既有传来证据，又有原始证据；既有直接证据，也有间接证据。这些证据，从其形成或来源来看，有很强的个性。在审查判断证据时，审判人员应当具体问题具体分析，根据各种证据的不同特点，有针对性地进行审查。（2）审查证据本身所反映的事实。审判人员应当首先明确证据本身证明的是什么样的事实。由于证据本身存在着虚假的可能性，其本身所反映的事实未必真实。（3）审查证据能力。证据能力是指证据材料被作为证据采纳而应当首先看其资格和条件。某一个事实材料反映的事实可能符合案件的事实真相，但是该材料不符合法律规定的表现形式，没有合法性，不能采纳；有的事实材料虽然形式正规，但其所反映的事实与本案无关联，也不能作为本案案件事实的证据使用。（4）审查证据证明力。有证据能力的证据未必一定就有说服力，也就是说，在具有证据资格的事实证据中，有的是直接证据，本身能够证明主要案件事实，具有较强的说服力；有的是间接证据，必须与其他证据联系起来才能证明案件事实，才具有说服力。原始证据和传来证据都可以享有证据资格，但在证明力方面，原始证据往往大于传来证据。

3. 审查证据与案件事实的关系。案件事实是每一在案证据的真实性、关联性和合法性的综合反映，是甄别、质证、评判了所有在案证据之后对案件事实作出的判断，这个判断是审判人员在证据基础上排除合理怀疑，得出的具有惟一性和排他性的结论。证据是用来证明案件事实的，但是每一个证据与案件事实的证明关系往往各不相同。在认定证据与案件事实的关系时，应当分析证据与案件事实之间的关系。根据刑事实体法的要求，相关性的范围可归纳为三个方面：（1）与犯罪构成要件有关的各种事实。有关犯罪构成要件的事实，由我国刑法规定，包括犯罪客体、犯罪主体、犯罪的客观方面和犯罪的主观方面。在刑事诉讼实践中，对上述犯罪构成要件的事实，概括为"七何"要素，即：何人；何时；何地；基于何种动机、目的；采用何种方法、手段；实施何种犯罪行为；造成何种危害后果。以上"七何"的案件事实、情节，对于正确确定定罪与非罪、此罪与彼罪、重罪与轻罪等，有着决定性的意义。（2）作为从重、从轻、减轻、免除刑事处罚理由的各种事实。（3）排除行为的可罚性、违法性和行为人刑事责任的各种事实。

（三）刑事证据审查的具体步骤

1. 单独审查。单独审查是对每个证据材料分别审查，即单独地审查判断每个证据材料的来源、内容及其与案件事实的联系，看其是否真实可靠，看其有多大的证明价值。

2. 比对审查。比对审查是对案件中证明同一案件事实的两个或两个以上证据材料的比较和对照，看其内容和反映的情况是否一致，看其能否合理地共同证明该案件事实。一般情况下，经比对研究认为相互一致的证据材料往往比较可靠，而相互矛盾的证据材料则可能其中之一有问题或都有问题。当然，对于相互一致的证据材料也不能盲目轻信，因为串供、伪证、刑讯逼供等因素也可能造成虚假的一致；而对于相互矛盾或有差异的证据材料也不能一概否定，还应当认真分析矛盾或差异形成的原因和性质。

3. 综合审查。综合审查是对案件中所有证据材料的综合分析和研究，看其内容和反映的情况是否协调一致，能否相互印证和吻合，能否确实充分地证明案件的真实情况。综合审查的关键是发现矛盾和分析矛盾，以便对案件中的证据材料作出整体性评价。对于每个证据既要审查它的来源和内容，又要审查它和其他证据之间的关系，从多方面研究审查，分析判断，才能作出符合实际的正确结论。由于法律所规定的各种证据具有不同特点，各自的审查判断方法也不尽相同。（1）物证的审查判断。物证的审查判断可以通过以下方法进行：通过鉴定、辨认、实验、印证以及科学仪器等技术方法，审查判断物证的来源是否客观真实，有无伪造或者是其他原因而导致物证发生变形失真；审查判断物证与案情之间有无必然的联系、能否证明本案的案情，具体能够证明案情中哪些问题；审查判断物证是原物证还是复制品，物证与其他证据之间的关系，是否相互印证一致，有无矛盾；查清物证的来源。（2）书证的审查判断。具体包括以下几点：通过鉴定、比对、印证等方法审查书证的制作过程；审查书证的内容是否符合事实，是否真实可靠，有无错误，是否违法，书证与案情有无必然联系，能够证明案件中哪些问题；审查书证的收集过程和保管方法；审查书证本身是公文书证还是非公文书证，是报道性书证还是处分性书证，是否经过公证等。（3）证人证言的审查判断。具体应当注意：审查证人证言的来源，是证人直接悉知还是间接了解；审查某些社会性因素，如证人的品质、与当事人的关系、与案件有无利害关系、是否受到外界的影响等；审查证人在生理上、精神上有无缺陷，悉知、记忆和表达能力；审查证人证言与其他证据是否协调一致，有无矛盾。如有矛盾要找出原因，进行查证。（4）被害人陈述的审查判断。对被害人陈述的审查判断基本上适用审查证人证言的规定。但根据被害人陈述的基本特点，还应当注意审查以下内容：被害人陈述的形成与收取过程；被害人与犯罪嫌疑人、被告人之间的关系；被害人在告发或陈述前后有无反常表现；被害人陈述是否合乎情理，与其他证据是否一致。（5）犯罪嫌疑人、被告人供述和辩解的审查判断。要注意审查以下内容：供述和辩解是在什么情况下作出的，出于何种动机目的，有无外界影响；供述和辩解的程序是否合法，有无刑讯逼供和以威胁、引诱、欺骗以及其他非法手段获取供述的情况；供述后有无反复，如有反复要查明原因；供述的内容是否合乎情理，有无矛盾，供述和辩解同其他证据是否一致，有无矛盾。（6）鉴定结论的审查判断。主要注意以下几点：审查鉴定人是否具有解决案件专门性问题的知识与经验；审查提供鉴定的材料是否确实、充分；审查鉴定使用的设备是否完好，采用的方法是否科学；审查鉴定人进行鉴定时是否受到外界影响与干扰，有无徇私、受贿等故意作虚假鉴定的情况；审查鉴定结论和其他证据之间是否一致、有无矛盾。（7）勘验、检查笔录的审查判断。主要应当审查以下内容：笔录内容是否完整，文字记录、照相、绘图等是否齐全，每个部分内容是否具体详细；勘验、检查人员的责任心和业务能力，有无发生差错的可能；笔录内容是否真实、准确；笔录是否符合法律要求；与案件其他证据是否协调一致。（8）视听资料和电子数据的审查判断。主要应当注意以下几点：视听资料和电子数据的形成过程；审查制作、播放、传播视听资料和电子数据的技术设备性能是否良好；视听资料和电子数据的收集过程是否合乎法定程序；视听资料和电子数据反映的背景情况是否真实；视听资料和电子数据与案件事实有无联系，能够证明案情中哪些问题。必要时，应进行科学技术鉴定。以验证是否原版，是否有伪造、涂改或剪辑等情况。另外应当排除以刑讯等非法手段取得的证人证言、被害人陈述、犯罪嫌疑人、被告人供述。

二、对证据证明力的审查判断

（一）证据能力与证据证明力的关系[1]

认证是司法证明过程中最具决定意义的环节，也是法官最重要的司法职能之一。所谓认证是指审理案件的法官依照法定程序，对双方当事人提交的证据以及人民法院自行调查收集的证据进行质证后，遵循一定的原理和规则，对证据材料的证据能力和证明力进行评价判断进而作出确认的诉讼活动。[2] 认证的主体是特定的，只能是审理案件的法官（包括陪审员）。在证据裁判主义时代，法官没有主观臆断的特权，审判活动皆是围绕证据进行，除免证事实外，所有裁判都必须依据认证的结果作出。因此，认证是法官最基本、最重要的职能之一，也是法官的专属职能。认证的对象是证据，认证主要在两个层面进行：对单个证据的证据能力和证明力的逐一认证；对全案证据的综合认证。认证的内容包括证据的证据能力和证明力两个方面，即首先要判断某项证据材料是否具有法律上可采纳为证据的资格，在此基础上再确定证明力的有无和大小。对证据能力和证明力的确认与我们通常所说的对证据的合法性、关联性和客观性的审查判断是大体一致的。准确把握证据能力和证明力的辩证关系，是法官正确认证的前提与基础。

所谓证据能力又称证据资格，是指在法庭审理中为证明案件事实而得以作为证据使用的资格。在英美法系证据理论中，由于只有具有证据资格的证据才会被法庭采纳，因此通常称之为证据的合法性或适格性。[3] 证据的合法性包括证据的关联性与合法性。关联性要求在诉讼双方提交法庭的各种证据中，只有确实与案件事实存在关联性的证据才可以采纳为诉讼中的证据，凡是不具备关联性的证据，皆不具有合法性。但是有关联性的证据并不必然具备合法性，还要经受合法性的考验。合法性要求诉讼双方提交法庭的证据必须在证据的主体、形式以及收集提取证据的程序和手段等方面都符合法律的有关规定，才能采纳为诉讼中的证据，不具备合法性的证据不得采纳。由于关联性是证据自身固有的属性，而合法性是一定社会制度通过法律赋予证据的属性，合法性实际上是证据法中关于合法性问题之规定的核心内容。

所谓证据的证明力，即证据的价值，是指证据对案件事实的是否具有证明作用和作用的程度，这实际上也包含证据与案件事实的关联性。认证活动中对证明力的确认包括

〔1〕参见张军主编：《刑事证据规则理解与适用》，法律出版社2010年9月版，第244～246页。
〔2〕参见江显和：《刑事认证制度研究》，法律出版社2009年版，第4～5页。
〔3〕参见江伟主编：《中国证据法草案（建议稿）及立法理由书》，中国人民大学出版社2004年版，第63页。

两个层面：第一是证据证明力的有无，即证据本身是否真实可靠；第二是证据证明力的大小，即从证据本身推导出案件事实的强度和频度。其中，第一层面的确认是基础，只有在确认该证据本身真实可靠的前提下，才能进一步对其内容的证明力大小予以考察。对于物证，第一层面的考察内容主要是该证据是否真实存在，是否经过人为雕琢加工等；对于人证，第一层面的考察内容则主要是作证人本身的信赖性和可靠性（如证人的真挚性、诚实度或证人的感知、记忆、表达能力是否具备及其程度），人证的证明力大小很大程度上依赖于对证据本身的第一层面的确认。第二层面的确认涉及诸多因素，如法官的认知能力，证人的举止态度，各证据之间的联系，证据与案件事实之间的联系等。

证据能力与证明力是一对既相互区别又紧密联系的范畴。所有的证据材料都必须首先具有法律上可采纳为证据的资格，然后才谈得上证明力。证据能力反映证据的法律属性，其"并非要将某些不具有实质证明价值的证据排除，而是恰恰要将某些具有实质证明价值的证据甚至是对准确查明案件真相具有关键作用的证据排除在法庭之外，从而满足诉讼证明所特有的一些要求"[1] 证明力则反映证据的自然属性，其是以证据与待证事实之间的关联关系为基础，"这种关联关系是一种客观存在，需要而且可以在个案中通过人类的认识能力去把握，法律没有必要也不可能对其作出硬性规定"[2] 本质上，证据能力是对证据证明力的发挥所施加的一种法律上的限制。证据能力是证据可以接受法庭调查的资格，只有具备证据能力的证据，才能够进入法官法庭调查的视野；而只有进入法庭调查的证据，经过了法官对其证明力的审查判断后，才能最终作为认定案件事实的根据。从这个意义上讲，证据能力是证据能够进入法庭调查的前提；证明力则是进入法庭调查的证据能够作为定案根据的基础；只有同时具备证据能力和证明力的证据，才能最终作为认定案件事实的根据。例如，"两高三部"《死刑案件证据规定》第 19 条规定，"采用刑讯逼供等非法手段取得的被告人供述，不能作为定案的根据"，这里"不能作为定案的根据"是指该被告人供述因取证方式的违法性而不具备证据能力，即不具有接受法庭调查的资格。法庭在对其取证的违法性作出确认后，无须再通过法庭调查对其证明力的有无和大小进行审查。该被告人供述当然是最终无法作为认定案件事实的根据。

（二）证据证明力的审查方法和规则

"两高三部"《死刑案件证据规定》第 32 条规定"对证据的证明力，应当结合案件的具体情况，从各证据与持证事实的关联程度、各证据之间的联系等方面进行审查判断。证据之间具有内在的联系，共同指向同一持证事实，且能合理排除矛盾的，才能作为定案的根据"。这是针对具备证据能力（接受法庭调查资格）的证据提出，是对经过法庭调查的证据的证明力予以审查判断的基本原则。第 1 款规定了对单个证据的证明力予以审查判断的基本原则；第 2 款则规定了对全案证据进行综合审查判断的基本原则。

---

〔1〕　参见孙远：《刑事证据能力导论》，人民法院出版社 2007 年版，第 8 页。
〔2〕　参见孙远：《刑事证据能力导论》，人民法院出版社 2007 年版，第 17 页。

根据此条规定，判断证据证明力之大小、强弱应当遵循以下方法和规则：[1]

1. 关联度规则。证据的证明力是证据本身的固有属性。证据具有客观性，并与案件待证事实具有关联性，就具有一定的证明力，但不同的证据，因各自的特点和与案件待证事实的关系不同，对于待证事实之间关联度强的，证明力强；关联度弱的，则证明力弱。所以确认证明力，必须考察证据与待证事实的关联度如何。如有的证据与案件事实之间是原因上的联系，有的是结果上的联系，有的是行为上的联系，有的是作案条件上的联系，有的是作案动机，有的是目的上的联系，有的是时间上的联系，有的是空间上的联系，不一而足。对于这些证据与待证事实之间的关联性与关联度的认识，我们要借助于专门知识、专业技术、专业人员的帮助。同时，从司法实践经验的总结来看，某些证据与案件事实的关联性较强，某些证据与案件事实的关联性则可能较弱。例如，直接来源于案件事实的原始证据一般比间接作用于物质载体形成的痕迹或者由原始证据派生而来的传来证据的证明力大。

2. 综合审查法。由于人的认识规律所决定，人们对事物的认识是一个由浅入深、由粗到精、由感性到理性的过程，刑事诉讼活动中，公安司法人员、当事人对证据、案件事实的认识也经历了从零散、表面到全面、深入的过程。而正确的认识来源于细致深入的观察和对于各种证据材料连贯起来的思考、分析。因此，无论是对单个证据，一组证据或全案证据证明力的审查判断，应采用综合的审查方法，对单个证据证明力的审查，首先是从该证据的来源、载体、内容、形成机制等方面开始，看是否存在影响其真实性的因素存在，然后再把它放置到全案证据体系中去检验，结合其他证据进行综合比较、甄别印证，从而判断其证明力大小。在分析了单个证据的证明力后，应综合分析证明同一待证事实的证据组及全案证据。对证据组的分析及全案证据主要应分析各个证据之间、各组证据之间、证据与案件事实之间的关系，看其是否符合逻辑，是否符合常识常情常理，是否充分，是否存在薄弱环节或者遗漏，以便拾遗补阙。因此，法官在审查判断证据的证明力时，不仅要注意各证据与待证事实之间的关联程度，也要注意各证据之间的联系。因为对任何一项证据，如果只从它的本身来审查，有时难以辨别真伪及确认它对案件事实的证明作用。但是如果把它同其他证据加以对照、印证，进行综合分析，从相互之间的联系来考察，看它们所反映的情况是否一致，是否协调，就可以比较容易地发现问题、判辨真伪，进而确认证明力的有无和大小。

3. 一致性规则。据以定案依据的证明所证明的内容应当是协调一致的，指向同一证明方向，证据本身、证据与证据之间、证据与案件事实之间不存在矛盾。如存在矛盾，该矛盾应可以合理排除，否则不得作为定案的根据。在此，不能机械地理解"矛盾"和"一致"的含义。合理矛盾源于人们自然认知能力的有限性和社会生活的复杂性。实践证明，人的记忆、感知、表达能力是有限的，与客观事物不可能绝对、完全一致，这就导致自然人提供的言词证据可能在某些细节上与事实不符。这种矛盾为合理矛盾。例

---

[1] 参见杨迎泽、张红梅主编：《刑事证据适用指南》，中国检察出版社2011年9月版，第150~151页。

如，证人估计犯罪嫌疑人年龄的感知与犯罪嫌疑人的实际年龄是有差距的，这种差异即为合理矛盾。有些时候，证人、被害人或犯罪嫌疑人、被告人会基于种种原因在某些问题上说了假话，但在其他问题上却说的是真话。在这种情况下，部分的虚假并不代表全部虚假。不能仅凭其部分不真实就否认证据的整体价值。与合理矛盾相对应的非合理矛盾，是指证据本身、证据与证据之间、证据与案件事实之间在逻辑上属于矛盾或者排除关系，其中必有一假或者一真。例如，证人证明犯罪嫌疑人不存在作案时间，而现场却提取到犯罪嫌疑人的指纹一枚。"在现场"证据与"不在现场"证据在证据分类上属于有罪证据与无罪证据，在逻辑上，二者属于矛盾关系，必有一假。再如，被告人供述自己使用铁榔头杀害了被害人，而尸体检验报告却记载了被害人属于机械性窒息死亡，对杀人的行为这一待证事实存在两种相互矛盾的说法，这种矛盾不是用人们认知能力的有限性所能解释的，公安司法人员对于证据之间存在的上述矛盾应当予以高度重视，采取措施查证核实，以防止冤枉无辜，或者错放罪犯。因此，法官在对全案证据进行综合认证时，不仅要注意证据之间的内在联系，审查各项证据是否共同指向同一待证事实（对待证事实的证明方向具有一致性），各证据之间的内在联系是否能够形成闭合的证明锁链，还要注意审查各证据之间是否存在矛盾，如若存在矛盾，则要进一步核实或者进一步补充其他证据，看它们之间的矛盾能否得到合理的排除。如果矛盾难以得到合理的排除，则不可以作为定案的根据；只有不存在矛盾或者矛盾得到合理排除的证据，才可以作为定案的根据。

三、依靠间接证据定罪的规则

（一）间接证据的概念与特点

1. 间接证据的概念

直接证据与间接证据是以证据与案件主要事实不同的证明关系为标准进行的划分。所谓案件的主要事实并不包括全部案件事实，而是犯罪构成（要件）事实，包括两个方面：一是犯罪事实是否发生；二是犯罪行为是否由犯罪嫌疑人、被告人所实施。凡是能够单独地、直接证明案件主要事实的证据，是直接证据。根据直接证据的内容，无须经过推理过程即可直接地了解被指控的犯罪事实是否发生，犯罪行为是否犯罪嫌疑人、被告人所为。例如，被害人、证人目击整个犯罪过程发生的陈述和证言，犯罪嫌疑人、被告人对于自己实施犯罪过程的供述或辩解等。凡是不能单独地、直接证明，而是需要和其他证据相结合才能证明案件主要事实的证据，是间接证据。例如，被告人遗留在犯罪现场的痕迹、物证，从犯罪现场提取的作案工具，证明被害人死亡时间和原因的尸体鉴定结论等。[1] 间接证据不能直接证明案件主要事实，任何间接证据都需要和其他证据结合起来才能证明案件主要事实。间接证据与案件主要事实的联系往往是间接的，需要经过一个逻辑推理的过程。由于间接证据证明范围的局限性，在只有间接证据时，推理、

---

〔1〕　参见毕玉谦：《证据法要义》，法律出版社 2006 年第 2 版，第 301 页。

证明的过程往往更为困难复杂。在司法实践中，部分刑事案件由于各种原因没有收集到或者无法收集到直接证据，但如果全部间接证据符合法律要求条件，可以认定被告人有罪，甚至判处被告人死刑，但要格外慎重。

2. 间接证据的特点

间接证据除具有客观性、关联性、合法性三大特征之外还有其自身特点，这些特点主要是相对于直接证据而言的，具体包括：（1）证明关系的间接性。这是间接证据自身最主要、最基本的特点，其他特点由此产生并受该特点的制约。（2）证明作用的中立性。间接证据本身在证明作用问题上没有任何固定的倾向性，由于间接证据与案件主要事实的关系是间接的证明关系，任何间接证据对案件的主要事实是否有证明作用，有怎样的证明作用，其本身并不能回答，只有将其同案件中的其他事实相联系，从联系中才能确定。（3）证据范围的广泛性和证据种类的多样性。该特点也是由其间接性决定的，因为间接证据只能证明案件中的个别事实或情节，故其与案件事实之间的联系形式是多种多样的，其存在形式也不尽相同，这也决定了其在收集过程中相对于直接证据较容易。（4）证据过程的复杂性。间接证据的上述特点使其在证明案件事实的过程中相较于直接证据复杂得多，直接证据往往与案件的主要事实是重合的，运用直接证据证明案件事实只要查明是否属实即可，而运用间接证据证明案件事实起码要经历两个阶段：一是先要对案件中的所有间接证据逐个查证核实，并确认它们在案件中所能证明的具体情节；二是要把各个间接证据所证明的具体事实互相结合起来，进行严密的逻辑推理。这个推理过程是十分复杂的，特别是在只有间接证据而没有直接证据的时候，稍有不慎就会出现判断上的错误，这也与间接证据的中立性密切相关。

3. 依靠间接证据定罪规则的运用

"两高三部"《死刑案件证据规定》第33条规定："没有直接证据证明犯罪行为系被告人实施，但同时符合下列条件的可以认定被告人有罪：（一）据以定案的间接证据已经查证属实；（二）据以定案的间接证据之间相互印证，不存在无法排除的矛盾和无法解释的疑问；（三）据以定案的间接证据已经形成完整的证明体系；（四）依据间接证据认定的案件事实，结论是惟一的，足以排除一切合理怀疑；（五）运用间接证据进行的推理符合逻辑和经验判断。根据间接证据定案的，判处死刑应当特别慎重。"根据此条规定，依靠间接证据定罪主要有以下规则：[1]

（1）据以定案的间接证据已经查证属实。由于间接证据只能证明案件事实的部分事实和细节，因此在运用间接证据形成证据锁链认定案件事实时，必须确保每个间接证据的真实可靠性。一旦有一个或几个间接证据的真实性出现偏差，整个证据锁链的可靠性就会受到破坏，案件事实的认定必然会出现偏差和错误。尤其在办案过程中间接证据具有容易收集、数量较多等特点，往往会出现真假混杂的局面，这时更加需要法官对每个间接证据认真审查，以确定它的真实性，因此，只有在对每个间接证据查证属实之后，

---

〔1〕 参见张军主编：《刑事证据规则理解与适用》，法律出版社2010年9月版，第244～246页。

才可能对案件事实作出准确认定。

（2）据以定案的间接证据之间相印证，不存在无法排除的矛盾和无法解释的疑问。在对每个间接证据查证属实之后，尚不能准确认定案件事实，还要注意审据以定案的间接证据之间是否具有内在联系，证明方向是否一致，是否存在无法排除的矛盾或无法解释的疑问。如若不符，则须反复查证，确保证据之间的冲突或矛盾能够得到合理解决，唯有如此，才可能运用间接证据定案。例如，在一起入室抢劫案中，公安机关经过侦查收集到大量的间接证据，从犯罪的时间、动机、手段等方面，均显示某甲是本案的重大嫌疑人。但从现场提取到的犯罪人的脚印，却与某甲的脚印不同，这里就出现了矛盾。后经过进一步调查取证，查明原来某甲是穿着别人的鞋进入现场作案的，所以现场留下的脚印是别人的脚印，矛盾得到了合理的解决。由此，当发现间接证据之间存在矛盾时，务必准确地辨明孰是孰非，并要有认定是非的依据，将虚假的证据从证明体系中排除出去，如此才能为正确判断推理、准确认定案件事实奠定可靠的基础。[1]

（3）据以定案的间接证据已经形成完整的证明体系。每个间接证据不仅要查证属实，而且也要相互衔接，相互协调一致，形成相互印证的关系，最终要从整体上形成一个完整的证明体系。在这个证明体系中，间接证据必须有足够的数量，具备充分性，而且各个间接证据必须相互一致，不能相互矛盾，相互脱节。如果间接证据之间不相符合，相互脱节，就应当通过进一步调查研究，查证清楚之后，才确定它们的证明力。只有对所有应予证明的案件事实和情节，都有相应确实的间接证据予以证明，并且间接证据之间形成环环相扣的闭合证明锁链后才可以定案。[2]

（4）依据间接证据认定的案件事实，结论是惟一的，足以排除一切合理怀疑。依据间接证据所构筑的证明体系进行逻辑推理，得出的结论只能是一个，即只能得出被告人为实施某犯罪行为的犯罪人，完全排除了他人作案的可能性。也即完全依靠间接证据认定案件事实的证明程度必须达到"排除合理怀疑"的程度。

（5）运用间接证据进行的推理符合逻辑和经验判断。不仅运用间接证据所进行的推理要符合法定的逻辑规则（即符合通常的思维过程与客观规律）和通常的经验判断（即符合人们通常的知识积累与社会常识），而且依靠间接证据构筑的证明体系也要符合法定的逻辑规则、逻辑体系与通常的经验判断，如果运用间接证据的推理违反了法定的逻辑规则、逻辑体系与通常的经验判断，则是不可以定案的。

四、对被告人口供补强的规则

（一）证据补强的概念

补强规则又称补强证据规则，是指为了防止误认事实或发生其他危险性，而在运用某些证明力显然薄弱的证据认定案情时，必须有其他证据补强其证明力，才可以作为定

---

〔1〕 参见阮堂辉：《间接证据理论及其在事实认定中的运用》，西南政法大学 2006 年博士学位论文。
〔2〕 参见樊崇义主编：《证据法学》，法律出版社 2003 年第 3 版，第 230～231 页。

案根据的规则。[1] 补强规则源于英美法系，在英文中的意思是"确证、证实、进一步的证据"，也就是用来肯定、支持待证证据的另一证据，亦称"佐证"，起到加强待证证据证明力和担保其真实性的作用。口供补强规则是对口供的证明力进行限制，不承认其对案件事实有独立和完全的证明力，从而禁止以被告人的口供作为定罪的惟一根据，而要求必须有其他证据予以补强的证据规则。该规则的成立理由主要有两点：一是有利于防止倚重口供的倾向。由于真实的口供具有极强的证明力，如果允许将口供作为定案的惟一根据，势必使侦查、审判人员过分依赖口供，甚至不惜以非法手段获取口供，从而侵犯犯罪嫌疑人、被告人的合法权利。二是可以担保口供的真实性，避免以虚假供述导致误判。例如，替罪的场合和包庇他人的场合，以隐藏别的犯罪为目的的场合等。[2] 一般而言，补强证据必须具备三个要素："其一，不受待佐证证据的支配；其二，证明的事实与案件有关；其三，不是来源于待佐证的证人。"对此的理解，补强证据应当与主证据有不同的来源。因此，补强证据不得是需要补强的主证据的产物或复制品，如证人的两次证言，不得以一次证言来补强另一次证言证据。口供补强证据之所以称之为"补强"，因为它具有"增强或担保主证据的证明力"的功效，以使其与其他证据得以区别。

（二）口供补强规则的特征

1. 口供补强规则是对口供证明力的限制，而不是限制口供的证据能力。证据能力是指能否在具体案件中用作证明案件事实的证据的法律资格，而证明力则是指证据对于证明案件事实的作用。从逻辑上说，证据能力先于证明力，只有具有证据能力，才谈得上证明力。对于口供，也有判断证据能力和证明力的必要，但是口供补强规则系针对口供的证明力而适用，不涉及口供的证据能力问题，要求对口供进行补强，实际上是对口供证明力的限制，而不是限制口供的证据能力。

2. 口供补强规则仅适用于口供，而不适用于其他证据形式。口供补强规则的适用对象是口供，而且是指狭义上的口供，即仅仅是指被告人的有罪供述，而不包括无罪辩解，对于"无罪辩解"则无须其他证据予以补强。

3. 口供补强规则仅约束控诉方和审判方，不涉及被告人。根据口供补强规则，被告人的口供不得成为有罪判决的惟一依据，必须经由其他证据对口供进行补强后，法官才能作出有罪判决。对控方而言，由于被告人的口供属于控方证据，它实际上是要求控方在提出口供作为证据时，必须同时提供补强证据对口供予以补强。对法官来讲，断案时要求法官在控方不能提供补强证据时，不得仅仅依据口供判处被告人有罪。无论是哪个方面，口供补强规则的适用都不涉及被告方。

（三）口供补强规则的运用

我国最新修正的《刑事诉讼法》第53条第1款规定："对一切案件的判处都要重证

---

〔1〕 英美法系国家法律明确规定需要补强才能定案的案件范围已经大大缩小了。如《英国1956年性犯罪法》原规定证人证言需要补强才能认定胁迫妇女卖淫罪等犯罪，但这些条款已经被1994年法废止。《澳大利亚1995年证据法》第164条"佐证要件的废除"规定了除伪证罪或类似犯罪之外定案证据无须补强。

〔2〕 参见龙宗智：《相对合理主义》，中国政法大学出版社1994年版，第459页。

据，重调查研究，不轻信口供。只有被告人供述，没有其他证据的，不能认定被告人有罪和处以刑罚；没有被告人供述，证据确实、充分的，可以认定被告人有罪和处以刑罚。"该规定要求人民法院在行使审判权时，不能以被告人的口供作为对其定罪和处罚的惟一依据，而必须有其他符合法律规定的证据予以强化，从而确认了我国的口供补强规则。确立口供补强规则的主要目的在于防止对案件事实的误认。口供作为法定的证据种类之一，素有"证据之王"之称，真实的口供对案件事实具有极强的证明作用，而我国历史上就有倚重口供的传统，司法实践中的刑讯逼供等行为极有可能导致口供的虚假性，现行司法体制又无法有效保障口供的自愿性和真实性。因此我国刑事诉讼法确立了口供补强规则。对于我国的口供补强规则，在具体适用中需要注意以下问题：

1. 正确认识严格贯彻执行口供补强规则的重要意义

（1）口供补强规则有利于防止被告人因自身原因虚假供述，保障案件事实认定的真实性。口供相对于其他证据种类而言具有特殊性。一方面，被告人最清楚其是否犯罪，犯罪的具体细节问题，其主观的想法等问题，所以其如实的供述可谓是最能全面地、清楚地反映案情；而另一方面，因为其涉及犯罪，可能要受到刑事处罚，出于趋利避害、避重就轻等心理，被告人可能作出虚假的口供或者掺假的口供，所以其口供可能具有极大的虚假性。所以说犯罪嫌疑人、被告人的口供，既可能最真、亦可能最假。而且，实践中，口供的反复性较大，具有不稳定性，鉴于以上口供的独特之处，对口供由其他证据来补强其证明力，弥补口供本身的缺陷，有利于案件事实的发现。

（2）口供补强规则有利于防止被告人受到刑讯逼供等非法讯问而作出虚假供述，保障案件事实认定的客观性。口供补强"为保障人权，防止强求自白，避免侦查机关为求得自白，迅速破案，而以违法手段如：刑求、欺诈取得被告自白"[1]可见，对口供的证明力进行一定的限制，可以有效地避免刑讯逼供等违法取证行为，督促办案人员，重证据，重调查研究，不轻信口供，不依赖口供。对于口供的弱化，显然有利于防止被告人受到刑讯逼供等非法讯问而作出虚假供述。

（3）口供补强规则有利于发现并确认非法取得的虚假口供，保障被告人的人权。当补强证据不能印证被告人认罪口供时，往往会暴露出非法讯问获取口供的问题，对于非法获取的虚假口供的排除及对非法取证行为的制裁，有利于保障被告人的人权。

但是，应当指出在非法口供所述案件事实真实的时候，补强规则反而不利于非法获取口供行为的发现和查处，因此，口供补强规则的功能主要是防止虚假口供，对于防止非法获取但内容真实的口供上作用有限，这个问题则应由其他证据规则和相关制度解决。

2. 准确把握被补强口供的范围[2]

从口供补强规则的定义可以看出，"只有单独可以定罪的口供才具有补强的必要。需要补强的口供，不仅是被告人对犯罪事实的有罪供述，而且还必须是对全部或主要犯

---

〔1〕 参见黄雅芬：《被告自白之研究》《台湾地区司法研究年报》第20辑第10篇2000年版，第54页。

〔2〕 参见张军主编：《刑事证据规则理解与适用》，法律出版社2010年9月版，第259~261页。

罪事实的供认。因为只有这样，才可能单独依此作出有罪的判决。而如果被告人仅是对犯罪事实的一部分的承认，要依此作出有罪的判决，本身就需要其他证据的支持才能达到认定有罪的证明标准，此时并没有补强的可能或必要"[1]。因此，"被告人的供述"应当是被告人对全部或者主要犯罪事实的承认。另外，以犯罪构成要件事实区分，对证明犯罪主观要件事实的证据一般不要求补强，以犯罪构成主体要件事实和犯罪客观要件事实的证据则应当要求补强。犯罪主观要件事实包括故意、过失和特定目的的事实，这种事实一般通过行为反映出来，而很难通过具体的证据加以证实；犯罪主体要件事实包括责任能力和特殊主体身份的事实，犯罪客观要件事实则包括危害行为、危害结果和行为时间、地点、方法的事实，两者均可通过客观的证据加以证实，对证实两者的证据原则上也应当进行补强。口供补强证据应当符合法律关于证据能力或证据合法性的规定。在此范围之内，既可以是直接证据，也可以是间接证据；既可以是其他形式的言词证据，也可以是实物证据，法律一般不作其他限制。但是，对此需要强调几点：第一，补强证据必须具有证据能力，非法证据即使在实质上是真实的，也不得作为口供的补强证据[2]。第二，不能与口供作出实质性区分的证据，不能成为补强证据。如记载有口供的内容的讯问笔录[3]。第三，犯罪嫌疑人、被告人在其他场合所作的陈述，如果没有其他附加证据的，也不得单独作为本案中口供的补强证据[4]。第四，同案被告人的供述一般情况下不能单独作为被告人供述的补强证据，但有多名被告人的，各同案被告人的供述一致，并能排除串供、逼供、诱供等可能性的除外。在共同犯罪中，只有同案被告人的供述，没有其他证据的，不能认定被告人有罪，但同案被告人的供述一致，并排除串供、逼供、诱供等可能性的除外。对仅有单一被告人供述的情形，应当明确严格的口供补强规则。对于共同犯罪而言，能否依靠同案被告人供述定案的关键在于判断这类案件是否还需要补强证据。如果各同案被告人的供述一致，并能排除串供、逼供、诱供等可能性，案件事实清楚，无须再补强证据的，就可以定案。这种情况多出现在毒品犯罪案件和通常所说的"一对一"犯罪案件中。根据《全国法院审理毒品犯罪案件工作座谈会纪要》的规定，在处理被告人翻供等毒品案件时，"仅凭被告人的口供依法不能定案。只有当被告人的口供与同案其他被告人供述吻合，并且完全排除串供、逼供、诱供等情形，被告人的口供与同案被告人的供述才可以作为定案的证据。对仅有口供作为定案证据的，对其判处死刑立即执行要特别慎重"。可见在此类案件中，对于仅有同案被告人供述的情况，如果确定无须补强证据，并能排除串供、逼供、诱供等情形，也是可以定案的。另外，在实践中对有些案件事实的认定只能依靠可以相互印证的同案被告人供

---

〔1〕 参见徐美君：《口供补强法则的基础与构成》，载《中国法学》2003年第6期，第41页。
〔2〕 参见汪建成：《理想与现实——刑事证据理论的新探索》，北京大学出版社2006年版，第205页。
〔3〕 参见［日］石井正一：《日本实用刑事证据法》，陈浩然译，五南图书出版公司2000年版，第311~312页。在我国刑事审判过程中，由于过分依赖各种"笔录"，对被告人口供的补强往往变成对被告人在侦查、公诉阶段的讯问笔录的补强。即使在重视被告人当庭供述的场合，被告人庭前供述的笔录也往往成为补强其口供真实性的证据，这是错误的做法。在性质上，讯问笔录的内容与口供的内容无法作出实质性区分，因此，讯问笔录不能作为口供的补强证据。
〔4〕 参见周叔厚：《证据法论》，国际文化事业有限公司1989年版，第858页。

述，如各被告人之间是否共同预谋、有何种预谋等。这些事实往往直接影响对各同案被告人的定罪量刑。如在一起故意杀人案中，被告人甲、乙、丙共同殴打被害人致重伤后，被害人逃走。甲乙丙追上被害人，甲踢了被害人一脚，乙丙分别持刀捅刺被害人致死。根据现有其他证据，仅能证实被告人甲有故意伤害的故意，但根据同案被告人乙丙的供述，其二人在追赶被害人时都曾听到甲对二人喊"干了他"这样一句话，乙丙供述一致，这就能够证实被告人甲有杀人的故意。显然，该事实除了同案被告人乙丙的供述，其他证据是无从证实的。类似情况在共同犯罪中比较常见。在此情况下，同案被告人的口供可以相互补证，但是也应当注意同案被告人与案件的利害关系，慎重使用。

3. 准确把握补强证据的证明程度

在我国，关于补强证据所应达到的证明程度，主要存在两种观点：一种是要求补强证据大体上能够独立证明犯罪事实的存在；另一种是要求补强证据达到与供述一致，并能保证有罪供述真实性的程度。[1] 一般认为，"从补强规则的要求出发，补强证据的运用是为了保证据以定案的口供的真实性，并且在此之前单独的口供就足以认定被告人有罪，要求补强证据单独达到证明案件事实的程度显无必要"。[2] 因此，补强证据必须要能对口供的证明力也即口供的真实性和可靠性进行补强，只有口供的真实性得到补强，补强的目的才算完成。

五、对特殊侦查措施取得证据的审查认定

（一）特殊侦查措施的概念和特点

特殊侦查措施是与普通侦查措施相比较而言的，是指侦查机关采取隐瞒身份、目的、手段的方法，在侦查对象不知晓的情况下，发现犯罪线索，收集犯罪证据，乃至抓捕犯罪嫌疑人的活动。特殊侦查措施一般具有以下特点：其一，特殊侦查措施的主体是侦查机关，即现行刑事诉讼法规定的享有侦查权的国家机关。其二，侦查的对象是某些特殊案件中的特定对象。其三，侦查的目的是为了对付一些危害大、隐蔽性强、侦查难度高的特殊犯罪。其四，特殊侦查措施必须在法律规定的范围内实施，具有法定性与强制性。其五，特殊侦查措施形式多样、机动灵活，通常表现为卧底、诱惑侦查、监听、窃听、秘密搜查、邮件检查等多种形式。各种侦查措施可以单独使用也可以根据案情组合使用。

（二）对特殊侦查措施加以适当规制

侦查权作为国家打击犯罪、实现刑罚权的一项重要公权力，其行使往往与公民享有的生命、财产和人身自由等私权利发生冲突，特别是特殊侦查措施常常成为刑事诉讼惩罚犯罪与保障人权冲突的焦点。侦查权进行法治化，则是缓解冲突、寻求平衡的有效途径。我国最新修正的《刑事诉讼法》第48条第3款规定："证据必须经过查证属实，才能作为定案的根据。""两高三部"《死刑案件证据规定》第3条规定："侦查人员、检

〔1〕参见龙宗智：《相对合理主义》，中国政法大学出版社1999年版，第459页。
〔2〕参见徐美君：《口供补强法规的基础与构成》，载《中国法学》2003年第6期，第41页。

察人员、审判人员应当严格遵守法定程序，全面、客观地收集、审查、核实和认定证据。"依此规定，侦查机关依照有关规定采用特殊侦查措施收集的证据材料，并不是当然地具有证据能力和证明力，也须经法庭正式调查查证属实才可作为定案的根据。由于特殊侦查措施的过程及方法事关国家机密，一律以庭审质证的方式进行审查可能导致泄密、威胁侦查人员人身安全甚至损害国家利益，对利用特殊侦查措施取得的证据，其审查方式规定为"经法庭查证属实，可以作为定案的根据"，即通常情况下，应当以庭审质证的方式进行审查，特殊情况下可以庭下由法庭进行审查。这里所指的特殊情况，应是采用庭审质证方式进行审查，可能导致国家机密泄露、国家利益受损、侦查人员的生命安全受到严重威胁等重大、危急的情况，而不能作扩大解释。鉴于特殊侦查措施的特殊性，法庭依法不公开特殊侦查措施的过程及方法。可见，我国法律规定既考虑了特殊侦查措施在打击犯罪中的特殊作用而予以保护，又对特殊侦查措施加以了适当规制。

1. 对特殊侦查措施进行授权具有必要性。侦查措施本身非亘古不变的，其种类应当随着时代的发展而不断扩充，这是一种客观趋势。近年来，各种因素诱发的犯罪激增，犯罪率居高不下，犯罪手段更加多样化，更具隐蔽性，对侦查的对抗性更高，普通的侦查措施已很难适应打击一些新型犯罪的需要。而特殊的侦查措施大都能缩短案件侦破时间、避免过度的资源耗费，但是目前一些通过特殊侦查措施获取的证据材料由于立法无明文规定难以得到法庭的采用，大大减弱了打击犯罪的效果。因此从立法（规定）上对特殊侦查措施取得的证据予以确认实属必要。

2. 对特殊侦查措施进行规制具有必要性。尽管特殊侦查措施是侦控犯罪的锐利武器，但作为直接针对犯罪嫌疑人及相关人员实施的调查方式，其对公民权益的潜在危害性相对于普通侦查有过之而无不及。如监听、诱惑侦查和卧底侦查等，本身的运作过程不仅不为当事人所察觉，而且甚至侦查机关内部的无关人员也无从知晓，被滥用的可能性更大。因此在赋予侦查机关使用特殊侦查措施权力的同时，也必须对这些措施被滥用的可能性有合理的预见，通过法定程序对这些措施加以规制。质证是人民法院审查核实证据的主要方式，也是当事人尤其是被告人在诉讼活动中享有的一项重要诉讼权利。所谓质证，是指在法庭审理过程中，在法官主持下，由诉讼当事人就在法庭上出示的证据的客观性、关联性、合法性包括证明力的有无和大小进行质疑、说明、申辩、反驳、询问的一种诉讼活动。侦查机关在采用特殊侦查措施时往往是隐瞒身份、目的和手段，并在侦查对象不知情的情况下实施，其对公民权益的威胁性不亚于普通侦查措施。因此大多数国家对特殊侦查措施均规定了严格的授权和规制原则，并严格规范对通过特殊侦查措施收集的证据材料的审查认证程序，以实现对公民权益的保护。结合本条规定的内容，对于侦查机关采用特殊侦查措施收集的证据材料，原则上应当通过庭审质证的方式进行审查，如此才能充分实现被告方的质证权利，保障其合法权益。当然，鉴于特殊侦查措施过程及方法的涉密性，尤其在一些危害国家安全犯罪、毒品犯罪、涉枪犯罪、黑社会性质组织犯罪等重大刑事案件中，如果将使用秘密侦查、技术侦查等特殊侦查措施获得的证据在法庭上质证，可能会出现危及侦查人员生命安全、泄露国家秘密甚至损害国家利益的情况，此时对这些证据材料如何质证就可以由法庭在全面考查案情及其他证据的基础上作出裁量，但无论以何种方式查证采用特殊侦查措施取得的证据，对特殊侦查措施的过程及方法，法庭依法均不能公开。法庭如能结合其他证据认定这些证据的客观性、关联性和合法性，就可将其作为定案的根据。[1]

（三）实施特殊侦查措施的原则

特殊侦查措施能增强国家控制犯罪的能力，也不可避免地会对公民权利特别是隐私权造成损害。鉴于特殊侦查措施的形式多样，各有特点，而且现行法律对其规范有待完善，实务部门在适用特殊侦查措施及运用通过特殊侦查措施获得的证据时，应当注意把握实施特殊侦查措施的原则。[2]

1. 比例原则。在侦查领域，比例原则又称必要性原则，指侦查手段的使用必须与事情本身的重要性相适应，二者不能不成比例，按照比例原则，侦查机关在实施特殊侦查措施时应当遵守以下几个要求：第一，特殊侦查措施的使用必须与案件的重要性相适应。第二，使用特殊侦查措施时，尽量采用侵害强度较小的手段。关于特殊侦查行为的侵害程度和适用范围，学者们提出了许多见解，有学者曾根据特殊侦查行为对公民合法权利的影响结果将其分作三类，第一类能使国民降低对整个国家道德和伦理信用评价，此类措施如诱惑侦查；第二类侵犯的只是当事人某些具体的合法权利（如隐私权、通信自由权、肖像权、住宅不受侵犯权），此类措施如监听、秘密跟踪、拍摄等；第三类机动灵活，对当事人的合法权利不具有明显侵害。[3] 这些处在不同序位的措施应该确定相应的案件范围，即强制性程度较高的特殊侦查措施仅适用于较严重的刑事案件，强制性较弱的则不仅适用于严重刑事案件，也可适用于较轻的刑事案件。侦查机关使用特殊侦查措施侦查犯罪时，应综合考虑特殊侦查措施存在的风险、紧急性、犯罪的严重程度、取证的难度等因素以确保采取特殊侦查措施的正当性和必要性。

2. 审批原则。审批原则即使用特殊侦查必须书面报经享有侦查控制权的机关批准，取得载明技术侦查的对象、范围、时间、期限等内容的司法令状。不少国家的侦查机关实施特殊侦查时都须报经法官批准，也有的报经检察官批准，根据审批原则和我国的实际情况，公安机关在采取特殊侦查措施时应当严格按照现有的规定实施审批，检察机关在采取特殊措施时应经上一级检察机关的批准，如需公安机关协助执行的，应当由双方机关共同审批。

3. 相关性原则。相关性原则是指特殊侦查手段的对象只能针对犯罪嫌疑人和相关人员，侦查的范围只能限于与侦查目的有关的内容，它包括人的相关性原则和物的相关性原则。人的相关性原则，即指一般情况下，特殊侦查措施只能针对被指控人及其相关人员。物的相关性原则，即指技术侦查的范围应尽量限制在与侦查目的有关的内容上，根据相关性原则，在采取特殊侦查措施时应在审批文件中明确规定适用的对象。

---

〔1〕参见张军主编：《刑事证据规则理解与适用》，法律出版社 2010 年 9 月版，第 264～265 页。
〔2〕参见杨迎泽、张红梅主编：《刑事证据适用指南》，中国检察出版社 2011 年 9 月版，第 177～178 页。
〔3〕参见艾明：《秘密侦查概念辨析》，载《贵州警官职业学院学报》2003 年第 5 期，第 69 页。

4. 救济原则。救济原则指侦查机关应当将特殊侦查情况在适当的时候通知当事人，当事人认为侦查不合法或不适当的，侵害了其隐私权等权利时，有权要求有关机关审查并给予补救的制度。在对被调查人实施特殊侦查行为时，应当赋予被调查人如下权利：一是特殊侦查行为结果的知悉权。执行特殊侦查行为的机关应在侦查结束后的法定期间内，将侦查结果通知犯罪嫌疑人，以便被调查人做好辩护的准备。二是特殊侦查行为合法性的异议权。即当被调查人对特殊侦查行为的合法性存在异议时，可以向批准特殊侦查行为实施的机关要求复议。三是申请对适用特殊侦查行为所获得的材料、信息予以销毁的权利。由于适用特殊侦查行为所获得的材料或信息是建立在干预公民隐私权的基础上的，长期保存会增强被调查人隐私扩散的危险性，应当赋予被调查人申请销毁对适用特殊侦查行为所获得的材料、信息的权利。四是对特殊侦查行为所获信息的使用权。特殊侦查行为所获得的信息既可能包含对被调查人不利的证据，也可能包含对被调查人有利的证据，从控辩平衡的角度出发，一旦公安机关或者检察机关使用特殊侦查行为所获信息作为指控被调查人犯罪的证据使用，就应当给予被调查人查阅、摘抄、复制这些信息的权利（涉及国家秘密的内容除外）。五是申请排除非法证据的权利。侦查人员违反法律规定进行特殊侦查行为的，不仅法院可以根据违法的严重程度和违法人员的主观状态分别作出排除所获证据、侦查行为无效的决定，被调查人也应有权提出异议，以排除非法实施特殊侦查行为获得的证据。

（四）提高特殊侦查措施获取证据的运用效率

特殊侦查所获材料的功能未能得到充分发挥，这一方面是因为法律没有对特殊侦查措施进行明确规定，另一方面也在于司法机关对通过特殊侦查措施获取的证据效力存在一些模糊的认识，因此，应当提高经特殊侦查获取证据资料的运用效率。各国对技术侦查和诱惑侦查等措施获取证据的效力分析。不难发现，各国一方面通过立法、判例规范技术侦查、诱惑侦查措施的适用条件、审批程序、实施规则、权利救济程序，严格限制特殊侦查措施的适用；另一方面，在使用通过特殊侦查措施获取的证据时，各国的司法机关却表现出宽松、务实的态度。例如，英国在取舍非法监听所获得的证据时更看重该证据对发现事实的"实质性价值"，对诱惑侦查获取的证据由法官自由裁量；美国对检察机关实施的犯意诱发型的贿赂案件也作了有罪判决，对非法监听获得的证据持"利益衡平"的态度，并不是一律排除。德国、法国、日本对违反法律采取的技术侦查措施也采取比较灵活的处理方式，因此，在严格遵守现有法律规定的基础上，对实施技术侦查、诱惑侦查、卧底侦查、特情侦查所获取的证据，只要符合刑事诉讼法规定的证据种类，即可以纳入诉讼卷，作为证据使用。除了直接作为证据使用外，对于采用技术侦查、诱惑侦查、卧底侦查方式获取的证据材料也可用作促进犯罪嫌疑人如实供述，核实其他证据使用。

六、对量刑证据的审查认定

（一）量刑证据的界定

定罪与量刑是我国刑事审判的两大基本活动，实现定罪的准确性与量刑的合理性是整个刑事审判最基本要求。在人民法院对被告人作出有罪的认定后，量刑问题显得更加突出和重要，特别是对量刑证据的审查认定。

从学理的角度分析，刑事证据可以区分为有罪证据与无罪证据、控诉证据与辩护证据、原始证据与传来证据、直接证据与间接证据等。此外，根据刑事证据所要证明事实的性质不同，还可以将刑事证据区分为定罪证据与量刑证据。如果继续细分，量刑证据还可以被区分为纯粹的量刑证据与定罪量刑混合证据。[1] 纯粹的量刑证据是指与案件中量刑事实相关的，用以影响法官裁量决定刑罚的根据。依照我国《刑法》与《刑事诉讼法》的相关规定，常见、主要的纯粹量刑事实包括：累犯事实、前科事实、一贯表现、是否积极退赃赔偿的、认罪态度、成长环境、被告人正在怀孕，等等。这些案件事实中有法定量刑情节也有酌定量刑情节，有对被告人有利的量刑情节也有对其不利的量刑情节，其最大的特点是，这些案件事实只能对法官裁量决定刑罚产生影响，而对法官定罪没有任何帮助。而所谓定罪量刑混合证据，既是定罪证据又是量刑证据，对定罪量刑都会产生影响。对于这些证据，定罪不能没有它们，量刑也不能缺少它们。因此，称其为定罪量刑混合证据。之所以如此，是因为这类事实及证据"一身二任"，不可能从定罪和量刑的角度加以分割。[2] 常见、主要的定罪量刑混合证据有：被害人数量、犯罪手段、犯罪数额及情节、是否使用武器、是否是正当防卫或紧急避险、被告人的年龄、精神状况或身体状况、身份、犯罪预备、犯罪未遂、犯罪中止、主犯、从犯、胁从犯等等。比如，我国《刑法》第17条第22款规定："已满十四周岁不满十六周岁的人，犯故意杀人、故意伤害致人重伤或者死亡、强奸、抢劫、贩卖毒品、放火、爆炸、投毒罪的，应当负刑事责任。"显然，如果被告人实施的行为不属于上述八种之一的，即不构成犯罪。反之，则构成犯罪。《刑法》第17条第3款还规定："已满十四周岁不满十八周岁的人犯罪，应当从轻或者减轻处罚。"第49条第1款规定："犯罪的时候不满十八周岁的人和审判的时候怀孕的妇女，不适用死刑。"这说明虽然被告人的行为构成犯罪，但在量刑时应当从轻或者减轻裁量并不能判处其死刑。可见，被告人犯罪时15周岁这一个事实，不仅对法官认定其行为是否构成犯罪至关重要，也影响对被告人适用刑罚的裁量。定罪量刑混合事实及证据对定罪的意义重大，缺少它就无法认定犯罪的基本构成，无法给案件准确定性，没有它就无法实现量刑公正、保障人权。

（二）对量刑证据的审查认定

"两高三部"《死刑案件证据规定》第36条规定："在对被告人作出有罪认定后，人民法院认定被告人的量刑事实，除审查法定情节外，还应审查以下影响量刑的情节：（一）案件起因；（二）被害人有无过错及过错程度，是否对矛盾激化负有责任及责任大小；（三）被告人的近亲属是否协助抓获被告人；（四）被告人平时表现及有无悔罪态度；（五）被害人附带民事诉讼赔偿情况，被告人是否取得被害人或者被害人近亲属谅解；（六）其他影响量刑的情节。既有从轻、减轻处罚等情节，又有从重处罚等情节

---

〔1〕 参见左宁：《量刑证据的界定与调查初探》，载《云南法学》2010年第4期，第71页。
〔2〕 参见顾永忠：《试论量刑与量刑程序涉及的关系》，载《人民检察》2009年第15期，第7页。

的，应当依法综合相关情节予以考虑。不能排除被告人具有从轻、减轻处罚等量刑情节的，判处死刑应当特别慎重。"参照此条的规定，在审查刑事证据时，要对以下量刑情节进行审查：

1. 案件起因。案件起因是指激起行为和推动行为人实施犯罪行为的主客观因素。案件起因直接反映行为人主观恶性程度大小、人身危害性强弱，因而对量刑具有重要意义。同一种犯罪，由于案件起因不同，量刑轻重也可能不同，例如，同样是故意杀人犯罪，出于谋财害命、为升官发财清除障碍等卑劣动机而杀人与长期遭受家庭暴力，出于反抗而杀人相比，在量刑时应有所不同。

2. 被害人有无过错及过错程度，是否对矛盾激化负有责任及责任大小。所谓被害人过错是指被害人出于主观上的故意或过失诱发犯罪人的犯罪意识、激化犯罪人的犯罪程度的行为。比如，1999 年 10 月 27 日最高人民法院颁布的《全国法院维护农村稳定刑事审判工作座谈会纪要》中规定："对故意杀人犯罪是否判处死刑，不仅要看是否造成了被害人死亡结果，还要综合考虑案件的全部情况。对于因婚姻家庭、邻里纠纷等民间矛盾激化引发的故意杀人犯罪，适用死刑一定要十分慎重，应当与发生在社会上的严重危害社会治安的其他故意杀人犯罪案件有所区别。对于被害人一方有明显过错或对矛盾激化负有直接责任，或者被告人有法定从轻处罚情节的，一般不应判处死刑立即执行。"据此，在故意杀人、故意伤害案件和其他可能判处死刑的案件中，对于被害人有明显过错，且对矛盾激化有直接责任的，不宜判处被告人死刑。

3. 被告人的近亲属是否协助抓获被告人。被告人亲属是出于减轻被告人罪责，使被告人获得从轻处罚的目的，协助公安机关将被告人抓获归案，这种协助抓获的行为，虽不能构成刑法上的自首，但是有助于及时侦破案件，有利于打击犯罪，值得提倡，因此，可以酌定对被告人从轻处罚。

4. 被告人平时表现及有无悔罪态度。犯罪人一贯表现是指犯罪人犯罪前在社会生活中的各种表现情况，是反映其改造难易程度和再犯可能性大小的参考因素，可以用于评估其人身危险性。犯罪人一贯表现良好，该次犯罪是初犯，往往表明其人身危险性小，因而该情节可以成为酌定的从宽处罚情节；相反犯罪人一贯表现不良，例如，经常有小偷小摸、寻衅滋事、参加打架斗殴等行为，而受过治安处罚，甚至受到刑事处罚，往往表明其人身危险性较大，而成为酌定的从严处罚情节。悔罪态度是指被告人犯罪以后的心理的综合表现，可以用于衡量被告人的人身危险性，因此在量刑时应将它作为酌定量刑情节考虑。悔罪态度一方面表现为自己的犯罪行为的认识，即认识到自己行为的危害性，并愿意对自己的罪行所造成的损害积极补救；另一方面表现为积极协助公安司法机关查清案件事实，如实供述犯罪事实，不翻供、不串供，不毁灭、伪造证据，不从事妨碍诉讼的行为。悔罪态度好表现了犯罪人有改恶从善的意愿因而易于改造，人身危险性较低，立足于特殊预防确定刑罚量的限度时，以较轻的处罚即可能达到刑罚的目的；其次节省了司法资源，减轻了国家的负担，同时保证了诉讼的效益和效率。反之，如果犯罪人抗拒交代、拒不认罪，甚至行凶拒捕，消灭罪证，对检举人、证人实行威胁、报复，阻止同案人坦白交代，订立攻守同盟，嫁祸于人等，则人身危险性较大，浪费司法资源的恶劣行为往往会带来从严处罚的后果。[1]

5. 被害人附带民事诉讼赔偿情况，被告人是否取得被害人或者被害人近亲属谅解。安抚被害人是我国刑罚一般预防目的之一，刑事案件的被害人因为刑事犯罪受到伤害，需要慰藉和救济。在一个具体的刑事损害赔偿案件中，如果被告人能够通过事后的积极行为弥补被害人的损失，或者说使被害人或者近亲属的损失降到最低限度，并得到其谅解，能够在一定程度上修复由于犯罪带来的伤害。最高人民法院《关于刑事附带民事诉讼范围问题的规定》第4条规定："被告人已经赔偿被害人物质损失的，人民法院可以作为量刑情节予以考虑。"这一司法解释在很大程度上已经将刑事赔偿作为酌定量刑情节予以考虑。本条将被害人附带民事诉讼赔偿情况，被告人是否取得被害人或者被害人近亲属谅解作为酌定量刑情节，既是对以往司法解释精神的承继，又符合宽严相济的刑事政策，有助于和谐社会的构建。

6. 其他影响量刑的情节。除上述在司法实践中比较典型的酌定量刑情节外，还有一些情节可供检察人员在提出量刑建议或者审判人员进行量刑时予以考虑。这主要有三大类：第一类是与犯罪客观方面有关的因素，例如犯罪的对象、手段、后果、时空环境，这些情节主要可以衡量被告人行为的社会危害性。第二类是与犯罪主体有关的因素，主要是被告人个人的情况，包括被告人的年龄、心理、生理状况、生活、工作状况、道德观念、教育程度以及其他基本情况。一般认为，这些因素对犯罪人改造的难易度、是否会再犯有一定的影响，即这些情况可以反映其人身危险性，因此，法官在量刑时应对这些因素有所考虑。第三类是社会环境类因素，如刑事政策、民愤、社会舆论、社会形势，它们与犯罪行为和犯罪人没有直接的联系，因此它们并不具备酌定量刑情节的本质属性，但是却能在客观上影响量刑。

既有从轻、减轻处罚等情节，又有从重处罚等情节的，应当依法综合相关情节予以考虑。在轻重情节并存的情况下，要全面考虑案件的各种情节，不能采用简单折抵的办法，而应当考虑不同情节的地位与作用分别适用各种量刑情节，通过综合分析，全面考察，最终决定刑罚的轻重。

在审理死刑案件时，不能排除被告人具有从轻、减轻处罚等量刑情节的，判处死刑应当特别慎重。实践中往往存在这种情况，认定案件性质的事实清楚、证据确实充分，但不能排除被告人具有自首、立功等从轻、减轻处罚的量刑情节。当这种情节涉及是否判处死刑立即执行时，应予慎重对待。所谓特别慎重，既不是一味地从轻判决，也不是一律判处死刑，而是应综合全案证据及案件的具体情况，选择最为适当的刑罚，以符合罪刑相适应原则的要求。此款规定既体现了在死刑案件中严把证据关、控制死刑、慎用死刑的政策，也体现了刑事司法中的人文关怀。

---

〔1〕　参见蒋明：《量刑情节研究》，中国方正出版社2004年版，第178页。

七、言词证据的审查认定

(一) 言词证据的形成过程

根据证据的表面形式可以将证据分为言词证据和实物证据两种，凡是表现为自然人使用文字语言表述以证明案件事实的即是言词证据。刑事诉讼法规定的证据中的证人证言、被害人陈述、犯罪嫌疑人及被告人供述和辩解、鉴定结论都属于言词证据。证据是诉讼活动的核心，证据的生命力在于其真实性，即证据对于案件事实情况的证明作用。考察言词证据的真实性，离不开言词证据的形成过程，言词证据的形成分为两个阶段：一是案件事实作用于人的头脑，形成证据映象；二是证据映象在一定条件下转化为言词证据。言词证据材料形成于诉讼活动过程中，在进入诉讼活动前，则作为大脑的记忆信息储存于证据主体的大脑之中。

言词证据来源于对案件客观事实的反映，或者说对案件客观事实的感知。最初表现为证据主体对案件客观事实上的感知所留下的映象，包括由感觉器官受刺激所形成的客体形象和由思维器官抽象思维所形成的观念。犯罪行为和与案件事实有关的一切客观事实等物质运动作用于证据主体感知器官都会在其大脑形成证据映象。

证据映象作为存在于证据主体大脑中的记忆、观念或意念的形成，是不能起到对案件事实的证明作用的。只有外化为言词形式，并符合证据的取证法定要求，才能发挥证明力的作用。外化的条件：（1）证据主体出于内心的道德感主动提出线索，如证人主动提供线索反映情况，被害人主动到司法机关报案形成的言词证据。（2）证据主体慑于法律的威力，而提供言词证据，这种情况下，证据主体有所顾虑。（3）司法机关要求证据主体提供言词证据，这种要求的强度是与言词证据与证据映象真实程度成反比，如司法机关收集证人证言，有的证人主动向司法机关反映情况，积极配合；有的比较勉强，在提供证言中又是吞吞吐吐、躲躲闪闪，需要司法机关反复做工作才肯配合；有的不肯作证，且态度顽固。尽管法律规定证人有作证的义务，但在法律未作出具体的处罚措施的情况下，证人拒绝作证，拒绝将证据映象转化为言词证据；有的证人甚至编造虚假的证据映象，作假证。因此，准确地收集、固定这种强制程度，有助于判断证据映象转化为言词证据的真实程度。（4）是证据主体出于自己工作职责而提供言词证据，主要是指鉴定人所作的鉴定意见和结论。

(二) 影响言词证据质量的因素[1]

从案件发生—证据映象—言词证据这一过程中，有许多因素影响到言词证据真实地反映案件事实，探索和研究这些因素，有助于在实践中正确有效地收集、运用言词证据。

1. 证据映象形成阶段影响言词证据质量的因素。证据映象是证据主体对案件事实的能动反映，它不是对案件事实的简单的、机械的、死板的摹写，而是把案件事实主

---

〔1〕 参见黄印：《试论言词证据的影响因素与审查认定》，载《政法学刊》2001 年第 2 期，第 59 ~ 61 页。

观化的一种活动。这种主观能动的活动造成证据映象贴近或背离案件事实，形成正确或错误的认识，而影响和决定这种主观能动活动（即证据映象的形成）有以下的因素：（1）主观方面。证据主体的生理因素、心理因素都可能造成证据映象与案件客观事实存在一定的偏差，甚至所反映的案件事实存在某些缺陷，或严重失真。生理因素主要指证据主体的生理状况和生理条件。例如盲人由于丧失了视力，就无法反映客体形象，聋哑人由于丧失了听力，就无法反映声音。年龄、健康状况的因素，使证据主体的记忆力、感受力、判断力等都存在差异，都有可能影响其真实地反映条件事实。心理因素主要指证据主体感知案件事实时的心理状况和认知能力，即感知案件事实时是否注意力集中，精神状况是否正常，有无出现幻听幻觉或暂时性的昏迷等等异常情况，以及其对事物的正确认识是否具备应有的知识结构。例如拦路持械抢劫案件中事主由于精神高度紧张的恐慌，可能对犯罪行为的感知产生错误认识，导致对案件事实错误的反映。（2）客观方面。案件事实存在于具体的客观环境中，证据主体在反映案件事实时，不能不受到客观环境的影响和制约，客观环境主要包括时间、地点、地形、气候、天气、光线、距离目标远近，以及被反映对象的状态等。例如在舞厅发生的斗殴致人死亡案件，由于舞厅旋转的灯光使人的面部形象和衣着色彩产生一定程度的失真，可能导致犯罪行为目睹人对犯罪行为人的映象产生一定程度的不真实。再有，由于客观事物的表现形式是多种多样的、千变万化的。在很多情况下，客观事物通过假象表现出来，使得证据主体难以透过假象，达到对事物本来面目的正确认识，从而造成对案件事实的歪曲反映。

2. 证据映象外化为言词证据过程影响言词证据质量的因素。证据映象转化为言词证据的过程，是一个动态发展的过程。在这一过程中：由于证据主体承受着生理、心理、社会等多种因素的影响，尤其是社会性因素的干扰，使得证据映象在表现为言词证据的过程中呈现出很大的不稳定性；此外，这一过程也是言词证据的证明力逐步展现的动态过程。在诉讼中，国家司法公安机关的执法人员采取法定程序和方法使证据主体的证据映象表现为言词证据，随着言词证据的不断被收集、审查、运用，其对案件事实的证明作用才得以不断发挥。在证据映象表现为言词证据的过程中，存在着影响和制约其真实表现的三个方面的因素：（1）生理因素。在证据映象表现为言词证据的过程中，对其真实性发生消极影响的生理因素主要是证据主体的记忆力和表达能力。距离证据主体反映案件事实的时间越长，记忆越模糊、越淡薄；反之，则越清晰、越准确。此外，在证据主体反映案件事实到外化表现为言词证据这段时间内，证据主体还不断地接收新的各种映象，这些映象会对原来的证据映象产生干扰，对其记忆的准确性产生一定的影响。言词证据中的表达是指证据主体对证据映象的陈述。其表达的客观、准确、清晰与否，直接关系到言词证据的证明力。证据主体的表达能力受到其年龄、职业、文化程度、社会经历等因素的影响。此外，证据主体陈述时的周围客观环境也对其是否能客观真实表达有一定的影响。（2）心理因素。这一方面因素的影响主要体现在被告人的供述和辩解，被害人陈述中。被告人是与案件的处理结果有最密切关系的人，被告人为了逃避罪责，常故意隐瞒真实情况，提供虚假情况。而被害人是直接遭受犯罪行为侵害的人。在一些案件中，被害人为保全名誉不愿证实犯罪，例如，在农村和经济不发达地区，妇女被强奸后，不愿指证罪犯。也有的被害人出于自身的目的而故意夸大犯罪事实。人对事物的认识总是同人的情感、意志等心理因素交织在一起，受到情感、意志等心理因素的影响和制约。（3）社会因素。诉讼证据是社会关系矛盾性的产物。言词证据的形成过程就不可避免地受到各种社会因素的影响。有时，这种影响关系到言词证据的真伪。例如，证人受到威胁推翻了原来的证言，或者受到利诱甚至与被告人串通，伪造证言；有的鉴定人出于个人需要或被收买，涂改原始资料而作出虚假的鉴定结论等。其次，证据映象转化为言词证据过程中，法定证据收集者的品质（包括法定证据收集者的能力、经验及道德）可能影响到其真实性。能力不强、经验不足的法定人员可能将一些有欠缺的陈述、供述、证言当作证据收集，导致证据无效或部分无效。道德恶劣的法定人员可能采用"刑讯逼供"等非法手段收集证据。

（三）言词证据的审查认定

言词证据和实物证据不同，在其形成的每个环节都可存在着影响其客观性、真实性的因素，最容易失真。刑事诉讼法对言词证据的获取、使用作了严格的规定。因此，应严格依法进行，保证符合证据的诉讼要求，又达到证明案件事实的诉讼效力。言词证据的质量，是刑事诉讼活动的基础。正确的审查认定言词证据是把握和运用它的前提，对收集到的言词证据进行分析研究，确定其是否客观真实，与案件事实有无直接或间接联系，能否证明案件真实情况，应从以下方面入手。审查认定言词证据只有在逐个论证审查的基础上进行综合审查判断，结合全案，去粗取精，去伪存真，才能确保案件事实明确，证据充分，才能准确把握运用言词证据，发挥其证明力。

1. 对证人证言的审查。审查证人的生理、心理状态是否正常，是否会影响其正确感知案件事实、判断是非。证言来源是直接感知还是听他人转述的；感知时的客观环境和条件对证人感知结果是否存在影响，及其影响程度；证人自身表达能力如何，间接感知的应审查信息来源是否确实；证人与案件和案件当事人之间有无存在利害关系；证人作证时是否受到外来因素干扰，导致其隐瞒事实，甚至作伪证；证人的个人品质如何；证言自身是否存在矛盾，与其他证据是否能够相互印证等。

2. 对被害人陈述的审查。被害人陈述的心理状态；被害人陈述的事实来源；被害人与被告人之间的关系；被害人的个人品质及陈述事实的心理原因；被害人陈述是否前后存在矛盾；与其他证据是否可以相互印证等。

3. 对犯罪嫌疑人、被告人供述和辩解的审查。主要审查取得口供的程度是否合法，有无刑讯逼供和以威胁、引诱、欺骗以及其他非法手段取得口供；犯罪嫌疑人、被告人供述和辩解时的心理状态，供述和辩解的动机和条件；犯罪嫌疑人、被告人供述和辩解是否前后一致，有无矛盾、反复的情况，矛盾、反复的原因；犯罪嫌疑人、被告人供述和辩解与其他证据之间有无矛盾，真实性如何等。

4. 对鉴定结论的审查。鉴定人主体资格的审查；鉴定的条件、水平是否相当；鉴定程序是否符合法定要求；鉴定时有无外界干扰；鉴定结论与其他证据是否矛盾，与案件事实是否矛盾等。

八、庭外调查核实证据

（一）庭外调查核实证据的性质

我国最新修正的《刑事诉讼法》第191条规定："法庭审理过程中，合议庭对证据有疑问的，可以宣布休庭，对证据进行调查核实。人民法院调查核实证据，可以进行勘验、检查、查封、扣押、鉴定和查询、冻结。"此条规定赋予了法官的庭外调查核实证据的权力。《刑事诉讼法司法解释》第55条规定："人民法院对公诉案件依法调查、核实证据时，发现对认定案件事实有重要作用的新的证据材料，应当告知检察人员和辩护人。必要时，也可以直接提取，复制后移送检察人员和辩护人。""两高三部"《死刑案件证据规定》第38条规定："法庭对证据有疑问的，可以告知出庭检察人员、被告人及其辩护人补充证据或者作出说明；确有核实必要的，可以宣布休庭，对证据进行调查核实。法庭进行庭外调查时，必要时，可以通知出庭检察人员、辩护人到场。出庭检察人员、辩护人一方或者双方不到场的，法庭记录在案。人民检察院、辩护人补充的和法庭庭外调查核实取得的证据，法庭可以庭外征求出庭检察人员、辩护人的意见。双方意见不一致，有一方要求人民法院开庭进行调查的，人民法院应当开庭。"这些规定旨在强调法官在法庭审理过程中应保持中立地位，只有在出于查明案情的需要，确有证据需要核实的前提下，才享有一定的庭外调查权。

通常认为，赋予法官庭外调查权是职权主义的表征。在奉行当事人主义的英美法系国家，法院一般不进行庭外证据调查，而在秉承职权主义的大陆法系国家，则普遍采用法官庭外调查证据的做法。"法官庭外调查证据是法院履行其查明案件事实的职责的一种较为特殊的方式，是审判职权的积极运用。法院行使这一权力的积极意义在于，当某一事实对裁判具有实质上的意义而又难以确定，或者控辩双方对某一事实的举证明显相互排斥而当庭一时难断真伪时，法院进行必要的庭外调查核实活动，避免因一方的诉讼权利不能有效行使而致使判断对其不利，防止判决结果过多地依赖于控辩双方的语言和辩论技巧，从而将判决建立在客观事实的基础上"。[1] 发现案件实体真实，是法官庭外调查权正当化的基础，也是法官庭外调查证据所追求的主要目标。

（二）我国设置庭外调查证据的必要性

在我国，赋予法官庭外调查权，除了追求实体真实的需要外，还有适应我国国情的特殊的必要性。[2]

1. 法官拥有庭外调查权适合我国目前的诉讼模式。传统上，我国采取的是职权主义的诉讼模式，现行的刑事诉讼法适当地吸收了当事人主义的一些合理因素，建立了由职

---

〔1〕　参见奚玮、吴小军：《论我国法官庭外调查证据的范围——以刑事诉讼为中心》，载《政治与法律》2005年第5期，第128页。

〔2〕　参见杨明、王婷婷：《法官庭外调查权的理解与适用》，载《当代法学》2007年第1期，第146页。

权主义和当事人主义相融合的一种"混合式"的诉讼模式,但这种诉讼模式仍带有较为浓厚的职权主义色彩,因而纯粹的当事人主义诉讼模式中的法官完全"消极中立"在我国还不能够实现。当事人主义诉讼模式以控辩双方的平等对抗为特征,它以拥有高素质的辩护律师为前提,而在我国目前的律师制度尚不完善的情况下取消法官的庭外调查权,则会使被告人处于更为不利的境地。此外,当事人主义诉讼模式下的法官完全消极中立也存在其固有的弊端。因此,在现实的条件下,保留法官的庭外调查权更适合我国的诉讼模式,更符合我国的国情。

2. 我国法官的地位决定了法官庭外调查权的合理性。司法独立与法官中立是一项公认的刑事诉讼原则。但法官保持消极中立必须要有相关的配套制度的保障。如英美等国家的法官处于完全消极中立的地位,但这是以其拥有完备的庭前准备程序、完善的被告人保护制度、强大的律师辩护与调查取证能力、庭审中直接言词原则的贯彻为前提的。在这些配套制度的保障下,控辩双方能够平等武装,被告人的利益获得了相当的保护,法官才能保持其中立的地位而不再承担庭外调查的任务。而我国相关的配套制度的缺失和不健全决定了在我国刑事诉讼中法官不可能完全消极中立,在必要时需要进行庭外调查来查明案件事实并保护被告人的合法权益。

3. 法官庭外调查权的存在有助于保护被告人的合法权益。在我国刑事诉讼中,控辩双方的力量相差悬殊,控诉方拥有强大的国家权力来收集各种证据,在查明案情方面有极大的优势。相比较之下,犯罪嫌疑人在侦查阶段就往往被采取了强制措施,限制了人身自由,其调查取证已不可能,而我国的指定辩护只限于少数的几种情形且只限于审判阶段,因此实践中,有许多被告人没有辩护律师的帮助,即使有律师的帮助,律师的取证也要受到各种限制,例如在侦查阶段不可以调查取证等。在这种情况下,取消法官的庭外调查权不利于保护被告人的合法权益,实现控辩双方的平等对抗。

4. 法官进行庭外调查有助于查明案件事实。我国的法官在庭审中不是完全被动地"坐堂听审",而是拥有一定的庭外调查权,这可以帮助法官全面了解案件事实,对于实现实体正义具有一定的价值,也能尽快澄清审判中的疑点,及时审结案件,提高诉讼效率,克服当事人主义诉讼模式下法官完全消极中立可能带来的弊端。本文所论述的法官庭外调查权是在遵循有利于被告人原则的前提下开展的,法官庭外调查的出发点之一就是避免因辩护方诉讼权利不能有效行使致使判决对其不利,平衡控辩双方的实力。在此前提下开展庭外调查,有利于查明案件事实,准确地定罪量刑与保障无辜,也能够兼顾实现实体真实与保障人权的双重价值目标。

5. 我国的证明标准使得法官需要开展庭外调查。我国刑事证据的证明标准是"事实清楚,证据确实充分",也就是说,法官裁判的依据依然是"事实",因此"事实"的查明是法官作出判决的前提和必要条件。这与英美法系国家的当事人主义诉讼模式不同,因为后者充分尊重当事人作为诉讼主体在诉讼中的参与权与意愿,若被告人作出有罪答辩,则法官一般不必再查明真相而是径行作出判决。因此,在现行证明标准的要求下,法官需要采取一定的措施来查明案件真相,以便作出正确的判决,庭外调查权就是其措施之一。

（三）庭外调查应注意的事项

法官庭外调查证据已并非严格意义上的司法裁判活动，而是承担了更多原来应由控诉方或者辩护方承担的取证、证明的责任，且法官一旦开始亲自调查证据，就会面临着对其调查核实的证据进行质证和认证的问题。法官在庭外调查过程中，也难免会对被告人有罪或者无罪形成预先的心理认识，难以保持完全的中立、客观态度。从这个意义上讲，法官庭外调查权又是与现代诉讼控审分离、法官居中裁判的原则相背离的，需要严格规定适用条件方可使用。

1. 坚持法官中立原则。诉讼职能的分工（主要包括控审职能的分离）是现代刑事诉讼的重要特征，司法中立是程序正义的重要标志。从本质上说，法官进行庭外调查带有职权主义色彩，容易使法官的中立地位产生动摇，因此在庭外调查中，法官应注重从以下几方面保持其中立地位：（1）不应将法官的庭外调查变成庭外侦查。法官进行庭外调查拥有的调查手段与侦查手段相似，但两者有着本质的不同。庭外调查是一种限制性的权力，法官的调查活动是核实证据材料，其权限同及时获取证据、查明案情为目的的侦查活动的权限相比要弱得多，被限制的地方也更多。如，庭外调查只限于庭审过程中的有疑问的证据；基于调查的证据材料只能是控辩双方已经提出的证据材料；相对于庭上调查，庭外调查只是一种补充性权力，等等。（2）庭外调查原则上应依申请进行，只有在特殊情形下才可依职权进行，以求尽量保证法官的消极中立地位。此外，庭外调查也不应由法官秘密进行，而应允许控辩双方在场，从而防止对法官的中立形象产生怀疑。（3）法官庭外调查不应带有追诉性质，以防止控审职能混淆。由于控方负有举证责任而且拥有强大的调查取证的权力，因此法官一般不应做有利于控方的调查，更不能为了控方去收集、补充证据，以防止法官沦为追诉的一方或是协助追诉的一方。（4）庭外调查应在庭审过程中对证据有疑问，且确有核实必要的情况下进行。对"证据有疑问"的判断标准，可采用关联性、必要性和可能性标准。其一，只有具有关联性的证据，法官才有庭外调查的必要；对欠缺关联性的证据，即使调查，对待证事实的证明也毫无意义，反而会浪费司法资源，造成诉讼拖延。其二，庭外调查证据固然旨在发现案件真相，但如果没有对必要性的证据进行调查，则会降低诉讼效率。例如，在某大学毕业典礼当天，甲在学校操场上殴打乙，当场有上百名毕业生及家属目击经过，法院传讯其中5名证人，皆作证甲殴打乙，若甲再申请法院调查另外20名目击证人，虽然这种请求调查的范围具有关联性，但由于事实已明了而不再具有必要性，因此，对于这种情况，法院应决定不予调查。其三，可能性的判断。包括根本无法调查以及难以调查两种情形。前者比较明确，如目击证人已经死亡或已成为植物人，杀人凶器已被销毁等；后者则涉及诉讼经济的价值判断，如证人已经全家移民或下落不明，此时虽然未必绝对不能进行调查，但如果进行调查则诉讼成本太高，或导致诉讼严重延滞，此时则需要考虑调查的可能性。当然，这情形是否进行调查，也取决于该证据的重要性，如果移民到国外的人是惟一能证明被告人不在现场的证人，那么对该证人进行调查的期望可能会随之提高。[1]

2. 坚持有利于被告人的原则。有利于被告人的原则是国际上通行的刑事诉讼准则，其原因就在于控辩双方力量的不均衡与人权保障的需要。有利于被告人的原则不会破坏司法中立，因为有利于被告人的庭外调查不是任意进行的，它也要受到程序上的严格的限制，目的是为了维护控辩双方地位的平等。有利于被告人的原则主要体现在法官庭外调查权的行使原则上应基于辩方的申请，同时在庭外调查过程中应使被告方作为诉讼主体充分而平等地参加到庭外调查的过程中来。（1）庭外调查的范围应限于已出示的证据，且法官不能替控方分担证明责任。法官庭外调查证据的范围原则上只限于控辩双方已出示的证据，控辩双方对特定事实未出示的其他证据，法官一般不能主动依职权进行调查。在刑事诉讼中，控诉方承担举证责任，控方有义务使证据达到确实充分的程度，从而使法官形成内心确信，对被告人作出有罪判决。《刑事诉讼法》第 195 条第 3 项也规定："证据不足，不能认定被告人有罪的，应当作出证据不足，指控的犯罪不能成立的无罪判决。"由此可以看出，法院一般不应做有利于控方的庭外调查。当控辩双方对某一证据存在疑问时，控方有义务提出更充分的证据证明自己的主张并反驳对方的证据，若控方不能提出确实、充分的证据并达到排除合理怀疑的程度，那么控方就应承担不利的后果，法院就应对被告人作出无罪判决。而不应该在控辩双方针锋相对、各执一词时就诉诸于法官的庭外调查权，因为这有可能减轻了控方的证明责任而加重了辩方的负担。（2）不危及被告人利益。基于有利于被告人的原则，法官庭外调查一般应被告方的申请启动，且在调查过程中应使被告方作为诉讼主体充分、平等地参与进来，如及时通知辩护人到场，询问辩护方的意见等。如果对证明被告人是否构成自首、立功等酌定从轻、减轻情节的证据有疑问，确有核实必要的，法官可依职权决定进行庭外调查。

3. 庭外调查获得的证据，必须经由控辩双方充分发表质证才能作为定案的根据。对于通过庭外调查获得的证据，应当由控辩双方出示，且由控辩双方充分发表质证意见后方能作为定案的根据，法官绝不能将庭外调查获得的证据直接作为定案的根据。我国最新修正的《刑事诉讼法》第 191 条规定："法庭审理过程中，合议庭对证据有疑问的，可以宣布休庭，对证据进行调查核实。人民法院调查核实证据，可以进行勘验、检查、查封、扣押、鉴定和查询、冻结"。由此，我国法官对开庭审理过程中"证据有疑问"的案件，有权进行庭外调查核实。对于法官庭外调查权的具体适用和操作问题，六部委《关于刑事诉讼法实施中若干问题的规定》以及最高人民法院《刑事诉讼法司法解释》、最高人民检察院《人民检察院刑事诉讼规则》分别从庭外调查权的启动、调查方式、证据采信等方面作出了较为具体的规定。"两高三部"《死刑案件证据规定》第 38 条进一步规定："法庭对证据有疑问的，可以告知出庭检察人员、被告人及其辩护人补充证据或者作出说明；确有核实必要的，可以宣布休庭，对证据进行调查核实。法庭进行庭外调查，必要时，可以通知出庭检察人员、辩护人到场。出庭检察人员、辩护人一方或者

---

〔1〕 参见杨明、王婷婷：《法官庭外调查权的理解与适用》，载《当代法学》2007 年第 1 期，第 147～148 页。

双方不到场的，法庭记录在案。人民检察院、辩护人补充的和法庭庭外调查核实取得的证据，法庭可以庭外征求出庭检察人员、辩护人的意见。双方意见不一致，有一方要求人民法院开庭进行调查的，人民法院应当开庭。"根据该规定的内容，其一，基于消极中立的要求，法官在法庭审理过程中，如果对证据存在疑问，首先可以告知出庭检察人员、被告人及其辩护人补充证据或者作出说明，而非直接行使庭外调查权。其二，如果出庭检察人员、被告人及其辩护人无法补充证据或者不能作出说明的，抑或法官认为确有必要核实证据的，可以宣布休庭，对证据调查核实。在此应当注意，庭外调查原则上还是应依申请进行，少数情况下才可依职权进行，以尽量保证法官的消极中立地位；对"证据确有疑问"的判断应符合关联性、必要性和可能性的标准；庭外调查证据的范围原则上只限于控辩双方已出示的证据，不得补充新的证据，且一般不主动做有利于控诉方的庭外调查；如对有利于被告人的证据有疑问，且确有核实必要，法官可依职权进行庭外调查。其三，法庭进行庭外调查时，必要时，可以通知出庭检察人员、辩护人到场。出庭检察人员、辩护人一方或者双方不到场的，法庭记录在案。这里体现了庭外调查对双方当事人的公开性，庭外调查不应由法官秘密进行，而应允许控辩双方在场，从而防止对法官的中立形象产生怀疑，也体现了有利于被告人的原则。庭外调查过程中应使被告方作为诉讼主体充分而平等地参与到调查过程中，这里的"必要时"应理解为"一般应当"。

4. 注意自由证明和严格证明的界定。根据"两高三部"《死刑案件证据规定》第38条第2款规定，对人民检察院、辩护人补充的和法庭庭外调查核实取得的证据，法庭可以采用庭外征求控、辩双方意见和开庭质证两种方式进行调查，实质上也就是自由证明和严格证明两种方式。所谓严格证明，是指根据法律规定的方式和程序对具有证据能力的证据进行证据调查，以形成法官内心确信的一种诉讼证明方式。相应地，自由证明是指对证据能力或证据调查程序要求较低的一种相对自由的证明方式。严格证明是与法庭审判活动紧密相联的概念。"由于刑事诉讼法有关作为严格证明要件的证据能力和证据调查程序的规定明显是以对立当事人参与的公开审判程序为前提的，因此可以说严格证明是只在公判程序中实施的证明方法"[1] 自由证明并没有法定证据方法的限制和法定调查程序之限制，法官可以查阅卷宗或电话询问的方法来调查证据。严格证明与自由证明的范围界定，实际上是对于作为证明对象的待证事实是适用严格证明还是自由证明的划分。这是整个严格证明和自由证明规则的核心问题。在界定该问题时应注意两个方面：（1）不影响实体公正。这是界定严格证明与自由证明范围的基本原因。因此"对影响被告人定罪量刑实体处断结果的场合均应适用严格证明"[2]（2）有利于被告人。这是现代刑事诉讼的基本原则，也是确立严格证明与自由证明必须坚持的原则。"在证明对被告人不利的事项时，均应适用严格证明，因在严格证明中被告人拥有更为充分的抗

---

〔1〕 参见［日〕出田孝一：《自由证明与严格证明——从裁判的立场看》，载三井诚等主编：《新刑事程序Ⅰ》，悠悠社2002年版。

〔2〕 参见竺常赟：《刑事诉讼严格证明与自由证明规则的构建》，载《华东政法大学学报》2009年第4期，第84页。

辩机会；在证明对被告人有利的事项时则可放宽要求实行自由证明"。[1] 在我国，对于所有犯罪构成（要件）事实和倾向于加重被告人刑罚甚至适用死刑的量刑事实的证明，必须采用严格证明的方式；对于有利于被告人的量刑事实和大部分的程序法事实的证明，可以采用自由证明方式。对人民检察院、辩护人补充的和法庭庭外调查核实取得的证据，法庭可以根据上述区分，对可以采用自由证明方式调查的证据，可以庭外征求出庭检察人员、辩护人的意见，如果双方意见不一致，有一方要求人民法院开庭进行调查的，应当开庭调查；对应当采用严格证明方式调查的证据，法庭原则上应当开庭进行调查，不能在庭外征求控辩双方的意见。[2]

九、对自首立功累犯量刑情节的审查

（一）符合自首立功累犯的情节

1. 符合自首的情节。所谓自首，是指犯罪嫌疑人犯罪以后自动投案，如实供述自己的罪行的行为。根据我国《刑法》第 67 条第 1 款和最高人民法院《关于处理自首和立功具体应用法律若干问题的解释》的规定，自首成立的两个构成要件是自动投案和如实供述自己的罪行。自动投案，是指犯罪事实或者犯罪嫌疑人未被司法机关发觉，或者虽被发觉，但犯罪嫌疑人尚未受到讯问、未被采取强制措施时，主动、直接向公安机关、人民检察院或者人民法院投案。犯罪嫌疑人向其所在单位、城乡基层组织或者其他有关负责人员投案的；犯罪嫌疑人因病、伤或者为了减轻犯罪后果，委托他人先代为投案的；或者先以信、电投案的；罪行尚未被司法机关发觉，仅因形迹可疑，被有关组织或者司法机关盘问、教育后，主动交代自己的罪行的；犯罪后逃跑，在被通缉、追捕过程中，主动投案的；经查实确已准备去投案，或者正在投案途中，被公安机关捕获的，应当视为自动投案。并非出于犯罪嫌疑人主动，而是经亲友规劝、陪同投案的；公安机关通知犯罪嫌疑人的亲友，或者亲友主动报案后，将犯罪嫌疑人送去投案的，也应当视为自动投案。犯罪嫌疑人自动投案后又逃跑的，不能认定为自首。如实供述自己的罪行，是指犯罪嫌疑人自动投案后，如实交代自己的主要犯罪事实。犯有数罪的犯罪嫌疑人仅如实供述所犯数罪中部分犯罪的，只对如实供述部分犯罪的行为，认定为自首。共同犯罪案件中的犯罪嫌疑人，除如实供述自己的罪行，还应当供述所知的同案犯，主犯则应当供述所知其他同案犯的共同犯罪事实，才能认定为自首。犯罪嫌疑人自动投案并如实供述自己的罪行后又翻供的，不能认定为自首；但在一审判决前又能如实供述的，应当认定为自首。被采取强制措施的犯罪嫌疑人、被告人和已宣判的罪犯，如实供述司法机关尚未掌握的罪行，与司法机关已掌握的或者判决确定的罪行属不同种罪行的，以自首论。根据《刑法》第 66 条第 1 款的规定，对于自首的犯罪分子，可以从轻或者减轻处罚；对于犯罪较轻的，可以免除处罚。具体确定从轻、减轻还是免除处罚，应当根据犯罪轻重，并考虑自首的具体情节。被采取强制措施的犯罪嫌疑人、被告人和已宣判的罪犯，

---

〔1〕 参见竺常赟：《刑事诉讼严格证明与自由证明规则的构建》，载《华东政法大学学报》2009 年第 4 期，第 85 页。
〔2〕 参见张军主编：《刑事证据规则理解与适用》，法律出版社 2010 年 9 月版，第 279 页。

如实供述司法机关尚未掌握的罪行，与司法机关已掌握的或者判决确定的罪行属同种罪行的，可以酌情从轻处罚；如实供述的同种罪行较重的，一般应当从轻处罚。

2. 符合立功的情节。所谓立功，是指犯罪分子揭发他人犯罪行为，查证属实的，或者提供重要犯罪线索，从而得以侦破其他案件的行为。根据《刑法》第 68 条第 1 款和最高人民法院《关于处理自首和立功具体应用法律若干问题的解释》的规定，犯罪分子到案后有检举、揭发他人犯罪行为，包括共同犯罪案件中的犯罪分子揭发同案犯共同犯罪以外的其他犯罪，经查证属实；提供侦破其他案件的重要线索，经查证属实；阻止他人犯罪活动；协助司法机关抓捕其他犯罪嫌疑人（包括同案犯）；具有其他有利于国家和社会的突出表现的，应当认定为有立功表现。共同犯罪案件的犯罪分子到案后，揭发同案犯共同犯罪事实的，可以酌情予以从轻处罚。犯罪分子有检举、揭发他人重大犯罪行为，经查证属实；提供侦破其他重大案件的重要线索，经查证属实；阻止他人重大犯罪活动；协助司法机关抓捕其他重大犯罪嫌疑人（包括同案犯）；对国家和社会有其他重大贡献等表现的，应当认定为有重大立功表现。这里所称"重大犯罪"、"重大案件"、"重大犯罪嫌疑人"的标准，一般是指犯罪嫌疑人、被告人可能被判处无期徒刑以上刑罚或者案件在本省、自治区、直辖市或者全国范围内有较大影响等情形。为确保立功认定的严肃性、准确度，审查是否构成立功，不仅要审查办案机关的说明材料、有关协助抓获其他罪犯（包括同案犯）的事实、检举揭发他人犯罪的事实和证据以及与案件定性处罚相关的法律文书，如立案决定书、拘留证、逮捕决定书、侦查终结报告、起诉意见书、起诉书或者判决书等。在认定是否构成立功时，还可以对知悉被告人协助抓获其他罪犯（包括同案犯）的人员进行调查，以查实被告人确实存在立功情节。

3. 符合累犯的情节。根据我国《刑法》的规定，累犯，可分为一般累犯和特别累犯两类。其中一般累犯也称普通累犯，是指因犯罪受过一定的刑罚处罚，刑罚执行完毕或者赦免以后，在法定期限内又犯一定之罪的。特别累犯，是指曾犯一定之罪，刑罚执行完毕或者赦免以后，又再犯此一定之罪的。即除犯某种特定罪外，犯其他罪不构成特别累犯。累犯和一般犯罪人有所不同，它是在犯罪已经被判处刑罚后的再次犯罪，表明犯罪人具有较为严重的人身危险性。根据刑法规定，对于累犯的法律后果，不论是一般累犯还是特殊累犯，都应当从重处罚，且不适用缓刑和假释。因此累犯是一种从重处罚的刑罚制度。如果被告人在此次案件审理之前曾经受过刑事处罚，公安人员、检察人员在侦查、起诉过程中要注意收集、审查其以前受过刑事处罚的档案材料。在审判阶段，审判人员对此也应当注意审查，以准确适用刑罚。

（二）对自首立功累犯量刑情节的审查[1]

法定量刑情节是刑法明文规定的在量刑时应当予以考虑的情节，自首与立功作为法定从宽情节，累犯作为法定从严情节，对被告人适用刑罚时，均与被告人的切身利益密切相关。鉴于自首、立功和累犯等法定量刑情节对被告人量刑的重大影响，人民法院在

---

〔1〕　参见张军主编：《刑事证据规则理解与适用》，法律出版社 2010 年 9 月版，第 281 ~ 283 页。

审理可能刑事案件中,应当高度重视对证明量刑证据的调查核实。"两高三部"《死刑案件证据规定》第39条对此类证据作出了详细规定:

第一,对于被告人及其辩护人提出有自首的事实及理由,有关机关未予以认定的,应当要求有关机关提供证明材料,必要时可以要求相关人员作证,只有在对补充的证明材料与在案的其他证据综合认证后,才能确认被告人是否构成自首。这一规定突出了对被告人的保护,被告方提出构成自首的辩护理由,有关机关未予认定的,人民法院就应当要求有关机关提供证据进行证明,这里的有关机关通常指公安、检察机关。人民法院可以要求有关机关提供证明材料,也可以要求相关人员作证,这里的作证包括出庭作证,相关人员既包括办案人员,也包括对被告人自首事实有所了解的相关证人。

第二,对被告人是否协助或者如何协助抓获同案犯的证明材料不全,导致无法认定被告人构成立功的,人民法院应当要求有关机关提供证明材料或者要求相关人员作证,并结合其他证据判断立功是否成立。这里主要指人民法院在审查被告人是否因协助抓获同案犯构成立功的证据时,一旦发现证据不足可能导致无法认定的,就应当要求有关机关进行补证,补证、认证的方式同于对自首证据的补证、认证方式。这一规定强调了法院补证的主动性。

第三,被告人有检举揭发他人犯罪情形的,应当审查是否已经查证属实;尚未查证的,应当及时查证。这里主要针对司法实践中对被告人检举揭发他人犯罪查证不及时的情况。对被告人有检举揭发他人犯罪情形的,人民法院首先应当审查检举揭发是否已经查证属实;如果发现尚未查证,应当及时查证,如向监管部门、侦查机关了解查证情况并督促他们及时进行查证等,这里突出了对被告人合法权益的保护。

第四,被告人累犯的证明材料不全的,应当要求有关机关提供证明材料。对于被告人是否构成累犯的事实,应当适用最为严格的证明标准,即如果补证后的证据仍不能达到确实充分的程度,就不能认定累犯并因此对被告人从重处罚。

"两高三部"《死刑案件证据规定》强调了在办理死刑案件过程中对有利于被告人的自首、立功等法定量刑情形的重视,一旦发现证明上述事实的证据不足,应及时进行补证;对于有关机关提供的相关证明材料或相关人员的作证,应结合在案其他证据进行综合审查判断;对于被告人是否构成累犯的事实,应当适用最严格的证明标准,只有在证据确实充分的情况下,才能对被告人从重处罚。

十、对刑事责任年龄的审查判断

(一)刑事责任年龄的三个阶段

刑事责任年龄,是指法律所规定的行为人对自己的犯罪行为负刑事责任所必须达到的年龄。我国刑法对刑事责任年龄的规定,是考虑到我国青少年身心发展状况、文化教育发展水平和智力发展程度而加以确定,当然也参考了国际上的立法例。确定刑事责任年龄,就是从年龄上规定一个负刑事责任的范围,我国刑法对刑事责任年龄的规定,是充分考虑到我国的实际情况而作出的。我国《刑法》第17条把刑事责任年龄分为三个阶段：（1）已满16周岁的人犯罪，应当负刑事责任，为完全负刑事责任年龄阶段。（2）已满14周岁不满16周岁的人，犯故意杀人、故意伤害致人重伤或者死亡、强奸、抢劫、贩卖毒品、放火、爆炸、投毒罪的，应当负刑事责任，为相对负刑事责任年龄阶段。（3）不满14周岁的人不管实施何种危害社会的行为，都不负刑事责任，为完全不负刑事责任年龄阶段。

确定什么年龄开始负刑事责任，是刑事立法中重要的问题之一。我们党和国家历来十分关怀少年儿童的健康成长，教育他们好好学习，天天向上，对他们当中发生的错误或者危害行为，一贯坚持教育为主、惩罚为辅的方针，着重于教育、改造、挽救；即使对极少数非惩罚不可的进行了惩罚，目的也还是教育。不满14周岁的少年儿童，身心发育尚未成熟，还未具备必要的辨别是非善恶的能力，虽然有可能做出的某种危害社会的事情，但主要是年幼无知的表现，应当加强教育，不宜追究刑事责任。已满14周岁的不满16周岁的少年，一般已是初中学生，已有一定的认知能力，但他们毕竟年龄还小，因此，把他们负刑事责任的范围严格控制在《刑法》第17条列举的八种犯罪之内，是必要的和适当的。上列各罪，都是故意犯罪，不包括过失犯罪。已满16周岁的人，一般已初中毕业，该上高中或者职业学校了，在农村也已能独立参加生产劳动了，他们的体力和智力已有相当的发展，具有一定的社会知识和分辨是非善恶的能力，因此，应当要求他们对自己一切犯罪行为负刑事责任。

我国《刑法》第17条不仅对未成年人应负刑事责任的范围作了严格的规定，尽量缩小惩罚面，而且考虑到未成年犯的特点，明确规定："已满十四周岁不满十八周岁的人犯罪，应当从轻或者减轻处罚。"这是考虑到未成年人的体力、智力发育还未完全成熟，控制自己和辨别是非的能力还不够强，比成年人更易受环境的影响；同时未成年人本身各方面发展尚未定型，可塑性较大，他们比成年人更易接受改造。因此，对他们的判刑要较成年人为轻，法律规定要从轻、减轻处罚，这从教育、改造的角度讲是合适的。对不满16周岁（包括不满14周岁）不处罚的，也并不是一概不管，而是责令他的家长或者监护人加以管教，或者虽有人管教但确实管教不了的，由政府收容教养；或者群众反映强烈，坚决要求政府收容教养。这是一种必要的社会保护措施，对保护未成年人和维护社会安全都是有利的。因此，《刑法》第17条第4款规定："因不满十六周岁不予刑事处罚的，责令他的家长或者监护人加以管教；在必要的时候，也可以由政府收容教养。"

（二）有关刑事责任年龄的证据比较

目前司法实践中关于认定未成年人是否达到刑事责任年龄的证据主要有以下几种：（1）公安机关出具的户籍证明；（2）医院出具的出生证；（3）人口普查登记；（4）近亲属、邻居、同学、接生员等就未成年人的出生、年龄等情况所作的证人证言；（5）被告人陈述；（6）计生部门出具的计生证明或者卫生防疫部门出具的防疫接种记录；（7）居（村）民委员会证明材料；（8）学校出具的防疫接种记录；（9）骨龄鉴定。

上述几类证据中户籍证明是由法律授权的机关依照法定程序所出具的，具有较强的规范性和稳定性，从理论上讲应当具有最高的证明力。但出于入学、入伍、就业、规避计划生育政策、迷信等原因，相当一部分犯罪嫌疑人、被告人虚报姓名，加上我国户籍登记在某些地区缺乏有效监督和严格管理，致使户籍材料有误，因此户籍证明不能作为认定被告人年龄的惟一依据。出生证明一般是伴随着被告人的出生随即登记的，事后变动的可能性很小，其可信程度较高。被告人供述的出生日期、近亲属就被告人出生日期提供的证言，由于其与案件有利害关系，存在虚假陈述、虚假作证的可能性，证明力较弱。而相比较之下，无利害关系且有机会了解被告人实际年龄的证人证言可信度相对高一些。人口普查登记、计生证明、学籍证明或入学登记记录因一般由当事人自行填报，填报日期一般距实际出生日期存在有一定误差，需根据实际状况与其他证据综合来判断。因此，在无户籍证明或者户籍证明经证明存在错误的情况下，出生证明文件经查证属实，并能与无利害关系证人证言相互印证，证明被告人不满 18 周岁的，应认定被告人不满 18 周岁。在实践中由于年代久远或者户籍管理、出生证明文件管理的疏漏，往往造成原始户籍登记、出生证明文件丢失或者存在错误，利用人口普查登记、无利害关系人的证言，结合被告人供述、计生部门出具的计生证明或者卫生防疫部门出具的防疫接种记录、居（村）民委员会证明材料、学校出具的学籍证明或入学登记原始记录、计生证明、学籍证明或入学登记记录综合判断。关于骨龄鉴定是否可以作为确定刑事责任年龄的证据使用问题。2000 年 2 月，最高人民检察院发布的《关于"骨龄鉴定"能否作为确定刑事责任年龄证据使用的批复》中规定："犯罪嫌疑人不讲真实姓名、住址、年龄不明的，可以委托进行骨龄鉴定或其他科学鉴定，经审查，鉴定结论能够准确确定犯罪嫌疑人实施犯罪行为时的年龄的，可以作为判断犯罪嫌疑人年龄的证据使用。如果鉴定结论不能准确确定犯罪嫌疑人实施犯罪行为时的年龄，而且鉴定结论又表明犯罪嫌疑人年龄在刑法规定的应负刑事责任年龄上下的，应当依法慎重处理。"从此批复的内容上看，对骨龄鉴定的使用是十分慎重的。骨龄鉴定虽是利用科学方法判断骨骼钙化程度来认定年龄，但由于受个体生长条件差异的影响，并不能确保与实际年龄相吻合。因此，在司法实践中，我们对骨龄鉴定的运用保持谨慎态度，并明确规定其只具有参考价值。在穷尽查明被告人年龄的手段仍无法确定被告人是否在犯罪时达到刑事责任年龄，应如何处理？这是未成年人涉及死刑案件时非常突出的问题。无罪推定是刑事诉讼法的基本原则。按照该原则的要求，证明被告人有罪的责任由承担控诉职能的专门机关或者一方当事人承担，其对犯罪的证明应当达到法定的证明标准，否则，应当作出对被告人有利的解释。被告人的刑事责任年龄作为犯罪主体这一犯罪构成要件事实中最为重要的一个方面，应当由控诉方承担证明责任，而且按照刑事诉讼法的规定应当达到事实清楚、证据确实充分的程度，如果经控辩双方举证、质证，无法排除证据之间的矛盾，无充分证据证明被告人实施被指控的犯罪时已满 18 周岁且确实无法查明的，不能认定其已满 18 周岁，一般可以按照"就低不就高"原则推定被告人年龄，不能判处被告人死刑，以避免造成错判。

（三）对刑事责任年龄的审查判断

"两高三部"《死刑案件证据规定》第 40 条规定："审查被告人实施犯罪时是否已

满十八周岁，一般应当以户籍证明为依据；对户籍证明有异议，并有经查证属实的出生证明文件、无利害关系人的证言等证据证明被告人不满十八周岁的，应认定被告人不满十八周岁；没有户籍证明以及出生证明文件的，应当根据人口普查登记、无利害关系人的证言等证据综合进行判断，必要时，可以进行骨龄鉴定，并将结果作为判断被告人年龄的参考。未排除证据之间的矛盾，无充分证据证明被告人实施被指控的犯罪时已满十八周岁且确实无法查明的，不能认定其已满十八周岁。"参照此条规定，在审查被告人实施犯罪时是否达到刑事责任年龄，首先应当以户籍证明为依据。户籍证明是由当事人原籍公安机关派出所根据其户籍登记情况出具的证明材料。我国的户籍管理制度整体上相对比较周密和完善，因此当地派出所出具的户籍证明一般也确实具有高于其他证据的效力，如果没有证据证明其记载的信息错误或者有相反的证据否定其记载的内容，应以户籍证明记载的出生日期认定被告人的年龄。该条同时赋予被告人对户籍证明的异议权，但必须提供出生证明文件、户口簿、户口底册。无利害关系人的证言包括接生员、邻居或老师、同学等可能了解被告人实际年龄的人。此外，学籍证明、居（村）民委员会证明材料，反映出生情况的原始记录信息，也是证明被告人年龄的重要证据。如果上述证据经查证属实，则应认定被告人达到刑事责任年龄。如果没有户籍证明以及出生证明文件的，则应根据人口普查登记、无利害关系人的证言、学籍证明，居（村）民委员会证明材料等证据综合进行判断。如果这些证据的证明方向一致，则可以据此认定被告人的年龄，但如果这些证据相互矛盾，可以对被告人进行骨龄鉴定，但骨龄鉴定的结果只能作为参考。在对被告人刑事责任年龄审查的过程中，若穷尽所有查明被告人出生日期的手段，仍无法得到一个令人信服的判断，如无户籍证明、出生证明或其存在明显错误，证人证言彼此矛盾，证人证言与其他书证相互矛盾，无法查找原始出生证明，也没有补充调查取证的空间，那么应从有利于被告人的角度出发，作出有利于当事人的认定和裁判，不能认定其已达到刑事责任年龄。

（四）审查判断刑事责任年龄应注意的问题[1]

1. 认真审查有关被告人刑事责任年龄的书证。户籍证明应当由公安机关户籍管理部门工作人员署名出具并加盖户籍管理部门印章，且应当附有犯罪嫌疑人、被告人免冠相片。司法实践中公安机关一般仅出具网上公布的人口信息资料，这种人口信息资料内容比较简单，而且没有犯罪嫌疑人、被告人的照片以及具体的家庭住址，因此对于这种简单的人口信息尚不足以作为证实犯罪嫌疑人、被告人身份的证据，需要公安机关收集犯罪嫌疑人、被告人户籍所在地的户籍底册，如果其户籍经过迁移或者更改，还需收集迁移前后以及更改前后的户籍档案，以反映犯罪嫌疑人、被告人详细的身份资料情况。但值得注意的是，户籍证明有时证明的却并非是犯罪嫌疑人、被告人真实的出生日期。实践中通过审查以其他证据推翻户籍证明的效力的情形也屡有发生。因此，简单地以户籍证明或身份证来认定犯罪嫌疑人、被告人的刑事责任年龄有时是不可靠的。归纳起来，

---

〔1〕　参见杨迎泽、张红梅主编：《刑事证据适用指南》，中国检察出版社 2011 年 9 月版，第 232～234 页。

实践中导致依据户籍证明或身份证来认定刑事责任年龄出现年龄差错的原因主要有如下几种：（1）阴历（又称农历、古历、旧历等）与阳历（又称公历等）之间的差异。我国法律文书都是以阳历纪年的，但农村及少数民族地区往往并不以阳历纪年，而是有自己不同的纪年方式，其中较为常见的是阴历纪年。如果将某人的阴历生日误作为是阳历，就会将该人的周岁时间人为提前而发生错误。（2）户籍证明被更改。应该说户籍证明以原始登记的信息为最接近真实，没有合理理由一般不应对原始信息进行更改。但为了躲避计划生育，为了能够外出务工、入学、当兵、早婚等原因，就有可能对户籍证明进行更改。（3）户籍证明被篡改。有时候，相关人员会是出于逃避罪责的非法目的而有意篡改户籍证明，并伪造相关证据。（4）户籍登记人员工作失误，将户口簿及底册填错，或者在输入互联网户籍电脑系统时输错，导致纳入各县、市、省乃至全国的人口信息网的信息与原始户口簿上登记的有差异。（5）"黑人黑户"。在农村某些家庭由于家中子女较多，或父母长期在外打工，不给子女上户口，已满14周岁的未成年人至今未上户口的还大有人在。实践中，还会有其他原因导致犯罪嫌疑人的确切生日很难查清，如犯罪嫌疑人故意作虚假供述、犯罪嫌疑人系送养或丢弃、父母不关心等。这些情况都不是户籍证明本身有误，而是由于其他原因导致在当初进行户口登记时就没有搞清犯罪嫌疑人的确切生日，或者由于犯罪嫌疑人故意作虚假供述而一时查不到犯罪嫌疑人的户籍证明。在有证据表明公安机关出具的户籍证明可能存在错误时，应注意调取被告人的档案、户口簿、派出所的户口底册、医院出生证明、学校入学证明和学籍档案、常住人口登记表等书证，必要时还可以调取犯罪嫌疑人父母所在单位的家属劳动医疗保险卡、档案材料等核实犯罪嫌疑人年龄。遇到犯罪嫌疑人身份证上的内容与公安机关户籍资料不一致的情况，不能简单、任意地选择某一书证作为其年龄证据使用，应当认真分析、查清这些书证内容不同的具体原因，特别是应当查取未成年犯罪嫌疑人的原始户籍资料，同时，应有其他证据对原始户籍资料予以佐证。

2. 认真审查言词证据。在讯问时要认真听取犯罪嫌疑人、被告人的供述和辩解，要让其讲出年龄的具体依据，尤其要注意记录一些与时间有关的细节，涉及临界点年龄的犯罪嫌疑人、被告人的户籍所在地、生肖、出生日期为公历还是农历，其他家庭成员特别是兄弟姐妹的出生日期以及是否曾虚报或更改户口等细节，如出现犯罪嫌疑人、被告人对年龄提出辩解，则要与原口供进行综合对比，从中发生年龄疑点和证据矛盾。对各相关证人证言予以审查核实。这主要对犯罪嫌疑人的亲属及其他知情人的证言予以核实，注意询问犯罪嫌疑人、被告人的生肖，出生时的节气、农时、节日、天气情况，与同龄人出生的先后，出生前后的重大热点事件等。必要时应派员出差到犯罪嫌疑人原籍地，找出同一区域邻居中同年、月、日出生的父母或其他亲友等知情人作证。在询问与案件无利害关系的证人时，应注意证据之间的关联性、一致性，不给翻供、伪证留有余地。在询问犯罪嫌疑人父母时，要注意询问其他子女的出生年月，特别注意其他子女出生的间隔时间，是否符合自然规律。如果需要，还应该向接生员、邻居或老师、同学等知情人进行核实。对于收集的言词证据，应当综合分析，从中排除有矛盾的证据，同时与书证相结合作出正确的判断。

3. 客观看待骨龄鉴定。当前，青少年犯罪呈大幅上升趋势。导致对部分犯罪嫌疑人、被告人的年龄难以查清或查实。司法实践中，对那些明显已成年且自报已满18周岁的被告人，可按被告人自报的年龄认定。对明显未成年且自报未满18周岁和根据体貌特征无法判断是否成年、自报未满18周岁及虽自报已满18周岁但按照体貌特征判断可能为未成年的被告人，公安司法人员有必要补充相关证据予以查证。当没有户籍证明以及出生证明文件，或者户籍证明以及出生证明文件与人口普查登记、无利害关系人的证言等存在矛盾而导致无法查实被告人年龄时，对被告人进行骨龄鉴定不失为一种可行的方法。但是必须注意的是，人的生长发育受遗传因素影响，不同的人发育规律不尽一致，同时，营养水平、饮食习惯、气候环境、人文环境等多种因素也决定了不同的人在同一年龄阶段的骨骼发育状况可能也不完全相同，因此，骨龄与实际年龄也许会产生一定的误差。但从当前的鉴定情况来看，各鉴定机构都比较注意这个问题，在进行骨龄鉴定时一般都考虑到误差因素，得出的结论往往都注明了误差的范围而非固定的绝对值，为公安司法人员的判断提供了弹性空间。公安司法人员可以结合犯罪嫌疑人、被告人的供述及其他的相关证据进行综合审查判断。骨龄鉴定作为一种鉴定结论，应从以下几个方面严格审查：一是鉴定机构、人员的资格和水平。骨龄鉴定结论属于一种科学证据，只有具有相应科学知识的人才能运用自身的知识作出判断，得出相应的结论。因此从事骨龄鉴定的机构和从业者必须具备相应的资格，鉴定人员如果没有相应资格，其鉴定结论则自然不予认可。二是结合被告人供述等其他证据进行判断。骨龄鉴定虽然具有一定的科学性，但前所论及的原因表明也不能完全迷信骨龄鉴定结论。一般情况下，运用骨龄鉴定结论确定被告人的年龄时，应参考被告人的供述等，在可能的情况下，还应调取出生证明，学历登记，被告人父母、亲戚、邻居、接生人员等的证言，综合参考判断。三是注意鉴定时间与犯罪时间的差异。对被告人进行骨龄鉴定的时间一般是在被告人被抓获后或审查起诉阶段，抑或法庭审理过程中，但无论在哪个时间进行鉴定，得出的结论都是被告人被鉴定时的骨龄，与被告人实施犯罪行为时的骨龄有时间上的间隔，因此，应根据鉴定结论推断被告人犯罪时的年龄。例如，在审判阶段，鉴定机构经鉴定证实被告人甲2005年10月20日的骨龄为18.2岁，已成年，而被告人犯罪时间为2004年6月至8月，经推算应认定其犯罪时未满18周岁。四是酌情考虑骨龄鉴定的误差因素。如果鉴定结论证实被告人的年龄上限接近18周岁，而被告人供述犯罪时未成年，以及鉴定结论跨越18周岁的，应按照有利于被告人的原则认定。

【典型案例分析】

1. 被害人陈述先后矛盾且与证人证言不一致，法庭能否予以采信？[1]

【基本案情】

1995年3月的一天，哈尔滨南岗分局芦家派出所的管片民警张金波发现片区内有门面房在装修，工人说装修期要超过一个月，张金波撂下一句话："你们得办暂住证，让

---

〔1〕　资料主要来源于《三联生活周刊》2007年8月3日。

你们的老板回来后去找我吧。"女老板郭淑兰与张金波有了第一次交道。后来又听到张金波让自己办防火执照，郭淑兰说"那玩意儿不办了，来不及了"。这之后，郭连续三天托人请张金波吃饭，张在同事的说情下"让她一边办防火执照一边先办冷食，已经是网开一面了。"郭淑兰几次向张金波提起，自己亲戚是公安局领导，张金波不用对她的事情太过计较，张金波非常反感，觉得郭在压他，"你说的领导管不着我，我做我的工作就行了。"

1995 年 5 月 12 日这一天哈尔滨刮起了大风，负责管辖南岗区海河路片区的张金波对当天印象深刻，是因为按照管理规定"五级以上的大风禁止生明火"。他挂出了防火旗，然后开始挨个检查片区内的大小餐馆。来到郭淑兰的饭馆，工人却不愿熄火，张金波拿起手边的一壶水，倒进了炉灶。他正准备离开，听到旁边传来麻将声，之前附近有居民怀疑郭淑兰设赌局抽份子钱，希望逮个正着的张金波一把推门进去"老板娘坐在门口，打麻将的几个男人突然看到我穿着警服，慌张地把牌推倒了。"郭淑兰自认为是见过世面的人，招呼打麻将的人"来来来，接着玩，不用搭理他。"警察的尊严受到了挑战，张金波一把将麻将下的毯子掀起来，郭淑兰扑过来抢，几个男的开始推搡，等张金波反应过来，麻将已经不知去向，他急着出门找麻将，几个男人又偷着跑了。

郭淑兰与张金波的这次"交锋"，渐渐有了赌气的成分。张金波觉得尊严受损，但是又怕郭淑兰当街和他拉扯，让郭淑兰"主动上派出所去接受处分"，因为他们涉嫌聚众赌博，郭淑兰自然不会主动去，40 分钟后折回的张金波非常愤怒，将涉嫌"伤害在逃"的郭淑兰的儿子带回了派出所。很快，芦家派出所门口聚集了郭家找来的几十人，目睹了这一场面的民警向记者讲述："郭家气焰很嚣张，说我们公安局的一个大领导是她家亲戚，又喊又闹。"

郭淑兰称自己的亲戚是市公安局纪检方面的某领导，在张金波等人看来，更像是她生气时说出来逞能的话，谁也没太当回事。但是纠纷的第二天，郭淑兰点名的领导亲自带队到所里来查张金波。5 月 31 日，郭淑兰到哈尔滨市公安局南岗分局控告张金波，说他在 1995 年 3 月至 5 月，3 次强奸了她，当晚张金波被刑事拘留。哈尔滨市公安局纪检委专门组成专案组负责审理张金波，而张金波既非党员，又不是干部，对于纪检委出面的审讯感到难以理解。

一名同事突然被抓，大家又基本知道事情的经过，初期都觉得事情不会"整得太大"，一名专案组成员曾回忆当时的情景"领导说市局转来一份举报材料，要求 7 天之内搞清基本犯罪事实，报送检察院批捕"。第一次提审，张金波没有承认犯罪事实，专案组很不满意，就去收集其他证据。举报信中还提到另外两件事，一是张金波授意在郭淑兰小饭店门前建一小房，并要据为己有。二是郭淑兰的弟弟请张金波和另外两名民警到洗浴场所嫖娼。后经调查，两件事情均不能查实。即使这样，南岗区公安分局在遭到两次拒绝后，报请南岗区人民检察院批捕成功，涉嫌罪名是强奸罪，主要证据是被害人郭淑兰的陈述和其儿子女友刘丹的证言。1995 年 11 月到 1997 年 2 月 6 日期间，哈尔滨市公安局七处多次将预审卷移交市人民检察院提请公诉，并在原来"强奸罪"的基础上新加了"流氓罪",但都被退了回去。直到市检察院决定"张金波案因事实不清,证据不足,不提起公诉",张金波于 1997 年 2 月释放时,已经在看守所羁押了 671 天。

经历了人生第一次"大劫难"后,张金波被南岗公安分局按照"编外人员"安排工作。就在释放的当月,他分别向南岗公安分局和南岗区人民检察院递交了赔偿申请书,要求对他的错误刑事拘留予以赔偿。倔强的上告成为张金波第二次被捕的直接原因,它被理解为与第一次事件相关领导的直接对抗。当时公检法三个部门召开了协调会,专门讨论张金波的上访问题。根据一名参会者的描述,当时领导对张金波上访一事很反感"身为警察还要求赔偿?"有位领导当场问"张金波案能不能定得住?"有人回答说:"应该能定得住。"1998 年 2 月 16 日,张金波第二次被抓进看守所。

1998 年 10 月 26 日,南岗区人民法院作出判决,宣告张金波犯有强奸罪,判处其有期徒刑十年,剥夺政治权利两年。对这一判决,张金波当庭提出上诉。

哈尔滨市中级人民法院的承办法官回想起当年的案子,记忆十分清晰。"第一次看卷,头脑里就产生了很多疑点。第一,刘丹的描述是,1995 年 4 月初某日 14 时许,张金波用手枪顶着她的脑袋,逼其从后门出去,敲开被害人郭淑兰的房门,将郭淑兰强奸。我亲自到现场去查勘,发现郭家饭店就在大街上,对面是 60 路公共汽车站,饭店附近人来人往非常繁华,而且饭店根本就没有后门。从惟一的正门出来,到郭淑兰居住的小房间,必须经过一条长约 30 米的胡同,旁边都是小商小贩。请问一个警察若在下午两点,用枪顶着一个姑娘的脑袋,会没有人看见吗?中国人的好奇心那么重,肯定引起围观了,何况张金波作为管片民警,认识他的人非常多。第二个疑点是,刘丹只提到自己帮张金波敲开了门,转身离开了,张金波进屋强奸了郭淑兰,说明她并未亲见强奸的发生,她作为证人,证明力度不足。第三,也更重要的是,强奸案一定要有物证,一般是对嫌疑人的精斑做检测,但此案任何物证都没有。"

这个"漏洞百出"的案子很快让合议庭得出结论,3 名法官意见一致——张金波无罪。然而合议庭没有预料到,审判委员会否认了合议庭的意见。这个案子是"上面带着指标下来的,说了必须要定住"。1999 年 4 月 22 日,哈尔滨市中级人民法院驳回上诉,维持原判。

张金波及其家人在张金波服刑期间通过多种渠道进行申诉。2001 年 7 月,最高人民法院指示黑龙江省高级人民法院对此立案审理。2004 年 5 月 12 日黑龙江省人民法院作出再审决定书,认为原判事实不清,证据不足,指令哈尔滨市中级人民法院另行组成合议庭对本案进行再审。2004 年 8 月 26 日,哈尔滨市中级人民法院作出刑事裁定书认为,有被害人郭淑兰的陈述证实,有证人刘丹的证言佐证,足以认定被告人张金波以持枪威胁的手段强奸被害人的事实,再次维持原判。

2005 年 7 月 18 日,黑龙江省高级人民法院对张金波一案再次发出再审决定书,决定进行提审。同年 11 月 29 日开庭审理此案。2006 年 12 月 1 日,黑龙江省高级人民法院作出刑事判决书,认为被害人郭淑兰证实张金波几次对其实施强奸的陈述不够稳定,既有本身不一致的地方,又有与证人刘丹证言矛盾之处,刘丹的证言也是如此,且被告人张金波始终不供认强奸郭淑兰，因而原裁定事实不清、证据不足，2006年12月18日，黑龙江省高级人民法院宣判张金波无罪。

【法理分析】

被害人是遭受犯罪行为侵害的人，他们通常对犯罪行为的侵害过程、结果以及作案人的情况有直观的了解，他们的陈述能够直接证明犯罪事实，是直接证据，因此，在司法实践中，很受办案人员的青睐，对它的审查也容易出现疏忽。

一般来说，被害人陈述是比较客观真实的，但其也极容易受到主、客观因素的影响作出虚假陈述，甚至有个别被害人出于个人私利或者其他不可告人的目的，无事生非，故意制造假陈述来诬陷他人。在本案的侦查、起诉以及审判程序中，被害人郭淑兰的陈述都成为主要的证据。然而，案件中郭淑兰所作的虚假陈述完全是出于她的主观故意，她编造了张金波强奸行为的过程，最终成为错案发生的导火线。因此，在审理刑事案件中应切实重视对被害人陈述真实性的审查，从而有效地排除虚假报案情形。具体而言，在审查被害人的陈述时，除了应当详细分析内容上的逻辑性、真实性外，还应当将被害人的陈述与其他证据尤其是物证等客观性证据相印证，注意发现被害人陈述与其他证据之间的矛盾，如果不能排除且无证据印证的，不能作为定案的根据。

证据是准确认定事实、正确适用法律、恰当裁量刑罚的基础，是保证案件质量的"生命线"。就强奸案件而言，一般会涉及被害人陈述、被告人口供以及对残留物的检验鉴定等证据。我国最新修正的《刑事诉讼法》第48条第3款规定："证据必须经过查证属实，才能作为定案的根据。"该条款延续1996年《刑事诉讼法》确定的证据运用原则，没有作任何改动。根据这一原则，无论是物证、书证、证人证言，还是被害人陈述、视听资料、电子证据，都应当经过查证属实后，才能作为定案根据。该原则适用于刑事诉讼的全过程。司法人员在侦查、起诉、审判程序中，都要对证据进行查证核实。证据必须查证属实原则在诉讼过程中的全面贯彻，是查明证据真伪和正确判断其证明力的重要保证。通过前面的介绍，我们可以看出，办案机关依的主要证据是被害人郭淑兰的陈述以及刘丹的证言，张金波始终没有供认强奸事实，也不存在对残留精斑的检验鉴定。因此仅凭在案证据来认定张金波的强奸行为并不能达到证据确实、充分的证明标准，办案机关未能切实落实证据裁判原则的要求，在证据审查把关上不够严格，不尽细致，使一桩本来可能避免的错案成为实实在在的冤案。

2. 在刑事诉讼中法官庭外调查核实证据，是否属于偏袒被告人？

【基本案情】

某村村民何某以虐待罪对其养子何某某提起刑事自诉。为证明自己的主张，何某向法庭提交了邻居及亲友等多人出具的证人证言和镇医院为自己作出的身体健康情况的诊断结论。在该案的审理过程中，法官对何某提交的证人证言以及医院的诊断结论等证据产生疑问，认为存在相互矛盾之处，遂宣布休庭，对证据进行调查核实。何某认为法官不够公正，偏袒被告人，拒绝接受调查。

【法理分析】

我国最新修正的《刑事诉讼法》第191条规定："法庭审理过程中，合议庭对证据有疑问的,可以宣布休庭,对证据进行调查核实。人民法院调查核实证据,可以进行勘验、检查、查封、扣押、鉴定和查询、冻结。"该条规定赋予了法官的庭外调查权,同时也对庭外调查权进行了限制。这里首先要注意区分法官的庭外调查权与举证责任。

首先,举证责任必须要以一定的举证主张为前提。举证责任主体的目的就是为了实现举证主张,其性质是一种义务,伴之以法律后果,也只有与承担一定的法律后果相联系,这种义务才能得以积极地履行。在诉讼中人民法院没有自己的举证主张,其调查收集证据的行为仅仅是其审判之职权,法律也没有对其调查收集证据行为限定任何标准,所以也就不可能承担举证没达到标准,其举证主张不能成立的法律后果。当然更不可能通过逻辑推理说服自己接受自己的诉讼主张。如果法院承担举证责任,那么举证义务的履行与否、达到举证标准与否都由举证者自己来进行认定,这无疑是很荒唐的。其次,根据控审分离原则,如果要求人民法院也负举证责任,容易使裁判者的行为带有追诉性质,并使控方产生依赖思想,把本应由其自己承担的义务推给人民法院,从而影响人民法院履行自己的审判职责。最后,人民法院不承担举证责任也是裁判者中立原则的要求。众所周知,法庭的调查和辩论是在审判人员主持下,由控辩双方就案件事实提出证据,进行辩论和反驳,"由法官去品尝和识别",客观全面地分析案情,并最终形成对证据和事实的判断,从而形成确信,对案件作出公正判决。否则就有悖于程序正义的价值,违背了审判中立的原则。

人民法院不承担自诉案件的举证责任,但不等于取消人民法院的调查核实权;理论上讲,"除非为获取少量不需侦查手段,被害人自己难以取得,同时对定案又有重要作用的证据"[1],人民法院方可进行调查。此外,最新修正的《刑事诉讼法》第205条第3款规定:"法庭审理过程中,审判人员对证据有疑问,需要调查核实的,适用本法第一百九十一条的规定。"根据这一规定,法庭在审理过程中,合议庭对证据有疑问,可以宣布休庭,调查核实证据时,还可以根据案件需要,进行勘验、检查、扣押、鉴定和查询、冻结。当事人无法调取证据而申请人民法院调取时,人民法院应当予以调取有些涉及国家秘密的证据。这并不等于人民法院承担了举证责任,只是人民法院司法救济权在自诉案件中的具体体现。这也是基于人民法院的"司法权是一种消极的权利、被动的权利"的理论基础,人民法院只是证据的消极判断者,而不是证据的积极调取者。

设立法官的庭外调查权的意义与目的在于,"当某一事实对裁判具有实质上的意义而尚在不确定之中,或者双方对某一事实的举证显相互排斥而当庭一时无法判断真伪时,法官进行必要的庭外调查核实。避免因一方的诉讼权利不能行使而致判决对其不利的意外情况的发生,排除当庭查明案件过多受到控辩双方的语言和辩论技巧的影响,将判决建立在客观事实的基础上"[2]。其实,我国刑事诉讼法规定的庭外调查权的行使,是法官对控辩双方提供的证据的查实过程,由于法官自身的认识局限性或案件本身的复

---

〔1〕 参见龙宗智,左卫民:《法理与操作——刑事起诉制度评述》,载《现代法学》1997年第4期,第24页。

〔2〕 参见梁旭东、孙公幸:《试论庭外调查核实权》,载曹建明主编《中国审判方式改革理论问题研究》,中国政法大学出版社2001年3月版。

杂性，法官对有些证据难以当庭认证，刑事诉讼法赋予法官的庭外调查权即是对此问题的有效弥补。但需要说明的是，法官庭外调查权的目的不是帮助控辩某一方调查取证，而是为了在双方举证、质证后，进一步对证据的认证。因此，法官庭外调查的过程即是对证据的认证过程。

正确地行使法官的庭外调查权必须掌握法官庭外调查的法定条件及范围。首先，法官的庭外调查权只能在法庭审理开始后实行。最新修正的《刑事诉讼法》第191条明确规定："法庭审理过程中，合议庭对证据有疑问的，可以宣布休庭，对证据进行调查核实。人民法院调查核实证据，可以进行勘验、检查、查封、扣押、鉴定和查询、冻结。"它强调了"法庭审理过程中"，这是由于现行刑事诉讼程序决定的。控方向法院起诉案件后，法官对案件作程序审查后应予受理。在法庭审理前，法官为了能公正裁判，其不能就案件的实体问题调查取证，只有法庭审理开始后，控方向法庭提供了证据，法官才能对这些证据提出疑问并调查核实。法庭审理后，法官对事实、证据进行充分的调查核实，认为事实清楚证据确实充分的，应作出有罪判决；认为事实不清证据不充分的，应作出无罪判决，法官当然不能在作出判决后再行使调查权。其次，法官的庭外调查权只限于认为控辩双方提供的证据有疑问。法官在法庭审理中职责是依据控辩双方提供的证据查明案件事实，这就要求法官对控辩双方提供的证据进行确认。没有控辩双方提供的证据，法官不可能提出疑问。也只有在法庭审理过程中，确有证据当庭无法查清，法官才可以宣布休庭，进行调查核实。控辩双方提出证据是法官庭外调查的基础，证据存有疑问是法官庭外调查的前提。因此，法官不能就控辩双方都没有提出的证据进行调查，法官也不能偏向任何一方地去调查核实证据。在庭外调查的过程中，法官应时刻牢记居中裁判的法律地位。经过庭外的调查核实，如果法官仍认为认定案件的证据不充分，可以作出证据不足，指控犯罪不能成立的无罪判决。另外，法官不能调查控方没有指控的事实，如果在法庭审理过程中，发现了新的犯罪事实，法官可以建议控方补充侦查起诉，因为法官没有充分的调查权。

法官庭外调查权具有如下特点：（1）法官的庭外调查权源于法官的审判权。无罪推定是我国刑事审判的基本原则之一，在法院判决前，任何人、任何机关均不得认定犯罪嫌疑人有罪，法官也不能在事实、证据未被彻底查清之前，妄下裁判，其享有一定的庭外调查权，就是为了核实证据，而不是为了收集证据以举证犯罪嫌疑人有罪。法官的庭外调查不能带有任何诉讼倾向性。法官的庭外调查权源于审判权，其最终目的是为了更好地行使审判权，不能偏离其居中裁判的诉讼地位。（2）法官的庭外调查权基于控辩双方的举证。没有控辩双方的举证，法官就不可能对证据提出疑问，法官不能超越控辩双方的举证而独立地调查取证。法官的调查权与侦查机关的调查权有着根本的区别，侦查机关的调查权是为了收集证据，其目的是根据获得的证据查明案情；而法官庭外调查是在侦查机关调查的基础上进行复查，其目的是核实证据材料。最新修正的《刑事诉讼法》第191条第2款规定："人民法院调查核实证据，可以进行勘验、检查、查封、扣押、鉴定和查询、冻结。"这六种方式是法官所能行使的调查权，法官不能在庭审外调查证人、鉴定人和被害人，不能讯问被告人。如果法官认为证人证言、被害人陈述有疑问，可以通知证人或被害人到庭质证，这有利于刑事诉讼的正常运行，有效防止法官调查权的滥用与混乱。（3）法官庭外调查需要控辩双方的参与。法官的庭外调查，是一种庭审活动的延伸，庭审活动需要控辩双方的参与，没有控辩双方的参与，法官依职权展开调查，势必导致法官在调查的同时产生对该证据的主观判断，形成自己的内心确信，使以后的法庭质证流于形式，不利于裁判公正。相反，在控辩双方在场的情况下，有他们的监督，从各自的角度提出某些建议，可以更准确地取证核实，同时也使法院的调查活动的客观、公正性得到控辩双方的认可，避免产生所谓"暗箱操作"的怀疑。

在司法实践中，法庭决定行使庭外调查权，通知控辩双方到场，但出于某种原因，控辩双方有可能不能到场，如何处理？在这种情况下，法官完全可以独立行使该权力，在对该情况予以说明后，依法展开调查核实，并及时将调查情况通知控辩双方。通知控辩双方一并行使庭外调查权，应当成为法定程序，而不应将是否通知的权利赋予法官。这主要基于法官的角色和调查核实的性质，出于维护程序公正的需要。由于该证据核实情况是由法官主持下进行的，应当由法官直接在法庭上宣读出示，而后由控辩双方提出自己的意见。由法官综合双方的意见，再作出是否取舍的认证。这时，法官只是听取双方的意见，避免在法庭上与控方或者辩方就其所取证据进行辩论。

在本案中，法官在审理某村村民何某诉其养子何某某虐待罪一案的过程中，对何某提交的证人证言以及医院的诊断结论等证据产生疑问，认为存在相互矛盾之处，于是宣布休庭，对证据进行调查核实。这是对法官依《刑事诉讼法》享有的庭外调查权的正当行使，并不是偏袒被告人，违背法官客观公正的立场。何某认为法官不够公正，偏袒被告人，显然是错误的。

3. 只有被告人认罪口供没有其他补强证据，能否据此对其定罪量刑？[1]

【基本案情】

1996年6月17日晚，安徽机电学院女职工陶子玉在家接到同事黄某的电话，叫其去打麻将，黄某当时是在一个日籍留学生井上的住处打电话的，接着刘某（此案被告人刘明河之子）也打了一个电话给陶子玉，四人约好了一起打麻将。陶接完电话后便下楼到黄某家去，陶到黄某家时，黄某不在家。其丈夫李某说不知道约打麻将的事，陶子玉便走了。黄某和井上两人回到黄某家时，听丈夫说陶子玉刚走一会儿，便追了出去，追至校西大门没见到陶，两人打电话到陶子玉家，陶的丈夫蒋某说陶不在家，两人就说陶不在你来顶替吧。蒋某以为在刘某家打麻将，便来到刘某家，见刘明河在家，刘某不在，便又来到黄某家。四个人便打起麻将来，约半个小时后，刘明河也来到黄家，为儿子送来100元赌资，晚10时左右，离开了黄某家回家。四人继续打麻将，一直到第二天早上4时30分，蒋某才回家，发现妻子陶子玉并未回家，以为陶与刘明河另辟牌场（陶与刘经常在一起打麻将），但是，直到18日晚饭时分，仍不见陶子玉音讯。

---

〔1〕 本案例参见《谁是杀人凶手》，中央电视台《社会经纬》节目；王亚林：《五年六审，死囚辩无罪——副教授杀人案辩护记》。

1996 年 6 月 19 日下午，有人发现在安徽机电学院西大门东侧的水塘里有一具浮尸，并向安徽省芜湖市公安局刑警支队报案。经打捞、辨认，死者正是陶子玉。经法医鉴定，尸体肩胛部挫伤，皮下出血，后背部有大面积皮下血；尸体发现其甲状骨两侧皮下出血，确认为机械性窒息死亡。从胃内容分析来看，死亡时间在距最后一次进食约一个半小时以上。从打捞现场来看，死者是被杀害后抛尸，水塘只是作案的第二现场，第一现场即凶杀现场距水塘半径在 200 米左右。办案人员经分析认为，陶子玉被害是熟人作案，理由是陶子玉尸体裸露部位既无擦伤痕，也无被击打的伤痕，无通常人遭暴力时本能挣扎的迹象；对陶子玉生前的性格分析认为，她性格较泼辣，敢说敢为，陌生人行凶时她定然拼死反抗。专案组在清理陶子玉遗物时，发现该院基建处副处长刘明河有重要作案嫌疑。6 月 30 日，刘明河因涉嫌故意杀人罪被芜湖市公安局收容审查。9 月 28 日，由中国人民大学警察技术培训中心利用最新型公安科技设备（即测谎仪）对刘明河证词、证据进行测试，当场宣布："刘明河，你就是杀人犯。"9 月 30 日，刘明河做有罪供述并被刑事拘留。10 月 2 日，刘明河又写材料"交代"自己失手杀害陶子玉的经过。10 月 9 日，经芜湖市人民检察院批准，刘明河被逮捕。12 月 27 日，芜湖市中级法院公开开庭审理此案，芜湖市人民检察院指控刘的行为已构成故意杀人罪，且情节特别恶劣，后果特别严重，依法应予严惩。刘明河在庭上辩解：以前在公安机关作的有罪供述是公安机关诱供逼供的，是假供述。12 月 30 日，芜湖市中级人民法院宣判：刘明河犯故意杀人罪，判处死刑，剥夺政治权利终身。刘明河不服，上诉至安徽省高级人民法院。1998 年 4 月，安徽省高级人民法院以一审事实不清，证据不足为由裁定撤销原判，发回重审。

1998 年 9 月 18 日，芜湖市中院判处刘明河犯故意杀人罪，判处无期徒刑，剥夺政治权利终身，赔偿蒋某经济损失人民币 5100 元。刘明河不服，再次提起上诉。1999 年 8 月 24 日，安徽省高院再次裁定撤销原判，发回重审。

2000 年 5 月 12 日，芜湖市中级人民法院以故意杀人罪判处刘明河无期徒刑，刘明河和芜湖市检察院分别提出上诉抗诉（后省检察院认为芜湖市中院判决无明显错误，撤销了芜湖市检察院的抗诉）。安徽省高院经审理认为，刘明河虽曾作过有罪供述，但公安机关根据刘明河的供述勘查作案现场时未能提取相关证据，抛尸现场亦未搜集到确系刘明河杀人的证据；原判采用大量的证人证言证明了刘明河当晚的部分活动情况，并分析认定刘明河具有作案时间，但无证据证明刘明河和陶子玉在一起，而且陶子玉当夜 9 时许离开黄某家后无人证明其行踪。此外，刘明河供述的作案手段与法医尸检陶子玉的伤情也不尽一致。2001 年 4 月 27 日，安徽省高院作出终审判决，认定刘明河杀死陶子玉的证据不足，撤销原审判决，宣判刘明河无罪。

【法理分析】

我国最新修正的《刑事诉讼法》第 53 条规定："对一切案件的判处都要重证据，重调查研究，不轻信口供。只有被告人供述，没有其他证据的，不能认定被告人有罪和处以刑罚；没有被告人供述，证据确实、充分的，可以认定被告人有罪和处以刑罚。证据确实、充分，应当符合以下条件：（一）定罪量刑的事实都有证据证明；（二）据以定案的证据均经法定程序查证属实；（三）综合全案证据，对所认定事实已排除合理怀疑。"该条确定了口供补强规则，即除非被告人口供有其他证据加以补强其证明力，否则不得仅依靠此单一证据来对被告人定罪量刑。口供补强规则，主要强调的是通过补强证据的运用来解决被告人认罪口供的证明力问题，因此，如何对认罪口供进行补强就成为关键，这里涉及对补强证据自身的要求、补强证据补强的范围、补强的程度以及对补强证据的审查判断等，这些问题如果不能得到很好的解决，口供补强规则并不能真正发挥其应有价值。

1. 补强证据自身需要具备一定的要求：（1）补强证据本身必须是具备证据能力的证据。补强证据既可以是直接证据，也可以是间接证据，既可以是实物证据也可以是言词证据等其他证据形式。但是补强证据必须具有证据能力。（2）补强证据必须具有独立于口供的来源。"补强证据因属用以认定犯罪事实之实质证据，必须是具有证据能力，且从补强法则之旨趣而言，实质上补强证据若非属独立于自白外之证据则无法成为补强证据"。补强证据就是为了增强口供的证明力的，如果其与口供来源同一，则失去了补强的意见。[1]"补强证据，其证据价值应独立于被告之自白之证据价值之外，除自白本身以外，其他足资证明自白之犯罪事实确具有相当程度之证据而言。如为自白书，再于审判中自白，则此自白书与审判中之自白实为同一自白，又如以他人之自白为证言，该证言与原自白亦属同一自白，均不得为自白之补强证据"。可见，口供的传来证据显然是不可以作为口供的补强证据的，同案其他犯罪嫌疑人、被告人之口供是否可以作为原口供之补强证据，理论上还存在一定争议，鉴于不是本文研究的重点，不现阐述。（3）补强证据必须与主证据具有共同的证明对象。只有二者具有共同的证明对象，补强证据才可能起到增强主证据证明力的作用。（4）补强证据应当达到一定的充分性。"没有补强证据，主证据不可以作为定案的根据，但并不是只要有了补强证据，主证据就一定可以作为定案的根据。主证据要作为定案根据，必须做到补强证据与主证据相互印证且补强证据要有一定的数量，其补强作用具有相当的充分性，只有这样，才能担保所认定案件事实的客观真实性"。当补强证据为直接证据之时，一般具有较强的证明力，可以很充分的补强口供；但是，当补强证据为间接证据之时，就必须要注意补强证据的充分性，遵循间接证据的运用规则，各个间接证据要能够相互印证，协调一致，所得出的结论是确凿无疑的，结论惟一，形成一个完整的证据锁链。

2. 补强证据补强的程度。补强证据补强口供的程度，是与补强证据与直接证据和间接证据的关系分不开的。既然补强证据既可以是直接证据也可是间接证据，那么补强证据对于补强的程度，既可能是直接的、独立的证明案件事实，也可能只是对犯罪事实某方面的证明，但是只要补强证据能与口供相结合，完整的证明案件事实即可。而且，口供的可信度越高，对补强证据证明力的要求可以越缓和。

---

〔1〕　参见黄朝义：《刑事证据法研究》，台北元照出版公司2000年版，第132页。

3. 补强证据的审查判断。口供不能单独作为认定案件事实的根据，但是也不是随意添加一个补强证据就是达到补强证据规则的要求了。对于口供的慎重采纳，不能不对补强证据的运用也严格审查判断。包括对补强证据的证据资格的审查判断，没有证据资格，不能称为证据，更无从谈起补强证据；对补强证据的来源的审查判断，例如，以书面口供来增强当庭供述，是不具有口供补强的意义的；对补强证据的充分性的审查判断，尤其是当补强证据为间接证据时，就要注意间接证据的运用规则，如果一个案件的证据中，只有口供是直接证据，而其他补强证据都是间接证据，且不能形成完整的证据锁链，这些证据结合起来就不能认定被告人有罪。此外，对证据进行审查判断之时，还涉及一个主证据和补强证据的调查顺序的问题，既然口供不应该具有独立的证明力，如果先审查口供，之后审查口供的补强证据，则不免要受到先入为主的影响，而疏于对补强证据的审查判断。因此，先审查补强证据而后是口供，更符合口供补强规则的目的和精神。

在刘明河案中，直接证据只有被告人刘明河的有罪供述。其他补强证据都只是证明案件事实的某一方面，都是间接证据。补强证据的补强程度，一般认为只要和口供结合起来，能够达到心证，证明案件事实即可。所以具体到该案中，也不要求其他间接证据必须具有独立的证明案件事实的证明力，但是该案中补强证据和口供结合起来是否达到心证了呢？是否能够认定案件事实呢？

原芜湖市人民检察院起诉处某检察员认为：这个案件除了一些证据之外，我们还要靠人的正常的思维逻辑判断来推理。而且这个案件除了被告的口供以外，其他都是间接证据，我认为这是一个间接证据比较充分的，而且间接证据能够形成锁链的比较好的一个教学案例。[1] 可见，当时的办案人员，是通过思维判断进行推理，并认为间接证据已经形成一个完整的证据锁链，和口供很好地结合起来了，达到了补强口供证明力的作用和程度，能够相互印证认定刘明河有罪。但是刘明河的辩护律师王亚林律师则认为，这些间接证据根本无法形成证据锁链，所以不能认定刘明河故意杀人。

安徽省高级人民法院刑事判决书（2000）皖刑终字第 332 号中如下最终认定该案：经审理查明，原判认定被告人刘明河于 1996 年 6 月 17 日夜 10 时许，在安徽机电学院食堂前东侧广告栏下，因言语不和，扼颈致死陶子玉，后又于次日凌晨 2 时许，移尸至该学院西大门东侧一水塘内一节，虽有被告人刘明河的多次供述在卷，且致死原因与法医鉴定相吻合，但刘明河在芜湖市中级人民法院第一次公开开庭审理时，即当庭全部推翻原供，否认当晚见到陶子玉，刘明河虽曾作过有罪供述，但公安机关根据刘明河的供述勘查作案现场时未能提供相关证据，抛尸现场亦未搜集到确系刘明河杀人的证据；原判采用大量的证人证明了刘明河当晚的部分活动情况，并分析认定刘明河具有作案时间，但无证据证明刘明河和陶子玉在一起，而且陶子玉当夜 9 时许离开黄某家后无人证明其行踪。此外，刘明河供述的作案手段与法医尸检陶子玉的伤情也不尽一致。据此，认定

---

〔1〕 本案例参见《谁是杀人凶手》，中央电视台《社会经纬》节目；王亚林：《五年六审，死囚辩无罪——副教授杀人案辩护记》。

刘明河杀死陶子玉的证据不足。本院认为，芜湖市中级人民法院认定被告人刘明河扼颈致死陶子玉的证据不足。安徽省高级人民法院依照《刑事诉讼法》、《刑事诉讼法司法解释》的相关规定，判决如下：一、撤销芜湖市中级人民法院（2000）芜中刑初字第7号刑事判决。二、上诉人（原审被告人）刘明河犯故意杀人罪，证据不足，宣告无罪。

可见，对口供补强规则的运用，提起公诉的检察机关和一审法院完全一致，而二审法院与此不同。在检察机关和一审法院看来，他们不仅否认非法获取口供的事实，而且认为其他证据补强了口供，故起诉、判决刘明河有罪。而从二审法院的终审裁判可以看出，其对刘明河的认罪口供方面进行分析考察，其他证据不能补强、印证刘明河的有罪口供，故本案证据不足，宣告刘明河无罪。对于补强规则的运用，二审法院坚持了对补强证据数量和质量的要求，对补强证据补强的范围和程度进行了综合审查判断，这种做法无疑是正确的。[1]

4. 没有充分证据证明被告人年龄，能否推定其已经达到法定刑事责任年龄?[2]

【基本案情】

2004年9月间，被告人黄世牛起意用绑架的方法勒索钱财。同年10月6日，其在北京市昌平区北七家镇东沙各庄村健身广场，将该村8岁男童赵某、周某骗至其租住的该村64号院外的房间内，诱使两童喝下事先放入安眠药的饮料，用准备的白色尼龙绳将两童手脚捆绑，并用胶带缠住两童口鼻。其待两童昏迷后分别装入塑料编织袋内，拖至床下藏匿。两男童因被阻塞外呼吸道，至机械性窒息死亡。次日，作案后逃离现场的黄世牛回村打探情况时被抓获归案。一审法院经审理认为，被告人黄世牛以勒索财物为目的，绑架并杀害被绑架人，其行为已构成绑架罪，犯罪性质恶劣，后果极其严重，依法应予判处死刑。但由于公诉机关未提供充分证据证明其实施绑架犯罪时已达到相应法定刑事责任年龄，故依据最高人民法院《关于审理未成年人刑事案件具体应用法律若干问题的解释》第4条第1款的规定，应当推定黄世牛犯罪时没有达到相应法定刑事责任年龄。故判决被告人黄世牛犯绑架罪，判处无期徒刑，剥夺政治权利终身，并处没收个人全部财产。一审判决后，被告人黄世牛未上诉，检察机关亦未提出抗诉，本案刑事部分已终结。

本案争议焦点是：被告人黄世牛犯罪时是否已满18周岁，应否判处死刑。在审理中，公诉机关提供证明被告人黄世牛出生日期的身份证等书证与黄世牛的家属提供"学籍呈报表"等证据相互矛盾。公诉机关提供的证据显示被告人黄世牛犯罪时已达法定刑事责任年龄，黄世牛的家属提供的证据则显示未达法定刑事责任年龄。因此，在如何采信证明被告人黄世牛真实年龄的两方证据上，是解决本案争议焦点的关键。对此，审理中存在两种意见。第一种意见认为，被告人所在村于1994年开始对户籍进行规范化管理，对以前登记不准确的，每年派出所都要进行核对，经过长时间的核实、更正，已形成较准确的户籍材料，且在发放户口簿和身份证时黄世牛的家属对其年龄均未提出异

---

〔1〕 参见顾永忠主编：《中国疑难刑事名案程序与证据问题研究》，北京大学出版社2008年12月版，第219页。
〔2〕 参见北京市高级人民法院编：《北京法院指导案例》，2006年第81期（总第907期），2006年12月19日编。

议，现没有其他证据印证黄世牛初中入学登记的出生日期是准确的，派出所户口簿和身份证上登记的出生日期最具有权威性，只有医院的出生证明才能推翻派出所的户籍登记，在无法取得医院出生证明情况下，应依据派出所出具的户籍材料为准，认定黄世牛出生日期是1985年2月5日，其犯罪时已满18周岁，应以绑架罪判处其死刑。第二种意见认为，派出所对黄世牛所在村以前登记不准确的户籍信息不断的进行核实更改，但派出所提交给法院的书证证明，仍然有零散人员不准确的户籍信息没有更改，如提出异议还可以更改，村委会干部的证言对此证明也予以印证。法院在审理中，黄世牛家属提供了黄世牛在张公中学的原始学籍呈报表，记载其出生日期为1987年10月，与派出所登记的出生日期存在矛盾，且对两个出生日期都没有其他证据印证，均不能排除合理的怀疑。因此，在被告人黄世牛准确的出生日期不确定的情况下，应该推定黄世牛犯罪时未满18周岁，不能适用死刑。

【法理分析】

最高人民法院《关于审理未成年人刑事案件具体应用法律若干问题的解释》第4条规定："对于没有充分证据证明被告人实施指控的犯罪时已经达到法定刑事责任年龄且确实无法查明的，应当推定其没有达到相应法定刑事责任年龄。"准确适用此条款应注意把握以下三个方面：（1）必须是在采取了所有手段和措施的情况下，仍然无法查明被告人年龄，属于年龄"确实无法查明"的，才可适用该款。（2）确实无法查明的年龄涉及是否已满14周岁、已满16周岁和已满18周岁这三个重要年龄点。这是因为主要考虑到以上三个年龄点关系到未成年人罪与非罪、此罪与彼罪、应否从轻或减轻处罚、是否适用死刑的问题。为此，从充分保护人权的角度出发，在上述三个年龄点确实无法查清的，适用推定原则。（3）应当按照有利于被告人的原则对其年龄作出推定，一般按照就低不就高原则推定被告人年龄，避免对不应当追究刑事责任的未成年人追究了刑事责任，或者对不应当判处死刑的人判处了死刑。"两高三部"《死刑案件证据规定》第40条规定："审查被告人实施犯罪时是否已满十八周岁，一般应当以户籍证明为依据；对户籍证明有异议，并有经查证属实的出生证明文件、无利害关系人的证言等证据证明被告人不满十八周岁的，应认定被告人不满十八周岁；没有户籍证明以及出生证明文件的，应当根据人口普查登记、无利害关系人的证言等证据综合进行判断，必要时，可以进行骨龄鉴定，并将结果作为判断被告人年龄的参考。未排除证据之间的矛盾，无充分证据证明被告人实施被指控的犯罪时已满十八周岁且确实无法查明的，不能认定其已满十八周岁。"根据此条规定，在审查被告人实施犯罪时是否达到刑事责任年龄，首先应当以户籍证明为依据。如果没有户籍证明以及出生证明文件的，则应根据人口普查登记、无利害关系人的证言、学籍证明，居（村）民委员会证明材料等证据综合进行判断。如果这些证据的证明方向一致，则可以据此认定被告人的年龄，但如果这些证据相互矛盾，可以对被告人进行骨龄鉴定，但骨龄鉴定的结果只能作为参考。在对被告人刑事责任年龄审查的过程中，若穷尽所有查明被告人出生日期的手段，仍无法得到一个令人信服的判断，如无户籍证明、出生证明或其存在明显错误，证人证言彼此矛盾，证人证言与其他书证相互矛盾，无法查找原始出生证明，也没有补充调查取证的空间，那么应从有利于被告人的角度出发，作出有利于当事人的认定和裁判，不能认定其已达到刑事责任年龄。

本案中，法院经过对检察机关指控证据质证及对被告人黄世牛所在的村委会、出生的医院、同学、亲属调查取证，均不能证明其准确的出生年月，也不能排除证据之间的矛盾。在案证据证明，指控证据中派出所登记的黄世牛1985年2月5日出生日期也不是以原始出生证明为依据的，因此，根据派出所登记制作的黄世牛身份证上的出生日期也无法证明是准确的。虽经过多方调查取证，一审法院在无法查清被告人黄世牛确切的出生日期，且又无充分证据证明派出所户籍登记的出生日期的准确性的情况下，按照最高法院的司法解释，推定被告人黄世牛犯罪时未满18周岁，并根据其所犯罪行对社会的危害程度及法律对应负刑事责任年龄的规定，依法对黄世牛判处无期徒刑是于法有据的。

因此，一审法院对被告人黄世牛的判决是正确的。

第二节　刑事证据的分类审查与认定

【规则要点】

对于物证、书证，应当着重审查以下内容：（一）物证、书证是否为原物、原件，物证的照片、录像或者复制品及书证的副本、复制件与原物、原件是否相符；物证、书证是否经过辨认、鉴定；物证的照片、录像或者复制品和书证的副本、复制件是否由二人以上制作，有无制作人关于制作过程及原件、原物存放于何处的文字说明及签名。（二）物证、书证的收集程序、方式是否符合法律及有关规定；经勘验、检查、搜查提取、扣押的物证、书证，是否附有相关笔录或者清单；笔录或者清单是否有侦查人员、物品持有人、见证人签名，没有物品持有人签名的，是否注明原因；对物品的特征、数量、质量、名称等注明是否清楚。（三）物证、书证在收集、保管及鉴定过程中是否受到破坏或者改变。（四）物证、书证与案件事实有无关联。对现场遗留与犯罪有关的具备检验鉴定条件的血迹、指纹、毛发、体液等生物物证、痕迹、物品，是否通过DNA鉴定、指纹鉴定等鉴定方式与被告人或者被害人的相应生物检材、生物特征、物品等作同一认定。（五）与案件事实有关联的物证、书证是否全面收集。

对于被害人陈述，应当着重审查以下内容：（一）被害人的年龄、认知水平、记忆能力和表达能力，生理上和精神上的状态是否影响其陈述的真实性。（二）有无使用暴力、威胁、引诱、欺骗以及其他非法手段获取被害人陈述的情形。（三）被害人陈述的笔录是否经被害人核对确认并签名（盖章）、捺指印；询问未成年被害人，是否通知了其法定代理人到场，其法定代理人是否在场。（四）被害人陈述之间以及与其他证据之间能否相互印证，有无矛盾。

对于被告人供述和辩解，应当着重审查以下内容：（一）讯问的时间、地点、讯问人的身份等是否符合法律及有关规定，讯问被告人的侦查人员是否不少于二人，讯问被告人是否个别进行等。（二）讯问笔录的制作、修改是否符合法律及有关规定，讯问笔录是否注明讯问的起止时间和讯问地点，首次讯问时是否告知被告人申请回避、聘请律师等诉讼权利，被告人是否核对确认并签名（盖章）、捺指印，是否有不少于二人的讯问人签名等。（三）讯问聋哑人、少数民族人员、外国人时是否提供了通晓聋、哑手势的人员或者翻译人员，讯问未成年同案犯时，是否通知了其法定代理人到场，其法定代理人是否在场。（四）被告人的供述有无以刑讯逼供等非法手段获取的情形，必要时可以调取被告人进出看守所的健康检查记录、笔录。（五）被告人的供述是否前后一致，有无反复以及出现反复的原因；被告人的所有供述和辩解是否均已收集入卷；应当入卷的供述和辩解没有入卷的，是否出具了相关说明。（六）被告人的辩解内容是否符合案情和常理，有无矛盾。（七）被告人的供述和辩解与同案犯的供述和辩解以及其他证据能否相互印证，有无矛盾。对于上述内容，侦查机关随案移送有录音录像资料的，应当结合相关录音录像资料进行审查。

对于鉴定意见，应当着重审查以下内容：（一）鉴定人是否存在应当回避而未回避的情形。（二）鉴定机构和鉴定人是否具有合法的资质。（三）鉴定程序是否符合法律及有关规定。（四）检材的来源、取得、保管、送检是否符合法律及有关规定，与相关提取笔录、扣押物品清单等记载的内容是否相符，检材是否充足、可靠。（五）鉴定的程序、方法、分析过程是否符合本专业的检验鉴定规程和技术方法要求。（六）鉴定意见的形式要件是否完备，是否注明提起鉴定的事由、鉴定委托人、鉴定机构、鉴定要求、鉴定过程、检验方法、鉴定文书的日期等相关内容，是否由鉴定机构加盖鉴定专用章并由鉴定人签名盖章。（七）鉴定意见是否明确。（八）鉴定意见与案件待证事实有无关联。（九）鉴定意见与其他证据之间是否有矛盾，鉴定意见与检验笔录及相关照片是否有矛盾。（十）鉴定意见是否依法及时告知相关人员，当事人对鉴定意见是否有异议。

对勘验、检查笔录应当着重审查以下内容：（一）勘验、检查是否依法进行，笔录的制作是否符合法律及有关规定的要求，勘验、检查人员和见证人是否签名或者盖章等。（二）勘验、检查笔录的内容是否全面、详细、准确、规范；是否准确记录了提起勘验、检查的事由，勘验、检查的时间、地点，在场人员、现场方位、周围环境等情况；是否准确记载了现场、物品、人身、尸体等的位置、特征等详细情况以及勘验、检查、搜查的过程；文字记载与实物或者绘图、录像、照片是否相符；固定证据的形式、方法是否科学、规范；现场、物品、痕迹等是否被破坏或者伪造，是否是原始现场；人身特征、伤害情况、生理状况有无伪装或者变化等。（三）补充进行勘验、检查的，前后勘验、检查的情况是否有矛盾，是否说明了再次勘验、检查的原因。（四）勘验、检查笔录中记载的情况与被告人供述、被害人陈述、鉴定意见等其他证据能否印证，有无矛盾。

对于视听资料，应当着重审查以下内容：（一）视听资料的来源是否合法，制作过程中当事人有无受到威胁、引诱等违反法律及有关规定的情形；（二）是否载明制作人或者持有人的身份，制作的时间、地点和条件以及制作方法；（三）是否为原件，有无复制及复制份数；调取的视听资料是复制件的，是否附有无法调取原件的原因、制作过程和原件存放地点的说明，是否有制作人和原视听资料持有人签名或者盖章；（四）内容和制作过程是否真实，有无经过剪辑、增加、删改、编辑等伪造、变造情形；（五）内容与案件事实有无关联性。对视听资料有疑问的，应当进行鉴定。对视听资料，应当结合案件其他证据，审查其真实性和关联性。

对于电子数据，应当着重审查以下内容：（一）该电子数据存储磁盘、存储光盘等可移动存储介质是否与打印件一并提交。（二）是否载明该电子数据形成的时间、地点、对象、制作人、制作过程及设备情况等。（三）制作、储存、传递、获得、收集、出示等程序和环节是否合法，取证人、制作人、持有人、见证人等是否签名或者盖章。（四）内容是否真实，有无剪裁、拼凑、篡改、添加等伪造、变造情形。（五）该电子数据与案件事实有无关联性。对电子数据有疑问的，应当进行鉴定。对电子数据，应当结合案件其他证据，审查其真实性和关联性。

对于侦查机关组织的辨认，存在下列情形之一的，应当严格审查，不能确定其真实性的，辨认结果不能作为定案的根据：（一）辨认不是在侦查人员主持下进行的。（二）辨认前使辨认人见到辨认对象的；（三）辨认人的辨认活动没有个别进行的。（四）辨认对象没有混杂在具有类似特征的其他对象中，或者供辨认的对象数量不符合规定的；尸体、场所等特定辨认对象除外。（五）辨认中给辨认人明显暗示或者明显有指认嫌疑的。

对侦查机关出具的破案经过等材料，应当审查是否有出具该说明材料的办案人、办案机关的签字或者盖章。对破案经过有疑问，或者对确定被告人有重大嫌疑的根据有疑问的，应当要求侦查机关补充说明。

【理解与适用】

一、对物证、书证的审查与认定

（一）审查的内容

物证有广义和狭义之分，狭义的物证是指以其外部特征、存在状态、物质属性等来证明有关案件事实的物品和痕迹。这里的"物"，不同于民法中的必须有使用价值之物，泛指司法实践中所有可以作为物证之物，如各种物品、动物、植物、人体等有形物和气体等无形物。广义的物证是以物质形式表现出来的证据，包括狭义的物证、书证和视听资料等。刑事诉讼法中规定的物证，即狭义之物证。所谓书证，是指以文字、符号、图画等表达的思想或者记载的内容来证明有关案件事实的书面文件或其他物品。书证的范围十分广泛，包括载有文字、符号、数字、图画、印章或其他具有表情达意功能痕迹的所有实物材料。在刑事诉讼中，经常使用的书证有证实经济犯罪的账册、单据、合同

（尤其在贪污罪中，账册、发票、收据、记账凭证等反映资金存留和资金去向的书证往往是定案的关键证据）；诬告案中的诬告信；危害国家安全犯罪中的犯罪纲领、计划和传单；一般犯罪中反映犯罪故意、犯罪预谋与犯罪实施过程的书信、日记；反映犯罪分子主体身体的工作证、身份证、户口簿、任免文件等。书证按不同标准划分可分为公文书证与非公文书证；一般书证与特别书证；原本书证与副本、复制本、节录本书证等。对物证、书证的审查与认定，既要关注证据的收集、保管等程序问题，又要关注证据的确定、证据与案件事实的关联、证据的实质证明价值等实体问题；既要关注证据的质量（确实性），又要关注证据的数量（充分性）。根据"两高三部"《死刑案件证据规定》第6条的规定，对物证、书证应当从以下五个方面进行审查：

1. 注意审查物证、书证的来源，必须确证物证、书证为原物、原件或与原物、原件相符。物证、书证要想作为证据使用，首先必须进行确证，确保其为原物、原件。这种确证的过程是确保特定的物品、文书作为证据使用的先决条件。审查物证、书证的来源，应当查明物证是何人于何时何地在何种情况下发现、提供或收集的，彻底弄清物证提供、收集的时间、地点以及形成的原因和经过，查明该物证是原物品还是相似的物品，是原件还是复制品，在审查物证的来源时，必须特别注意有无栽赃陷害的情况，如有的犯罪分子将作案工具丢在别人的住处，或把别人家的东西偷来作为犯罪工具，作案后故意遗留在犯罪现场等。

2. 注意审查物证、书证的收集程序、方式。物证、书证的收集程序、方法必须符合法律及相关规定，否则就将导致其欠缺合法性和真实性，进而无法作为定案的根据。在司法实践中，对于侦查人员通过现场勘验、检查或者搜查提取或者扣押物证、书证，一般审查以下内容：是否由两名侦查人员收集；是否附有相关笔录或者清单；或者清单是否有侦查人员、物品持有人、见证人签名，没有物品持有人签名的，是否注明原因；对物品的特征、数量、质量、名称等是否注明。另外，具备辨认条件的物证、书证应当交由当事人或者证人进行辨认，必要时应当时行鉴定。

3. 注意审查物证、书证的动态变化。物证、书证虽然是客观性证据，但其在收集、保管及鉴定过程中都有可能受到破坏或者改变。有学者将这些能够增加、改变、模糊、污染或者毁灭证据的影响称为"证据动态变化"。[1] 证据动态变化既可能是自然因素所致，如一些有色痕迹时间长了会退色，立体脚印因风吹雨淋变形等。也可能是人为因素所致，犯罪分子作案后为了逃避罪责，经常会破坏现场、伪造证据，制造各种假象。在证据收集、保管及鉴定的过程中，接触证据的人员都可能破坏或者改变证据，使物证、书证损害、变形、变色、变质等。通常情况下，侦查人员都应当制作证据保管日志，任何接触该证据的人员都必须记录自己的姓名、机构、接触的日期，由此确保证据保管链条的完整性。如果证据保管链条出现中断，并且不能作出合理的说明，那么，该物品与其在犯罪现场被发现时处于相同状态的主张就得不到支持，该物品的来源及真实性就将

---

〔1〕 参见［美］威廉·齐泽姆等著、刘静坤译，《犯罪重建》，中国人民公安大学出版社2010年版，第162页。

面临质疑。

4. 注意审查物证、书证与案件事实的关联性。物证是否有法律、科学价值及效用，在于是否与案件事实相关。[1] 物证、书证具有合法性的前提是其必须与案件事实存在关联。物证是不会说话的"哑巴"证据，它自己不能像人一样讲清自己与案件有何联系。但是物证随着犯罪行为的发生和实施而产生，必然会与案件事实有着客观的联系，与案件事实没有关联的其他物品不能作为定案的根据。一般来讲，物证、书证与案件的关联需要借助一定的方法才能识别。要注意审查：物证、书证是否交由当事人或者证人辨认；对现场遗留与犯罪有关的血迹、精斑、毛发、指纹等生物物证、痕迹、物品，是否通过 DNA 鉴定、指纹鉴定等方式对与犯罪嫌疑人或者被害人有无关联作出确认。在死刑案件的审理过程中，对于在现场遗留与犯罪有关的具备检验鉴定条件的血迹、指纹、毛发、体液等生物物证、痕迹、物品，应当重点审查是否通过 DNA 鉴定、指纹鉴定等方式对与犯罪嫌疑人或者被害人的相应生物检材、生物特征、物品等作同一认定。

5. 注意审查物证、书证的全面性。对物证、书证审查判断时一定要"全"。一般来说，在面对物证、书证时，办案人员都会从不同的角度进行审查，不会直接相信物证、书证。但是，容易出问题的地方往往是顾此失彼，即仅从某一方面对该物证、书证进行审查，而忽略了其他某些方面。因此，要注意审查与案件有关的证明被告人有罪、无罪、罪重与罪轻物证、书证是否全面收集，不能有所偏漏。同时，对物证、书证的审查，经常需要与鉴定结论、勘验笔录联系起来，因为很多物证，如一些生物物证、痕迹物证都需要鉴定，对签名、真假有疑问的书证，也需要通过鉴定后才能判断其证明力。

（二）瑕疵证据的补救

证据是认定案件事实的基础。全面收集证据，充分挖掘证据的证明价值，是侦查工作的基本要求。只有全面收集证明被告人有罪、无罪、罪轻、罪重的证据，并对证据进行科学的分析，才能准确认定案件事实，确保定罪准确，量刑适当，同时确保无罪的人不受刑事追究。

侦查人员应当通过现场勘验、检查、搜查客观、全面地收集与案件事实可能有关联的血迹、指纹、足迹、文件等物证、书证。同时，对具备检验条件尤其是同一认定案件的关键性物证、书证，还应当进行鉴定，从而确定物证、书证与案件事实的关联，并通过物证、书证的鉴定结论锁定犯罪嫌疑人或者排除犯罪嫌疑，进而实现证据证明价值的最大化。

在一些案件中，基于各种主客观原因，侦查人员对在勘验、检查、搜查中发现与案件事实可能有关联的血迹、指纹、足迹、字迹、毛发、体液、人体组织等痕迹和物品应当提取而没有提取，应当检验而没有检验，由于这些关键性证据的缺席，无法准确地认定案件事实。在实践中，这种情况突出地表现在以下几个方面：第一，未能从犯罪现场上全面提取物证、书证，尤其是血迹、指纹等能够直接作出同一认定的证据，以及被告

---

〔1〕 参见〔美〕邓洪：《神探李昌钰》，海天出版社 2000 年版，第 90～91 页。

人遗留在犯罪现场的犯罪工具、衣物等能够建立被告人与犯罪现场有关联的证据。第二，未能从被告人处全面提取物证、书证，尤其是被告人从犯罪现场和被害人处带走的证据，以及从被害人处转移到被告人身上的血迹、纤维等证据进行检验，或者仅仅进行种类检验，未能进行同一认定。诸如此类的问题导致案件事实的证明体系存在缺陷，无法形成完整的证据链条，有些案件甚至无法建立被告人与犯罪现场和被害人之间的关联。[1]

对于此类案件的具体补救机制，根据"两高三部"《死刑案件证据规定》第7条的规定，一方面，对于人民法院，如果发现与案件事实可能有关联的血迹、指纹、足迹、字迹、毛发、体液、人体组织等痕迹和物品应当提取而没有提取，应当检验而没有检验，导致案件事实存疑的，就应当向人民检察院说明情况，不能对上述问题视而不见，应当严把案件的事实关和证据关。另一方面，人民检察院依法可以补充收集、调取证据，对应当提取的证据予以提取，对应当检验的证据予以检验，从而消除案件事实方面存在的疑问；如果因客观原因无法补充提取相应的证据，或者无法对相应的证据进行补充，例如，现场上的血迹、体液等证据已经被破坏、灭失或者丧失检验条件，人民检察院也可以对相关情况作出合理的说明，或者可以将案件退回侦查机关补充侦查，调取有关证据。如果人民法院向人民检察院反馈相应的证据问题后，人民检察院未能及时补充收集、调取证据或者作出合理的说明，人民法院应当根据案件具体情况，依法作出裁判，包括可能因此作出不核准或者不判处死刑，甚至是宣告无罪的判决。

这里需要注意的问题是，对于案件中一些关键性的证据，如果"应当提取而没有提取，应当检验而没有检验，导致案件事实存疑的"，人民法院不宜简单地按照疑罪从无处理，而是应当采取一定的补救措施。不过此时人民法院只能向人民检察院说明情况，建议检察院补充收集或者作出合理解释，无权将案件再退回人民检察院。对于一些在侦查中应当提取而没有提取的指纹、血迹等物证，补充侦查时由于某种原因确实无法收集到，导致案件存疑的，人民检察院和法院应当敢于坚持原则，按照疑罪有利于被告的原则处理。

（三）原始物证、书证优先规则

"两高三部"《死刑案件证据规定》第8条规定："据以定案的物证应当是原物。只有在原物不便搬运、不易保存或者依法应当由有关部门保管、处理或者依法应当返还时，才可以拍摄或者制作足以反映原物外形或者内容的照片、录像或者复制品。物证的照片、录像或者复制品，经与原物核实无误或者经鉴定证明为真实的，或者以其他方式确能证明其真实的，可以作为定案的根据。原物的照片、录像或者复制品，不能反映原物的外形和特征的，不能作为定案的根据。据以定案的书证应当是原件。只有在取得原件确有困难时，才可以使用副本或者复制件。书证的副本、复制件，经与原件核实无误或者经鉴定证明为真实的，或者以其他方式确能证明其真实的，可以作为定案的根据。

---

〔1〕 参见张军主编：《刑事证据规则理解与适用》，法律出版社 2010 年 9 月版，第 113～114 页。

书证有更改或者更改迹象不能作出合理解释的，书证的副本、复制件不能反映书证原件及其内容的，不能作为定案的根据。"最高人民法院《刑事诉讼法司法解释》第53条、《人民检察院刑事诉讼规则》第188条和《公安机关办理刑事案件程序规定》第57条也有类似的规定。这些规定确立了原始物证、书证优先规则（又称最佳证据规则）及相应的例外情形。

确定原始物证、书证优先规则，有助于促使证据收集主体努力收集更可能具有真实性的原始证据，从而更准确、及时地查明案件事实，实现实体公正。因为原物、原件真实的可能性更大，而复制件、复制品、复印件等虚假的可能性更大。但是在司法实践中，有些情况下原物、原件无法收集或者不宜提交，如果一概否定其复制件、复制品、复印件的证据效力，既不现实，也不利于案件事实真相的查明，故针对一些情况，在能够确保复制品、复制件、复印件真实性的情况下，认可其证据效力。当然，对于一些真实性无法保证的复制品、复制件、复印件，就不应允许其作为定案的根据。正确适用原始物证、书证优先规则需要注意以下内容：一是据以定案的物证、书证原则上应当是原物、原件。原件是文件制作人将有关的内容加以记载而作成的原始文本，又称原本或者底本。二是只有在原物不便搬运、不易保存或者依法应当由有关部门保管、处理或者依法应当返还时，才可以拍照或者制作足以反映原物外形或者内容的照片、录像或者复制品。这些情况如：作为赃物的楼房、汽车等比较大的物证，就属于不便于搬运；犯罪嫌疑人盗窃的鲜活的海鲜，就属于不易保存的物证；侦查机关收缴的假币、毒品、淫秽物品等就属于应当由有关部门保管、处理的物证；犯罪分子从被害人处获取的物品、钱财等就属于应当返还的物证；对于书证，只有在取得原件确有困难时，才可以使用副本或者复制件，比如原件属于国家重要的机密文件或者非常珍贵的文物等。三是复制件、复制品、复印件只有经与原物、原件核实无误，或者经过鉴定等方式证明其确属真实的，才能作为定案的根据。四是原物的复制件、复制品等如果不能反映原物的外形和特征，书证有更改或者更改迹象不能作出合理的解释的，书证的副本、复制件不能反映书证原件及其内容的，均不能作为定案的根据。

这里需要注意的是，虽然强调原始物证、书证优先，但不是只能收集原始证据，而不重视派生证据的收集。事实上，有些案件中，在收集不到原始证据的情况下，依靠扎实、充分的派生证据同样可以定案。在运用复制品、复制件、复印件认定案件事实时，关键是要保证这些派生证据的真实性。

（四）物证书证的辨认与鉴定

"两高三部"《死刑案件证据规定》第10条规定："具备辨认条件的物证、书证应当交由当事人或者证人进行辨认，必要时应当进行鉴定。"这是物证书证的辨认与鉴定的规定，包含以下两层含义：第一，凡是具备辨认条件的物证、书证，均应交由当事人或者相关证人进行辨认，即由当事人或者相关证人对该物证、书证的来源及真实性发表意见，如在杀人案中，侦查机关可能会从犯罪现场收集一把刀，但此刀是否是被告人行凶时用的刀，就需要交由被告人辨认，这是对物证、书证审查的一般原则。第二，必要时，应当对物证、书证进行鉴定，这是特殊原则。所谓"必要时"，是指有些物证、书证的证明力必须经过鉴定才能展示出来，当事人或者证人通过五官的直接感知不易辨认或者对方对辨认有异议；该物证、书证意义重大，一旦毁损对以后的诉讼将造成重大的影响，需要通过鉴定来固定其证明力等。之所以规定"具备辨认条件的物证、书证应当交由当事人或者证人进行辨认，必要时应当进行鉴定"，主要是由物证、书证的特点决定的。对于一个实物证据而言，只有既与特定的犯罪时空相联系，又与犯罪嫌疑人相联系的时候，才能对案件事实发挥证明作用。例如，一把刀，只有证明被害人确实是被这把刀杀死的，而且能够证明这把刀与犯罪嫌疑人存在关系，譬如刀把上遗留有其指纹，才具有证据价值。对此两种关联度的揭示，靠被称之为"哑巴证据"的物证、书证自身是不可能完成的，这就需要辨认或者鉴定。在司法实践中，对于物证、书证的辨认，主要是解决物证、书证与嫌疑人之间的关联度。对于书证、物证的鉴定，主要从以下几方面解决物证、书证与案件事实及嫌疑人之间的关联度：一是客体的同一认定，即指案件中先后出现的客体是否同一的问题，如现场的血迹是否来自被害人或者犯罪嫌疑人。二是客体种属认定问题，即对客体的类型、物质属性等作出判断。三是客体真伪认定问题，这主要是为了解决有争议文书真伪问题而进行的一类鉴定，譬如文书由何人制作，印章是否伪造，等等。

在司法实践中需要注意的问题是，原则上所有的物证、书证均由当事人或者证人进行辨认，而且辨认应该遵循辨认的相关规则。在死刑案件中，对已经死亡的被害人以及被告人真实身份的认定，原则上应当进行 DNA 鉴定；对于其他的生物物证，只要其证明力通过感官难以揭示，原则上应进行鉴定。

二、对被害人陈述的审查和认定

（一）被害人陈述的特点

被害人陈述，是指受犯罪行为直接侵害的人向公安司法机关就其遭受犯罪行为侵害的事实和有关犯罪嫌疑人、被告人的情况所作的口头或者书面的陈述。许多国家在刑事诉讼中将被害人视为证人，我国将被害人视为当事人，在诉讼地位上不同于证人。被害人是合法权益遭受犯罪行为直接侵害的人，一般是自然人，有的案件中可能是单位，不是所有的案件都有被害人，在一些"无被害人的犯罪"案件中，如贩卖毒品、贿赂犯罪案件等就没有被害人。作为证据种类中的被害人陈述，具有以下特点：

一是被害人陈述主体的不可替代性。被害人必须是遭受犯罪行为侵害的人，因此只有实际遭受犯罪行为侵害的人才能以被害人的身份提供此种形式的证据，其他任何人包括间接遭受犯罪侵害的人，都不能代替被害人陈述案件事实经过。

二是被害人陈述内容的双重性。一方面，被害人亲身经历了案件事实，直接遭受了犯罪的侵害，甚至与犯罪分子有直接的接触，因此被害人的陈述一般来说比较真实，而且具有直接、形象、具体、生动等特点，另一方面，由于各种主客观因素的影响，被害人的陈述有可能是虚假的、不真实的。此类情形一般在以下情况下发生：（1）因受犯罪侵害精神高度紧张，心理状态异常，观察有偏差或者有遗漏，记忆模糊，造成陈述存在差错；（2）在受到犯罪侵害后，出于仇恨犯罪人的心理而夸大犯罪事实；（3）由于自身存在一定过错，对案件中某些事实加以掩盖，为此进行虚假陈述，或者出于个人私利或某种卑劣目的，虚构事实，企图以虚假陈述诬告陷害他人；（4）受到犯罪行为侵害后，失去了感知能力或者记忆出现障碍，如因受伤而昏迷、因中毒而出现幻觉，无法对被害经过作出陈述或者作出虚假陈述；（5）顾盼个人利益，如前途、名誉、家庭关系、子女利益等，没有勇气如实陈述有关犯罪事实；（6）出于亲情或者人情，或者受到他人威胁、恐吓、干扰，作出虚假陈述。

三是被害人陈述表达方式的多样性。被害人在实践中通常以口头的方式进行陈述，此时应有公安司法人员作笔录，被害人陈述也可以以文字的形式表现出来，被害人可以自行书面能够证明遭受犯罪行为侵害的事实及相关情况的书面材料。同时被害人陈述也可以用录音、录像、电子储存信息等形式加以表达，等等。

（二）对被害人陈述的审查与认定

基于被害人陈述的上述特点，应当从以下方面进行审查与认定：

被害人的感知、记忆和表达能力以及被害人陈述的取得程序、方式，都与被害人陈述的真实性、全面性密切相关。在实践中，应当注意审查以下情况：被害人的年龄、认知水平、记忆能力和表达能力，生理上和精神上的状态是否影响其陈述的真实性；有无使用暴力、威胁、引诱、欺骗以及其他非法手段获取被害人陈述的情形；被害人陈述的笔录是否经被害人核对确认并签名（盖章）、捺指印；询问未成年被害人，是否通知了其法定代理人到场，其法定代理人是否在场；被害人陈述之间以及与其他证据之间能否相互印证，有无矛盾。

被害人陈述的取证程序以及被害人陈述的实质内容都直接关系到证据的真实性。在实践中，以暴力、威胁等非法手段取得的被害人陈述，不能作为定案的根据；处于明显醉酒、麻醉品中毒或者精神药物麻醉状态，以致不能正确表达的被害人所作的陈述，不能作为定案的根据；被害人的猜测性、评论性、推断性的证言，不能作为证据使用，但根据一般生活经验判断符合事实的除外。

询问被害人是一项法定的取证工作，应当遵循法律规定的取证程序，实践中，询问被害人没有个别进行而取得的陈述，没有经被害人核对确认并签名（盖章）、捺指印的书面陈述；询问聋哑人或者不通晓当地通用语言、文字的少数民族被害人、外国被害人，应当提供翻译而未提供的，不能作为定案的根据。

被害人陈述的收集程序和方式有下列瑕疵，通过有关办案人员的补正或者作出合理解释的，可以采信：没有填写询问人、记录人、法定代理人姓名或者询问的起止时间、地点的；询问被害人的地点不符合规定的；询问笔录没有记录告知被害人应当如实作出陈述的有意作伪证或者隐匿罪证要负法律责任内容的；询问笔录反映出在同一时间段内，同一询问人询问不同被害人的。

被害人出庭陈述案件事实，接受双方当事人的交叉询问，有利于法官审理案件。具有下列情形的被害人陈述，人民法院应当通知出庭作证：人民检察院、被告人及其辩护人对被害人陈述有异议，该被害人陈述对定罪量刑有重大影响的；人民法院认为其他应当出庭作证的。经依法通知不出庭的书面被害人陈述经质证无法确认的，不能作为定案的根据。

被害人在法庭上的陈述与其庭前陈述相互矛盾，若被害人当庭能够对其翻证作出合理解释，并有相关证据印证的，应当采信庭审陈述。

对未出庭被害人的书面陈述，应当听取出庭检察人员、被告人及其辩护人的意见，并结合其他证据综合判断，未出庭被害人的书面陈述出现矛盾，不能排除矛盾且无证据印证的，不能作为定案的根据。

被害人陈述涉及国家秘密或者个人隐私的，应当保守秘密。被害人出庭作证，必要时，人民法院可以采取限制公开证人信息、限制询问、遮蔽容貌、改变声音等保护性措施。

三、对被告人供述和辩解的审查和认定

在我国司法实践中，被告人的供述和辩解，主要是通过讯问获得的，讯问既是侦查工作的必经程序，也是查明案件事实的重要手段。例如在大多数杀人案件中，现场没有目击证人和视频监控措施，仅仅存在犯罪行为人和被害人的接触，除了被害人的尸体外，犯罪现场很少存在其他物证，加上技术、资金等方面的限制，法庭科学也通常没有用武之地，因此讯问作为一种重要的侦查手段，仍然具有不可代替的作用。即使在著名的米兰达案件的裁决中，美国联邦最高法院也指出，"讯问仍然将在侦查工作中扮演重要的角色。如果未能获得犯罪嫌疑人的供述，许多案件都无法侦破"[1]。

（一）对被告人供述和辩解进行审查的重点

被告人供述作为一种法定的证据种类在诉讼过程中具有重要的证明功能。与此同时，在我国现阶段的侦查体制下，很难确保被告人供述的自愿性，这也导致被告人供述具有许多内在的错误风险。为准确地认识案件事实，依法惩罚犯罪并保护无辜，需要特别重视对被告人供述的严格审查。具体应重点关注以下内容[2]：

1. 重点审查讯问程序的合法性

讯问是法定的侦查取证手段，应当遵守法律的诉讼程序。我国刑事诉讼法和司法解释较为全面地规定了讯问的时间、地点、讯问主体、讯问的权利告知、翻译辅助、法定代理人到场、个别讯问、讯问笔录的制作规范、禁止非法讯问等内容。具体分述如下：

（1）讯问主体。我国最新修正的《刑事诉讼法》第 116 条第 1 款规定："讯问犯罪嫌疑人必须由人民检察院或者公安机关的侦查人员负责进行。讯问的时候，侦查人员不得少于二人。"该规定明确了讯问主体的身份和人数要求。讯问工作是一项侦查取证措施，只能由侦查人员负责进行讯问，其他人员不能开展讯问。同时为确保讯问过程的安全性以及

---

〔1〕 参见［美］诺曼·嘉兰等著、但彦铮等译：《执法人员刑事证据教程》，中国检察出版社 2007 年版，第 251 页。
〔2〕 参见张军主编：《刑事证据规则理解与适用》，法律出版社 2010 年 9 月版，第 168～178 页。

讯问记录的客观性，进行讯问的侦查人员不得少于两人。在司法实践中，对重大案件的讯问工作，通常由一个多名侦查人员组成的专案组进行。根据上述法律规定，对于被告人的供述和辩解尤其是书面的讯问笔录，应当注意审查讯问人员的身份与人数要求。

（2）讯问地点。我国最新修正的《刑事诉讼法》第116条第2款规定："犯罪嫌疑人被送交看守所羁押以后，侦查人员对其进行讯问，应当在看守所内进行。"第117条第1款规定："对不需要逮捕、拘留的犯罪嫌疑人，可以传唤到犯罪嫌疑人所在市、县内的指定地点或者到他的住处进行讯问，但是应当出示人民检察院或者公安机关的证明文件。"这两个条款规定明确了到指定地点进行讯问的情况和事先出示证明文件的要求。讯问工作的地点的选择取决于案件和犯罪嫌疑人的具体情况。通常情况下侦查人员都是在逮捕、拘留犯罪嫌疑人之后前往看守所进行讯问，在羁押讯问的情况下，就不存在场所的选择问题。对于不需要逮捕、拘留的犯罪嫌疑人，可以传唤到犯罪嫌疑人所在市、县内的指定地点或者到他的住处进行讯问。所谓指定地点，应当是犯罪嫌疑人所在市、县公安机关的办案场所，不得在办公场所或者宾馆、酒店、招待所等其他场所进行讯问；对于患有严重疾病或者残疾、行动不便的，以及正在怀孕的犯罪嫌疑人，可以到其住处进行讯问。由于上述情况下的讯问工作并非是在司法部门进行，应当事先出示人民检察院或者公安机关的证明文件，表明身份，取得犯罪嫌疑人的配合。根据上述法律规定，对于被告人的供述和辩解尤其是书面的讯问笔录，应当注意审查讯问的地点情况，以及选择特定地点进行讯问的理由和具体程序。此外《人民检察院刑事诉讼规则》第139条规定："因侦查工作需要，需要提押犯罪嫌疑人出所辨认罪犯、罪证或者追缴犯罪有关财物的，可以提押犯罪嫌疑人到人民检察院接受讯问。提押犯罪嫌疑人到人民检察院讯问的，应当经检察长批准，由二名以上司法警察押解。"该条规定为了开展辨认或者追缴工作提押犯罪嫌疑人前往人民检察院接受讯问的具体要求。

（3）讯问时间。我国最新修正的《刑事诉讼法》第117条第2款和第3款规定："传唤、拘传持续的时间不得超过十二小时；案情特别重大、复杂，需要采取拘留、逮捕措施的，传唤、拘传持续的时间不得超过二十四小时。不得以连续传唤、拘传的形式变相拘禁犯罪嫌疑人。传唤、拘传犯罪嫌疑人，应当保证犯罪嫌疑人的饮食和必要的休息时间。"该条规定明确了非羁押讯问的时间限制和延时手段限制。

对已经逮捕、拘留的犯罪嫌疑人，侦查人员开展的羁押讯问通常没有时间方面的限制。对尚未逮捕、拘留的犯罪嫌疑人，侦查人员可以通过传唤、拘传的方式进行讯问，为了保障犯罪嫌疑人的合法权益，传唤、拘传的持续时间应当具有合理性，最长不能超过十二小时。同时不得以连续传唤、拘传的形式变相拘禁犯罪嫌疑人。传唤、拘传犯罪嫌疑人，应当保证犯罪嫌疑人必要的饮食、休息时间。在非羁押讯问的情况下，要求侦查人员在开展讯问之前了解案件情况和证据材料，制作针对性的讯问计划和讯问提纲，以便尽快获取被告人的供述和辩解，减少讯问时间。根据上述法律规定，对于被告人的供述和辩解尤其是书面的讯问笔录，应当注意审查讯问的起止时间，以及前后几次非羁押讯问的间隔时间。

（4）讯问的辅助人员。我国最新修正的《刑事诉讼法》第9条规定："各民族公民都有用本民族语言文字进行诉讼的权利。人民法院、人民检察院和公安机关对于不通晓当地通用的语言文字的诉讼参与人，应当为他们翻译。在少数民族聚居或者多民族杂居的地区，应当用当地通用的语言进行审讯，用当地通用的文字发布判决书、布告和其他文件。"第119条规定："讯问聋、哑的犯罪嫌疑人，应当有通晓聋、哑手势的人参加，并且将这种情况记明笔录。"上述规定明确了为特殊类型的犯罪嫌疑人提供通晓聋、哑手势的人员或者翻译人员等辅助人员的义务。聋哑人缺乏口头言语交流的能力，如果没有通晓聋、哑手势的人提供辅助，就无法接受讯问，进而无法作出供述和辩解。少数民族人员、外国人不通晓当地通用的语言文字，如果没有翻译人员提供辅助，也无法接受讯问，进而无法作出供述和辩解，根据上述法律规定，对于犯罪嫌疑人系聋哑人、少数民族人员、外国人的情形，应当注意审查是否为其提供通晓聋、哑手势的人员或者翻译人员，并且是否将上述情况记录在案。同时为确保上述辅助人员能够提供合格的辅助，还注意审查上述辅助人员是否通晓聋、哑手势或者相关的语言。

（5）讯问的在场人员。我国最新修正的《刑事诉讼法》第270条规定："对于未成年人刑事案件，在讯问和审判的时候，应当通知未成年犯罪嫌疑人、被告人的法定代理人到场。无法通知、法定代理人不能到场或者法定代理人是共犯的，也可以通知未成年犯罪嫌疑人、被告人的其他成年亲属，所在学校、单位、居住地基层组织或者未成年人保护组织的代表到场，并将有关情况记录在案。到场的法定代理人可以代为行使未成年犯罪嫌疑人、被告人的诉讼权利。到场的法定代理人或者其他人员认为办案人员在讯问、审判中侵犯未成年人合法权益的，可以提出意见。讯问笔录、法庭笔录应当交给到场的法定代理人或者其他人员阅读或者向他宣读。讯问女性未成年犯罪嫌疑人，应当有女工作人员在场。审判未成年人刑事案件，未成年被告人最后陈述后，其法定代理人可以进行补充陈述。"上述规定明确了未成年犯罪嫌疑人、被告人的法定代理人在讯问时的到场权利。我国法律一直强调对未成年犯罪嫌疑人、被告人的权利保护，在讯问时通知其法定代理人到场，有助于消除其紧张情绪，便于其如实作出相应的供述和辩解。《公安机关办理刑事案件程序规定》第182条规定："讯问未成年的犯罪嫌疑人，应当针对未成年人的身心特点，采取不同于成年人的方式；除有碍侦查或者无法通知的情形外，应当通知其家长、监护人或者教师到场。"根据上述法律规定，一方面需要审查犯罪嫌疑人、被告人是否未满十八周岁，另一方面需要审查讯问未成年犯罪嫌疑人、被告人时，是否通知其法定代理人到场，以及其法定代理人是否在场，如果其法定代理人并未到场，则应当作出相应的说明。

（6）个别讯问原则。《公安机关办理刑事案件程序规定》第177条规定："讯问同案的犯罪嫌疑人，应当个别进行。"同时最高人民法院《刑事诉讼法司法解释》第134条规定："对于共同犯罪案件中的被告人，应当分别进行讯问。"《人民检察院刑事诉讼规则》第335条规定："讯问共同犯罪案件的被告人，应当分别进行。"上述规定确立了整个诉讼过程中对共同犯罪案件被告人的分别讯问原则。在司法实践中，共同犯罪案件的犯罪嫌疑人、被告人极易串供、翻供，导致犯罪嫌疑人、被告人的供述失真，为确保同案犯罪嫌疑人、被告人供述和辩解的"纯洁性"，避免交叉污染，从侦查阶段一直到审判阶段，都应当坚持对同案的犯罪嫌疑人、被告人分别讯问。在审判阶段，只有当合议庭认为必要时，才可以传唤共同被告人同时到庭对质。根据上述法律规定，应当注意审查侦查阶段以及庭审阶段对犯罪嫌疑人、被告人的讯问是否个别进行。

（7）权利告知原则。我国最新修正的《刑事诉讼法》第 28 条规定："审判人员、检察人员、侦查人员有下列情形之一的，应当自行回避，当事人及其法定代理人也有权要求他们回避：（一）是本案的当事人或者是当事人的近亲属的；（二）本人或者他的近亲属和本案有利害关系的；（三）担任过本案的证人、鉴定人、辩护人、诉讼代理人的；（四）与本案当事人有其他关系，可能影响公正处理案件的。"第 118 条规定："侦查人员在讯问犯罪嫌疑人的时候，应当首先讯问犯罪嫌疑人是否有犯罪行为，让他陈述有罪的情节或者无罪的辩解，然后向他提出问题。犯罪嫌疑人对侦查人员的提问，应当如实回答。但是对与本案无关的问题，有拒绝回答的权利。侦查人员在讯问犯罪嫌疑人的时候，应当告知犯罪嫌疑人如实供述自己罪行可以从宽处理的法律规定。"上述法律规定确立了犯罪嫌疑人首次接受讯问时申请侦查人员回避的权利、聘请律师的权利，同时也确立了侦查人员首次讯问事先告知犯罪嫌疑人相关诉讼权利的义务。在司法实践中，许多犯罪嫌疑人不具有法律专业知识，不知晓自己享有的相关诉讼权利。侦查人员在首次讯问前事先告知犯罪嫌疑人相关的诉讼权利，有助于确保诉讼程序公正，依法保障犯罪嫌疑人的合法权益。根据上述法律规定，应当重点审查首次讯问的笔录中是否记载了侦查人员告知犯罪嫌疑人相关诉讼权利的内容，以及权利告知的内容是否完整。

（8）讯问笔录的形式。我国最新修正的《刑事诉讼法》第 120 条规定："讯问笔录应当交犯罪嫌疑人核对，对于没有阅读能力的，应当向他宣读。如果记载有遗漏或者差错，犯罪嫌疑人可以提出补充或者改正。犯罪嫌疑人承认笔录没有错误后，应当签名或者盖章。侦查人员也应当在笔录上签名。犯罪嫌疑人请求自行书写供述的，应当准许。必要的时候，侦查人员也可以要犯罪嫌疑人亲笔书写供词。"第 121 条规定："侦查人员在讯问犯罪嫌疑人的时候，可以对讯问过程进行录音或者录像；对于可能判处无期徒刑、死刑的案件或者其他重大犯罪案件，应当对讯问过程进行录音或者录像。录音或者录像应当全程进行，保持完整性。"《人民检察院刑事诉讼规则》第 142 条规定："讯问犯罪嫌疑人，应当制作讯问笔录。讯问笔录应当字迹清楚，详细具体，忠实原话，并交犯罪嫌疑人核对。"《公安机关办理刑事案件程序规定》第 183 条规定："侦查人员应当将问话和犯罪嫌疑人的供述或者辩解如实地记录清楚。书写讯问笔录应当使用能够长期保持字迹的书写工具、墨水。"第 184 条规定："讯问笔录应当交给犯罪嫌疑人核对或者向他宣读。如记录有差错或者遗漏，应当允许犯罪嫌疑人更正或者补充，并捺指印。笔录经犯罪嫌疑人确认无误后，应当由其在笔录上逐页签名（盖章）、捺指印，并在末页写明'以上笔录我看过（或向我宣读过），和我说的相符'。拒绝签名（盖章）、捺指印的，侦查人员、翻译人员应当在讯问笔录上签名或者盖章。"上述法律规定尤其是《公安机关办理刑事案件程序规定》明确了讯问笔录的制作和修改要求。讯问笔录是对犯罪嫌疑人、被告人供述和辩解的书面记录、固定。侦查人员应当客观全面地记录犯罪嫌疑人、被告人的供述和辩解，并且全面填写讯问笔录上所列项目，在讯问完毕后应当将讯问笔录交犯罪嫌疑人、被告人核对或者向其宣读，并立即补充、改正笔录中的遗漏和差错，确保笔录记载内容的准确性。核对后，犯罪嫌疑人、被告人还应当在笔录上签名或盖章，侦查人员也应当在笔录上签名，确保笔录形式的合法性和客观性。根据上述法律规定，应当重视审查讯问笔录的制作、修改是否规范，讯问笔录上所列项目是否填写齐全，尤其应当注意审查讯问笔录上是否注明讯问起止时间和讯问地点等，首次讯问是否告知被告人申请回避、聘请律师等诉讼权利，被告人是否核对确认并签名（盖章）、捺指印，是否有不少于二人的讯问人员签名等内容。

（9）讯问手段的合法性。我国最新修正的《刑事诉讼法》第50条规定："审判人员、检察人员、侦查人员必须依照法定程序，收集能够证实犯罪嫌疑人、被告人有罪或者无罪、犯罪情节轻重的各种证据。严禁刑讯逼供和以威胁、引诱、欺骗以及其他非法方法收集证据，不得强迫任何人证实自己有罪。必须保证一切与案件有关或者了解案情的公民，有客观地充分地提供证据的条件，除特殊情况外，可以吸收他们协助调查。"根据上述法律规范的要求，应当严格审查被告人供述有无以刑讯逼供等非法手段获取的情形，由于此类情形比较难以证明，故必要时可以调取被告人进出看守所的健康检查记录、笔录，查看被告人在进出看守所前后是否存在身体损伤。

2. 注重审查供述与辩解的实质内容

基于各种主客观原因，犯罪嫌疑人、被告人的供述和辩解极易存在虚假的内容，同时侦查人员多次讯问所获取的供述与辩解可能存在一定的变化。为有效审查供述与辩解内容的真实性，既要客观全面地收集供述与辩解，又要仔细甄别供述与辩解的真伪。

（1）注重审查供述和辩解内容的全面性和客观性。我国最新修正的《刑事诉讼法》第50条规定："审判人员、检察人员、侦查人员必须依照法定程序，收集能够证实犯罪嫌疑人、被告人有罪或者无罪、犯罪情节轻重的各种证据。严禁刑讯逼供和以威胁、引诱、欺骗以及其他非法方法收集证据，不得强迫任何人证实自己有罪。"第118条规定："侦查人员在讯问犯罪嫌疑人的时候，应当首先讯问犯罪嫌疑人是否有犯罪行为，让他陈述有罪的情节或者无罪的辩解，然后向他提出问题。犯罪嫌疑人对侦查人员的提问，应当如实回答。但是对与本案无关的问题，有拒绝回答的权利。侦查人员在讯问犯罪嫌疑人的时候，应当告知犯罪嫌疑人如实供述自己罪行可以从宽处理的法律规定。"上述法律规定确立了全面客观收集供述和辩解的原则。无论犯罪嫌疑人、被告人实际上是否有罪，都存在趋利避害的心理，实际上有罪的犯罪嫌疑人、被告人往往避重就轻，逐步供述其犯罪事实，并且伴随着翻供和辩解的情形；实际上无罪的犯罪嫌疑人、被告人即使在外界压力下作出认罪供述，也通常会不时作出无罪的辩解。因此全面客观地收集犯罪嫌疑人、被告人的供述和辩解，尤其是全面、客观地收集翻供和辩解的情况，一方面能够反映出犯罪嫌疑人、被告人口供的动态变化过程；另一方面，能够体现出翻供的时机和辩解的实质内容，既有助于准确地认定犯罪，也有助于避免冤枉无辜。在实践中，有些侦查人员在制作卷宗中有选择性地收集犯罪嫌疑人、被告人有罪供述的讯问笔录，不全面收集甚至不收集包含翻供和辩解情况的讯问笔录，这种做法违背了全面客观收集证据的原则，不利于对供述和辩解的真实性进行审查判断。根据上述法律规定的要求，应当注意审查被告人的所有供述和辩解是否均已收集入卷，应当入卷的供述和辩解没有入卷的，是否出具了相关说明。

（2）注重审查供述的一致性和稳定性。在客观全面地收集犯罪嫌疑人、被告人供述和辩解的基础上，应当重视审查供述的一致性和稳定性。这种审查工作有一个基本前提，即侦查讯问的笔录应当注明讯问的具体次数，以便审查多份笔录形成的先后顺序。如果被告人的多份供述前后一致，没有反复，并且能够与其他证据尤其是客观性证据相印证，则表明被告人的供述具有真实性。如果被告人的多份供述或者单份供述的各个部分前后不一致，存在反复，则需要结合其他证据查明出现上述反复的原因。翻供的原因比较复杂，但一般来说大都可分为以下两种类型："有的翻供具有对抗性，是为了逃避或者减轻罪责而狡辩，干扰诉讼的正常进行；有的翻供具有抗辩性，是行使抗辩权的具体体现，如纠正原先供述中某些虚假的内容。"[1] 翻供的表现形式又大体分为两种，一种是单纯地否认事先作出的有罪供述；一种是提出新的辩解理由。对于单纯否认先前有罪供述进而主张事实上无罪的情形，需要引起特别的注意，要重视审查是否存在有力的证据予以印证。无论被告人的供述是否存在反复，都应当注意结合其他证据审查被告人供述的真实性。

（3）注重审查辩解的合常理性。无论犯罪嫌疑人、被告人实际上是否实施了犯罪行为，基于趋利避害心理，其通常会作出各种各样的辩解，既包括无罪的辩解，例如，犯罪嫌疑人、被告人可能主张自己不在犯罪现场的证明，或者主张其是替人顶罪，该案另有真凶，或者可能主张被害人虚假报案，其是受到被害人诬告陷害，或者主张自己是正当防卫；也包括罪轻的辩解，例如，犯罪嫌疑人、被告人可能主张被害人对案件的发生存在过错，自己是防卫过当，或者主张该案件存在其他共同犯罪行为人等。在全面客观地收集犯罪嫌疑人、被告人供述和辩解的基础上，要仔细审查辩解内容是否符合案情和常理。一方面需要审查辩解内容与案情是否符合，如果辩解内容与已有的证据尤其是客观性证据存在矛盾，例如，犯罪嫌疑人、被告人主张其并未出现在犯罪现场，但现场提取到的作案工具刀子表面存在他的指纹，则表明其辩解并不符合案情。另一方面需要审查辩解内容与常理是否符合，如果辩解内容明显不合常理，例如，犯罪嫌疑人、被告人针对犯罪事实作出多种不同甚至矛盾的辩解，则表明其辩解不具合理性。

（4）注重审查供述和辩解与其他证据的印证。在共同犯罪案件中，同案被告人之间通常会相互推脱责任，因此应当重视审查被告人的供述和辩解能否与其他同案被告人的供述和辩解相印证，是否存在矛盾。同时还应当注意审查犯罪嫌疑人、被告人供述和辩

---

〔1〕　参见樊崇义等：《证据法学》，法律出版社 2000 年版，第 102 页。

解与其他证据尤其是客观性证据能否印证，是否存在矛盾。

（5）注重审查同步录音、录像资料。讯问过程的同步录音、录像既有助于确保讯问程序的合法性，又有助于通过直接观察整个讯问过程和讯问情境，评估犯罪嫌疑人、被告人供述和辩解的真实性。根据《人民检察院讯问职务犯罪嫌疑人实行全程同步录音录像的规定（试行）》，从2006年3月1日起我国各级检察机关在办理贿赂和其他职务犯罪要案中已逐步实行讯问同步录音录像制度。《公安机关办理刑事案件程序规定》第184条第3款规定："讯问笔录应当交给犯罪嫌疑人核对或者向他宣读。如记录有差错或者遗漏，应当允许犯罪嫌疑人更正或者补充，并捺指印。笔录经犯罪嫌疑人确认无误后，应当由其在笔录上逐页签名（盖章）、捺指印，并在末页写明'以上笔录我看过（或向我宣读过），和我说的相符'。拒绝签名（盖章）、捺指印的，侦查人员、翻译人员应当在讯问笔录上签名或者盖章。"根据最高人民法院、最高人民检察院、公安部、司法部《关于进一步严格依法办案确保办理死刑案件质量的意见》第11条的规定，讯问可能判处死刑的犯罪嫌疑人，在文字记录的同时，可以根据需要录音录像。对于犯罪嫌疑人、被告人供述和辩解所涉及的重点内容，如果侦查机关随案移送有同步的讯问录音录像资料，应当结合录音录像资料进行审查。

（二）存在瑕疵讯问笔录的采用

"两高三部"《死刑案件证据规定》第21条规定："讯问笔录有下列瑕疵，通过有关办案人员的补正或者作出合理解释的，可以采用：（一）笔录填写的讯问时间、讯问人、记录人、法定代理人等有误或者存在矛盾的；（二）讯问人没有签名的；（三）首次讯问笔录没有记录告知被讯问人诉讼权利内容的。"所谓有瑕疵的讯问笔录是指：一是讯问笔录填写的讯问时间、讯问人、记录人、法定代理人等有错误或者存在矛盾的。一份完整的讯问笔录，在首部应详尽、明确地载明讯问时间、讯问人、记录人、法定代理人的姓名等事项。实践中，讯问时间、讯问笔录、记录人等存在矛盾，主要体现在：对同一被告人，在相互交叉的时间段有两份或者两份以上的讯问笔录；在共同犯罪案件中，同一讯问人在同一时间段内讯问不同的被告，等等。二是讯问人没有在讯问笔录上签名的。三是首次讯问笔录没有记录告知被讯问人诉讼权利的。我国《刑事诉讼法》及相关司法解释规定，侦查机关在第一次讯问犯罪嫌疑人时，应当明确告知犯罪嫌疑人可以聘请律师为其提供法律咨询、代理申诉、控告或者为其申请取保候审。对于上述三种有瑕疵的讯问笔录，只有在有关办案人员对此作出补正或者作出合理解释的前提下，才能作为证据使用。

在司法实践中，需要注意"讯问笔录没有经被告人核对确认并签名（盖章）、捺指印的"与笔录上"讯问人没有签名的"之间的差别，前者是根本没有经被告人确认、核对；后者是经被告人确认、核对，甚至捺指印了，仅仅只是没有签名。前者的后果是绝对排除该笔录的适用；后者则允许在补正或者作出合理解释后作为证据使用。对于上述有瑕疵的讯问笔录，即便进行了更正或者作出了合理的解释，但是如果笔录内容的真实性无法保障，或者与其他证据相矛盾，则该笔录也可能不被采用。

（三）对被告人供述和辩解的采信

"两高三部"《死刑案件证据规定》第 22 条规定："对被告人供述和辩解的审查，应当结合控辩双方提供的所有证据以及被告人本人的全部供述和辩解进行。被告人庭前供述一致，庭审中翻供，但被告人不能合理说明翻供理由或者其辩解与全案证据相矛盾，而庭前供述与其他证据能够相互印证的，可以采信被告人庭前供述。被告人庭前供述和辩解出现反复，但庭审中供认的，且庭审中的供述与其他证据能够印证的，可以采信庭审中的供述；被告人庭前供述和辩解出现反复，庭审中不供认，且无其他证据与庭前供述印证的，不能采信庭前供述。"这是对被告人供述和辩解采信的规定，包括以下四层含义：一是对被告人供述和辩解的审查，应当结合控辩双方提供的所有证据以及被告人本人的全部供述和辩解进行，这实际上意味着仅凭被告人供述和辩解，不能认定案件事实。对被告人供述和辩解真实性之判断，必须放在全部案情和证据中综合考虑，对被告人供述和辩解前后不一致的，还需结合所有的供述和辩解综合判断。不能任意地偏爱某一口供或者辩解。二是庭前供述与庭审供述不一致时采信被告庭前有罪供述的条件。庭前供述指的是被告人在侦查和审查起诉阶段接受公安司法人员的询问时所作的承认有罪的供述。庭审中翻供是指被告人在法庭开庭审判时推翻先前的有罪供述。在被告人当庭翻供，推翻庭前有罪供述的情况下，采纳庭前有罪供述必须满足以下条件：（1）庭前供述基本一致；（2）庭前供述与案件中的其他证据能够相互印证；（3）被告人不能合理说明翻供理由或者其辩解与全案证据相矛盾。三是庭前供述与庭审供述不一致时法庭采纳庭审供述必须满足以下条件：（1）被告人在法庭审理供认有罪；（2）此有罪供述与其他证据能够相互印证。四是被告人庭前供述和辩解出现反复，庭审中不供认，且无其他证据与庭前供述相印证的，不能采信庭前供述。

在司法实践中，需要注意对于相互矛盾的庭前供述与庭审供述，有可能同假也可能前假后真或相反，或真假掺半，但不可能同真。要科学、客观地对待翻供，无论当庭翻供是真是假，它都是被告人行使辩护权的表现，能够促使法院谨慎地行使裁判权。对待翻供的正确态度，应当是允许翻供、认真审查判断翻供的真伪，切实做好口供以外其他证据的调查、收集、固定工作，从源头上遏止翻供。关于同案犯口供的印证问题，鉴于口供的特点和共同犯罪中犯罪嫌疑人、被告人相互之间不同程度地存在着利害关系，即使共犯口供一致，可以相互印证，也不能据此定罪判刑。[1]

四、对鉴定意见的审查与认定

鉴定意见是指鉴定人在诉讼活动中运用科学技术或者专门知识对诉讼涉及的专门性问题进行鉴别和判断后得出结论。鉴定意见能够弥补事实裁判者知识和经验的不足，从而有助于事实裁判者准确认定案件事实。伴随着科技进步，"越来越多地对诉讼程序非常重要的事实现在只能通过高科技手段查明。……对技术性专家意见的依赖也在增

---

〔1〕 参见杨迎泽、张红梅主编：《刑事证据适用指南》，中国检察出版社 2011 年 9 月版，第 112 页。

加。"[1] 鉴定意见必将在诉讼中扮演越来越为重要的角色。

与我国不同，英美法系实行专家证人制度，"专家证人被视为陪审团的辅助者，向陪审团提供特定领域的科学或技术知识。尽管陪审团无须接受专家的意见证言，专家仍然可以就特定的事实或者某些证据的检验工作提供自己的意见或者得出自己的结论"[2]专家证人在事实认定的任何时段都能够发挥作用，"专家可以提出证据性事实本身；提供得出证据性事实的推论所需要的专业知识或科学信息；提供具体的推论和结论"[3]为确保专家证言具有科学基础，美国《联邦证据规则》第702条规定："如果科学、技术或者其他专业知识有助于事实裁判者理解证据或者确定争议事实，那么，凭其知识、技能、经验、训练或者教育适格作为专家的证人可以用意见或者其他方式作证，前提是（1）该证言立足于充分的事实或者数据；（2）该证言立足于可靠的原理和方法；（3）该证言将上述原则和方法可靠地运用于案件中的事实问题。"在我国鉴定结论属于法定的证据种类，通常被冠以"科学证据"的美誉，在司法实践中备受重视，且往往被赋予较大的证明价值。应当认识到，"鉴定结论仅仅是证据的一种，并不具有预定的证明力，而且存在错误的可能性，对于证据证明力的判断仍然属于事实裁判者的职能范畴。"[4]针对司法鉴定的业务范围，法律作出了相应的限制，从而试图确保司法鉴定所运用的科学技术或者专门知识经过理论分析和实践检验，具有科学性和可靠性。但立足司法鉴定实践，"具体的鉴定是鉴定人运用所掌握的知识去完成的，因而鉴定人掌握专门知识的深浅、运用专门知识解决问题的能力等因素都会影响对专门问题所作的判断。"[5]除鉴定机构和鉴定人的资质之外，据以鉴定的检材的真实性，鉴定程序、方法和过程的规范化，以及鉴定意见形式的完备性也将影响鉴定意见的真实性。有鉴于此，对于鉴定结论的审查，应当特别慎重，既要关注鉴定机构与鉴定人的资质、鉴定基础材料、鉴定程序方法以及鉴定意见的形式等与鉴定意见自身的真实性相关的问题，又要关注鉴定意见与案件事实的关联以及鉴定意见与其他证据的印证。

"两高三部"《死刑案件证据规定》第23条规定，"对鉴定意见应当着重审查以下内容：（一）鉴定人是否存在应当回避而未回避的情形。（二）鉴定机构和鉴定人是否具有合法的资质。（三）鉴定程序是否符合法律及有关规定。（四）检材的来源、取得、保管、送检是否符合法律及有关规定，与相关提取笔录、扣押物品清单等记载的内容是否相符，检材是否充足、可靠。（五）鉴定的程序、方法、分析过程是否符合本专业的检验鉴定规程和技术方法要求。（六）鉴定意见的形式要件是否完备，是否注明提起鉴定的事由、鉴定委托人、鉴定机构、鉴定要求、鉴定过程、检验方法、鉴定文书的日期等相关内容，是否由鉴定机构加盖鉴定专用章并由鉴定人签名盖章。（七）鉴定意见是否明确。（八）鉴定意见与案件待证事实有无关联。（九）鉴定意见与其他证据之间是

---

〔1〕参见［美］米尔建·达马斯卡著、李学军等译：《漂移的证据法》，中国政法大学出版社2003年版，第200页。
〔2〕参见［美］诺曼·嘉兰等著、但彦铮等译：《执法人员刑事证据教程》，中国检察出版社2007年版，第136页。
〔3〕参见樊崇义等：《证据法学》，法律出版社2000年版，第721页。
〔4〕参见汪建成、孙远：《刑事鉴定结论研究》，载《中国刑事法学杂志》2000年第5期，第45页。
〔5〕参见邹明理等：《司法鉴定》，法律出版社1999年版，第86页。

否有矛盾，鉴定意见与检验笔录及相关照片是否有矛盾。（十）鉴定意见是否依法及时告知相关人员，当事人对鉴定意见是否有异议。"根据本条规定，对鉴定意见进行审查的应包括以下内容：（1）审查判断鉴定机构和鉴定人是否具有鉴定资格。鉴定机构和鉴定人必须有鉴定资格，否则其作出的鉴定结论不能作为定案的根据。对鉴定人鉴定资格的审查，主要包括：鉴定人是否具有解决鉴定问题的专门知识，是否经过公安司法机关的指派或聘请，是否具有法定的回避条件，是否是自然人；对精神病鉴定或对人身伤害的医学鉴定有争议需要重新鉴定的，是否是省级人民政府制定的医院鉴定等。（2）审查判断送检的鉴定材料是否真实、充分。送检的鉴定材料，是鉴定的前提和对象，也是形成鉴定结论的基础。如果提供的鉴定材料是虚假的，得出的鉴定结论则必然错误。如果送检的材料不充分，即使是再高明的鉴定人，也会"巧妇难为无米之炊"，难以得出正确的结论，甚至难以根据这些材料作出鉴定结论，当然也就不能作为认定案件事实的根据。（3）审查判断检材的收集、保管、鉴定程序、鉴定标准等是否规范。主要包括：检材的收集方法是否科学，收集、提取时是否污染、破坏了检材等；检材收集后至鉴定这段时间的保管地点和方式是否科学，检材是否变质、污染或腐败等；在鉴定的过程中，鉴定的提起、委托与受理程序，鉴定主体的选择，鉴定对象与鉴定标准的确认，重新鉴定与补充鉴定的提出，鉴定结论的审查与采用等，都是否符合法律的规定。（4）对鉴定意见书的形式进行审查。主要包括：鉴定意见的形式要件是否完备，是否注明提起鉴定的事由、鉴定委托人、鉴定机构、鉴定要求、鉴定过程、检验方法、鉴定文书的日期等相关内容，是否由鉴定机构加盖鉴定专用章并由鉴定人签名盖章；鉴定意见是否明确。（5）对鉴定结论进行审查。这包括鉴定意见与案件待证事实有无关联；鉴定意见与其他证据之间是否有矛盾，鉴定意见与检验笔录及相关照片是否有矛盾。（6）审查侦查机关是否将用作证据的鉴定结论告知犯罪嫌疑人、被害人，当事人对鉴定意见是否申请重新鉴定和补充鉴定。

五、对勘验、检查笔录的审查与认定

刑事案件现场的勘验、检查，是侦查人员利用科学技术手段，对与犯罪有关的场所、物品、人身、尸体等进行勘验、检查的一种侦查活动。现场勘验、检查是一项法定的侦查措施，应当遵守法律规定的各项要求，确保现场勘验、检查工作本身以及获取证据的合法性；同时现场勘验、检查也是一项科学性极强的证据收集工作，除需具有较强的现场和证据意识之外，还必须遵守科学的工作规程，并且使用科学的技术方法。由于犯罪现场一直处于动态变化之中，所以现场勘验、检查非常讲求时效性，事过境迁之后，很难通过复验、复查获得原始的证据。不过对于某些特殊的现场，如室内现场或者现场保护条件较好的室外现场，也可以进行补充勘查或者复验、复查获取相应的证据。

现场勘验、检查工作的结果体现为现场勘验、检查笔录的形式，现场勘验、检查笔录是对现场勘验、检查全部过程的详细记录，既要说明现场勘验、检查的启动、实施和结束等法律程序，又要说明犯罪现场自身及相关证据的具体情况。因此，对现场勘验、检查笔录的审查，既要重视其外在形式的审查，又要重视其实质内容的审查。"两高三部"《死刑案件证据规定》第 25 条规定，"对勘验、检查笔录应当着重审查以下内容：（一）勘验、检查是否依法进行，笔录的制作是否符合法律及有关规定的要求，勘验、检查人员和见证人是否签名或者盖章等。（二）勘验、检查笔录的内容是否全面、详细、准确、规范：是否准确记录了提起勘验、检查的事由，勘验、检查的时间、地点，在场人员、现场方位、周围环境等情况；是否准确记载了现场、物品、人身、尸体等的位置、特征等详细情况以及勘验、检查、搜查的过程；文字记载与实物或者绘图、录像、照片是否相符；固定证据的形式、方法是否科学、规范；现场、物品、痕迹等是否被破坏或者伪造，是否是原始现场；人身特征、伤害情况、生理状况有无伪装或者变化等。（三）补充进行勘验、检查的，前后勘验、检查的情况是否有矛盾，是否说明了再次勘验、检查的原由。（四）勘验、检查笔录中记载的情况与被告人供述、被害人陈述、鉴定意见等其他证据能否印证，有无矛盾。"根据此条规定，在司法实践中对勘验、检查笔录的审查，一般从以下几个方面进行：一是勘验、检查是否依法进行，主要包括主持勘验、检查的是否是公安司法人员；相关人员是否存在应当回避而没有回避的情形；进行勘验、检查时有无见证人在场；检查妇女的身体是否有女工作人员或医师；侦查实验是否存在侮辱人格、有伤风化的行为；勘验、检查笔录的制作是否符合法律规定，勘验、检查人员以及见证人是否在笔录上签名或盖章等。二是勘验、检查笔录的内容是否全面、详细、规范、准确，即是否准确记录了提起勘验、检查的事由，勘验、检查的时间、地点、在场人员、现场方位、周围环境等情况；是否准确记载了现场、物品、人身、尸体等的位置、特征等详细情况以及勘验、检查、搜查的过程；文字记载与实物或者绘图、录像、照片是否相符；固定证据的形式、方法是否科学、规范；现场、物品、痕迹等是否被破坏或者伪造，是否是原始现场；人身特征、伤害情况、生理状况有无伪装或者变化等。三是是否进行了补充勘验、检查；如果是，是否说明补充勘验、检查的原由；再次进行的勘验、检查结果与先前的勘验、检查情况是否一致，不一致的地方能否得到合理的解释。四是勘验、检查笔录与案件中的其他证据能否印证，重点是笔录记载的情况与被告人供述、被害人陈述、鉴定意见等其他证据能否印证，有无矛盾。

六、对视听资料的审查与认定

视听资料是以图像和声音形式证明案件真实情况的证据，包括与案件事实、犯罪嫌疑人以及犯罪嫌疑人实施反侦查行为有关的录音录像、照片、声卡、视盘、电子计算机内存信息资料等。视听资料既是侦查破案的手段，又是诉讼的重要证据。与传统的物证、书证等证据相比，视听资料"容量大、内容丰富、直观性强；客观性强，具有较强的准确性和可靠性；便于保存和使用"[1] 但与此同时，视听资料也存在虚假的可能性：一方面，视听资料的制作过程容易受到仪器设备、制作技术、操作水平、环境条件的影

---

〔1〕 参见樊崇义等：《证据法学》，法律出版社 2000 年版，第 126～127 页。

响，使最终形成的视听资料可能未能全面客观地反映记录对象的实际情况。另一方面，视听资料本身很容易被伪造、添加、删减、编辑，从而丧失客观真实性。因此视听资料只有经过严格的审查判断，才能作为定案的根据。"两高三部"《死刑案件证据规定》第 27 条规定，"对视听资料应当着重审查以下内容：（一）视听资料的来源是否合法，制作过程中当事人有无受到威胁、引诱等违反法律及有关规定的情形；（二）是否载明制作人或者持有人的身份，制作的时间、地点和条件以及制作方法；（三）是否为原件，有无复制及复制份数；调取的视听资料是复制件的，是否附有无法调取原件的原因、制作过程和原件存放地点的说明，是否有制作人和原视听资料持有人签名或者盖章；（四）内容和制作过程是否真实，有无经过剪辑、增加、删改、编辑等伪造、变造情形；（五）内容与案件事实有无关联性。对视听资料有疑问的，应当进行鉴定。对视听资料，应当结合案件其他证据，审查其真实性和关联性。"根据此条的规定，应当从以下方面对视听资料进行审查：[1]

1. 注意审查视听资料的来源

视听资料的来源与其真实性密切相关。在实践中，侦查机关主要通过以下两种途径获取视听资料：第一，由侦查机关依法制作视听资料，根据《国家安全法》和《人民警察法》的相关规定，国家安全机关和公安机关，经过严格的审批手段，可以由执法人员采取监听或监视措施制作视听资料。第二，向掌握与案件事实有关的单位和个人调取视听资料。许多单位（尤其是银行等金融机构和超市等人员密集场所）和个人基于安全防范的考虑，可能在本单位个人住宅附近安装了视频监控系统，进而记录下犯罪活动的经过以及犯罪分子的体态特征，公民也可能在现场目击到犯罪行为，并用录像机、手机等工具记录下犯罪行为的过程和犯罪分子的体态特征，侦查机关可以依法向上述单位和个人调取与案件事实有关的视听资料。

在一些案件中，辩护律师依照法律规定的程序，也可以制作录音或者录像资料。我国最新修正的《刑事诉讼法》第 41 条规定："辩护律师经证人或者其他有关单位和个人同意，可以向他们收集与本案有关的材料，也可以申请人民检察院、人民法院收集、调取证据，或者申请人民法院通知证人出庭作证。辩护律师经人民检察院或者人民法院许可，并且经被害人或者其近亲属、被害人提供的证人同意，可以向他们收集与本案有关的材料。"辩护律师收集的材料就包括视听资料。

对于当事人提交的视听资料，首先应当审查其来源是否合法。根据《刑事诉讼法司法解释》第 150 条的规定，当庭出示的视听资料，应当先由出示证据的一方就所出示的证据的来源、特征等作必要的说明，然后由另一方进行辨认并发表意见。控辩双方可以互相质问、辩论。

对于侦查机关提交的视听资料，需要审查该视听资料是否依法制作，或者依法提取。对于辩护律师提交的视听资料，需要审查其制作过程是否遵守法律规定。同时为确

---

〔1〕　参见张军主编：《刑事证据规则理解与适用》，法律出版社 2010 年 9 月版，第 220～223 页。

保视听资料制作过程的合法性，还要注意审查视听资料的制作过程中当事人有无受到威胁、引诱等违反法律有关规定的情形。

2. 坚持确证及最佳证据规则

如同物证、书证一样，对视听资料也需要进行确证，确定该视听资料的真实性。由于视听资料是使用仪器设备和技术方法制作的产物，因此对视听资料的确证，需要审查视听资料是否载明制作人或者持有人的身份，制作的时间、地点和条件以及制作方法。

如同物证、书证一样，视听资料也适用最佳证据规则。根据《人民检察院刑事诉讼规则》第 188 条第 1 款的规定，调取视听资料应当调取原件。取得原件确有困难或者因保密需要不能调取原件的，可以调取副本或者复制件。第 188 条第 3 款规定，调取视听资料的副本、复制件，应当附有不能调取原件、原物的原因、制作过程和原件、原物存放地点的说明，并由制作人员和原视听资料持有人签名或盖章。《公安机关办理刑事案件程序规定》第 58 条对视听资料的复制件作出了类似的规定。

由于视听资料很容易被伪造或者遭到删减、编辑，因此应当提取视听资料的原件。只有在特殊情况下才能使用复制件。根据上述法律和规定，实践中应当重点审查视听资料是否为原件，有无复制及复制份数；调取的视听资料是复制件的，是否附有无法调取原件的原因、制作过程和原件存放地点的说明，是否有制作人和原视听资料持有人签名或盖章。

3. 注意审查视听资料的内容和制作过程

视听资料的制作过程决定其内容的真实性。由于视听资料通常是先进科技的产物，即使经过剪辑、增加、删改、编辑等伪造、变造过程，普通人经过肉眼根本无法识别。正是有鉴于此，应当格外重视对视听资料内容和制作过程的审查。

为确保视听资料的真实性，在各个诉讼阶段都应当重视对视听资料的内容和制作过程的审查。根据《人民检察院刑事诉讼规则》第 258 条的规定，人民检察院对视听资料存在疑问的，可以要求侦查人员提供视听资料获取、制作的有关情况。必要时也可以询问提供视听资料的人员并制作笔录，对视听资料进行技术鉴定。根据《刑事诉讼法》第 191 规定，法庭审理过程中，合议庭对视听资料有疑问的，可以宣布休庭，对视听资料进行调查核实，并可以进行鉴定。

在司法实践中，可以通过多种方法审查视听资料的内容和制作过程，但由于视听资料的科技含量高，一旦对其内容和制作过程存在疑问，就应当通过鉴定予以解决。

由于视听资料的种类较多，各种资料获取和储存的手段和方法不同，因此对各类视听资料的鉴定内容和方法不同。实践中，视听资料鉴定主要分为以下几类："录音资料鉴定、录像资料鉴定、图片资料鉴定和计算机资料的鉴定。"[1] 通过对存在争议的视听资料进行鉴定，可以确定视听资料的内容和制作过程是否真实，有无经过剪辑、增加、删改、编辑等伪造、变造情形，进而对视听资料的真伪作出可靠的判定。

---

〔1〕 参见邹明理等：《司法鉴定》，法律出版社 1999 年版，第 324～326 页。

4. 注重对视听资料的综合审查

视听资料的内容应当与案件事实存在关联性。实践中，特定的视听资料可能仅有部分内容与案件事实相关。例如特定场所的视频监控系统在常规监控的过程中记录下特定的犯罪行为与犯罪行为人的体态特征，与案件事实有关的视频监控记录只是整个视频监控系统的一个片段而已，在可能的情况下，可以节选该部分与案件事实有关的视频监控记录作为证据使用。

由于各种主客观的原因，视听资料存在伪造变造和记录失真的可能性，因此应当结合案件其他证据，审查其真实性和关联性。实践中，对视听资料的审查，应当重点听取视听资料制作者、提取者的证言，同时结合该视听资料的鉴定结论、被告人供述和被害人陈述，综合评断视听资料的真伪和证明价值。

需要指出的是，由于视听资料的制作或者保存等方面存在的问题，视听资料可能未能清晰地反映对象的细节特征，或者未能准确地反映对象的特征，在此种情况下，更应当重视结合其他证据审查视听资料的具体内容，避免因视听资料记录的内容失真导致事实认定出现偏差。

七、对电子数据的审查与认定

电子数据是一种高新信息技术产生的证据形式，也是此次刑事诉讼法修正最新确定的一种法定证据。在司法实践中，常见的电子数据主要包括电子邮件、电子数据交换、网络聊天记录、网络博客、手机短信、电子签名、域名等类型。对电子数据的审查，既要关注其来源、保管链条，又要重视审查其真实性和关联性，还要注意其他证据对其证明价值进行综合判断。"两高三部"《死刑案件证据规定》第29条规定，对于电子邮件、电子数据交换、网上聊天记录、网络博客、手机短信、电子签名、域名等电子证据，应当主要审查以下内容：（一）该电子证据存储磁盘、存储光盘等可移动存储介质是否与打印件一并提交；（二）是否载明该电子证据形成的时间、地点、对象、制作人、制作过程及设备情况等；（三）制作、储存、传递、获得、收集、出示等程序和环节是否合法，取证人、制作人、持有人、见证人等是否签名或者盖章；（四）内容是否真实，有无剪裁、拼凑、篡改、添加等伪造、变造情形；（五）该电子证据与案件事实有无关联性。对电子证据有疑问的，应当进行鉴定。对电子证据，应当结合案件其他证据，审查其真实性和关联性。根据此条规定，应当从以下四个方面对电子证据进行审查：

1. 注重审查电子数据的外延

对电子数据外延的理解应当是开放的，即包括但不限于上述形式，有关电子公告牌记录、电子资金划拨记录、网页、计算机中的 WORD 等文件均属于电子证据。所谓电子邮件，也称 E－mail（Electronic mail）它是一种用电子手段提供信息交换的通信方式，是互联网络应用最广的服务；通过网络的电子邮件系统，用户可以用非常低廉的价格（不管发到哪里，都只需要负担网费），以非常快速的方式（几秒钟之内可以发送到世界任何你指定的目的地），与世界上任何一个角落的网络用户联系，这些电子邮件可以是文字、图像、声音等各种方式。所谓电子数据交换，也称 EDI（Electric Data Inter-change），是一种利用计算机进行商务处理的新方法，它是将贸易、运输、保险、银行和海关等行业的信息，用一种国际公认的标准格式，通过计算机通信网络，使各有关部门、公司和企业之间进行数据交换和处理，并完成以贸易为中心的全部业务过程；由于 EDI 的使用可以完全取代传统的纸张文件的交换，因此也有人称为"无纸贸易"或"电子贸易"。所谓博客，又译为网络日志、部落格或部落阁等，是一种通常由个人管理、不定期张贴新文章的网站；这些文章的内容既可以专注在特定的课题上提供评论或新闻，也可以是个人的日记；一个典型的博客结合了文字、图像、其他博客或网站的链接及其他与主题相关的媒体；能够让读者以互动的方式留下意见，是许多博客的重要因素。所谓电子签名，是指数据电文中以电子形式所含、所附用于识别签名人身份并表明签名人认可其中内容的数据。所谓域名，是由一串用点分隔的名字组成的互联网上某一计算机或计算机组的名称，用于在数据传输时标志计算机的电子方位；企业、政府、非政府组织等机构或者个人在域名注册网上注册的名称，是互联网上企业或机构间相互联络的网络地址。

2. 注重审查电子数据的内容

具体包括以下五个方面：（1）该电子数据存储磁盘、存储光盘等可移动存储介质是否与打印件一并提交；（2）是否载明该电子数据形成的时间、地点、对象、制作人、制作过程及设备情况等；（3）制作、储存、传递、获得、收集、出示等程序和环节是否合法，取证人、制作人、持有人、见证人等是否签名或者盖章；（4）内容是否真实，有无剪裁、拼凑、篡改、添加等伪造、变造情形；（5）该电子数据与案件事实有无关联性。

3. 对电子数据有疑问的，应当进行鉴定

所谓电子数据司法鉴定，是指有权鉴定机构依照法律规定的条件和程序，运用专门知识或经验，对案件中涉及电子数据的专门性事实问题进行检验、鉴别和判断的一种证明活动，电子数据鉴定能解决的问题主要包括：电子数据承载内容的统一认定；电子数据真伪及形成过程的鉴定；电子数据内容的恢复识别；电子数据生成、传递、存储情况的认定。因此，在对相关问题有疑问时，办案机关应当委托相关鉴定机构进行鉴定。

4. 注重对电子数据的综合审查

对电子数据的认定，不能孤立地就电子证据审查电子数据，而应当结合其他证据进行审查。也就是对电子数据的真实性和关联性的认定，应有其他证据相互印证。

八、对破案经过的审查与认定

破案是侦查终结前的一个重要阶段，对于符合破案条件的案件，办案部门应当制作破案报告。《公安机关办理刑事案件程序规定》第 167 条规定："破案报告应当包括以下内容：（一）案件侦查结果；（二）破案的理由和根据；（三）破案的组织分工和方法步骤；（四）其他破案措施和下一步的工作意见。"侦查机关出具的破案经过等材料虽不是法定的证据种类，但其中能够反映出侦查机关在案发后采取的侦查措施以及抓获被告人的具体经过等情况,对分析判断案情、准确认定案件事实,甚至形成法官内心确信具有重要意义。同时一些案件中的被告人可能存在自首、立功等情节,只有详细说明破案经过情况,注明被告人是否自动投案并在归案后如实供述犯罪事实,或者被告人归案后是否在协助抓获同案被告人等行为,才能准确认定自首、立功等情节,进而正确裁量刑罚。

由于破案经过等材料并无规范的法律文书格式,故各地的破案经过等材料的制作模式存在较大差异。但总体上,破案经过等材料的内容应当较为全面地体现侦破案件的过程等情况,较为细致地说明是否存在自首、立功等情节,并且应当由出具该说明材料的办案人、办案机关签字或盖章。

为了切实贯彻证据裁判原则,确保正确认定案件事实,如果对破案经过有疑问,或者对确定被告人有重大嫌疑的根据有疑问的,或者破案经过等材料并没有出具该说明材料的办案人、办案机关的签字或者盖章的,应当要求侦查机关补充说明。

【典型案例分析】

1. 在刑事案件中,只有被告人的供述能否对其定罪?[1]

【基本案情】

1998 年 10 月 31 日晚,被告人肖群英的父亲肖生平、哥哥肖加永与本村村民罗世强因照明用电问题发生口角,肖加永遭到罗世强哥哥罗世华的殴打。肖加永挨打后回到家告诉其母亲彭宗珠,彭带儿子去找罗世华评理未果,回到家后用红花油给儿子擦伤,被告人肖群英当时在家目击了此情景。此后 20 分钟左右,彭宗珠发现罗世华家老屋起火,立即叫家人及村民救火,肖加永因有伤没有参加救火。这次火灾烧毁罗世华大伯罗汇湘老屋一栋、柴草若干及家具等物品,经物价部门评估鉴定,火灾损失共计 4000 元。当晚,吉安县公安局城南中队接到吉安县登龙乡政府关于火灾的报案电话,即赶赴现场进行了现场勘查和调查访问,怀疑当晚与罗世华和罗世强打过架的肖加永有放火作案嫌疑。但经审讯,肖加永予以否认。1999 年 3 月 18 日,城南中队根据举报线索,传唤第二个犯罪嫌疑人肖加永的妹妹肖群英到中队。经审讯,肖群英供述了其放火的经过。1999 年 4 月 14 日,吉安县检察院又对肖群英进行了讯问,肖群英对放火之事再度作了供述。据此,吉安县检察院认定被告人肖群英是看到其兄肖加永被罗世华兄弟打伤后,产生报复念头,携带火柴窜至罗世华、罗世强老屋后门放火作案的,并于 1999 年 6 月 14 日向吉安县人民法院提起公诉,指控被告人肖群英犯有放火罪。

1999 年 7 月 14 日,吉安县人民法院对肖群英放火一案进行了公开开庭审理,在审理过程中,被告人肖群英对在公安和检察机关所作的两次供述予以了全部否认。称第一次口供是公安人员进行逼供、恐吓所形成的,手印是公安人员捉其手摁的。第二次口供是检察人员和第一次审讯的公安人员共同审讯的,且公安人员拿手铐恐吓了被告人。被

---

[1] 参见康为民主编:《罪与非罪——典型无罪案件实例分析》,人民法院出版社 2004 年 3 月版,第 9~14 页。

告人肖群英的辩护律师亦提出，这两次口供的形成有先入为主、程序违法和逼供的成分，不能作为定案的证据。

吉安县人民法院经审理后认为：本案只有被告人肖群英的两次口供作为定案的惟一证据，且前后两次供述相矛盾，疑点诸多，难以采信。其他间接证据、传来证据及书证均不能证明火灾事故是被告人肖群英所为，公诉机关在庭审中也没有提供其他新的证据来印证被告人的口供，仅凭被告人肖群英有犯罪动机和两次前后矛盾的供述，不能认定被告人肖群英犯有放火罪。因此认定本案事实不清，证据不足，公诉机关的指控不能成立。据此，吉安县人民法院于1999年9月10日作出判决，依法宣告被告人肖群英无罪。

【法理分析】

从案情看，本案是一起比较简单的刑事案件。从刑事证据的角度，可以发现存在以下方面问题：

1. 火灾是人为放火还是其他原因引起的不清楚。本案的起因是源自于一起火灾事故，该火灾事故作为刑事案件立案侦查的前提条件是要排除火灾系电路起火或其他意外等因素所造成的，或无法查明起火原因，有其他线索发现可能系人为纵火的。例如，有一人从楼上掉下摔死，其作为刑事案件立案侦查的前提条件，就是要排除此人系自杀，或是否系自杀难以明确。本案中作为火灾事故，应先由消防部门对火灾事故原因作出结论，如果消防部门在对火灾事故作出结论后，排除了人为放火的可能性，那么本案也就无需作为刑事案件去立案侦查了。如果消防部门认定火灾原因系人为引起，或难以查明火灾原因，则公安机关可作为刑事案件立案侦查。本案中，公安机关在未对火灾的疑点进行排除的情况下，径直以被告人肖群英有作案动机为由进行立案侦查，从公安机关办案角度讲是犯了先入为主的错误，即火灾发生后，就认定系人为纵火，其侦查工作方法无疑缺乏科学性，易造成司法资料的浪费和错案的产生。

2. 两份前后不一致的供述，不能作为认定案件事实的依据。被告人肖群英在公安机关的供述和检察机关的供述明显存在出入。在公安机关的供述中，被告人肖群英称"我当时在家后门歇息，我见这种情形（我妈给我哥擦伤）非常气愤，就到厨房灶窝里拿了一盒火柴，从厨房后门出去……"，而在检察机关的供述中，肖却称"那天晚上……我正在厨房洗碗，……看到这些情况，我洗完碗并洗完脚后，就从我家厨房后门出去，来到罗世强家老屋后门用随身带的火柴……"两次供述中，被告人肖群英对当时的活动说法不一，而且作案时用的火柴是从灶台上临时拿的还是原来随身所携带的亦不明确。我国最新修正的《刑事诉讼法》第168条规定："人民检察院审查案件的时候，必须查明：（一）犯罪事实、情节是否清楚，证据是否确实、充分，犯罪性质和罪名的认定是否正确；（二）有无遗漏罪行和其他应当追究刑事责任的人；（三）是否属于不应追究刑事责任的；（四）有无附带民事诉讼；（五）侦查活动是否合法。"对被告人两份出入较大的供述，在没有其他相关证据佐证的情况下，检察机关应以哪份供述为准？答案是不明确的，因为两份相矛盾的供述都没有其他相关证据印证，案件事实无法查清，而作为认定案情的证据，必须具有确定性，对两份相矛盾的供述，检察机关要通过其他证据来印证。通过排除矛盾，在两者中间作出选择，取其具有确定性的作为认定案情之依据。本案中检察机关在提起公诉前，没有对此两份相矛盾的供述作出确认和选择。因此自然无法查明案情。《刑事诉讼法》第 171 条规定，人民检察院审查案件，可以要求公安机关提供法庭审判所必需的证据材料。人民检察院审查案件，对于需要补充侦查的，可以退回公安机关补充侦查，也可以自行侦查。对于补充侦查的案件，应当在一个月以内补充侦查完毕。补充侦查以二次为限。补充侦查完毕移送人民检察院后，人民检察院重新计算审查起诉期限。对于补充侦查的案件，人民检察院仍然认为证据不足，不符合起诉条件的，应当作出不起诉的决定。可见，对此类事实不清、证据不足的案件，检察机关可退回公安机关补充侦查，也可自行侦查。如经两次补充侦查之后，检察机关仍然认为证据不足的，可以作出不起诉的决定。这是"无罪推定"原则的具体体现，与《刑事诉讼法》的相关规定符合。

3. 只有被告人的供述，没有其他证据印证的，不能认定被告人有罪。在我国长达数千年的封建专制诉讼中，被告人的供述一直被认为是最关紧要的证据，所谓"断狱必取输服证词"，"罪从供定""犯供最关紧要""无供不录案"，就是这一原则的具体体现。但由于在封建专制时代，刑讯拷问一直是合法的取供手段，往往易使无辜之人在严刑拷问之下屈打成招，所谓"捶楚之下何求而不得"，因此常常会造成冤假错案。为避免此类悲剧的重演，我国最新修正的《刑事诉讼法》第 53 条明确规定："对一切案件的判处都要重证据，重调查研究，不轻信口供。只有被告人供述，没有其他证据的，不能认定被告人有罪和处以刑罚；没有被告人供述，证据确实、充分的，可以认定被告人有罪和处以刑罚。证据确实、充分，应当符合以下条件：（一）定罪量刑的事实都有证据证明；（二）据以定案的证据均经法定程序查证属实；（三）综合全案证据，对所认定事实已排除合理怀疑。"这就是仅凭被告人供述不能定罪处刑之原则。而本案都是与该原则背道而驰的一个典型案例，公安、检察机关据以认定案情的凭据，只有被告人的供述，没有任何其他相关证据予以印证。公安、检察机关的如此作法，无疑与刑事诉讼法的规定相悖离。

此外，根据证据法学原理和《刑事诉讼法》的规定，审查证据既要对单个证据本身进行审查，也要对全案证据进行综合审查。而综合审查证据，最基本的方法就是将案中的各个证据进行比较，相互印证。只有被告人的供述，没有其他证据的，不能认定被告人有罪和处以刑罚。没有被告人供述，证据确实充分，即其他证据能够形成完整的证据链条的，可以认定被告人有罪和处以刑罚。对定罪证据不足所形成的"疑案"，应当按无罪处理。本案只有被告人供述，没有其他相关证据予以印证，故不能认定被告人犯有放火罪，按照"疑罪从无"的原则，应认定肖群英无罪。

4. 确实充分的证据，是应对被告人翻供的惟一方法。本案中还有一颇值得思考的问题，就是被告人肖群英在法庭上的翻供。一般而言，被告人的翻供具有两重性：一是具对抗性，即为了逃避或减轻罪责而狡辩，干扰诉讼的正常进行；二是具有抗辩性，即正当行使辩护权的表现，如纠正原告陈述中某些虚假的内容等。为此，一方面要保持清醒的头脑，弄清翻供的真实原因究竟是被告人对抗诉讼造成的，还是相关人员违法办案造成的；另一方面，要通过获取确实充分的证据来解决被告人的翻供问题。证据是确定被告人是否有罪的惟一因素，因此只有确实充分的证据才能准确无误地认定被告人所犯罪行。证据确实充分与案件事实之间存在客观联系；证据之间、证据与案件事实之间的矛盾得到合理解决；全案各部分事实情节都有相应的证据予以证明。[1] 如果公安、检察机关据以认定案件事实的证据从整体上形成了一个严密的证明体系，从中得出的关于案件事实的结论是惟一的、排他的，那么即使被告人在庭审阶段翻供，法院亦可以认定被告人有罪。此外，还必须消除历史遗留下来的口供主义，把以口供作为"证据之王"转变到以物证为"证据之王"上来。[2] 改变传统的侦查模式和取证方法，强化科技取证手段，从根本上消除"无供不定案"的思想观念，只有这样才能有效制服被告人的翻供。

2. 在刑事诉讼中，笔迹鉴定专家能否直接认定涉案文字的书写人？

【基本案情】

2004 年 11 月，李某同寝室工友的存折被人三次盗取现金，公安机关对三张取款凭条的字迹进行了笔迹鉴定，鉴定结论为"送检三张取款凭条上的字迹是李某所写"。公安机关将李某一案移交检察机关审查起诉。李某提供了没有作案时间的证据，律师也就公安机关提取检材的程序提出置疑，检察机关组织笔迹鉴定专家进行了重新鉴定，结论为"送检的三张取款凭条上的字迹不是李某所书写"。检察机关以李某一案证据不足为由，决定不予起诉。

【法理分析】

本案所反映的问题是笔迹鉴定专家能否直接认定涉案文字的书写人。换言之，也就是刑事案件中，像"字是谁写的"这类问题能否作为专门性问题交由笔迹鉴定专家解决。这个问题既涉及到笔迹鉴定原理，也涉及到诉讼的科学性，更重要的是如何防止因错误结论误导错案而给诉讼机关案件、当事人带来的麻烦。对此，应当从以下几个方面来分析：

1. 书写习惯同一认定的原理。任何司法鉴定结论都是科学推断的结果，因而任何司法鉴定都有其特定的科学依据。书写习惯同一认定，是以书写习惯特征为基础的一种技术鉴定原理。书写习惯同一认定原理中有以下两个基本假定：一是书写习惯具有特定性。人通过长期的书写活动会形成一定的书写习惯，这种书写习惯在字迹中所能够现出的一些较为固定的特征，被称谓书写习惯特征。如：起笔特征、运笔特征、止笔特征、整体字形特征，等等。由于不同的书写习惯所形成的字迹具有不同的特征，因而笔迹鉴定专家可以根据这些特征来确认特定的书写习惯。笔迹鉴定专家能够进行书写痕迹鉴定的客观基础就在于书写习惯的特定性。二是书写习惯具有相对稳定性。人的书写习惯一旦形成后便在一定时期内保持不变，这是由人的习惯性思维和习惯性动作所致。书写习惯的相对稳定性是笔迹鉴定专家能够进行书写痕迹鉴定的客观条件。书写痕迹的同一认定

---

〔1〕 参见陈光中主编：《刑事诉讼法》（新编），中国政法大学出版社 1996 年 12 月，第 200 页。

〔2〕 参见樊崇义主编：《证据学》，中国人民公安大学出版社 2001 年 7 月，第 95 页。

就是根据上述书写习惯特征及假定，分别检验出检材（送交鉴定的字迹材料）和样本（被怀疑人书写字迹的材料）中的笔迹特征。通过特征的比对，在两者反映的书写痕迹特征相同的情况下，认定为符合同一的书写习惯；在两者反映的书写痕迹特征不同的情况下，确认不符合同一书写习惯。这就是书写习惯同一认定的原理及操作过程。

书写习惯同一认定的原理的科学性，还在于利用这一原理进行鉴定时，笔迹鉴定专家不需要借助于检材以外的证据，即可作出鉴定结论。因为笔迹鉴定专家确认书写特征，可以直接根据对检材的检验结果获取，必要时也可以借助于文检设备对检材中的特征进行进一步的验证。这使得笔迹鉴定专家所作出的鉴定结论完全是科学推断的结果，符合证据学中对鉴定结论的特殊要求。众所周知，鉴定结论不同于证人证言之处就在于它不是鉴定人五官直接感受的结果，不是对案情的复述，而是对特定的专门性问题提出的具有科学性的结论性意见。

2. "字是谁写的"判定原理。在诉讼中向笔迹鉴定专家提出"字是谁写的"问题，就是要求笔迹鉴定专家确认某人书写了或没有书写某一字迹或是否系一人所写的问题，即证明案件所涉及的书写事实。从证据学角度讲，认定书写事实需要有认定书写习惯同一的笔迹鉴定结论，证明书写人具有书写时间的证据（证言、口供、书证），证明书写人具有书写工具的证据（物证、证言），证明书写人具有书写能力的证据（证言、书证）等。也就是说，证明"字是谁写的"这一事实所需要的证据不仅仅是笔迹鉴定所需要的检材和样本，还包括其他证据材料。其中，较为直观的证据，只能是在书写现场的人（包括当事人和证人）的陈述或视听资料证据。因为书写事实是一个过程，没有亲眼看到的人是不能作证的。因此，如果由笔迹鉴定专家回答这一问题的话，那他只能是根据书写习惯相同这一鉴定结论，对书写事实作一种推测，而根据司法鉴定的一般原理，推测的结果是不能出具鉴定结论的。因此，从证据学角度讲，笔迹鉴定专家不能回答"字是谁写的"问题。

再从笔迹鉴定原理看，确定"字是谁书写的"，显然仅有前述的书写痕迹同一认定原理还不够，还需要增加假定：即不同人的书写习惯肯定不同，即不同人不会写出相同的字。根据这一假定，只要字迹所表现出的书写痕迹相同，便肯定是同一人所为，笔迹鉴定专家也就可以判定"字是谁写的"。这个假定是否能成立呢？回答是否定的。首先，书写习惯的形成并非是一个非常自然的过程，是人们对他人的书写痕迹进行模仿的基础上逐渐形成的带有个性的习惯，因此，人们如果初期模仿的笔迹相同，且有比较接近的书写环境和条件，其书写习惯也会十分接近，例如：如果多人都在长时间临摹练魏体且又不是作为书法家对魏体进行个性改进的话，那么这些人的（魏体）书写习惯就会十分接近；其次，长期刻意地模仿他人的笔迹，久而久之会形成相同的书写习惯。上述两种情形已经足以否定"不同人不会写出相同字"的假定。而这一假定不能成立，从司法鉴定原理上讲，也就意味着笔迹鉴定专家不能回答"字是谁书写的"这一事实问题。

也许有人不同意上述对鉴定原理的分析，认为前述书写习惯同一认定原理中的两个假定在实践中也有不成立的例子。既然"字是谁写的"假定可以举例否定，那么，书写习惯同一认定中的两个假定也可以举例推翻。这里有一点需要明确，任何司法鉴定的假定在实践中都有不具备的情形。比如，所谓"字不成型"时（较稳定的书写习惯尚未形成时），其字迹特征也就缺乏特定性；人们在长期的书写中也会改变一些书写习惯。但是，在鉴定实践中，对"字不成型"的情形笔迹鉴定专家可以从样本检材的字迹中分析得出，从而以不具备鉴定（假定）条件为由拒绝鉴定；为了避免因书写习惯的改变而可能造成的鉴定失误，笔迹鉴定专家也会要求送检人提供相同时期的比对样本，没有同时样本的，笔迹鉴定专家也会拒绝鉴定。这说明虽然实际工作中会出现违反假定的情形，但这种情形是可以被笔迹鉴定专家所认识，并对不具备假定条件的情形不予鉴定，所以，这些情形的存在并不影响书写习惯假定的设定和笔迹鉴定的科学性。但是，"字是谁写的"问题鉴定原理中所追加的"不同人不会写出相同字"的假定就不同了，笔迹鉴定专家在实际工作中是无法利用检验技术来普遍排除书写人无长期临摹的情形，因而这一假定不具有普遍性的前提，所以不能成立。

3. "字是谁写的"问题的判定归属。根据前述笔迹鉴定技术及证据学原理，笔迹鉴定专家可以解决案件所涉及的"笔迹是否符合同一人的书写习惯"问题，但不能回答"字是谁写的"或"是否是同一人所写"的问题。司法实际工作中，诉讼机关大都不是将"笔迹是否符合同一人的书写习惯"这一专门性问题交由笔迹鉴定专家来解决，而是要求笔迹鉴定专家解决"字是谁写的"或"是否是同一人书写的"问题。实践中，从笔迹鉴定权威，到一般笔迹鉴定专家对"字是谁写的"或"是否是同一人书写"的鉴定要求来者一概不拒，统统给予解决。为什么？这里有两个原因：一则，从科研情况看，笔迹鉴定问题实务理论方面的研究成果很多，但基本理论的研究成果却不多见。可见，笔迹专业的学者们对基本理论的研究投入不多，因而对实践中常见的一些做法的科学性和合法性缺乏研究，很容易承认实践中的一些尚未进行理论推敲的做法。二则，受传统诉讼观念和做法的影响，把"字是谁写的"这一本应由案件承办人（侦查、检察、审判人员，下同）研究的法律事实问题作为专门性问题看待，似乎不解决"字是谁写的"问题，案件承办人员就无法断案。

从证明书写事实的证据来源看，笔迹鉴定专家可以提供认定书写习惯同一（或不同一）的笔迹鉴定结论，其他证明书写事实的证据（非结论性证据）则应当由证人、书证资料和视听资料的保管人提供，只有当笔迹鉴定结论及非结论性证据均被提供后，才能证实"字是谁书写的"这一书写事实；从证据获取途径看，笔迹鉴定结论与其他证据一样都是必须由案件承办人员获取，且均由案件承办人员对各类证据进行审查判断后，才可以根据这些证据确认书写事实。因此，书写事实的认定需要一系列诉讼权力的行使才能得出结论，而笔迹鉴定专家作为诉讼参与人依法只能享有相应的诉讼权利，只有案件承办人员才能依法行使诉讼权力。所以，无论是从证据的形成还是法定诉讼程序看，"字是谁写的"问题都应当由案件承办人员确认，笔迹鉴定专家无权确认。换句话说，从诉讼权力角度讲，书写事实的判定是行使诉讼权力的范畴，笔迹鉴定专家作为诉讼参与人是不能行使这一权力的。司法实践中，由于笔迹鉴定专家的越俎代庖，案件承办人员在涉及"字是谁写的"问题时常常出现一些诉讼错误。例如：侦查人员会因笔迹鉴定专家已经解决了"字是谁写的"问题而不再注意收集被怀疑人有无书写时间、书写工具和书写能力方面的证据；而法官也会不刻意要求检察官或当事人提供这类证据，甚至即使当事人提供了这类证据也不予理睬。司法实践中这种情形还是普遍存在的。过分依赖此类鉴定结论来判断案件，是部分涉及书写事实案件产生错案的重要原因。

综上所述，笔迹鉴定专家在诉讼中回答"字是谁写的"问题，既缺乏科学依据也不符合诉讼法律关系，应当在理论上和实践中予以纠正。笔迹鉴定专家可以回答"笔迹是否符合同一人的书写习惯"问题，至于"字是谁写的"问题当由案件承办人根据笔迹鉴定结论并结合其他证据综合判定。而在本案中，检察机关组织笔迹鉴定专家进行了重新鉴定，结论为"送检的三张取款凭条上的字迹不是李某所书写"。据此，检察机关以李某一案证据不足为由，决定不起诉。在这里，笔迹鉴定专家越权而直接认定涉案文字的书写人，检察机关依赖这一鉴定结论而作出审查起诉决定，显然是不妥当的。本案应当结合相关证据，包括鉴定结论、犯罪嫌疑人供述、证人证言等综合认定，在证据不足的情况下，应当退回公安机关补充侦查。而检察机关过分依赖笔迹鉴定专家作出的越权鉴定结论，就有可能造成错案，导致犯罪嫌疑人侥幸逃脱法律的惩罚。

3. 利用手机 WAP 技术传播淫秽电子信息，点击数证据应当如何认定？[1]

【基本案情】

北京轻点万维电信技术有限公司（以下简称轻点万维公司）下设无线互联网业务部，为了提高手机 WAP 的点击率，增加公司收入，被告人罗刚指使被告人杨韬、丁怡、袁毅在本公司内通过手机 WAP 业务传播淫秽信息，经鉴定于 2007 年 1 月 1 日至 2007 年 5 月 9 日，共上传 28 张淫秽图片，实际被点击次数为 82973 次。一审法院审理认为，轻点万维公司无限互联网业务部，以公司牟利为目的，利用互联网及移动通讯终端传播淫秽电子信息，妨害了社会管理秩序，情节严重，罗刚、杨韬作为部门主管和产品经理，授意并指使下属上传淫秽电子信息，系单位犯罪中的主管人员；丁怡、袁毅积极参与利用网络传播淫秽电子信息，系单位犯罪中的直接责任人员，四人的行为均已构成传播淫秽物品牟利罪。据此，依据各自在单位犯罪中所起的作用，依照《刑法》及最高人民法院、最高人民检察院《关于办理利用互联网、移运通讯终端、声讯台制作、复制、出版、贩卖、传播淫秽电子信息刑事案件具体应用法律若干问题的解释》的规定，以传播淫秽物品牟利罪，分别判决被告人罗刚判处有期徒刑 5 年，并处罚金人民币 5000 元；判处被告人杨韬有期徒刑 4 年，并处罚金人民币 4000 元；判处被告人丁怡有期徒刑 3 年，并处罚金人民币 3000 元；判处被告人袁毅有期徒刑 3 年，并处罚金人民币 3000 元。

一审宣判后，罗刚、杨韬、丁怡、袁毅均不服，分别提出上诉，称原判认定涉案淫秽图片的点击量为 8 万余次有误，应以成功点击量 4 万余次来认定。二审法院经审理后，依法裁定驳回上诉，维持原判。

---

〔1〕　参见北京市高级人民法院指导编：《北京法院指导案例》，2010 年第 48 期（总第 177 期），2010 年 5 月 27 日编。

【法理分析】

本案争议的焦点在于，如何认定作为定案依据的、淫秽电子信息的实际被点击数。在本案诉讼过程中，有两家鉴定机构应办案机关的要求，先后对点击数作了三次司法鉴定，但结论各有不同：第一次鉴定经对涉案服务器的 Web 访问日志进行分析，结论为 28 张淫秽图片的实际点击数量达 253335 次，这也是检察院指控的点击数；第二次鉴定结论考虑到失败的内容请求数、联通 WAP 页面访问成功率以及同一页面所含图片数等因素，得出图片的实际被点击数应为"不低于 21387 ~ 37427（平均值为 29407），不高于 35645 ~ 62379（平均值为 49012）"；第三次鉴定意见则认为，28 张图片的内容请求数为 256622 次，经专用工具计算页面点击数并排除自点击后，涉及淫秽图片的传播数量即页面被点击数量为 82973 次，如果考虑《中国联通增值业务提供商运行维护管理要求》中提出的"WAP 业务页面访问成功率"，按照 60% 计算，则页面成功点击数量为 49784 次。依据三次不同的鉴定结论判决案件，对被告人的量刑影响非常直接和明显。对此，关键要把握以下问题：

1. 淫秽电子信息的内容请求数不等于实际被点击数

从现有的网络技术看，一个人对一张淫秽图片可以在同一时间内连续地多次点击，比如有些案件中，有人在短时间内疯狂点击淫秽电子信息，甚至在几小时内点击数千次、上万次，而实际接触者仍只有一人；有些网站为了造势，将计数器设置为从某一个数字例如 5 万次、10 万次开始计数；有些网页将计数器计数办法设置为他人点击一次计数器计数 10 次甚至更多。此外，网站在制作色情网页过程中，往往还存在一个自点击的问题，一方面是为了增加点击数量，另一方面也在进行系统测试。故淫秽电子信息的点击数和传播人次不是完全一一对应关系。在司法实践中，一方面应当根据有关司法解释确立的定罪处罚的数量标准认定，同时还应正确认识和处理淫秽电子信息的点击数与定罪量刑的关系，并根据实际情况做出审慎判断，在认定淫秽电子信息的实际被点击数时应将虚增的、不正常的数量从点击总数中减去，否则可能导致犯罪扩大化与刑罚过于苛重的不良后果。就本案而言，在计算涉案淫秽图片的实际被点击数时，需要着重考虑以下两个因素：（1）自点击的数量。在开庭审理中，四被告人及其辩护人均表示，本案存在自助点击与自助消费的情况。事实上，第一次鉴定结论认定的 28 张淫秽图片点击量 253335 次，确实可能包含自点击数，因为这些图片的点击次数是根据服务器的 Web 访问日志文件记录统计得出，而把所有的图片访问量均计入其中。在鉴定机构应办案机关要求做出的第三次鉴定意见中，通过技术手段对自点击数进行了统计，并对自点击问题进行了补充说明：一是互联网内网 IP 地址访问，这些地址跟中国联通无关，不涉及淫秽图片传播；二是从技术角度分析手机终端设备，对同一页面非以正常浏览方式高密集度访问，鉴定机构限定在同一设备（即特定手机型号和特定互联网 IP 地址）将为检验设备及网页性能的页面点击数予以排除，通过同一互联网 IP 地址 24 小时内向同一网页发送页面请求 50 次以上的，为公司内网网页测试的自点击，不涉及淫秽图片传播。据此，排除了自点击数 16748 次。（2）一页多图的数量。在轻点万维公司的 WAP 网页中，一个页面由多个图片组成，而每张图片无法单独下载，只能作为页面的一部分被浏览。假设一个页面含有四张淫秽图片，当一个客户浏览了一个页面的时候，虽然只存在一个页面点击，但是每张淫秽图片都增加了一次图片请求，即一下子产生了四次图片请求，因此，所有淫秽图片的内容请求数并不等同于实际被点击数，而应当转化为页面请求数来计算。由于点击一个页面产生的图片请求是集中发送的，经过专业工具（如微软的页面日志提取工具和根据分析所作的编程工具等），就可以计算出实际的页面请求数，从而得出淫秽图片的实际被点击数。据此，第三次鉴定意见认为，凡是 60 秒内所有的由同一移动终端设备通过同一 IP 地址向服务器发送的图片请求数可以被界定为由一次页面点击产生，故对其该次鉴定出的淫秽图片请求数 256622 次，经专用工具计算页面点击后得出页面点击数为 99721 次。这一数字扣除了自点击数 16748 次，得出的 82973 次，便是本案淫秽图片的实际被点击数。由于已经扣除了虚增的、非正常的点击数，该实际被点击数则可依法作为本案定罪量刑的情节标准。

2. 认定点击数可以不考虑网络运营商承诺的页面访问成功率

由于网络容量、通路等技术原因，使用手机移动终端访问 WAP 页面，可能会出现访问请求不成功的问题。一般来讲，对提供淫秽电子信息链接的情况，计算实际被点击数时，指的应是直接真实有效的链接。对于无效的链接和不成功的访问所产生的点击数，如果有证据证明且能够区分的，应当予以扣除。这一司法操作规则主要针对具体层面的制作、传播淫秽电子信息而言，对于网络运营商在协议中承诺的"WAP 业务页面访问成功率"如何认定则需要另行考虑。根据《中国联通增值业务提供商运行维护管理要求》简称《管理要求》中关于"WAP 业务页面访问成功率"的说明，"WAP 业务页面访问成功率"是指模拟测试机成功访问 WAP 服务占总访问次数的百分比。统计点是模拟用户体验后台程序，取值方法为统计模拟试机得到成功页面个数和总访问次数，计算二者的比值，指标要求 >60%。第三次鉴定意见认为，如果按照 60% 计算，则成功页面点击数量为 49784 次。但该数值并不是确定的鉴定结论，而是鉴定人的一种分析意见。可以理解为，60% 的页面访问成功率只是联通公司提供的一个承诺，以保证运营商有足够的页面提供给客户，事实上联通公司也无法确定该访问成功率的精确范围，故在其《管理要求》中承诺可以达到大于 60% 的页面访问成功率，也就是说 60% 只是个下限，是个不确定的数值，实际成功率可能是 60%，也可能是 90% 甚至 100%，这样一个不确定的概念不宜作为排除不成功点击数的依据。

通过上述分析，一、二审法院认为，第三次鉴定意见指出 28 张淫秽图片的传播数量，即页面点击数量为 82973 次，该数字是经过专用工具计算页面点击并排除自点击后得出的，已经扣除了不成功的点击数，是比较客观、科学的，也符合"两高"司法解释中的有关规定，可作为在案证据予以采信；而第三次鉴定意见中根据行业的管理要求作出的 49784 次成功点击量是个不确定的数量，作为证据使用存在不确定性，故对其不予采信。

综上，一、二审法院对本案利用手机 WAP 技术传播淫秽电子信息点击数证据的采信是适当的。

第四章 非法证据的排除

第一节 非法证据排除概述

【规则要点】

采用刑讯逼供等非法方法收集的犯罪嫌疑人、被告人供述和采用暴力、威胁等非法方法收集的证人证言、被害人陈述，应当予以排除。违反法律规定收集物证、书证，严重影响司法公正的，对该证据应当予以排除。在侦查、审查起诉、审判时发现有应当排除的证据的，应当依法予以排除，不得作为起诉意见、起诉决定和判决的依据。在审查起诉阶段，人民检察院接到报案、控告、举报或者发现侦查人员以非法方法收集证据的，应当进行调查核实。对于确有以非法方法收集证据情形的，应当提出纠正意见，必要时可以建议侦查机关更换办案人。对于以非法方法收集证据，构成犯罪的，依法追究刑事责任。在法庭审理过程中，审判人员认为可能存在以非法方法收集证据的情形的，应当对证据收集的合法性进行法庭调查。当事人及其辩护人、诉讼代理人有权申请人民法院对以非法方法收集的证据依法予以排除。对于经过法庭审理，确认属于以非法方法收集证据的，或者存在重大疑点，不能排除以非法方法收集证据可能性的，对有关证据应当依照非法证据予以排除。

【理解与适用】

一、非法证据排除的概念和特点

（一）非法证据排除的概念

证据是证明案件真实情况的事实，也是定案的根据，其本身并无合法与非法之分。所谓非法证据，是指在刑事诉讼过程中，违反法律规定收集或取得的证据。从广义上讲，非法证据包括四种：（1）主体不合法的证据。即不具备法律规定的取证主体资格的人收集提取的证据，如鉴定人不具备法定的资格和条件、鉴定人不具有相关专业知识或者职称的。（2）形式不合法的证据。即不具备或不符合法定形式的证据，如收集调取的物证、书证，在勘验、检查笔录，搜查笔录，提取笔录，扣押清单上没有侦查人员、物品持有人、见证人签名或者物品特征、数量、名称等注明不详的。（3）程序不合法的证据。即违反法律规定的程序取得的证据，如询问证人没有个别进行而取得的证言；询问聋哑人或者不通晓当地通用语言、文字的少数民族人员、外国人，应当提供翻译而未提供的。（4）方法、手段不合法的证据，即使用法律禁止之手段获得的证据，如以暴力、威胁等非法手段取得的证人证言；以刑讯逼供等非法手段取得的被告人陈述；以非法搜查、扣押或非法侵入住宅等手段取得的物证、书证。狭义上的非法证据则一般是指最后一种。

我国《诉讼法大辞典》关于"非法证据"的释义为："不符合法定来源和形式的或违反诉讼程序取得的证据材料。"[1] 很明显，此处的非法证据所指涉的是一种不具备合法性的证据。按国内证据法的理论，证据的合法性要件包括证据形式要素、证据采集程序要素以及证据认定程序要素，三位一体，缺一不可，否则即属于证据的不合法。非法证据排除中的"非法证据"与不合法的证据并非完全相同的概念。因为在非法与合法之间，存在一大块灰色领域，即某一行为或事物与法律规定的要件不符合，但又不违反法律规定。由此，合法证据与非法证据并非是完全对应的两个范畴，非法证据并不等同于不合法证据。"非法证据就是指在收集证据的过程中，违反了法律规定，侵犯了当事人或其他公民特定的合法权利而收集的证据。"[2] 我国最新修正的《刑事诉讼法》第54条规定："采用刑讯逼供等非法方法收集的犯罪嫌疑人、被告人供述和采用暴力、威胁等非法方法收集的证人证言、被害人陈述，应当予以排除。收集物证、书证不符合法定程序，可能严重影响司法公正的，应当予以补正或者作出合理解释；不能补正或者作出合理解释的，对该证据应当予以排除。在侦查、审查起诉、审判时发现有应当排除的证据的，应当依法予以排除，不得作为起诉意见、起诉决定和判决的依据。"这里采用的就是狭义上的非法证据，是指在刑事诉讼过程中，法律规定享有调查权的主体违反法律规定的权限或程序，以不正当的方法取得证据材料。

（二）非法证据排除的特点

所谓非法证据排除，是指违反法定程序，以非法方法获取的证据不具有证据能力，不能为法庭所采纳。其价值在于违反法律程序所收集的证据"无效"，也就是"程序违法导致实体无效"。非法证据排除是证据采纳规则，是对证据合法性规则的补充，是现代法治国家普遍采纳的一项证据规则。这一定义包含三方面内容：第一，该规则中非法证据的收集主体一般是特定人员，即法律实施官员或者行使公权力取证的人员，主要是刑事诉讼中的侦查人员（我国公安机关的侦查人员、检察机关负责职务犯罪案件的侦查人员、检察机关在审查起诉过程中自行补充侦查时收集证据的检察人员等），特殊情形下还包括接受委托或指定的辩护人。第二，该规则中的非法是指收集证据在方法和程序方面的违法，这里指取证手段的违法。第三，该规则中的非法证据仅产生于刑事证据收集过程中。

---

〔1〕　参见柴发邦主编：《诉讼法大辞典》，四川人民出版社1989年，第505页。
〔2〕　参见陈桂明、相庆梅：《民事非法证据排除问题初探——兼评〈关于民事诉讼证据的若干规定〉第68条》，载《现代法学》2004年第2期，第21～27页。

非法证据排除具有如下特点：（1）证据非法性。非法证据是指取得证据的手段非法，重在强调侦查人员取证的手段非法。广义上讲，证据合法性包括：取证程序的合法性、证据形式的合法性及取证主体的合法性三种情形。值得注意的是，不合法的证据不等同于非法证据，两者之间存在一定的差异。根据世界上多数国家的界定，形式不合法不属于非法证据排除的范畴，排除规则排除的是取证手段、取证程序不合法的证据。（2）非法证据种类的多样性。非法证据不仅仅局限于非法的言词证据。非法证据从广义上讲包括三种证据：一是以非法手段获得的实物证据；二是以非法手段获取的言词证据；三是"毒树之果"，即以非法言词证据、非法实物证据为线索而取得的证据，由此可见，非法证据涵盖了法定的八种证据。实践中较常见的刑讯逼供获得的是言词证据。（3）排除非法证据的不完全性。排除非法证据，保护被告人的合法权利，是非法证据排除的应有之义。但是要注意的是，非法证据并非一概不能在刑事程序中使用，这种排除也是有限度、有范围的。在刑事审判中，准确把握排除的限度和范围以及审查标准，比了解非法证据排除更为重要。[1]

二、我国非法证据排除的立法现状

（一）宪法、刑法、1996年刑事诉讼法及司法解释的规定

我国《宪法》第33条明确规定，国家尊重和保障人权，这为我国非法证据排除的确立提供了宪法基础。《宪法》第13条第1款规定："公民的合法的私有财产不受侵犯。"第37条规定："中华人民共和国公民的人身自由不受侵犯。任何公民，非经人民检察院批准或者决定或者人民法院决定，并由公安机关执行，不受逮捕。禁止非法拘禁和以其他方法非法剥夺或者限制公民的人身自由，禁止非法搜查公民的身体。"第40条规定："中华人民共和国公民的通信自由和通信秘密受法律的保护。除因国家安全或者追查刑事犯罪的需要，由公安机关或者检察机关依照法律规定的程序对通信进行检查外，任何组织或者个人不得以任何理由侵犯公民的通信自由和通信秘密。"由此可见，我国公民的人身自由、住宅、通信自由和通信秘密不受非法侵犯是公民的宪法性权利。

我国在刑事诉讼立法方面最早反映这一规则的是1979年《刑事诉讼法》，该法第32条规定，严禁刑讯逼供和以威胁、引诱、欺骗以及其他非法的方法收集证据。这是宣示性的条款，缺乏相应的法律后果。1994年3月21日最高人民法院颁布的《关于审理刑事案件程序的具体规定》第45条规定："严禁以非法的方法收集证据。凡经查证确实属于采用刑讯逼供或者威胁、引诱、欺骗等非法方法取得的证人证言、被害人陈述、被告人供述，不能作为证据使用。"1996年3月17日修正的《刑事诉讼法》仍沿用1979年《刑事诉讼法》条文，没有丝毫改动。1998年6月29日最高人民法院颁布的《刑事诉讼法司法解释》第61条再次确认凡经查证确实属于采用刑讯逼供或者威胁、引诱、欺骗等非法方法取得的证人证言、被害人陈述、被告人供述，不能作为证据使用的规定。1999年1月18日最高人民

---

〔1〕 参见沈志先主编：《刑事证据规则研究》，法律出版社2011年8月版，第168页。

检察院颁布的《人民检察院刑事诉讼规则》第 265 条第 1 款规定："严禁以非法的方法收集证据。以刑讯逼供或者威胁、引诱、欺骗等非法的方法收集的犯罪嫌疑人供述、被害人陈述、证人证言，不能作为指控犯罪的根据。"1998 年 5 月 14 日公安部颁布的《公安机关办理刑事案件程序规定》第 51 条规定："公安机关必须依照法定程序，收集能够证实犯罪嫌疑人有罪或无罪、犯罪情节轻重的各种证据。严禁刑讯逼供和以威胁、引诱、欺骗或者其他非法的方法收集证据。""两高"的司法解释以及公安部的规章解决了燃眉之急，一定程度上确立了非法证据排除规则，但因规定的内容较为原则，且未规定明确和具体的排除程序，因而这种规则尚难发挥法律规范应有的功能。《刑法》第 247 条规定："司法工作人员对犯罪嫌疑人、被告人实行刑讯逼供或者使用暴力逼取证人证言的，处三年以下有期徒刑或者拘役。致人伤残、死亡的，依照本法第二百三十四条、第二百三十二条的规定定罪从重处罚。"这是相应的法律制裁措施。

（二）最高人民法院、最高人民检察院、公安部、国家安全部、司法部联合颁布的两个"规定"以及最高人民检察院颁布的指导意见

2010 年 6 月 13 日，"两高三部"联合颁布《死刑案件证据规定》和《排除非法证据规定》。从总体内容和框架上来看，这两个规定是全新的，是我国刑事证据制度的创新和突破。《死刑案件证据规定》不仅全面规定了刑事证据的基本原则和主要规范，还进一步具体规定了对各类证据的收集、审查判断和运用。"两高三部"《排除非法证据规定》对审查和排除的程序、证明责任及讯问人员出庭等问题作了具体规范。2010 年 12 月 30 日，最高人民检察院颁布了《关于适用〈关于办理死刑案件审查判断证据若干问题的规定〉和〈关于办理刑事案件排除非法证据若干问题的规定〉的指导意见》，共 32 条。

（三）最新刑事诉讼法修正对非法证据排除的完善

非法证据排除是刑事诉讼中的一项重要证据规则。证据作为诉讼的心脏，是决定被告人命运的关键因素。此次《刑事诉讼法》修正正式在立法上全面确立了非法证据排除。第 54 条规定："采用刑讯逼供等非法方法收集的犯罪嫌疑人、被告人供述和采用暴力、威胁等非法方法收集的证人证言、被害人陈述，应当予以排除。收集物证、书证不符合法定程序，可能严重影响司法公正的，应当予以补正或者作出合理解释；不能补正或者作出合理解释的，对该证据应当予以排除。在侦查、审查起诉、审判时发现有应当排除的证据的，应当依法予以排除，不得作为起诉意见、起诉决定和判决的依据。"第 55 条规定："人民检察院接到报案、控告、举报或者发现侦查人员以非法方法收集证据的，应当进行调查核实。对于确有以非法方法收集证据情形的，应当提出纠正意见；构成犯罪的，依法追究刑事责任。"第 56 条规定："法庭审理过程中，审判人员认为可能存在本法第五十四条规定的以非法方法收集证据情形的，应当对证据收集的合法性进行法庭调查。当事人及其辩护人、诉讼代理人有权申请人民法院对以非法方法收集的证据依法予以排除。申请排除以非法方法收集的证据的，应当提供相关线索或者材料。"第 57 条规定："在对证据收集的合法性进行法庭调查的过程中，人民检察院应当对证据收

集的合法性加以证明。现有证据材料不能证明证据收集的合法性的，人民检察院可以提请人民法院通知有关侦查人员或者其他人员出庭说明情况；人民法院可以通知有关侦查人员或者其他人员出庭说明情况。有关侦查人员或者其他人员可以要求出庭说明情况。经人民法院通知，有关人员应当出庭。"并在第58条规定："对于经过法庭审理，确认或者不能排除存在本法第五十四条规定的以非法方法收集证据情形的，对有关证据应当予以排除。"这些规定确定了对非法证据的绝对排除，并分别对证据合法性调查法的启动主体、时间、方式、初步责任、控方证明和效力作出了规定。这是我国刑事诉讼立法重大突破和进步，对于防止公权力的滥用导致对公民权利的侵害，有效保障人权具有重要的意义。

1. 非法证据排除是遏制非法搜集证据的重要制约因素。从心理学角度分析，侦查机关采用非法手段收集证据往往是为了收集控诉证据以便于控诉方在法庭上举证，指控被告人。刑事诉讼是程序法，其确立的一系列规则无非是为了限制公权力的肆意膨胀，保障犯罪嫌疑人、被告人的权利，在程序上使控辩双方达到平等对抗，非法证据排除也不例外。刑事诉讼活动的一方当事人——控方，代表着国家行使国家职权。但是权力却有着自身无法克服的弱点，"一切拥有权力的人都容易滥用权力，这是万古不易的一条经验。有权力的人们使用权力一直到遇有界限的地方才休止。"[1] 在刑事诉讼中承担证明责任的控方，为了完成自己的"职责"证明犯罪嫌疑人和被告人有罪，自然会倾向于使用包括刑讯逼供在内的各种手段来获取证据。针尖对麦芒，"法律上否定非法证据的证据能力，排除非法收集的证据就将使控诉方的举证受到挫折，从而也就遏制了导致违法侦查产生的心理动因。"[2]

2. 非法证据排除是公民权利的重要保障。国家既要打击犯罪又要保障人权，国家具有公民权利维护者和公民权利的剥夺者的双重身份，两者如何平衡是民主国家必须面对的一大难题，非法证据排除是一个国家人权保障力度强弱的试金石。首先，非法取证行为本身就是一种违法行为甚至是严重的犯罪行为。如果司法人员片面追求所谓的惩罚犯罪，不遵循法律规定，法院又以违法证据为依据定罪处罚被告人，其结果必然是鼓励司法人员利用手中的职权去违反法律、破坏法律。客观上纵然可以达到将被告人定罪处罚的目的，实际上却违反了现代法治的精神，违背了依法治国的基本理念，甚至使人们对法律失去信心。"两利相权取其重，两害相权取其轻。国家遵守自己的法律比采用非法证据将一个人定罪更为重要。"[3] 毕竟，如同美国联邦最高法院大法官科拉克所说，"摧毁一个政府最快的方法是政府本身不遵守自己制定的法律。"其次，侦查机关通过非法手段收集证据特别是采取刑讯逼供等暴力手段收集证据，是对公民个人权利的严重侵犯。同时从某种意义上说，社会上的所有成员都是潜在的犯罪嫌疑人，都有可能在某个时刻成为"犯罪分子"，保护犯罪嫌疑人个人的合法权利事实上就是保护了社会成员的

〔1〕 参见［法］孟德斯鸠著、张雁深译：《论法的精神》，商务印书馆1982年版，第154页。
〔2〕 参见谢佑平：《刑事诉讼国际准则研究》，法律出版社2002年版，第436页。
〔3〕 参见张智辉：《刑事非法证据排除规则研究》，北京大学出版社2006年版，第63页。

整体利益。如果不对侦查人员非法取得的证据加以否定，社会所有成员的权利都可能遭到侵犯，社会将会出现无序状态。人们对司法的公正性将不可避免地产生极大的怀疑，进而影响民众对法律的信仰，毁坏整个法治建设的基石。非法证据排除正是通过保护犯罪嫌疑人和被告人的人权，来实现保护社会所有成员的合法权利。

3. 非法证据排除有利于维护诉讼程序的顺利进行。刑事诉讼中的一切原则、规则、制度和程序无非都是为了给国家机关、工作人员及诉讼参与人提供从事刑事诉讼活动的法律依据，要求国家机关及其工作人员按照法定职权和法定程序依法办事，以保证刑事诉讼活动的合法有序的进行，达到实体正义和程序正义的双重实现。在整个程序的运行过程中，收集、审查证据的活动无疑是前提性的要件之一。"而这其中的搜查、扣押证据的程序和规则影响在证据法中占据着尤为重要的地位。因为正是搜查和扣押证据的程序和规则，决定着刑事诉讼的方向。"[1] 因此，需要严格的证据规则确保刑事诉讼沿着合法、有效的方向发展，这是实现程序正义的基本要求。非法证据的收集者限于国家机关及其工作人员（通常仅指警察）的取证行为，而不包括个人的取证行为。该规则专门针对刑事诉讼中的侦查主体在收集证据过程中严重违反法律和法定程序的行为。对证据的采集提出了要求，否定了不符合法律规定要件的证据的适用效力，从而有利于实现程序正义，维护诉讼程序顺利的进行。[2]

三、非法证据排除的程序审查

（一）审查起诉阶段的非法证据排除程序

我国最新修正的《刑事诉讼法》第 55 条规定："人民检察院接到报案、控告、举报或者发现侦查人员以非法方法收集证据的，应当进行调查核实。对于确有以非法方法收集证据情形的，应当提出纠正意见；构成犯罪的，依法追究刑事责任。"本条确定了审查起诉阶段的非法证据排除程序，人民检察院可以依据职权对非法证据予以排除。在此前"两高三部"《排除非法证据规定》和最高人民检察院颁布的《关于适用〈关于办理死刑案件审查判断证据若干问题的规定〉和〈关于办理刑事案件排除非法证据若干问题的规定〉的指导意见》也有过类此的规定。从立法上要求检察机关在审查起诉时将非法证据排除在指控根据之外，这既是检察机关履行法律监督职责的需要，也是保障被告人合法权益的需要，具有非常重要的积极意义。

1. 审查起诉阶段非法证据排除程序的启动。我国最新修正的《刑事诉讼法》第 55 条规定："人民检察院接到报案、控告、举报或者发现侦查人员以非法方法收集证据的，应当进行调查核实。对于确有以非法方法收集证据情形的，应当提出纠正意见；构成犯罪的，依法追究刑事责任。""两高三部"《排除非法证据规定》第 3 条规定："人民检察院在审查批准逮捕、审查起诉中，对于非法言词证据应当依法予以排除，不能作为批

---

〔1〕　参见李心鉴：《刑事诉讼构造论》，中国政法大学出版社 1992 年版，第 291 页。

〔2〕　参见陈莹莹、谢佑平：《非法证据排除规则的实质与适用误区》，载《甘肃政法学院学报》2010 年第 5 期，第 97 页。

准逮捕、提起公诉的根据。"可见，在审查起诉阶段对非法证据的程序启动采取的是诉权启动和职权启动相结合的方式。一方面，无论犯罪嫌疑人、辩护人是否提出存在非法证据，检察官在审查起诉过程中都应当对每项证据的合法性进行审查，如果发现侦查人员以非法方法收集证据的，应当自行组织调查并作出处理；另一方面，一旦犯罪嫌疑人、辩护人向人民检察院报案、控告、举报侦查机关（部门）存在非法取证行为的，检察官应当组织专门的调查，并将作出是否排除相应证据的处理决定。之所以采用这种方式，是因为审查起诉权是一种类似法院裁判权的裁量权。在这种裁量权的行使过程中，检察机关位于作为追诉者的移送审查起诉机关（部门）和被追诉者之间，处于中立地位。这种裁量权首先是由移送审查起诉的机关（部门）启动的，移送审查起诉的机关（部门）通过移送起诉请求检察机关提起公诉；而对非法证据的排除作为这种裁量权的内容之一，则应当作为被追诉者的一项请求权，由嫌疑人及其辩护人启动。同时，审查起诉时还要兼顾出庭支持公诉工作人员，审查起诉的同时也是在为支持公诉做准备，而在支持公诉环节中，检察机关又成了追诉者，并承担证明证据合法性的责任，因此检察机关就负有积极调查证据合法性的职责，应当预先对证据的合法性展开调查，作出认定。

2. 审查起诉阶段非法证据排除的处理。我国最新修正的《刑事诉讼法》第55条规定："人民检察院接到报案、控告、举报或者发现侦查人员以非法方法收集证据的，应当进行调查核实。对于确有以非法方法收集证据情形的，应当提出纠正意见；构成犯罪的，依法追究刑事责任。""两高三部"《排除非法证据规定》第3条规定："人民检察院在审查批准逮捕、审查起诉中，对于非法言词证据应当依法予以排除，不能作为批准逮捕、提起公诉的根据。"可见，对于确有以非法方法收集证据情形的，意味着这些证据不能作为批准逮捕、提起公诉和定案的根据。检察机关应当根据审查的情况向侦查机关提出纠正非法证据的意见，在必要时可以建议侦查机关更换办案人员，以确保证据的准确充分。对于以非法方式收集证据，构成犯罪的，依法追究有关责任人员刑事责任。"以非法方式收集证据"，表现形式复杂，多种多样，较为突出的有以下几个方面：[1]（1）以暴力手段获取证据。在实践中，出于对素有"证据之王"之称的口供的追求，办案人员不择手段的非法收集犯罪嫌疑人供述的行为时有发生。通过刑讯逼供使拒不交代犯罪事实的犯罪嫌疑人如实供述的虽然不少，但无辜者因酷刑摧残而乱供，含冤受罚的也不乏其例，甚至有的办案人员让犯罪嫌疑人按其意图进行供述，忽视了仅有犯罪嫌疑人口供而没有其他证据不能定案的法律规定。如果被告人在审判环节翻供，由于缺乏其他证据支持，将导致整个案件诉讼的失败。（2）以威胁、欺骗手段收集证据。在办案过程中办案人虽然不使用暴力手段，但却采取威逼、引诱、欺骗等调查手段，这是非法证行为的又一类型。所谓"威胁"，是指询问人员声称如果被询问人不陈述，某些不利的后果就会发生在其本人或者亲友身上，从而获取证据的方法"。"威胁"主要有以下几

---

〔1〕 参见李元元、俞金宇：《非法获取言词证据的程序遏制》，载《人民检察》2006年第12期，第20页。

种：①以实施暴力相威胁；②以追诉亲友相威胁；③以泄露隐私相威胁；④以追究拒绝作证人行政责任相威胁。"欺骗"是指"许诺以虚假的、不可能实现的利益，哄骗对方获取证据"，主要表现为：①虚构事实和证据进行欺骗；②以从轻处理为名进行欺骗；③以同案犯已经交代进行欺骗。当办案人员询（讯）问运用上述方法时，通常有导致被询问（讯问）人作出非自愿性陈述的巨大风险，从而侵犯了涉案公民免受强迫自证其罪等基本权利。有的办案人员认为，只要结果正确，过程可以出点格，这种观念在取证手段还不完善的今天还普遍存在。用上述手段获取的供述或证言往往在庭审阶段容易翻供，在细节上互相矛盾，形成定又定不住，否又否不了的局面，最终无法作为定罪证据使用，导致案件质量低下。（3）取证的程序违法。受实体法优于程序法的传统观念影响，办案人员往往只注重查清案件事实，忽视程序要求，违反法定程序获取言词证据。在实践中较为常见的有以下几种表现：①违反《人民检察院刑事诉讼规则》第136条关于"询问的时候，检察人员不得少于二人"的规定，询问人、记录人往往均由一人担任，再找个人签名凑数，有的甚至由书记员一人取证，一人记录。②违法传唤。一些办案人员未向犯罪嫌疑人、证人出示拘传、传唤通知书和有关证件，或未经检察长批准带空白文书现场填写。办案人员图方便，在未办理任何手续的情况下在招待所等场所进行讯问或取证。传唤超过12个小时，甚至以连续传唤方式变相限制人身自由。③未执行法律规定。办案人员对被采取拘留或逮捕措施的犯罪嫌疑人没有按法律规定立即送看守所羁押；或是以讯问为名，在宾馆等临时地点或办案点讯问犯罪嫌疑人，通过长时间的羁押、审讯施加心理压力，迫使犯罪嫌疑人供述。（4）收集证据的理念错误。取证的目的是为了最大限度地恢复事实的本来面目。受有罪推定观念的影响，办案人主观上认定犯罪嫌疑人有罪就会导致重视对有罪证据的追求，而忽视了对无罪证据的获取。我国最新修正的《刑事诉讼法》第50条规定："审判人员、检察人员、侦查人员必须依照法定程序，收集能够证实犯罪嫌疑人、被告人有罪或者无罪、犯罪情节轻重的各种证据。严禁刑讯逼供和以威胁、引诱、欺骗以及其他非法方法收集证据，不得强迫任何人证实自己有罪。必须保证一切与案件有关或者了解案情的公民，有客观地充分地提供证据的条件，除特殊情况外，可以吸收他们协助调查。"从实体法的角度看，只要有助于发现和查明案件真相的事实和材料都必须得到承认和运用，这体现了保护人权，维护司法公正的具体要求，也是刑事诉讼法所确定的收集证据的基本原则。但在实践中，这些要求和原则并未得到很好的遵循。一些办案人员往往只注重收集不利于犯罪嫌疑人的证据，不愿意收集对其有利的证据，甚至有的办案人员故意将有利于犯罪嫌疑人的证据材料予以撤除，使案卷中只存在有罪证据，不能还案件本来面目，这也会导致错案的发生。

根据我国最新修正的《刑事诉讼法》第55条的规定，对于以非法方法收集证据，构成犯罪的，依法追究刑事责任。在司法实践中，重点要对"刑讯逼供罪"准确地认定和把握。所谓刑讯逼供罪，是指司法工作人员对犯罪嫌疑人、被告人使用肉刑或变相肉刑，逼取口供的行为。本罪具有以下特征：（1）客体特征。刑讯逼供罪侵犯的是公民的人身权利和司法机关的正常活动。在我国几千年的封建社会里，刑讯逼供曾是合法、公开地审讯犯人、收集证据的手段。这种做法从思想意识角度来说是主观主义的表现，为现代民主、法治的国家所不采和禁止。《刑事诉讼法》第50条规定："审判人员、检察人员、侦查人员必须依照法定程序，收集能够证实犯罪嫌疑人、被告人有罪或者无罪、犯罪情节轻重的各种证据。严禁刑讯逼供和以威胁、引诱、欺骗以及其他非法方法收集证据，不得强迫任何人证实自己有罪。"司法工作人员对他人使用刑讯的手段收集口供证据，不仅侵犯嫌疑人、被告人的人身权利，而且在这种情况下嫌疑人、被告人的口供的虚假的可能性非常之大，极易造成冤、假、错案，直接影响到司法的公正。现实中，一些无辜受冤者屈打成招，受尽折磨，其肉体和精神上备受摧残，有时令人发指。因此对于刑讯逼供的行为应当予以严惩。（2）客观特征。刑讯逼供罪在客观方面表现为使用肉刑或者变相肉刑的方法逼取嫌疑人、被告人的口供的行为。所谓肉刑，主要是指捆绑、吊打、针扎、火烫等使嫌疑人、被告人身体器官或肌体遭受痛苦的摧残手段。所谓变相肉刑，是指长时间罚冻、罚晒、罚站、罚饿、不准睡眠、"车轮战"审讯等不直接伤害身体但造成痛苦的行为，都是刑讯逼供。凡是使用能够给嫌疑人、被告人肉体造成痛苦的方法逼取口供的行为，都是刑讯逼供。有些司法工作人员在审讯中采取诱供、指名问供等错误方法，但没有使用肉刑或者变相肉刑的，不构成本罪。刑讯逼供罪的对象仅限于嫌疑人、被告人。对证人或其他诉讼参与人刑讯的，不构成本罪。（3）主体特征。刑讯逼供罪的主体为特殊主体，即司法工作人员，根据《刑法》第94条的规定，是指有侦查、检察、审判、监管职责的工作人员。如果是机关、事业单位内部保卫人员，农村各级治保干部怀疑他人犯罪而对其进行刑讯逼供，不构成本罪。这类人员只能与司法工作人员构成本罪的共犯。（4）主观特征。刑讯逼供罪的主观方面表现为直接故意，行为人具有逼取口供的目的，如果行为人出于非逼取口供的目的，对嫌疑人、被告人使用肉刑或变相肉刑的，则不构成本罪。至于行为人的动机如何（如邀功请赏、发泄权欲、迅速结案、挟私报复等），行为人最终是否得到了供述，嫌疑人、被告人的供述是否符合客观事实（即使刑讯行为逼取了反映案件真实情况的口供），均不影响本罪的成立。

在准确把握和认定刑讯逼供罪时，需要注意以下问题：[1]（1）准确把握刑讯逼供罪与一般刑讯逼供行为的界限。刑法第247条虽然未规定情节严重的刑讯逼供行为才构成犯罪，但是在司法实践中，并不是只要有刑讯逼供的行为就一律构成刑讯逼供罪。对于有的行为人实施情节显著轻微的刑讯逼供行为的，不宜以犯罪论处，必要时可以给予党纪政纪处分。（2）准确把握刑讯逼供罪与非法拘禁罪的界限。刑讯逼供罪与非法拘禁罪的区别有：①犯罪的对象不同。前者的对象为嫌疑人、被告人，后者的对象不受特别限制。②客观行为表现不同。前者表现为使用肉刑或者变相肉刑逼取他人口供的行为，后者则表现为非法剥夺他人人身自由的行为。③犯罪目的不同。前者以逼取口供为目的，后者则不要求以逼取口供为目的。④犯罪主体不同。前者的主体为司法工作人员，

---

〔1〕 参见赵秉志主编：《中国刑法案例与学理研究（第四卷）——侵犯公民人身权利民主权利罪侵犯财产罪》，法律出版社2004年9月版，第212~214页。

后者为一般主体。司法实践中应当注意，司法工作人员为刑讯逼供而非法剥夺嫌疑人、被告人人身自由的，应以刑讯逼供罪一罪对行为人定罪从重处罚，而不能对之实行数罪并罚。对于非司法工作人员将他人人身自由剥夺并采用肉刑或变相肉刑逼取"口供"的，应视具体情况而认定行为人的犯罪性质。如果行为人在非法拘禁中未使用暴力致人伤残、死亡，以非法拘禁罪对其定罪处罚；如果使用暴力致人伤残、死亡的，应以故意伤害罪、故意杀人罪对行为人定罪处罚。（3）司法实践中发生的种种因刑讯逼供致人伤残、死亡的情形，分别按以下几种情况加以处理：①刑讯逼供过程中，行为人对犯罪嫌疑人、被告人被刑讯致残、死亡结果具有放任乃至希望心理的，应定故意伤害罪或故意杀人罪，并从重处罚。②刑讯逼供过程中，行为人对犯罪嫌疑人、被告人身体受到伤害具有希望或放任心理，但出乎意料因伤重而导致当场死亡或经抢救无效死亡的，应定故意伤害（致人死亡）罪，而不应定故意杀人罪。③刑讯逼供过程中，被害人自杀身亡的，行为人对此一般都是过失或者意外，不能认定为故意杀人罪，一般仍认定为刑讯逼供罪。④刑讯逼供过程中，行为人对犯罪嫌疑人、被告人的伤残、死亡具有过失心理的，属于刑讯逼供罪结果加重的情形，但由于刑法没有规定刑讯逼供罪的结果加重犯，对此可以按照想象竞合犯的处理原则进行处断。⑤行为人对刑讯逼供致人死亡具有故意心理的案件中，并非一律对行为人只定故意杀人罪一罪，也存在对行为人以刑讯逼供罪和故意杀人罪实行数罪并罚的可能。这种情况不具有刑讯逼供向故意杀人罪转化的必备特征，完全是两个犯意，实施了两个独立的行为。另外，认定行为人对伤残、死亡结果是出于故意还是过失，不能仅凭行为人的说明，还应考虑案件的各种客观因素，并进行综合衡量。

（二）法庭审理阶段的非法证据排除程序

1. 法庭审理阶段非法证据排除程序的启动

我国最新修正的《刑事诉讼法》第54条规定："采用刑讯逼供等非法方法收集的犯罪嫌疑人、被告人供述和采用暴力、威胁等非法方法收集的证人证言、被害人陈述，应当予以排除。收集物证、书证不符合法定程序，可能严重影响司法公正的，应当予以补正或者作出合理解释；不能补正或者作出合理解释的，对该证据应当予以排除。在侦查、审查起诉、审判时发现有应当排除的证据的，应当依法予以排除，不得作为起诉意见、起诉决定和判决的依据。"第56条规定："法庭审理过程中，审判人员认为可能存在本法第五十四条规定的以非法方法收集证据情形的，应当对证据收集的合法性进行法庭调查。当事人及其辩护人、诉讼代理人有权申请人民法院对以非法方法收集的证据依法予以排除。申请排除以非法方法收集的证据的，应当提供相关线索或者材料。""两高三部"《排除非法证据规定》第4条规定："起诉书副本送达后开庭审判前，被告人提出其审判前供述是非法取得的，应当向人民法院提交书面意见。被告人书写确有困难的，可以口头告诉，由人民法院工作人员或者其辩护人作出笔录，并由被告人签名或者捺指印。人民法院应当将被告人的书面意见或者告诉笔录复印件在开庭前交人民检察院。"第5条规定："被告人及其辩护人在开庭审理前或者庭审中，提出被告人审判前供述是非法取得的，法庭在公诉人宣读起诉书之后，应当先行当庭调查。法庭辩论结束前，被告人及其辩护人提出被告人审判前供述是非法取得的，法庭也应当进行调查。"第 6 条规定："被告人及其辩护人提出被告人审判前供述是非法取得的，法庭应当要求其提供涉嫌非法取证的人员、时间、地点、方式、内容等相关线索或者证据。"这些规定分别对法庭审理阶段对启动证据合法性调查的主体、时间、方式、初步责任和效力作出了规定。

（1）在法庭审理阶段对非法证据排除的程序启动也采取的是诉权启动和职权启动相结合的方式。一方面，无论被告人及其辩护人是否提出存在非法证据，审判人员在法庭审理过程中认为可能存在刑讯逼供，采用暴力、威胁等非法方法收集证人证言、被害人陈述或者有违反法律规定收集物证、书证情形的，都应当依据职权启动对证据合法性的审查；另一方面，当事人及其辩护人、诉讼代理人有权申请人民法院对以非法方法收集的证据依法予以排除，可以要求人民法院启动调查程序，并将作出是否排除相应证据的处理决定。对非法证据的排除可以由被告人在开庭审判前提出，也可以由被告人或辩护人在庭审中、法庭辩论结束前提出。如果是在开庭审判前提出被告人一般应提交书面意见，书写确有困难的，也可以口头告诉，由人民法院工作人员或其辩护人作出笔录，并由被告人签名或者捺指印，人民法院应当将被告人的书面意见或者告诉笔录复印件在开庭前交人民检察院。如果是在庭审中法庭辩论结束前提出，则一般由被告人或辩护人当庭口头提出。

（2）被告人及其辩护人应当承担启动证据合法性调查程序的初步责任，也即应当提供涉嫌非法取证的人员、时间、地点、方式、内容等相关线索或者证据。申请排除以非法方法收集的证据的，应当提供相关线索或者证据。这里的初步责任应包括两个层面：其一是形式意义上的初步责任，即提供相关线索或者证据的责任。其二是实质意义上的初步责任，即法庭对证据的合法性产生疑问的责任。完成了形式意义上初步责任，将导致法庭对证据的合法性予以初步审查。形式意义上或称行为意义上的初步责任只要求被告人及其辩护人具有提供相关线索或证据的行为，该线索或证据的内容应为涉嫌非法取证的人员、时间、地点、方式、内容等，除此之外并无证明标准方面的要求，也就是说，只要被告人及其辩护人就被告人审判前供述的合法性予以初步审查。完成了实质意义上的初步责任，将导致法庭要求控方提供证据证明其取证手段合法。实质意义上的初步责任或称结果意义上的初步责任，要求被告人或辩护人所提供的线索或证据应当达到使法庭对被告人审判前供述取证手段的合法性产生了疑问，才需要进一步要求控方对证据的合法性问题予以证明。

（3）只要被告人或其辩护人是在公诉人宣读起诉书之前提出被告人审判前的供述是非法取得的，并提供了相关的线索或者证据，法庭即应在公诉人宣读起诉书之后先行对该供述取得手段的合法性予以初步审查，而不得先开始针对起诉书指控事实的证据调查。如果被告人或辩护人是在公诉人宣读起诉书之后，法庭辩论结束之前，才提出被告人审判前供述是非法取得的，并提供了相关线索或者证据，也应当尽可能先对被告人审判前供述的合法性进行初步审查。

在具体司法实践中，需要注意以下问题：[1]（1）实践中，对于被告人没有委托辩护人或被指定辩护人，人民法院工作人员应当告知其如果遭受非法手段而被迫提供供述，可以提供相关线索或者证据，请求启动证据合法性调查程序，以防止被告人因对自己的诉讼权利不了解，或因顾虑、恐惧等原因不敢提出其审判前供述为非法取得。（2）被告人在开庭审判前口头提出其审判前供述系非法取得的，既可以由人民法院工作人员，也可以由其辩护人制作笔录，但都需要有被告人的签名或者捺指印，都应当由人民法院将笔录复印件在开庭前交人民检察院。（3）被告人及其辩护人在开庭审判前、庭审中、法庭辩论结束前都可以提出被告人审判前供述系非法取得，不得以被告人及其辩护人未在开庭审判前提出对证据合法性的质疑而拒绝对证据的合法性予以调查，从而直接允许宣读该证据或以该证据作为裁判的依据。但是，被告人应尽可能在开庭审判前即提出该问题，以防止在庭审中才突然提出而导致控方要求延期审理从而延误诉讼。同时，也可以使法庭尽早对该供述的合法性和真实性产生疑问并避免该供述在法庭上被宣读，从而减轻该供述对法庭判断的影响。（4）应注意将启动证据合法性调查程序的初步责任与证明责任区别开来，这里的初步责任仅要求辩方提供涉嫌非法取证的人员、时间、地点、方式、内容等相关线索或者证据，并不要求辩方以确实、充分的证据来证明确实存在非法取证的事实。同时，由于被告人有可能被多人刑讯而并不一定知道所有人的姓名，甚至有可能被带到其所不知道的地点进行刑讯，因此也不应要求辩方必须明确提供非法取证人员的姓名、被刑讯的具体地点等细节。（5）法庭应尽可能早地对供述取得手段的合法性予以审查，以尽可能早地排除非法取得的供述，也即尽可能早地排除该供述对法庭判断的影响。具体说来，只要被告人及其辩护人是在公诉人宣读起诉书之前提出审判前供述是非法取得的，并提供了相关的线索或者证据，法庭即应在公诉人宣读起诉书之后先行对该供述取得手段的合法性予以初步审查，而不得先开始针对起诉书指控事实的证据调查。如果被告人或辩护人是在公诉人宣读起诉书之后，法庭辩论结束之前，才提出被告人审判前供述是非法取得的，只要其提供了相关的线索或者证据，一般也应当暂停对案件的法庭调查或法庭辩论，而对证据的合法性问题先予审查。

2. 法庭审理阶段非法证据排除的调查方式

我国最新修正的《刑事诉讼法》第57条规定："在对证据收集的合法性进行法庭调查的过程中，人民检察院应当对证据收集的合法性加以证明。现有证据材料不能证明证据收集的合法性的，人民检察院可以提请人民法院通知有关侦查人员或者其他人员出庭说明情况；人民法院可以通知有关侦查人员或者其他人员出庭说明情况。有关侦查人员或者其他人员也可以要求出庭说明情况。经人民法院通知，有关人员应当出庭。""两高三部"《排除非法证据规定》第7条规定："经审查，法庭对被告人审判前供述取得的合法性有疑问的，公诉人应当向法庭提供讯问笔录、原始的讯问过程录音录像或者其他证据，

---

〔1〕 参见杨迎泽、张红梅主编：《刑事证据适用指南》，中国检察出版社2011年9月版，第256～257页。

提请法庭通知讯问时其他在场人员或者其他证人出庭作证，仍不能排除刑讯逼供嫌疑的，提请法庭通知讯问人员出庭作证，对该供述取得的合法性予以证明。公诉人当庭不能举证的，可以根据刑事诉讼法第一百六十五条的规定，建议法庭延期审理。经依法通知，讯问人员或者其他人员应当出庭作证。公诉人提交加盖公章的说明材料，未经有关讯问人员签名或者盖章的，不能作为证明取证合法性的证据。控辩双方可以就被告人审判前供述取得的合法性问题进行质证、辩论。"这些条文对法庭审理阶段非法证据排除人民检察院的证明责任，证据合法性调查的方式、程序以及侦查人员出庭作证等问题作出了规定。

（1）当事人及其辩护人、诉讼代理人有权向人民法院提出，侦查公诉机关收集获取的证据是非法证据的，并提供了涉嫌非法取证的人员、时间、地点、方式、内容等相关线索或者证据的，法庭应当对该供述取证手段的合法性予以初步审查。经审查，如果法庭对该供述取证手段的合法性并未产生疑问，也即法庭仍然认为侦查公诉机关提供证据是通过合法手段取得的，那么法庭就应当继续进行针对起诉书指控的犯罪事实的法庭调查或法庭辩论，而无须公诉人就该供述取证手段的合法性再予以专门的证明。相反，如果法庭对公诉机关提供证据的合法性产生疑问，则应当要求公诉人就该供述取证方式的合法性提供证据加以证明。

（2）如果经过初步审查，法庭对被告人审判前供述取得方式的合法性产生疑问，公诉人应当向法庭提供讯问笔录、原始的讯问过程录音录像或者其他证据，提请法庭通知讯问时其他在场人员或者其他证人出庭作证，如果提供了以上证据并经以上证人出庭作证，仍不能消除法庭对取证手段合法性的疑问，则公诉人应当提请法庭通知讯问人员出庭作证。经依法通知，侦查人员或者其他人员应当出庭。也就是说，并非只要启动证据合法性调查程序，讯问人员就一律都须出庭作证，还包括只有在控方提供了其他证据，包括经其他证人出庭作证之后，仍不能消除法庭对取证手段合法性的疑问时，法庭可以依法通知侦查人员出庭，这时侦查人员必须出庭作证。有关侦查人员或者其他人员可以要求出庭说明情况。

（3）我国最新修正的《刑事诉讼法》第198条规定："在法庭审判过程中，遇有下列情形之一，影响审判进行的，可以延期审理：（一）需要通知新的证人到庭，调取新的物证，重新鉴定或者勘验的；（二）检察人员发现提起公诉的案件需要补充侦查，提出建议的；（三）由于申请回避而不能进行审判的。"公诉人对证据收集合法性问题当庭不能举证的，可以根据此条规定，建议延期审理。

（4）控辩双方可以就证据合法性问题进行质证和辩论。这是辩方的基本权利，也是法庭判明究竟是否存在非法取证行为的基本方法。

在具体司法实践中，需要注意以下问题：[1]（1）只有在辩方提供了相关的线索或者证据，且经法庭初步审查对被告人审判前供述取证手段的合法性产生了疑问时，控方

---

〔1〕参见杨迎泽、张红梅主编：《刑事证据适用指南》，中国检察出版社2011年9月版，第260～261页。

才需要提供证据就该取证方式的合法性予以证明。如果辩方没能提供相关线索或证据或法庭经初步审查仍然对取证手段的合法性深信无疑，那么公诉人就无须再对取证手段的合法性予以专门的证明了。（2）公诉人提供给法庭的录音录像必须是对原始的讯问过程的录音录像，而不能是嗣后让犯罪嫌疑人重新陈述所作的录音录像。（3）"两高三部"《排除非法证据规定》第7条第3款规定了"公诉人提交加盖公章的说明材料，未经有关讯问人员签名或者盖章的，不能作为证明取证合法性的证据"。根据此规定，如果有讯问人员签名或者盖章的说明材料，应当可以作为证明取证手段合法的证据，这类似于未到庭证人的书面证言。但是，这仅仅意味着该说明材料如果有讯问人员的签名或者盖章，就取得了证明取证方式合法的证据资格，而绝不意味着提供了这样一份书面证言就可以证明取证方式是合法的，即讯问人员的签名或者盖章仅关系到该证据的证据资格或者证据能力问题，而与该证据的证明力无关，取证方式是否合法要由法庭根据各方面的证据予以综合判断。

3. 法庭审理阶段非法证据排除的调查核实

我国最新修正的《刑事诉讼法》第191条规定："法庭审理过程中，合议庭对证据有疑问的，可以宣布休庭，对证据进行调查核实。人民法院调查核实证据，可以进行勘验、检查、查封、扣押、鉴定和查询、冻结。""两高三部"《排除非法证据规定》第8条规定："法庭对于控辩双方提供的证据有疑问的，可以宣布休庭，对证据进行调查核实。必要时，可以通知检察人员、辩护人到场。"这两个条文规定了法庭对存疑证据的调查核实。法庭对于控辩双方提供的证据有疑问的，也就是说，经过了控辩双方的举证、质证和辩论，法庭仍然无法确定某证据真伪的，可以宣布休庭，对该证据进行调查核实。法庭的调查应当仅限于核实控辩双方已经提供的证据，在必要时可以通知检察人员和辩护人到场。法庭不应积极主动地调查新的证据，但一旦在调查核实控辩双方已提供的证据的过程中发现了新的证据，一般应当通知检察人员和辩护人到场，在控辩双方均在场的情况下收集新的证据。人民法院调查核实证据，可以进行勘验、检查、扣押、鉴定和查询、冻结。之所以作出这样的规定，一方面，现代刑事诉讼认为法官在刑事诉讼中不应与侦查人员一样扮演积极主动的犯罪调查者角色，而是应当扮演相对消极的、中立的裁判者角色；但另一方面，庭审中又确实可能存在法庭对控辩双方提供的证据存在疑问，不予以核实可能会造成错误认定的情况，因此，本条既规定了法庭必要的庭外调查权，又对该权力的行使范围和方式予以了必要的限制，即规定法庭的庭外调查应当仅限于对控辩双方已经提供的证据予以核实，其所采用的手段也应当仅限于用以核实控辩双方已经提供的证据所需要的手段，尤其是规定了在必要的时候，可以通知检察人员和辩护人到场。总之，是要尽一切可能来保障法庭在庭外调查中的中立立场，防止其演变为一个积极主动的犯罪调查者和犯罪证据的收集者。

在具体司法实践中，需要注意以下问题：[1]（1）法庭的庭外调查权不应被滥用，

---

〔1〕 参见杨迎泽、张红梅主编：《刑事证据适用指南》，中国检察出版社2011年9月版，第263～264页。

法庭不应在对控辩双方提供的证据有任何疑问的情况下都休庭调查，而应当只在必要的时候才休庭调查。一般来说，当法庭对控辩双方提供的证据存在较大的疑问，而该疑问又可能造成对主要事实的错误认定时，法庭可以休庭调查。（2）法庭的庭外调查权从范围上来说应当仅限于对控辩双方已经提供的证据予以核实，而不应当积极主动地调查新的证据；从手段上来讲也应当仅限于用以核实控辩双方已经提供的证据所需要的手段，包括勘验、检查、扣押、鉴定和查询、冻结，而不应当采取一些积极调查的手段，如搜查。（3）法庭认为有必要时，可以在庭外调查中通知检察人员和辩护人到场。如果在调查核实的过程中发现了新的证据，应当属于本规定中所说的"必要时"。即使是在"必要时"，根据本条的规定，也只是"可以"而非"应当"或"必须"通知检察人员和辩护人到场，也即是否通知检察人员和辩护人到场完全由法庭视情况而定。但是，我们认为，为了保障法官的中立和证据的客观性，应尽可能在控辩双方在场的情况下来收集新的证据。

4. 法庭审理阶段非法证据排除的延期审理

我国最新修正的《刑事诉讼法》第198条规定："在法庭审判过程中，遇有下列情形之一，影响审判进行的，可以延期审理：（一）需要通知新的证人到庭，调取新的物证，重新鉴定或者勘验的；（二）检察人员发现提起公诉的案件需要补充侦查，提出建议的；（三）由于申请回避而不能进行审判的。""两高三部"《排除非法证据规定》第9条规定："庭审中，公诉人为提供新的证据需要补充侦查，建议延期审理的，法庭应当同意。被告人及其辩护人申请通知讯问人员、讯问时其他在场人员或者其他证人到庭，法庭认为有必要的，可以宣布延期审理。"这两个条文对法庭审判的延期审理作出了规定。

（1）对于因辩方突然提出公诉机关提供证据非法取得，而公诉人当庭不能举证的，以及公诉人为提供新的证据需要补充侦查，建议延期审理的，法庭均应当同意。这里的补充侦查应当针对审判前供述取证手段的合法性问题展开，而不是针对起诉指控的犯罪事实。对于取证手段的补充侦查或延期审理的期限、可以提出的次数、对审限的影响以及延期审理期满后没有提请恢复法庭审理的处理等，应当参照适用《刑事诉讼法》、《刑事诉讼法司法解释》、《人民检察院刑事诉讼规则》的相关规定，即补充侦查或延期审理的期限不得超过一个月，该时间不计入审限，延期审理期限届满，人民检察院没有提请人民法院恢复法庭审理的，人民法院应当决定按人民检察院撤诉处理。但是关于补充侦查或延期审理的次数，应理解为，无论是针对取证手段合法性问题而以人民检察院当庭不能举证或需要补充侦查为由延期审理，还是针对起诉书指控的犯罪事实而以需要补充侦查为由延期审理，其次数应总共不得超过两次。

（2）被告人及其辩护人申请通知讯问人员、讯问时其他在场人员或者其他证人到庭，法庭认为没有必要的，可以驳回被告人及其辩护人的申请，法庭认为有必要的，才需要延期审理。关于何种情形才属于"有必要"的情形以及延期审理的期限问题，应当参照适用最高人民法院《刑事诉讼法司法解释》第156条的规定，即审判人员根据具体情况，认为可能影响对被告人审判前供述取证手段合法性的认定的，应当同意该申请，并宣布延期审理；认为不影响认定的，可不同意延期审理，但应当告知理由并继续审理。如果同意延期审理，该延期审理的时间不得超过一个月，延期审理的时间不计算审限。

5. 法庭审理阶段非法证据排除的处理

我国最新修正的《刑事诉讼法》第58条规定："对于经过法庭审理，确认或者不能排除存在本法第五十四条规定的以非法方法收集证据情形的，对有关证据应当予以排除。"对于排除的非法证据，不能将其作为批准逮捕、提起公诉和定案的根据，不仅意味着有关法律文书在说明理由和列举相关证据时，不能以该证据为根据，更意味着检察官和法庭在作出相关判断时不应受到该证据的影响。在英美国家，证据一旦被排除，陪审团根本就不会接触到该证据，因此该证据也就不会对陪审团的判断产生任何影响。而我国的情况则和大陆法系国家相似，法庭或检察官要在接触到某一证据之后才能就其应否被排除作出判断，因此该证据的内容很有可能会对法庭或检察官产生影响，比如会使法庭或检察官更容易采信与该证据内容一致的其他证据，这样，虽然法庭或检察官在最后的决定或裁判中并没有直接以该非法证据为依据，但实际上该证据却对法庭或检察官的判断产生了至关重要的影响，而这种影响也应当被予以避免，也就是说，一旦某证据被排除，法庭或检察官就应当"忘记"该证据，使该证据不对他的判断产生任何影响。

需要注意的是，排除非法证据，仅意味着该证据的内容不能被作为批准逮捕、提起公诉或定案的根据，如果是要证明存在刑讯逼供、暴力、威胁等非法取证手段本身，则该非法证据可以作为依据。同时，排除非法证据，仅意味着该被排除的非法证据不能被作为批准逮捕、提起公诉或定案的根据，并不意味着就不能批准逮捕、提起公诉或定案。如果排除了非法证据，案件中的其他证据对犯罪事实的证明仍然可以达到刑事诉讼关于批准逮捕、提起公诉或者定案的证明标准，那么当然可以依据其他证据作出相关的决定与裁判。

【典型案例分析】

1. 刑讯逼供取得犯罪嫌疑人供述，人民法院能否予以采信？

【基本案情】

2004年8月，某人民检察院以张某犯有故意伤害罪对其提起公诉。在庭审中，张某推翻了先前的有罪供诉，提出公安机关对其刑讯逼供。张某向法庭提交了多张照片，显示其背部、腿部有多处电棍、皮带击打的伤痕。同时，该案的关键证人向法庭证明"公安机关威胁其提供对张某不利的证言"。经法庭调查，查明公安机关的办案人员在经办张某一案的过程中确有刑讯逼供和威胁证人的行为。

【法理分析】

所谓"非法证据"，是指不符合法定来源和形式的或者违反诉讼程序取得的证据资料。刑事非法证据是指司法人员违反法律规定的程序或者超越自身权限范围获得的刑事诉讼方面的证据材料，包括内容不合法、形式不合法、收集主体不合法、收集程序或方法不合法等四种类型；从程序和实体上讲，它包括程序违法但实体真实的证据和程序违法且实体虚假的证据（后者在证据能力上的否定是显而易见的，本文所指的"非法证据"仅指程序违法但实体真实的证据）。与之相对应的，我国刑事证据的合法性必须符合以下四个条件：1. 证据必须具有合法形式。2. 证据必须是由法定人员依照法定程序收集和运用。3. 证据必须有合法的来源。4. 证据须经法定程序查证属实。因此，凡不符合《刑事诉讼法》的上述合法性要求的证据即为刑事非法证据。

我国《宪法》第37条第1款、第3款规定："中华人民共和国公民的人身自由不受侵犯。""禁止非法拘禁和以其他方法非法剥夺或者限制公民的人身自由，禁止非法搜查公民的身体。"第39条规定："中华人民共和国公民的住宅不受侵犯。禁止非法搜查或者非法侵入公民的住宅。"第40条规定："中华人民共和国公民的通信自由和通信秘密受法律的保护。除因国家安全或者追查刑事犯罪的需要，由公安机关或者检察机关依照法律规定的程序对通信进行检查外，任何组织或者个人不得以任何理由侵犯公民的通信自由和通信秘密。"我国《刑事诉讼法》第12条规定了"未经人民法院依法判决，对任何人都不得确定有罪"的无罪推定原则，而无罪推定就是对刑讯逼供等非法取供的否定。"第50条规定："审判人员、检察人员、侦查人员必须依照法定程序，收集能够证实犯罪嫌疑人、被告人有罪或者无罪、犯罪情节轻重的各种证据。严禁刑讯逼供和以威胁、引诱、欺骗以及其他非法方法收集证据，不得强迫任何人证实自己有罪。必须保证一切与案件有关或者了解案情的公民，有客观地充分地提供证据的条件，除特殊情况外，可以吸收他们协助调查。"《人民检察院刑事诉讼规则》第265条规定："严禁以非法的方法收集证据。以刑讯逼供或者威胁、引诱、欺骗等非法方法收集的犯罪嫌疑人供述、被害人陈述、证人证言，不能作为指控犯罪的根据。人民检察院审查起诉部门在审查中发现侦查人员以非法方法收集犯罪嫌疑人供述、被害人陈述、证人证言的，应当提出纠正意见，同时应当要求侦查机关另行指派侦查人员重新调查取证，必要时人民检察院也可以自行调查取证。"这些是我国刑事非法证据排除的法律依据。

在刑事诉讼中，确立非法证据排除具有重要的意义：（1）确立我国刑事非法证据排除是建立社会主义法治国家的需要。社会主义法治的一个核心方面就是以法律制约公共权力，防止公共权力的滥用，充分保障公民的人身权、财产权以及其他权利不受国家权力的非法干涉和侵犯。对司法权的限制即是体现。非法证据排除的制度价值正体现了社会主义法治的目的和要求，而制止侦查机关非法取证行为，最为有效的方法就是宣告非法取得的证据不具备可采用性。同时，在实现法治的过程中，程序的公正性、合法性比实体的公正更具有重要和普遍的意义。非法证据排除正是保证程序公正的一个有效的措施。（2）确立非法证据排除是保护公民权的需要。我国正处在社会主义市场经济的健全和发展时期，不断加强对公民权利的保护是市场经济条件下的必然要求。就全球来说，加强对公民权的保护已是国际潮流。我国宪法虽然明确规定公民的人身权、财产权、民主权利和其他权利不受侵犯，但长期以来，在我国刑事诉讼活动中，由于"重实体、轻程序"，"重打击、轻保护"的倾向较为严重，犯罪嫌疑人、被告人的合法权益没有得到切实、有效的保护，造成了一些冤假错案。设立非法证据排除规则，可以使一些司法人员刑讯逼供、非法拘禁的行为徒劳无益，从而在根本上遏制和消除刑讯逼供和非法拘禁现象。因此，确立非法证据排除是切实保护公民权的需要。（3）设立非法证据排除规则有利于提高司法人员的素质，推动侦查工作的正常进行。设立和适用非法证据排除法则，可以使公安司法人员减少对口供的依赖程度，促使他们在收集证据时更多地注意程序的合法性，不断提高业务素质，尤其是提高收集、分析、运用证据的能力。同时可以使司法机关注意加强对司法人员的培训和教育，使他们掌握先进的侦破技术，成为优良的执法人员。

非法证据排除包括以下几个方面的内容：（一）非法言词证据排除规则。我国刑事诉讼法没有规定犯罪嫌疑人、被告人享有沉默权，同时，犯罪嫌疑人的律师协助权也是受到一定限制的。但是，在法定证据中，言词证据具有不可靠性，在采用时，应严格审查，慎重确认。下列非法收集的言词证据应排除其证据效力：（1）刑讯逼供或强光长时间照射、冷水刺激等变相刑讯逼供、非法拘禁，或者威胁、引诱、欺骗等非法方法取得的犯罪嫌疑人、被告人的供述，被害人陈述，证人证言；（2）讯问犯罪嫌疑人、证人，侦查人员少于二人时取得的口供、证言；（3）传唤、拘传持续的时间超过12小时取得的口供；（4）询问多位证人时，没有个别进行询问取得的证言；（5）其他违反法定程序取得的言词证据。（二）非法实物证据的排除规则。实物证据包括物证、书证、勘验、检查笔录及属于实物证据的视听资料，一般通过搜查、扣押或录像等方式收集。只要搜查、扣押行为构成违法时，由此所获证据应予以排除。因为作为社会主义法治的执行者，当其执法行为已够得上违法时，如果不处理，所收集的证据还要使用，那将是执法犯法，危害性极大，这也是老百姓最痛恨的。（三）关于非法证据的衍生证据的效力问题。非法证据的衍生证据是指以非法证据为线索而发现并收集的其他证据。《刑事诉讼法司法解释》第61条明确规定了对用刑讯逼供、引诱、欺骗等非法的方法取得的证人证言、被害人陈述、被告人供述不能作为定案根据，应当排除。对于由非法取得的言词证据、实物证据所衍生的其他证据也应予以排除，以示对刑讯逼供、非法拘禁、违法搜查、扣押等非法取证行为的彻底否定。

在理解刑事非法证据排除时，需要特别注意以下几个方面的问题：（一）取得非法证据的主体主要是公安机关和检察机关的侦查人员以及审判机关的审判人员。犯罪嫌疑人、被告人及其辩护人还有其他诉讼参与人违反法律规定取得证据也是非法证据，但它不是"非法证据排除"当中所指的"非法证据"。设立非法证据排除的目的就是防止公权力的滥用。其他诉讼参与人由于没有这种权力，他的取证行为一般不会侵犯犯罪嫌疑人、被告人的权利。如果其他诉讼参与人采用非法手段去获取证据，这种证据也是非法证据，不过不适用非法证据排除，而应根据法律的其他规定来决定该证据能否采用。（二）非法定主体遵循法定程序提供的具有客观性和相关性的证据材料也是非法证据。当联防队员受公安机关委派去取证的时候，当司机或者其他临时工作人员受检察机关或审判机关委派去取证的时候，他们代表的已经不是自己，他们行使的是应该由司法人员行使的侦查权力、取证权力。并且，在犯罪嫌疑人、被告人以及其他诉讼参与人眼里，他们和一般的司法人员没有区别。由于这些人大多不具有专业的法律知识，又没有受过专门的法律培训，将法律赋予国家机关的侦查权力、取证权力交给他们行使，更容易侵犯公民的宪法权利。假如我们认为非法定主体遵循法定程序取得的具有客观性和相关性的证据不是非法证据，就会导致司法人员过多地委派其他人员去调取证据，这必然会侵犯公民的权利。试想一下，一个受法律约束的司法人员尚且会滥用自己手中的权力，更不用说一个没有受过法律教育的人了。所以，非法定主体的取证行为即使遵循了法定程序，取得的证据即使具有客观性、相关性，这些证据仍然是非法证据，仍然不能作为证据使用。

在本案中，公安机关以刑讯逼供和威胁证人的方式获得的被告人的有罪供诉以及证人证言，显然违反了我国《刑事诉讼法》的相关规定，属于非法证据。公安机关的非法取证行为侵犯了公民的人身权利和其他合法权益，对所取得的证据应当予以排除。如果这些证据构成了本案的关键证据，不予采信，就不能认定张某的犯罪事实。那么，对张某故意伤害一案就应当以证据不足为由作出无罪判决。

2. 公诉机关不能证明证据取得合法，法庭应当如何处理？

【基本案情】

某市人民检察院以强奸罪对犯罪嫌疑人包某提起公诉。在法庭审理过程中，公诉机关出示了包某居住地的居民委员会出具的证明，证实包某是当地出名的"流氓"，经常打架斗殴和调戏妇女，多次被派出所治安拘留；在案发现场提取的衣物纤维组织，经鉴定与包某所穿衣服的纤维组织相同；被害人孙某的陈述，关于犯罪嫌疑人体貌特征的描述与包某基本符合以及其他证据；被告人包某关于承认强奸被害人孙某的供述。在庭审质证过程中，包某的辩护人饶某针对上述证据进行了质证，指出：包某居住地居委会出具的关于包某平时表现的证明与本案事实之间没有客观联系，不能作为证据使用；鉴定结论虽然证明现场提取的衣物纤维组织与包某所穿衣服相同，但由于该检材是在案发多日后提取的，不能保证就是犯罪嫌疑人所留；案发现场是包某上班的必经之路，包某完全有可能在案发前后由于偶然原因在现场留下衣物纤维组织；被害人在接受公安机关询问的过程中先后做过多次陈述，陈述之间有矛盾，如在前几次陈述中均未提及犯罪嫌疑人肋部有伤疤，在最后一次陈述中才做了相应的陈述。如此明显的体貌特征，被害人不应该一直忽略，在最后的陈述中才提及，有侦查人员诱导被害人陈述的可能。包某关于承认强奸被害人孙某的供述是讯问人员多次刑讯逼供的结果。讯问人员多次用电棍、皮带击打包某，而且连续三四天不让包某睡觉，无奈之下，包某才作出了有罪供述。包某的辩护人饶某向法庭提交了多张照片，显示包某背部、腿部有多处电棍、皮带击打的痕迹。公诉机关未能就被告方提出的质证意见和非法证据申请作出有力回应。

【法理分析】

我国最新修正的《刑事诉讼法》第59条规定："证人证言必须在法庭上经过公诉

人、被害人和被告人、辩护人双方质证并且查实以后，才能作为定案的根据。法庭查明证人有意作伪证或者隐匿罪证的时候，应当依法处理。"第189条规定："证人作证，审判人员应当告知他要如实地提供证言和有意作伪证或者隐匿罪证要负的法律责任。公诉人、当事人和辩护人、诉讼代理人经审判长许可，可以对证人、鉴定人发问。审判长认为发问的内容与案件无关的时候，应当制止。审判人员可以询问证人、鉴定人。"第190条规定："公诉人、辩护人应当向法庭出示物证，让当事人辨认，对未到庭的证人的证言笔录、鉴定人的鉴定意见、勘验笔录和其他作为证据的文书，应当当庭宣读。审判人员应当听取公诉人、当事人和辩护人、诉讼代理人的意见。"由此可以看出，不仅证人证言必须经过法庭质证才能作为定案的根据，其他证据也必须经过质证程序才能确定其证据效力。所谓质证就是依据事实来问明或辨别是非，质证也就是法庭调查中，辩护方及被告人对检察机关控诉被告人犯罪事实所依据的证据来源是否合法化，与事实是否客观化，证明过程是否合理化和与案件是否有联系化及控方对辩方提出的证据在法庭上进行辩明是非的过程。实质上，法庭调查质证，就是控辩双方把自己作为定案的证据展示给法庭，双方辩明是非后争取由法庭采纳作为定案证据的一个过程，是控辩双方互相对对方证据的质疑过程。质证的内容因证据种类的不同而不同。

首先，书证的质证内容。所谓书证是指能够根据其表达的思想和记载的内容查明案件真相的一切物品、符号和图形。其证明力的特点是客观真实性比言词证据要强。因此对书证这一证据的质证一般针对：（1）书证是否伪造或变造，即对真伪进行争议，是否是原本、正本、副本或者节录本，这就要求对原件提取发现过程进行说明；（2）书证与本案事实是否有联系；（3）书证的获取渠道是否合法；（4）对书证的鉴定结论进行质证；（5）对书证的原作者的复查问题及与其他证据是否有矛盾。

其次，物证的质证内容。物证是能够据以查明案件真实情况的一切物品和痕迹。这些物品和痕迹包括作案的工具、行为所侵害的客体物、行为过程中所遗留的痕迹与物品，以及其他能够揭露和证明案件发生的物品和痕迹。物证同其他证据相比，更直观，更容易把握，同言词证据相比，它更客观、真实性更大。对物证的质证一般为：（1）物证是否是原物，它被搜集的方式、来源、保存方式；（2）是否与案件事实有联系，即与主要犯罪事实存在哪些客观联系，对主要犯罪事实能够证明什么；（3）有无其他证据予以佐证，如凶器是否经过被告人辨认，血迹有无鉴定，是否与被害人或被告人血型一致，有无证言证明谁拿的凶器，和其他证据是否有矛盾点，消除矛盾是否合理等。

第三，证人证言的质证内容。证人证言是指知道案件真实情况的人，向办案人员所做的有关案件部分或全部事实的陈述。证人陈述的情况可以是亲自听到或看到的，也可以是别人听到或看到而转告的。但转告的情况，必须说明来源，说不出来源的，或者道听途说的消息，不能作为证人证言适用。由于证人证言是证人对案件事实的感知记忆向司法机关所做的陈述，每个证言都受到客观因素和主观因素的影响、干扰，每个证人都会受到个人感知能力、记忆、表达能力的影响而有所误差。针对证人证言的这种不稳定性、多变性的特点，质证的焦点为：（1）证言取得是否合法，即几人参与询问，是否单独进行，是否符合法定程序，是否刑讯逼供，是否引诱、欺骗，询问地点是否符合法律规定，辩护人询问有关证人是否得到被害人的同意，是否得到有关部门的许可，辩护人取得的证言是否在审查起诉以后等；（2）证人证言的来源是直接的还是间接的；（3）证人提供的证言是否受到外界非法的干扰，是否受当事人或其他人的指使、收买、威胁；（4）证人与当事人，与案件有无利害关系；（5）证人对客观事物的感受如何表达，陈述是否确切，感受是否深，记忆时间长短，语言表达能力强弱，感受事物时精神状态如何，感受事物时客观环境如何；（6）个体证人证言与其他证据是否存在矛盾；（7）另外，证人的品格、犯罪前科可以成为质疑的对象。如证人的证言多次反复，有受到过行政、刑事处罚记录的，都可以降低证据的证明力。

第四，犯罪嫌疑人、被告人的供述和辩解的质证内容。犯罪嫌疑人、被告人的供述和辩解是指犯罪嫌疑人、被告人就有关案件情况，向侦查人员、检察人员、审判人员所做的陈述。由于犯罪嫌疑人、被告人是刑事诉讼的中心，案件的结局如何，同他有着切身的利害关系，他所处的位置，决定了犯罪嫌疑人、被告人的供述和辩解虚假的可能性较大或者真真假假，真假混杂。基于此，法庭质证应注意：（1）分析口供的合理性，要结合案情；（2）分析研究被告人供述的动机和条件；（3）讯问被告人有无违法行为，许多被告人翻供理由就是刑讯逼供，辩方也会抓住这一点；（4）被告人供述与同案人供述及其他证据有无矛盾。

第五，被害人陈述的质证内容。被害人陈述多数情况下是真实可靠的。但由于是被害人，对被告人有痛恨、惧怕心理，所以其陈述也存在不客观性，同样属于主观性、可变性证据。对此质证的焦点是：（1）被害人与被告人的平时关系及被害人的思想品质；（2）被害人陈述的来源是直接还是间接；（3）被害人陈述的内容是否矛盾；（4）对幼年被害人注意其陈述是否与其年龄、语言表达能力相符。

第六，鉴定结论的质证内容。鉴定结论是指运用专门知识对案件专门性问题进行鉴定，是运用专门知识作出的鉴别和判断，也成为审查或鉴别其他证据的重要手段。质证的焦点在于：（1）鉴定人资格问题，聘请是否合法，鉴定中是否受外界影响和掺杂个人因素；（2）鉴定所依据的检材是否充分、可靠；（3）论证是否充分，推断是否合理，是否排除了一切可疑情况；（4）鉴定人是否具备解决鉴定问题的专业知识和经验，所使用的设备是否完善，采用的方法和操作程序是否科学。

第七，勘验、检查笔录的质证内容。勘验、检查笔录是司法人员对于犯罪有关的现场、物品、人身等进行调查研究的一种客观记载，它对于正确认定案件事实和查明犯罪分子具有重要作用，它是具有综合证明作用的一种证据，质证的焦点集中于：（1）勘验、检查笔录是否符合法律要求，如进行勘验、检查的人有无勘验、检查权利，有无见证人在场，是否签字盖章；（2）笔录记载的内容是否全面准确，现场情况有无遗漏；（3）笔录记载的现场、物品痕迹是否被破坏、伪造，人身特征、伤害情况或生理状态有无伪造或变化的情况；（4）与本案的事实是否有直接联系，与其他证据是否有矛盾。

第八，视听资料和电子数据的质证。视听资料和电子数据的证明力具有直接、形象、准确、科学和综合性的特点。对这两类证据质证的焦点在于：（1）它是否伪造、变造、剪辑过，有无鉴定；（2）获取的手段是否合法；（3）它与本案事实是否有联系，是否能证实主要犯罪事实。

在本案中，被告人包某辩护人的质证是比较成功的。针对包某居住地居委会出具的关于包某平时表现的证明，辩护人准确地指出该书证与本案事实之间没有客观联系，不能作为证据使用。针对公安机关的鉴定结论，辩护人从检材入手，提出由于该检材是在案发多日后提取的，不能保证就是犯罪嫌疑人所留，而且案发现场是包某上班的必经之路，包某完全有可能在案发前后由于偶然原因在现场留下衣物纤维组织的质证意见。针对被害人在接受公安机关询问的过程中所做的多次陈述，辩护人的质证意见是受害人的多次陈述之间有矛盾，如在前几次陈述中均未提及犯罪嫌疑人肋部有伤疤，在最后一次陈述中才做了相应的陈述。如此明显的体貌特征，被害人不应该一直忽略，在最后的陈述中才提及，有侦查人员诱导被害人陈述的可能。同时提出包某关于承认强奸被害人孙某的供述是讯问人员多次刑讯逼供的结果，并向法庭提交了多张照片，显示包某背部、腿部有多处电棍、皮带击打的痕迹。这些质证意见针对不同的证据，准确地把握住了质证的焦点，击中了证据的薄弱环节，起到了推翻证据的证明力的有效作用。

根据我国最新修正的《刑事诉讼法》第 54 条、第 57 条、第 58 条的规定，在公诉机关未能就被告方提出的质证意见和非法证据申请作出有力回应的情况下，法庭应当采纳被告方的意见，对公诉机关提供的证据予以排除，以证据不足为由对被告人包某作出无罪判决。

3. 取证地点不适当，法庭能否因此将公诉机关提供的证据予以排除？[1]

【基本案情】

被告人王怀忠，原系安徽省人民政府副省长。因涉嫌受贿罪，于 2002 年 9 月 30 日被刑事拘留。同年 10 月 14 日被逮捕，山东省济南市人民检察院指控：被告人王怀忠自 1994 年 9 月至 2001 年 3 月间，利用担任安徽省阜阳市地委副书记、阜阳地区行政公署专员、阜阳地委书记、阜阳市委书记、安徽省副省长等职务上的便利，为有关单位、个人谋取利益，非法收受、索取他人财物，共折合人民币 517.1 万元。被告人王怀忠夫妇拥有各类财产共计折合人民币 1085.79 万元，其中 517.1 万元是王怀忠受贿所得，88.11 万元来源合法，另有价值人民币 480.58 万元的财产，被告人王怀忠不能说明合法来源。

被告人王怀忠对于公诉机关指控其索取、非法收受人民币 517.1 万元的事实全部予以否认，辩称其不构成受贿罪。理由之一是：证人证言都是虚假的，不可采信。被告人王怀忠的辩护人提出的辩护意见之一是：根据《刑事诉讼法》和"六部委"《关于刑事诉讼法实施中若干问题的规定》第 17 条的规定，侦查人员询问证人应当在证人所在单位或者证人所在的住所进行，或者在侦查机关内进行，不得另行指定其他地点。本案中，侦查人员对证人的询问几乎全都是在宾馆或者招待所进行的，违反了法律的强制性

---

〔1〕　案例来源于中华人民共和国最高人民法院刑事裁定书（2004）刑复字第 15 号。

规定。由于取证地点不合法，不能排除证人提供证言时基于恐惧心理，为了迎合办案人员指控犯罪的需要说了假话。

山东省济南市中级人民法院认为，公诉机关指控被告人王怀忠犯受贿罪、巨额财产来源不明罪的事实清楚、证据确实充分，指控的罪名成立。判决如下：被告人王怀忠犯受贿罪，判处死刑，剥夺政治权利终身，并处没收个人全部财产；犯巨额财产来源不明罪，判处有期徒刑四年。决定执行死刑，剥夺政治权利终身，并处没收个人全部财产。扣押在案的财物，上缴国库；不足部分，继续追缴。一审判决送达后，被告人王怀忠不服，提出上诉。山东省高级人民法院经审理后驳回上诉，维持原判。最高人民法院随后对此案也予以核准。

【法理分析】

准确分析本案例，关键的是要正确区分"瑕疵证据"与"非法证据"，切勿将两者混为一谈。"瑕疵证据"与"非法证据"都是存在某种缺陷的证据，两者具有一定的相似性，司法实务中容易混淆两者的区别，或者误将"瑕疵证据"混作"非法证据"而径直予以排除，或者误将"非法证据"视为"瑕疵证据"而允许其一再补正。无论是误将"瑕疵证据"混作"非法证据"而径直予以排除，还是将"非法证据"视为"瑕疵证据"而允许其一再补正后使用，都将在实践中造成比较严重的程序后果：误将"瑕疵证据"混作"非法证据"而径直予以排除，可能导致非法证据排除适用范围的不当扩张，而本可补正的证据被不当排除后，也可能影响案件证据锁链的形成，进而影响到刑事诉讼打击和惩罚犯罪的时效性。例如，在何某强奸一案中，起诉书指控被告人何某强奸了两名幼女，其中一名3次，一名1次，但用以支持指控的证据中被奸淫3次的被害幼女的陈述笔录尾部没有完整的侦查人员签名，负责审理该案的法庭认为该证据不合法而不能作为定案依据，结果导致何某本为奸淫幼女一名3次但只认定为2次。在该案中，没有完整侦查人员签名的被害人陈述笔录，应当属于瑕疵证据，经有关办案人员的补正或者作出合理解释后仍然可以采用，如果将其误作为非法证据而径直予以排除，就会导致被告人的全部犯罪行为未能得到完全证明，这在某种意义上可以说是放纵了犯罪。误将"非法证据"视为"瑕疵证据"而允许其一再补正，也可能导致以严重侵犯人伤残人方式获取的非法证据却被采纳。如若被告人因此而被定罪，非法证据排除将被架空，侦查机关的违法侦查行为将无法得到遏制，公民的基本人权也将无法得到救济。[1]

所谓"瑕疵证据"，是指侦查、检察、审判人员违反法律规定的权限、程序或用其他非正当的方法收集的，用以确定犯罪事实是否存在、被告人是否有罪和罪轻罪重以及其他有关案件真实情况的一切事实。[2] 瑕疵证据通常具有如下几个基本特征：（1）客观性。瑕疵证据作为证据的一个类别，必须是客观存在的事实。犯罪分子在犯罪活动的过程中，总免不了要同周围的各种事物发生联系，不可避免地要接触一些人和物，引起

---

〔1〕 参见龙宗智、夏黎阳主编：《中国刑事证据规则研究》，中国检察出版社2011年8月版，第259页。
〔2〕 参见杨玲：《试论刑事诉讼瑕疵证据及其证明力》，载《西南政法大学学报》2002年第3期，第102页。

周围环境的变化并留下各种痕迹和为周围人所感知，或者在犯罪过程中，使用过某些物品。这些因犯罪行为的发生而产生的痕迹和犯罪人使用过的物品，以及留在人们头脑中的印象，是客观存在的事实，是不依人们的意志为转移的。因此，任何犯罪事实都必然会在社会存在中留下痕迹，这一痕迹具有客观性，它一旦产生，就会保存下来，形成犯罪事实。公安、司法人员正是借助于这些犯罪后遗留下来的痕迹、物品和印象查明案件事实，证实犯罪的。因此，一切主观臆断、怀疑推测、道听途说等不具有客观真实性的东西，都不属于瑕疵证据的范畴。（2）相关性。瑕疵证据必须是客观存在的事实，但又并非所有客观存在的事实都可以作为瑕疵证据。一般而言，只有那些与案件事实有着密切联系的客观事实，即是否是发生了犯罪案件，犯罪行为是否是犯罪嫌疑人、被告人所为以及与罪行轻重有关的事实，才有可能成为瑕疵证据。瑕疵证据与案件事实之间的联系是在案件发生过程中自然形成的，因而它同样是不依人的主观意志为转移的。另外，由于客观事物的复杂性，瑕疵证据与案件事实之间联系的表现形式是复杂多样的（如有的是同案件事实之间存在因果联系，而有的是同案件事实之间存在条件联系），无论它们之间是何种联系，都不能脱离案件事实。那些与案件事实没有任何联系，既不能证明案件事实的存在，又不能证明案件事实不存在的事实，是不能作为瑕疵证据的，是应当加以排除的。（3）违法性。瑕疵证据的违法性，是瑕疵证据区别于非瑕疵证据的关键所在，也是瑕疵证据所具有的最重要、最根本的特征。具有上述两个特征的证据材料，有可能转化成为合法证据，也有可能转化成为瑕疵证据，但一旦证据材料具有违法性，则不能转化为合法证据，而只能称其为瑕疵证据。瑕疵证据的违法性，是指该类证据在收集程序、方式上不符合法律的规定（即存在缺陷）。（4）具有一定合法性。这是"瑕疵证据"区别于"非法证据"的关键所在。在性质上，"非法证据"系取证程序重大违法，且以侵犯公民宪法性基本权利的方式获取的证据，而"瑕疵证据"虽亦系违反法定程序而取得的，但却并非重大违法，尤其是并未侵犯公民的宪法性基本权利；在效力上，"非法证据"一经查证属实，即应从程序上予以排除，且不得经转化或重新取证而继续使用，而"瑕疵证据"虽处于证据能力待定状态，而不得直接在程序中使用，但却可以经由补正或合理解释而继续使用。

根据我国最新修正的《刑事诉讼法》第122条的规定，侦查人员询问证人，可以在现场进行，也可以到证人所在单位、住处或者证人提出的地点进行，在现场询问证人，应当出示工作证件，到证人所在单位、住处或者证人提出的地点询问证人，应当出示人民检察院或者公安机关的证明文件。询问证人应当个别进行。"两高三部"《死刑案件证据规定》第14条规定："证人证言的收集程序和方式有下列瑕疵，通过有关办案人员的补正或者作出合理解释的，可以采用：（一）没有填写询问人、记录人、法定代理人姓名或者询问的起止时间、地点的；（二）询问证人的地点不符合规定的；（三）询问笔录没有记录告知证人应当如实提供证言和有意作伪证或者隐匿罪证要负法律责任内容的；（四）询问笔录反映出在同一时间段内，同一询问人员询问不同证人的。"在侦查实践中，侦查机关询问证人的地点常常不在法定的场所，而是在有关宾馆或者招待所等地方进行。这主要是基于案件保密的需要，尽量避免让人知道侦查机关在调查询问相关证人。本案中，侦查人员对证人的询问几乎全都是在宾馆或者招待所进行的，违反了法律的强制性规定，属于取证地点不合法，据此得到的证据应为瑕疵证据。对于有瑕疵的证人证言，通过有关办案人员的补正或者作出合理解释后，如果该证人证言被查证属实，依然可以作为定案的根据。

在本案中，对被告人王怀忠的辩护人提出的辩护意见，有关办案人员应当补正或者作出合理的解释。所谓"合理的解释"，一般包括两个方面，一是瑕疵的出现事出有因；二是此瑕疵的存在不足以影响证人证言的真实性。在该证人证言被查证属实后，依然可以作为定案的根据，法院可以据此对被告人定罪量刑。

第二节　各类非法证据的排除

【规则要点】

采用刑讯逼供等非法方法收集的犯罪嫌疑人、被告人供述和采用暴力、威胁等非法方法收集的证人证言、被害人陈述，应当予以排除。

收集物证、书证违反法律规定，严重影响司法公正的，对该证据应当予以排除。

对被告人审判前供述的合法性，公诉人不提供证据加以证明，或者已提供的证据不够确实、充分的，该供述不能作为定案的根据。被告人供述具有下列情形之一的，不能作为定案的根据：（一）讯问笔录没有经被告人核对确认并签名（盖章）、捺指印的；（二）讯问聋哑人，不通晓当地通用语言、文字的人员时，应当提供通晓聋、哑人手势的人员或者翻译人员而未提供的。

鉴定意见具有下列情形之一的，不能作为定案的根据：（一）鉴定机构不具备法定的资格和条件，或者鉴定事项超出本鉴定机构项目范围或者鉴定能力的；（二）鉴定人不具备法定的资格和条件、鉴定人不具有相关专业技术或者职称、鉴定人违反回避规定的；（三）鉴定程序、方法有错误的；（四）鉴定意见与证明对象没有关联的；（五）鉴定对象与送检材料、样本不一致的；（六）送检材料、样本来源不明或者确实被污染且不具备鉴定条件的；（七）违反有关鉴定特定标准的；（八）鉴定文书缺少签名、盖章的；（九）其他违反有关规定的情形。

勘验、检查笔录存在明显不符合法律及有关规定的情形，并且不能作出合理解释或者说明的，不能作为证据使用。

视听资料具有下列情形之一的，不能作为定案的根据：（一）视听资料经审查或者鉴定无法确定真伪的；（二）对视听资料的制作和取得的时间、地点、方式等有异议，不能作出合理解释或者提供必要证明的。

侦查机关组织的辨认，存在下列情形之一的，应当严格审查，不能确定其真实性的，辨认结果不能作为定案的根据：（一）辨认不是在侦查人员主持下进行的；

（二）辨认前使辨认人见到辨认对象的；（三）辨认人的辨认活动没有个别进行的；（四）辨认对象没有混杂在具有类似特征的其他对象中，或者供辨认的对象数量不符合规定的，尸体、场所等特定辨认对象除外；（五）辨认中给辨认人明显暗示或者明显有指认嫌疑的。

【理解与适用】

一、非法言词证据的排除

（一）非法言词证据的范围

言词证据是证据分类理论中与实物证据相对应的一类证据，它是指以人的陈述为表现形式的证据。[1] 与实物证据相比，言词证据具有信息量大和稳定性弱的特点，一方面，言词证据往往能够以生动、直观的方式全面地证明案件事实，包括犯罪动机等实物证据难以证明的环节，在证明对象的范围方面非常广泛，所含信息量很大；但另一方面，言词证据所反映的案件事实都是由人感知并以记忆的形式储存于大脑中的，然后再通过陈述表达出来，在感知、记忆和表达的每个环节上都有可能发生变化，既容易受人的感知、记忆与表达能力、方式及心理等主观因素的影响，也容易受到人的感知、记忆与表达环境、时间等客观因素的影响，稳定性较弱。划分言词证据的目的就是促使有关人员能够根据言词证据的特点注意言词证据的收集和审查、判断的方法，既要避免其在收集过程中因收集方式不当而发生变化，丧失真实性，也要注意通过对言词证据提供者的询问、观察及全案证据的综合考量来认真分析、鉴别言词证据的真伪。

在我国法定的证据种类中，证人证言，被害人陈述，犯罪嫌疑人、被告人的供述和辩解以及鉴定结论都属于言词证据。鉴定结论是具有专门知识并具有鉴定人资格的人，运用科学技术手段和自己的专业知识对案件中的专门问题予以分析、鉴别所提出的意见，虽然其只能以书面的形式表达，但归根结底是鉴定人意见的陈述，因此也应当属于言词证据。除了鉴定结论外，证人证言，被害人陈述，犯罪嫌疑人、被告人的供述和辩解既可能以口头形式表达，也可能以书面形式提出，如书面的证词，或者对证人口头提供的证言所作的笔录等。无论是采用口头形式还是书面形式，以上证据均属于言词证据。

非法言词证据是指以非法手段取得的言词证据。但非法手段的范围非常广泛，既包括侵犯犯罪嫌疑人、被告人、证人、被害人实体性权利，影响犯罪嫌疑人、被告人、证人、被害人意志自由的手段，如刑讯逼供、暴力、威胁等非法手段，也包括仅侵犯犯罪嫌疑人、被告人、证人、被害人程序性权利，并不影响或不直接影响其意志自由的手段，如侦查人员违反规定单人取证等。我国最新修正的《刑事诉讼法》第54条规定："采用刑讯逼供等非法方法收集的犯罪嫌疑人、被告人供述和采用暴力、威胁等非法方法收集的证人证言、被害人陈述，应当予以排除。收集物证、书证不符合法定程序，可

〔1〕 参见卞建林主编：《证据法学》，中国政法大学出版社2005年版，第327页。

能严重影响司法公正的，应当予以补正或者作出合理解释；不能补正或者作出合理解释的，对该证据应当予以排除。在侦查、审查起诉、审判时发现有应当排除的证据的，应当依法予以排除，不得作为起诉意见、起诉决定和判决的依据。""两高三部"《排除非法证据规定》第 1 条规定："采用刑讯逼供等非法手段取得的犯罪嫌疑人、被告人供述和采用暴力、威胁等非法手段取得的证人证言、被害人陈述，属于非法言词证据。"这里只提及了犯罪嫌疑人、被告人供述和证人证言、被害人陈述，而没有提及犯罪嫌疑人、被告人辩解及鉴定结论，是因为前三种证据更有可能通过非法手段获取。而且仅包括以刑讯逼供、暴力、威胁等侵犯犯罪嫌疑人、被告人、证人、被害人实体性权利、影响其意志自由的手段取得的言词证据，不包括仅仅是程序违法所取得的言词证据。

（二）对非法言词证据的审查

对于证据的审查，应首先审查其合法性或者证据资格的问题，如果其属于采用刑讯逼供手段取得的犯罪嫌疑人、被告人供述和采用暴力、威胁手段取得的证人证言、被害人陈述，那么就意味着该证据根本就不具备证据资格，应当一律予以排除，而不必也不应再审查其内容的真实性。

对于以威胁、欺骗、引诱等手段取得的犯罪嫌疑人、被告人供述和以欺骗、引诱等手段取得的证人证言、被害人陈述是否应当予以排除，也不应通过证据内容的真实性来予以判断，否则就不是非法证据的排除，而是虚假证据的排除了。对于以这些非法手段取得的证据，也应当先审查其取证手段，从威胁、欺骗、引诱的方式本身来判断其对犯罪嫌疑人、被告人、证人和被害人意志的影响程度，从而判断其是否可能影响证据的真实性，只要其可能（并非一定）影响证据的真实性，就应当被予以排除。因为，如果这些言词证据是在受威胁、欺骗和引诱的情况下作出的，其内容就很有可能是被指引好了的，其与案件中其他证据就很有可能是相互印证的，或者说其本来就是为了印证案件中的其他证据才被威胁、欺骗和引诱作出的，因此如果直接审查其内容，就很有可能得出该证据内容真实的错误结论，继而得出取证手段并未影响证据内容的错误结论，从而导致该证据不被排除而影响案件的正确处理。对于刑讯逼供、暴力、威胁等方式以外的其他非法手段所取得的言词证据是否应当予以排除，其标准并非是该言词证据本身的真伪，而是取证的手段是否可能影响证据的真实性。判断取证手段是否可能影响证据真实性的依据又要看取证手段是否影响了犯罪嫌疑人、被告人、证人和被害人的意志自由，只要取证手段达到了影响犯罪嫌疑人、被告人、证人和被害人意志自由的程度，就有可能影响其所提供的言词证据的真实性，就应当被予以排除。

在实践中，如果有证据证明鉴定结论系鉴定人遭受暴力、威胁等非法手段而作，那么该鉴定结论亦应被予以排除。因为从保障人权的角度来说，鉴定人和证人的人身权利应当受到同等的保护，而从真实发现的角度来说，鉴定结论对案件认定的影响通常比证人证言更大，因此如果鉴定人受暴力、威胁等非法手段而作出虚假的鉴定结论，将比证人提供虚假的证言危害更大。

同时，应当注意将记录犯罪嫌疑人、被告人、证人和被害人陈述的录音、录像资料与作为证据种类的视听资料区别开来。前者是记载犯罪嫌疑人、被告人供述与辩解、证人证言和被害人陈述的一种方式或工具，在证据种类上仍然分别属于犯罪嫌疑人、被告人供述与辩解、证人证言和被害人陈述，在证据分类上仍然属于言词证据。因此，如果该录音、录像资料所录制的陈述是犯罪嫌疑人、被告人、证人或被害人被刑讯、暴力、威胁等手段而被迫作出的，那么该录音、录像资料亦应作为非法言词证据被予以排除。

（三）对非法言词证据的排除

我国最新修正的《刑事诉讼法》第54条规定："采用刑讯逼供等非法方法收集的犯罪嫌疑人、被告人供述和采用暴力、威胁等非法方法收集的证人证言、被害人陈述，应当予以排除。收集物证、书证不符合法定程序，可能严重影响司法公正的，应当予以补正或者作出合理解释；不能补正或者作出合理解释的，对该证据应当予以排除。在侦查、审查起诉、审判时发现有应当排除的证据的，应当依法予以排除，不得作为起诉意见、起诉决定和判决的依据。""两高三部"《排除非法证据规定》第2条规定："经依法确认的非法言词证据，应当予以排除，不能作为定案的根据。"第3条规定："人民检察院在审查批准逮捕、审查起诉中，对于非法言词证据应当依法予以排除，不能作为批准逮捕、提起公诉的根据。"可见，在审查批准逮捕、审查起诉和裁判环节上，非法取得的言词证据都应当被予以排除。西方国家采用审判中心主义，非法证据的排除主要发生在审判阶段，我国采诉讼阶段主义，因此非法证据的排除发生在刑事诉讼的各个环节上。当然，这绝不意味着西方国家在作出逮捕、起诉等决定时可以以非法取得的证据作为根据，而只意味着，在这些国家，非法证据排除作为一种具有特定含义的证据规则，仅适用于审判阶段。非法证据的排除意味着这些证据不能被作为批准逮捕、提起公诉和定案的根据。证据的排除可能通过两种不同的机制进行，在英美国家，事实认定是由陪审团决定的，而证据的排除是由法庭在没有陪审团参与的情况下预先确定的，因此一旦证据被予以排除，就意味着这个证据不得展示给陪审团。对陪审团来说，就相当于这个证据从来没有存在过，因此该证据也就不会对陪审团就案件事实的认定产生任何影响。而在大陆法系国家，证据的排除和案件事实的认定均由法官来决定，因此虽然一旦某一证据被排除了，该证据也会被禁止在法庭上展示和接受质证。但是法官在决定是否排除该证据之时，实际上就已经或多或少地接触到了该证据，他知道该证据的存在，甚至或多或少地知道该证据的内容，因此，该证据多少可能会对他的判断产生影响，所以法官在作出决定时要特别注意"忘记"该证据的影响。我国的证据排除机制与大陆法系国家大体相同，决定是否批准逮捕或提起公诉的检察官以及作出裁判的法庭都不可能不接触非法取得的证据。其中，在审判阶段，如果被告人是在开庭之前就提出了其审判前供述系非法取得，那么法庭应当在公诉人宣读起诉书之后，就先进行证据的合法性调查程序。如果通过该程序，被告人的审判前供述被予以排除，那么它就不得再在法庭上被宣读，以此将其对法庭判断的影响降到最小。但是除此之外，检察官和法官都必然会知悉非法证据的内容，从而导致所谓的排除，只是要求他们在作出决定时要"忘记"该证据，不以该证据作为判断和决定的根据。

关于非法言词证据的排除，在实践中需要注意以下问题：[1]（1）尽管排除非法证据既是维护程序正义的需要，也是维护实体正义的需要，但是实践中在是否排除非法证据的问题上却可能存在价值冲突。如某些证据虽然是通过非法手段取得的，但却可能是真实可靠的，在是否排除这样的证据方面就存在价值冲突。如果不予排除，就等于放纵侦查人员违法取证，漠视犯罪嫌疑人、被告人、证人和被害人的权利，但如果予以排除，又可能导致案件事实无法认定，无法将犯罪分子绳之以法。其实立法者已经考虑到了这样的价值冲突，因此才仅将通过刑讯逼供、暴力、威胁等非法方法取得的言词证据予以排除。在实践中，采用刑讯逼供等非法方法收集的犯罪嫌疑人、被告人供述和采用暴力、威胁等非法方法收集的证人证言、被害人陈述，都应当一律予以排除，不需要司法人员再作价值考量。对于采用刑讯逼供、暴力、威胁之外的其他手段所取得的言词证据，则要由司法人员根据具体情况综合考量，对程序正义与实体正义、人权保障与真实发现之价值予以平衡。如果该非法手段影响了犯罪嫌疑人、被告人、证人和被害人的意志自由，可能导致陈述不真实，也即其不仅违背了程序正义，还有可能危及实体正义，不仅有损于人权保障，还可能有损于真实发现，那么对于这样的证据也应当予以排除；相反，如果取证手段仅仅是在程序上违法，而不影响犯罪嫌疑人、被告人、证人和被害人的意志自由，不会影响其陈述的真实性，则允许补正。（2）排除非法言词证据，不能将其作为批准逮捕、提起公诉和定案的根据，不仅意味着有关法律文书在说明理由和列举相关证据时，不能以该证据为根据，更意味着检察官和法庭在作出相关判断时不应受到该证据的影响。也就是说，一旦某证据被排除，法庭或检察官就应当"忘记"该证据，使该证据不对他的判断产生任何影响。排除非法证据，仅意味着该言词证据的内容不能被作为批准逮捕、提起公诉或定案的根据，如果是要证明存在刑讯逼供、暴力、威胁等非法取证手段本身，则该非法言词证据可以作为依据。（3）排除非法言词证据，仅意味着该被排除的非法言词证据不能被作为批准逮捕、提起公诉或定案的根据，并不意味着就不能批准逮捕、提起公诉或定案。如果排除了非法言词证据，案件中的其他证据对犯罪事实的证明仍然可以达到刑事诉讼法关于批准逮捕、提起公诉或者定案的证明标准，那么当然可以依据其他证据作出相关的决定与裁决。

（四）言词证据的补强规则

"两高三部"《死刑案件证据规定》第37条规定："对于有下列情形的证据应当慎重使用，有其他证据印证的，可以采信：（一）生理上、精神上有缺陷的被害人、证人和被告人，在对案件事实的认知和表达上存在一定困难，但尚未丧失正确认知、正确表达能力而作的陈述、证言和供述；（二）与被告人有亲属关系或者其他密切关系的证人所作的对该被告人有利的证言，或者与被告人有利害冲突的证人所作的对该被告人不利的证言。"本条规定对特定的被害人、证人和被告人提供的言词证据和与被告人有利害关系的证人所作的对被告人有利或不利的证言，应当慎重使用。该类证据因提供主体的特殊性而可能影响

---

[1] 参见杨迎泽、张红梅主编：《刑事证据适用指南》，中国检察出版社2011年9月版，第249～250页。

证据的真实性、可靠性，因而采信时需要谨慎，只有经过补强能够与其他证据相互印证时，才能作为定案的根据。我国最新修正的《刑事诉讼法》第 60 条第 2 款规定："生理上、精神上有缺陷或者年幼，不能辨别是非、不能正确表达的人，不能作证人。"这是关于证人作证资格的规定。如果证人由于特定的生理或者精神上的缺陷导致不能辨别是非、不能正确表达的人，就被排除证人的资格。这里"生理上、精神上有缺陷"不是指所有各种生理缺陷，如断肢、跛腿、近视、色盲、瘫痪等，或普遍意义上的精神缺陷，如轻微的神经官能症或者间歇性精神病，而是特指那些丧失了辨别是非能力和正确表达能力的严重精神病患者以及聋、哑、盲、丧失记忆功能等严重影响其辨别是非能力和正确表达能力的生理缺陷。在实践中，证人生理上、精神上的缺陷标准也无法统一。但只要该证人的陈述是在其有限的认识能力范围之内的，都不应剥夺其作证的资格。例如，聋哑人可就其看到的事实作证，智力低下的人可就其认识范围内的简单事实作证，间歇性发作的精神病人也可就其在精神状态正常时所认识到的事实作证，等等。至于被害人及被告人作证的资格，刑事诉讼法没有明确的限制，在司法实践中，一般也是根据待证事实的复杂程度及被害人、被告人的认识能力、记忆能力和表达能力，从而决定其该证人的作证能力是否应受到限制。生理上、精神上有缺陷的被害人、证人和被告人只要尚未丧失正确认知、正确表达能力，其陈述、证言和供述可以作为证据使用。但是人作为定案根据的，则要保持谨慎，必须有其他证据予以印证，如物证、书证、鉴定结论、勘验、检查笔录或者其他生理及精神均正常的证人、被害人、被告人的陈述、证言和供述等，担保其陈述、证言和供述的自愿性、准确性、真实性，才可以采信。

我国《刑事诉讼法》第 60 条第 1 款规定："凡是知道案件情况的人，都有作证的义务。"可见，与被告人有亲属关系、密切关系或者与被告人有利害冲突的证人均具备证人资格，但是这类证人有时为了自身的利益或是为了被告人的利益，可能作出真假掺半甚至虚假的证言，而这些证词往往对被告人罪轻罪重、此罪彼罪、有罪无罪起着重要的作用。在认真审查这类证人的证言时，要结合相关的各种证据，综合分析与判断，以得出正确的判断。例如李某故意杀人案，李某系王某女婿，因怀疑岳父、岳母挑拨其妻子与其母分家而怀恨在心。一天上午 11 时许，见其妻又回其岳父母家，李某即找朋友刘某到其岳父母家中评理。因话不投机，发生厮打，刘某在屋里持刀将李某岳父砍死，李某持刀将其妻及岳母追到院内砍伤。证人王某某证实在李某家院墙外看见李某将其妻及岳母追至当院砍伤，刘某在李某家西屋与李某岳父进行厮打的事实。在庭审中刘某辩护人提出，王某某是被害人的侄子，又是另一被告人李某的亲戚，有意将罪责推卸到刘某身上，其证言不真实，且以王某某的身高在李某家墙外，根本看不见院里，更看不见刘某在西屋与李某岳父厮打的事实。法庭休庭对此情况进行核实，经核实证明，李某家墙外为一土坡，王某某身高 1.85 米，站在墙外能看见李某家西屋和当院，因此法庭采信了王某某的证言。[1]

---

〔1〕　参见杨迎泽、张红梅主编：《刑事证据适用指南》，中国检察出版社 2011 年 9 月版，第 208～209 页。

在运用言词证据补强规则时，需要准确界定与被告人有亲属关系的证人的范围。参考《公务员法》关于任职回避中有关亲属关系的界定以及《继承法》有关亲属间继承关系的认定，被告人亲属关系的范围包括：（1）夫妻关系。法律承认的婚姻关系的双方，即丈夫和妻子，互为夫妻关系。夫妻关系的成立，以双方依法领取结婚证为标准；夫妻关系的结束，以双方依法领取离婚证或人民法院的离婚判决已经生效为标准。（2）三代以内直系血亲关系。直系血亲关系是指生育自己和自己所生育的上下各代亲属，他们和自己有着直接的血缘关系，包括父母、祖父母、外祖父母、子女、孙子女、外孙子女、曾孙子女等。此外，根据《继承法》第10条的规定，父母包括生父母、养父母和有抚养关系的继父母；子女包括婚生子女、非婚生子女、养子女和有抚养关系的继子女。（3）三代以内旁系血亲关系。旁系血亲，是指具有间接血缘关系的亲室，即非直系血亲，但在血缘上和自己同出一源的亲属。三代以内旁系血亲关系包括：同源于父母的兄弟姐妹之间的关系（含同父异母、同母异父的兄弟姐妹）；同源于祖父母的堂兄弟姐妹或者表兄弟姐妹之间的关系；同源于外祖父母的姨表或舅表兄弟姐妹之间以及不同辈分的叔、伯、姑、舅、姨与侄（侄女）、甥（甥女）之间的关系。（4）近姻亲关系。姻亲关系是指以婚姻关系为中介而形成的亲属关系。姻亲关系可以分为三类：一是血亲的配偶，即自己的血亲的配偶，如直系血亲的配偶包括儿媳、女婿等；旁系血亲的配偶，如兄弟之妻、姐妹之夫、伯母、姑父、舅母、姨夫等。二是配偶的血亲，即自己的配偶的血亲，如配偶的直系血亲，即配偶之父母、祖父母；配偶的旁系血亲，即配偶的兄弟姐妹、叔、伯、姑、舅、姨等。三是配偶的血亲的配偶以及血亲的配偶的血亲，前者如妻或夫的兄弟之妻，后者如儿媳之父母等。从实际情况来看，配偶的父母、兄弟姐妹、儿女的配偶以及儿女配偶的父母，一般与被告人的联系较为紧密，在采信其证言时需要补强。

在运用言词证据补强规则时，需要准确界定与被告人有密切关系的证人之范围。《刑法修正案（七）》首次将与国家工作人员有"关系密切的人"列为利用影响力受贿犯罪的主体，从此，"关系密切的人"进入了刑事司法的领域。《刑法修正案（七）》所规定的"关系密切的人"是指，非国家工作人员以亲情、友情、利益等因素为纽带，与国家工作人员之间形成较为亲近的特殊关系的人。在实践中这种密切关系体现为：亲戚关系（非近亲属）、情人关系、情感关系、经济利益关系、朋友关系、同事关系、同学关系、老乡关系等等。由于没有统一的分类标准，这些关系常常存在着相互交叉的情形，如情人之间，往往同时兼有情感关系和经济利益关系。在借鉴《刑法修正案（七）》关于"关系密切的人"的界定，在判断证人是否与被告人有密切关系时，可以从以下三个方面考虑：第一，从二者周围人员对其关系的角度考虑，被告人、证人的朋友、同事等周围人员认为二者关系密切。如认为证人是被告人的"情人"、亲戚、"干亲戚"或者是关系密切的同学、战友、同乡、同事、上下级，等等。第二，从被告人的角度衡量，其对与关系密切人之间的关系密切基本认可。当然，这需要相关的证据证明，比如通讯记录、短信联系、信件往来、见面次数，等等。被告人在被讯问时，有时会对这种密切关系加以否定，以获取对自己有利的证言的支持，以此必须根据相关证据来加以证明。第三，从关系密切人本身看，其对与被告人的关系也应有着基本的认识。当然这也需要相关的证据予以证明，而不能单凭关系密切人的证言认定其与被告人关系密切。

在运用言词证据补强规则时，需要准确界定与被告人有利害冲突的证人之范围。判断证人与被告人是否具有利害冲突，可以从三个方面考虑：（1）二者是否存在法律意义上的利害冲突关系，这种关系以本案的判断结果是否对证人产生一定的法律后果为判断标准。例如，在依法贿赂案件中，行贿人对受贿人受贿事实的证明。在毒品案件中，参与犯罪但没有被追究刑事责任或者免予追究刑事责任以证人身份证明被告人犯罪的人。在有"特情"协助办案的情况下，须特别注意这一点。一般情况下，"特情"发现犯罪线索向公安机关报告，是出于正常的工作目的，但个别"特情"为了立功或取得公安机关的信赖，有的甚至为了获得奖金、报酬不惜夸大事实，采取各种非法手段，设圈套引诱犯罪。（2）二者是否存在商业、职业等方面的竞争关系。（3）二者在社会交往中是否存在不睦关系。例如，证人与被告人曾因琐事发生纠纷因而结仇，证人曾与被告人是恋爱关系后因被告人移情别恋而分手等，在这种情形下不排除证人因记恨被告人而作虚假陈述。

（五）被告人审判前供述可以宣读、质证的情况

"两高三部"《排除非法证据规定》第10条规定："经法庭审查，具有下列情形之一的，被告人审判前供述可以当庭宣读、质证：（一）被告人及其辩护人未提供非法取证的相关线索或者证据的；（二）被告人及其辩护人已提供非法取证的相关线索或者证据，法庭对被告人审判前供述取得的合法性没有疑问的；（三）公诉人提供的证据确实、充分，能够排除被告人审判前供述属非法取得的。对于当庭宣读的被告人审判前供述，应当结合被告人当庭供述以及其他证据确定能否作为定案的根据。"该条文确认了被告人审判前供述在庭审中可以宣读、质证的几种情形，目的是确认这些情况下被告人庭前供述的证据资格及其处理。

1. 对被告人审判前供述进行处理的两种情况。一种情况是予以排除，也即该供述不能作为定案的根据，如果是在公诉人宣读起诉书后就通过证据合法性调查程序而认定该供述系非法取得，那么在恢复针对起诉书指控的犯罪事实所进行的法庭调查后，该供述不能也不必再当庭宣读和质证；另一种情况是不予排除，但不予排除仅仅意味着对被告人的审判前供述可以当庭宣读和质证，至于其最终能否作为定案的根据，还要结合被告人当庭的供述以及其他证据来予以综合判断，只有在其既是合法取得，同时又可以与其他证据相互印证，可以被认定为真实可靠的情况下，才能作为定案的根据。换句话说，"排除"意味着不能作为定案的根据，或者说不具备作为定案根据的资格；而"不排除"则意味着可能作为定案的根据，或者说仅仅是取得了作为定案根据的资格，至于其最终究竟能否作为定案的根据，还要视其真实性而定。

2. 法庭不排除被告人审判前供述的两种情况。其一，法庭没有对被告人审判前供述取证手段的合法性产生疑问。具体来说，又包括两种情况，一是被告人及其辩护人未提供非法取证的相关线索或者证据，那么法庭自然不会对取证手段的合法性产生疑问；二是被告人及其辩护人已提供非法取证的相关线索或者证据，但是该线索或者证据却并没能使法庭对被告人审判前供述取证手段的合法性产生疑问。在这两种情况下，法庭都没有对被告人审判前供述取证手段的合法性产生疑问，因此该供述都不应当被予以排除。其二，法庭虽然在初步审查中对被告人审判前供述取证手段的合法性产生了疑问，但公诉人却提供了确实、充分的证据证明了被告人审判前供述系合法取得，排除了法庭的疑问，那么，在这种情况下，该供述也不应当被予以排除。

3. 法庭决定排除被告人审判前供述的两种情况。其一，法庭确信被告人审判前供述系非法取得，自然要予以排除；其二，法庭并不能确信被告人审判前供述系非法取得的，但是也不能确信该供述系合法取得，也即法庭对被告人审判前供述取得手段的合法性存在疑问，而公诉人无法提供证据或者所提供的证据无法消除该疑问，那么，根据证明责任的原理，即应推定承担证明责任的那一方，也即公诉人所主张的事实是虚假的。换句话说，就是要推定该供述系通过非法手段取得，从而应当予以排除。可见，只要法庭不能确信被告人的供述是通过合法手段取得的，不管是已经确信被告人审判前供述系非法取得，还是仅仅只怀疑被告人审判前供述系非法取得，其在处理结果上都是一样的，也即只要公诉人无法以确实、充分的证据证明被告人审判前供述合法取得，从而完全排除非法取证的可能，那么该供述就应当予以排除。

关于被告人审判前供述的处理，在实践中需要注意以下问题：[1]（1）只要法庭不能排除对被告人审判前供述取证手段合法性的疑问，就应当决定排除该供述，而不是非得确实证明了该供述系非法取得才能排除该供述。实践中要防止强求辩方证明讯问人员取证手段违法的做法。（2）只要法庭不能排除对被告人审判前供述取证手段合法性的疑问，就应当决定排除该供述，而无论该供述真实与否。也就是说，即使该供述是真实的，只要它是通过本规定第一条中所规定的非法手段取得的，就应当被予以排除，而不能作为定案的依据。实践中要防止重视真实发现和惩罚犯罪，轻视正当程序和人权保障的错误倾向。（3）即使法庭确认被告人审判前供述系合法取得，也不能就直接将其作为定案的根据，因为合法取得的供述也可能是虚假的，因此一定要结合其他证据，尤其是结合被告人的当庭供述来对其真实性予以审查和判断，比如通过找出被告人审判前供述和当庭供述中不一致、相矛盾的地方，让被告人给出合理解释等方法来判断其审判前供述的真实性。

（六）非法言词证据排除的证明责任及证明标准

我国最新修正的《刑事诉讼法》第57条规定："在对证据收集的合法性进行法庭调查的过程中，人民检察院应当对证据收集的合法性加以证明。现有证据材料不能证明证据收集的合法性的，人民检察院可以提请人民法院通知有关侦查人员或者其他人员出庭说明情况；人民法院可以通知有关侦查人员或者其他人员出庭说明情况。有关侦查人员

〔1〕 参见杨迎泽、张红梅主编：《刑事证据适用指南》，中国检察出版社2011年9月版，第271页。

或者其他人员也可以要求出庭说明情况。经人民法院通知，有关人员应当出庭。""两高三部"《排除非法证据规定》第 11 条规定："对被告人审判前供述的合法性，公诉人不提供证据加以证明，或者已提供的证据不够确实、充分的，该供述不能作为定案的根据。"这两个条文规定了公诉人的证明责任和所必须达到的证明标准。

公诉人必须以确实、充分的证据排除被告人审判前供述属非法取得，该被告人审判前供述才能够被宣读、质证，如果经质证被法庭认为内容真实，才能够被作为定案的根据。这实际上是为公诉人规定了证明被告人审判前供述系合法取得所必须达到的证明标准。如果公诉人对被告人审判前供述系合法取得的证明不能使法庭确信该供述是合法取得的，换句话说，不能使法庭完全排除该供述系非法取得的怀疑，那么该供述就应当被推定为非法取得，从而不能被作为定案的根据，而不论该供述本身真实与否。同时，在非法取得被告人审判前供述后合法取得的被告人重复性陈述，与不能作为定案依据的被告人原陈述一致，也不能作为定案的根据。

（七）非法言词证据在二审阶段的审查和排除

"两高三部"《排除非法证据规定》第 12 条规定："对于被告人及其辩护人提出的被告人审判前供述是非法取得的意见，第一审人民法院没有审查，并以被告人审判前供述作为定案根据的，第二审人民法院应当对被告人审判前供述取得的合法性进行审查。检察人员不提供证据加以证明，或者已提供的证据不够确实、充分的，被告人该供述不能作为定案的根据。"本条规定了非法言词证据在二审阶段的审查和排除规则，明确了对第一审人民法院未予证据合法性调查的救济程序。

1. 二审法院对非法言词证据审查的前提。对于被告人及其辩护人在第一审开庭审判前或法庭辩论结束前，提出被告人审判前供述系非法取得，并提供了相关线索或证据的，如果第一审法庭未经审查就直接以该供述作为定案的根据，则第二审人民法院应当对该供述取证手段的合法性予以审查。但是，如果第一审人民法院虽然没有对该供述取证手段的合法性予以审查，但也没有以该供述作为定案的根据，那么第二审人民法院就不必再对该供述取证手段的合法性予以审查了。也就是说，第一审法庭将合法性受到质疑的被告人审判前供述作为定案的根据，是第二审人民法院对该被告人审判前供述取证手段的合法性予以审查的前提。

2. 二审法院对非法言词证据审查的方式。根据"两高三部"《排除非法证据规定》的相关规定，第一审法庭对被告人审判前供述取证手段合法性的调查，包括初步审查，显然都是开庭进行的。《刑事诉讼法司法解释》第 253 条规定："在第二审程序中，如果合议庭经过阅卷、讯问被告人，听取其他当事人、辩护人、诉讼代理人的意见，对事实清楚的，或者说合议庭认定的事实与第一审认定的没有变化、证据充分的，可以不开庭审理。"此次修正的《刑事诉讼法》第 223 条规定："第二审人民法院对于下列案件，应当组成合议庭，开庭审理：（一）被告人、自诉人及其法定代理人对第一审认定的事实、证据提出异议，可能影响定罪量刑的上诉案件；（二）被告人被判处死刑的上诉案件；（三）人民检察院抗诉的案件；（四）其他应当开庭审理的案件。第二审人民法院决定不开庭审理的，应当讯问被告人，听取其他当事人、辩护人、诉讼代理人的意见。第二审人民法院开庭审理上诉、抗诉案件，可以到案件发生地或者原审人民法院所在地进行。"综合考虑这些规定，第二审人民法院对被告人审判前供述取证手段合法性的初步审查可以在合议庭决定是否开庭审理前先行进行，而且应当先于对第一审判决认定的案件事实本身的调查进行。如经初步调查，法庭并未对该取证手段的合法性产生疑问，则可以对第一审判决认定的案件事实本身通过阅卷，讯问被告人，听取其他当事人、辩护人、诉讼代理人的意见等方式予以调查，并根据调查结果决定是否开庭审理。如果经初步调查，法庭对该供述取证手段的合法性产生了疑问，则应当开庭对证据的合法性予以调查。如果被告人、自诉人及其法定代理人对第一审判决认定的证据提出异议，第二审人民法院认为可能影响定罪量刑的，也应当开庭对证据的合法性予以调查。第二审人民法院开庭调查证据的合法性，应当要求控辩双方证明及进行控辩双方的质证与辩论。检察人员应当提供确实、充分的证据来证明该供述系合法取得，从而排除第二审合议庭的疑问，如果检察人员不提供证据加以证明，或者已提供的证据不够确实充分的，也即无法使第二审合议庭排除审判前供述可能系非法取得的疑问的，那么，不问该供述究竟是否确实为非法取得，也不问该供述的内容是否为真实，该供述都不能作为二审定案的根据。

关于非法言词证据在二审阶段的审查和排除，在实践中应注意以下问题：（1）注意以下几种情况的不同处理，其一，如果被告人及其辩护人提出被告人审判前供述系非法取得，第一审人民法院没有审查，并以该供述作为定案根据，那么第二审人民法院应当对该供述取证方式的合法性予以审查，如果认为不能排除非法取证的可能，则不能以其作为二审认定案件事实的根据；其二，如果第一审人民法院没有审查，但也没有以该供述作为定案的根据，那么第二审人民法院就不必再对该供述取证方式的合法性予以审查；其三，如果第一审人民法院对被告人审判前供述的合法性予以审查，但认为可以排除非法取证的可能，从而仍然以该供述作为了定案的，而在第二审期间，原审被告人及其辩护人又提出了该供述系非法取得的，第二审人民法院应当对该供述取证手段的合法性予以重新审查，如果认为不能排除非法取证的可能，则不能以其作为二审认定案件事实的根据；其四，如果第一审人民法院认为不能排除被告人审判前供述系非法取得从而没有将该供述作为定案的根据，而人民检察院提出了抗诉，那么第二审人民法院应当按二审程序对该供述取证手段的合法性予以重新审查，如果第二审人民法院认为可以排除非法取证的可能，那么该供述可以作为二审定案的根据；最后，如果被告人及其辩护人在第一审法庭辩论终结前没有提出被告人审判前供述系非法取得，而在第二审期间却又提出被告人审判前供述系非法取得，第二审人民法院也应当对该供述取证手段的合法性予以审查，如果认为不能排除非法取证的可能，则不能以其作为二审认定案件事实的根据。[1]（2）除了人民检察院对第一审人民法院排除被告人审判前供述提出抗诉或被告

---

〔1〕 参见杨迎泽、张红梅主编：《刑事证据适用指南》，中国检察出版社 2011 年 9 月版，第 274～275 页。

人、自诉人及其法定代理人对第一审判决认定的证据提出异议，可能影响定罪量刑的情况外，第二审合议庭应当先对被告人审判前供述的合法性予以初步审查，经初步审查而对被告人审判前供述取证手段的合法性产生了疑问的，应当开庭审理，对被告人审判前供述取证手段的合法性予以先行调查；经初步调查认为可以排除非法取证之可能性，并经阅卷，讯问被告人，听取其他当事人、辩护人、诉讼代理人的意见后，认为第一审判决认定的事实清楚，证据充分的，可以不开庭审理。

二、物证、书证的排除

（一）非法取得的物证、书证的排除

物证是指以其外部特征、物质属性和存在场所来证明案件真实情况的物品或者痕迹。书证是指以文字、符号、图画等记载的内容和表达的思想来证明案件事实的书面文件和其他物品。从证据分类的角度来讲，物证和书证都属于与言词证据相对应的实物证据，也即以实物形态为表现形式的证据。[1] 我国最新修正的《刑事诉讼法》第 54 条第 1 款规定："收集物证、书证不符合法定程序，可能严重影响司法公正的，应当予以补正或者作出合理解释；不能补正或者作出合理解释的，对该证据应当予以排除。"排除非法取得的物证、书证有三个前提条件：其一，该物证、书证的取得明显违反法律规定；其二，由于该物证、书证的取证方式违法而可能影响司法公正；其三，提供物证、书证的那一方无法对该物证、书证的瑕疵予以补正或者作出合理的解释。在实践中需要注意将以书面形式记录或表述的证人证言、被害人陈述等与书证严格区分开来，因为立法对于这两种证据在证据排除方面的立场是完全不一样的。以书面形式记录或表述的证人证言、被害人陈述是在案件事实发生之后形成的，除了证人或被害人主动提交的书面证言或书面陈述外，都是由取证行为促成的，没有取证的行为，也就不会有该书面证言、陈述或关于证言、陈述的记录，因此其内容受取证行为合法性的影响较大。且证人、被害人人身权利与意志受取证行为侵害的可能性也较大。书证一般是在案件事实发生之前或之时形成的，并且书证的形成与取证行为无关，即使没有取证行为，该书证也已经存在，只是不会进入诉讼而已。虽然随着现代信息科技的发展，有些书证也可能在案件事实发生之后通过取证行为才以书面形式反映出来，但此前它也必然以电脑数据等形式存在着，而不是由于取证行为才形成的，如打印出来的通讯记录、存取款记录等，除非存在伪造、篡改的情况，其内容一般不受取证行为合法性本身的影响，也不直接涉及个人的人身权利与意志。对于书面证言或被害人的书面陈述，在提供证据一方的证明责任和对非法证据的排除方面，立法都采取了远比书证更为严格的立场。[2]

（二）来源不清物证、书证的排除

"两高三部"《死刑案件证据规定》第 9 条第 1 款规定："经勘验、检查、搜查提取、扣押的物证、书证，未附有勘验、检查笔录，搜查笔录，提取笔录，扣押清单，不能证

〔1〕参见卞建林主编：《证据法学》，中国政法大学出版社 2005 年版，第 155 页。
〔2〕参见杨迎泽、张红梅主编：《刑事证据适用指南》，中国检察出版社 2011 年 9 月版，第 287 页。

明物证、书证来源的，不能作为定案的根据。"本条款是关于来源不清物证、书证排除的规定，包括两个方面的含义：一是对于物证、书证收集的笔录及扣押清单要求。实践中，物证、书证的收集方法主要有勘验、检查、搜查提取、扣押。运用这些方法收集物证、书证应当制作笔录。笔录内容应当能够反映物证和书证的来源，即该物证、书证是何人在何地、何时、用何种手段收集到的。二是如果没有附上相关笔录和扣押清单，且又无其他证据能够证明物证、书证来源的，该物证、书证不能作为定案的根据。这意味着追诉机关对其收集的物证、书证，应当向法庭明确证明该物证、书证的来源。之所以作出这样的规定，一方面，物证、书证属于实物证据，具有很强的客观性和稳定性，但是被动性和依赖性也较明显，其证明价值常常要依赖于诉讼主体运用一定的技术手段加以发现和固定。而且，物证、书证还容易受外力作用而消失，故更需要及时地发现、固定和保全。笔录及清单的制作是固定和保全物证、书证的重要手段，也是收集的基本要求。另一方面，只有明确应该附有而没有附有相关笔录、清单导致证据来源不明的后果——相关物证、书证不能作为定案的根据，才能进一步促使侦查机关依法收集物证、书证。适用来源不清物证、书证的绝对排除规则，在司法实践中应注意以下问题：对于通过勘验、检查、搜查提取、扣押等方法取得的物证、书证，只有在没有附上勘验、检查笔录、搜查笔录、提取笔录和扣押清单，而且又无其他方法证明其来源时，该证据才应排除。如果对物证、书证的来源存疑，但能作出合理解释的，可以作为证据使用。[1]

（三）瑕疵物证、书证的裁量排除

"两高三部"《死刑案件证据规定》第9条第2款规定："物证、书证的收集程序、方式存在下列瑕疵，通过有关办案人员的补正或者作出合理解释的，可以采用：（一）收集调取的物证、书证，在勘验、检查笔录，搜查笔录，提取笔录，扣押清单上没有侦查人员、物品持有人、见证人签名或者物品特征、数量、质量、名称等注明不详的；（二）收集调取物证照片、录像或者复制品，书证的副本、复制件未注明与原件核对无异，无复制时间，无被收集、调取人（单位）签名（盖章）的；（三）物证照片、录像或者复制品，书证的副本、复制件没有制作人关于制作过程及原物、原件存放于何处的说明或者说明中无签名的；（四）物证、书证的收集程序、方式存在其他瑕疵的。"第3款规定："对物证、书证的来源及收集过程有疑问，不能作出合理解释的，该物证、书证不能作为定案的根据。"这两个条款是关于瑕疵物证、书证的裁量排除规则的规定，包含以下几层含义：一是瑕疵物证、书证的类型，包括以上四种情况。在此需要特别指出的是，有瑕疵的物证、书证与非法取得的物证、书证存在本质差别。非法取得的证据，强调的是取证手段与方法严重违法，侵害了公民基本权利；而有瑕疵的证据，一般是指在取证过程或者某一环节中遗漏了某些事项，导致该证据在形式上有欠缺，不够完美。对于严重非法取得的物证、书证，应当排除；对于有瑕疵的证据，一般不直接排除，而是允许先采取补救措施。二是对于瑕疵证据，必须通过有关办案人员的补正或者

---

〔1〕 参见杨迎泽、张红梅主编：《刑事证据适用指南》，中国检察出版社2011年9月版，第68~69页。

作出合理解释后方可以采用。所谓补正，是直接纠正原有的遗漏，如没有签名的，补充签名；没有详细记录的，重新补上。所谓作出合理的解释，是在补正不可能的情况下，由相关办案人员对该瑕疵作出合情合理的解释，使人确信该物证、书证是真实的。三是对物证的来源及收集过程有疑问，举证人又不能作出合理解释的，法院不能将其作为定案的根据。对于有瑕疵的物证、书证，之所以没有规定强制排除，而是允许采取补救措施，使其转化为合格的证据，主要是考虑到：对于没有严重侵犯基本权利，又对证明案件真实情况有直接作用的瑕疵证据一概予以排除，无疑会因为证据不足而使犯罪分子逍遥法外，导致对犯罪的打击不力，社会公众的利益得不到保护。将瑕疵证据予以转化使其具有合法性，能使其证明实体真实的作用得到充分发挥，可有效避免放纵犯罪。

适用瑕疵物证、书证的裁量排除规则，需要注意两个问题：第一，有瑕疵的物证、书证最终能否采用，取决于补正和合理解释的效果。而且，并非作出补正或合理解释后，就必须采用，只是"可以采用"。至于最终是否采用，还得结合案情和其他证据结合审理判断。第二，注意把握非法证据与有瑕疵证据的界限，这当中不可避免地涉及裁判者的自由裁量权。我们认为，此界限可以从以下两个方面综合把握：一是是否侵犯公民宪法权利。如果侵犯了公民宪法权利，应视为非法证据；反之，就属于有瑕疵的证据。二是对该证据真实之影响。如果取证的方式、程序存在的问题导致证据真实性难以保障的，可以认定为是非法证据；反之，应认定为有瑕疵的证据。[1]

三、被告人供述的排除

（一）采用刑讯逼供等非法手段取得被告人供述的排除

将供述作为证明犯罪的工具，这种做法有着悠久的历史，中国封建社会一直将刑讯作为合法的侦查取证手段，时至今日，"由于受封建社会司法制度中'无供不录案'、'罪从供定'思想的影响，有的公安司法人员总认为有口供定案才踏实，为求口供而导致刑讯逼供等违法犯罪行为发生，这又使口供的真实性受到影响"。[2]

由于人在遭受极度痛苦的情况下会为了减轻痛苦而说出任何事情，因此，通过此类手段获得的供述大多是不真实的。"刑讯必然造成这样一种奇怪的后果：无辜者处于比罪犯更坏的境地。尽管二者都受到折磨，前者却是进退维谷。其或者承认犯罪，接受惩罚，或者在屈受刑讯后，被宣告无罪。但罪犯的情况则对自己有利，当他强忍痛苦而最终被宣告无罪时，其就把较重的刑罚改变为较轻的刑罚。所以无辜者只有倒霉，罪犯则能占便宜。"[3]

对于以刑讯逼供等非法手段取得的被告人供述，许多国家都确立了绝对的排除规则，之所以排除此种供述，"并不只是因为此种供述可能是不真实的；基本的公正理念

〔1〕 参见杨迎泽、张红梅主编：《刑事证据适用指南》，中国检察出版社2011年9月版，第71页。
〔2〕 参见樊崇义等著：《证据法学》，法律出版社2000年版，第100页。
〔3〕 参见［意］贝卡里亚著、黄风译：《论犯罪与刑罚》，中国大百科全书出版社2005年版，第89页。

也要求法院不得使用通过此种强迫的手段获取的证据"[1] 我国《宪法》第33条第3款规定："国家尊重和保障人权。"《刑事诉讼法》第50条规定："严禁刑讯逼供和以威胁、引诱、欺骗以及其他非法方法收集证据，不得强迫任何人证实自己有罪。"第53条规定："对一切案件的判处都要重证据，重调查研究，不轻信口供。只有被告人供述，没有其他证据的，不能认定被告人有罪和处以刑罚；没有被告人供述，证据确实、充分的，可以认定被告人有罪和处以刑罚。"第54条规定："采用刑讯逼供等非法方法收集的犯罪嫌疑人、被告人供述和采用暴力、威胁等非法方法收集的证人证言、被害人陈述，应当予以排除。收集物证、书证不符合法定程序、可能严重影响司法公正的，应当予以补正或者作出合理解释；不能补正或者作出合理解释的，对该证据应当予以排除。在侦查、审查起诉、审判时发现有应当排除的证据的，应当依法予以排除，不得作为起诉意见、起诉决定和判决的依据。"《刑事诉讼法司法解释》第61条规定："严禁以非法的方法收集证据。凡经查证确实属于采用刑讯逼供或者威胁、引诱、欺骗等非法的方法取得的证人证言、被害人陈述、被告人供述，不能作为定案的根据。""两高三部"《死刑案件证据规定》第19条规定："采用刑讯逼供等非法手段取得的被告人供述，不能作为定案的根据。"

上述法律规定体现出以下三个层次的理念：首先，人权是宪法规定的基本权利。刑事诉讼中的犯罪嫌疑人、被告人的人权也应当得到尊重和保障。由于侦查人员迫于破案压力极有可能采用刑讯逼供等非法手段获取口供证据，故为保护犯罪嫌疑人、被告人的基本人权和诉讼权利，法律严禁刑讯逼供和以威胁、引诱、欺骗以及其他非法的方法收集证据，如果侦查人员违反法律规定采用刑讯逼供手段获取证据，还将承担相应的法律责任。其次，由于口供证据不稳定，极易存在虚假的情形，故应当对口供持审慎态度，不能过度依赖口供。最后，对于在实践中违反法律规定，采用刑讯逼供等非法手段获取证据的情形，如果采用此类证据只会放任和纵容刑讯逼供等非法取证行为，进而导致恶性循环，很难有效预防冤假错案的再次发生。因此对于经依法确认的采用刑讯逼供等非法手段获取的被告人供述，应当予以排除，不能作为定案的根据。通过排除采用刑讯逼供等非法手段获取的供述，有助于从根本上遏制刑讯逼供。

（二）违反法定取证程序无法确定客观真实性的被告人供述的排除

"两高三部"《排除非法证据规定》第12条规定："对于被告人及其辩护人提出的被告人审判前供述是非法取得的意见，第一审人民法院没有审查，并以被告人审判前供述作为定案根据的，第二审人民法院应当对被告人审判前供述取得的合法性进行审查。检察人员不提供证据加以证明，或者已提供的证据不够确实、充分的，被告人该供述不能作为定案的根据。"讯问被告人是一项法定的取证工作，应当遵循法律规定的讯问程序。违反法定讯问程序获取的被告人供述，如果缺乏客观真实的实际保障，就不具证据资格，不能作为定案的根据。在司法实践中，违反法定讯问程序，导致被告人供述不具

---

〔1〕 参见〔美〕诺曼·嘉兰等著、但彦铮等译：《执法人员刑事证据教程》，中国检察出版社2007年版，第229页。

证据资格的情况主要有以下两种[1]：

1. 讯问笔录形式不规范。为确保讯问笔录客观全面反映被告人供述的实际情况，避免讯问笔录出现错误、疏漏或者事后故意涂改，法律和相关规定明确了讯问笔录的形式要件。我国最新修正的《刑事诉讼法》第120条规定："讯问笔录应当交犯罪嫌疑人核对，对于没有阅读能力的，应当向他宣读。如果记载有遗漏或者差错，犯罪嫌疑人可以提出补充或者改正。犯罪嫌疑人承认笔录没有错误后，应当签名或者盖章。侦查人员也应当在笔录上签名。犯罪嫌疑人请求自行书写供述的，应当准许。必要的时候，侦查人员也可以要犯罪嫌疑人亲笔书写供词。"《公安机关办理刑事案件程序规定》第184条规定："讯问笔录应当交给犯罪嫌疑人核对或者向其宣读。如果记录有差错或者遗漏，应当允许犯罪嫌疑人更正或者补充，并捺指印。笔录经犯罪嫌疑人核对无误后，应当由其在笔录上逐页签名（盖章）、捺指印，并在末页写明'以上笔录我看过（或向我宣读过），和我说的相符'。拒绝签名（盖章）、捺指印的，侦查人员应当在笔录上注明。"根据上述规定，如果讯问笔录没有经被告人核对确认并签名（盖章）、捺指印，则无法确保被告人曾经核对过讯问笔录，甚至无法确定该讯问笔录中记载的内容是由被告人所陈述，进而无法确保讯问笔录的真实性，故不能确认其证据资格，自然也不能作为定案的根据。

2. 讯问特殊被告人时未提供手势辅助或者翻译辅助。聋哑人缺乏口头言语交流能力，如果没有通晓聋、哑人手势的人员提供辅助，就无法接受讯问，进而无法作出供述和辩解；少数民族人员、外国人不能通晓当地通用的语言文字，如果没有翻译人员提供辅助，也无法接受讯问，进而无法作出供述和辩解。最新修正的《刑事诉讼法》第119条规定："讯问聋、哑的犯罪嫌疑人，应当有通晓聋、哑手势的人参加，并且将这种情况记明笔录。"第9条第1款规定："各民族公民都有用本民族语言文字进行诉讼的权利。人民法院、人民检察院和公安机关对于不通晓当地通用的语言文字的诉讼参与人，应当为他们翻译。"上述规定明确了为特殊类型的被告人提供通晓聋、哑人手势的人员或者翻译人员等辅助人员的义务。如果讯问聋哑被告人或不通晓当地通用的语言文字的少数民族被告人、外国被告人，应当提供通晓聋哑人手势的人员或者翻译人员而未提供的，由于无法确保此类被告人所提供的供述的真实性，故本规定否定此类被告人供述的证据资格，不能作为定案的根据。

四、鉴定意见的排除

（一）违法或者不适格鉴定意见的排除

鉴定意见在诉讼证明过程中具有非常重要的作用。尤其是指纹鉴定结论、DNA鉴定结论，能够直接锁定被告人，是认定案件事实的关键性证据。但在司法实践中，各种主客观的因素都可能对鉴定意见的证据能力产生实质性的影响，甚至导致鉴定意见丧失证

---

[1]　参见张军主编：《刑事证据规则理解与适用》，法律出版社2010年9月版，第220~223页。

据资格，不能作为定案的根据使用。"两高三部"《死刑案件证据规定》第 24 条规定："鉴定意见具有下列情形之一的，不能作为定案的根据：（一）鉴定机构不具备法定的资格和条件、或者鉴定事项超出本鉴定机构项目范围或者鉴定能力的；（二）鉴定人不具备法定的资格和条件、鉴定人不具有相关专业技术或者职称、鉴定人违反回避规定的；（三）鉴定程序、方法有错误的；（四）鉴定意见与证明对象没有关联的；（五）鉴定对象与送检材料、样本不一致的；（六）送检材料、样本来源不明或者确实被污染且不具备鉴定条件的；（七）违反有关鉴定特定标准的；（八）鉴定文书缺少签名、盖章的；（九）其他违反有关规定的情形。"该条确定了违法或者不适格鉴定意见的排除规则。

在司法实践中，鉴定的程序方法和基础的材料可能影响鉴定意见的真实性，例如，鉴定程序、方法有错误的；鉴定对象与送检材料、样本不一致的；送检材料、样本来源不明或者确实被污染且不具备鉴定条件的；违反有关鉴定特定标准的。鉴定意见也可能因不符合法律规定的形式要件而影响其真实性，例如，鉴定机构不具备法定的资格和条件，或者鉴定事项超出本鉴定机构项目范围或者鉴定能力的；鉴定人不具备法定的资格和条件，鉴定人不具有相关专业技术或者职称，鉴定人违反回避规定的；鉴定文书缺少签名、盖章的。对于因各种主客观因素的影响而导致欠缺真实性的鉴定意见，因其极有可能导致案件事实的认定出现偏差甚至错误，故不能作为定案的根据。应当认识到，我国《刑事诉讼法》第 146 条规定："侦查机关应当将用作证据的鉴定意见告知犯罪嫌疑人、被害人。如果犯罪嫌疑人、被害人提出申请，可以补充鉴定或者重新鉴定。"根据该条规定，如果当事人对上述欠缺真实性的鉴定意见提出异议，可能并不会导致法院排除该鉴定意见，而是可能启动补充鉴定或者重新鉴定程序。同时鉴定意见可能因其与证据对象没有关联而缺乏证据资格。对于缺乏关联性的鉴定意见，因其缺乏证据资格，故不能作为定案的根据。

（二）存疑鉴定意见的补证规则

我国"两高三部"《死刑案件证据规定》第 24 条规定："对鉴定意见有疑问的，人民法院应当依法通知鉴定人出庭作证或者由其出具相关说明，也可以依法补充鉴定或者重新鉴定。"该条确定了存疑鉴定意见的补证规则。

根据我国《刑事诉讼法》第 190 条的规定，对未到庭的鉴定人的鉴定意见，应当当庭宣读。审判人员应听取公诉人、当事人和辩护人、诉讼代理人的意见。由于法律并未强制鉴定人出庭作证，书面的鉴定意见具有合法性，故鉴定人出庭率较低。为切实保护当事人的辩护权，相关规定赋予了当事人对鉴定意见的异议权。《全国人大常委会关于司法鉴定管理问题的决定》第 11 条规定："在诉讼中，当事人对鉴定意见有异议的，经人民法院依法通知，鉴定人应当出庭作证。"鉴定人出庭作证，有助于妥善解决相应的争议问题，消除当事人的异议，进而确保准确地认定相关的案件事实。

鉴定人出庭作证，需要遵守相应的程序规范，并对鉴定意见尤其是其中的争议问题作出详细的说明。《刑事诉讼法司法解释》第 144 条规定："鉴定人应当出庭宣读鉴定结论，但经人民法院准许不出庭的除外。鉴定人到庭后，审判人员应当先核实鉴定人的身份、与当事人及本案的关系，告知鉴定人应当如实地提供鉴定意见和有意作虚假鉴定要负的法律责任。鉴定人说明鉴定结论前，应当在如实说明鉴定结论的保证书上签名。"

在司法实践中，鉴定人可能因客观原因无法出庭作证，例如鉴定人在庭审期间身患严重疾病或者行动极不方便，作为一种变通，鉴定人可以针对鉴定意见存的疑问出具相关的说明。当事人除了对鉴定意见提出异议外，还可以申请补充鉴定或者重新鉴定。根据《刑事诉讼法》第 192 条的规定："法庭审理过程中，当事人和辩护人、诉讼代理人有权申请通知新的证人到庭，调取新的物证，申请重新鉴定或者勘验。公诉人、当事人和辩护人、诉讼代理人可以申请法庭通知有专门知识的人出庭，就鉴定人作出的鉴定意见提出意见。法庭对于上述申请，应当作出是否同意的决定。"《刑事诉讼法司法解释》第 59 条规定："对鉴定结论有疑问的，人民法院可以指派或者聘请有专门知识的人或者鉴定机构，对案件中的某些专门性问题申请补充或者重新鉴定。"如果当事人对鉴定意见有异议，可以申请补充鉴定或者重新鉴定，这也是当事人质证权的应有之义。法院应当重视保护当事人对鉴定意见的异议权，同时也应当认真审查补充鉴定或者重新鉴定后得出的鉴定意见。

五、勘验、检查笔录的排除

"两高三部"《死刑案件证据规定》第 26 条规定："勘验、检查笔录存在明显不符合法律及有关规定的情形，并且不能作出合理解释或者说明的，不能作为证据使用。勘验、检查笔录存在勘验、检查没有见证人的，勘验、检查人员和见证人没有签名、盖章的，勘验、检查人员违反回避规定的等情形，应当结合案件其他证据，审查其真实性和关联性。"本条规定了违反法律规定的勘验、检查笔录的排除规则，以及存在瑕疵的勘验、检查笔录的审查规则。

现场勘验、检查笔录作为对现场勘查及取证工作的客观记录，应当符合法律有关规定的要求。作为一种法律文书，现场勘验、检查笔录应当"客观、全面、完整"地记录现场勘查情况[1]，故能够作为核查现场或者重建现场原状的依据。所谓客观，就是指勘查人员在制作笔录时，要对现场和现场勘查情况进行客观记载，不能包含主观分析、判断。所谓全面，就是指勘查人员必须将现场上一切与犯罪有关的客观情况和勘查过程、结果记录下来，尤其是要准确、全面地记录取证过程和证据特征。所谓完整，就是指现场勘查笔录、现场照相、现场绘图三个部分要齐全，缺一不可，对于特定的案件还要单独制作现场录像。在司法实践中，对现场勘验、检查笔录存在的一些明显不符合法律及有关规定的情形，能够作出合理的解释或者说明，具体包括以下情形：[2]

第一，侦查人员未依法实行回避。《刑事诉讼法》第 30 条规定："审判人员、检察人员、侦查人员的回避，应当分别由院长、检察长、公安机关负责人决定；院长的回避，由本院审判委员会决定；检察长和公安机关负责人的回避，由同级人民检察院检察

---

〔1〕　参见管光承等：《现场勘查》，法律出版社 2000 年版，第 207 页。
〔2〕　参见张军主编：《刑事证据规则理解与适用》，法律出版社 2010 年 9 月版，第 216～217 页。

委员会决定。对侦查人员的回避作出决定前，侦查人员不能停止对案件的侦查。对驳回申请回避的决定，当事人及其法定代理人可以申请复议一次。"因此，尽管该侦查人员依法应当回避，但不妨碍其在回避决定作出前继续开展勘查工作。

第二，无证搜查。《刑事诉讼法》第 136 条规定："进行搜查，必须向被搜查人出示搜查证。在执行逮捕、拘留的时候，遇有紧急情况，不另用搜查证也可以进行搜查。"因此遇有紧急情况，侦查人员可以进行无证搜查。

第三，被搜查人或其家属未在笔录上签名、盖章。《刑事诉讼法》第 138 条第 1 款规定："搜查的情况应当写成笔录，由侦查人员和被搜查人或者他的家属、邻居或者其他见证人签名或者盖章。如果被搜查人或者他的家属在逃或者拒绝签名、盖章，应当在笔录上注明。"因此，如果被搜查人或者他的家属在逃或者拒绝签名、盖章，则无法在笔录上签名、盖章。

第四，犯罪嫌疑人未在笔录上签名、盖章。《刑事诉讼法》第 130 条规定："为了确定被害人、犯罪嫌疑人的某些特征、伤害情况或者生理状态，可以对人身进行检查，可以提取指纹信息，采集血液、尿液等生物样本。"该条虽未规定犯罪嫌疑人拒绝在检查笔录上的签名、盖章如何处理，但实践中可能出现犯罪嫌疑人拒绝签名、盖章的情形。

第五，死者家属未在解剖通知书上签名、盖章。《人民检察院刑事诉讼规则》第 168 条规定："人民检察院决定解剖死因不明的尸体时，应当通知死者家属到场，并让其在解剖通知书上签名或者盖章。死者家属无正当理由拒不到场或者拒绝签名、盖章的，不影响解剖的进行，但是应当在解剖通知书上记明。对于身份不明的尸体，无法通知死者家属的，应当记明笔录。"

对上述情形，法律规定应当在相应的笔录上作出说明，但在实践中笔录制作人可能因为工作疏忽而未能在笔录上注明。由于笔录存在的上述不符合法律和有关规定的情形，均存在正当的理由，故可以通过解释或者说明恢复笔录的合法性。

此外，对于现场勘验、检查笔录中存在的疏漏或者错误，如漏记、错记现场物证、书证，漏记、错记笔录格式中所列的相关事项，有关现场物证、书证的特征描述与现场照片不一致，等等，也需要笔录制作人结合现场照片、图表或者录像作出合理的解释或者说明，必要时还可能需要进行复验、复查，从而确保现场勘验、检查笔录的真实性。

在司法实践中，对现场勘验、检查笔录存在的某些明显不符合法律及有关规定的情形，无法作出合理的解释或者说明，例如，笔录中记载的勘查人员不符合法律规定，笔录中记载的提取相关物证、书证的情况没有见证人在场。此类笔录因为违反法律及有关规定，且无正当的理由，导致证据缺乏关联性和真实性，故不能作为证据使用。

一些案件中，勘验、检查笔录存在勘验、检查没有见证人的，勘验、检查人员和见证人没有签名、盖章的，勘验、检查人员违反回避规定的等情形，上述证据问题影响到勘验、检查笔录的真实性和关联性。

对于此类情形，如果一概否定勘验、检查笔录的证据能力，就将导致勘验、检查过程中获取的物证、书证等证据丧失合法来源，进而影响到案件事实的准确认定，故应当结合案件其他证据，审查其真实性和关联性。

根据《公安机关办理刑事案件程序规定》第 197 条的规定，勘查现场，应当按照现场勘查规则的要求拍摄现场照片，制作《现场勘查笔录》和现场图。对重大、特别重大案件的现场，应当录像。由于案卷材料中存在现场照片、现场图以及现场录像，故对于上述情形，可以结合现场照片、现场图以及现场录像审查勘验、检查笔录记载的内容的真实性和关联性。

此外，对于勘验、检查笔录真实性和关联性的审查，还应当结合案件的其他证据进行。例如，对于现场勘验、检查笔录中记载的物证、书证所具有的特征及其在现场所处的状态，如果能够与被告人供述、被害人陈述或者证人证言证实的情况相印证，就能够印证该笔录相关内容的真实性，进而确定物证、书证的实际来源。

六、视听资料的排除

"两高三部"《死刑案件证据规定》第 28 条规定，"具有下列情形之一的视听资料，不能作为定案的根据：（一）视听资料经审查或者鉴定无法确定真伪的；（二）对视听资料的制作和取得的时间、地点、方式等有异议，不能作出合理解释或者提供必要证明的。"本条规定了对真伪和来源不明的视听资料的排除规则。伪造、变造或者严重失真的视听资料，因其不能证明案件事实，相反却会影响案件事实的准确认定，甚至可能导致案件事实认定出现错误，因此不能作为定案的根据。真伪不明的视听资料以及因为来源不明导致真伪不明的视听资料，因其存在伪造、变造或者严重失真的重大风险，故不能作为定案的根据。

（一）真伪不明的视听资料

对于当事人提供的来源明确的视听资料，如果对其真实性存在疑问，就应当实行严格的审查。这种审查可以借助证人证言、被告人供述、被害人陈述进行。例如，如果目击证人同时观察到视听资料所记录的案件情况，那么，该证人就能够证实，特定的视听资料是对案件情况客观真实的记录。在司法实践中，侦查机关自己制作的视听资料，如果具备完整的证据保管链条，就能够证明自身的真实性，不易引起争议。对于侦查机关从其他单位或者个人处提取的视听资料，虽然来源明确，但由于缺乏证据的保管链条，故此类视听资料的真实性容易引发争议。为避免事实认定出现偏差甚至错误，对于此类视听资料，如果经审查或者鉴定不能确定真伪，就不能将之作为定案的根据。需要指出的是，对视听资料真伪的上述审查，并不以当事人提出异议为前提。根据《刑事诉讼法》第 191 条的规定，法庭审理过程中，合议庭对证据有疑问的，可以宣布休庭，对证据进行调查核实。人民法院调查核实证据，可以进行勘验、检查、查封、扣押、鉴定和查询、冻结。因此，合议庭在审查判断证据的过程中，应当重视审查视听资料的真伪，如果对视听资料的真伪存疑，就应当及时进行鉴定，以便准确地认定案件事实。

（二）来源不明的视听资料

由于视听资料的制作和提取过程都存在剪辑、增加、删改和编辑等伪造、变造的可能性，所以应当对视听资料的来源进行严格的审查。通常情况下，视听资料都有明确的制作人，进而能够证实视听资料的整个制作过程。同时如果视听资料的取证过程规范，也能够证实取得该证据的时间、地点和方式等问题。对于上述来源明确的视听资料，一般不会引起真伪方面的争议。但在司法实践中，有些视听资料的制作过程是自动进行的。例如，银行内部安装的视频监控系统是自动获取视频资料的，没有制作人或者目击证人能够证实该视听资料的制作过程。此时，对于该视听资料的真实性，就取决于"录制设备运行的科学原理、操作者的资格、设备的状态、视听资料本身未改变的状态以及从录制设备到法院的保管链条的完整性"。[1]

如果对视听资料的制作，取得的时间、地点、方式等来源问题存在异议，就表明该视听资料的真伪面临着质疑。为了消除上述异议，需要视听资料的制作者、提取者对视听资料的制作、提取过程作出合理的解释，或者提供必要的证明，如果通过解释和证明等方式明确了视听资料的制作、提取过程，就表明该视听资料的来源可靠。如果不能作出合理的解释或者提供必要的证明，就表明该视听资料来源不明，对于来源不明的视听资料，其真伪自然也无相应的保障，故不能作为定案的根据。

在司法实践中，对视听资料的制作，取得的时间、地点、方式等有异议，主要是指对方当事人提出的异议，合议庭应当认真对待当事人的异议，并及时要求视听资料的举证方作出合理的解释或者提供必要的证明。如果合议庭在审查判断视听资料的过程中，发现视听资料的制作，取得的时间、地点、方式不明确，即使对方当事人并未提出异议，也应当及时要求视听资料的举证方作出合理的解释或者提供必要的证明，以便核实视听资料的来源，确保视听资料的真实性，进而准确认定案件事实。

七、辨认笔录的排除

辨认是在侦查人员主持下由被害人、证人、犯罪嫌疑人对犯罪嫌疑人、与案件有关或疑与案件有关的物品、尸体、场所进行识别认定的一项侦查措施。辨认笔录是以笔录的方式全面、客观地记录辨认的全过程和辨认结果并有在场相关人员签名的笔录。"两高三部"《死刑案件证据规定》第30条第1款规定，"侦查机关组织的辨认，存在下列情形之一的，应当严格审查，不能确定其真实性的，辨认结果不能作为定案的根据：（一）辨认不是在侦查人员主持下进行的；（二）辨认前使辨认人见到辨认对象的；（三）辨认人的辨认活动没有个别进行的；（四）辨认对象没有混杂在具有类似特征的其他对象中，或者供辨认的对象数量不符合规定的；尸体、场所等特定辨认对象除外。（五）辨认中给辨认人明显暗示或者明显有指认嫌疑的。"本法条在肯定司法实践中辨认笔录证据能力的基础上，明确规定了排除辨认结果的两个条件：一是存在本法条明确规定的严重违反辨认程序和规则的五种情形之一，即（1）辨认不是在侦查人员主持下进行的；（2）辨认前使辨认人见到辨认对象的；（3）辨认人的辨认活动没有个别进行的；

---

〔1〕 参见［美］罗纲德·艾伦等著、张保生等译：《证据法：文本、问题和案例》，高等教育出版社2006年版，第233页。

（4）辨认对象没有混杂在具有类似特征的其他对象中，或者供辨认的对象数量不符合规定的；尸体、场所等辨认对象除外。（5）辨认中给辨认人明显暗示或者明显有指认嫌疑的。二是无法确定辨认结果的真实性，即基于上述五种情形的存在，无法确认该辨认结果的真实性的。也就是说，只要有上述五种情形之一的，原则上应推定无法确认辨认结果的真实性，从而排除辨认笔录的证据资格。这里需要注意的是，由于对犯罪嫌疑人和尸体的辨认，无法将其混杂在同类对象中，因此是单一的辨认，更容易出错，在此情况下进行的辨认，更要严格程序。对尸体的辨认，必要时应当进行法医物证鉴定。

【典型案例分析】

1. 通过讯问谋略取得口供，是否具有合法性？[1]

【基本案情】

一夜总会小姐坐出租车回住处，出租车司机章某将其强奸扼死，抛尸于公路旁一水沟内。3日后，该司机章某被刑事拘留，但矢口否认有强奸行为。待问及案发当日的活动情况时章某说：早上4时左右，在青岛火车站拉了两位客人到威海去，返回时已接近9时……"明人不做暗事，不信你们去查。"

审讯人员不露声色，顺其话道："你走哪里的威海？"

"高速公路呀，怎么啦？"

"去威海的路多的是，何必多花钱走那高速？"

"不是我愿意走，客人说有急事，要求走高速，没办法。"

"这倒也是。"审讯人员点点头，"你刚才说几点钟上了高速？"

"我说差不多4点呀，又怎么啦？"

"用不着一惊一乍的，我们内部通报说，18号早上4时左右，离青岛收费站40公里处，发生了一起咱省历史上最惨的交通事故：一辆大货车和一辆小轿车撞上了，大车把小车碾成碎饼，按你上高速的时间，这事儿你应该看到的，是不是（事实上交通事故是审讯人员虚构的）。"

"对对，是有这码子事。"

"惨不惨？"

"太惨了。"

"怎么个惨法？"

"那大车把小车都压扁了。"

"大巫见小巫，这也算惨？说来从未见过，不光小车压成了饼，连车里的两个人的脑袋也齐刷刷地给压了下来，跟那足球一样，满地滚。"

"对对对，差点忘了这事，是满地滚。"

"什么满地滚？"

〔1〕 参见刘品新：《刑事证据疑难问题探索》，中国检察出版社2006年5月版，第79~81页。

"两个脑袋呀！"

"你真看见了？"

"啊！对，是真看见了！"

"你也敢看？"

"嘿，看了两眼，再也不敢往下看了。"

"哼，你是不是大白天做梦？你也不想想，这事沾边吗？它有可能吗？"（审讯人员暗示交通事故根本就是没有的事）

"哎？那不是你说的吗？"

"是我说的，可我为什么要这样说？还不明白是吗？别急，有的是时间，你慢慢琢磨吧。想明白了后，别忘了跟'政府'说一声……"

嫌疑人章某恍然大悟！

【法理分析】

讯问是指司法人员为了查明和证明刑事案件的事实，依法对犯罪嫌疑人或被告人进行审查和讯问的活动。讯问取得的证据就是法律所规定的犯罪嫌疑人、被告人供述与辩解，俗称的口供。实务中口供是一种非常重要的证据，也是一种容易出问题的证据。

我国法律规定，讯问应当依法进行，这些法律规定涉及讯问主体、讯问时限与讯问方式等方面。（1）《刑事诉讼法》第116条规定："讯问犯罪嫌疑人必须由人民检察院或者公安机关的侦查人员负责进行。讯问的时候，侦查人员不得少于二人。犯罪嫌疑人被送交看守所羁押以后，侦查人员对其进行讯问，应当在看守所内进行。"据此，法律对讯问人员有以下三点要求：一是身份要求，即讯问人员必须是由侦查人员进行，其他任何机关、团体和个人均无权进行这项活动；二是数量要求，即讯问时，侦查人员不得少于两人；三是地点要求，即犯罪嫌疑人被送交看守所羁押以后，侦查人员对其进行讯问，应当在看守所内进行。（2）第117条规定："对不需要逮捕、拘留的犯罪嫌疑人，可以传唤到犯罪嫌疑人所在市、县内的指定地点或者到他的住处进行讯问，但是应当出示人民检察院或者公安机关的证明文件。对在现场发现的犯罪嫌疑人，经出示工作证件，可以口头传唤，但应当在讯问笔录中注明。传唤、拘传持续的时间不得超过十二小时；案情特别重大、复杂，需要采取拘留、逮捕措施的，传唤、拘传持续的时间不得超过二十四小时。不得以连续传唤、拘传的形式变相拘禁犯罪嫌疑人。传唤、拘传犯罪嫌疑人，应当保证犯罪嫌疑人的饮食和必要的休息时间。"第84条规定："公安机关对于被拘留的人，应当在拘留后的二十四小时以内进行讯问。在发现不应当拘留的时候，必须立即释放，发给释放证明。"第138条规定："搜查的情况应当写成笔录，由侦查人员和被搜查人或者他的家属，邻居或者其他见证人签名或者盖章。如果被搜查人或者他的家属在逃或者拒绝签名、盖章，应当在笔录上注明。"第92条规定："人民法院、人民检察院对于各自决定逮捕的人，公安机关对于经人民检察院批准逮捕的人，都必须在逮捕后的二十四小时以内进行讯问。在发现不应当逮捕的时候，必须立即释放，发给释放证明。"（3）《刑事诉讼法》第50条规定："审判人员、检察人员、侦查人员必须依照法定程序，收集能够证实犯罪嫌疑人、被告人有罪或者无罪、犯罪情节轻重的各种证据。严禁刑讯逼供和以威胁、引诱、欺骗以及其他非法方法收集证据，不得强迫任何人证实自己有罪。"也就是说，讯问方式必须科学文明，绝对禁止刑讯逼供，禁止诱供、骗供和指名、指事问供等。

严格地说，上述规定都是法律对讯问的基本要求，均应得到遵循。特别是违反讯问方式的做法肯定属于"非法讯问"的范畴，所取得的口供无合法性。刑讯逼供是使用肉刑或变相肉刑逼取犯罪嫌疑人、被告人口供的行为。肉刑是指对被讯问人进行肉体的折磨和摧残，如殴打、捆绑、电击等。变相肉刑是指虽不直接使用肉刑，但采用罚跪、罚站、罚晒、罚冻等体罚方法使被讯问人受到肉体的摧残和折磨。在实践中采用刑讯逼供，一方面严重侵犯公民的人身权利，甚至会造成被讯问人伤残、死亡的严重后果；另一方面依据刑讯获取的不实口供定案，极容易导致冤、假、错案，因此，刑讯逼供为我国法律所严厉禁止。以威胁的方法收集口供，是指司法人员以给犯罪嫌疑人、被告人或其亲友造成个人利益的损害相恫吓，使其因恐惧而被迫作出供述。如讯问犯罪嫌疑人，以不招就给点颜色看看相威胁，或者以不交代罪行就长期关押相恫吓。以引诱的方法收集口供，是指司法人员以满足犯罪嫌疑人、被告人的某种个人利益为诱饵，诱使其作出供述。如讯问犯罪嫌疑人、被告人时许诺不追究刑事责任或可以从轻、减轻处罚。以欺骗的方法收集口供，是指司法人员以编造不能实现的情况，使犯罪嫌疑人、被告人信以为真，而按照司法人员的愿望提供口供。如有的侦查人员对被讯问人说："只要你交代了，就可以放你回家。""只要你说清楚，就没你的事了。"而当犯罪嫌疑人交代后，却被起诉判刑。以其他的非法方法收集口供，是指以除刑讯逼供、威胁、引诱、欺骗方法以外的非法方法收集口供，如车轮战、疲劳战、不给饮食、不给治病等不人道的方法等。这些手段虽然在形式上不同于刑讯逼供，但其目的都是为了使犯罪嫌疑人、被告人按照侦查人员的主观要求提供证据。其结果是很容易导致证据失实。这样办案往往会出现冤假错案，因此所取得的证据也无合法性。

但是需要指出的是，非法取得的口供无合法性，并不意味着对通过讯问谋略取得的口供也要排除。讯问谋略是指侦查人员为查明案件事实和获得犯罪嫌疑人的有罪供述，依据法律规定和案件情况，对特定的涉案人员施用的谋略体系的总称。由于具体案情的复杂性，讯问谋略可谓丰富多彩，种类繁多，未有定规。按照对施谋对象施加心理影响的方式，讯问谋略可分为加压型讯问谋略与减压型讯问谋略，前者是采取一定方式刺激施谋对象，加大其心理压力，使其失去正常的理智，产生难以克服的恐惧，从而主动认罪，自我暴露罪行，常见的有采取语言刺激和环境刺激的办法，如政治攻势、政策攻心、打草惊蛇等；后者是采取一定方式缓和紧张气氛，暂时"放松"和缓解施谋对象的心理压力，使其造成心理上的松弛，产生麻痹思想，从而暴露出破绽，常见的有"内紧外松"等方法。按照对施谋对象进攻的方式，讯问谋略可分为迷惑型讯问谋略与突入型讯问谋略，前者是侦查人员隐匿真实的讯问意图，通过一定方式造成犯罪嫌疑人、被告人的错觉，使其在不知不觉中暴露出犯罪证据和陷入"讯问圈套"，常见的有"瞒天过海"、"声东击西"、"上屋抽梯"等；后者是侦查人员在犯罪嫌疑人、被告人没有心理准备的情况下，直接进行下面接触，迫使其束手就擒的讯问谋略，常见的有单刀直入、突击审讯、"重炮轰炸"等。讯问谋略以各种形式在侦查实践中发挥着巨大作用，许多犯罪案件通过施用讯问谋略达到了以较少的代价获得最大胜利的效果，有些犯罪案件若不通过讯问谋略则难以破案。诚然，施用讯问谋略也有一个依法办事的问题。例如，严禁违背我国法律主旨的"美人计"、"苦肉计"、"借刀杀人"、"诱人犯罪"等谋略的施用，不允许借口案情特殊而施用；又如，严禁滥用侦查权力，不允许出现刑讯逼供、株连亲属、威胁恐吓等严重侵犯犯罪嫌疑人正当权利的现象；再如，严禁违反法定程序，尤其在施用谋略调动施谋对象或使用秘密手段时要设计好排斥措施和正当的借口，防止谋略暴露后成为施谋对象纠缠的"把柄"。但施用讯问谋略本身并不导致所取得的口供不合法，更不意味着口供不具合法性。

本案中使用了典型的讯问陷阱，讯问人员得以揭露嫌疑人的虚假供述，进而获得真实的有罪供述，鉴于该讯问手段并未违反法律，亦未严重侵犯权利，故所取得的口供具有合法性。法院可以据此对被告人定罪量刑。

2. 对关键物证未作同一鉴定，是否具有合法性？[1]

【基本案情】

1996 年 1 月 2 日晚，22 岁的女青年陈兴会（当时是云南财贸学院会计专业二年级学生），在云南省昭通市巧家县城郊遭人奸淫后被勒昏，被利器割开颈部死亡，她的身上有多处伤痕，下身还被塞进了泥土，作案手段极其凶残。

案件发生后，巧家县警方很快开始了调查，而且很快锁定嫌疑人为死者陈兴会的男友孙万刚，并通过到现场勘查、现场访问和对外围的调查情况，排除了其他人作案的可能。据警方调查，当天晚上出事之前，很多人看到，孙与死者一直在一起。

孙万刚死活都不承认他杀了女朋友，他说那天他喝了酒，晚上和陈兴会散步来到事发的那个地方，躺在草坪上拥抱，"不知道是谁用什么，就在我头上打了一下，当时我没知觉了，就昏过去了，等我苏醒过来的时候，陈兴会已不在这个草坪上了。"根据巧家县公安局的记录，孙的头上确实有被击伤的痕迹。孙后来告诉警察，他醒来后很快在不远处找到了女朋友陈兴会，当时她正和一名黑衣男子在一起。黑衣男子自称是警察，怀疑孙与女朋友有卖淫嫖娼的行为，"陈兴会和我都说没有发生性关系，那个男的就说你头上有伤，你回去把伤包好，他说我们下面还有几个人，叫她去把事情说清楚就行了。我就站着不走，这个男的就拿着一把刀指向我，他说你走不走，如果不走，我就给你脸上留个记号。在当时情况下，我也感到害怕了。"孙万刚说，由于害怕，加上当时他的头昏昏沉沉的还在流血，就想到要找朋友帮忙，后来找到了同学曹先亮。看到孙万刚头上的伤，曹先亮先安排他休息，然后带了几个人去找陈兴会，当晚没有找到，第二天又找了一天。他们还猜测，可能是陈兴会过去的男友找到了，但万万没有想到会出了

---

〔1〕 案例来源：中央电视台，2004 年 4 月 16 日，《社会记录》栏目。

人命。

　　孙否认自己杀人，但公安局却认为他有杀人的嫌疑：第一，孙万刚具备作案的动机。警方了解到，因为陈兴会要结束两人的关系，孙得知此事后怀恨在心，产生了奸淫杀害陈兴会的念头。第二，孙万刚具备作案的时间和空间条件，陈兴会的死亡时间在1996年1月2日21点左右，孙万刚和陈兴会在这一天的20时20分左右在一起，并到过现场，从20时20分到22时20分没有人证明孙万刚在做什么。第三，孙万刚的四次有罪供述和尸体检验基本吻合。第四，孙万刚的血型是B型，而陈兴会是AB型，血型鉴定孙万刚躺过的朋友的床上有AB型血，而孙万刚不能说明血是从哪来的。公安局解释，虽然由于条件所限，无法鉴定是否为陈兴会的血迹，但结合案发时间以及其他情况，足以认定孙万刚有杀人嫌疑。

　　根据孙后来在公安局的有罪供述，他承认是自己杀了陈兴会。他说陈兴会曾经跟他借过350元钱，而这350元钱又是他跟朋友借的。案发前几天，朋友催他还钱，他又去找陈兴会，但陈兴会一直还不出来，这让他觉得很恼怒，恼怒之下，他从姐姐家里借了一把刀，杀害了陈兴会。接下去发生的一切都有旁证：当天晚上，他到一个朋友家住了一夜，还脱下带血的衣服泡在了脸盆里，直到第二天晚上被警察抓获。

　　1996年9月20日，孙万刚因强奸杀害女友陈兴会，被昭通地区中级法院判处死刑。孙不服判决，向云南省高级人民法院提起上诉，高院裁定"事实不清，证据不足"发回重审。1998年5月，昭通中院维持原判，判处孙死刑，孙再次上诉至省高院。1998年11月，云南省高院终审判决认为"原审判决定罪准确，审判程序合法"，但同时却"根据本案的具体情节"而撤销原判，改判孙死刑，缓期两年执行。此后孙及家人不断申诉。2003年8月，该案被定为最高人民检察院四大督办案件之一。

　　复查过程中，云南省人民检察院进行了认真调查核实。办案人员在审阅本案全部案卷材料的基础上，到监狱询问了申诉人孙万刚，并多次赴案发地询问有关证人，调取相关物证和书证，向原办理案件的公检法等部门及承办人了解情况和交换意见。他们发现原审判决在认定事实和采信证据等方面存在问题，据以定案的主要证据之间存在矛盾，疑点不能合理排除，不能得出孙万刚是杀人凶手的惟一结论。2003年9月18日，云南省人民检察院认为原判认定申诉人孙万刚故意杀人罪的事实不清、证据不足，决定向云南省高级人民法院发出再审检察建议书。

　　孙的律师也对本案提出了许多疑点：第一，尽管孙所穿衣裤和睡过的床单上沾染有与陈兴会相同血型的血迹，但它并不能证明孙有杀人行为，血迹出现在孙身上不能排除第三人所为。第二，警方在现场找到过既不是陈兴会又不是孙万刚身上脱落的白色钮扣，这一证据证明了当时有第三人出现在现场。第三，杀害陈兴会的作案工具一直没有找到，这一关键证据的缺失，使判定孙万刚是杀人凶手的结论缺乏重要依据。第四，根据法医对陈兴会尸体的鉴定，其体内体外都没有发现精斑，甚至连其他相关残留都没有发现，这说明陈兴会在被害前也许并没有过性行为，孙的强奸罪是无法成立的。第五，孙与陈是热恋中的青年男女，为人和气的孙不可能为了350元就对自己深爱的恋人产生仇恨，进而将其强奸并残忍地杀害。第六，本案中直接证明孙是杀人凶手的证据是孙自己的供述。然而，他本人的供述前后却存在着很大差异。一开始，他坚持说自己从未杀害过陈兴会，后来又说杀害了，再后来又完全否认。从他众多的供述可以看出，他只做过两次有罪供述，其他多次都是无罪供述。因此辩护人在辩护中指出，孙万刚不但不是本案的制造者，反而是本案的受害者，而且是严重的受害者。

2004 年 1 月 15 日，经过对所有证据的认真复查之后，云南省高院承办法官发现此案存在 7 个方面的重大疑问：（1）孙万刚仅有的 4 次有罪供述笔录上清楚地反映出办案人员先入为主、有罪推定的思想。这些供述相互矛盾、前后不一，与现场勘查笔录、尸体检验报告、刑事科学技术鉴定书等证据不吻合。（2）孙控告侦查人员对其刑讯逼供。根据已有的证据，不能排除有逼供、诱供等非法取证的可能。（3）孙作案动机和目的不清。（4）法院定罪的重要证据之一———孙衣服上有与被害人同一血型的血迹，并不能完全证明孙就是凶手。（5）作案工具来源不明，去向不清。（6）孙一份重要的有罪供述签名，不是他本人。（7）现场没有发现孙的血迹、脚印，却留有他人的钮扣和皮带扣。

2004 年 1 月 15 日，云南省高级人民法院刑事再审庭认定，1998 年认定孙万刚故意杀人，判决孙万刚死缓，证据不足，撤销（1998）云高刑一终字第 361 号刑事判决，宣告原审被告人孙万刚无罪。

【法理分析】

我国《刑事诉讼法》第 53 条规定："对一切案件的判处都要重证据，重调查研究，不轻信口供。只有被告人供述，没有其他证据的，不能认定被告人有罪和处以刑罚；没有被告人供述，证据确实、充分的，可以认定被告人有罪和处以刑罚。证据确实、充分，应当符合以下条件：（一）定罪量刑的事实都有证据证明；（二）据以定案的证据均经法定程序查证属实；（三）综合全案证据，对所认定事实已排除合理怀疑。""两高三部"《死刑案件证据规定》第 5 条规定："办理死刑案件，对被告人犯罪事实的认定，必须达到证据确实、充分。证据确实、充分是指：（一）定罪量刑的事实都有证据证明；（二）每一个定案的证据均已经法定程序查证属实；（三）证据与证据之间、证据与案件事实之间不存在矛盾或者矛盾得以合理排除；（四）共同犯罪案件中，被告人的地位、作用均已查清；（五）根据证据认定案件事实的过程符合逻辑和经验规则，由证据得出的结论为惟一结论。办理死刑案件，对于以下事实的证明必须达到证据确实、充分：（一）被指控的犯罪事实的发生；（二）被告人实施了犯罪行为与被告人实施犯罪行为的时间、地点、手段、后果以及其他情节；（三）影响被告人定罪的身份情况；（四）被告人有刑事责任能力；（五）被告人的罪过；（六）是否共同犯罪及被告人在共同犯罪中的地位、作用；（七）对被告人从重处罚的事实。"这些规定确定了刑事证据的证明标准必须确实充分。

同时，《刑事诉讼法》第 54 条规定："收集物证、书证不符合法定程序，可能严重影响司法公正的，应当予以补正或者作出合理解释；不能补正或者作出合理解释的，对该证据应当予以排除。""两高三部"《死刑案件证据规定》第 6 条规定："对物证、书证应当着重审查以下内容：（一）物证、书证是否为原物、原件，物证的照片、录像或者复制品及书证的副本、复制件与原物、原件是否相符；物证、书证是否经过辨认、鉴定；物证的照片、录像或者复制品和书证的副本、复制件是否由二人以上制作，有无制作人关于制作过程及原件、原物存放于何处的文字说明及签名。（二）物证、书证的收集程序、方式是否符合法律及有关规定；经勘验、检查、搜查提取、扣押的物证、书证，是否附有相关笔录或者清单；笔录或者清单是否有侦查人员、物品持有人、见证人签名，没有物品持有人签名的，是否注明原因；对物品的特征、数量、质量、名称等注明是否清楚。（三）物证、书证在收集、保管及鉴定过程中是否受到破坏或者改变。（四）物证、书证与案件事实有无关联。对现场遗留与犯罪有关的具备检验鉴定条件的血迹、指纹、毛发、体液等生物物证、痕迹、物品，是否通过 DNA 鉴定、指纹鉴定等鉴定方式与被告人或者被害人的相应生物检材、生物特征、物品等作同一认定。（五）与案件事实有关联的物证、书证是否全面收集。"第 9 条规定："经勘验、检查、搜查提取、扣押的物证、书证，未附有勘验、检查笔录，搜查笔录，提取笔录，扣押清单，不能证明物证、书证来源的，不能作为定案的根据。"这些规定确定了对物证、书证的审查内容和排除规则。

根据我国《刑事诉讼法》第 195 条第（三）项规定："证据不足，不能认定被告人有罪的，应当作出证据不足、指控的犯罪不能成立的无罪判决。"实际上以国家基本法的形式确立了刑事诉讼处理疑案的法律准则——疑罪从无原则。在本案中，之所以可以对被告人孙万刚定罪，最主要的证据有两个：一个是孙曾经作过有罪供述。但即使孙万刚的有罪供述也存在相互矛盾、前后不一的情形，与现场勘查笔录、尸体检验报告、刑事科学技术鉴定书等证据不相吻合。第二个就是他衣服上和他睡过的床上沾染有死者相同类型的血迹。云南省公安厅新闻发言人在接受记者采访总结此案时说，巧家县是云南省的贫困县，当年警方的装备和破案技术等都很落后，当时把孙万刚作为犯罪嫌疑人的主要依据是血型鉴定，因为孙衣服、床单上的血迹与死者的血型一致，而血型鉴定是不具惟一性的，必须做 DNA 鉴定，但当时还没有 DNA 检测技术。同时，案件存在诸多无法排除的疑点，如孙作案动机和目的不清；作案工具来源不明，去向不清；现场没有发现孙的血迹、脚印，却留有他人的钮扣和皮带扣。可以说，自始至终都没有达到确实、充分的证明标准。因此，对孙万刚作出无罪宣判是适当的。

3. DNA 鉴定意见存在重大差误，是否具有合法性？[1]

【基本案情】

2000 年 4 月 3 日深夜 12 时许，在山西省大同市新荣区堡子湾乡中学的女生宿舍发生了一起强奸案，两名不满 14 周岁的初一女学生被一名摸黑潜入宿舍的歹徒强暴了。事发后，慑于歹徒的恐吓，两名惨遭蹂躏的女学生一度保持沉默。待新荣区警方接到报案时，已是案发后一周的 4 月 11 日下午。当办案民警赶到学校时，案发现场已被严重破

---

〔1〕 案例来源：中央电视台，2004 年 7 月 4 日，《今日说法》栏目。

坏，收集到的物证只有一块上面沾有歹徒施暴时所留精斑的白色褥单。他们只能从受害人的描述中大致地拼凑出犯罪嫌疑人的体貌特征：身材消瘦，中等个子，长着胡子，说着不标准的普通话。

通过现场勘查，公安人员发现犯罪嫌疑人对学校环境很熟悉，很有可能是内部作案。而孩子们也反映，在案发前一天曾经有个男老师在她们的宿舍门口放了一个泔水桶，还进宿舍里看了看，行为很可疑。经过调查，这个人正是学校的生物老师李逢春。李逢春家住在学校附近，而他的体貌特征也和受害人描述得非常相似。公安人员开始和他接触，但李逢春说，他在案发前一天的确在女生宿舍前放过泔水桶，那是因为他家里生活困难，就养了一头猪，他想让学生们把吃剩下的饭菜倒在桶里，他提回家喂猪。至于强奸案，李逢春说跟他一点关联都没有。

公安人员将李逢春和其他两名犯罪嫌疑人的血样送到大同市公安局刑侦技术科进行鉴定，看是否与受害人褥面上遗留的精斑血型一致，结果是只有李逢春的血型和精斑血型一样。

为了慎重起见，2000年6月14日，办案民警将李逢春的血样和受害人褥单上的精斑送往省公安厅进行DNA鉴定。7月27日，鉴定意见为"褥单上精子DNA与李逢春血痕DNA谱带位置一致"。警方据此于7月28日将李逢春刑拘。

2000年8月18日，经新荣区人民检察院批准，新荣区公安分局以奸淫幼女罪将李逢春逮捕。而李逢春反应非常强烈，坚持说公安局抓错人了，甚至拒绝在逮捕证上签字，他认为一定是鉴定出了错。但是公安人员并不这么认为，他们觉得DNA鉴定就是最主要的证据。公安人员根据受害人提供的线索尤其是DNA的鉴定意见进一步调查后，以奸淫幼女罪将李逢春移交到新荣区人民检察院，由检察院向法院提起公诉。

2001年2月27日，新荣区人民法院依法开庭审理李逢春涉嫌奸淫幼女一案，在法庭上，李逢春和他的辩护人对山西省公安厅的DNA鉴定提出异议，要求重新鉴定。法院合议庭讨论后决定休庭重新鉴定，而李逢春坚持要求重新鉴定的做法也引起了新荣区人民检察院的注意。检察院觉得这个案子中许多证据不足，事实不清，于是将李逢春的案子撤诉，发回新荣区公安分局，要求重新组织鉴定。

这次鉴定是在公安人员、检察院的工作人员和李逢春的律师三方都在场的情况下，通过看守所的狱医，当场提取李逢春的血样，当面封存，并由三方一起连夜将血样送到北京，由公安部进行鉴定。这次公安部做了9个位点的基因鉴定，结论是"所检白色褥面上的精斑不是犯罪嫌疑人李逢春所留"。为了确保鉴定的准确性，他们请公安部做了第二次鉴定，结果与公安部第一次鉴定意见完全一致。

2001年7月3日，新荣区公、检两部门作出对李逢春取保候审的决定，原因是：公安部与省公安厅所作的DNA鉴定意见不同，确定谁的鉴定结果正确很困难，致使证据不足。此时形容憔悴的李逢春已经历了341天的铁窗生涯，这不仅使他的身体健康遭受损伤，而且让他错失了转聘为公办老师的惟一机会。但直到10个月后的2002年5月，李逢春才拿到了解除取保候审的决定书。为了维持生计，教了13年书的李逢春只得背着涉嫌奸淫幼女的"黑锅",靠外出打零工、拾破烂儿养家糊口,无形的心理压力使整个家庭蒙上了沉重的阴影。

2003年3月,新荣区委成立了由检察院、公安分局、纪检委、政法委共同参与的"4·3强奸案"专案组,对案件进行全面的复查侦破。经过多次调查取证后,专案组开始根据掌握的线索,对学校附近的15个自然村进行地毯式排查,查到红石村时,一个叫李锁柱的人引起他们的注意。这个人体貌特征和当时推断的嫌疑人基本一致,没有结过婚,三十六七岁。李锁柱曾因为盗窃罪被新荣区人民检察院批准逮捕,一直四处逃窜,经过长时间的侦查和部署,专案组的办案人员在2004年元旦的前一天晚上,将李锁柱抓获。

在审讯期间,李锁柱只交代自己盗窃的事实,对"4·3强奸案"只字不提。不过在办案人员巧妙地讯问中他还是露出了马脚。当时审讯人员看似不经意地说了一句"堡子湾那个女学生被你害苦了"。李锁柱马上下意识地说:"现在花三五十块钱就能解决的问题,谁还干那事?"说完之后,民警反问道:"你认为我们指的什么事?"这时李锁柱立刻警觉自己说漏了嘴,又开始一问三不知,但表现得极为紧张。2004年1月7日,山西省公安厅对李锁柱的血样进行了DNA鉴定,鉴定意见为"极强力支持所提取检材精斑为李锁柱所留"。至此,"4·3强奸案"真相大白。

【法理分析】

DNA的英文是脱氧核糖核酸,也就是遗传密码,它广泛地存在于人的组织、血液、各种细胞中,甚至毛发、口腔、体液、尿液、精斑里都存在着DNA。DNA鉴定将最新的科学技术运用到了刑事侦查中,比起指纹鉴定的科学性、准确性大大提高了。不过即使DNA鉴定结论是百分之百的准确,但是在检测过程中也许它的样本会被污染,也许它的样本会被调换,也许会拿错了样本,所以绝不能单单以此为根据作出最后的结论。

近年来的刑事审判工作反映出,DNA鉴定结论经常出现内容或者形式上的问题,甚至严重影响到案件事实的认定。我国"两高三部"《死刑案件证据规定》第23条规定,"对鉴定意见应当着重审查以下内容:(一)鉴定人是否存在应当回避而未回避的情形。(二)鉴定机构和鉴定人是否具有合法的资质。(三)鉴定程序是否符合法律及有关规定。(四)检材的来源、取得、保管、送检是否符合法律及有关规定,与相关提取笔录、扣押物品清单等记载的内容是否相符,检材是否充足、可靠。(五)鉴定的程序、方法、分析过程是否符合本专业的检验鉴定规程和技术方法要求。(六)鉴定意见的形式要件是否完备,是否注明提起鉴定的事由、鉴定委托人、鉴定机构、鉴定要求、鉴定过程、检验方法、鉴定文书的日期等相关内容,是否由鉴定机构加盖鉴定专用章并由鉴定人签名盖章。(七)鉴定意见是否明确。(八)鉴定意见与案件待证事实有无关联。(九)鉴定意见与其他证据之间是否有矛盾,鉴定意见与检验笔录及相关照片是否有矛盾。(十)鉴定意见是否依法及时告知相关人员,当事人对鉴定意见是否有异议。"第24条规定,"鉴定意见具有下列情形之一的,不能作为定案的根据:(一)鉴定机构不具备法定的资格和条件,或者鉴定事项超出本鉴定机构项目范围或者鉴定能力的;(二)鉴定人不具备法定的资格和条件、鉴定人不具有相关专业技术或者职称、鉴定人违反回避规定的；（三）鉴定程序、方法有错误的；（四）鉴定意见与证明对象没有关联的；（五）鉴定对象与送检材料、样本不一致的；（六）送检材料、样本来源不明或者确实被污染且不具备鉴定条件的；（七）违反有关鉴定特定标准的；（八）鉴定文书缺少签名、盖章的；（九）其他违反有关规定的情形。对鉴定意见有疑问的，人民法院应当依法通知鉴定人出庭作证或者由其出具相关说明，也可以依法补充鉴定或者重新鉴定。"因此，对 DNA 鉴定结论进行审查时不能盲目地相信其对案件事实的证明力，应当重视检材的来源、取得、保管、送检是否符合法律及有关规定，与相关提取笔录、扣押物品清单等记载的内容是否相符，检材是否充足可靠。

本案中，关于李逢春血液样本与案发现场精斑的同一认定结论是由于何种原因导致不得而知，但在案件的侦查、起诉阶段，在只有 DNA 鉴定意见这惟一证据的情况下，即对犯罪嫌疑人采取逮捕的强制措施并提起公诉，则是形成错案的关键所在。

4. 违反辨认规则取得的辨认结论，法庭能否采用？[1]

【基本案情】

1996 年 12 月 14 日，山东省东营市人民检察院提起公诉，指控李某伙同王某、马某等（均另案处理）于 1993 年 8 月至 11 月先后窜至潍坊、东营、淄博等地市盗窃作案 3 起，盗得日产皇冠 2.8 轿车、韩国产现代 2.0 轿车各 1 辆、日产皇冠 3.0 轿车 2 辆及随车移动电话 2 部，盗窃总值 1608400 元。

辩护人通过会见、阅卷发现，同案被告人均供述与他们共同作案的是一个外号叫"嘎子"的人，公诉机关指控李某构成盗窃罪的证据是李本人的一次有罪供述（据本人讲是屈打成招）和同案被告人王某对李某的两次辨认，一次是相片辨认，一次是录像辨认，辨认结果王某一口咬定李某就是与其共同盗窃作案的"嘎子"。为了查实李某是否是参与盗窃的"嘎子"，辩护人于 1997 年 1 月 15 日，携李某的照片，会见了被关押在淄博市看守所的王某、马某。王某供述与其参与盗窃的"嘎子"身高 1.70 米左右（而李某身高 1.80 米），辩护人出示李某与其兄的合影，王某辨认错误，将李兄当作"嘎子"；而马某只供述李某很像"嘎子"，但是不能确定。辩护人又到李某所在单位了解情况，该单位出示的考勤表中证明李某在被指控犯罪时间内正在单位上班。

东营市中级人民法院于 1997 年 1 月 30 日公开开庭审理此案，辩护人出示李某单位的考勤表和王某于 1997 年 1 月 15 日供述及辨认错误的相片，于是"'嘎子'与李某是否是同一人"就成了庭审争议的一个焦点。在激烈的法庭辩论中，辩护人提出公安机关在组织王某对李某辩论过程中方式不合法；王某的供述和辨认是孤证，属刑事证据中被告人供述的一种，与案件处理结果有利害关系，达不到刑事诉讼对证据质的要求；供与供之间、供与案件事实之间的矛盾得不到合理的排除，形不成完整的证据体系，得出的结论不是惟一的，故指控李某参与盗窃事实不清、证据不足。

〔1〕 案例来源刘品新：《刑事证据疑难问题探索》，中国检察出版社 2006 年 5 月版，第 65～69 页。

休庭后，辩护人于1997年5月22日，从案外人田某处了解到，他认识一个与李某长相非常相似的叫周某的青岛人，俩人明显的不同是周某中等个儿（1.70米左右），李某大高个儿（1.80米左右），若只看相片很难把他们分开，但他俩绝不是同一人。田某同时提供了一条线索，还有东营一个盗车团伙中叫伊某的人辨认过李某的相片、录像及本人。得到这一重要线索后，辩护人费尽周折，在鲁中监狱找到正在服刑的伊某。伊某证实办案人员曾拿一张李某的一寸黑白免冠照片（工作人员告诉他是以前的）让他辨认，因为从相片上看不出身高，所以就错误地认定照片上的人是周某；后来办案人员又让他辨认李某的录像和李本人，通过多次多种形式的辨认，他确认李某不是周某，只是两人长相相似，明显的区别就是两人身高悬殊很大。伊某同时证实，周某有吸烟、喝酒的嗜好，辩护人又调查了李某的亲属、领导、同事，他们均证实李某因有咽炎从不吸烟、喝酒。

1997年5月28日，东营市中级人民法院第二次开庭审理，辩护人出示了伊某、田某的证言，证实李某与周某根本不是同一个人。公诉人质证后对伊某的证言无异议，认为田某的证言只能证明社会上还有一个叫周某的人。为了澄清事实，李某及辩护人均提出要求王某对李某当面进行辨认。该意见被合议庭采纳。1997年6月11日，东营市中级人民法院的审判人员会同东营市检察院的公诉人将被告人李某押至淄博市看守所进行辨认，不过未通知辩方参加。他们从淄博市看守所在押犯中提出7人与李某混在一起，让王某、马某辨认，辨认结果王某咬定李某就是周某，马某只说李某与周某长相相似。辩护人发现辨认笔录上既没有法院承办人的签字，又无公诉人的签名。为了进一步落实此次辨认的合法性，辩护人再次到淄博市看守所会见王某了解情况，王某供述，他看到李某很像以前他曾辨认过的照片、录像的人，所以认为李某就是周某，此后辩护人多次要求法院开庭当庭质证。之后，东营市中级人民法院认定李某参与盗窃，径行判处李某无期徒刑，剥夺政治权利终身。

一审宣判后，李某坚决不服，向山东省高级人民法院提出上诉。二审期间，辩护人又到山东省第四监狱找到王某进一步查实情况。王某供述他曾在一次洗澡时看到周某右胸部有一块胎记，有二分钱那么大。经查李某身上无此特征。辩护人提出一审判决认定事实不清，证据不足，犯罪主体错误的意见，请求省高院依法改判或发回重审。该辩护意见被采纳，省高院于1998年5月7日作出刑事裁定书，撤销了东营市中级人民法院的一审判决，发回重审。1998年7月7日，东营市中级人民法院公开开庭，重审李某盗窃案，辩护人再次接受委托出庭为李某辩护，当庭出示了以上大量证明李某与周某根本不是一人的证据，再次做了无罪辩护。1998年8月24日，东营市中级人民法院终于作出刑事判决书，判决李某无罪。东营市人民检察院在法定期间内未予抗诉，至此，被关押三年十个多月的李某告别了铁窗生涯，获得了自由，与家人团聚，此案发生了戏剧性的变化。

【法理分析】

非法证据排除是刑事诉讼中的一项重要证据规则。证据作为诉讼的"心脏"，是决定被告人命运的关键因素。此次《刑事诉讼法》修正正式在立法上全面确立了非法证据排除，并分别对证据合法性调查的启动主体、时间、方式、初步责任、控方证明和效力作出了规定。这是我国刑事诉讼立法的重大突破和进步，对于防止公权力的滥用导致对公民权利的侵害，有效保障人权具有重要的意义。

《刑事诉讼法》第54条规定："采用刑讯逼供等非法方法收集的犯罪嫌疑人、被告人供述和采用暴力、威胁等非法方法收集的证人证言、被害人陈述，应当予以排除。收集物证、书证不符合法定程序，可能严重影响司法公正的，应当予以补正或者作出合理解释；不能补正或者作出合理解释的，对该证据应当予以排除。在侦查、审查起诉、审判时发现有应当排除的证据的，应当依法予以排除，不得作为起诉意见、起诉决定和判决的依据。"《刑事诉讼法司法解释》第61条规定："严禁以非法的方法收集证据。凡经查证确实属于采用刑讯逼供或者威胁、引诱、欺骗等非法的方法取得的证人证言、被害人陈述、被告人供述，不能作为定案的根据。"在刑事案件中，辨认是指侦查人员为了查明案件事实，组织有关人员对与案件有关的人、物、场所进行识别、认定的措施。这一方法经常被用于查明某个人或某件物品是否与案件有联系或某场所是否是某一特定事件发生的地点。根据主体的不同，辨认可分为证人辨认、被害人辨认和被告人、嫌疑人辨认。相应地，所获取的辨认结论也就可以归为证人证言、当事人陈述以及被告人供述与辩解等。

辨认是调查、核实证据的一种手段，由受害人或目击者进行的辨认对案件的判决往往起到决定性的作用，而辨认程序的合法性与规范性则是确保辨认结论具有真实性的重要保障。这些规则包括单独辨认、分别辨认、混杂辨认、自由辨认的规则等。单独辨认，是指如果案件中有几个辨认人对同一辨认对象进行辨认时，这几个辨认人不能同时在一起进行辨认，应该让他们单独地在不同的时间进行辨认；分别辨认，是指对辨认对象有两个或两个以上时，而需要同一个辨认人进行辨认时，应对这几个客体分别进行辨认；混杂辨认，是指辨认时将辨认对象与其他无关客体分别进行辨认，禁止把被辨认客体单独提供给辨认人辨认；自由辨认，是指在辨认前或辨认过程中，不允许用任何方式向辨认者暗示或诱使辨认者按照自己的意图进行指认。这四项有的已经得到了法律的明确肯定，如混杂辨认规则；有的虽未规定在法律条款中，但却是保障辨认结果可靠性的必要前提。《公安机关办理刑事案件程序规定》第247条规定："辨认应当在侦查人员的主持下进行。主持辨认的侦查人员不得少于二人。组织辨认前，应当向辨认人详细询问辨认对象的具体特征，避免辨认人见到辨认对象。"第249条规定："辨认时，应当将辨认对象混杂在其他对象中，不得给辨认人任何暗示。辨认犯罪嫌疑人时，被辨认人的人数不得少于七人；对犯罪嫌疑人照片进行辨认的，不得少于十人的照片。"我国"两高三部"《死刑案件证据规定》第30条第1款规定："侦查机关组织的辨认，存在下列情形之一的，应当严格审查，不能确定其真实性的，辨认结果不能作为定案的根据：（一）辨认不是在侦查人员主持下进行的；（二）辨认前使辨认人见到辨认对象的；（三）辨认人的辨认活动没有个别进行的；（四）辨认对象没有混杂在具有类似特征的其他对象中，或者供辨认的对象数量不符合规定的；尸体、场所等特定辨认对象除外。（五）辨认中给辨认人明显暗示或者明显有指认嫌疑的。"

在本案中，公安机关在组织王某对李某辨人过程中，第一次辨认是照片辨认，第二次辨认是录像辨认，辨认对象没有混杂在具有类似特征的其他对象中，供辨认的对象数量也不符合规定，属于取得方式不合法。而且王某的供述和辨认是孤证，属刑事证据中被告人供述的一种，与案件处理结果有利害关系，达不到刑事诉讼对证据质的要求；供与供之间、供与案件事实之间的矛盾得不到合理的排除，形不成完整的证据体系，得出的结论不是惟一的，故指控李某参与盗窃应当属于事实不清、证据不足。基于此，东营市中级人民法院最终判决李某无罪是正确的。

第五章 证人出庭作证

第一节 证人出庭作证概述

【规则要点】

证人出庭作证对于查明案情、核实证据、正确判决具有重要意义。在司法实践中，证人、鉴定人应当出庭作证而不出庭的问题比较突出，影响审判的公正性，需要进一步予以规范。最新修正的《刑事诉讼法》新增了证人强制出庭制度，健全了证人保护制度，落实了证人出庭的补偿措施，细化规范了证人出庭作证的相关规定，使我国刑事证人出庭作证规则得到了较大的完善和发展。

【理解与适用】

一、证人出庭规则的概念

证人作证对于查明案件事实起着至关重要的作用，现代庭审方式尤其重视证人出庭作证，因为各方的举证均是将各种证据通过证人作证的方式串连起来，形成完整的证据锁链，奠定案件裁判的理性基础。在以直接言词原则为核心的庭审调查活动中，证人起到提纲契领的灵魂作用。刑事证人出庭作证，一直是困扰我国司法实践的难点问题和瓶颈问题，虽然我国法律规定了证人应当出庭作证，但实践中普遍存在着证人不愿作证尤其是不愿出庭作证的情况。此次修正的刑事诉讼法借鉴了国外有益的相关经验，总结了当前我国审判实践中出庭作证制度的新发展和新情况，细化规范了证人出庭作证的相关规定，使我国刑事证人出庭作证规则得到了较大的完善和发展。

二、我国证人出庭作证规则的立法现状

我国1996年《刑事诉讼法》对证人出庭作证做了概况性的规定。该法第48条第1款规定："凡是知道案件情况的人，都有作证的义务。"同时，第47条规定："证人证言必须在法庭上经过公诉人、被害人和被告人、辩护人双方讯问、质证，听取各方证人的证言并且经过查实以后，才能作为定案的根据。法庭查明证人有意作伪证或者隐匿罪证的时候，应当依法处理。"《刑事诉讼法司法解释》第141条第1款规定："证人应当出庭作证。"第58条第2款规定："对于出庭作证的证人，必须在法庭上经过公诉人、被

害人和被告人、辩护人等双方询问、质证，其证言经过审查确实的，才能作为定案的根据；未出庭证人的证言宣读后经当庭查证属实的，可以作为定案的根据。法庭查明证人有意作伪证或者隐匿罪证时，应当依法处理。"此外，1996 年《刑事诉讼法》第 151 条第 4 款、第 156 条也一并规定了证人出庭作证的通知时间、作证的程序和要求。这些条款明确表明了我国现行立法对刑事证人出庭作证义务的规定。同时也有关于证人不出庭作证的规定。《刑事诉讼法司法解释》第 141 条第 2 款规定了允许证人不出庭的四种情形，即"符合下列情形，经人民法院准许的，证人可以不出庭作证：（一）未成年人；（二）庭审期间身患严重疾病或者行动极为不便的；（三）其证言对案件的审判不起直接决定作用的；（四）有其他原因的"。第 157 条规定："在庭审过程中，公诉人发现案件需要补充侦查，提出延期审理建议的，合议庭应当同意。但是建议延期审理的次数不得超过两次。法庭宣布延期审理后，人民检察院在补充侦查的期限内没有提请人民法院恢复法庭审理的，人民法院应当决定按人民检察院撤诉处理。"第 58 条第 2 款规定："证据必须经过当庭出示、辨认、质证等法庭调查程序查证属实，否则不能作为定案的根据。对于出庭作证的证人，必须在法庭上经过公诉人、被害人和被告人、辩护人等双方询问、质证，其证言经过审查确实的，才能作为定案的根据；未出庭证人的证言宣读后经当庭查证属实的，可以作为定案的根据。法庭查明证人有意作伪证或者隐匿罪证时，应当依法处理。"此次修正的刑事诉讼法借鉴了国外有益的相关经验，总结了当前我国审判实践中出庭作证制度的新发展和新情况，细化规范了证人出庭作证的相关规定，使我国刑事证人出庭作证规则得到了较大的完善和发展。（1）新增加证人强制出庭制度。证人出庭作证对于查明案情、核实证据、正确判决具有重要意义。在司法实践中，证人、鉴定人应当出庭作证而不出庭的问题比较突出，影响审判的公正性，需要进一步予以规范。此次刑事诉讼法修正明确了证人出庭作证的范围，规定证人证言对案件定罪量刑有重大影响，公诉人、当事人或者辩护人、诉讼代理人有异议的，或者人民法院认为有必要的，证人应当出庭作证。对于鉴定意见，只要公诉人、当事人或者辩护人、诉讼代理人有异议，鉴定人就应当出庭作证。经人民法院通知，鉴定人拒不出庭作证的，鉴定意见不得作为定案的根据。同时，规定强制出庭制度，证人、鉴定人没有正当理由不出庭作证的，人民法院可以强制其出庭。对于证人、鉴定人没有正当理由不出庭作证情节严重的，可处以十日以下的拘留。考虑到强制配偶、父母、子女在法庭上对被告人进行指证，不利于家庭关系的维系，因此，规定被告人的配偶、父母、子女除外。（2）新增了证人出庭作证经济补偿制度。规定证人因履行作证义务而支出的交通、住宿、就餐等费用及误工损失，应当给予补助。有工作单位的证人作证，所在单位不得克扣或者变相克扣其工资、奖金及其他福利待遇。（3）加大了对证人的保护力度。1996年刑事诉讼法第49条规定，司法机关应当保障证人及其近亲属的安全。在实践中，对证人的保护，一方面可以通过对打击报复行为追究责任来实现，另一方面也需要有针对性地加强对一些严重犯罪案件中证人的保护力度。为此，草案增加规定，对于危害国家安全犯罪、恐怖活动犯罪、黑社会性质的组织犯罪、毒品犯罪等案件时，证人、被害人因在诉讼中作证，本人或者其近亲属的人身安全面临危险的，人民法院、人民检察院和公安机关应当采取以下一项或者多项保护措施：不公开真实姓名、住址和工作单位等个人信息；采取不暴露外貌、真实声音等出庭作证措施；禁止特定的人员接触证人、被害人及其近亲属；对人身和住宅采取专门性保护措施；其他必要的保护措施。同时还规定，证人、被害人认为因在诉讼中作证，本人或者其近亲属的人身安全面临危险的，可以向司法机关提出予以保护的申请。

三、刑事诉讼的证人资格

所谓证人，是指在诉讼过程中，因知道案件情况并负有作证义务从而向公安司法机关陈述的不具有其他诉讼主体身份的自然人。[1] 我国最新修正的《刑事诉讼法》第60条规定："凡是知道案件情况的人，都有作证的义务。生理上、精神上有缺陷或者年幼，不能辨别是非、不能正确表达的人，不能作证人。"根据此条规定，证人必须是当事人之外的知道案件情况的自然人，这是证人资格的基本条件。证人是凭生理上对案件事实的感知并据此做出表述来证明案件情况的，而单位不具备生理上的感知能力，所以单位不能作证人。证人必须具有辨别是非和正确表达的能力，这是证人资格的限制性条件。生理上、精神上有缺陷或者年幼，不能辨别是非、不能正确表达的人，因其不能如实陈述所了解的情况，故不能提供对查清案件事实有实际意义的证言，如正在患病期间的精神病人、无能力提供有效证言的幼儿。但并非所有生理、心理有缺陷或年幼的人都不能担任证人。根据司法实践中的做法，间歇性精神病患者在间歇期是具有完全行为能力的自然人；能辨别是非并可正确表达的幼儿也可以提供与其认知能力相适应的证言；聋哑人可以通过手势、书写等途径陈述其所了解的案件情况。另外，根据刑事诉讼法其他内容规定，被告人、被害人、鉴定人、辩护人以及担任本案侦查、起诉和审判的司法人员均被排除在证人范围之外，也就是说除法律有特别规定外，在诉讼中具有其他身份的人不能作证人。

1. 幼年证人的作证资格。对幼年证人的年龄划分各国法律以及学者们的认识都是不一致的，从6岁、10岁、14岁、16岁不等。我国刑事诉讼法对此未作出明确规定，但司法实务中一般认为10岁可以作为划分标准。世界各国一般多对幼年证人作证能力设定了一些限制，很少完全排除幼年证人的证人资格。罗马尼亚刑事诉讼法则是个例外，其明确规定："不满十四岁的人不具有证人资格。"须经宣誓作证的英美国家，则规定未成年人可以作不宣誓证言。不宣誓证言不能单独作为定罪的依据，必须有其他佐证，可以说英美国家对幼年证人资格几乎完全不加限制，其作证能力完全凭法官通过庭审判断。原苏联对少年作证有所限制，一般要求"在对案件有重大意义的情况下，不能用其他的方法判明时，才可把少年作为证人传讯"。我国并不排除年幼人的证人资格，最高法院在司法解释中也规定："年幼的人能够辨别是非并正确表达的，可以作证，但询问

---

〔1〕 参见何家弘主编：《证人制度研究》，人民法院出版社2004年6月版，第17页。

方式必须符合年幼的人的生理和心理特点。"我们认为，年龄虽然是考虑幼年证人作证能力的一个重要因素，但这不是惟一的因素。有学者为考查幼年证人的资格制定了四项标准：晓知案情的实践标准，年龄特征的生理标准，辨别是非的心理发育标准，正确表达的言语陈述能力标准。[1]

2. 鉴定人的作证资格。所谓鉴定人，是指接受司法机关的指派或者聘请，运用专门知识和技能，对案件的某项专门性问题进行鉴别和判断的人。其运用专门知识或技能，进行缜密的研究鉴别后所作出书面意见。在我国不存在专家证人的概念，但将鉴定结论作为一种独立证据进行使用。其理由主要有：（1）从形式上来看，鉴定结论与证人证言同属于法律规定的七种证据形式之一，且鉴定人无论是在知道案件情况的时间上，就相关问题进行证明的内容上，还是证明的方式上均与证人具有本质区别。（2）从立法规定上来看，我国《刑法》第 305 条对伪证罪进行了规定："在刑事诉讼中，证人、鉴定人、记录人、翻译人对与案件有重要关系的情节，故意作虚假证明、鉴定、记录、翻译，意图陷害他人或者隐匿罪证的，处三年以下有期徒刑或者拘役；情节严重的，处三年以上七年以下有期徒刑。"因此，鉴定人应当不具备证人资格。

3. 共同犯罪中同案被告人的证人资格。英美国家法律认为，同案审理的共犯无资格充当控方证人，除非在扰乱公共秩序案件中为保护公共利益。至于非同案审理的共犯则不受此限制。意大利和德国法律均明确规定，无论是否同案审理，同案犯均不得任证人。日本也规定同案犯不能互相作证。可见，英美法系国家一般将被告人视同证人，但一般限于作为辩方证人而不能充当控方证人，共犯亦是如此。大陆法系一般均认为被告人不能视为证人，应有独立的诉讼地位，也因此而排斥同案犯的证人资格。在我国，同案犯对本案的一切供述都属于被告人的供述而不能看作是证人证言，故同案犯无证人资格。其主要原因包括：一方面我国法律已将被告人的供述作为一种独立的证据使用，同案犯作为共同被告人，与证人证言的提供者证人具有不同的诉讼身份；另一方面，我国刑诉法明确规定只有被告人供述，没有其他证据的，不能认定被告人有罪和处以刑罚，说明被告人的供述作为诉讼证据没有独立的证明作用，具有很强的依附性。这里的被告人显然包括了共同犯罪中的同案犯。如果将同案犯视为证人，就会使这一规定在共同犯罪中失去意义。当然，如属同案犯揭发对方在另一案件中的犯罪事实，其地位已不属于同案犯，则可充当证人。但如果仅是已作另案处理的同案犯对共同犯罪事实的供述，仍不能将该同案犯视为证人。[2]

四、证人的作证义务

法院开庭审判的目的就在于查清案件事实。对案件事实的认定，主要是对证明事实的证据的认证。证据只有在法庭上经质证、查实后才能作为定案的依据。因此，质证是

---

〔1〕　参见王少华、冯兆蕙：《刑事诉讼的证人资格探究》，载《河北法学》2000 年第 6 期，第 67 页。
〔2〕　参见王永杰：《论刑事诉讼的证人范围：以刑法第 306 条为例》，载《西南政法大学学报》2011 年第 4 期，第 53 页。

整个庭审活动的中心，而证人证言是被应用得最为广泛、最为普遍的证据之一。证人证言在英美法系的证据制度中占有十分重要的地位，在美国，"没有证人就没有诉讼"。美国法院的诉讼过程几乎就是围绕着证据的收集、审查证人证言进行的。[1] 刑事证人出庭作证，是公民的一项法律义务，也是法庭查明案件的一种重要方式。保证刑事证人出庭作证，是保证案件质量的重要手段。

我国最新修正的《刑事诉讼法》第60条第1款规定："凡是知道案件情况的人，都有作证的义务。"本条规定了证人的作证义务，即证人作证是法律规定的义务，证人无权拒绝。为了便于人民法院、人民检察院和公安机关及时查清案件，一切了解案件情况的自然人，不分性别、职业、种族，与当事人有无利害关系，都是证人而且有作证的义务，不能以任何理由和借口拒绝向司法机关提供证言。证人的作证义务包括以下内容：第一，证人应按照司法机关的通知于指定的时间到指定的场所接受询问，不能无故不到。第二，证人应如实提供所了解的案情和回答办案人员的提问，不得拒绝回答，更不能作虚假陈述。第三，证人应根据办案人员的要求，对自己所了解的案件情况保守秘密，以保证侦查工作的顺利进行。

我国最新修正的《刑事诉讼法》第189条规定："证人作证，审判人员应当告知他要如实地提供证言和有意作伪证或者隐匿罪证要负的法律责任。公诉人、当事人和辩护人、诉讼代理人经审判长许可，可以对证人、鉴定人发问。审判长认为发问的内容与案件无关的时候，应当制止。审判人员可以询问证人、鉴定人。"证人作证，法官应当告知其要如实提供证言和有意作伪证或者隐匿罪证要负法律责任。证人必须如实陈述，不得作伪证或作虚假的陈述。

我国最新修正的《刑事诉讼法》第59条、第192条和《刑事诉讼法司法解释》第142条第1款确立的，证人出庭作证与提供书面证言作证相结合制度。第59条规定："证人证言必须在法庭上经过公诉人、被害人和被告人、辩护人双方质证并且查实以后，才能作为定案的根据。法庭查明证人有意作伪证或者隐匿罪证的时候，应当依法处理。"第192条第1款、第2款、第3款规定："法庭审理过程中，当事人和辩护人、诉讼代理人有权申请通知新的证人到庭，调取新的物证，申请重新鉴定或者勘验。公诉人、当事人和辩护人、诉讼代理人可以申请法庭通知有专门知识的人出庭，就鉴定人作出的鉴定意见提出意见。法庭对于上述申请，应当作出是否同意的决定。"《刑事诉讼法司法解释》第142条第1款规定："证人应当出庭作证。"第2款规定了允许证人不出庭的四种情形："（一）未成年人；（二）庭审期间身患严重疾病或者行动极为不便的；（三）其证言对案件的审判不起直接决定作用的；（四）有其他原因的。"以上法律条文明确规定了证人应当出庭作证，并为证人出庭作证提供了法律依据。

"两高三部"《死刑案件证据规定》第15条第1款规定："具有下列情形的证人，人民法院应当通知出庭作证；经依法通知不出庭作证证人的书面证言经质证无法确认的，

---

〔1〕参见江伟主编：《证据法学》，法律出版社1999年版，第365页。

不能作为定案的根据:(一)人民检察院、被告人及其辩护人对证人证言有异议,该证人证言对定罪量刑有重大影响的;(二)人民法院认为其他应当出庭作证的。"这是对证人出庭作证的规定,包含两个方面的内容。首先,明确了证人应当出庭作证的两种情形:(1)控辩双方对证人证言有异议,而且该证人证言属于关键性证据,对证明被告人是否实施犯罪以及有无法定、酌情从重、从轻、加重、减轻以及免除处罚起着决定性作用。(2)人民法院认为其他应当出庭作证的,这主要是指:即使控辩双方对该证人证言没有异议,但是该证人证言对本案的定罪量刑又具有重要意义。一旦出现上述两种情形,人民法院应当依据控辩双方的申请或者依照职权通知证人出庭作证。其次,明确了经依法通知不出庭作证证人的书面证言经质证无法确认的,不能作为定案的根据。此条款包括三个要点:一是该证人必须是被法院依法通知出庭,但是最终没有出庭;二是未出庭作证证人的书面证言在法庭质证时无法确认其真实性;三是该证言应当排除,不能作为定案的根据。本条之所以规定经依法通知不出庭作证证人的书面证言经质证无法确认的,不能作为定案的根据,主要是考虑到:一方面,与不利于自己的证人在法庭上对质,是联合国《公民权利和政治权利国际公约》赋予被告人的基本权利,是法治国家刑事诉讼程序公正的基本要求。另一方面,从查明案件事实真相来讲,证人不出庭作证,控辩双方在法庭上对庭前证言笔录难以展开有效的质证,无法揭露庭前证人证言的虚假性,从而不利于实现实体公正。本条并没有要求所有的证人都必须出庭作证,而是将证人出庭作证的范围重点限定在控辩双方有异议且该证人证言对案件定罪量刑有影响以及法院认为应当出庭作证的其他情形。这主要是考虑到:一方面,没有必要让所有的证人都出庭作证,譬如对于一些控辩双方均无异议、与案件事实关联不大的证人证言等,基于节省司法资源的考虑,就没有必要让这些证人都出庭作证。另一方面,也不可能让所有的证人都出庭作证。司法资源的有限性等因素决定了让所有的证人都出庭作证不太现实。事实上,即使是在刑事法治比较发达的西方国家,也并非要求所有的证人都出庭作证。

五、证人强制出庭

尽管证人出庭作证制度已有相关规定,但司法实践中这一制度的执行情况并不理想。据统计,在全国范围内刑事证人出庭作证率普遍不足 10%。据有关资料显示,"自刑诉法实施以来,深圳中院证人出庭率一直在 2%~5% 之间徘徊;烟台中院审理的刑事案件中证人出庭率低于 1%;长春市某区检察院一年共起诉刑事案件近 200 起,有证人出庭作证的仅 11 件;上海黄浦区法院统计表明,近年来该法院审理的刑事案件中证人出庭率只有 5%;江苏省某市法院为了使所审理的刑事案件中证人能尽量出庭,费了九牛二虎之力,但证人的出庭率却不足被通知人数的 10%"等[1]。由此可见,刑事诉讼中证人出庭率低确实是我国刑事诉讼中的一大问题,突出反映了我国证人制度存在的不足。证人不出庭作证

---

[1] 参见张泽涛:《刑事审判与证明制度研究》,中国检察出版社 2005 年版,第 269 页。

使得庭审过程不得不将书面证言作为定案根据，一方面削弱了证据的证明力，使其合法性受到质疑；另一方面也导致对抗式的审判模式流于形式，控辩双方仅以早已准备好的书面证言来抗辩对方，缺乏积极性与灵活性，影响公平正义和诉讼效率的实现。

强制出庭作证原则是国际上通行的刑事诉讼原则，证人出庭要求强制作证制度的支持，否则难以确立法律的权威，也难以保障诉讼的正常进行。强制作证的关键在于证人，如果没有正当理由不出庭须承担相应的法律责任，例如法庭会以强制手段促使其到庭，判处监禁、罚金等。[1] 例如，美国《联邦证据法》第 26 条规定，除特殊情形外，在所有审判中，证人应当在公开法庭以言词方式作证。美国《联邦地区法院民事诉讼规则》第 53 条第 4 款第 2 项规定，如果没有充分的理由，证人不出庭或不提供证言，将被处以藐视法庭罪，并且服从本规定第 37 条和第 45 条规定的诸种后果、制裁及救济方法。第 37 条第 2 款第（1）项规定，如果宣誓证人未按照地区法院的指定宣誓回答问题时，这种不作为可被视为藐视法庭。我国香港特别行政区《刑事诉讼程序条例》第 37 条规定，如证人可能不遵从出庭的命令或传票，法庭可发出逮捕该证人和将其带到法庭席前，有正当理由的例外。该条例第 36 条还规定："任何人——（a）没有确当的辩解而不服从规定他须到某法庭席前的证人令或证人传票；或（b）被正式要求宣誓或提供证据时拒绝宣誓或提供证据（不论他是否证人令或证人传票的标的），即属于藐视该法庭有罪，该罪可由该法庭循简易程序予以惩处，如同是在法庭席前犯的藐视罪一样。任何人不得因上述的不服从或拒绝而被判处为期超逾 2 年的监禁。"

本次刑事诉讼法修正，增加规定了强制出庭制度。该法第 187 条规定："公诉人、当事人或者辩护人、诉讼代理人对证人证言有异议、且该证人证言对案件定罪量刑有重大影响，人民法院认为证人有必要出庭作证的，证人应当出庭作证。人民警察就其执行职务时目击的犯罪情况作为证人出庭作证，适用前款规定。公诉人、当事人或者辩护人、诉讼代理人对鉴定意见有异议的，人民法院认为鉴定人有必要出庭的，鉴定人应当出庭作证。经人民法院通知，鉴定人拒不出庭作证的，鉴定意见不得作为定案的根据。"第 188 条规定："经人民法院通知，证人没有正当理由不出庭作证的，人民法院可以强制其到庭，但是被告人的配偶、父母、子女除外。证人没有正当理由拒绝出庭或者出庭后拒绝作证的，予以训诫，情节严重的，经院长批准，处以十日以下的拘留。被处罚人对拘留决定不服的，可以向上一级人民法院申请复议。复议期间不停止执行。"考虑到强制配偶、父母、子女在法庭上对被告人进行指证，不利于家庭关系的维系，因此，这里规定了被告人的配偶、父母、子女除外。这在立法上明确了证人强制出庭制度，使得保障真相的查明成为法律制度和社会文化的重要价值目标，并将极大地维护司法权威和公正。

六、证人可以拒绝作证的情形

证人出庭作证是实现诉讼公正的基本保证，但是必要情况下应当适当考虑诉讼效率

〔1〕 参见龙宗智：《刑事庭审制度研究》，中国政法大学出版社 2001 年版，第 248 页。

问题。在当前刑事案件大量增加和司法资源有限的前提下，要求所有案件的所有证人都出庭作证，难以实现。本次刑事诉讼法根据我国目前的实际情况，规定两种证人可以拒绝作证的法定情形：

1. 禁止强迫任何人自证其罪。被告人有权选择向司法机关坦白其罪行，但是也享有不被强迫自证其罪的权利。此次刑事诉讼法修正在严禁刑讯逼供的规定后，增加不得强迫任何人证实自己有罪的规定，从制度上进一步遏制刑讯逼供和其他非法收集证据的行为，维护司法公正和刑事诉讼参与人的合法权利。该法第 50 条规定："审判人员、检察人员、侦查人员必须依照法定程序，收集能够证实犯罪嫌疑人、被告人有罪或者无罪、犯罪情节轻重的各种证据。严禁刑讯逼供和以威胁、引诱、欺骗以及其他非法方法收集证据，不得强迫任何人证实自己有罪。"规定证人享有拒绝强迫自证其罪的权利，是无罪推定原则的必然要求。将本来针对犯罪嫌疑人、被告人的规则适用于证人，有利于充分保护证人的合法权利。需要指出的是，证人虽然享有拒绝强迫自证其罪的权利，但如果证人放弃该权利，自愿做出有罪陈述并不为法律所禁止，该陈述具有证据能力。

2. 配偶、近亲属之间可以拒绝作证。在法律中规定亲属具有拒绝作证的权利，有利于维系作为社会基本细胞的家庭关系的稳定。家庭成员之间的相互信任是家庭稳定的基础，而家庭关系的稳定对于社会的稳定、和谐至关重要。在法律中明确因亲属关系可以免除作证义务，不仅可以避免亲属提供的证言因亲情关系可能存在较大的不真实性，还能够维护正常的家庭关系，促进夫妻之间、近亲属之间的家庭和谐，避免证人证实配偶、近亲属等犯罪时的心理矛盾、尴尬和为难。本次刑事诉讼法修正第 188 条第 1 款规定："经人民法院通知，证人没有正当理由不出庭作证的，人民法院可以强制其到庭，但是被告人的配偶、父母、子女除外。"可见，直系亲属之间可以享有拒绝作证权，但是涉及重大刑事案件除外。从父子、祖孙等直系亲属之间基于亲情关系的稳定、家庭的和睦及证言的可信性等角度考虑，在一般轻罪案件中可以免除直系亲属互相之间作证义务，但是在重大犯罪案件中依然应当如实向司法机关陈述。证人拒绝作证权并不是一个舶来品，我国古代贯彻于法律原则中的"亲亲相隐"观念即蕴涵了拒绝作证制度的合理成分。据此，在我国传统社会中相互具有婚姻关系、亲属关系或者主仆关系的人通常都得以在诉讼中免于履行作证义务。为了维护这些基本的伦理观念而对拒绝作证权作出规定，具有重要的意义。

七、证人作证的保密义务

在刑事诉讼过程中，证人需要针对其所感知的案件情况提供证言，从而确保其证言的真实性。对于案情或者案件性质涉及国家秘密的案件，例如，为境外窃取、刺探、收买、非法提供国家秘密、情报案件，非法获取国家秘密案件，故意泄露国家秘密案件，过失泄露国家秘密案件等，证人所提供的证言通常会涉及国家秘密（和情报）。我国《刑事诉讼法》第 52 条第 3 款规定："对涉及国家秘密、商业秘密、个人隐私的证据，应当保密。""两高三部"《死刑案件证据规定》第 16 条第 1 款规定："证人作证，涉及国家秘密或者个人隐私的，应当保守秘密。"由于国家秘密涉及国家安全问题，一旦泄露，将造成非常严重的负面后果。因此如果证人提供的证言涉及国家秘密，就应当严格遵守《保守国家秘密法》及《保守国家秘密法实施办法》的相关规定，保守国家秘密。故意或者过失泄露国家秘密，情节严重的，需要承担相应的刑事责任。在一些案件中，证人所提供的证言还可能涉及个人的隐私，如强奸案件，强制猥亵、侮辱妇女案件，猥亵儿童案件等，此类案件中的证人证言可能涉及被害人的身份信息，以及被害人的一些私密信息。由于涉及被害人的个人隐私，一旦泄露，将给被害人造成严重的心理创伤，导致被害人遭到二次伤害。因此为强化对隐私权的保护，证人作证涉及个人隐私的，应当保守秘密。就具体的诉讼程序而言，根据《刑事诉讼法》第 51 条第 2 款的规定，对于涉及国家秘密的证据，应当保密。根据《刑事诉讼法司法解释》第 62 条和"两高三部"《死刑案件证据规定》第 16 条第 2 款的规定，在公开审理案件时，对于公诉人、诉讼参与人提出涉及国家秘密或者个人隐私的证据时，审判长应当制止。如确与本案有关的，应当决定案件转为不公开审理。

八、证人保护制度

证人安全问题是各国刑事诉讼领域普遍关注的问题。证人在刑事诉讼中的主要功能就是出庭提供证言，如果证人及其近亲属的安全得不到保障，证人就将丧失出庭作证的积极性。为确保证人及其近亲属的安全，促使证人出庭作证，确保案件尤其是重大刑事案件顺利审判，进而实现社会正义，必须建立完善的证人保护制度。之所以强调证人的保护，还主要基于以下两个理由："第一，证人保护义务是国家规定证人作证义务的逻辑结果，证人的作证义务是公法上的义务，如果证人因为履行作证义务而遭到可能的危险，国家就有必要排除这种妨碍；第二，只有国家事先提供保护措施，潜在的证人才会大胆地作证。"[1]

为强化证人保护，英国、美国、德国、加拿大、澳大利亚、菲律宾、南非以及我国台湾地区都制定了专门的证人保护法。为避免公开审判给证人带来潜在的危险，许多国家和地区在重大案件中采取证人匿名的制度。例如根据《德国刑事诉讼法》第 68 条第 2 款的规定，在询问证人过程中，"告诉住所可能导致证人或者其他人员遭到危险的，证人可以不回答住所问题，而是告诉他的工作或者公务地址或者其他可以传唤的地址。审判长在庭审中可以许可证人不回答问题。"该条第 3 款规定："公开证人身份、住所或者居所可能给证人或者其他人员的生命、身体或者自由造成危险的，可以许可证人不回答个人问题或者只告诉以前的身份。但证人在审判中应当说明以何身份了解到陈述的事实。证明证人身份的文件由检察人员保管。只有在危险消除时，才能纳入本案案卷。"[2]又如我国台湾地区"证人保护法"规定了应受保护证人身份数据暴露的处理方式，在制作笔录或文书时，证人的身份应以"代号为之"，不得记载证人之年籍、住居所、身份

---

〔1〕 参见何家弘主编：《证人制度研究》，人民法院出版社 2004 年版 6 月版，第 149 页。

〔2〕 参见何家弘等：《外国证据法选择》（上），人民法院出版社 2000 年版，第 442～443 页。

证统一编号或者护照号码及其他足以识别其身份之资料；证人之签名“按指纹代之”；载有证人真实姓名等足以识别其身份的资料，需另卷封存保管。[1] 除了上述对证人身份保密的常规措施之外，为确保证人在出庭作证时不泄露身份，许多国家和地区还规定了特殊的作证方式，例如《英国1999年警察与刑事证据法》规定了八项特殊的作证措施，具体包括：“向被告遮蔽证人，但不能阻止证人与法官或陪审团等人相互看见；通过现场视频连线的方式提供证据；秘密给出证据；除去假发和法官袍；以庭前证人谈话的录像记录作为主要证据；以证人在接受交叉询问和再询问时的录像记录作为证据；通过中介询问证人；提供必要的手段协助与证人交流。”[2] 又如我国台湾地区为避免在刑事诉讼中讯问证人或对质时，使证人身份暴露，证人在审判时可以蒙面变声、变像、视频传送或采取其他适当隔离措施。如有危害证人之生命、身体或自由之虞，诉讼的辩论不得公开。[3] 诸如此类的证人保护措施有助于对证人的身份保护，确保证人在作证过程中的安全。除此之外，许多国家和地区还通过专门的证人安全项目持续保护证人的人身安全。例如，美国联邦政府和许多州政府设立了证人安全项目，在审判后重新安置证人或者保护证人的人身安全。自从2001年“9·11”事件之后，证人安全项目在打击犯罪方面发挥着更大的作用。该项目已经成功地重新安置了数千名因为出庭作证而遭到恐吓的证人。“那些针对危险罪犯出庭作证的证人能够得到重新安置，迄今为止，纳入证人安全项目的证人从未遭到报复。基于司法统计局的相关统计数据，截至2006年，总共有7937名证人和9720名家庭成员得到该项目的保护。每年大约有150～170名证人被纳入该项目之中。那些被纳入该项目的证人将会使用新的身份，入住联邦政府安排的新住宅，得到联邦助理司法官的保护，并且免遭其他人的报告。”[4]

我国《宪法》第41条第2款规定：“对于公民的申诉、控告或者检举，有关国家机关必须查清事实，负责处理。任何人不得压制和打击报复。”该条是我国证人保护的宪法渊源。《刑法》第307条规定了以暴力、威胁、贿买等方法阻止证人作证或者指使他人作伪证应负的法律责任，第308条专门规定了打击报复证人罪，以加强对证人的保护。此次刑事诉讼法修正，在证人保护方面进行了专门规定。《刑事诉讼法》第50条规定：“审判人员、检察人员、侦查人员必须依照法定程序，收集能够证实犯罪嫌疑人、被告人有罪或者无罪、犯罪情节轻重的各种证据。严禁刑讯逼供和以威胁、引诱、欺骗以及其他非法方法收集证据，不得强迫任何人证实自己有罪。必须保证一切与案件有关或者了解案情的公民，有客观地充分地提供证据的条件，除特殊情况外，可以吸收他们协助调查。”第61条规定：“人民法院、人民检察院和公安机关应当保障证人及其近亲属的安全。对证人及其近亲属进行威胁、侮辱、殴打或者打击报复，构成犯罪的，依法追究刑事责任；尚不够刑事处罚的，依法给予治安管理处罚。”第62条规定，“对于危

---

〔1〕 参见何家弘主编：《证人制度研究》，人民法院出版社2004年6月版，第172页。
〔2〕 参见何家弘等：《外国证据法选择》（上），人民法院出版社2000年版，第103～109页。
〔3〕 参见何家弘主编：《证人制度研究》，人民法院出版社2004年6月版，第172～173页。
〔4〕 参见刘静坤：《美国侦查制度研究》，群众出版社2009年版，第245～246页。

害国家安全犯罪、恐怖活动犯罪、黑社会性质的组织犯罪、毒品犯罪等案件，证人、鉴定人、被害人因在诉讼中作证，本人或者其近亲属的人身安全面临危险的，人民法院、人民检察院和公安机关应当采取以下一项或者多项保护措施：（一）不公开真实姓名、住址和工作单位等个人信息；（二）采取不暴露外貌、真实声音等出庭作证措施；（三）禁止特定的人员接触证人、鉴定人、被害人及其近亲属；（四）对人身和住宅采取专门性保护措施；（五）其他必要的保护措施。证人、鉴定人、被害人认为因在诉讼中作证，本人或者其近亲属的人身安全面临危险的，可以向人民法院、人民检察院、公安机关请求予以保护。"此外，1998年5月，公安部《公安机关办理刑事案件程序的规定》第55条规定"公安机关应当保障证人及近亲属的安全"。2010年6月，"两高三部"《死刑案件证据规定》第16条规定："证人作证，涉及国家秘密或者个人隐私的，应当保守秘密；证人出庭作证，必要时，人民法院可以采取限制公开证人信息、限制询问、遮蔽容貌、改变声音等保护性措施。"上述法律法规构成了当前我国证人保护措施的基本框架，形成了从程序法到实体法的规范体系，不仅原则性地规定了国家应当保障证人的安全，而且明确了具体的保护措施及相关机制，对于保障证人履行作证义务，查明案件真相，保证刑事诉讼的顺利进行，显然具有积极意义。

1. 证人保护程序的启动方式。可由证人或被害人申请启动，也可由法官等依职权决定而启动。对于危害国家安全犯罪、恐怖活动犯罪、黑社会性质的组织犯罪、毒品犯罪等案件，证人、被害人因在诉讼中作证，本人或者其近亲属的人身安全面临危险的，人民法院、人民检察院和公安机关应当采取以下一项或者多项保护措施：（一）不公开真实姓名、住址和工作单位等个人信息；（二）采取不暴露外貌、真实声音等出庭作证措施；（三）禁止特定的人员接触证人、被害人及其近亲属；（四）对人身和住宅采取专门性保护措施；（五）其他必要的保护措施。证人、被害人认为因在诉讼中作证，本人或者其近亲属的人身安全面临危险的，可以向司法机关提出予以保护的申请。经证人或被害人的申请，可以对证人及其近亲属提供如下保护措施：签发书面命令禁止犯罪嫌疑人、被告人及其他对证人构成威胁的人接触该证人及其近亲属；派员对证人及其近亲属提供保护；为该证人及其近亲属提供安全的临时住所；其他必要的保护措施。对于违反命令接触该证人及其近亲属，或者对证人及其他近亲属进行威胁、侮辱、殴打或者打击报复的，应当追究法律责任；构成犯罪的，依法追究刑事责任。法律还应当规定保护证人的具体方式，以供证人选择。证人不愿意公开身份、住址的，应当为其保守秘密。在审判阶段，证人不愿意公开身份或需要特殊保护的，经审判长决定，可以通过以下方式作证并接受询问：借助声音传送设备或变音技术设备；在法庭上专门设置只有法庭才能看见证人的格子间；其他足以防止泄露证人身份的适当方式。

2. 证人保护制度保护对象的范围。证人制度保护的对象不仅限定为证人本人，而其包括证人的近亲属。对于证人及其近亲属的保护不能仅限于人身安全，证人及其近亲属的财产、住宅等非人身性权利的安全也应当纳入证人保护制度的保护范畴中，只有对证人进行全方位、多方面的保护，证人才能毫无后顾之忧地积极履行出庭作证义务。

3. 证人保护制度的保护方式。对证人保护方式包括预防和补救两个方面，强调预防性保护在证人保护工作中的重要性。围绕着庭审活动的进行，对出庭证人的保护也应当贯穿整个庭审过程，将庭前保护、庭中保护和庭后保护有机地结合起来。其中庭前与庭中属于事前预防性保护，庭后则属于事后补救性保护。目前，立法上更多地侧重于对证人的事后补救性保护，对事前预防性保护缺乏足够的重视。庭前保护是在开庭审理前对证人采取的保护措施，目的旨在防患于未然，从根源上消除证人出庭作证遭遇危险的可能性。通过"侦查阶段对证人及其近亲属的身份保密，禁止被告人与证人单独接触，对证人采取隔离或特别保护等"[1] 真正做到将证人作证的危险消灭在最初阶段。庭中保护则是在证人出庭作证的过程中采取预防性措施，其主要手段就是在庭审过程中尽可能少地暴露证人的个人信息，使当事人无法掌握证人的具体情况。

九、证人出庭的补偿措施

经济补偿是证人履行作证义务的重要保障之一。从某种程度上看，它是对证人作证行为的一种激励。从各国对于证人补偿制度的规定看，支付给证人的费用包括两部分：一部分是补偿性的费用，如证人因作证而支付的交通费、住宿费、生活费等；另一部分是因证人的作证行为而支付给他的报酬。可以依据目前我国证人作证地点的实际情况，将证人作证补偿制度分为证人到法院作证和证人不在法院作证两种情形，并且证人在法院作证的补偿费用要高于不在法院作证的费用。许多国家和地区都对证人获得费用补偿的权利进行了明确的规定，多数国家和地区的证人补偿费由国家开支。在美国，证人补偿费是由制定法规定的。例如，伊利诺伊州规定，证人出庭或者进行证言笔录有权得到每天20美元的费用，对于必要的旅行，还有权得到每英里0.2美元的费用，专家证人也有权利得到费用。德国《刑事诉讼法典》第71条规定，对证人要依照《证人、鉴定人补偿法》予以补偿。日本《刑事诉讼法》第164条规定，证人可以请求交通费、日津贴费及住宿费。俄罗斯联邦《刑事诉讼法》第106条规定，作为证人、被害人、鉴定人、专家、翻译人员和见证人而被传唤的人，在因受调查人员、侦察员、检察长或法院传唤而所花费的全部时间内，保留其工作地点的平均工资。对于不是工人或职员的人，应当付给他们离开经常业务的报酬。除此以外，所有上述人员对于因受传唤到场而支出的费用，都有权得到补偿。

此次刑事诉讼法修正，最新增加了证人补偿制度的规定。该法第63条规定："证人因履行作证义务而支出的交通、住宿、就餐等费用，应当给予补助。证人作证的补助列入司法机关业务经费，由同级政府财政予以保障。有工作单位的证人作证，所在单位不得克扣或者变相克扣其工资、奖金及其他福利待遇。"在刑事诉讼中，证人出庭作证是法定义务，因此证人出庭作证的补偿费用应由法院向证人支付，但证人在侦查、起诉阶段因作证而支付的合理费用，应分别由公安机关、检察院给予经济补偿。证人在出庭作

---

〔1〕 参见张泽涛：《刑事审判与证明制度研究》，中国检察出版社2005年版，第277页。

证完毕，有权向法院请求补偿其因出庭作证而支出的费用以及所造成的直接经济损失。法院可根据证人完成义务的情况予以给付。关于证人出庭费用补偿的范围，包括证人为此支付的交通费、住宿费、就餐等费用及误工损失。

十、证人证言的质证规则

根据我国刑事诉讼法和司法解释的规定，质证的具体步骤一般包括：一是询问，即先由提请传唤证人的一方进行。通常是控诉方经审判长许可后，对本方证人进行主要诘问。提问的方式一般不得用诱导性问题。所谓诱导性问题，是指暗示证人作出询问希望得到的回答的问题。二是盘问，应当由对方进行。通常是在提请传唤的一方发问完毕后，另一方经审判长准许，对该证人进行盘问。盘问可以用诱导性问题。盘问的主要意图：反驳对方证言的不实证词，质疑该证人证言的可信性；使该证人陈述有利于自己的证言。三是复诘，是指对证人盘问之后由提请传唤方对该证人进行复诘。复诘的范围只涉及在主要诘问和盘问过程中提及的事实。法庭对质证过程加以合理的控制。法庭应当对证人证言的质证过程施加必要的控制，以尽可能迅速、直接和有效地确认事实真相；法庭在必要时也可以询问证人。质证程序应当遵守的规则是：询问证人应当就具体的事实进行发问，发问的内容应与案件事实相关；不得在诘问、复诘的质证程序中提出具有提示性或者诱导性的问话；不得威胁证人；不得损害证人的人格尊严，保证质证的关联性、回答的真实性、询问的公平性和反驳的正当性。

【典型案例分析】

1. 在刑事诉讼中，法官对辩护人申请证人出庭如何判断与裁量？

【基本案情】

被告人文某骗取对方货物后关闭电话，几次变换租房地址而且没有通知对方，因而具有骗取财物后逃匿的行为。庭审中，辩护人为了证明被告人没有逃匿，特向法庭申请被告人文某的两名朋友出庭，证明被告人文某在生意场上没有欠过朋友的钱不还的情况；被告人的小孩仍然在社区的小学上学，没有退学；被告人的车辆保险费用仍然按时缴纳，所以被告人没有在社会上消失。经法庭审查，认为辩护人申请证人欲证明的事实与被告人是否骗取财物后逃匿没有刑法上的关联性，被告人的小孩仍然在社区的小学上学，被告人仍然按时缴纳车辆保险费用，与被告人本人是否逃匿没有关系，这些证据仅是相关品格证据和意见证据，因此，决定不通知相应的证人出庭。[1]

【法理分析】

司法实践中经常会遇到辩护人申请证人出庭作证的情况，对于这样的诉讼主张，法官应当从关联性、必要性、可能性三个方面进行审查。

1. 关联性标准。关联性是指需要申请调查的证言和案件事实之间有证明和被证明的

---

[1] 案例来源：上海市浦东新区法院（2010）浦刑初字第615号刑事判决书。

关系。欠缺关联性的证据即使进行调查，也只会浪费司法资源，徒然增加诉讼的拖延。典型的关联性证据包括犯罪目击证人，被告人不在场证据等。另外涉及案件的事实中还有很多与被告人犯罪事实无关的证据，例如被告人的品格证据、证人的意见证据和传闻证据等，法官对申请证人证明上述内容的，应当以不具备关联性为由不予支持。

2. 必要性标准。当事人无力取证需要法院进行直接调取证据的，即所谓具有调查的必要性。不必要的语言调查包括为了诉讼效率的原因，对同一内容的证据可以不再重复调查，或对众所周知的原因可以决定不再进行调查。我国刑事诉讼法非常强调证据调查的必要性。例如《刑事诉讼法司法解释》第148条规定，审判人员认为有必要时，可以询问证人、鉴定人。第156条规定，当事人和辩护人申请通知新的证人到庭，调取新的证据，申请重新鉴定或者勘验的，应当提供证人的姓名、证据存放地点，说明所要证明的案件事实，要求重新鉴定或者勘验的理由。审判人员根据具体情况，认为可能影响案件事实认定的，应当同意该申请，并宣布延期审理；不同意的，应当告知理由并继续审理。依照前款规定延期审理的时间不得超过一个月，延期审理的时间不计入审限。第195条规定，人民法院受理自诉案件后，对于当事人因客观原因不能取得并提供有关证据而申请人民法院调取证据，人民法院认为必要的，可以依法调取。以上规定比较详细地解释了必要性的内涵。

对必要性的解释，由法官的自由裁量权加以确定。通观各国法律可以看出，对于必要性和法官的裁量标准缺乏统一的规定，学界则多倾向于"利益权衡标准"，即基于对利益的权衡，从而做出相应的取舍。具体包括以下几种情况，即可视为必要：（1）案件的重要程度。如果案件涉及重大的公共利益，对该利益的保护远胜于对拒绝作证权的保护，则得到法官认可的可能性应当相应提高。这是典型的基于对利益的考量而做出的裁断。（2）是否存在可替代的证据。如果法院可以通过采取其他替代性证据来判明案件时，即证人不作证也并不影响案件的查明，则法官拒绝作证申请的可能性就高。（3）理由是否成立。如果证人提出的不出庭作证的理由不成立，那么法官有权裁定证人不得援引拒绝作证的特权。（4）对案件事实存在争议，或对同一事实出现了多个版本的证人证言，或同一证人作证前后反复的，应当尽量让证人出庭作证，接受双方的质证，查清相关疑点和矛盾。

3. 可能性标准。所需调查的证言具有关联性和必要性后，尚需具有可能性才能进行调查。可能性是指调查的现实条件是否具备。可能性的判断包括根本无法调查和难以调查两种情况。例如目击证人已经死亡或者成为植物人，这时就难以调查。如果证人已经出国或者藏匿就构成难以调查，若强行调查就会拖延诉讼，导致诉讼成本过高。当然可能性标准的判断还须结合证据、重要程度等因素具体确定。

在文某合同诈骗案中，辩护人提出的申请证人出庭作证主张达不到关联性的标准要求，因此，法庭决定不通知相关证人出庭是正确的。

2. 在刑事诉讼中，未成年受害人能否不出庭作证？

【基本案情】

王某（女，14岁）是某中学初一年级学生。王某所在学校要求所有学生必须参加有老师辅导的晚自习。每天晚自习结束后，王某的父母都轮流到学校门口接她，以防晚上女孩子一个人走夜路，出什么危险。2003年9月的一天晚上，晚自习结束后，已经将近10点了。王某像往常一样来到校门口，却没有见到按时等候在那里的父母。原来王某的母亲因为单位有急事，脱不开身，所以耽误了接她。王某在校门口徘徊了十多分钟，终于等不下去了，独自一人走上了回家的路。当王某走到离家仅几百米的一个胡同里时，她感觉到背后似乎有人跟随。王某骤然地转过头，胡同里空荡荡的，只有她一个人。就在她刚刚转过身，准备继续赶路的时候，一只有力的手捂住了王某的嘴，将她拖向阴暗的角落里。王某拼命地挣扎着，但无济于事。她被一个身强力壮的男人按倒在地上。王某用尽全身的力气和对方撕打。对方看王某不肯屈从，便凶残地挥拳猛击王某的头部。王某感到一阵眩晕，昏死了过去。当她再度醒来的时候，发现自己下身赤裸着，隐隐作痛，一个男人正站在旁边提裤子。王某大声叫喊起来，"救命啊！救命啊！快来人啊！"男人闻声，仓皇逃窜。王某被闻声赶来的邻居护送回了家。父母见到王某的样子，都惊呆了。听王某诉说了事发的经过，父母和邻居立即陪同她到附近的派出所报了案。根据王某的回忆，公安机关很快将犯罪嫌疑人逮捕归案。检察机关以强奸罪对犯罪嫌疑人提起公诉。在人民法院审理本案的过程中，根据《刑事诉讼法》的规定，要求王某出庭作证。可是，那晚发生的事情，就像一场噩梦一样，给王某造成了巨大的心灵创伤，让她不堪回首。直到现在，王某都不愿意向任何人提起，更别说面对歹徒去陈述事发的经过了。所以，王某无论如何都不愿意出庭作证。为了避免孩子在精神上受到更大的刺激，承受更大的痛苦，王某的父母恳求法庭允许王某提供书面证言，本人不出庭作证。法庭经过慎重考虑，从保护未成年人合法权益，有利于其健康成长的角度出发，同意了王某父母的请求。根据王某的书面证言以及其他证物，本案顺利审结，犯罪嫌疑人被依法定罪判刑。王某和父母带着对法官的感激之情，将一封感谢信送到了法院，感谢法官既为受害人伸张了正义，又保护了一个孩子稚嫩而脆弱的心灵。

【法理分析】

我国《未成年人保护法》第5条规定，"保护未成年人的工作，应当遵循下列原则：（一）保障未成年人的合法权益。（二）尊重未成年人的人格尊严。（三）适应未成年人身心发展的规律和特点。（四）教育与保护相结合。"第6条第1款规定："保护未成年人，是国家机关、武装力量、政党、社会团体、企业事业组织、城乡基层群众性自治组织、未成年人的监护人和其他成年公民的共同责任。"此次刑事诉讼法修正专门设立一章，对未成年人犯罪案件诉讼程序进行专题规定。明确规定对犯罪的未成年人，实行教育、感化、挽救的方针，坚持教育为主、惩罚为辅的原则。人民法院、人民检察院和公安机关办理未成年人犯罪案件，应当保障未成年人行使其诉讼权利，保障未成年人得到法律帮助，并由熟悉未成年人身心特点的审判人员、检察人员、侦查人员进行。

我国《刑事诉讼法》第59条规定："证人证言必须在法庭上经过公诉人、被害人和被告人、辩护人双方质证并且查实以后，才能作为定案的根据。法庭查明证人有意作伪证或者隐匿罪证的时候，应当依法处理。"第60条规定："凡是知道案件情况的人，都有作证的义务。生理上、精神上有缺陷或者年幼，不能辨别是非、不能正确表达的人，不能作证人。"因此，作为诉讼参与人的被害人和证人一般情况下应出庭质证。但是，未成年被害人、证人由于不能完全适应控辩式庭审当庭质证的模式，而且这一模式对其合法权益也可能会带来不利影响。因而，从保护未成年人的合法权益，体现立法精神来讲，未成年被害人、证人以有条件地不出庭质证为宜，理由如下：

（一）不出庭质证有利于保护其合法权益。未成年被害人、证人思想尚未成熟，在遭受或目击一些暴力性等犯罪之后，身心都会受到严重创伤，大多有"往事不堪回首"的感受。因对犯罪分子心存畏惧或顾及个人前途、名誉而不敢或不愿公开揭露、证实犯罪，是无可非议的。因此，司法机关应充分理解未成年人被害人、证人及其亲属的这种心态，在办案中既要有力地打击犯罪，又要切实维护未成年被害人、证人的合法权益，在庭审中除非必要应尽量允许未成年人被害人、证人不出庭质证。尤其是对身心直接受到创伤的未成年被害人，更应如此。

（二）不出庭质证既符合未成年人身心成长的特点，也有利于刑事诉讼。从未成年人的心理看，不少人已经具备一定的辨别是非和表达思想的能力，初步具备了作为案件证人的条件，但与成年人相比，他们看待、处理问题又往往有简单化、表面化的倾向，自我辩解和临场应变能力相对较弱，思想不够稳定，言行易受外界感染而多变。因此，要他们在庭审中面对被告人，回答公诉人、辩护人的一系列发问，当庭质证，显然超越了其思想认识和心理承受能力，他们在接受质证，回答问题时会产生似是而非、模棱两可或颠三倒四、反反复复等情况，这无疑不利于证据的固定和公诉机关揭露犯罪，从而影响刑事诉讼的顺利进行，损害国家法律的严肃性。相反，不采取当庭质证方式，而是在庭外进行调查取证，由于没有现场的紧迫感，未成年被害人、证人回答问题会从容一些，思路也会清楚一些，从而更加有利于证据的固定和庭审对此类证据的质证。

（三）不出庭质证符合立法本意。由于未成年人社会经验欠缺，判断和辨别能力较弱，自我保护能力也相对较弱。《刑事诉讼法》第190条规定："公诉人、辩护人应当向法庭出示物证，让当事人辨认，对未到庭的证人的证言笔录、鉴定人的鉴定意见、勘验笔录和其他作为证据的文书，应当当庭宣读。"由此可见，《刑事诉讼法》考虑了证人因身在外地、患病、负有重要任务或涉及被害人隐私以及有其他正当理由不能到庭作证的合理性和可能性。换言之，如果案件涉及未成年被害人、证人的隐私等，被害人、证人就可以不出庭质证。此外，《刑事诉讼法司法解释》第142条第2款规定了允许证人不出庭的四种情形："（一）未成年人；（二）庭审期间身患严重疾病或者行动极为不便的；（三）其证言对案件的审判不起直接决定作用的；（四）有其他原因的。"因此，未成年被害人、证人有条件地不出庭质证符合立法本意，是于法有据的。

（四）不出庭质证不会影响案件的质量。只要采取必要措施，提高取证意识、水平和合法性，未成年被害人、证人不出庭质证，并不会影响证据的收集和准确定性。因为案件定性的准确与否关键是事实是否清楚，证明被告人犯罪的证据是否充分确凿，证据取得的途径、手段是否合法。被害人、证人作为诉讼参与人，其当庭陈述及证言是重要证据之一，但不是惟一证据；被害人、证人出庭质证是司法机关获取证据和审查证据的一种方式但不是惟一的方式，其不出庭，司法机关对其也能调查取证，而且庭前取得的证据客观、真实性比较强，有利于案件的审理，并不会因其不出庭质证而影响案件的审理。综上，凡是对未成年被害人、证人身心伤害大的案件不宜让他们出庭质证。

从司法实践看，抢劫、伤害、杀人、敲诈勒索、强奸、绑架或拐卖儿童、强迫未成年人卖淫、非法拘禁、虐待、强迫未成年人吸食、注射毒品等犯罪案件中的未成年被害人不宜出庭质证，这些案件中的未成年证人一般也以不出庭质证为宜；当然，被害人、证人愿意或主动要求出庭的则不应加以限制。在本案中，法庭从保护未成年人合法权益，有利于其健康成长出发，允许受害人王某不出庭作证，而是通过提供书面证词，揭露犯罪，既有效地打击了犯罪，将犯罪分子绳之以法，又避免了给受害的未成年人造成更大的精神痛苦。这种做法是十分可取的，体现了关怀和保护未成年人的法律精神。

第二节　证人证言的审查与认定

【规则要点】

对于证人证言应当着重审查以下内容：（一）证言的内容是否为证人直接感知。（二）证人作证时的年龄、认知水平、记忆能力和表达能力，生理上和精神上的状态是否影响作证。（三）证人与案件当事人、案件处理结果有无利害关系。（四）证言的取得程序、方式是否符合法律及有关规定：有无使用暴力、威胁、引诱、欺骗以及其他非法手段取证的情形；有无违反询问证人应当个别进行的规定；笔录是否经证人核对确认并签名（盖章）、捺指印；询问未成年证人，是否通知了其法定代理人到场，其法定代理人是否在场等。（五）证人证言之间以及与其他证据之间能否相互印证，有无矛盾。

证人证言必须在法庭上经过公诉人、被害人和被告人、辩护人双方质证并且查实以后，才能作为定案的根据。法庭查明证人有意作伪证或者隐匿罪证的时候，应当依法处理。

以暴力、威胁等非法手段取得的证人证言，不能作为定案的根据。处于明显醉酒、麻醉品中毒或者精神药物麻醉状态，以致不能正确表达的证人所提供的证言，不能作为定案的根据。证人的猜测性、评论性、推断性的证言，不能作为证据使用，但根据一般生活经验判断符合事实的除外。具有下列情形之一的证人证言，不能作为定案的根据：（一）询问证人没有个别进行而取得的证言；（二）没有经证人核对确认并签名（盖章）、捺指印的书面证言；（三）询问聋哑人或者不通晓当地通用语言、文字的少数民族人员、外国人，应当提供翻译而未提供的。

证人证言的收集程序和方式有下列瑕疵，通过有关办案人员的补正或者作出合理解释的，可以采用：（一）没有填写询问人、记录人、法定代理人姓名或者询问的起止时间、地点的；（二）询问证人的地点不符合规定的；（三）询问笔录没有记录告知证人应当如实提供证言和有意作伪证或者隐匿罪证要负法律责任内容的；（四）询问笔录反映出在同一时间段内，同一询问人员询问不同证人的。

具有下列情形的证人，人民法院应当通知出庭作证；经依法通知不出庭作证证人的书面证言经质证无法确认的，不能作为定案的根据：（一）人民检察院、被告人及其辩护人对证人证言有异议，该证人证言对定罪量刑有重大影响的；（二）人民法院认为其他应当出庭作证的。证人在法庭上的证言与其庭前证言相互矛盾，如果证人当庭能够对其翻证作出合理解释，并有相关证据印证的，应当采信庭审证言。

对未出庭作证证人的书面证言，应当听取出庭检察人员、被告人及其辩护人的意见，并结合其他证据综合判断。未出庭作证证人的书面证言出现矛盾，不能排除矛盾且无证据印证的，不能作为定案的根据。

【理解与适用】

一、对证人证言的审查

证人证言，是指除当事人以外的知道案件事实情况的第三人，向办案人员所作的有关案件部分或者全部事实真相的陈述。我国《刑事诉讼法》最新修正的第 59 条规定："证人证言必须在法庭上经过公诉人、被害人和被告人、辩护人双方质证并且查实以后，才能作为定案的根据。法庭查明证人有意作伪证或者隐匿罪证的时候，应当依法处理。""两高三部"《死刑案件证据规定》第 11 条规定，"对于证人证言应当着重审查以下内容：（一）证言的内容是否为证人直接感知。（二）证人作证时的年龄、认知水平、记忆能力和表达能力，生理上和精神上的状态是否影响作证。（三）证人与案件当事人、案件处理结果有无利害关系。（四）证言的取得程序、方式是否符合法律及有关规定：有无使用暴力、威胁、引诱、欺骗以及其他非法手段取证的情形；有无违反询问证人应当个别进行的规定；笔录是否经证人核对确认并签名（盖章）、捺指印；询问未成年证人，是否通知了其法定代理人到场，其法定代理人是否在场等。（五）证人证言之间以及与其他证据之间能否相互印证，有无矛盾。"本条之所以作如此规定，是因为上述因素直接影响证人证言的客观性、合法性和关联性。一般来说，原始证据的证明力大于传来证据的证明力。证人对案件事实的了解如果直接来源于案件事实，此证人证言就属于原始证据；如果是从当事人或者其他人处听说的，则此证人证言就属于传来证据。证人证言的形成包括感知、记忆、陈述三个环节，证人的年龄、认知水平、记忆能力和表达能力、生理和精神上的状态等自然因素对证人的感知、记忆和陈述能力都会产生影响。尽管很多证人是基于正义感作证，但是当证人与案件当事人及案件处理结果有利害关系的时候，证人作证的诚实度就会降低。对询问证人程序的严格规定，既是为了保证尽可能取得客观的证言，也是对证人权利的保护，对其进行审查就大有必要。证人证言属于言词证据，证明力相对比较薄弱，因此需要通过其他证据的印证来判断其真实性。

1. 注意审查证人证言的来源和内容。审查证人所陈述的情况是证人亲身感知的，还是从别人处间接获知的，或者是证人的主观推测、道听途说等。若是从别人处间接获知的，还应将这个传播链的各个环节弄清。

2. 注意审查证人的作证能力。包括：（1）审查证人感知案件事实的自然条件，如感知案件事实时的天气、光线、距离、方位、声音强弱等。（2）审查证人感知案件事实时的心理状态，对案件事实的发生，证人是惊恐，还是冷静自若。（3）审查证人的年龄、健康状况、文化程度、感知能力和表达能力等。如有的证人眼睛近视，在没戴眼镜的情况下显然不能清楚地看见远处发生的事情。(4) 审查证人提供证言的时间距案件发生时间的长短，从感知案件事实到提供证言相距的时间越短，证人的记忆越清楚；反之时间越长，证人的记忆越模糊。

3. 注意审查证人与案件是否有无利害关系。一般来说，如果证人与案件当事人之间存在亲属、友情关系，则可能提供对其有利的证言；如果证人与案件当事人之间有仇或其他矛盾，则很有可能提供对其不利的证言。证人如果与案件处理结果有关系，如对于一些污点证人，其提供的证词之客观性也应慎重考虑。

4. 注意审查证言的收集程序、方式是否符合法律及有关规定。我国现行刑事诉讼法及相关司法解释对于公安司法机关询问证人有系列程序性要求。根据这些规定，在审查证言的取得程序、方式是否符合法律及有关规定时，应重点审查如下内容：有无使用暴力、威胁、利诱、欺骗以及其他非法手段取证的情况；有无违反询问证人应当个别进行的规定；笔录是否经证人核对确认并签名（盖章）、捺指印；询问未成年人证人，是否通知了其法定代理人到场，其法定代理人是否在场等。

5. 注意审查证人证言之间以及与其他证据之间能否相互印证，有无矛盾。审查判断证人证言所证实的内容同案件待证事实之间有无内在的客观联系，有何种联系。只有证人证言与案件事实之间存在着客观联系，才有可能对案件事实起到证明作用。另外，还应审查证言所证实的内容与其他证据之间、与案件待证事实之间是否相互吻合，有无矛盾之处，如果存在矛盾，则有必要进一步调查核实，甚至补充收集证据。

这里需要注意的问题是：对证人证言的审查，关键是要在全面考虑的基础上再作判断，防止思维片面，考虑不足。证人与案件当事人及处理结果有利害关系，并不意味着该证人证言不可采信，这只是影响证人证言真实性的一个因素，而非决定性的因素。通过其他证人证言和相关证据审查判断证人证言时，要善于从细节着手，发现能相互印证的地方或者存在破绽的地方。

二、证人证言的排除

（一）以非法手段获得的证人证言的排除

"两高三部"《死刑案件证据规定》第 12 条第 1 款规定："以暴力、威胁等非法手段取得的证人证言，不能作为定案的根据。"所谓通过暴力、威胁等手段取得的证人证言，是指以暴力、威胁等手段迫使证人对案件进行陈述作证。凡是以此手段取得的证人证言，均应绝对排除；至于暴力、威胁手段是否必然导致该证言虚假，有所不问。以暴力、威胁等非法手段收集证人证言，严重侵犯了证人的基本权利，属于严重的程序不公；而且证人在暴力、威胁的强迫下，往往不能根据自己的真实意思陈述案件事实，其证言虚假的可能性很大。因此，以此手段取得证人证言，必须排除。

"两高三部"《排除非法证据规定》第13条规定："庭审中，检察人员、被告人及其辩护人提出未到庭证人的书面证言、未到庭被害人的书面陈述是非法取得的，举证方应当对其取证的合法性予以证明。"如果是检察人员提供了未到庭证人的书面证言或未到庭被害人的书面陈述，而被告人及其辩护人提出该书面证言或书面陈述系非法取得，那么应由检察人员对该书面证言或书面陈述取证手段的合法性承担证明责任；相反，如果是辩方提供了未到庭证人的书面证言或未到庭的被害人的书面陈述，而检察人员提出该书面证言或书面陈述系非法取得，那么应由辩方对该书面证言或书面陈述取证手段的合法性承担证明责任。无论是哪一方提出对方所提供的未到庭证人的书面证言或未到庭被害人的书面陈述系非法取得，都应当在法庭辩论结束前提出，且都应当提供涉嫌非法取证的人员、时间、地点、方式、内容等相关线索或证据。法庭应对该取证手段的合法性予以初步审查，如经初步审查，法庭对取证手段的合法性产生了疑问，则提供该书面证言或被害人书面陈述的那一方应当提供相应的证据证明该书面证言或被害人书面陈述的取证手段合法。如果其无法以确实、充分的证据证明该取证手段合法，也即无法排除存在非法取证的可能性，则法庭应当决定排除该书面证言或被害人书面陈述，即不能以该书面证言或被害人书面陈述作为认定案件事实的根据。

在审查证人证言是否属于以非法手段获取时，需要注意以下问题：[1] （1）审查未到庭证人的书面证言或未到庭被害人的书面陈述是否为非法取得的最有效的办法就是询问该证人或者被害人，而如果通知证人或者被害人就此出庭接受质询，还不如直接要求证人或者被害人出庭提供口头的证言和陈述，因此在实践中还是应当尽可能地保障证人、被害人到庭，在法庭上提供口头的证言和陈述，并接受双方的质询。（2）无论是哪一方提出对方所提供的未到庭证人的书面证言或未到庭被害人的书面陈述系非法取得，都应当提供涉嫌非法取证的人员、时间、地点、方式、内容等相关线索或者证据，但该线索或者证据只需要达到使法庭对取证方式的合法性产生疑问即可，不需要达到法庭确信存在非法取证的程度。而提供这些证据的那一方对这些取证手段合法性的证明却必须达到使法庭确信取证手段合法的程度，也即只有彻底排除了存在非法取证的可能，该书面证言或被害人的书面陈述才有可能被作为认定案件事实的根据。（3）无论未到庭证人的书面证言或未到庭被害人的书面陈述的内容是否是真实的，只要法庭怀疑其是通过非法手段取得的，就不能以该书面证言或被害人书面陈述作为定案的根据。

（二）不适格证人证言的排除

证人资格是一个人能够作为证人提供证言的资格。证人具备作证资格是其证言具有证据能力的前提条件。作为证人的条件是：一是感知案件事实；二是具有辨别是非能

---

〔1〕 参见杨迎泽、张红梅主编：《刑事证据适用指南》，中国检察出版社2011年9月版，第282~283页。

力；三是具有正确表达的能力。这三个条件必须同时具备，才有资格作为证人。我国《刑事诉讼法》第60条规定："凡是知道案件情况的人，都有作证的义务。生理上、精神上有缺陷或者年幼，不能辨别是非、不能正确表达的人，不能作证人。""两高三部"《死刑案件证据规定》第12条第2款规定："处于明显醉酒、麻醉品中毒或者精神药物麻醉状态，以致不能正确表达的证人所提供的证言，不能作为定案的根据。"生理上、精神上有缺陷或者年幼的人，不能辨别是非、不能正确表达，不能作为证人。正处于明显醉酒状态、麻醉品中毒或者精神药物麻醉状态的人，神智不是很清晰，甚至处于幻觉状态，其辨别是非的能力和正确表达的能力受到酒精、麻醉品或者精神药物的影响，通常都会存在一定的障碍。因此，这两类证言不具有证据资格。需要指出的是，这里的"明显醉酒、麻醉品中毒或者精神药物麻醉状态"必须导致其神智不清、不能正确表达，相关证言才需要排除；如果仅有前者，但证人能够正确表达的，其证言可以作为定案的根据。

（三）猜测性、评论性、推断性证人证言的排除

"两高三部"《死刑案件证据规定》第12条第3款规定："证人的猜测性、评论性、推断性的证言，不能作为证据使用，但根据一般生活经验判断符合事实的除外。"本条规定了猜测性、评论性、推断性证人证言等意见证据的排除规则。证人的猜测性、评论性、推断性的语言，因其属于意见证据，并非证人对案件事实的亲身感知，且无法确保其真实性，故不具有合法性。证人只能陈述自己感知的案件事实，不能提供意见，这就是所谓的"意见证据规则"。该规则要求：证人只能就他们感知的事实提供陈述。这些感知的事实既可以是证人在案发现场亲身经历的事实，也可以是证人从他人口中间接得知的事实。但是证人根据其感知的事实所发表的猜测性、评论性和推断性意见，不具有证据资格，不能作为证据使用。证人根据其感知的事实所作的猜测性、评论性和推断性意见，是指证人基于其知识、经验，通过推理等思维方法对其感知的事实进行推理、分析所形成的主观性意见，这种主观性意见不能作为证据使用。不过，如果证人的意见，根据一般生活经验就可以判断符合事实的，该意见可以作为证据使用，譬如证人发表的诸如"闻起来像火药味"、"车开得非常快"、"是他的声音"、"他醉醺醺的，喝了好多酒"、"他看上去很紧张"等意见，就属于根据一般生活经验可以判断符合事实。适用意见证据规则，需要注意的是：在我国，证人仅指"事实证人"，不包括专家证人。在法院开庭审判时，一旦证人对案件事实发表相关意见，公诉人或者辩护人、代理人等应及时提请审判长制止，并告知证人只能对案件事实进行陈述，不能发表意见。同时，意见证据规则存在例外，把握此种例外，需要裁判者根据生活经验酌情把握。

（四）违反法定取证程序获取证人证言的排除

询问证人是一项法定的取证工作，应当遵循法律规定的取证程序，对于违反法定取证程序获取的证人证言，因其缺乏确保证言真实性的实际保障，故不能作为证据使用。"两高三部"《死刑案件证据规定》第13条规定："具有下列情形之一的证人证言，不能作为定案的根据：（一）询问证人没有个别进行而取得的证言；（二）没有经证人核

对确认并签名（盖章）、捺指印的书面证言；（三）询问聋哑人或者不通晓当地通用语言、文字的少数民族人员、外国人，应当提供翻译而未提供的。"本条规定立足于规范证人证言的证据能力，主要是考虑到证人证言的取得程序违法将会导致证人证言的真实性受到损害。由于此类证言的取证程序明显违反法律规定，导致证言具有极大的虚假可能性，应当予以绝对排除其作为证据的资格。在实践中，证人证言取证程序不规范的情况突出地表现在以下几个方面：

1. 询问证人没有个别进行。证人亲身感知了案件情况之后，就形成了自己对案件情况的认识。就该证人而言，此时的证言最具有客观真实性。在证人向法庭提供证言之前，应当避免证人亲身感知的案件信息受到污染。"如果证人在出庭作证之前听到了其他证人的证言，就可能有意地对自己的证言进行'剪裁'从而与其他证人的证言一致。证人也可能无意中受到其他证人证言的影响"[1]。根据《刑事诉讼法司法解释》第149条的规定，向证人发问应当分别进行。证人经控辩双方发问或者审判人员询问后，审判长应当告其退庭。证人不得旁听对本案审理。《人民检察院刑事诉讼规则》第159条规定："询问证人应当个别进行。"上述规定的目的均在于确保证人证言的"纯洁性"，避免证人证言受到污染。为了确保证人证言的"纯洁性"，避免遭到污染的证言影响事实的准确认定，对于询问证人没有个别进行而取得的证言，由于不具备证据能力，故不能作为定案的根据。法官也不能将法律不容许作为证据使用的此类证据纳入裁量（证明力）的范围。

2. 证言笔录形式不规范。《刑事诉讼法》第124条规定，询问笔录适用第120条有关讯问笔录的规定，明确了询问笔录的形式要件。具体言之：讯问笔录应当交犯罪嫌疑人核对，对于没有阅读能力的，应当向他宣读。如果记载有遗漏或者差错，犯罪嫌疑人可以提出补充或者改正。犯罪嫌疑人承认笔录没有错误后，应当签名或者盖章。侦查人员也应当在笔录上签名。犯罪嫌疑人请求自行书写供述的，应当准许。必要的时候，侦查人员也可以要犯罪嫌疑人亲笔书写供词。如果证人的书面证言没有经证人核对确认并签名（盖章）、捺指印，则无法确保证人曾经核对过该书面证言，甚至无法确定该书面证言是由证人所提供，进而无法确保书面证言的真实性，自然也不能作为定案的根据。

3. 询问特殊证人时未提供手势辅助或者翻译辅助。不能使用口头言语正常表达的聋哑人或者不通晓当地通用的语言文字的少数民族人员、外国人，由于无法使用通常的口头交流方式提供证言，所以在询问此类特殊证人时，通常需要提供手势辅助或者翻译辅助。《刑事诉讼法》第9条规定："人民法院、人民检察院和公安机关对于不通晓当地通用的语言文字的诉讼参与人，应当为他们翻译。"该条规定明确了对不通晓当地通用语言文字的证人提供翻译的义务。如果询问聋哑人或者不通晓当地通用的语言文字的少数民族证人、外国证人，应当提供通晓聋哑人手势的人或者翻译人员而未提供的，由于无法确保此类证人所提供的证言的真实性，自然也不能作为定案的根据。

---

〔1〕 ［美］约翰·斯特龙等，汤维建等译：《麦考密克论证据》，中国政法大学出版社2003年版，第102页。

（五）瑕疵证人证言的裁量排除

"两高三部"《死刑案件证据规定》第 14 条规定，"证人证言的收集程序和方式有下列瑕疵，通过有关办案人员的补正或者作出合理解释的，可以采用：（一）没有填写询问人、记录人、法定代理人姓名或者询问的起止时间、地点的；（二）询问证人的地点不符合规定的；（三）询问笔录没有记录告知证人应当如实提供证言和有意作伪证或者隐匿罪证要负法律责任内容的；（四）询问笔录反映出在同一时间段内，同一询问人员询问不同证人的。"本条规定了对于收集程序和方式存在瑕疵的证人证言的裁量排除规则。我国刑事诉讼法明确规定了收集证人证言的程序和方式。在实践中，侦查人员虽然大体上依照法定的程序、方式收集证人证言，但由于工作疏忽等原因，一些具体的询问程序和方式存在瑕疵，影响了证人证言形式要件的合法性。本条规范的是证人证言的证据能力和证明力，同时关注证人证言的合法性和真实性。在司法实践中，此类瑕疵主要体现在以下几个方面：

1. 询问笔录所列项目填写不完整。由于我国现阶段证人出庭率较低，大多数案件都仅仅提交证人证言笔录。对于证言笔录，相关规定明确了必要的形式要件。《公安机关办理刑事案件程序规定》第 191 条规定，询问笔录适用第 184 条的规定，具体如下：询问笔录上所列项目，应当按规定填写齐全。侦查人员、翻译人员应当在询问笔录上签名或者盖章。根据上述规定，询问笔录应当填写询问的起始时间和询问地点等项目。同时除证人需要在笔录上面签名或者盖章之外，询问人、记录人以及未成年证人的法定代理人都应当在笔录上面签署姓名。但实践中，经常出现没有填写询问人、记录人、未成年证人的法定代理人姓名或者询问的起止时间、地点等情形，影响了询问笔录形式的完整性和合法性。

2. 询问地点不符合规定。《刑事诉讼法》第 122 条规定："侦查人员询问证人，可以在现场进行，也可以到证人所在单位、住处或者证人指出的地点进行，在必要的时候，可以通知证人到人民检察院或者公安机关提供证言。在现场询问证人，应当出示工作证件，到证人所在单位、住处或者证人提出的地点询问证人，应当出示人民检察院或者公安机关的证明文件。询问证人应当个别进行。"上述规定是为了确保询问环境的适当性，避免对证人造成不必要的心理影响，确保证人能够自然地提供证言。尽管法律已经针对询问地点作出明确规定，在实践中，仍有一些案件中询问证人的地点不符合法律规定，影响了询问的合法性。

3. 未能履行义务告知程序。《刑事诉讼法》第 123 条规定："询问证人，应当告知他应当如实地提供证据、证言和有意作伪证或者隐匿罪证要负的法律责任。"上述规定是考虑到我国法律并未规定所谓的宣誓作证程序，为确保证人如实提供证言，防止证人作伪证，有必要在向证人询问具体内容之前，设置一个前置性的义务告知程序。询问人员根据该条规定告知证人相应的义务后，有助于督促证人认识到作证所附随的法律责任。但在实践中，一些案件的询问笔录中并未记录履行该义务告知程序的内容，影响了询问的合法性。

4. 询问笔录内容存在矛盾。询问笔录的内容应当客观真实地反映询问工作的实际情况，不能存在矛盾之处。我国法律规定询问证人应当个别进行，因此通常情况下，同一询问人员在同一时间段只能询问一名证人，不能同时询问多名证人。但在司法实践中，一些案件的询问笔录反映出在同一时间段内，同一询问人员询问不同的证人，该情况或者是违反法律规定所致，或者是由于询问笔录制作不规范所致，本款规定主要针对后一种情形。由于询问笔录的内容存在矛盾，必将使人对该询问笔录的真实性产生怀疑。

上述询问程序和方式等方面存在的瑕疵，反映出询问工作未能完全按照法律和相关的规定进行，不够认真细致，由于上述瑕疵只是影响到证人证言取得的合法性，并未在实质上影响到证人证言的真实性，如果一概予以排除，则不利于案件事实的准确认定。

为确保正确认定案件事实，法官在审查判断这类证据时，既要考虑其形式上的合法性，又要考虑其内容上的真实性。在司法实践中，对于上述瑕疵，如果经由有关办案人员进行补正或者作出合理的解释，弥补证人证言收集程序和方式存在的瑕疵，就能够确保证人证言取得的合法性和内容的真实性，进而能够作为证据使用。如果办案人员不能补正或者作出合理解释，不能确保其真实性，法官就应当将该证人证言予以排除，同时否定其证据资格和证明力。

（六）庭前证言和当庭证言存在矛盾时的采信

"两高三部"《死刑案件证据规定》第15条第2款规定："证人在法庭上的证言与其庭前证言相互矛盾，如果证人当庭能够对其翻证作出合理解释，并有相关证据印证的，应当采信庭审证言。"第3款规定："对未出庭作证证人的书面证言，应当听取出庭检察人员、被告人及其辩护人的意见，并结合其他证据综合判断。未出庭作证证人的书面证言出现矛盾，不能排除矛盾且无证据印证的，不能作为定案的根据。"该条规定了刑事诉讼中庭前证言和当庭证言存在矛盾时的采信规则。

我国并未实行传闻证据排除规则，证人在侦查、起诉等庭前阶段的证言具有合法性。对于证人不出庭作证的情形，控辩双方只能向法庭提交证人在庭前形成的书面证言。如果人民检察院、被告人及其辩护人对证人证言存在异议，该证人证言对定罪量刑有重大影响，法院通知证人出庭作证，就可能出现证人在法庭上的证言与其庭前证言共存的局面。如果证人的当庭证言与其庭前证言内容一致，不存在矛盾，法庭就可以采用证人当庭提供的证言。如果证人的当庭证言与其庭前证言内容不一致，存在矛盾，法庭就需要在两份证言之间作出取舍。例如，在一起多名被告人致死一名被害人的故意杀人案件中，被害人的致命伤是胸部的一处刀伤，证人在庭前作证时声称看见被告人某甲持刀捅伤被害人的胸部。因该证言对定罪量刑有重大影响且辩方对该证言存在异议，法院通知该证人出庭作证。该证人当庭指出，其实际上看见被告人某乙而非某甲持刀捅伤被害人的胸部。法庭只有排除该证人证言之间的矛盾，才能准确认定案件事实。

证人之所以当庭作出与其庭前证言不一致的证言，可能基于不同的原因。例如，证人当时并未看清案件情况但却在庭前作出了肯定性的证言，后在庭审时纠正以前的证言；证人在庭前作证时可能错将某甲当作某乙，后在庭审时予以纠正；证人在庭前作证时可能受到暴力、威胁，导致其提供虚假的证言，后在庭审时如实陈述；证人也可能在庭前作证时接受贿赂而提供虚假的证言，后在庭审时良心发现，进而作出如实陈述，等等。

证人的当庭陈述和庭前陈述，究竟哪份具有真实性？在实践中无法一概而论，基于前述原因，证人既可能先在庭前提供虚假的证言，后当庭作出真实陈述；证人也可能先在庭前作出真实陈述，后当庭提供虚假的证言。立足司法实践，证人在法庭上更加超脱，而且需要接受控辩双方交叉询问的考验，因此对于证人作出的相互矛盾的当庭陈述和庭前陈述，首先应当让证人当庭对其翻供作出解释，如果证人的解释具有合理性，并有相关证据印证，就应当采信证人在法庭上提供的证言。再以前述多名被告人致死一名被害人的故意杀人案件为例，如果证人当庭翻供指出，其实际上看见被告人某乙而非某甲持刀捅伤被害人的胸部，针对其当庭证言与其庭前证言存在的矛盾，该证人指出，其在案发当时看见被告人某乙而非某甲持刀捅伤被害人的胸部，但其在侦查阶段接受询问时，误将某甲的名字当作某乙的名字，故提供了错误的证言。同时侦查人员在现场提取的一把沾有被害人血迹的尖刀上面有某乙的指纹，但没有某甲的指纹，经鉴定，该尖刀就是形成被害人致命伤的作案工具；经讯问，某乙亦承认自己而非某甲持刀捅破被害人胸部。此种情况下，因该证人能够对其翻证作出合理解释，并有相关证据印证的，故应当采信其当庭证言。[1]

与此同时，在证人当庭翻证的情况下，待证人对其翻证作出解释后，应当尽量深入地询问案件的细节问题，通过有针对性的询问，能够把握证人对案件情况的了解程度，从而结合其他证据评估证人翻证的可信度。如果证人的解释不具有合理性，并无法得到相关证据的印证，就表明其当庭提供的证言不具有可信性，进而需要审查其在庭前提供的证言。

（七）书面证言的排除

我国现阶段，大多数证人都是在庭前提供书面证言，并未出庭作证。由于庭前书面证言未经当事人双方交叉询问，其真实性缺乏有效的保障，因此应当对庭前书面证言进行严格的审查。

根据《刑事诉讼法》第190条的规定，公诉人、辩护人对未到庭的证人的证言笔录，应当当庭宣读。审判人员应当听取公诉人、当事人和辩护人、诉讼代理人的意见。根据该规定，对于庭前书面证言，法庭应当听取公诉人、当事人和辩护人、诉讼代理人的意见，该质证程序在一定程度上可以发挥交叉询问的功能，控辩双方可以对证据的证明价值以及存在的缺陷、不足提出相应的意见。《刑事诉讼法司法解释》第152条规定："对于公诉人在法庭上宣读、播放未到庭证人的证言的，如果该证人提供过不同的证言，法庭应当要求公诉人将该证人的全部证言在休庭后三日内移交。"该规定进一步体现了法庭对庭前书面证言的审慎态度，如果该证人提供过不同的证言，则表明其证言存在内

---

〔1〕 参见张军主编：《刑事证据规则理解与适用》，法律出版社2010年9月版，第152～153页。

在的矛盾，进而需要将该证人的全部证言提取在案，以便进行全面的分析。"两高三部"《死刑案件证据规定》第 15 条第 3 款规定："对未出庭作证证人的书面证言，应当听取出庭检察人员、被告人及其辩护人的意见，并结合其他证据综合判断。未出庭作证证人的书面证言出现矛盾，不能排除矛盾且无证据印证的，不能作为定案的根据。"可见，作为一项一般原则，未到庭作证证人的书面证言存在矛盾，就表明该证人证言的真实性存在争议，如果不能排除上述矛盾，且没有相关证据进行印证，该书面证言就不能作为定案的根据。

【典型案例分析】

1. 侦查人员出任证人又参与侦查，能否认定被告有罪？

【基本案情】

侦查员王某接到群众举报，薛某现正非法运输鞭炮，侦查员王某等三人遂迅速出警。当驾车追其至邻县某一村庄时，薛某因车陷入泥坑而弃车逃走，侦查员王某等三人赶到后，发现车上运输的的确是鞭炮。后薛某因与别人打架被拘留，讯问时薛某供述了其多次非法运输鞭炮的事实。公安机关遂立案侦查，侦查员王某等三人出任了该次薛某非法运输爆炸物罪的证人，且侦查员王某等三人继续对薛某非法运输爆炸物案进行了侦查至终结。该起非法运输爆炸物案中，侦查员王某等三人先是以侦查员的身份对本案进行侦查，后又作为该起犯罪的证人，最后，又重新以侦查员的身份对本案继续进行侦查至终结。在审理过程中，公诉人提出，应认定犯罪嫌疑人薛某有罪，因为侦查员王某等直接发现了其犯罪事实，被告人亦承认，如不认定就等于放纵犯罪。辩护人则认为，不应认定该起犯罪，本案程序违法，因为侦查员王某既然出任了本案的证人，就应当自行回避，而不应再继续参与对本案以后的侦查。

【法理分析】

《刑事诉讼法》第 28 条规定："审判人员、检察人员、侦查人员有下列情形之一的，应当自行回避，当事人及其法定代理人也有权要求他们回避：（一）是本案的当事人或者是当事人的近亲属的；（二）本人或者他的近亲属和本案有利害关系的；（三）担任过本案的证人、鉴定人、辩护人、诉讼代理人的；（四）与本案当事人有其他关系，可能影响公正处理案件的。"本案的事实没有问题，错就错在了侦查员王某等三人违反了刑事诉讼中的回避制度。我国的回避制度在刑诉法中不仅适用于审判人员，而且也适用于检察人员和侦查人员等，适用于侦查、起诉、审判等各个诉讼阶段。本案中，侦查员王某等三人直接目击了薛某的犯罪事实，其可作为证人如实提供证言，但此时的身份已由侦查人员变为了证人，侦查员王某等三人就应当回避本案以后的侦查。对此，我国《刑事诉讼法》第 28 条作出了明确的规定，其中就有担任过本案证人、鉴定人、辩护人、诉讼代理人的审判人员、检察人员、侦查人员应当自行回避。本案中侦查员王某等三人继续对本案的侦查行为就违背了这一条款。之所以建立这一条款，就是因为如果侦查人员在本案中担任了证人，就可能对本案的事实或案件的实体结局产生先入为主的判断，再无法从容、冷静、客观地收集、审查、判断证据，易于产生主观归罪思想，从而无法保证公正、客观地进行刑事诉讼活动，故遇有这种情况应当回避。所以，本案中侦查员王某等的行为违反了刑事诉讼法的规定，属于程序违法。通过违法程序所取得的证据不具有合法性，属于非法证据，不能作为认定案件事实的依据，故不应认定薛某有罪。

2. "线人"采取殴打欺骗手段收集证据，法庭能否予以采信？

【基本案情】

1999 年 10 月 15 日晚，张新亮妻子韩某某被发现在自家东屋死亡，经法医鉴定，韩某某是他杀，侦查机关遂将张新亮列为重大犯罪嫌疑人，但张新亮在最初的 7 次讯问中均否认杀人。1999 年 10 月 19 日，张新亮被转移至山东省夏津县公安机关审讯后，作出了有罪供述。但该案的诉讼过程并非如此简单，张新亮经历了河北省邢台市中级法院的 3 次一审和河北省高级人民法院的 3 次二审，可以说是 3 个轮回，历时 6 年之久。

第一轮回：2001 年 3 月 27 日，河北省邢台市中级法院一审以（2000）邢刑初字第 152 号刑事判决书判处张新亮死刑，剥夺政治权利终身。张新亮不服提出上诉，2001 年 7 月 4 日，河北省高级人民法院经二审书面审理，撤销原判，发回邢台市中级法院重新审判。

第二轮回：2002 年 7 月 2 日，邢台市中级法院一审以（2002）邢刑初字第 61 号刑事判决书判处张新亮无期徒刑，剥夺政治权利终身。该判决书的内容与前一次判决书的内容基本相同，只是将判决结果从死刑改为无期徒刑。张新亮仍不服，再次提出上诉。2002 年 8 月 21 日，河北省高级人民法院经二审书面审理再次以（2002）冀刑一终字第 520 号刑事裁定书撤销原判，发回邢台市中级法院重新审判。

第三轮回：2003 年 7 月 28 日，河北省邢台市中级法院一审以（2003）邢刑初字第 35 号刑事判决书仍判处张新亮无期徒刑，剥夺政治权利终身，张新亮第三次提出上诉。2005 年 4 月 27 日，河北省高级法院在经历了前两次书面审理后，首次开庭审理了本案，但是庭审后却迟迟不予宣判，直到 7 个月之后，即 2005 年 12 月 2 日，河北省高级法院才以（2004）冀刑一终字 90 号刑事判决书宣判张新亮无罪，并于当日释放张新亮。

"张新亮杀妻案"的第三次一审中，邢台市中级法院采纳了张新亮书写的两封"家信"作为有罪证据。对于这两封"家信"，1999 年 11 月 20 日清河看守所出具的《情况说明》称："为进一步查实张新亮的犯罪事实，我所利用耳目开展工作，经层层工作，分别将张新亮于 10 月 25 日、11 月 4 日写给家人的两封信交给我所，此两封信已交给办案人员。"《情况说明》中所说的耳目就是与张新亮关押在一起的史某某。对于这两封信，另一个与张新亮关在一起的韩某某在获释后于 2000 年 9 月 10 日写下一份证明，证实张新亮给家里写信是由史某某指使的，并采取了殴打和欺骗的方法，史某某的目的是为了让张新亮承认杀了媳妇从而使史某某自己"立功减刑"。[1]

---

[1] 参见顾永忠主编：《中国疑难刑事名案程序与证据问题研究》，北京大学出版社 2008 年 12 月版，第 412~413 页。

【法理分析】

"线人"也叫线民，是指受信赖且有意愿就个别犯罪事件向警方提供消息的人。线人一般仅限于提供犯罪情报者，与卧底侦查的区别主要在于卧底警探与卧底者为侦查机关采用各种方式主动打入犯罪组织内部进行侦查，线人并非侦查机关针对专门的犯罪精心安排、布置的产物。线人既不具有警察的身份，也不从事卧底侦查活动，并且一般仅提供破案线索而不直接收集证据，特殊情况下才可能偶尔通过自身能力而为录像、窃听、监视等调查取证行为，特殊情况下也可能作为证人提供证言。相对卧底侦查者而言，线民与警方关系较为松散，线人主要扮演告发者的角色，其主要任务是就其所见所闻报告，充作刑事追诉机关的耳目，基本上线人不作其他收集证据的活动。[1]

"线人"侦查涉及犯罪嫌疑人、被告人隐私权、自白的任意性以及其他人身、财产权利，所以对于通过"线人"搜集的证据也存在是否应作为非法证据予以排除问题。无论是大陆法系还是普通法系，凡存在"线人"侦查制度的国家，基于未经正当程序不得剥夺他人生命、自由、财产这项基本刑事法治原则的要求，对"线人"侦查的适用以及通过"线人"搜集证据的程序都作出了严格的要求和限制，必须经过一定的司法审查。尽管在普通法系国家，严格的非法证据排除已开始有所松动，但原则上对于"线人"获取的所有非法证据均予以排除。在大陆法系国家，对于"线人"通过秘密录音、窃听等手段获得的犯罪嫌疑人、被告人陈述，如未经该犯罪嫌疑人、被告人同意，原则上都应予排除，而警方"线人"取得的各种相关物证，如其参与侦查和取证是基于司法授权，原则上具有证据能力，可以采纳为定案的依据。在我国，"线人"一般只是提供办案线索而并不直接搜集证据，侦查人员根据"线人"提供的线索，采用合法的方法搜集的证据当然具有证据能力。但是，如果"线人"直接搜集证据，就必须受到非法证据排除的制约，否则其非法搜集的证据就不具有证据能力，只能作为搜集其他合法证据的线索。另外，如果"线人"不仅仅提供破案线索，还在破案后的诉讼程序中作为证人提供了证言，其证言应有证据能力，只不过其证言的证明力需要由法院依据自由心证原则予以认定而已，即"线人"的证言并不具有当然的证明力。

公安机关运用"线人"的首要问题就是保障其人身安全，因为通常只有在毒品、走私、黑社会组织等团伙犯罪案件中才需要使用"线人"。这些案件中的犯罪嫌疑人一般都有严重的暴力倾向，一旦知道"线人"身份，他们就可能对"线人"及其家属采取报复手段。为了保障"线人"及其家属的人身安全，鼓励普通民众积极同犯罪行为作斗争，不但在侦查过程中警方必须替"线人"保密，而且在庭审过程中"线人"原则上也不宜出庭参加诉讼。

但是，绝对禁止"线人"出庭参加诉讼有时也违背了程序公正的基本要求。因此"线人"在特定情况下应当出庭作证，以保证其证言的真实性。实践中，一般要求"线人"参加法庭辩论和质证情形是辩方要求"线人"出庭接受交叉询问，必须提出证据证

---

〔1〕　参见傅美惠：《卧底侦查之刑事法与公法问题研究》，元照出版公司2001年版，第53页。

明如下内容中的任何一项：（1）"线人"拥有证明被告人无罪的证据；（2）"线人"显然提供了伪证，因为他根本不可能接近和了解被告人的情况；（3）"线人"自己才是犯罪活动中的积极分子；（4）"线人"之所以不出庭参加诉讼，是因为其证言根本经不起庭审中的交叉询问。如果被告人提出证据证明了上述内容中的任何一项，公诉方都有义务通知"线人"出庭参加诉讼，否则"线人"的证言不得予以采信。另外，一旦"线人"出庭参加诉讼，其身份已经暴露无遗，警方必须提供切实可行的善后措施。针对那些已经无法在原居住地生活的"线人"，可采取保护特殊证人的方式，如为"线人"及其家属提供完备的移居手续，支付"线人"能满足基本需要的定居费用，秘密将"线人"迁至与原生活环境很少联系的地方居住，并妥善安排好"线人"和家属的学习、就业问题。[1]

本案中，史某某作为"线人"（即耳目），为了立功减刑，以殴打和欺骗的办法逼迫张新亮书写的"家信"，根本没有证据能力，因而也无需考虑其证明力，更不能将其作为认定张新亮有罪的根据。因为这两封"家信"根本就不是史某某"搜集"到的证据，它们完全是史某某"蓄意制造"的证据。

3. 二审关键证据与一审相矛盾且证人不能出庭作证，法庭能否予以采纳?[2]

【基本案情】

2005年9月5日7时许，被告人雷铭到其前妻苏某家中，因琐事与白某（苏某之母）发生争执而起意杀人。雷铭用木凳击打白某身体，并用手猛掐、用毛巾猛勒白某的颈部，用菜刀划白某的胸部，将塑料袋套在白某的头上，致白某机械性窒息死亡。后雷铭盗走白某的人民币2000余元及金耳环1对，金戒指1枚等物。2005年9月9日，被告人雷铭在辽宁省某市因形迹可疑被公安人员盘查时，交代上述杀人事实后归案。

一审法院经审理认为，雷铭因琐事故意非法剥夺他人生命，致人死亡，其行为已构成故意杀人罪，且犯罪情节和后果特别严重，应依法惩处；雷铭还以非法占有为目的，秘密窃取他人财物，数额较大，其行为又已构成盗窃罪，应予惩处并与其所犯故意杀人罪并罚。鉴于雷铭在公安机关因其形迹可疑而对其盘查时能够主动交代并如实供述故意杀人的犯罪事实，应视为自动投案并自首，可判处死刑，不予立即执行；对其所犯盗窃罪予以从轻处罚。依照《刑法》、最高人民法院《关于处理自首和立功具体应用法律若干问题的解释》、《民法通则》及最高人民法院《关于审理人身损害赔偿案件适用法律若干问题的解释》的相关规定，以故意杀人罪判处雷铭死刑，缓期二年执行，剥夺政治权利终身；以盗窃罪判处雷铭有期徒刑1年，罚金人民币1000元；决定执行死刑，缓期二年执行，剥夺政治权利终身，罚金人民币1000元；此外，法院判决对刑事附带民事部分作出了处理。

一审宣判后，被害人家属对刑事部分判决不服，请求检察机关提出抗诉。检察机关

---

〔1〕参见武鼎之：《证人拒证，良策何在——完善中国证人权利保障制度构想》，载《人民检察》1999年第3期，第8页。

〔2〕参见北京市高级人民法院编：《北京法院指导案例》2007年第29期（总第968期），2007年9月26日编。

抗诉认为，雷铭在作案后逃往辽宁省某市，北京市公安机关通过技侦手段查到雷铭逃至辽宁省某市，遂与当地公安机关联系，并提供了雷铭的体貌特征，当地公安机关将躲在一旅店的雷铭制服抓获，故雷铭不构成自首，一审法院的判决量刑畸轻。在二审审理期间，检察机关还举证出示了重新收集的两地公安机关出具的情况说明及对办案民警的调查笔录等书证，据以证明被告人雷铭系被抓获归案，而非自动投案，不具备自首情节。但作为出证机关的两地公安机关的相关人员接到通知后，均拒绝在二审出庭作证。

二审法院经审理认为，检察机关在二审出示的上述证据与其在一审庭审中出示并经控辩双方质证均无异议的证据内容相互矛盾，因出证机关人员不能到庭证明其改变证据内容的真实性、客观性，接受法庭的调查、质证，不能否定已经一审法院质证采信的证据，故不予采纳。雷铭的行为构成故意杀人罪和盗窃罪。鉴于雷铭在公安机关对其盘查时能够主动交代罪行，应视为自动投案，如实供述犯罪事实，系自首。故对雷铭判处死刑，可予不立即执行；对其所犯盗窃罪予以从轻处罚。检察机关有关一审判决对雷铭量刑畸轻的抗诉意见及支持抗诉意见，缺乏充分理由，不予采纳。据此裁定驳回检察机关的抗诉，维持原审刑事部分判决。

【法理分析】

本案的关键问题在于，对于检察机关在二审期间提供的与一审相矛盾的、对定罪量刑有重大影响的证据，在有关证人不能出庭作证的情况下，应如何采纳？

根据《最高人民法院、最高人民检察院关于死刑第二审案件开庭审理工作有关问题的会谈纪要》第三项、《最高人民法院关于进一步做好死刑第二审案件开庭审理工作的通知》第4条、《最高人民法院、最高人民检察院、公安部、司法部关于进一步严格依法办案确保办理死刑案件质量的意见》第32条的规定，人民法院开庭审理死刑案件时，如果控辩双方对被害人陈述、证人证言、鉴定结论有异议，并且该被害人陈述、证人证言、鉴定结论对于定罪量刑有重大影响的，被害人、证人、鉴定人应当出庭；经人民法院依法通知，不出庭作证的被害人、证人、鉴定人的书面陈述、书面证言、鉴定结论经质证无法确认的，不能作为定案的根据。

本案中关于被告人如何到案的证据是查明案件事实、正确运用法律的关键证据，对于本案量刑有重大影响。检察机关在二审期间出示的有关被告人到案的证据，与一审经举证、质证确认的事实和证据相矛盾，辩方对此证据亦有异议，出证机关的有关证人依法应当出庭接受调查、质证。然而，作为出证机关的两地公安机关的相关人员接到通知后，均拒绝在二审出庭作证。二审庭审中无法对检察机关出示的出证机关改变其原有证据内容的相关证据材料进行充分的调查、质证，无法确认该证据材料的真实性、客观性，故不能以此否定已经一审法庭举证和质证确认的原有证据。

综上，二审法院的判决是正确的。

附　录

《中华人民共和国刑事诉讼法》
修正前后对照表

修正前	修正后
第一编　总　则	第一编　总　则
第一章　任务和基本原则	第一章　任务和基本原则
第一条　为了保证刑法的正确实施，惩罚犯罪，保护人民，保障国家安全和社会公共安全，维护社会主义社会秩序，根据宪法，制定本法。	**第一条**　为了保证刑法的正确实施，惩罚犯罪，保护人民，保障国家安全和社会公共安全，维护社会主义社会秩序，根据宪法，制定本法。
第二条　中华人民共和国刑事诉讼法的任务，是保证准确、及时地查明犯罪事实，正确应用法律，惩罚犯罪分子，保障无罪的人不受刑事追究，教育公民自觉遵守法律，积极同犯罪行为作斗争，以维护社会主义法制，保护公民的人身权利、财产权利、民主权利和其他权利，保障社会主义建设事业的顺利进行。	**第二条**　中华人民共和国刑事诉讼法的任务，是保证准确、及时地查明犯罪事实，正确应用法律，惩罚犯罪分子，保障无罪的人不受刑事追究，教育公民自觉遵守法律，积极同犯罪行为作斗争，维护社会主义法制，尊重和保障人权，保护公民的人身权利、财产权利、民主权利和其他权利，保障社会主义建设事业的顺利进行。
第三条　对刑事案件的侦查、拘留、执行逮捕、预审，由公安机关负责。检察、批准逮捕、检察机关直接受理的案件的侦查、提起公诉，由人民检察院负责。审判由人民法院负责。除法律特别规定的以外，其他任何机关、团体和个人都无权行使这些权力。 　　人民法院、人民检察院和公安机关进行刑事诉讼，必须严格遵守本法和其他法律的有关规定。	**第三条**　对刑事案件的侦查、拘留、执行逮捕、预审，由公安机关负责。检察、批准逮捕、检察机关直接受理的案件的侦查、提起公诉，由人民检察院负责。审判由人民法院负责。除法律特别规定的以外，其他任何机关、团体和个人都无权行使这些权力。 　　人民法院、人民检察院和公安机关进行刑事诉讼，必须严格遵守本法和其他法律的有关规定。
第四条　国家安全机关依照法律规定，办理危害国家安全的刑事案件，行使与公安机关相同的职权。	**第四条**　国家安全机关依照法律规定，办理危害国家安全的刑事案件，行使与公安机关相同的职权。
第五条　人民法院依照法律规定独立行使审判权，人民检察院依照法律规定独立行使检察权，不受行政机关、社会团体和个人的干涉。	**第五条**　人民法院依照法律规定独立行使审判权，人民检察院依照法律规定独立行使检察权，不受行政机关、社会团体和个人的干涉。
第六条　人民法院、人民检察院和公安机关进行刑事诉讼，必须依靠群众，必须以事实为根据，以法律为准绳。对于一切公民，在适用法律上一律平等，在法律面前，不允许有任何特权。	**第六条**　人民法院、人民检察院和公安机关进行刑事诉讼，必须依靠群众，必须以事实为根据，以法律为准绳。对于一切公民，在适用法律上一律平等，在法律面前，不允许有任何特权。

修正前	修正后
第七条　人民法院、人民检察院和公安机关进行刑事诉讼，应当分工负责，互相配合，互相制约，以保证准确有效地执行法律。	**第七条**　人民法院、人民检察院和公安机关进行刑事诉讼，应当分工负责，互相配合，互相制约，以保证准确有效地执行法律。
第八条　人民检察院依法对刑事诉讼实行法律监督。	**第八条**　人民检察院依法对刑事诉讼实行法律监督。
第九条　各民族公民都有用本民族语言文字进行诉讼的权利。人民法院、人民检察院和公安机关对于不通晓当地通用的语言文字的诉讼参与人，应当为他们翻译。 　　在少数民族聚居或者多民族杂居的地区，应当用当地通用的语言进行审讯，用当地通用的文字发布判决书、布告和其他文件。	**第九条**　各民族公民都有用本民族语言文字进行诉讼的权利。人民法院、人民检察院和公安机关对于不通晓当地通用的语言文字的诉讼参与人，应当为他们翻译。 　　在少数民族聚居或者多民族杂居的地区，应当用当地通用的语言进行审讯，用当地通用的文字发布判决书、布告和其他文件。
第十条　人民法院审判案件，实行两审终审制。	**第十条**　人民法院审判案件，实行两审终审制。
第十一条　人民法院审判案件，除本法另有规定的以外，一律公开进行。被告人有权获得辩护，人民法院有义务保证被告人获得辩护。	**第十一条**　人民法院审判案件，除本法另有规定的以外，一律公开进行。被告人有权获得辩护，人民法院有义务保证被告人获得辩护。
第十二条　未经人民法院依法判决，对任何人都不得确定有罪。	**第十二条**　未经人民法院依法判决，对任何人都不得确定有罪。
第十三条　人民法院审判案件，依照本法实行人民陪审员陪审的制度。	**第十三条**　人民法院审判案件，依照本法实行人民陪审员陪审的制度。
第十四条　人民法院、人民检察院和公安机关应当保障诉讼参与人依法享有的诉讼权利。 　　对于不满十八岁的未成年人犯罪的案件，在讯问和审判时，可以通知犯罪嫌疑人、被告人的法定代理人到场。 　　诉讼参与人对于审判人员、检察人员和侦查人员侵犯公民诉讼权利和人身侮辱的行为，有权提出控告。	**第十四条**　人民法院、人民检察院和公安机关应当保障犯罪嫌疑人、被告人和其他诉讼参与人依法享有的辩护权和其他诉讼权利。 　　诉讼参与人对于审判人员、检察人员和侦查人员侵犯公民诉讼权利和人身侮辱的行为，有权提出控告。
第十五条　有下列情形之一的，不追究刑事责任，已经追究的，应当撤销案件，或者不起诉，或者终止审理，或者宣告无罪： 　　（一）情节显著轻微、危害不大，不认为是犯罪的； 　　（二）犯罪已过追诉时效期限的； 　　（三）经特赦令免除刑罚的； 　　（四）依照刑法告诉才处理的犯罪，没有告诉或者撤回告诉的； 　　（五）犯罪嫌疑人、被告人死亡的； 　　（六）其他法律规定免予追究刑事责任的。	**第十五条**　有下列情形之一的，不追究刑事责任，已经追究的，应当撤销案件，或者不起诉，或者终止审理，或者宣告无罪： 　　（一）情节显著轻微、危害不大，不认为是犯罪的； 　　（二）犯罪已过追诉时效期限的； 　　（三）经特赦令免除刑罚的； 　　（四）依照刑法告诉才处理的犯罪，没有告诉或者撤回告诉的； 　　（五）犯罪嫌疑人、被告人死亡的； 　　（六）其他法律规定免予追究刑事责任的。
第十六条　对于外国人犯罪应当追究刑事责任的，适用本法的规定。 　　对于享有外交特权和豁免权的外国人犯罪应当追究刑事责任的，通过外交途径解决。	**第十六条**　对于外国人犯罪应当追究刑事责任的，适用本法的规定。 　　对于享有外交特权和豁免权的外国人犯罪应当追究刑事责任的，通过外交途径解决。

修正前	修正后
第十七条 根据中华人民共和国缔结或者参加的国际条约，或者按照互惠原则，我国司法机关和外国司法机关可以相互请求刑事司法协助。	**第十七条** 根据中华人民共和国缔结或者参加的国际条约，或者按照互惠原则，我国司法机关和外国司法机关可以相互请求刑事司法协助。
第二章 管 辖	**第二章 管 辖**
第十八条 刑事案件的侦查由公安机关进行，法律另有规定的除外。 贪污贿赂犯罪，国家工作人员的渎职犯罪，国家机关工作人员利用职权实施的非法拘禁、刑讯逼供、报复陷害、非法搜查的侵犯公民人身权利的犯罪以及侵犯公民民主权利的犯罪，由人民检察院立案侦查。对于国家机关工作人员利用职权实施的其他重大的犯罪案件，需要由人民检察院直接受理的时候，经省级以上人民检察院决定，可以由人民检察院立案侦查。 自诉案件，由人民法院直接受理。	**第十八条** 刑事案件的侦查由公安机关进行，法律另有规定的除外。 贪污贿赂犯罪，国家工作人员的渎职犯罪，国家机关工作人员利用职权实施的非法拘禁、刑讯逼供、报复陷害、非法搜查的侵犯公民人身权利的犯罪以及侵犯公民民主权利的犯罪，由人民检察院立案侦查。对于国家机关工作人员利用职权实施的其他重大的犯罪案件，需要由人民检察院直接受理的时候，经省级以上人民检察院决定，可以由人民检察院立案侦查。 自诉案件，由人民法院直接受理。
第十九条 基层人民法院管辖第一审普通刑事案件，但是依照本法由上级人民法院管辖的除外。	**第十九条** 基层人民法院管辖第一审普通刑事案件，但是依照本法由上级人民法院管辖的除外。
第二十条 中级人民法院管辖下列第一审刑事案件： （一）反革命案件、危害国家安全案件； （二）可能判处无期徒刑、死刑的普通刑事案件； （三）外国人犯罪的刑事案件。	**第二十条** 中级人民法院管辖下列第一审刑事案件： （一）危害国家安全、恐怖活动案件； （二）可能判处无期徒刑、死刑的案件。
第二十一条 高级人民法院管辖的第一审刑事案件，是全省（自治区、直辖市）性的重大刑事案件。	**第二十一条** 高级人民法院管辖的第一审刑事案件，是全省（自治区、直辖市）性的重大刑事案件。
第二十二条 最高人民法院管辖的第一审刑事案件，是全国性的重大刑事案件。	**第二十二条** 最高人民法院管辖的第一审刑事案件，是全国性的重大刑事案件。
第二十三条 上级人民法院在必要的时候，可以审判下级人民法院管辖的第一审刑事案件；下级人民法院认为案情重大、复杂需要由上级人民法院审判的第一审刑事案件，可以请求移送上一级人民法院审判。	**第二十三条** 上级人民法院在必要的时候，可以审判下级人民法院管辖的第一审刑事案件；下级人民法院认为案情重大、复杂需要由上级人民法院审判的第一审刑事案件，可以请求移送上一级人民法院审判。
第二十四条 刑事案件由犯罪地的人民法院管辖。如果由被告人居住地的人民法院审判更为适宜的，可以由被告人居住地的人民法院管辖。	**第二十四条** 刑事案件由犯罪地的人民法院管辖。如果由被告人居住地的人民法院审判更为适宜的，可以由被告人居住地的人民法院管辖。
第二十五条 几个同级人民法院都有权管辖的案件，由最初受理的人民法院审判。在必要的时候，可以移送主要犯罪地的人民法院审判。	**第二十五条** 几个同级人民法院都有权管辖的案件，由最初受理的人民法院审判。在必要的时候，可以移送主要犯罪地的人民法院审判。
第二十六条 上级人民法院可以指定下级人民法院审判管辖不明的案件，也可以指定下级人民法院将案件移送其他人民法院审判。	**第二十六条** 上级人民法院可以指定下级人民法院审判管辖不明的案件，也可以指定下级人民法院将案件移送其他人民法院审判。
第二十七条 专门人民法院案件的管辖另行规定。	**第二十七条** 专门人民法院案件的管辖另行规定。

修正前	修正后
第三章　回　避	第三章　回　避
第二十八条　审判人员、检察人员、侦查人员有下列情形之一的，应当自行回避，当事人及其法定代理人也有权要求他们回避： 　　（一）是本案的当事人或者是当事人的近亲属的； 　　（二）本人或者他的近亲属和本案有利害关系的； 　　（三）担任过本案的证人、鉴定人、辩护人、诉讼代理人的； 　　（四）与本案当事人有其他关系，可能影响公正处理案件的。	第二十八条　审判人员、检察人员、侦查人员有下列情形之一的，应当自行回避，当事人及其法定代理人也有权要求他们回避： 　　（一）是本案的当事人或者是当事人的近亲属的； 　　（二）本人或者他的近亲属和本案有利害关系的； 　　（三）担任过本案的证人、鉴定人、辩护人、诉讼代理人的； 　　（四）与本案当事人有其他关系，可能影响公正处理案件的。
第二十九条　审判人员、检察人员、侦查人员不得接受当事人及其委托的人的请客送礼，不得违反规定会见当事人及其委托的人。 　　审判人员、检察人员、侦查人员违反前款规定的，应当依法追究法律责任。当事人及其法定代理人有权要求他们回避。	第二十九条　审判人员、检察人员、侦查人员不得接受当事人及其委托的人的请客送礼，不得违反规定会见当事人及其委托的人。 　　审判人员、检察人员、侦查人员违反前款规定的，应当依法追究法律责任。当事人及其法定代理人有权要求他们回避。
第三十条　审判人员、检察人员、侦查人员的回避，应当分别由院长、检察长、公安机关负责人决定；院长的回避，由本院审判委员会决定；检察长和公安机关负责人的回避，由同级人民检察院检察委员会决定。 　　对侦查人员的回避作出决定前，侦查人员不能停止对案件的侦查。 　　对驳回申请回避的决定，当事人及其法定代理人可以申请复议一次。	第三十条　审判人员、检察人员、侦查人员的回避，应当分别由院长、检察长、公安机关负责人决定；院长的回避，由本院审判委员会决定；检察长和公安机关负责人的回避，由同级人民检察院检察委员会决定。 　　对侦查人员的回避作出决定前，侦查人员不能停止对案件的侦查。 　　对驳回申请回避的决定，当事人及其法定代理人可以申请复议一次。
第三十一条　本法第二十八条、第二十九条、第三十条的规定也适用于书记员、翻译人员和鉴定人。	第三十一条　本章关于回避的规定适用于书记员、翻译人员和鉴定人。 　　辩护人、诉讼代理人可以依照本章的规定要求回避、申请复议。
第四章　辩护与代理	第四章　辩护与代理
第三十二条　犯罪嫌疑人、被告人除自己行使辩护权以外，还可以委托一至二人作为辩护人。下列的人可以被委托为辩护人： 　　（一）律师； 　　（二）人民团体或者犯罪嫌疑人、被告人所在单位推荐的人； 　　（三）犯罪嫌疑人、被告人的监护人、亲友。 　　正在被执行刑罚或者依法被剥夺、限制人身自由的人，不得担任辩护人。	第三十二条　犯罪嫌疑人、被告人除自己行使辩护权以外，还可以委托一至二人作为辩护人。下列的人可以被委托为辩护人： 　　（一）律师； 　　（二）人民团体或者犯罪嫌疑人、被告人所在单位推荐的人； 　　（三）犯罪嫌疑人、被告人的监护人、亲友。 　　正在被执行刑罚或者依法被剥夺、限制人身自由的人，不得担任辩护人。

修正前	修正后

第三十三条　公诉案件自案件移送审查起诉之日起，犯罪嫌疑人有权委托辩护人。自诉案件的被告人有权随时委托辩护人。
    人民检察院自收到移送审查起诉的案件材料之日起三日以内，应当告知犯罪嫌疑人有权委托辩护人。人民法院自受理自诉案件之日起三日以内，应当告知被告人有权委托辩护人。
	第三十三条　犯罪嫌疑人自被侦查机关第一次讯问或者采取强制措施之日起，有权委托辩护人；在侦查期间，只能委托律师作为辩护人。被告人有权随时委托辩护人。
	    侦查机关在第一次讯问犯罪嫌疑人或者对犯罪嫌疑人采取强制措施的时候，应当告知犯罪嫌疑人有权委托辩护人。人民检察院自收到移送审查起诉的案件材料之日起三日以内，应当告知犯罪嫌疑人有权委托辩护人。人民法院自受理案件之日起三日以内，应当告知被告人有权委托辩护人。犯罪嫌疑人、被告人在押期间要求委托辩护人的，人民法院、人民检察院和公安机关应当及时转达其要求。
	    犯罪嫌疑人、被告人在押的，也可以由其监护人、近亲属代为委托辩护人。
	    辩护人接受犯罪嫌疑人、被告人委托后，应当及时告知办理案件的机关。

第三十四条　公诉人出庭公诉的案件，被告人因经济困难或者其他原因没有委托辩护人的，人民法院可以指定承担法律援助义务的律师为其提供辩护。
    被告人是盲、聋、哑或者未成年人而没有委托辩护人的，人民法院应当指定承担法律援助义务的律师为其提供辩护。
    被告人可能被判处死刑而没有委托辩护人的，人民法院应当指定承担法律援助义务的律师为其提供辩护。
	第三十四条　犯罪嫌疑人、被告人因经济困难或者其他原因没有委托辩护人的，本人及其近亲属可以向法律援助机构提出申请。对符合法律援助条件的，法律援助机构应当指派律师为其提供辩护。
	    犯罪嫌疑人、被告人是盲、聋、哑人，或者是尚未完全丧失辨认或者控制自己行为能力的精神病人，没有委托辩护人的，人民法院、人民检察院和公安机关应当通知法律援助机构指派律师为其提供辩护。
	    犯罪嫌疑人、被告人可能被判处无期徒刑、死刑，没有委托辩护人的，人民法院、人民检察院和公安机关应当通知法律援助机构指派律师为其提供辩护。

第三十五条　辩护人的责任是根据事实和法律，提出证明犯罪嫌疑人、被告人无罪、罪轻或者减轻、免除其刑事责任的材料和意见，维护犯罪嫌疑人、被告人的合法权益。	**第三十五条**　辩护人的责任是根据事实和法律，提出犯罪嫌疑人、被告人无罪、罪轻或者减轻、免除其刑事责任的材料和意见，维护犯罪嫌疑人、被告人的诉讼权利和其他合法权益。
	第三十六条　辩护律师在侦查期间可以为犯罪嫌疑人提供法律帮助；代理申诉、控告；申请变更强制措施；向侦查机关了解犯罪嫌疑人涉嫌的罪名和案件有关情况，提出意见。

修正前	修正后
第三十六条　辩护律师自人民检察院对案件审查起诉之日起，可以查阅、摘抄、复制本案的诉讼文书、技术性鉴定材料，可以同在押的犯罪嫌疑人会见和通信。其他辩护人经人民检察院许可，也可以查阅、摘抄、复制上述材料，同在押的犯罪嫌疑人会见和通信。 　　辩护律师自人民法院受理案件之日起，可以查阅、摘抄、复制本案所指控的犯罪事实的材料，可以同在押的被告人会见和通信。其他辩护人经人民法院许可，也可以查阅、摘抄、复制上述材料，同在押的被告人会见和通信。	**第三十七条**　辩护律师可以同在押的犯罪嫌疑人、被告人会见和通信。其他辩护人经人民法院、人民检察院许可，也可以同在押的犯罪嫌疑人、被告人会见和通信。 　　辩护律师持律师执业证书、律师事务所证明和委托书或者法律援助公函要求会见在押的犯罪嫌疑人、被告人的，看守所应当及时安排会见，至迟不得超过四十八小时。 　　危害国家安全犯罪、恐怖活动犯罪、特别重大贿赂犯罪案件，在侦查期间辩护律师会见在押的犯罪嫌疑人，应当经侦查机关许可。上述案件，侦查机关应当事先通知看守所。 　　辩护律师会见在押的犯罪嫌疑人、被告人，可以了解案件有关情况，提供法律咨询等；自案件移送审查起诉之日起，可以向犯罪嫌疑人、被告人核实有关证据。辩护律师会见犯罪嫌疑人、被告人时不被监听。 　　辩护律师同被监视居住的犯罪嫌疑人、被告人会见、通信，适用第一款、第三款、第四款的规定。
	第三十八条　辩护律师自人民检察院对案件审查起诉之日起，可以查阅、摘抄、复制本案的案卷材料。其他辩护人经人民法院、人民检察院许可，也可以查阅、摘抄、复制上述材料。
	第三十九条　辩护人认为在侦查、审查起诉期间公安机关、人民检察院收集的证明犯罪嫌疑人、被告人无罪或者罪轻的证据材料未提交的，有权申请人民检察院、人民法院调取。
	第四十条　辩护人收集的有关犯罪嫌疑人不在犯罪现场、未达到刑事责任年龄、属于依法不负刑事责任的精神病人的证据，应当及时告知公安机关、人民检察院。
第三十七条　辩护律师经证人或者其他有关单位和个人同意，可以向他们收集与本案有关的材料，也可以申请人民检察院、人民法院收集、调取证据，或者申请人民法院通知证人出庭作证。 　　辩护律师经人民检察院或者人民法院许可，并且经被害人或者其近亲属、被害人提供的证人同意，可以向他们收集与本案有关的材料。	**第四十一条**　辩护律师经证人或者其他有关单位和个人同意，可以向他们收集与本案有关的材料，也可以申请人民检察院、人民法院收集、调取证据，或者申请人民法院通知证人出庭作证。 　　辩护律师经人民检察院或者人民法院许可，并且经被害人或者其近亲属、被害人提供的证人同意，可以向他们收集与本案有关的材料。
第三十八条　辩护律师和其他辩护人，不得帮助犯罪嫌疑人、被告人隐匿、毁灭、伪造证据或者串供，不得威胁、引诱证人改变证言或者作伪证以及进行其他干扰司法机关诉讼活动的行为。 　　违反前款规定的，应当依法追究法律责任。	**第四十二条**　辩护人或者其他任何人，不得帮助犯罪嫌疑人、被告人隐匿、毁灭、伪造证据或者串供，不得威胁、引诱证人作伪证以及进行其他干扰司法机关诉讼活动的行为。 　　违反前款规定的，应当依法追究法律责任，辩护人涉嫌犯罪的，应当由办理辩护人所承办案件的侦查机关以外的侦查机关办理。辩护人是律师的，应当及时通知其所在的律师事务所或者所属的律师协会。
第三十九条　在审判过程中，被告人可以拒绝辩护人继续为他辩护，也可以另行委托辩护人辩护。	**第四十三条**　在审判过程中，被告人可以拒绝辩护人继续为他辩护，也可以另行委托辩护人辩护。

修正前	修正后
第四十条 公诉案件的被害人及其法定代理人或者近亲属，附带民事诉讼的当事人及其法定代理人，自案件移送审查起诉之日起，有权委托诉讼代理人。自诉案件的自诉人及其法定代理人，附带民事诉讼的当事人及其法定代理人，有权随时委托诉讼代理人。 人民检察院自收到移送审查起诉的案件材料之日起三日以内，应当告知被害人及其法定代理人或者其近亲属、附带民事诉讼的当事人及其法定代理人有权委托诉讼代理人。人民法院自受理自诉案件之日起三日以内，应当告知自诉人及其法定代理人、附带民事诉讼的当事人及其法定代理人有权委托诉讼代理人。	**第四十四条** 公诉案件的被害人及其法定代理人或者近亲属，附带民事诉讼的当事人及其法定代理人，自案件移送审查起诉之日起，有权委托诉讼代理人。自诉案件的自诉人及其法定代理人，附带民事诉讼的当事人及其法定代理人，有权随时委托诉讼代理人。 人民检察院自收到移送审查起诉的案件材料之日起三日以内，应当告知被害人及其法定代理人或者其近亲属、附带民事诉讼的当事人及其法定代理人有权委托诉讼代理人。人民法院自受理自诉案件之日起三日以内，应当告知自诉人及其法定代理人、附带民事诉讼的当事人及其法定代理人有权委托诉讼代理人。
第四十一条 委托诉讼代理人，参照本法第三十二条的规定执行。	**第四十五条** 委托诉讼代理人，参照本法第三十二条的规定执行。
	第四十六条 辩护律师对在执业活动中知悉的委托人的有关情况和信息，有权予以保密。但是，辩护律师在执业活动中知悉委托人或者其他人，准备或者正在实施危害国家安全、公共安全以及严重危害他人人身安全的犯罪的，应当及时告知司法机关。
	第四十七条 辩护人、诉讼代理人认为公安机关、人民检察院、人民法院及其工作人员阻碍其依法行使诉讼权利的，有权向同级或者上一级人民检察院申诉或者控告。人民检察院对申诉或者控告应当及时进行审查，情况属实的，通知有关机关予以纠正。
第五章 证　据	**第五章 证　据**
第四十二条 证明案件真实情况的一切事实，都是证据。 证据有下列七种： （一）物证、书证； （二）证人证言； （三）被害人陈述； （四）犯罪嫌疑人、被告人供述和辩解； （五）鉴定结论； （六）勘验、检查笔录； （七）视听资料。 以上证据必须经过查证属实，才能作为定案的根据。	**第四十八条** 可以用于证明案件事实的材料，都是证据。 证据包括： （一）物证； （二）书证； （三）证人证言； （四）被害人陈述； （五）犯罪嫌疑人、被告人供述和辩解； （六）鉴定意见； （七）勘验、检查、辨认、侦查实验等笔录； （八）视听资料、电子数据。 证据必须经过查证属实，才能作为定案的根据。
	第四十九条 公诉案件中被告人有罪的举证责任由人民检察院承担，自诉案件中被告人有罪的举证责任由自诉人承担。

续表

修正前	修正后
第四十三条　审判人员、检察人员、侦查人员必须依照法定程序，收集能够证实犯罪嫌疑人、被告人有罪或者无罪、犯罪情节轻重的各种证据。严禁刑讯逼供和以威胁、引诱、欺骗以及其他非法的方法收集证据。必须保证一切与案件有关或者了解案情的公民，有客观地充分地提供证据的条件，除特殊情况外，并且可以吸收他们协助调查。	**第五十条**　审判人员、检察人员、侦查人员必须依照法定程序，收集能够证实犯罪嫌疑人、被告人有罪或者无罪、犯罪情节轻重的各种证据。严禁刑讯逼供和以威胁、引诱、欺骗以及其他非法方法收集证据，不得强迫任何人证实自己有罪。必须保证一切与案件有关或者了解案情的公民，有客观地充分地提供证据的条件，除特殊情况外，可以吸收他们协助调查。
第四十四条　公安机关提请批准逮捕书、人民检察院起诉书、人民法院判决书，必须忠实于事实真象。故意隐瞒事实真象的，应当追究责任。	**第五十一条**　公安机关提请批准逮捕书、人民检察院起诉书、人民法院判决书，必须忠实于事实真象。故意隐瞒事实真象的，应当追究责任。
第四十五条　人民法院、人民检察院和公安机关有权向有关单位和个人收集、调取证据。有关单位和个人应当如实提供证据。 对于涉及国家秘密的证据，应当保密。 凡是伪造证据、隐匿证据或者毁灭证据的，无论属于何方，必须受法律追究。	**第五十二条**　人民法院、人民检察院和公安机关有权向有关单位和个人收集、调取证据。有关单位和个人应当如实提供证据。 行政机关在行政执法和查办案件过程中收集的物证、书证、视听资料、电子数据等证据材料，在刑事诉讼中可以作为证据使用。 对涉及国家秘密、商业秘密、个人隐私的证据，应当保密。 凡是伪造证据、隐匿证据或者毁灭证据的，无论属于何方，必须受法律追究。
第四十六条　对一切案件的判处都要重证据，重调查研究，不轻信口供。只有被告人供述，没有其他证据的，不能认定被告人有罪和处以刑罚；没有被告人供述，证据充分确实的，可以认定被告人有罪和处以刑罚。	**第五十三条**　对一切案件的判处都要重证据，重调查研究，不轻信口供。只有被告人供述，没有其他证据的，不能认定被告人有罪和处以刑罚；没有被告人供述，证据确实、充分的，可以认定被告人有罪和处以刑罚。 证据确实、充分，应当符合以下条件： （一）定罪量刑的事实都有证据证明； （二）据以定案的证据均经法定程序查证属实； （三）综合全案证据，对所认定事实已排除合理怀疑。
	第五十四条　采用刑讯逼供等非法方法收集的犯罪嫌疑人、被告人供述和采用暴力、威胁等非法方法收集的证人证言、被害人陈述，应当予以排除。收集物证、书证不符合法定程序，可能严重影响司法公正的，应当予以补正或者作出合理解释；不能补正或者作出合理解释的，对该证据应当予以排除。 在侦查、审查起诉、审判时发现有应当排除的证据的，应当依法予以排除，不得作为起诉意见、起诉决定和判决的依据。

修正前	修正后
	第五十五条 人民检察院接到报案、控告、举报或者发现侦查人员以非法方法收集证据的，应当进行调查核实。对于确有以非法方法收集证据情形的，应当提出纠正意见；构成犯罪的，依法追究刑事责任。
	第五十六条 法庭审理过程中，审判人员认为可能存在本法第五十四条规定的以非法方法收集证据情形的，应当对证据收集的合法性进行法庭调查。 当事人及其辩护人、诉讼代理人有权申请人民法院对以非法方法收集的证据依法予以排除。申请排除以非法方法收集的证据的，应当提供相关线索或者材料。
	第五十七条 在对证据收集的合法性进行法庭调查的过程中，人民检察院应当对证据收集的合法性加以证明。 现有证据材料不能证明证据收集的合法性的，人民检察院可以提请人民法院通知有关侦查人员或者其他人员出庭说明情况；人民法院可以通知有关侦查人员或者其他人员出庭说明情况。有关侦查人员或者其他人员也可以要求出庭说明情况。经人民法院通知，有关人员应当出庭。
	第五十八条 对于经过法庭审理，确认或者不能排除存在本法第五十四条规定的以非法方法收集证据情形的，对有关证据应当予以排除。
第四十七条 证人证言必须在法庭上经过公诉人、被害人和被告人、辩护人双方讯问、质证，听取各方证人的证言并且经过查实以后，才能作为定案的根据。法庭查明证人有意作伪证或者隐匿罪证的时候，应当依法处理。	**第五十九条** 证人证言必须在法庭上经过公诉人、被害人和被告人、辩护人双方质证并且查实以后，才能作为定案的根据。法庭查明证人有意作伪证或者隐匿罪证的时候，应当依法处理。
第四十八条 凡是知道案件情况的人，都有作证的义务。 生理上、精神上有缺陷或者年幼，不能辨别是非、不能正确表达的人，不能作证人。	**第六十条** 凡是知道案件情况的人，都有作证的义务。 生理上、精神上有缺陷或者年幼，不能辨别是非、不能正确表达的人，不能作证人。
第四十九条 人民法院、人民检察院和公安机关应当保障证人及其近亲属的安全。 对证人及其近亲属进行威胁、侮辱、殴打或者打击报复，构成犯罪的，依法追究刑事责任；尚不够刑事处罚的，依法给予治安管理处罚。	**第六十一条** 人民法院、人民检察院和公安机关应当保障证人及其近亲属的安全。 对证人及其近亲属进行威胁、侮辱、殴打或者打击报复，构成犯罪的，依法追究刑事责任；尚不够刑事处罚的，依法给予治安管理处罚。

修正前	修正后
	第六十二条　对于危害国家安全犯罪、恐怖活动犯罪、黑社会性质的组织犯罪、毒品犯罪等案件，证人、鉴定人、被害人因在诉讼中作证，本人或者其近亲属的人身安全面临危险的，人民法院、人民检察院和公安机关应当采取以下一项或者多项保护措施： 　　（一）不公开真实姓名、住址和工作单位等个人信息； 　　（二）采取不暴露外貌、真实声音等出庭作证措施； 　　（三）禁止特定的人员接触证人、鉴定人、被害人及其近亲属； 　　（四）对人身和住宅采取专门性保护措施； 　　（五）其他必要的保护措施。 　　证人、鉴定人、被害人认为因在诉讼中作证，本人或者其近亲属的人身安全面临危险的，可以向人民法院、人民检察院、公安机关请求予以保护。 　　人民法院、人民检察院、公安机关依法采取保护措施，有关单位和个人应当配合。
	第六十三条　证人因履行作证义务而支出的交通、住宿、就餐等费用，应当给予补助。证人作证的补助列入司法机关业务经费，由同级政府财政予以保障。 　　有工作单位的证人作证，所在单位不得克扣或者变相克扣其工资、奖金及其他福利待遇。
第六章　强制措施	第六章　强制措施
第五十条　人民法院、人民检察院和公安机关根据案件情况，对犯罪嫌疑人、被告人可以拘传、取保候审或者监视居住。	第六十四条　人民法院、人民检察院和公安机关根据案件情况，对犯罪嫌疑人、被告人可以拘传、取保候审或者监视居住。
第五十一条　人民法院、人民检察院和公安机关对于有下列情形之一的犯罪嫌疑人、被告人，可以取保候审或者监视居住： 　　（一）可能判处管制、拘役或者独立适用附加刑的； 　　（二）可能判处有期徒刑以上刑罚，采取取保候审、监视居住不致发生社会危险性的。 　　取保候审、监视居住由公安机关执行。	第六十五条　人民法院、人民检察院和公安机关对有下列情形之一的犯罪嫌疑人、被告人，可以取保候审： 　　（一）可能判处管制、拘役或者独立适用附加刑的； 　　（二）可能判处有期徒刑以上刑罚，采取取保候审不致发生社会危险性的； 　　（三）患有严重疾病、生活不能自理，怀孕或者正在哺乳自己婴儿的妇女，采取取保候审不致发生社会危险性的； 　　（四）羁押期限届满，案件尚未办结，需要采取取保候审的。 　　取保候审由公安机关执行。
第五十二条　被羁押的犯罪嫌疑人、被告人及其法定代理人、近亲属有权申请取保候审。	
第五十三条　人民法院、人民检察院和公安机关决定对犯罪嫌疑人、被告人取保候审，应当责令犯罪嫌疑人、被告人提出保证人或者交纳保证金。	第六十六条　人民法院、人民检察院和公安机关决定对犯罪嫌疑人、被告人取保候审，应当责令犯罪嫌疑人、被告人提出保证人或者交纳保证金。

修正前	修正后
第五十四条　保证人必须符合下列条件： （一）与本案无牵连； （二）有能力履行保证义务； （三）享有政治权利，人身自由未受到限制； （四）有固定的住处和收入。	**第六十七条**　保证人必须符合下列条件： （一）与本案无牵连； （二）有能力履行保证义务； （三）享有政治权利，人身自由未受到限制； （四）有固定的住处和收入。
第五十五条　保证人应当履行以下义务： （一）监督被保证人遵守本法第五十六条的规定； （二）发现被保证人可能发生或者已经发生违反本法第五十六条规定的行为的，应当及时向执行机关报告。 被保证人有违反本法第五十六条规定的行为，保证人未及时报告的，对保证人处以罚款，构成犯罪的，依法追究刑事责任。	**第六十八条**　保证人应当履行以下义务： （一）监督被保证人遵守本法第六十九条的规定； （二）发现被保证人可能发生或者已经发生违反本法第六十九条规定的行为的，应当及时向执行机关报告。 被保证人有违反本法第六十九条规定的行为，保证人未履行保证义务的，对保证人处以罚款，构成犯罪的，依法追究刑事责任。
第五十六条　被取保候审的犯罪嫌疑人、被告人应当遵守以下规定： （一）未经执行机关批准不得离开所居住的市、县； （二）在传讯的时候及时到案； （三）不得以任何形式干扰证人作证； （四）不得毁灭、伪造证据或者串供。 被取保候审的犯罪嫌疑人、被告人违反前款规定，已交纳保证金的，没收保证金，并且区别情形，责令犯罪嫌疑人、被告人具结悔过、重新交纳保证金、提出保证人或者监视居住、予以逮捕。犯罪嫌疑人、被告人在取保候审期间未违反前款规定的，取保候审结束的时候，应当退还保证金。	**第六十九条**　被取保候审的犯罪嫌疑人、被告人应当遵守以下规定： （一）未经执行机关批准不得离开所居住的市、县； （二）住址、工作单位和联系方式发生变动的，在二十四小时以内向执行机关报告； （三）在传讯的时候及时到案； （四）不得以任何形式干扰证人作证； （五）不得毁灭、伪造证据或者串供。 人民法院、人民检察院和公安机关可以根据案件情况，责令被取保候审的犯罪嫌疑人、被告人遵守以下一项或者多项规定： （一）不得进入特定的场所； （二）不得与特定的人员会见或者通信； （三）不得从事特定的活动； （四）将护照等出入境证件、驾驶证件交执行机关保存。 被取保候审的犯罪嫌疑人、被告人违反前两款规定，已交纳保证金的，没收部分或者全部保证金，并且区别情形，责令犯罪嫌疑人、被告人具结悔过、重新交纳保证金、提出保证人，或者监视居住、予以逮捕。 对违反取保候审规定，需要予以逮捕的，可以对犯罪嫌疑人、被告人先行拘留。 **第七十条**　取保候审的决定机关应当综合考虑保证诉讼活动正常进行的需要，被取保候审人的社会危险性，案件的性质、情节，可能判处刑罚的轻重，被保候审人的经济状况等情况，确定保证金的数额。 提供保证金的人应当将保证金存入执行机关指定银行的专门账户。 **第七十一条**　犯罪嫌疑人、被告人在取保候审期间未违反本法第六十九条规定的，取保候审结束的时候，凭解除取保候审的通知或者有关法律文书到银行领取退还的保证金。

修正前	修正后
	第七十二条　人民法院、人民检察院和公安机关对符合逮捕条件，有下列情形之一的犯罪嫌疑人、被告人，可以监视居住： （一）患有严重疾病、生活不能自理的； （二）怀孕或者正在哺乳自己婴儿的妇女； （三）系生活不能自理的人的唯一扶养人； （四）因为案件的特殊情况或者办理案件的需要，采取监视居住措施更为适宜的； （五）羁押期限届满，案件尚未办结，需要采取监视居住措施的。 对符合取保候审条件，但犯罪嫌疑人、被告人不能提出保证人，也不交纳保证金的，可以监视居住。 监视居住由公安机关执行。
	第七十三条　监视居住应当在犯罪嫌疑人、被告人的住处执行；无固定住处的，可以在指定的居所执行。对于涉嫌危害国家安全犯罪、恐怖活动犯罪、特别重大贿赂犯罪，在住处执行可能有碍侦查的，经上一级人民检察院或者公安机关批准，也可以在指定的居所执行。但是，不得在羁押场所、专门的办案场所执行。 指定居所监视居住的，除无法通知的以外，应当在执行监视居住后二十四小时以内，通知被监视居住人的家属。 被监视居住的犯罪嫌疑人、被告人委托辩护人，适用本法第三十三条的规定。 人民检察院对指定居所监视居住的决定和执行是否合法实行监督。
	第七十四条　指定居所监视居住的期限应当折抵刑期。被判处管制的，监视居住一日折抵刑期一日；被判处拘役、有期徒刑的，监视居住二日折抵刑期一日。
第五十七条　被监视居住的犯罪嫌疑人、被告人应当遵守以下规定： （一）未经执行机关批准不得离开住处，无固定住处的，未经批准不得离开指定的居所； （二）未经执行机关批准不得会见他人； （三）在传讯的时候及时到案； （四）不得以任何形式干扰证人作证； （五）不得毁灭、伪造证据或者串供。 被监视居住的犯罪嫌疑人、被告人违反前款规定，情节严重的，予以逮捕。	**第七十五条**　被监视居住的犯罪嫌疑人、被告人应当遵守以下规定： （一）未经执行机关批准不得离开执行监视居住的处所； （二）未经执行机关批准不得会见他人或者通信； （三）在传讯的时候及时到案； （四）不得以任何形式干扰证人作证； （五）不得毁灭、伪造证据或者串供； （六）将护照等出入境证件、身份证件、驾驶证件交执行机关保存。 被监视居住的犯罪嫌疑人、被告人违反前款规定，情节严重的，可以予以逮捕；需要予以逮捕的，可以对犯罪嫌疑人、被告人先行拘留。

修正前	修正后
	第七十六条 执行机关对被监视居住的犯罪嫌疑人、被告人，可以采取电子监控、不定期检查等监视方法对其遵守监视居住规定的情况进行监督；在侦查期间，可以对被监视居住的犯罪嫌疑人的通信进行监控。
第五十八条 人民法院、人民检察院和公安机关对犯罪嫌疑人、被告人取保候审最长不得超过十二个月，监视居住最长不得超过六个月。 在取保候审、监视居住期间，不得中断对案件的侦查、起诉和审理。对于发现不应当追究刑事责任或者取保候审、监视居住期限届满的，应当及时解除取保候审、监视居住。解除取保候审、监视居住，应当及时通知被取保候审、监视居住人和有关单位。	**第七十七条** 人民法院、人民检察院和公安机关对犯罪嫌疑人、被告人取保候审最长不得超过十二个月，监视居住最长不得超过六个月。 在取保候审、监视居住期间，不得中断对案件的侦查、起诉和审理。对于发现不应当追究刑事责任或者取保候审、监视居住期限届满的，应当及时解除取保候审、监视居住。解除取保候审、监视居住，应当及时通知被取保候审、监视居住人和有关单位。
第五十九条 逮捕犯罪嫌疑人、被告人，必须经过人民检察院批准或者人民法院决定，由公安机关执行。	**第七十八条** 逮捕犯罪嫌疑人、被告人，必须经过人民检察院批准或者人民法院决定，由公安机关执行。
第六十条 对有证据证明有犯罪事实，可能判处徒刑以上刑罚的犯罪嫌疑人、被告人，采取取保候审、监视居住等方法，尚不足以防止发生社会危险性，而有逮捕必要的，应即依法逮捕。 对应当逮捕的犯罪嫌疑人、被告人，如果患有严重疾病，或者是正在怀孕、哺乳自己婴儿的妇女，可以采用取保候审或者监视居住的办法。	**第七十九条** 对有证据证明有犯罪事实，可能判处徒刑以上刑罚的犯罪嫌疑人、被告人，采取取保候审尚不足以防止发生下列社会危险性的，应当予以逮捕： （一）可能实施新的犯罪的； （二）有危害国家安全、公共安全或者社会秩序的现实危险的； （三）可能毁灭、伪造证据，干扰证人作证或者串供的； （四）可能对被害人、举报人、控告人实施打击报复的； （五）企图自杀或者逃跑的。 对有证据证明有犯罪事实，可能判处十年有期徒刑以上刑罚的，或者有证据证明有犯罪事实，可能判处徒刑以上刑罚，曾经故意犯罪或者身份不明的，应当予以逮捕。 被取保候审、监视居住的犯罪嫌疑人、被告人违反取保候审、监视居住规定，情节严重的，可以予以逮捕。
第六十一条 公安机关对于现行犯或者重大嫌疑分子，如果有下列情形之一的，可以先行拘留： （一）正在预备犯罪、实行犯罪或者在犯罪后即时被发觉的； （二）被害人或者在场亲眼看见的人指认他犯罪的； （三）在身边或者住处发现有犯罪证据的； （四）犯罪后企图自杀、逃跑或者在逃的； （五）有毁灭、伪造证据或者串供可能的； （六）不讲真实姓名、住址，身份不明的； （七）有流窜作案、多次作案、结伙作案重大嫌疑的。	**第八十条** 公安机关对于现行犯或者重大嫌疑分子，如果有下列情形之一的，可以先行拘留： （一）正在预备犯罪、实行犯罪或者在犯罪后即时被发觉的； （二）被害人或者在场亲眼看见的人指认他犯罪的； （三）在身边或者住处发现有犯罪证据的； （四）犯罪后企图自杀、逃跑或者在逃的； （五）有毁灭、伪造证据或者串供可能的； （六）不讲真实姓名、住址，身份不明的； （七）有流窜作案、多次作案、结伙作案重大嫌疑的。

修正前	修正后
第六十二条　公安机关在异地执行拘留、逮捕的时候，应当通知被拘留、逮捕人所在地的公安机关，被拘留、逮捕人所在地的公安机关应当予以配合。	**第八十一条**　公安机关在异地执行拘留、逮捕的时候，应当通知被拘留、逮捕人所在地的公安机关，被拘留、逮捕人所在地的公安机关应当予以配合。
第六十三条　对于有下列情形的人，任何公民都可以立即扭送公安机关、人民检察院或者人民法院处理： （一）正在实行犯罪或者在犯罪后即时被发觉的； （二）通缉在案的； （三）越狱逃跑的； （四）正在被追捕的。	**第八十二条**　对于有下列情形的人，任何公民都可以立即扭送公安机关、人民检察院或者人民法院处理： （一）正在实行犯罪或者在犯罪后即时被发觉的； （二）通缉在案的； （三）越狱逃跑的； （四）正在被追捕的。
第六十四条　公安机关拘留人的时候，必须出示拘留证。 　　拘留后，除有碍侦查或者无法通知的情形以外，应当把拘留的原因和羁押的处所，在二十四小时以内，通知被拘留人的家属或者他的所在单位。	**第八十三条**　公安机关拘留人的时候，必须出示拘留证。 　　拘留后，应当立即将被拘留人送看守所羁押，至迟不得超过二十四小时。除无法通知或者涉嫌危害国家安全犯罪、恐怖活动犯罪通知可能有碍侦查的情形以外，应当在拘留后二十四小时以内，通知被拘留人的家属。有碍侦查的情形消失以后，应当立即通知被拘留人的家属。
第六十五条　公安机关对于被拘留的人，应当在拘留后的二十四小时以内进行讯问。在发现不应当拘留的时候，必须立即释放，发给释放证明。对需要逮捕而证据还不充足的，可以取保候审或者监视居住。	**第八十四条**　公安机关对被拘留的人，应当在拘留后的二十四小时以内进行讯问。在发现不应当拘留的时候，必须立即释放，发给释放证明。
第六十六条　公安机关要求逮捕犯罪嫌疑人的时候，应当写出提请批准逮捕书，连同案卷材料、证据，一并移送同级人民检察院审查批准。必要的时候，人民检察院可以派人参加公安机关对于重大案件的讨论。	**第八十五条**　公安机关要求逮捕犯罪嫌疑人的时候，应当写出提请批准逮捕书，连同案卷材料、证据，一并移送同级人民检察院审查批准。必要的时候，人民检察院可以派人参加公安机关对于重大案件的讨论。
	第八十六条　人民检察院审查批准逮捕，可以讯问犯罪嫌疑人；有下列情形之一的，应当讯问犯罪嫌疑人： （一）对是否符合逮捕条件有疑问的； （二）犯罪嫌疑人要求向检察人员当面陈述的； （三）侦查活动可能有重大违法行为的。 　　人民检察院审查批准逮捕，可以询问证人等诉讼参与人，听取辩护律师的意见；辩护律师提出要求的，应当听取辩护律师的意见。
第六十七条　人民检察院审查批准逮捕犯罪嫌疑人由检察长决定。重大案件应当提交检察委员会讨论决定。	**第八十七条**　人民检察院审查批准逮捕犯罪嫌疑人由检察长决定。重大案件应当提交检察委员会讨论决定。
第六十八条　人民检察院对于公安机关提请批准逮捕的案件进行审查后，应当根据情况分别作出批准逮捕或者不批准逮捕的决定。对于批准逮捕的，公安机关应当立即执行，并且将执行情况及时通知人民检察院。对于不批准逮捕的，人民检察院应当说明理由，需要补充侦查的，应当同时通知公安机关。	**第八十八条**　人民检察院对于公安机关提请批准逮捕的案件进行审查后，应当根据情况分别作出批准逮捕或者不批准逮捕的决定。对于批准逮捕的，公安机关应当立即执行，并且将执行情况及时通知人民检察院。对于不批准逮捕的，人民检察院应当说明理由，需要补充侦查的，应当同时通知公安机关。

修正前	修正后
第六十九条 公安机关对被拘留的人，认为需要逮捕的，应当在拘留后的三日以内，提请人民检察院审查批准。在特殊情况下，提请审查批准的时间可以延长一日至四日。 对于流窜作案、多次作案、结伙作案的重大嫌疑分子，提请审查批准的时间可以延长至三十日。 人民检察院应当自接到公安机关提请批准逮捕书后的七日以内，作出批准逮捕或者不批准逮捕的决定。人民检察院不批准逮捕的，公安机关应当在接到通知后立即释放，并且将执行情况及时通知人民检察院。对于需要继续侦查，并且符合取保候审、监视居住条件的，依法取保候审或者监视居住。	**第八十九条** 公安机关对被拘留的人，认为需要逮捕的，应当在拘留后的三日以内，提请人民检察院审查批准。在特殊情况下，提请审查批准的时间可以延长一日至四日。 对于流窜作案、多次作案、结伙作案的重大嫌疑分子，提请审查批准的时间可以延长至三十日。 人民检察院应当自接到公安机关提请批准逮捕书后的七日以内，作出批准逮捕或者不批准逮捕的决定。人民检察院不批准逮捕的，公安机关应当在接到通知后立即释放，并且将执行情况及时通知人民检察院。对于需要继续侦查，并且符合取保候审、监视居住条件的，依法取保候审或者监视居住。
第七十条 公安机关对人民检察院不批准逮捕的决定，认为有错误的时候，可以要求复议，但是必须将被拘留的人立即释放。如果意见不被接受，可以向上一级人民检察院提请复核。上级人民检察院应当立即复核，作出是否变更的决定，通知下级人民检察院和公安机关执行。	**第九十条** 公安机关对人民检察院不批准逮捕的决定，认为有错误的时候，可以要求复议，但是必须将被拘留的人立即释放。如果意见不被接受，可以向上一级人民检察院提请复核。上级人民检察院应当立即复核，作出是否变更的决定，通知下级人民检察院和公安机关执行。
第七十一条 公安机关逮捕人的时候，必须出示逮捕证。 逮捕后，除有碍侦查或者无法通知的情形以外，应当把逮捕的原因和羁押的处所，在二十四小时以内通知被逮捕人的家属或者他的所在单位。	**第九十一条** 公安机关逮捕人的时候，必须出示逮捕证。 逮捕后，应当立即将被逮捕人送看守所羁押。除无法通知的以外，应当在逮捕后二十四小时以内，通知被逮捕人的家属。
第七十二条 人民法院、人民检察院对于各自决定逮捕的人，公安机关对于经人民检察院批准逮捕的人，都必须在逮捕后的二十四小时以内进行讯问。在发现不应当逮捕的时候，必须立即释放，发给释放证明。	**第九十二条** 人民法院、人民检察院对于各自决定逮捕的人，公安机关对于经人民检察院批准逮捕的人，都必须在逮捕后的二十四小时以内进行讯问。在发现不应当逮捕的时候，必须立即释放，发给释放证明。
	第九十三条 犯罪嫌疑人、被告人被逮捕后，人民检察院仍应当对羁押的必要性进行审查。对不需要继续羁押的，应当建议予以释放或者变更强制措施。有关机关应当在十日以内将处理情况通知人民检察院。
第七十三条 人民法院、人民检察院和公安机关如果发现对犯罪嫌疑人、被告人采取强制措施不当的，应当及时撤销或者变更。公安机关释放被逮捕的人或者变更逮捕措施的，应当通知原批准的人民检察院。	**第九十四条** 人民法院、人民检察院和公安机关如果发现对犯罪嫌疑人、被告人采取强制措施不当的，应当及时撤销或者变更。公安机关释放被逮捕的人或者变更逮捕措施的，应当通知原批准的人民检察院。
	第九十五条 犯罪嫌疑人、被告人及其法定代理人、近亲属或者辩护人有权申请变更强制措施。人民法院、人民检察院和公安机关收到申请后，应当在三日以内作出决定；不同意变更强制措施的，应当告知申请人，并说明不同意的理由。
第七十四条 犯罪嫌疑人、被告人被羁押的案件，不能在本法规定的侦查羁押、审查起诉、一审、二审期限内办结，需要继续查证、审理的，对犯罪嫌疑人、被告人可以取保候审或者监视居住。	**第九十六条** 犯罪嫌疑人、被告人被羁押的案件，不能在本法规定的侦查羁押、审查起诉、一审、二审期限内办结的，对犯罪嫌疑人、被告人应当予以释放；需要继续查证、审理的，对犯罪嫌疑人、被告人可以取保候审或者监视居住。

修正前	修正后
第七十五条　犯罪嫌疑人、被告人及其法定代理人、近亲属或者犯罪嫌疑人、被告人委托的律师及其他辩护人对于人民法院、人民检察院或者公安机关采取强制措施超过法定期限的，有权要求解除强制措施。人民法院、人民检察院或者公安机关对于被采取强制措施超过法定期限的犯罪嫌疑人、被告人应当予以释放、解除取保候审、监视居住或者依法变更强制措施。	**第九十七条**　人民法院、人民检察院或者公安机关对被采取强制措施法定期限届满的犯罪嫌疑人、被告人，应当予以释放、解除取保候审、监视居住或者依法变更强制措施。犯罪嫌疑人、被告人及其法定代理人、近亲属或者辩护人对于人民法院、人民检察院或者公安机关采取强制措施法定期限届满的，有权要求解除强制措施。
第七十六条　人民检察院在审查批准逮捕工作中，如果发现公安机关的侦查活动有违法情况，应当通知公安机关予以纠正，公安机关应当将纠正情况通知人民检察院。	**第九十八条**　人民检察院在审查批准逮捕工作中，如果发现公安机关的侦查活动有违法情况，应当通知公安机关予以纠正，公安机关应当将纠正情况通知人民检察院。
第七章　附带民事诉讼	**第七章　附带民事诉讼**
第七十七条　被害人由于被告人的犯罪行为而遭受物质损失的，在刑事诉讼过程中，有权提起附带民事诉讼。 　　如果是国家财产、集体财产遭受损失的，人民检察院在提起公诉的时候，可以提起附带民事诉讼。 　　人民法院在必要的时候，可以查封或者扣押被告人的财产。	**第九十九条**　被害人由于被告人的犯罪行为而遭受物质损失的，在刑事诉讼过程中，有权提起附带民事诉讼。被害人死亡或者丧失行为能力的，被害人的法定代理人、近亲属有权提起附带民事诉讼。 　　如果是国家财产、集体财产遭受损失的，人民检察院在提起公诉的时候，可以提起附带民事诉讼。 　　**第一百条**　人民法院在必要的时候，可以采取保全措施，查封、扣押或者冻结被告人的财产。附带民事诉讼原告人或者人民检察院可以申请人民法院采取保全措施。人民法院采取保全措施，适用民事诉讼法的有关规定。
	第一百零一条　人民法院审理附带民事诉讼案件，可以进行调解，或者根据物质损失情况作出判决、裁定。
第七十八条　附带民事诉讼应当同刑事案件一并审判，只有为了防止刑事案件审判的过分迟延，才可以在刑事案件审判后，由同一审判组织继续审理附带民事诉讼。	**第一百零二条**　附带民事诉讼应当同刑事案件一并审判，只有为了防止刑事案件审判的过分迟延，才可以在刑事案件审判后，由同一审判组织继续审理附带民事诉讼。
第八章　期间、送达	**第八章　期间、送达**
第七十九条　期间以时、日、月计算。 　　期间开始的时和日不算在期间以内。 　　法定期间不包括路途上的时间。上诉状或者其他文件在期满前已经交邮的，不算过期。	**第一百零三条**　期间以时、日、月计算。 　　期间开始的时和日不算在期间以内。 　　法定期间不包括路途上的时间。上诉状或者其他文件在期满前已经交邮的，不算过期。 　　期间的最后一日为节假日的，以节假日后的第一日为期满日期，但犯罪嫌疑人、被告人或者罪犯在押期间，应当至期满之日为止，不得因节假日而延长。
第八十条　当事人由于不能抗拒的原因或者有其他正当理由而耽误期限的，在障碍消除后五日以内，可以申请继续进行应当在期满以前完成的诉讼活动。 　　前款申请是否准许，由人民法院裁定。	**第一百零四条**　当事人由于不能抗拒的原因或者有其他正当理由而耽误期限的，在障碍消除后五日以内，可以申请继续进行应当在期满以前完成的诉讼活动。 　　前款申请是否准许，由人民法院裁定。

修正前	修正后
第八十一条 送达传票、通知书和其他诉讼文件应当交给收件人本人；如果本人不在，可以交给他的成年家属或者所在单位的负责人员代收。 收件人本人或者代收人拒绝接收或者拒绝签名、盖章的时候，送达人可以邀请他的邻居或者其他见证人到场，说明情况，把文件留在他的住处，在送达证上记明拒绝的事由、送达的日期，由送达人签名，即认为已经送达。	**第一百零五条** 送达传票、通知书和其他诉讼文件应当交给收件人本人；如果本人不在，可以交给他的成年家属或者所在单位的负责人员代收。 收件人本人或者代收人拒绝接收或者拒绝签名、盖章的时候，送达人可以邀请他的邻居或者其他见证人到场，说明情况，把文件留在他的住处，在送达证上记明拒绝的事由、送达的日期，由送达人签名，即认为已经送达。
第九章 其他规定	**第九章 其他规定**
第八十二条 本法下列用语的含意是： （一）"侦查"是指公安机关、人民检察院在办理案件过程中，依照法律进行的专门调查工作和有关的强制性措施； （二）"当事人"是指被害人、自诉人、犯罪嫌疑人、被告人、附带民事诉讼的原告人和被告人； （三）"法定代理人"是指被代理人的父母、养父母、监护人和负有保护责任的机关、团体的代表； （四）"诉讼参与人"是指当事人、法定代理人、诉讼代理人、辩护人、证人、鉴定人和翻译人员； （五）"诉讼代理人"是指公诉案件的被害人及其法定代理人或者近亲属、自诉案件的自诉人及其法定代理人委托代为参加诉讼的人和附带民事诉讼的当事人及其法定代理人委托代为参加诉讼的人； （六）"近亲属"是指夫、妻、父、母、子、女、同胞兄弟姊妹。	**第一百零六条** 本法下列用语的含意是： （一）"侦查"是指公安机关、人民检察院在办理案件过程中，依照法律进行的专门调查工作和有关的强制性措施； （二）"当事人"是指被害人、自诉人、犯罪嫌疑人、被告人、附带民事诉讼的原告人和被告人； （三）"法定代理人"是指被代理人的父母、养父母、监护人和负有保护责任的机关、团体的代表； （四）"诉讼参与人"是指当事人、法定代理人、诉讼代理人、辩护人、证人、鉴定人和翻译人员； （五）"诉讼代理人"是指公诉案件的被害人及其法定代理人或者近亲属、自诉案件的自诉人及其法定代理人委托代为参加诉讼的人和附带民事诉讼的当事人及其法定代理人委托代为参加诉讼的人； （六）"近亲属"是指夫、妻、父、母、子、女、同胞兄弟姊妹。
第二编 立案、侦查和提起公诉	**第二编 立案、侦查和提起公诉**
第一章 立 案	**第一章 立 案**
第八十三条 公安机关或者人民检察院发现犯罪事实或者犯罪嫌疑人，应当按照管辖范围，立案侦查。	**第一百零七条** 公安机关或者人民检察院发现犯罪事实或者犯罪嫌疑人，应当按照管辖范围，立案侦查。
第八十四条 任何单位和个人发现有犯罪事实或者犯罪嫌疑人，有权利也有义务向公安机关、人民检察院或者人民法院报案或者举报。 被害人对侵犯其人身、财产权利的犯罪事实或者犯罪嫌疑人，有权向公安机关、人民检察院或者人民法院报案或者控告。 公安机关、人民检察院或者人民法院对于报案、控告、举报，都应当接受。对于不属于自己管辖的，应当移送主管机关处理，并且通知报案人、控告人、举报人；对于不属于自己管辖而又必须采取紧急措施的，应当先采取紧急措施，然后移送主管机关。 犯罪人向公安机关、人民检察院或者人民法院自首的，适用第三款规定。	**第一百零八条** 任何单位和个人发现有犯罪事实或者犯罪嫌疑人，有权利也有义务向公安机关、人民检察院或者人民法院报案或者举报。 被害人对侵犯其人身、财产权利的犯罪事实或者犯罪嫌疑人，有权向公安机关、人民检察院或者人民法院报案或者控告。 公安机关、人民检察院或者人民法院对于报案、控告、举报，都应当接受。对于不属于自己管辖的，应当移送主管机关处理，并且通知报案人、控告人、举报人；对于不属于自己管辖而又必须采取紧急措施的，应当先采取紧急措施，然后移送主管机关。 犯罪人向公安机关、人民检察院或者人民法院自首的，适用第三款规定。

修正前	修正后
第八十五条 报案、控告、举报可以用书面或者口头提出。接受口头报案、控告、举报的工作人员，应当写成笔录，经宣读无误后，由报案人、控告人、举报人签名或者盖章。 接受控告、举报的工作人员，应当向控告人、举报人说明诬告应负的法律责任。但是，只要不是捏造事实，伪造证据，即使控告、举报的事实有出入，甚至是错告的，也要和诬告严格加以区别。 公安机关、人民检察院或者人民法院应当保障报案人、控告人、举报人及其近亲属的安全。报案人、控告人、举报人如果不愿公开自己的姓名和报案、控告、举报的行为，应当为他保守秘密。	**第一百零九条** 报案、控告、举报可以用书面或者口头提出。接受口头报案、控告、举报的工作人员，应当写成笔录，经宣读无误后，由报案人、控告人、举报人签名或者盖章。 接受控告、举报的工作人员，应当向控告人、举报人说明诬告应负的法律责任。但是，只要不是捏造事实，伪造证据，即使控告、举报的事实有出入，甚至是错告的，也要和诬告严格加以区别。 公安机关、人民检察院或者人民法院应当保障报案人、控告人、举报人及其近亲属的安全。报案人、控告人、举报人如果不愿公开自己的姓名和报案、控告、举报的行为，应当为他保守秘密。
第八十六条 人民法院、人民检察院或者公安机关对于报案、控告、举报和自首的材料，应当按照管辖范围，迅速进行审查，认为有犯罪事实需要追究刑事责任的时候，应当立案；认为没有犯罪事实，或者犯罪事实显著轻微，不需要追究刑事责任的时候，不予立案，并且将不立案的原因通知控告人。控告人如果不服，可以申请复议。	**第一百一十条** 人民法院、人民检察院或者公安机关对于报案、控告、举报和自首的材料，应当按照管辖范围，迅速进行审查，认为有犯罪事实需要追究刑事责任的时候，应当立案；认为没有犯罪事实，或者犯罪事实显著轻微，不需要追究刑事责任的时候，不予立案，并且将不立案的原因通知控告人。控告人如果不服，可以申请复议。
第八十七条 人民检察院认为公安机关对应当立案侦查的案件而不立案侦查的，或者被害人认为公安机关对应当立案侦查的案件而不立案侦查，向人民检察院提出的，人民检察院应当要求公安机关说明不立案的理由。人民检察院认为公安机关不立案理由不能成立的，应当通知公安机关立案，公安机关接到通知后应当立案。	**第一百一十一条** 人民检察院认为公安机关对应当立案侦查的案件而不立案侦查的，或者被害人认为公安机关对应当立案侦查的案件而不立案侦查，向人民检察院提出的，人民检察院应当要求公安机关说明不立案的理由。人民检察院认为公安机关不立案理由不能成立的，应当通知公安机关立案，公安机关接到通知后应当立案。
第八十八条 对于自诉案件，被害人有权向人民法院直接起诉。被害人死亡或者丧失行为能力的，被害人的法定代理人、近亲属有权向人民法院起诉。人民法院应当依法受理。	**第一百一十二条** 对于自诉案件，被害人有权向人民法院直接起诉。被害人死亡或者丧失行为能力的，被害人的法定代理人、近亲属有权向人民法院起诉。人民法院应当依法受理。
第二章 侦 查	**第二章 侦 查**
第一节 一般规定	**第一节 一般规定**
第八十九条 公安机关对已经立案的刑事案件，应当进行侦查，收集、调取犯罪嫌疑人有罪或者无罪、罪轻或者罪重的证据材料。对现行犯或者重大嫌疑分子可以依法先行拘留，对符合逮捕条件的犯罪嫌疑人，应当依法逮捕。	**第一百一十三条** 公安机关对已经立案的刑事案件，应当进行侦查，收集、调取犯罪嫌疑人有罪或者无罪、罪轻或者罪重的证据材料。对现行犯或者重大嫌疑分子可以依法先行拘留，对符合逮捕条件的犯罪嫌疑人，应当依法逮捕。
第九十条 公安机关经过侦查，对有证据证明有犯罪事实的案件，应当进行预审，对收集、调取的证据材料予以核实。	**第一百一十四条** 公安机关经过侦查，对有证据证明有犯罪事实的案件，应当进行预审，对收集、调取的证据材料予以核实。

修正前	修正后
	第一百一十五条 当事人和辩护人、诉讼代理人、利害关系人对于司法机关及其工作人员有下列行为之一的，有权向该机关申诉或者控告： （一）采取强制措施法定期限届满，不予以释放、解除或者变更的； （二）应当退还取保候审保证金不退还的； （三）对与案件无关的财物采取查封、扣押、冻结措施的； （四）应当解除查封、扣押、冻结不解除的； （五）贪污、挪用、私分、调换、违反规定使用查封、扣押、冻结的财物的。 受理申诉或者控告的机关应当及时处理。对处理不服的，可以向同级人民检察院申诉；人民检察院直接受理的案件，可以向上一级人民检察院申诉。人民检察院对申诉应当及时进行审查，情况属实的，通知有关机关予以纠正。
第二节　讯问犯罪嫌疑人	**第二节　讯问犯罪嫌疑人**
第九十一条 讯问犯罪嫌疑人必须由人民检察院或者公安机关的侦查人员负责进行。讯问的时候，侦查人员不得少于二人。	**第一百一十六条** 讯问犯罪嫌疑人必须由人民检察院或者公安机关的侦查人员负责进行。讯问的时候，侦查人员不得少于二人。 犯罪嫌疑人被送交看守所羁押以后，侦查人员对其进行讯问，应当在看守所内进行。
第九十二条 对于不需要逮捕、拘留的犯罪嫌疑人，可以传唤到犯罪嫌疑人所在市、县内的指定地点或者到他的住处进行讯问，但是应当出示人民检察院或者公安机关的证明文件。 传唤、拘传持续的时间最长不得超过十二小时。不得以连续传唤、拘传的形式变相拘禁犯罪嫌疑人。	**第一百一十七条** 对不需要逮捕、拘留的犯罪嫌疑人，可以传唤到犯罪嫌疑人所在市、县内的指定地点或者到他的住处进行讯问，但是应当出示人民检察院或者公安机关的证明文件。对在现场发现的犯罪嫌疑人，经出示工作证件，可以口头传唤，但应当在讯问笔录中注明。 传唤、拘传持续的时间不得超过十二小时；案情特别重大、复杂，需要采取拘留、逮捕措施的，传唤、拘传持续的时间不得超过二十四小时。 不得以连续传唤、拘传的形式变相拘禁犯罪嫌疑人。传唤、拘传犯罪嫌疑人，应当保证犯罪嫌疑人的饮食和必要的休息时间。
第九十三条 侦查人员在讯问犯罪嫌疑人的时候，应当首先讯问犯罪嫌疑人是否有犯罪行为，让他陈述有罪的情节或者无罪的辩解，然后向他提出问题。犯罪嫌疑人对侦查人员的提问，应当如实回答。但是对与本案无关的问题，有拒绝回答的权利。	**第一百一十八条** 侦查人员在讯问犯罪嫌疑人的时候，应当首先讯问犯罪嫌疑人是否有犯罪行为，让他陈述有罪的情节或者无罪的辩解，然后向他提出问题。犯罪嫌疑人对侦查人员的提问，应当如实回答。但是对与本案无关的问题，有拒绝回答的权利。 侦查人员在讯问犯罪嫌疑人的时候，应当告知犯罪嫌疑人如实供述自己罪行可以从宽处理的法律规定。
第九十四条 讯问聋、哑的犯罪嫌疑人，应当有通晓聋、哑手势的人参加，并且将这种情况记明笔录。	**第一百一十九条** 讯问聋、哑的犯罪嫌疑人，应当有通晓聋、哑手势的人参加，并且将这种情况记明笔录。

续表

修正前	修正后
第九十五条　讯问笔录应当交犯罪嫌疑人核对，对于没有阅读能力的，应当向他宣读。如果记载有遗漏或者差错，犯罪嫌疑人可以提出补充或者改正。犯罪嫌疑人承认笔录没有错误后，应当签名或者盖章。侦查人员也应当在笔录上签名。犯罪嫌疑人请求自行书写供述的，应当准许。必要的时候，侦查人员也可以要犯罪嫌疑人亲笔书写供词。	**第一百二十条**　讯问笔录应当交犯罪嫌疑人核对，对于没有阅读能力的，应当向他宣读。如果记载有遗漏或者差错，犯罪嫌疑人可以提出补充或者改正。犯罪嫌疑人承认笔录没有错误后，应当签名或者盖章。侦查人员也应当在笔录上签名。犯罪嫌疑人请求自行书写供述的，应当准许。必要的时候，侦查人员也可以要犯罪嫌疑人亲笔书写供词。
	第一百二十一条　侦查人员在讯问犯罪嫌疑人的时候，可以对讯问过程进行录音或者录像；对于可能判处无期徒刑、死刑的案件或者其他重大犯罪案件，应当对讯问过程进行录音或者录像。 　　录音或者录像应当全程进行，保持完整性。
第九十六条　犯罪嫌疑人在被侦查机关第一次讯问后或者采取强制措施之日起，可以聘请律师为其提供法律咨询、代理申诉、控告。犯罪嫌疑人被逮捕的，聘请的律师可以为其申请取保候审。涉及国家秘密的案件，犯罪嫌疑人聘请律师，应当经侦查机关批准。 　　受委托的律师有权向侦查机关了解犯罪嫌疑人涉嫌的罪名，可以会见在押的犯罪嫌疑人，向犯罪嫌疑人了解有关案件情况。律师会见在押的犯罪嫌疑人，侦查机关根据案件情况和需要可以派员在场。涉及国家秘密的案件，律师会见在押的犯罪嫌疑人，应当经侦查机关批准。	
第三节　询问证人	**第三节　询问证人**
第九十七条　侦查人员询问证人，可以到证人的所在单位或者住处进行，但是必须出示人民检察院或者公安机关的证明文件。在必要的时候，也可以通知证人到人民检察院或者公安机关提供证言。 　　询问证人应当个别进行。	**第一百二十二条**　侦查人员询问证人，可以在现场进行，也可以到证人所在单位、住处或者证人提出的地点进行，在必要的时候，可以通知证人到人民检察院或者公安机关提供证言。在现场询问证人，应当出示工作证件，到证人所在单位、住处或者证人提出的地点询问证人，应当出示人民检察院或者公安机关的证明文件。 　　询问证人应当个别进行。
第九十八条　询问证人，应当告知他应当如实地提供证据、证言和有意作伪证或者隐匿罪证要负的法律责任。 　　询问不满十八岁的证人，可以通知其法定代理人到场。	**第一百二十三条**　询问证人，应当告知他应当如实地提供证据、证言和有意作伪证或者隐匿罪证要负的法律责任。
第九十九条　本法第九十五条的规定，也适用于询问证人。	**第一百二十四条**　本法第一百二十条的规定，也适用于询问证人。
第一百条　询问被害人，适用本节各条规定。	**第一百二十五条**　询问被害人，适用本节各条规定。
第四节　勘验、检查	**第四节　勘验、检查**
第一百零一条　侦查人员对于与犯罪有关的场所、物品、人身、尸体应当进行勘验或者检查。在必要的时候，可以指派或者聘请具有专门知识的人，在侦查人员的主持下进行勘验、检查。	**第一百二十六条**　侦查人员对于与犯罪有关的场所、物品、人身、尸体应当进行勘验或者检查。在必要的时候，可以指派或者聘请具有专门知识的人，在侦查人员的主持下进行勘验、检查。

修正前	修正后
第一百零二条 任何单位和个人，都有义务保护犯罪现场，并且立即通知公安机关派员勘验。	**第一百二十七条** 任何单位和个人，都有义务保护犯罪现场，并且立即通知公安机关派员勘验。
第一百零三条 侦查人员执行勘验、检查，必须持有人民检察院或者公安机关的证明文件。	**第一百二十八条** 侦查人员执行勘验、检查，必须持有人民检察院或者公安机关的证明文件。
第一百零四条 对于死因不明的尸体，公安机关有权决定解剖，并且通知死者家属到场。	**第一百二十九条** 对于死因不明的尸体，公安机关有权决定解剖，并且通知死者家属到场。
第一百零五条 为了确定被害人、犯罪嫌疑人的某些特征、伤情情况或者生理状态，可以对人身进行检查。 犯罪嫌疑人如果拒绝检查，侦查人员认为必要的时候，可以强制检查。 检查妇女的身体，应当由女工作人员或者医师进行。	**第一百三十条** 为了确定被害人、犯罪嫌疑人的某些特征、伤害情况或者生理状态，可以对人身进行检查，可以提取指纹信息，采集血液、尿液等生物样本。 犯罪嫌疑人如果拒绝检查，侦查人员认为必要的时候，可以强制检查。 检查妇女的身体，应当由女工作人员或者医师进行。
第一百零六条 勘验、检查的情况应当写成笔录，由参加勘验、检查的人和见证人签名或者盖章。	**第一百三十一条** 勘验、检查的情况应当写成笔录，由参加勘验、检查的人和见证人签名或者盖章。
第一百零七条 人民检察院审查案件的时候，对公安机关的勘验、检查，认为需要复验、复查时，可以要求公安机关复验、复查，并且可以派检察人员参加。	**第一百三十二条** 人民检察院审查案件的时候，对公安机关的勘验、检查，认为需要复验、复查时，可以要求公安机关复验、复查，并且可以派检察人员参加。
第一百零八条 为了查明案情，在必要的时候，经公安局长批准，可以进行侦查实验。 侦查实验，禁止一切足以造成危险、侮辱人格或者有伤风化的行为。	**第一百三十三条** 为了查明案情，在必要的时候，经公安机关负责人批准，可以进行侦查实验。 侦查实验的情况应当写成笔录，由参加实验的人签名或者盖章。 侦查实验，禁止一切足以造成危险、侮辱人格或者有伤风化的行为。
第五节　搜　查	**第五节　搜　查**
第一百零九条 为了收集犯罪证据、查获犯罪人，侦查人员可以对犯罪嫌疑人以及可能隐藏罪犯或者犯罪证据的人的身体、物品、住处和其他有关的地方进行搜查。	**第一百三十四条** 为了收集犯罪证据、查获犯罪人，侦查人员可以对犯罪嫌疑人以及可能隐藏罪犯或者犯罪证据的人的身体、物品、住处和其他有关的地方进行搜查。
第一百一十条 任何单位和个人，有义务按照人民检察院和公安机关的要求，交出可以证明犯罪嫌疑人有罪或者无罪的物证、书证、视听资料。	**第一百三十五条** 任何单位和个人，有义务按照人民检察院和公安机关的要求，交出可以证明犯罪嫌疑人有罪或者无罪的物证、书证、视听资料等证据。
第一百一十一条 进行搜查，必须向被搜查人出示搜查证。 在执行逮捕、拘留的时候，遇有紧急情况，不另用搜查证也可以进行搜查。	**第一百三十六条** 进行搜查，必须向被搜查人出示搜查证。 在执行逮捕、拘留的时候，遇有紧急情况，不另用搜查证也可以进行搜查。
第一百一十二条 在搜查的时候，应当有被搜查人或者他的家属，邻居或者其他见证人在场。 搜查妇女的身体，应当由女工作人员进行。	**第一百三十七条** 在搜查的时候，应当有被搜查人或者他的家属，邻居或者其他见证人在场。 搜查妇女的身体，应当由女工作人员进行。

修正前	修正后
第一百一十三条　搜查的情况应当写成笔录，由侦查人员和被搜查人或者他的家属，邻居或者其他见证人签名或者盖章。如果被搜查人或者他的家属在逃或者拒绝签名、盖章，应当在笔录上注明。	第一百三十八条　搜查的情况应当写成笔录，由侦查人员和被搜查人或者他的家属，邻居或者其他见证人签名或者盖章。如果被搜查人或者他的家属在逃或者拒绝签名、盖章，应当在笔录上注明。
第六节　扣押物证、书证	**第六节　查封、扣押物证、书证**
第一百一十四条　在勘验、搜查中发现的可用以证明犯罪嫌疑人有罪或者无罪的各种物品和文件，应当扣押；与案件无关的物品、文件，不得扣押。 　　对于扣押的物品、文件，要妥善保管或者封存，不得使用或者损毁。	第一百三十九条　在侦查活动中发现的可用以证明犯罪嫌疑人有罪或者无罪的各种财物、文件，应当查封、扣押；与案件无关的财物、文件，不得查封、扣押。 　　对查封、扣押的财物、文件，要妥善保管或者封存，不得使用、调换或者损毁。
第一百一十五条　对于扣押的物品和文件，应当会同在场见证人和被扣押物品持有人查点清楚，当场开列清单一式二份，由侦查人员、见证人和持有人签名或者盖章，一份交给持有人，另一份附卷备查。	第一百四十条　对查封、扣押的财物、文件，应当会同在场见证人和被查封、扣押财物、文件持有人查点清楚，当场开列清单一式二份，由侦查人员、见证人和持有人签名或者盖章，一份交给持有人，另一份附卷备查。
第一百一十六条　侦查人员认为需要扣押犯罪嫌疑人的邮件、电报的时候，经公安机关或者人民检察院批准，即可通知邮电机关将有关的邮件、电报检交扣押。 　　不需要继续扣押的时候，应即通知邮电机关。	第一百四十一条　侦查人员认为需要扣押犯罪嫌疑人的邮件、电报的时候，经公安机关或者人民检察院批准，即可通知邮电机关将有关的邮件、电报检交扣押。 　　不需要继续扣押的时候，应即通知邮电机关。
第一百一十七条　人民检察院、公安机关根据侦查犯罪的需要，可以依照规定查询、冻结犯罪嫌疑人的存款、汇款。 　　犯罪嫌疑人的存款、汇款已被冻结的，不得重复冻结。	第一百四十二条　人民检察院、公安机关根据侦查犯罪的需要，可以依照规定查询、冻结犯罪嫌疑人的存款、汇款、债券、股票、基金份额等财产。有关单位和个人应当配合。 　　犯罪嫌疑人的存款、汇款、债券、股票、基金份额等财产已被冻结的，不得重复冻结。
第一百一十八条　对于扣押的物品、文件、邮件、电报或者冻结的存款、汇款，经查明确实与案件无关的，应当在三日以内解除扣押、冻结，退还原主或者原邮电机关。	第一百四十三条　对查封、扣押的财物、文件、邮件、电报或者冻结的存款、汇款、债券、股票、基金份额等财产，经查明确实与案件无关的，应当在三日以内解除查封、扣押、冻结，予以退还。
第七节　鉴　定	**第七节　鉴　定**
第一百一十九条　为了查明案情，需要解决案件中某些专门性问题的时候，应当指派、聘请有专门知识的人进行鉴定。	第一百四十四条　为了查明案情，需要解决案件中某些专门性问题的时候，应当指派、聘请有专门知识的人进行鉴定。
第一百二十条　鉴定人进行鉴定后，应当写出鉴定结论，并且签名。 　　对人身伤害的医学鉴定有争议需要重新鉴定或者对精神病的医学鉴定，由省级人民政府指定的医院进行。鉴定人进行鉴定后，应当写出鉴定结论，并且由鉴定人签名，医院加盖公章。 　　鉴定人故意作虚假鉴定的，应当承担法律责任。	第一百四十五条　鉴定人进行鉴定后，应当写出鉴定意见，并且签名。 　　鉴定人故意作虚假鉴定的，应当承担法律责任。

修正前	修正后
第一百二十一条 侦查机关应当将用作证据的鉴定结论告知犯罪嫌疑人、被害人。如果犯罪嫌疑人、被害人提出申请，可以补充鉴定或者重新鉴定。	**第一百四十六条** 侦查机关应当将用作证据的鉴定意见告知犯罪嫌疑人、被害人。如果犯罪嫌疑人、被害人提出申请，可以补充鉴定或者重新鉴定。
第一百二十二条 对犯罪嫌疑人作精神病鉴定的期间不计入办案期限。	**第一百四十七条** 对犯罪嫌疑人作精神病鉴定的期间不计入办案期限。
	第八节　技术侦查措施
	第一百四十八条 公安机关在立案后，对于危害国家安全犯罪、恐怖活动犯罪、黑社会性质的组织犯罪、重大毒品犯罪或者其他严重危害社会的犯罪案件，根据侦查犯罪的需要，经过严格的批准手续，可以采取技术侦查措施。 人民检察院在立案后，对于重大的贪污、贿赂犯罪案件以及利用职权实施的严重侵犯公民人身权利的重大犯罪案件，根据侦查犯罪的需要，经过严格的批准手续，可以采取技术侦查措施，按照规定交有关机关执行。 追捕被通缉或者批准、决定逮捕的在逃的犯罪嫌疑人、被告人，经过批准，可以采取追捕所必需的技术侦查措施。
	第一百四十九条 批准决定应当根据侦查犯罪的需要，确定采取技术侦查措施的种类和适用对象。批准决定自签发之日起三个月以内有效。对于不需要继续采取技术侦查措施的，应当及时解除；对于复杂、疑难案件，期限届满仍有必要继续采取技术侦查措施的，经过批准，有效期可以延长，每次不得超过三个月。
	第一百五十条 采取技术侦查措施，必须严格按照批准的措施种类、适用对象和期限执行。 侦查人员对采取技术侦查措施过程中知悉的国家秘密、商业秘密和个人隐私，应当保密；对采取技术侦查措施获取的与案件无关的材料，必须及时销毁。 采取技术侦查措施获取的材料，只能用于对犯罪的侦查、起诉和审判，不得用于其他用途。 公安机关依法采取技术侦查措施，有关单位和个人应当配合，并对有关情况予以保密。
	第一百五十一条 为了查明案情，在必要的时候，经公安机关负责人决定，可以由有关人员隐匿其身份实施侦查。但是，不得诱使他人犯罪，不得采用可能危害公共安全或者发生重大人身危险的方法。 对涉及给付毒品等违禁品或者财物的犯罪活动，公安机关根据侦查犯罪的需要，可以依照规定实施控制下交付。

修正前	修正后
	第一百五十二条　依照本节规定采取侦查措施收集的材料在刑事诉讼中可以作为证据使用。如果使用该证据可能危及有关人员的人身安全，或者可能产生其他严重后果的，应当采取不暴露有关人员身份、技术方法等保护措施，必要的时候，可以由审判人员在庭外对证据进行核实。
第八节　通　缉	**第九节　通　缉**
第一百二十三条　应当逮捕的犯罪嫌疑人如果在逃，公安机关可以发布通缉令，采取有效措施，追捕归案。 　　各级公安机关在自己管辖的地区以内，可以直接发布通缉令；超出自己管辖的地区，应当报请有权决定的上级机关发布。	**第一百五十三条**　应当逮捕的犯罪嫌疑人如果在逃，公安机关可以发布通缉令，采取有效措施，追捕归案。 　　各级公安机关在自己管辖的地区以内，可以直接发布通缉令；超出自己管辖的地区，应当报请有权决定的上级机关发布。
第九节　侦查终结	**第十节　侦查终结**
第一百二十四条　对犯罪嫌疑人逮捕后的侦查羁押期限不得超过二个月。案情复杂、期限届满不能终结的案件，可以经上一级人民检察院批准延长一个月。	**第一百五十四条**　对犯罪嫌疑人逮捕后的侦查羁押期限不得超过二个月。案情复杂、期限届满不能终结的案件，可以经上一级人民检察院批准延长一个月。
第一百二十五条　因为特殊原因，在较长时间内不宜交付审判的特别重大复杂的案件，由最高人民检察院报请全国人民代表大会常务委员会批准延期审理。	**第一百五十五条**　因为特殊原因，在较长时间内不宜交付审判的特别重大复杂的案件，由最高人民检察院报请全国人民代表大会常务委员会批准延期审理。
第一百二十六条　下列案件在本法第一百二十四条规定的期限届满不能侦查终结的，经省、自治区、直辖市人民检察院批准或者决定，可以延长二个月： 　　（一）交通十分不便的边远地区的重大复杂案件； 　　（二）重大的犯罪集团案件； 　　（三）流窜作案的重大复杂案件； 　　（四）犯罪涉及面广，取证困难的重大复杂案件。	**第一百五十六条**　下列案件在本法第一百五十四条规定的期限届满不能侦查终结的，经省、自治区、直辖市人民检察院批准或者决定，可以延长二个月： 　　（一）交通十分不便的边远地区的重大复杂案件； 　　（二）重大的犯罪集团案件； 　　（三）流窜作案的重大复杂案件； 　　（四）犯罪涉及面广，取证困难的重大复杂案件。
第一百二十七条　对犯罪嫌疑人可能判处十年有期徒刑以上刑罚，依照本法第一百二十六条规定延长期限届满，仍不能侦查终结的，经省、自治区、直辖市人民检察院批准或者决定，可以再延长二个月。	**第一百五十七条**　对犯罪嫌疑人可能判处十年有期徒刑以上刑罚，依照本法第一百五十六条规定延长期限届满，仍不能侦查终结的，经省、自治区、直辖市人民检察院批准或者决定，可以再延长二个月。
第一百二十八条　在侦查期间，发现犯罪嫌疑人另有重要罪行的，自发现之日起依照本法第一百二十四条的规定重新计算侦查羁押期限。 　　犯罪嫌疑人不讲真实姓名、住址，身份不明的，侦查羁押期限自查清其身份之日起计算，但是不得停止对其犯罪行为的侦查取证。对于犯罪事实清楚，证据确实、充分的，也可以按其自报的姓名移送人民检察院审查起诉。	**第一百五十八条**　在侦查期间，发现犯罪嫌疑人另有重要罪行的，自发现之日起依照本法第一百五十四条的规定重新计算侦查羁押期限。 　　犯罪嫌疑人不讲真实姓名、住址，身份不明的，应当对其身份进行调查，侦查羁押期限自查清其身份之日起计算，但是不得停止对其犯罪行为的侦查取证。对于犯罪事实清楚，证据确实、充分，确实无法查明其身份的，也可以按其自报的姓名起诉、审判。

修正前	修正后
	第一百五十九条 在案件侦查终结前，辩护律师提出要求的，侦查机关应当听取辩护律师的意见，并记录在案。辩护律师提出书面意见的，应当附卷。
第一百二十九条 公安机关侦查终结的案件，应当做到犯罪事实清楚，证据确实、充分，并且写出起诉意见书，连同案卷材料、证据一并移送同级人民检察院审查决定。	**第一百六十条** 公安机关侦查终结的案件，应当做到犯罪事实清楚，证据确实、充分，并且写出起诉意见书，连同案卷材料、证据一并移送同级人民检察院审查决定；同时将案件移送情况告知犯罪嫌疑人及其辩护律师。
第一百三十条 在侦查过程中，发现不应对犯罪嫌疑人追究刑事责任的，应当撤销案件；犯罪嫌疑人已被逮捕的，应当立即释放，发给释放证明，并且通知原批准逮捕的人民检察院。	**第一百六十一条** 在侦查过程中，发现不应对犯罪嫌疑人追究刑事责任的，应当撤销案件；犯罪嫌疑人已被逮捕的，应当立即释放，发给释放证明，并且通知原批准逮捕的人民检察院。
第十节 人民检察院对直接受理的案件的侦查	**第十一节 人民检察院对直接受理的案件的侦查**
第一百三十一条 人民检察院对直接受理的案件的侦查适用本章规定。	**第一百六十二条** 人民检察院对直接受理的案件的侦查适用本章规定。
第一百三十二条 人民检察院直接受理的案件中符合本法第六十条、第六十一条第四项、第五项规定情形，需要逮捕、拘留犯罪嫌疑人的，由人民检察院作出决定，由公安机关执行。	**第一百六十三条** 人民检察院直接受理的案件中符合本法第七十九条、第八十条第四项、第五项规定情形，需要逮捕、拘留犯罪嫌疑人的，由人民检察院作出决定，由公安机关执行。
第一百三十三条 人民检察院对直接受理的案件中被拘留的人，应当在拘留后的二十四小时以内进行讯问。在发现不应当拘留的时候，必须立即释放，发给释放证明。对需要逮捕而证据还不充足的，可以取保候审或者监视居住。	**第一百六十四条** 人民检察院对直接受理的案件中被拘留的人，应当在拘留后的二十四小时以内进行讯问。在发现不应当拘留的时候，必须立即释放，发给释放证明。
第一百三十四条 人民检察院对直接受理的案件中被拘留的人，认为需要逮捕的，应当在十日以内作出决定。在特殊情况下，决定逮捕的时间可以延长一日至四日。对不需要逮捕的，应当立即释放；对于需要继续侦查，并且符合取保候审、监视居住条件的，依法取保候审或者监视居住。	**第一百六十五条** 人民检察院对直接受理的案件中被拘留的人，认为需要逮捕的，应当在十四日以内作出决定。在特殊情况下，决定逮捕的时间可以延长一日至三日。对不需要逮捕的，应当立即释放；对需要继续侦查，并且符合取保候审、监视居住条件的，依法取保候审或者监视居住。
第一百三十五条 人民检察院侦查终结的案件，应当作出提起公诉、不起诉或者撤销案件的决定。	**第一百六十六条** 人民检察院侦查终结的案件，应当作出提起公诉、不起诉或者撤销案件的决定。
第三章 提起公诉	**第三章 提起公诉**
第一百三十六条 凡需要提起公诉的案件，一律由人民检察院审查决定。	**第一百六十七条** 凡需要提起公诉的案件，一律由人民检察院审查决定。

修正前	修正后
第一百三十七条　人民检察院审查案件的时候，必须查明： 　　（一）犯罪事实、情节是否清楚，证据是否确实、充分，犯罪性质和罪名的认定是否正确； 　　（二）有无遗漏罪行和其他应当追究刑事责任的人； 　　（三）是否属于不应追究刑事责任的； 　　（四）有无附带民事诉讼； 　　（五）侦查活动是合法。	**第一百六十八条**　人民检察院审查案件的时候，必须查明： 　　（一）犯罪事实、情节是否清楚，证据是否确实、充分，犯罪性质和罪名的认定是否正确； 　　（二）有无遗漏罪行和其他应当追究刑事责任的人； 　　（三）是否属于不应追究刑事责任的； 　　（四）有无附带民事诉讼； 　　（五）侦查活动是否合法。
第一百三十八条　人民检察院对于公安机关移送起诉的案件，应当在一个月以内作出决定，重大、复杂的案件，可以延长半个月。 　　人民检察院审查起诉的案件，改变管辖的，从改变后的人民检察院收到案件之日起计算审查起诉期限。	**第一百六十九条**　人民检察院对于公安机关移送起诉的案件，应当在一个月以内作出决定，重大、复杂的案件，可以延长半个月。 　　人民检察院审查起诉的案件，改变管辖的，从改变后的人民检察院收到案件之日起计算审查起诉期限。
第一百三十九条　人民检察院审查案件，应当讯问犯罪嫌疑人，听取被害人和犯罪嫌疑人、被害人委托的人的意见。	**第一百七十条**　人民检察院审查案件，应当讯问犯罪嫌疑人，听取辩护人、被害人及其诉讼代理人的意见，并记录在案。辩护人、被害人及其诉讼代理人提出书面意见的，应当附卷。
第一百四十条　人民检察院审查案件，可以要求公安机关提供法庭审判所必需的证据材料。 　　人民检察院审查案件，对于需要补充侦查的，可以退回公安机关补充侦查，也可以自行侦查。 　　对于补充侦查的案件，应当在一个月以内补充侦查完毕。补充侦查以二次为限。补充侦查完毕移送人民检察院后，人民检察院重新计算审查起诉期限。 　　对于补充侦查的案件，人民检察院仍然认为证据不足，不符合起诉条件的，可以作出不起诉的决定。	**第一百七十一条**　人民检察院审查案件，可以要求公安机关提供法庭审判所需的证据材料；认为可能存在本法第五十四条规定的以非法方法收集证据情形的，可以要求其对证据收集的合法性作出说明。 　　人民检察院审查案件，对于需要补充侦查的，可以退回公安机关补充侦查，也可以自行侦查。 　　对于补充侦查的案件，应当在一个月以内补充侦查完毕。补充侦查以二次为限。补充侦查完毕移送人民检察院后，人民检察院重新计算审查起诉期限。 　　对于二次补充侦查的案件，人民检察院仍然认为证据不足，不符合起诉条件的，应当作出不起诉的决定。
第一百四十一条　人民检察院认为犯罪嫌疑人的犯罪事实已经查清，证据确实、充分，依法应当追究刑事责任的，应当作出起诉决定，按照审判管辖的规定，向人民法院提起公诉。	**第一百七十二条**　人民检察院认为犯罪嫌疑人的犯罪事实已经查清，证据确实、充分，依法应当追究刑事责任的，应当作出起诉决定，按照审判管辖的规定，向人民法院提起公诉，并将案卷材料、证据移送人民法院。
第一百四十二条　犯罪嫌疑人有本法第十五条规定的情形之一的，人民检察院应当作出不起诉决定。 　　对于犯罪情节轻微，依照刑法规定不需要判处刑罚或者免除刑罚的，人民检察院可以作出不起诉决定。 　　人民检察院决定不起诉的案件，应当同时对侦查中扣押、冻结的财物解除扣押、冻结。对被不起诉人需要给予行政处罚、行政处分或者需要没收其违法所得的，人民检察院应当提出检察意见，移送有关主管机关处理。有关主管机关应当将处理结果及时通知人民检察院。	**第一百七十三条**　犯罪嫌疑人没有犯罪事实，或者有本法第十五条规定的情形之一的，人民检察院应当作出不起诉决定。 　　对于犯罪情节轻微，依照刑法规定不需要判处刑罚或者免除刑罚的，人民检察院可以作出不起诉决定。 　　人民检察院决定不起诉的案件，应当同时对侦查中查封、扣押、冻结的财物解除查封、扣押、冻结。对被不起诉人需要给予行政处罚、行政处分或者需要没收其违法所得的，人民检察院应当提出检察意见，移送有关主管机关处理。有关主管机关应当将处理结果及时通知人民检察院。

修正前	修正后
第一百四十三条 不起诉的决定，应当公开宣布，并且将不起诉决定书送达被不起诉人和他的所在单位。如果被不起诉人在押，应当立即释放。	**第一百七十四条** 不起诉的决定，应当公开宣布，并且将不起诉决定书送达被不起诉人和他的所在单位。如果被不起诉人在押，应当立即释放。
第一百四十四条 对于公安机关移送起诉的案件，人民检察院决定不起诉的，应当将不起诉决定书送达公安机关。公安机关认为不起诉的决定有错误的时候，可以要求复议，如果意见不被接受，可以向上一级人民检察院提请复核。	**第一百七十五条** 对于公安机关移送起诉的案件，人民检察院决定不起诉的，应当将不起诉决定书送达公安机关。公安机关认为不起诉的决定有错误的时候，可以要求复议，如果意见不被接受，可以向上一级人民检察院提请复核。
第一百四十五条 对于有被害人的案件，决定不起诉的，人民检察院应当将不起诉决定书送达被害人。被害人如果不服，可以自收到决定书后七日以内向上一级人民检察院申诉，请求提起公诉。人民检察院应当将复查决定告知被害人。对人民检察院维持不起诉决定的，被害人可以向人民法院起诉。被害人也可以不经申诉，直接向人民法院起诉。人民法院受理案件后，人民检察院应当将有关案件材料移送人民法院。	**第一百七十六条** 对于有被害人的案件，决定不起诉的，人民检察院应当将不起诉决定书送达被害人。被害人如果不服，可以自收到决定书后七日以内向上一级人民检察院申诉，请求提起公诉。人民检察院应当将复查决定告知被害人。对人民检察院维持不起诉决定的，被害人可以向人民法院起诉。被害人也可以不经申诉，直接向人民法院起诉。人民法院受理案件后，人民检察院应当将有关案件材料移送人民法院。
第一百四十六条 对于人民检察院依照本法第一百四十二条第二款规定作出的不起诉决定，被不起诉人如果不服，可以自收到决定书后七日以内向人民检察院申诉。人民检察院应当作出复查决定，通知被不起诉的人，同时抄送公安机关。	**第一百七十七条** 对于人民检察院依照本法第一百七十三条第二款规定作出的不起诉决定，被不起诉人如果不服，可以自收到决定书后七日以内向人民检察院申诉。人民检察院应当作出复查决定，通知被不起诉的人，同时抄送公安机关。
第三编 审 判	**第三编 审 判**
第一章 审判组织	**第一章 审判组织**
第一百四十七条 基层人民法院、中级人民法院审判第一审案件，应当由审判员三人或者由审判员和人民陪审员共三人组成合议庭进行，但是基层人民法院适用简易程序的案件可以由审判员一人独任审判。 高级人民法院、最高人民法院审判第一审案件，应当由审判员三人至七人或者由审判员和人民陪审员共三人至七人组成合议庭进行。 人民陪审员在人民法院执行职务，同审判员有同等的权利。 人民法院审判上诉和抗诉案件，由审判员三人至五人组成合议庭进行。 合议庭的成员人数应当是单数。 合议庭由院长或者庭长指定审判员一人担任审判长。院长或者庭长参加审判案件的时候，自己担任审判长。	**第一百七十八条** 基层人民法院、中级人民法院审判第一审案件，应当由审判员三人或者由审判员和人民陪审员共三人组成合议庭进行，但是基层人民法院适用简易程序的案件可以由审判员一人独任审判。 高级人民法院、最高人民法院审判第一审案件，应当由审判员三人至七人或者由审判员和人民陪审员共三人至七人组成合议庭进行。 人民陪审员在人民法院执行职务，同审判员有同等的权利。 人民法院审判上诉和抗诉案件，由审判员三人至五人组成合议庭进行。 合议庭的成员人数应当是单数。 合议庭由院长或者庭长指定审判员一人担任审判长。院长或者庭长参加审判案件的时候，自己担任审判长。
第一百四十八条 合议庭进行评议的时候，如果意见分歧，应当按多数人的意见作出决定，但是少数人的意见应当写入笔录。评议笔录由合议庭的组成人员签名。	**第一百七十九条** 合议庭进行评议的时候，如果意见分歧，应当按多数人的意见作出决定，但是少数人的意见应当写入笔录。评议笔录由合议庭的组成人员签名。

修正前	修正后
第一百四十九条　合议庭开庭审理并且评议后，应当作出判决。对于疑难、复杂、重大的案件，合议庭认为难以作出决定的，由合议庭提请院长决定提交审判委员会讨论决定。审判委员会的决定，合议庭应当执行。	**第一百八十条**　合议庭开庭审理并且评议后，应当作出判决。对于疑难、复杂、重大的案件，合议庭认为难以作出决定的，由合议庭提请院长决定提交审判委员会讨论决定。审判委员会的决定，合议庭应当执行。
第二章　第一审程序	**第二章　第一审程序**
第一节　公诉案件	**第一节　公诉案件**
第一百五十条　人民法院对提起公诉的案件进行审查后，对于起诉书中有明确的指控犯罪事实并且附有证据目录、证人名单和主要证据复印件或者照片的，应当决定开庭审判。	**第一百八十一条**　人民法院对提起公诉的案件进行审查后，对于起诉书中有明确的指控犯罪事实的，应当决定开庭审判。
第一百五十一条　人民法院决定开庭审判后，应当进行下列工作： 　　（一）确定合议庭的组成人员； 　　（二）将人民检察院的起诉书副本至迟在开庭十日以前送达被告人。对于被告人未委托辩护人的，告知被告人可以委托辩护人，或者在必要的时候指定承担法律援助义务的律师为其提供辩护； 　　（三）将开庭的时间、地点在开庭三日以前通知人民检察院； 　　（四）传唤当事人，通知辩护人、诉讼代理人、证人、鉴定人和翻译人员，传票和通知书至迟在开庭三日以前送达； 　　（五）公开审判的案件，在开庭三日以前先期公布案由、被告人姓名、开庭时间和地点。 　　上述活动情形应当写入笔录，由审判人员和书记员签名。	**第一百八十二条**　人民法院决定开庭审判后，应当确定合议庭的组成人员，将人民检察院的起诉书副本至迟在开庭十日以前送达被告人及其辩护人。 　　在开庭以前，审判人员可以召集公诉人、当事人和辩护人、诉讼代理人，对回避、出庭证人名单、非法证据排除等与审判相关的问题，了解情况，听取意见。 　　人民法院确定开庭日期后，应当将开庭的时间、地点通知人民检察院，传唤当事人，通知辩护人、诉讼代理人、证人、鉴定人和翻译人员，传票和通知书至迟在开庭三日以前送达。公开审判的案件，应当在开庭三日以前先期公布案由、被告人姓名、开庭时间和地点。 　　上述活动情形应当写入笔录，由审判人员和书记员签名。
第一百五十二条　人民法院审判第一审案件应当公开进行。但是有关国家秘密或者个人隐私的案件，不公开审理。 　　十四岁以上不满十六岁未成年人犯罪的案件，一律不公开审理。十六岁以上不满十八岁未成年人犯罪的案件，一般也不公开审理。 　　对于不公开审理的案件，应当当庭宣布不公开审理的理由。	**第一百八十三条**　人民法院审判第一审案件应当公开进行。但是有关国家秘密或者个人隐私的案件，不公开审理；涉及商业秘密的案件，当事人申请不公开审理的，可以不公开审理。 　　不公开审理的案件，应当当庭宣布不公开审理的理由。
第一百五十三条　人民法院审判公诉案件，人民检察院应当派员出席法庭支持公诉，但是依照本法第一百七十五条的规定适用简易程序的，人民检察院可以不派员出席法庭。	**第一百八十四条**　人民法院审判公诉案件，人民检察院应当派员出席法庭支持公诉。
第一百五十四条　开庭的时候，审判长查明当事人是否到庭，宣布案由；宣布合议庭的组成人员、书记员、公诉人、辩护人、诉讼代理人、鉴定人和翻译人员的名单；告知当事人有权对合议庭组成人员、书记员、公诉人、鉴定人和翻译人员申请回避；告知被告人享有辩护权利。	**第一百八十五条**　开庭的时候，审判长查明当事人是否到庭，宣布案由；宣布合议庭的组成人员、书记员、公诉人、辩护人、诉讼代理人、鉴定人和翻译人员的名单；告知当事人有权对合议庭组成人员、书记员、公诉人、鉴定人和翻译人员申请回避；告知被告人享有辩护权利。

修正前	修正后
第一百五十五条 公诉人在法庭上宣读起诉书后，被告人、被害人可以就起诉书指控的犯罪进行陈述，公诉人可以讯问被告人。 被害人、附带民事诉讼的原告人和辩护人、诉讼代理人，经审判长许可，可以向被告人发问。 审判人员可以讯问被告人。	**第一百八十六条** 公诉人在法庭上宣读起诉书后，被告人、被害人可以就起诉书指控的犯罪进行陈述，公诉人可以讯问被告人。 被害人、附带民事诉讼的原告人和辩护人、诉讼代理人，经审判长许可，可以向被告人发问。 审判人员可以讯问被告人。
	第一百八十七条 公诉人、当事人或者辩护人、诉讼代理人对证人证言有异议，且该证人证言对案件定罪量刑有重大影响，人民法院认为证人有必要出庭作证的，证人应当出庭作证。 人民警察就其执行职务时目击的犯罪情况作为证人出庭作证，适用前款规定。 公诉人、当事人或者辩护人、诉讼代理人对鉴定意见有异议，人民法院认为鉴定人有必要出庭的，鉴定人应当出庭作证。经人民法院通知，鉴定人拒不出庭作证的，鉴定意见不得作为定案的根据。
	第一百八十八条 经人民法院通知，证人没有正当理由不出庭作证的，人民法院可以强制其到庭，但是被告人的配偶、父母、子女除外。 证人没有正当理由拒绝出庭或者出庭后拒绝作证的，予以训诫，情节严重的，经院长批准，处以十日以下的拘留。被处罚人对拘留决定不服的，可以向上一级人民法院申请复议。复议期间不停止执行。
第一百五十六条 证人作证，审判人员应当告知他要如实地提供证言和有意作伪证或者隐匿罪证要负的法律责任。公诉人、当事人和辩护人、诉讼代理人经审判长许可，可以对证人、鉴定人发问。审判长认为发问的内容与案件无关的时候，应当制止。 审判人员可以询问证人、鉴定人。	**第一百八十九条** 证人作证，审判人员应当告知他要如实地提供证言和有意作伪证或者隐匿罪证要负的法律责任。公诉人、当事人和辩护人、诉讼代理人经审判长许可，可以对证人、鉴定人发问。审判长认为发问的内容与案件无关的时候，应当制止。 审判人员可以询问证人、鉴定人。
第一百五十七条 公诉人、辩护人应当向法庭出示物证，让当事人辨认，对未到庭的证人的证言笔录、鉴定人的鉴定结论、勘验笔录和其他作为证据的文书，应当当庭宣读。审判人员应当听取公诉人、当事人和辩护人、诉讼代理人的意见。	**第一百九十条** 公诉人、辩护人应当向法庭出示物证，让当事人辨认，对未到庭的证人的证言笔录、鉴定人的鉴定意见、勘验笔录和其他作为证据的文书，应当当庭宣读。审判人员应当听取公诉人、当事人和辩护人、诉讼代理人的意见。
第一百五十八条 法庭审理过程中，合议庭对证据有疑问的，可以宣布休庭，对证据进行调查核实。 人民法院调查核实证据，可以进行勘验、检查、扣押、鉴定和查询、冻结。	**第一百九十一条** 法庭审理过程中，合议庭对证据有疑问的，可以宣布休庭，对证据进行调查核实。 人民法院调查核实证据，可以进行勘验、检查、查封、扣押、鉴定和查询、冻结。

续表

修正前	修正后
第一百五十九条　法庭审理过程中，当事人和辩护人、诉讼代理人有权申请通知新的证人到庭，调取新的物证，申请重新鉴定或者勘验。 　　法庭对于上述申请，应当作出是否同意的决定。	**第一百九十二条**　法庭审理过程中，当事人和辩护人、诉讼代理人有权申请通知新的证人到庭，调取新的物证，申请重新鉴定或者勘验。 　　公诉人、当事人和辩护人、诉讼代理人可以申请法庭通知有专门知识的人出庭，就鉴定人作出的鉴定意见提出意见。 　　法庭对于上述申请，应当作出是否同意的决定。 　　第二款规定的有专门知识的人出庭，适用鉴定人的有关规定。
第一百六十条　经审判长许可，公诉人、当事人和辩护人、诉讼代理人可以对证据和案件情况发表意见并且可以互相辩论。审判长在宣布辩论终结后，被告人有最后陈述的权利。	**第一百九十三条**　法庭审理过程中，对与定罪、量刑有关的事实、证据都应当进行调查、辩论。 　　经审判长许可，公诉人、当事人和辩护人、诉讼代理人可以对证据和案件情况发表意见并且可以互相辩论。 　　审判长在宣布辩论终结后，被告人有最后陈述的权利。
第一百六十一条　在法庭审判过程中，如果诉讼参与人或者旁听人员违反法庭秩序，审判长应当警告制止。对不听制止的，可以强行带出法庭；情节严重的，处以一千元以下的罚款或者十五日以下的拘留。罚款、拘留必须经院长批准。被处罚人对罚款、拘留的决定不服的，可以向上一级人民法院申请复议。复议期间不停止执行。 　　对聚众哄闹、冲击法庭或者侮辱、诽谤、威胁、殴打司法工作人员或者诉讼参与人，严重扰乱法庭秩序，构成犯罪的，依法追究刑事责任。	**第一百九十四条**　在法庭审判过程中，如果诉讼参与人或者旁听人员违反法庭秩序，审判长应当警告制止。对不听制止的，可以强行带出法庭；情节严重的，处以一千元以下的罚款或者十五日以下的拘留。罚款、拘留必须经院长批准。被处罚人对罚款、拘留的决定不服的，可以向上一级人民法院申请复议。复议期间不停止执行。 　　对聚众哄闹、冲击法庭或者侮辱、诽谤、威胁、殴打司法工作人员或者诉讼参与人，严重扰乱法庭秩序，构成犯罪的，依法追究刑事责任。
第一百六十二条　在被告人最后陈述后，审判长宣布休庭，合议庭进行评议，根据已经查明的事实、证据和有关的法律规定，分别作出以下判决： 　　（一）案件事实清楚，证据确实、充分，依据法律认定被告人有罪的，应当作出有罪判决； 　　（二）依据法律认定被告人无罪的，应当作出无罪判决； 　　（三）证据不足，不能认定被告人有罪的，应当作出证据不足、指控的犯罪不能成立的无罪判决。	**第一百九十五条**　在被告人最后陈述后，审判长宣布休庭，合议庭进行评议，根据已经查明的事实、证据和有关的法律规定，分别作出以下判决： 　　（一）案件事实清楚，证据确实、充分，依据法律认定被告人有罪的，应当作出有罪判决； 　　（二）依据法律认定被告人无罪的，应当作出无罪判决； 　　（三）证据不足，不能认定被告人有罪的，应当作出证据不足、指控的犯罪不能成立的无罪判决。
第一百六十三条　宣告判决，一律公开进行。 　　当庭宣告判决的，应当在五日以内将判决书送达当事人和提起公诉的人民检察院；定期宣告判决的，应当在宣告后立即将判决书送达当事人和提起公诉的人民检察院。	**第一百九十六条**　宣告判决，一律公开进行。 　　当庭宣告判决的，应当在五日以内将判决书送达当事人和提起公诉的人民检察院；定期宣告判决的，应当在宣告后立即将判决书送达当事人和提起公诉的人民检察院。判决书应当同时送达辩护人、诉讼代理人。
第一百六十四条　判决书应当由合议庭的组成人员和书记员署名，并且写明上诉的期限和上诉的法院。	**第一百九十七条**　判决书应当由审判人员和书记员署名，并且写明上诉的期限和上诉的法院。

修正前	修正后
第一百六十五条 在法庭审判过程中，遇有下列情形之一，影响审判进行的，可以延期审理： （一）需要通知新的证人到庭，调取新的物证，重新鉴定或者勘验的； （二）检察人员发现提起公诉的案件需要补充侦查，提出建议的； （三）由于当事人申请回避而不能进行审判的。	**第一百九十八条** 在法庭审判过程中，遇有下列情形之一，影响审判进行的，可以延期审理： （一）需要通知新的证人到庭，调取新的物证，重新鉴定或者勘验的； （二）检察人员发现提起公诉的案件需要补充侦查，提出建议的； （三）由于申请回避而不能进行审判的。
第一百六十六条 依照本法第一百六十五条第二项的规定延期审理的案件，人民检察院应当在一个月以内补充侦查完毕。	**第一百九十九条** 依照本法第一百九十八条第二项的规定延期审理的案件，人民检察院应当在一个月以内补充侦查完毕。
	第二百条 在审判过程中，有下列情形之一，致使案件在较长时间内无法继续审理的，可以中止审理： （一）被告人患有严重疾病，无法出庭的； （二）被告人脱逃的； （三）自诉人患有严重疾病，无法出庭，未委托诉讼代理人出庭的； （四）由于不能抗拒的原因。 中止审理的原因消失后，应当恢复审理。中止审理的期间不计入审理期限。
第一百六十七条 法庭审判的全部活动，应当由书记员写成笔录，经审判长审阅后，由审判长和书记员签名。 法庭笔录中的证人证言部分，应当当庭宣读或者交给证人阅读。证人在承认没有错误后，应当签名或者盖章。 法庭笔录应当交给当事人阅读或者向他宣读。当事人认为记载有遗漏或者差错的，可以请求补充或者改正。当事人承认没有错误后，应当签名或者盖章。	**第二百零一条** 法庭审判的全部活动，应当由书记员写成笔录，经审判长审阅后，由审判长和书记员签名。 法庭笔录中的证人证言部分，应当当庭宣读或者交给证人阅读。证人在承认没有错误后，应当签名或者盖章。 法庭笔录应当交给当事人阅读或者向他宣读。当事人认为记载有遗漏或者差错的，可以请求补充或者改正。当事人承认没有错误后，应当签名或者盖章。
第一百六十八条 人民法院审理公诉案件，应当在受理后一个月以内宣判，至迟不得超过一个半月。有本法第一百二十六条规定情形之一的，经省、自治区、直辖市高级人民法院批准或者决定，可以再延长一个月。 人民法院改变管辖的案件，从改变后的人民法院收到案件之日起计算审理期限。 人民检察院补充侦查的案件，补充侦查完毕移送人民法院后，人民法院重新计算审理期限。	**第二百零二条** 人民法院审理公诉案件，应当在受理后二个月以内宣判，至迟不得超过三个月。对于可能判处死刑的案件或者附带民事诉讼的案件，以及有本法第一百五十六条规定情形之一的，经上一级人民法院批准，可以延长三个月；因特殊情况还需要延长的，报请最高人民法院批准。 人民法院改变管辖的案件，从改变后的人民法院收到案件之日起计算审理期限。 人民检察院补充侦查的案件，补充侦查完毕移送人民法院后，人民法院重新计算审理期限。
第一百六十九条 人民检察院发现人民法院审理案件违反法律规定的诉讼程序，有权向人民法院提出纠正意见。	**第二百零三条** 人民检察院发现人民法院审理案件违反法律规定的诉讼程序，有权向人民法院提出纠正意见。

修正前	修正后
第二节　自诉案件	**第二节　自诉案件**
第一百七十条　自诉案件包括下列案件： （一）告诉才处理的案件； （二）被害人有证据证明的轻微刑事案件； （三）被害人有证据证明对被告人侵犯自己人身、财产权利的行为应当依法追究刑事责任，而公安机关或者人民检察院不予追究被告人刑事责任的案件。	**第二百零四条**　自诉案件包括下列案件： （一）告诉才处理的案件； （二）被害人有证据证明的轻微刑事案件； （三）被害人有证据证明对被告人侵犯自己人身、财产权利的行为应当依法追究刑事责任，而公安机关或者人民检察院不予追究被告人刑事责任的案件。
第一百七十一条　人民法院对于自诉案件进行审查后，按照下列情形分别处理： （一）犯罪事实清楚，有足够证据的案件，应当开庭审判； （二）缺乏罪证的自诉案件，如果自诉人提不出补充证据，应当说服自诉人撤回自诉，或者裁定驳回。 自诉人经两次依法传唤，无正当理由拒不到庭的，或者未经法庭许可中途退庭的，按撤诉处理。 法庭审理过程中，审判人员对证据有疑问，需要调查核实的，适用本法第一百五十八条的规定。	**第二百零五条**　人民法院对于自诉案件进行审查后，按照下列情形分别处理： （一）犯罪事实清楚，有足够证据的案件，应当开庭审判； （二）缺乏罪证的自诉案件，如果自诉人提不出补充证据，应当说服自诉人撤回自诉，或者裁定驳回。 自诉人经两次依法传唤，无正当理由拒不到庭的，或者未经法庭许可中途退庭的，按撤诉处理。 法庭审理过程中，审判人员对证据有疑问，需要调查核实的，适用本法第一百九十一条的规定。
第一百七十二条　人民法院对自诉案件，可以进行调解；自诉人在宣告判决前，可以同被告人自行和解或者撤回自诉。本法第一百七十条第三项规定的案件不适用调解。	**第二百零六条**　人民法院对自诉案件，可以进行调解；自诉人在宣告判决前，可以同被告人自行和解或者撤回自诉。本法第二百零四条第三项规定的案件不适用调解。 人民法院审理自诉案件的期限，被告人被羁押的，适用本法第二百零二条第一款、第二款的规定；未被羁押的，应当在受理后六个月以内宣判。
第一百七十三条　自诉案件的被告人在诉讼过程中，可以对自诉人提起反诉。反诉适用自诉的规定。	**第二百零七条**　自诉案件的被告人在诉讼过程中，可以对自诉人提起反诉。反诉适用自诉的规定。
第三节　简易程序	**第三节　简易程序**
第一百七十四条　人民法院对于下列案件，可以适用简易程序，由审判员一人独任审判： （一）对依法可能判处三年以下有期徒刑、拘役、管制、单处罚金的公诉案件，事实清楚、证据充分，人民检察院建议或者同意适用简易程序的； （二）告诉才处理的案件； （三）被害人起诉的有证据证明的轻微刑事案件。	**第二百零八条**　基层人民法院管辖的案件，符合下列条件的，可以适用简易程序审判： （一）案件事实清楚、证据充分的； （二）被告人承认自己所犯罪行，对指控的犯罪事实没有异议的； （三）被告人对适用简易程序没有异议的。 人民检察院在提起公诉的时候，可以建议人民法院适用简易程序。
	第二百零九条　有下列情形之一的，不适用简易程序： （一）被告人是盲、聋、哑人，或者是尚未完全丧失辨认或者控制自己行为能力的精神病人的； （二）有重大社会影响的； （三）共同犯罪案件中部分被告人不认罪或者对适用简易程序有异议的； （四）其他不宜适用简易程序审理的。

修正前	修正后
第一百七十五条 适用简易程序审理公诉案件，人民检察院可以不派员出席法庭。被告人可以就起诉书指控的犯罪进行陈述和辩护。人民检察院派出席法庭的，经审判人员许可，被告人及其辩护人可以同公诉人互相辩论。	**第二百一十条** 适用简易程序审理案件，对可能判处三年有期徒刑以下刑罚的，可以组成合议庭进行审判，也可以由审判员一人独任审判；对可能判处的有期徒刑超过三年的，应当组成合议庭进行审判。 适用简易程序审理公诉案件，人民检察院应当派员出席法庭。
	第二百一十一条 适用简易程序审理案件，审判人员应当询问被告人对指控的犯罪事实的意见，告知被告人适用简易程序审理的法律规定，确认被告人是否同意适用简易程序审理。
第一百七十六条 适用简易程序审理自诉案件，宣读起诉书后，经审判人员许可，被告人及其辩护人可以同自诉人及其诉讼代理人互相辩论。	**第二百一十二条** 适用简易程序审理案件，经审判人员许可，被告人及其辩护人可以同公诉人、自诉人及其诉讼代理人互相辩论。
第一百七十七条 适用简易程序审理案件，不受本章第一节关于讯问被告人、询问证人、鉴定人、出示证据、法庭辩论程序规定的限制。但在判决宣告前应当听取被告人的最后陈述意见。	**第二百一十三条** 适用简易程序审理案件，不受本章第一节关于送达期限、讯问被告人、询问证人、鉴定人、出示证据、法庭辩论程序规定的限制。但在判决宣告前应当听取被告人的最后陈述意见。
第一百七十八条 适用简易程序审理案件，人民法院应当在受理后二十日以内审结。	**第二百一十四条** 适用简易程序审理案件，人民法院应当在受理后二十日以内审结；对可能判处的有期徒刑超过三年的，可以延长至一个半月。
第一百七十九条 人民法院在审理过程中，发现不宜适用简易程序的，应当按照本章第一节或者第二节的规定重新审理。	**第二百一十五条** 人民法院在审理过程中，发现不宜适用简易程序的，应当按照本章第一节或者第二节的规定重新审理。
第三章 第二审程序	**第三章 第二审程序**
第一百八十条 被告人、自诉人和他们的法定代理人，不服地方各级人民法院第一审的判决、裁定，有权用书状或者口头向上一级人民法院上诉。被告人的辩护人和近亲属，经被告人同意，可以提出上诉。 附带民事诉讼的当事人和他们的法定代理人，可以对地方各级人民法院第一审的判决、裁定中的附带民事诉讼部分，提出上诉。 对被告人的上诉权，不得以任何借口加以剥夺。	**第二百一十六条** 被告人、自诉人和他们的法定代理人，不服地方各级人民法院第一审的判决、裁定，有权用书状或者口头向上一级人民法院上诉。被告人的辩护人和近亲属，经被告人同意，可以提出上诉。 附带民事诉讼的当事人和他们的法定代理人，可以对地方各级人民法院第一审的判决、裁定中的附带民事诉讼部分，提出上诉。 对被告人的上诉权，不得以任何借口加以剥夺。
第一百八十一条 地方各级人民检察院认为本级人民法院第一审的判决、裁定确有错误的时候，应当向上一级人民法院提出抗诉。	**第二百一十七条** 地方各级人民检察院认为本级人民法院第一审的判决、裁定确有错误的时候，应当向上一级人民法院提出抗诉。
第一百八十二条 被害人及其法定代理人不服地方各级人民法院第一审的判决的，自收到判决书后五日以内，有权请求人民检察院提出抗诉。人民检察院自收到被害人及其法定代理人的请求后五日以内，应当作出是否抗诉的决定并且答复请求人。	**第二百一十八条** 被害人及其法定代理人不服地方各级人民法院第一审的判决的，自收到判决书后五日以内，有权请求人民检察院提出抗诉。人民检察院自收到被害人及其法定代理人的请求后五日以内，应当作出是否抗诉的决定并且答复请求人。

修正前	修正后
第一百八十三条　不服判决的上诉和抗诉的期限为十日，不服裁定的上诉和抗诉的期限为五日，从接到判决书、裁定书的第二日起算。	**第二百一十九条**　不服判决的上诉和抗诉的期限为十日，不服裁定的上诉和抗诉的期限为五日，从接到判决书、裁定书的第二日起算。
第一百八十四条　被告人、自诉人、附带民事诉讼的原告人和被告人通过原审人民法院提出上诉的，原审人民法院应当在三日以内将上诉状连同案卷、证据移送上一级人民法院，同时将上诉状副本送交同级人民检察院和对方当事人。 　　被告人、自诉人、附带民事诉讼的原告人和被告人直接向第二审人民法院提出上诉的，第二审人民法院应当在三日以内将上诉状交原审人民法院送交同级人民检察院和对方当事人。	**第二百二十条**　被告人、自诉人、附带民事诉讼的原告人和被告人通过原审人民法院提出上诉的，原审人民法院应当在三日以内将上诉状连同案卷、证据移送上一级人民法院，同时将上诉状副本送交同级人民检察院和对方当事人。 　　被告人、自诉人、附带民事诉讼的原告人和被告人直接向第二审人民法院提出上诉的，第二审人民法院应当在三日以内将上诉状交原审人民法院送交同级人民检察院和对方当事人。
第一百八十五条　地方各级人民检察院对同级人民法院第一审判决、裁定的抗诉，应当通过原审人民法院提出抗诉书，并且将抗诉书抄送上一级人民检察院。原审人民法院应当将抗诉书连同案卷、证据移送上一级人民法院，并且将抗诉书副本送交当事人。 　　上级人民检察院如果认为抗诉不当，可以向同级人民法院撤回抗诉，并且通知下级人民检察院。	**第二百二十一条**　地方各级人民检察院对同级人民法院第一审判决、裁定的抗诉，应当通过原审人民法院提出抗诉书，并且将抗诉书抄送上一级人民检察院。原审人民法院应当将抗诉书连同案卷、证据移送上一级人民法院，并且将抗诉书副本送交当事人。 　　上级人民检察院如果认为抗诉不当，可以向同级人民法院撤回抗诉，并且通知下级人民检察院。
第一百八十六条　第二审人民法院应当就第一审判决认定的事实和适用法律进行全面审查，不受上诉或者抗诉范围的限制。 　　共同犯罪的案件只有部分被告人上诉的，应当对全案进行审查，一并处理。	**第二百二十二条**　第二审人民法院应当就第一审判决认定的事实和适用法律进行全面审查，不受上诉或者抗诉范围的限制。 　　共同犯罪的案件只有部分被告人上诉的，应当对全案进行审查，一并处理。
第一百八十七条　第二审人民法院对上诉案件，应当组成合议庭，开庭审理。合议庭经过阅卷，讯问被告人、听取其他当事人、辩护人、诉讼代理人的意见，对事实清楚的，可以不开庭审理。对人民检察院抗诉的案件，第二审人民法院应当开庭审理。 　　第二审人民法院开庭审理上诉、抗诉案件，可以到案件发生地或者原审人民法院所在地进行。	**第二百二十三条**　第二审人民法院对于下列案件，应当组成合议庭，开庭审理： 　　（一）被告人、自诉人及其法定代理人对第一审认定的事实、证据提出异议，可能影响定罪量刑的上诉案件； 　　（二）被告人被判处死刑的上诉案件； 　　（三）人民检察院抗诉的案件； 　　（四）其他应当开庭审理的案件。 　　第二审人民法院决定不开庭审理的，应当讯问被告人，听取其他当事人、辩护人、诉讼代理人的意见。 　　第二审人民法院开庭审理上诉、抗诉案件，可以到案件发生地或者原审人民法院所在地进行。
第一百八十八条　人民检察院提出抗诉的案件或者第二审人民法院开庭审理的公诉案件，同级人民检察院都应当派员出庭。第二审人民法院必须在开庭十日以前通知人民检察院查阅案卷。	**第二百二十四条**　人民检察院提出抗诉的案件或者第二审人民法院开庭审理的公诉案件，同级人民检察院都应当派员出席法庭。第二审人民法院应当在决定开庭审理后及时通知人民检察院查阅案卷。人民检察院应当在一个月以内查阅完毕。人民检察院查阅案卷的时间不计入审理期限。

修正前	修正后
第一百八十九条　第二审人民法院对不服第一审判决的上诉、抗诉案件，经过审理后，应当按照下列情形分别处理： （一）原判决认定事实和适用法律正确、量刑适当的，应当裁定驳回上诉或者抗诉，维持原判； （二）原判决认定事实没有错误，但适用法律有错误，或者量刑不当的，应当改判； （三）原判决事实不清楚或者证据不足的，可以在查清事实后改判；也可以裁定撤销原判，发回原审人民法院重新审判。	第二百二十五条　第二审人民法院对不服第一审判决的上诉、抗诉案件，经过审理后，应当按照下列情形分别处理： （一）原判决认定事实和适用法律正确、量刑适当的，应当裁定驳回上诉或者抗诉，维持原判； （二）原判决认定事实没有错误，但适用法律有错误，或者量刑不当的，应当改判； （三）原判决事实不清楚或者证据不足的，可以在查清事实后改判；也可以裁定撤销原判，发回原审人民法院重新审判。 原审人民法院对于依照前款第三项规定发回重新审判的案件作出判决后，被告人提出上诉或者人民检察院提出抗诉的，第二审人民法院应当依法作出判决或者裁定，不得再发回原审人民法院重新审判。
第一百九十条　第二审人民法院审判被告人或者他的法定代理人、辩护人、近亲属上诉的案件，不得加重被告人的刑罚。 人民检察院提出抗诉或者自诉人提出上诉的，不受前款规定的限制。	第二百二十六条　第二审人民法院审理被告人或者他的法定代理人、辩护人、近亲属上诉的案件，不得加重被告人的刑罚。第二审人民法院发回原审人民法院重新审判的案件，除有新的犯罪事实，人民检察院补充起诉的以外，原审人民法院也不得加重被告人的刑罚。 人民检察院提出抗诉或者自诉人提出上诉的，不受前款规定的限制。
第一百九十一条　第二审人民法院发现第一审人民法院的审理有下列违反法律规定的诉讼程序的情形之一的，应当裁定撤销原判，发回原审人民法院重新审判： （一）违反本法有关公开审判的规定的； （二）违反回避制度的； （三）剥夺或者限制了当事人的法定诉讼权利，可能影响公正审判的； （四）审判组织的组成不合法的； （五）其他违反法律规定的诉讼程序，可能影响公正审判的。	第二百二十七条　第二审人民法院发现第一审人民法院的审理有下列违反法律规定的诉讼程序的情形之一的，应当裁定撤销原判，发回原审人民法院重新审判： （一）违反本法有关公开审判的规定的； （二）违反回避制度的； （三）剥夺或者限制了当事人的法定诉讼权利，可能影响公正审判的； （四）审判组织的组成不合法的； （五）其他违反法律规定的诉讼程序，可能影响公正审判的。
第一百九十二条　原审人民法院对于发回重新审判的案件，应当另行组成合议庭，依照第一审程序进行审判。对于重新审判后的判决，依照本法第一百八十条、第一百八十一条、第一百八十二条的规定可以上诉、抗诉。	第二百二十八条　原审人民法院对于发回重新审判的案件，应当另行组成合议庭，依照第一审程序进行审判。对于重新审判后的判决，依照本法第二百一十六条、第二百一十七条、第二百一十八条的规定可以上诉、抗诉。
第一百九十三条　第二审人民法院对不服第一审裁定的上诉或者抗诉，经过审查后，应当参照本法第一百八十九条、第一百九十一条和第一百九十二条的规定，分别情形用裁定驳回上诉、抗诉，或者撤销、变更原裁定。	第二百二十九条　第二审人民法院对不服第一审裁定的上诉或者抗诉，经过审查后，应当参照本法第二百二十五条、第二百二十七条和第二百二十八条的规定，分别情形用裁定驳回上诉、抗诉，或者撤销、变更原裁定。
第一百九十四条　第二审人民法院发回原审人民法院重新审判的案件，原审人民法院从收到发回的案件之日起，重新计算审理期限。	第二百三十条　第二审人民法院发回原审人民法院重新审判的案件，原审人民法院从收到发回的案件之日起，重新计算审理期限。

修正前	修正后
第一百九十五条　第二审人民法院审判上诉或者抗诉案件的程序，除本章已有规定的以外，参照第一审程序的规定进行。	**第二百三十一条**　第二审人民法院审判上诉或者抗诉案件的程序，除本章已有规定的以外，参照第一审程序的规定进行。
第一百九十六条　第二审人民法院受理上诉、抗诉案件，应当在一个月以内审结，至迟不得超过一个半月。有本法第一百二十六条规定情形之一的，经省、自治区、直辖市高级人民法院批准或者决定，可以再延长一个月，但是最高人民法院受理的上诉、抗诉案件，由最高人民法院决定。	**第二百三十二条**　第二审人民法院受理上诉、抗诉案件，应当在二个月以内审结。对于可能判处死刑的案件或者附带民事诉讼的案件，以及有本法第一百五十六条规定情形之一的，经省、自治区、直辖市高级人民法院批准或者决定，可以延长二个月；因特殊情况还需要延长的，报请最高人民法院批准。 最高人民法院受理上诉、抗诉案件的审理期限，由最高人民法院决定。
第一百九十七条　第二审的判决、裁定和最高人民法院的判决、裁定，都是终审的判决、裁定。	**第二百三十三条**　第二审的判决、裁定和最高人民法院的判决、裁定，都是终审的判决、裁定。
第一百九十八条　公安机关、人民检察院和人民法院对于扣押、冻结犯罪嫌疑人、被告人的财物及其孳息，应当妥善保管，以供核查。任何单位和个人不得挪用或者自行处理。对被害人的合法财产，应当及时返还。对违禁品或者不宜长期保存的物品，应当依照国家有关规定处理。 对作为证据使用的实物应当随案移送，对不宜移送的，应当将其清单、照片或者其他证明文件随案移送。 人民法院作出的判决生效以后，对被扣押、冻结的赃款赃物及其孳息，除依法返还被害人的以外，一律没收，上缴国库。 司法工作人员贪污、挪用或者私自处理被扣押、冻结的赃款赃物及其孳息的，依法追究刑事责任；不构成犯罪的，给予处分。	**第二百三十四条**　公安机关、人民检察院和人民法院对查封、扣押、冻结的犯罪嫌疑人、被告人的财物及其孳息，应当妥善保管，以供核查，并制作清单，随案移送。任何单位和个人不得挪用或者自行处理。对被害人的合法财产，应当及时返还。对违禁品或者不宜长期保存的物品，应当依照国家有关规定处理。 对作为证据使用的实物应当随案移送，对不宜移送的，应当将其清单、照片或者其他证明文件随案移送。 人民法院作出的判决，应当对查封、扣押、冻结的财物及其孳息作出处理。 人民法院作出的判决生效以后，有关机关应当根据判决对查封、扣押、冻结的财物及其孳息进行处理。对查封、扣押、冻结的赃款赃物及其孳息，除依法返还被害人的以外，一律上缴国库。 司法工作人员贪污、挪用或者私自处理查封、扣押、冻结的财物及其孳息的，依法追究刑事责任；不构成犯罪的，给予处分。
第四章　死刑复核程序	**第四章　死刑复核程序**
第一百九十九条　死刑由最高人民法院核准。	**第二百三十五条**　死刑由最高人民法院核准。
第二百条　中级人民法院判处死刑的第一审案件，被告人不上诉的，应当由高级人民法院复核后，报请最高人民法院核准。高级人民法院不同意判处死刑的，可以提审或者发回重新审判。 高级人民法院判处死刑的第一审案件被告人不上诉的，和判处死刑的第二审案件，都应当报请最高人民法院核准。	**第二百三十六条**　中级人民法院判处死刑的第一审案件，被告人不上诉的，应当由高级人民法院复核后，报请最高人民法院核准。高级人民法院不同意判处死刑的，可以提审或者发回重新审判。 高级人民法院判处死刑的第一审案件被告人不上诉的，和判处死刑的第二审案件，都应当报请最高人民法院核准。
第二百零一条　中级人民法院判处死刑缓期二年执行的案件，由高级人民法院核准。	**第二百三十七条**　中级人民法院判处死刑缓期二年执行的案件，由高级人民法院核准。
第二百零二条　最高人民法院复核死刑案件，高级人民法院复核死刑缓期执行的案件，应当由审判员三人组成合议庭进行。	**第二百三十八条**　最高人民法院复核死刑案件，高级人民法院复核死刑缓期执行的案件，应当由审判员三人组成合议庭进行。

修正前	修正后
	第二百三十九条　　最高人民法院复核死刑案件，应当作出核准或者不核准死刑的裁定。对于不核准死刑的，最高人民法院可以发回重新审判或者予以改判。
	第二百四十条　　最高人民法院复核死刑案件，应当讯问被告人，辩护律师提出要求的，应当听取辩护律师的意见。 　　在复核死刑案件过程中，最高人民检察院可以向最高人民法院提出意见。最高人民法院应当将死刑复核结果通报最高人民检察院。
第五章　审判监督程序	**第五章　审判监督程序**
第二百零三条　　当事人及其法定代理人、近亲属，对已经发生法律效力的判决、裁定，可以向人民法院或者人民检察院提出申诉，但是不能停止判决、裁定的执行。	**第二百四十一条**　　当事人及其法定代理人、近亲属，对已经发生法律效力的判决、裁定，可以向人民法院或者人民检察院提出申诉，但是不能停止判决、裁定的执行。
第二百零四条　　当事人及其法定代理人、近亲属的申诉符合下列情形之一的，人民法院应当重新审判： 　　（一）有新的证据证明原判决、裁定认定的事实确有错误的； 　　（二）据以定罪量刑的证据不确实、不充分或者证明案件事实的主要证据之间存在矛盾的； 　　（三）原判决、裁定适用法律确有错误的； 　　（四）审判人员在审理该案件的时候，有贪污受贿，徇私舞弊，枉法裁判行为的。	**第二百四十二条**　　当事人及其法定代理人、近亲属的申诉符合下列情形之一的，人民法院应当重新审判： 　　（一）有新的证据证明原判决、裁定认定的事实确有错误，可能影响定罪量刑的； 　　（二）据以定罪量刑的证据不确实、不充分、依法应当予以排除，或者证明案件事实的主要证据之间存在矛盾的； 　　（三）原判决、裁定适用法律确有错误的； 　　（四）违反法律规定的诉讼程序，可能影响公正审判的； 　　（五）审判人员在审理该案件的时候，有贪污受贿，徇私舞弊，枉法裁判行为的。
第二百零五条　　各级人民法院院长对本院已经发生法律效力的判决和裁定，如果发现在认定事实上或者在适用法律上确有错误，必须提交审判委员会处理。 　　最高人民法院对各级人民法院已经发生法律效力的判决和裁定，上级人民法院对下级人民法院已经发生法律效力的判决和裁定，如果发现确有错误，有权提审或者指令下级人民法院再审。 　　最高人民检察院对各级人民法院已经发生法律效力的判决和裁定，上级人民检察院对下级人民法院已经发生法律效力的判决和裁定，如果发现确有错误，有权按照审判监督程序向同级人民法院提出抗诉。 　　人民检察院抗诉的案件，接受抗诉的人民法院应当组成合议庭重新审理，对于原判决事实不清楚或者证据不足的，可以指令下级人民法院再审。	**第二百四十三条**　　各级人民法院院长对本院已经发生法律效力的判决和裁定，如果发现在认定事实上或者在适用法律上确有错误，必须提交审判委员会处理。 　　最高人民法院对各级人民法院已经发生法律效力的判决和裁定，上级人民法院对下级人民法院已经发生法律效力的判决和裁定，如果发现确有错误，有权提审或者指令下级人民法院再审。 　　最高人民检察院对各级人民法院已经发生法律效力的判决和裁定，上级人民检察院对下级人民法院已经发生法律效力的判决和裁定，如果发现确有错误，有权按照审判监督程序向同级人民法院提出抗诉。 　　人民检察院抗诉的案件，接受抗诉的人民法院应当组成合议庭重新审理，对于原判决事实不清楚或者证据不足的，可以指令下级人民法院再审。

续表

修正前	修正后
	第二百四十四条　上级人民法院指令下级人民法院再审的，应当指令原审人民法院以外的下级人民法院审理；由原审人民法院审理更为适宜的，也可以指令原审人民法院审理。
第二百零六条　人民法院按照审判监督程序重新审判的案件，应当另行组成合议庭进行。如果原来是第一审案件，应当依照第一审程序进行审判，所作的判决、裁定，可以上诉、抗诉；如果原来是第二审案件，或者是上级人民法院提审的案件，应当依照第二审程序进行审判，所作的判决、裁定，是终审的判决、裁定。	**第二百四十五条**　人民法院按照审判监督程序重新审判的案件，由原审人民法院审理的，应当另行组成合议庭进行。如果原来是第一审案件，应当依照第一审程序进行审判，所作的判决、裁定，可以上诉、抗诉；如果原来是第二审案件，或者是上级人民法院提审的案件，应当依照第二审程序进行审判，所作的判决、裁定，是终审的判决、裁定。 　　人民法院开庭审理的再审案件，同级人民检察院应当派员出席法庭。
	第二百四十六条　人民法院决定再审的案件，需要对被告人采取强制措施的，由人民法院依法决定；人民检察院提出抗诉的再审案件，需要对被告人采取强制措施的，由人民检察院依法决定。 　　人民法院按照审判监督程序审判的案件，可以决定中止原判决、裁定的执行。
第二百零七条　人民法院按照审判监督程序重新审判的案件，应当在作出提审、再审决定之日起三个月以内审结，需要延长期限的，不得超过六个月。 　　接受抗诉的人民法院按照审判监督程序审判抗诉的案件，审理期限适用前款规定；对需要指令下级人民法院再审的，应当自接受抗诉之日起一个月以内作出决定，下级人民法院审理案件的期限适用前款规定。	**第二百四十七条**　人民法院按照审判监督程序重新审判的案件，应当在作出提审、再审决定之日起三个月以内审结，需要延长期限的，不得超过六个月。 　　接受抗诉的人民法院按照审判监督程序审判抗诉的案件，审理期限适用前款规定；对需要指令下级人民法院再审的，应当自接受抗诉之日起一个月以内作出决定，下级人民法院审理案件的期限适用前款规定。
第四编　执　行	**第四编　执　行**
第二百零八条　判决和裁定在发生法律效力后执行。 　　下列判决和裁定是发生法律效力的判决和裁定： 　　（一）已过法定期限没有上诉、抗诉的判决和裁定；（二）终审的判决和裁定； 　　（三）最高人民法院核准的死刑的判决和高级人民法院核准的死刑缓期二年执行的判决。	**第二百四十八条**　判决和裁定在发生法律效力后执行。 　　下列判决和裁定是发生法律效力的判决和裁定： 　　（一）已过法定期限没有上诉、抗诉的判决和裁定； 　　（二）终审的判决和裁定； 　　（三）最高人民法院核准的死刑的判决和高级人民法院核准的死刑缓期二年执行的判决。
第二百零九条　第一审人民法院判决被告人无罪、免除刑事处罚的，如果被告人在押，在宣判后应当立即释放。	**第二百四十九条**　第一审人民法院判决被告人无罪、免除刑事处罚的，如果被告人在押，在宣判后应当立即释放。

修正前	修正后
第二百一十条 最高人民法院判处和核准的死刑立即执行的判决,应当由最高人民法院院长签发执行死刑的命令。 被判处死刑缓期二年执行的罪犯,在死刑缓期执行期间,如果没有故意犯罪,死刑缓期执行期满,应当予以减刑,由执行机关提出书面意见,报请高级人民法院裁定;如果故意犯罪,查证属实,应当执行死刑,由高级人民法院报请最高人民法院核准。	**第二百五十条** 最高人民法院判处和核准的死刑立即执行的判决,应当由最高人民法院院长签发执行死刑的命令。 被判处死刑缓期二年执行的罪犯,在死刑缓期执行期间,如果没有故意犯罪,死刑缓期执行期满,应当予以减刑,由执行机关提出书面意见,报请高级人民法院裁定;如果故意犯罪,查证属实,应当执行死刑,由高级人民法院报请最高人民法院核准。
第二百一十一条 下级人民法院接到最高人民法院执行死刑的命令后,应当在七日以内交付执行。但是发现有下列情形之一的,应当停止执行,并且立即报告最高人民法院,由最高人民法院作出裁定: (一)在执行前发现判决可能有错误的; (二)在执行前罪犯揭发重大犯罪事实或者有其他重大立功表现,可能需要改判的; (三)罪犯正在怀孕。 前款第一项、第二项停止执行的原因消失后,必须报请最高人民法院院长再签发执行死刑的命令才能执行;由于前款第三项原因停止执行的,应当报请最高人民法院依法改判。	**第二百五十一条** 下级人民法院接到最高人民法院执行死刑的命令后,应当在七日以内交付执行。但是发现有下列情形之一的,应当停止执行,并且立即报告最高人民法院,由最高人民法院作出裁定: (一)在执行前发现判决可能有错误的; (二)在执行前罪犯揭发重大犯罪事实或者有其他重大立功表现,可能需要改判的; (三)罪犯正在怀孕。 前款第一项、第二项停止执行的原因消失后,必须报请最高人民法院院长再签发执行死刑的命令才能执行;由于前款第三项原因停止执行的,应当报请最高人民法院依法改判。
第二百一十二条 人民法院在交付执行死刑前,应当通知同级人民检察院派员临场监督。 死刑采用枪决或者注射等方法执行。 死刑可以在刑场或者指定的羁押场所内执行。 指挥执行的审判人员,对罪犯应当验明正身,讯问有无遗言、信札,然后交付执行人员执行死刑。在执行前,如果发现可能有错误,应当暂停执行,报请最高人民法院裁定。 执行死刑应当公布,不应示众。 执行死刑后,在场书记员应当写成笔录。交付执行的人民法院应当将执行死刑情况报告最高人民法院。 执行死刑后,交付执行的人民法院应当通知罪犯家属。	**第二百五十二条** 人民法院在交付执行死刑前,应当通知同级人民检察院派员临场监督。 死刑采用枪决或者注射等方法执行。 死刑可以在刑场或者指定的羁押场所内执行。 指挥执行的审判人员,对罪犯应当验明正身,讯问有无遗言、信札,然后交付执行人员执行死刑。在执行前,如果发现可能有错误,应当暂停执行,报请最高人民法院裁定。 执行死刑应当公布,不应示众。 执行死刑后,在场书记员应当写成笔录。交付执行的人民法院应当将执行死刑情况报告最高人民法院。 执行死刑后,交付执行的人民法院应当通知罪犯家属。
第二百一十三条 罪犯被交付执行刑罚的时候,应当由交付执行的人民法院将有关的法律文书送达监狱或者其他执行机关。 对于被判处死刑缓期二年执行、无期徒刑、有期徒刑的罪犯,由公安机关依法将该罪犯送交监狱执行刑罚。对于被判处有期徒刑的罪犯,在被交付执行刑罚前,剩余刑期在一年以下的,由看守所代为执行。对于被判处拘役的罪犯,由公安机关执行。 对未成年犯应当在未成年犯管教所执行刑罚。 执行机关应当将罪犯及时收押,并且通知罪犯家属。 判处有期徒刑、拘役的罪犯,执行期满,应当由执行机关发给释放证明书。	**第二百五十三条** 罪犯被交付执行刑罚的时候,应当由交付执行的人民法院在判决生效后十日以内将有关的法律文书送达公安机关、监狱或者其他执行机关。 对被判处死刑缓期二年执行、无期徒刑、有期徒刑的罪犯,由公安机关依法将该罪犯送交监狱执行刑罚。对被判处有期徒刑的罪犯,在被交付执行刑罚前,剩余刑期在三个月以下的,由看守所代为执行。对被判处拘役的罪犯,由公安机关执行。 对未成年犯应当在未成年犯管教所执行刑罚。 执行机关应当将罪犯及时收押,并且通知罪犯家属。 判处有期徒刑、拘役的罪犯,执行期满,应当由执行机关发给释放证明书。

修正前	修正后
第二百一十四条　对于被判处有期徒刑或者拘役的罪犯，有下列情形之一的，可以暂予监外执行： （一）有严重疾病需要保外就医的； （二）怀孕或者正在哺乳自己婴儿的妇女。 对于适用保外就医可能有社会危险性的罪犯，或者自伤自残的罪犯，不得保外就医。 对于罪犯确有严重疾病，必须保外就医的，由省级人民政府指定的医院开具证明文件，依照法律规定的程序审批。 发现被保外就医的罪犯不符合保外就医条件的，或者严重违反有关保外就医的规定的，应当及时收监。 对于被判处有期徒刑、拘役，生活不能自理，适用暂予监外执行不致危害社会的罪犯，可以暂予监外执行。 对于暂予监外执行的罪犯，由居住地公安机关执行，执行机关应当对其严格管理监督，基层组织或者罪犯的原所在单位协助进行监督。	**第二百五十四条**　对被判处有期徒刑或者拘役的罪犯，有下列情形之一的，可以暂予监外执行： （一）有严重疾病需要保外就医的； （二）怀孕或者正在哺乳自己婴儿的妇女； （三）生活不能自理，适用暂予监外执行不致危害社会的。 对被判处无期徒刑的罪犯，有前款第二项规定情形的，可以暂予监外执行。 对适用保外就医可能有社会危险性的罪犯，或者自伤自残的罪犯，不得保外就医。 对罪犯确有严重疾病，必须保外就医的，由省级人民政府指定的医院诊断并开具证明文件。 在交付执行前，暂予监外执行由交付执行的人民法院决定；在交付执行后，暂予监外执行由监狱或者看守所提出书面意见，报省级以上监狱管理机关或者设区的市一级以上公安机关批准。
	第二百五十五条　监狱、看守所提出暂予监外执行的书面意见的，应当将书面意见的副本抄送人民检察院。人民检察院可以向决定或者批准机关提出书面意见。
第二百一十五条　批准暂予监外执行的机关应当将批准的决定抄送人民检察院。人民检察院认为暂予监外执行不当的，应当自接到通知之日起一个月以内将书面意见送交批准暂予监外执行的机关，批准暂予监外执行的机关接到人民检察院的书面意见后，应当立即对该决定进行重新核查。	**第二百五十六条**　决定或者批准暂予监外执行的机关应当将暂予监外执行决定抄送人民检察院。人民检察院认为暂予监外执行不当的，应当自接到通知之日起一个月以内将书面意见送交决定或者批准暂予监外执行的机关，决定或者批准暂予监外执行的机关接到人民检察院的书面意见后，应当立即对该决定进行重新核查。
第二百一十六条　暂予监外执行的情形消失后，罪犯刑期未满的，应当及时收监。 罪犯在暂予监外执行期间死亡的，应当及时通知监狱。	**第二百五十七条**　对暂予监外执行的罪犯，有下列情形之一的，应当及时收监： （一）发现不符合暂予监外执行条件的； （二）严重违反有关暂予监外执行监督管理规定的； （三）暂予监外执行的情形消失后，罪犯刑期未满的。 对于人民法院决定暂予监外执行的罪犯应当予以收监的，由人民法院作出决定，将有关的法律文书送达公安机关、监狱或者其他执行机关。 不符合暂予监外执行条件的罪犯通过贿赂等非法手段被暂予监外执行的，在监外执行的期间不计入执行刑期。罪犯在暂予监外执行期间脱逃的，脱逃的期间不计入执行刑期。 罪犯在暂予监外执行期间死亡的，执行机关应当及时通知监狱或者看守所。

续表

修正前	修正后
第二百一十七条 对于被判处徒刑缓刑的罪犯,由公安机关交所在单位或者基层组织予以考察。 对于被假释的罪犯,在假释考验期限内,由公安机关予以监督。	第二百五十八条 对被判处管制、宣告缓刑、假释或者暂予监外执行的罪犯,依法实行社区矫正,由社区矫正机构负责执行。
第二百一十八条 对于被判处管制、剥夺政治权利的罪犯,由公安机关执行。执行期满,应当由执行机关通知本人,并向有关群众公开宣布解除管制或者恢复政治权利。	第二百五十九条 对被判处剥夺政治权利的罪犯,由公安机关执行。执行期满,应当由执行机关书面通知本人及其所在单位、居住地基层组织。
第二百一十九条 被判处罚金的罪犯,期满不缴纳的,人民法院应当予强制缴纳;如果由于遭遇不能抗拒的灾祸缴纳确实有困难的,可以裁定减少或者免除。	第二百六十条 被判处罚金的罪犯,期满不缴纳的,人民法院应当予强制缴纳;如果由于遭遇不能抗拒的灾祸缴纳确实有困难的,可以裁定减少或者免除。
第二百二十条 没收财产的判决,无论附加适用或者独立适用,都由人民法院执行;在必要的时候,可以会同公安机关执行。	第二百六十一条 没收财产的判决,无论附加适用或者独立适用,都由人民法院执行;在必要的时候,可以会同公安机关执行。
第二百二十一条 罪犯在服刑期间又犯罪的,或者发现了判决的时候所没有发现的罪行,由执行机关移送人民检察院处理。 被判处管制、拘役、有期徒刑或者无期徒刑的罪犯,在执行期间确有悔改或者立功表现,应当依法予以减刑、假释的时候,由执行机关提出建议书,报请人民法院审核裁定。	第二百六十二条 罪犯在服刑期间又犯罪的,或者发现了判决的时候所没有发现的罪行,由执行机关移送人民检察院处理。 被判处管制、拘役、有期徒刑或者无期徒刑的罪犯,在执行期间确有悔改或者立功表现,应当依法予以减刑、假释的时候,由执行机关提出建议书,报请人民法院审核裁定,并将建议书副本抄送人民检察院。人民检察院可以向人民法院提出书面意见。
第二百二十二条 人民检察院认为人民法院减刑、假释的裁定不当,应当在收到裁定书副本后二十日以内,向人民法院提出书面纠正意见。人民法院应当在收到纠正意见后一个月以内重新组成合议庭进行审理,作出最终裁定。	第二百六十三条 人民检察院认为人民法院减刑、假释的裁定不当,应当在收到裁定书副本后二十日以内,向人民法院提出书面纠正意见。人民法院应当在收到纠正意见后一个月以内重新组成合议庭进行审理,作出最终裁定。
第二百二十三条 监狱和其他执行机关在刑罚执行中,如果认为判决有错误或者罪犯提出申诉,应当转请人民检察院或者原判人民法院处理。	第二百六十四条 监狱和其他执行机关在刑罚执行中,如果认为判决有错误或者罪犯提出申诉,应当转请人民检察院或者原判人民法院处理。
第二百二十四条 人民检察院对执行机关执行刑罚的活动是否合法实行监督。如果发现有违法的情况,应当通知执行机关纠正。	第二百六十五条 人民检察院对执行机关执行刑罚的活动是否合法实行监督。如果发现有违法的情况,应当通知执行机关纠正。
	第五编 特别程序
	第一章 未成年人刑事案件诉讼程序
	第二百六十六条 对犯罪的未成年人实行教育、感化、挽救的方针,坚持教育为主、惩罚为辅的原则。 人民法院、人民检察院和公安机关办理未成年人刑事案件,应当保障未成年人行使其诉讼权利,保障未成年人得到法律帮助,并由熟悉未成年人身心特点的审判人员、检察人员、侦查人员承办。

续表

修正前	修正后
	第二百六十七条　未成年犯罪嫌疑人、被告人没有委托辩护人的，人民法院、人民检察院、公安机关应当通知法律援助机构指派律师为其提供辩护。
	第二百六十八条　公安机关、人民检察院、人民法院办理未成年人刑事案件，根据情况可以对未成年犯罪嫌疑人、被告人的成长经历、犯罪原因、监护教育等情况进行调查。
	第二百六十九条　对未成年犯罪嫌疑人、被告人应当严格限制适用逮捕措施。人民检察院审查批准逮捕和人民法院决定逮捕，应当讯问未成年犯罪嫌疑人、被告人，听取辩护律师的意见。 　　对被拘留、逮捕和执行刑罚的未成年人与成年人应当分别关押、分别管理、分别教育。
	第二百七十条　对于未成年人刑事案件，在讯问和审判的时候，应当通知未成年犯罪嫌疑人、被告人的法定代理人到场。无法通知、法定代理人不能到场或者法定代理人是共犯的，也可以通知未成年犯罪嫌疑人、被告人的其他成年亲属，所在学校、单位、居住地基层组织或者未成年人保护组织的代表到场，并将有关情况记录在案。到场的法定代理人可以代为行使未成年犯罪嫌疑人、被告人的诉讼权利。 　　到场的法定代理人或者其他人员认为办案人员在讯问、审判中侵犯未成年人合法权益的，可以提出意见。讯问笔录、法庭笔录应当交给到场的法定代理人或其他人员阅读或者向他宣读。 　　讯问女性未成年犯罪嫌疑人，应当有女工作人员在场。 　　审判未成年人刑事案件，未成年被告人最后陈述后，其法定代理人可以进行补充陈述。 　　询问未成年被害人、证人，适用第一款、第二款、第三款的规定。
	第二百七十一条　对于未成年人涉嫌刑法分则第四章、第五章、第六章规定的犯罪，可能判处一年有期徒刑以下刑罚，符合起诉条件，但有悔罪表现的，人民检察院可以作出附条件不起诉的决定。人民检察院在作出附条件不起诉的决定以前，应当听取公安机关、被害人的意见。 　　对附条件不起诉的决定，公安机关要求复议、提请复核或者被害人申诉的，适用本法第一百七十五条、第一百七十六条的规定。 　　未成年犯罪嫌疑人及其法定代理人对人民检察院决定附条件不起诉有异议的，人民检察院应当作出起诉的决定。

修正前	修正后
	第二百七十二条 在附条件不起诉的考验期内，由人民检察院对被附条件不起诉的未成年犯罪嫌疑人进行监督考察。未成年犯罪嫌疑人的监护人，应当对未成年犯罪嫌疑人加强管教，配合人民检察院做好监督考察工作。 附条件不起诉的考验期为六个月以上一年以下，从人民检察院作出附条件不起诉的决定之日起计算。 被附条件不起诉的未成年犯罪嫌疑人，应当遵守下列规定： （一）遵守法律法规，服从监督； （二）按照考察机关的规定报告自己的活动情况； （三）离开所居住的市、县或者迁居，应当报经考察机关批准； （四）按照考察机关的要求接受矫治和教育。
	第二百七十三条 被附条件不起诉的未成年犯罪嫌疑人，在考验期内有下列情形之一的，人民检察院应当撤销附条件不起诉的决定，提起公诉： （一）实施新的犯罪或者发现决定附条件不起诉以前还有其他犯罪需要追诉的； （二）违反治安管理规定或者考察机关有关附条件不起诉的监督管理规定，情节严重的。 被附条件不起诉的未成年犯罪嫌疑人，在考验期内没有上述情形，考验期满的，人民检察院应当作出不起诉的决定。
	第二百七十四条 审判的时候被告人不满十八周岁的案件，不公开审理。但是，经未成年被告人及其法定代理人同意，未成年被告人所在学校和未成年人保护组织可以派代表到场。
	第二百七十五条 犯罪的时候不满十八周岁，被判处五年有期徒刑以下刑罚的，应当对相关犯罪记录予以封存。 犯罪记录被封存的，不得向任何单位和个人提供，但司法机关为办案需要或者有关单位根据国家规定进行查询的除外。依法进行查询的单位，应当对被封存的犯罪记录的情况予以保密。
	第二百七十六条 办理未成年人刑事案件，除本章已有规定的以外，按照本法的其他规定进行。
	第二章 当事人和解的公诉案件诉讼程序
	第二百七十七条 下列公诉案件，犯罪嫌疑人、被告人真诚悔罪，通过向被害人赔偿损失、赔礼道歉等方式获得被害人谅解，被害人自愿和解的，双方当事人可以和解： （一）因民间纠纷引起，涉嫌刑法分则第四章、第五章规定的犯罪案件，可能判处三年有期徒刑以下刑罚的； （二）除渎职犯罪以外的可能判处七年有期徒刑以下刑罚的过失犯罪案件。 犯罪嫌疑人、被告人在五年以内曾经故意犯罪的，不适用本章规定的程序。

修正前	修正后
	第二百七十八条　双方当事人和解的，公安机关、人民检察院、人民法院应当听取当事人和其他有关人员的意见，对和解的自愿性、合法性进行审查，并主持制作和解协议书。
	第二百七十九条　对于达成和解协议的案件，公安机关可以向人民检察院提出从宽处理的建议。人民检察院可以向人民法院提出从宽处罚的建议；对于犯罪情节轻微，不需要判处刑罚的，可以作出不起诉的决定。人民法院可以依法对被告人从宽处罚。
	第三章　犯罪嫌疑人、被告人逃匿、死亡案件违法所得的没收程序
	第二百八十条　对于贪污贿赂犯罪、恐怖活动犯罪等重大犯罪案件，犯罪嫌疑人、被告人逃匿，在通缉一年后不能到案，或者犯罪嫌疑人、被告人死亡，依照刑法规定应当追缴其违法所得及其他涉案财产的，人民检察院可以向人民法院提出没收违法所得的申请。 　　公安机关认为有前款规定情形的，应当写出没收违法所得意见书，移送人民检察院。 　　没收违法所得的申请应当提供与犯罪事实、违法所得相关的证据材料，并列明财产的种类、数量、所在地及查封、扣押、冻结的情况。 　　人民法院在必要的时候，可以查封、扣押、冻结申请没收的财产。
	第二百八十一条　没收违法所得的申请，由犯罪地或者犯罪嫌疑人、被告人居住地的中级人民法院组成合议庭进行审理。 　　人民法院受理没收违法所得的申请后，应当发出公告。公告期间为六个月。犯罪嫌疑人、被告人的近亲属和其他利害关系人有权申请参加诉讼，也可以委托诉讼代理人参加诉讼。 　　人民法院在公告期满后对没收违法所得的申请进行审理。利害关系人参加诉讼的，人民法院应当开庭审理。
	第二百八十二条　人民法院经审理，对经查证属于违法所得及其他涉案财产，除依法返还被害人的以外，应当裁定予以没收；对不属于应当追缴的财产的，应当裁定驳回申请，解除查封、扣押、冻结措施。 　　对于人民法院依照前款规定作出的裁定，犯罪嫌疑人、被告人的近亲属和其他利害关系人或者人民检察院可以提出上诉、抗诉。
	第二百八十三条　在审理过程中，在逃的犯罪嫌疑人、被告人自动投案或者被抓获的，人民法院应当终止审理。 　　没收犯罪嫌疑人、被告人财产确有错误的，应当予以返还、赔偿。

续表

修正前	修正后
	第四章　依法不负刑事责任的精神病人的强制医疗程序
	第二百八十四条　实施暴力行为，危害公共安全或者严重危害公民人身安全，经法定程序鉴定依法不负刑事责任的精神病人，有继续危害社会可能的，可以予以强制医疗。
	第二百八十五条　根据本章规定对精神病人强制医疗的，由人民法院决定。 公安机关发现精神病人符合强制医疗条件的，应当写出强制医疗意见书，移送人民检察院。对于公安机关移送的或者在审查起诉过程中发现的精神病人符合强制医疗条件的，人民检察院应当向人民法院提出强制医疗的申请。人民法院在审理案件过程中发现被告人符合强制医疗条件的，可以作出强制医疗的决定。 对实施暴力行为的精神病人，在人民法院决定强制医疗前，公安机关可以采取临时的保护性约束措施。
	第二百八十六条　人民法院受理强制医疗的申请后，应当组成合议庭进行审理。 人民法院审理强制医疗案件，应当通知被申请人或者被告人的法定代理人到场。被申请人或者被告人没有委托诉讼代理人的，人民法院应当通知法律援助机构指派律师为其提供法律帮助。
	第二百八十七条　人民法院经审理，对于被申请人或者被告人符合强制医疗条件的，应当在一个月以内作出强制医疗的决定。 被决定强制医疗的人、被害人及其法定代理人、近亲属对强制医疗决定不服的，可以向上一级人民法院申请复议。
	第二百八十八条　强制医疗机构应当定期对被强制医疗的人进行诊断评估。对于已不具有人身危险性，不需要继续强制医疗的，应当及时提出解除意见，报决定强制医疗的人民法院批准。 被强制医疗的人及其近亲属有权申请解除强制医疗。
	第二百八十九条　人民检察院对强制医疗的决定和执行实行监督。
附　则	附　则
第二百二十五条　军队保卫部门对军队内部发生的刑事案件行使侦查权。 对罪犯在监狱内犯罪的案件由监狱进行侦查。 军队保卫部门、监狱办理刑事案件，适用本法的有关规定。	**第二百九十条**　军队保卫部门对军队内部发生的刑事案件行使侦查权。 对罪犯在监狱内犯罪的案件由监狱进行侦查。 军队保卫部门、监狱办理刑事案件，适用本法的有关规定。

主要参考书目

1. 刘家琛主编:《新刑事诉讼法条文释义》(新编本),人民法院出版社 2001 年 1 月版。

2. 沈德咏等主编:《刑事证据制度与理论》,人民法院出版社 2006 年 5 月版。

3. 张军主编:《刑事证据规则理解与适用》,法律出版社 2010 年 9 月版。

4. 樊崇义等:《刑事诉讼法修改专题研究报告》,中国人民公安大学出版社 2004 年 6 月版。

5. 沈志先主编:《刑事证据规则研究》,法律出版社 2011 年 8 月版。

6. 杨迎泽、张红梅主编:《刑事证据适用指南》,中国检察出版社 2010 年 9 月版。

7. 何家弘主编:《证人制度研究》,人民法院出版社 2004 年 5 月版。

8. 卞建林主编:《证据法学》,中国政法大学出版社 2002 年 7 月版。

9. 高憬宏、杨万明主编:《基层人民法院法官培训教材实务卷——刑事审判篇》,人民法院出版社 2005 年 6 月版。

10. 龙宗智、夏黎阳主编:《中国刑事证据规则研究》,中国检察出版社 2011 年 8 月版。

11. 谢佑平主编:《刑事诉讼法学论点要览》,法律出版社 2000 年 5 月版。

12. 谭永多著:《刑事证据规则理论与适用》,人民法院出版社 2003 年 1 月版。

13. 顾永忠主编:《中国疑难刑事名案程序与证据问题研究》,北京大学出版社 2008 年 12 月版。

14. 刘品新著:《刑事证据疑难问题探索》,中国检察出版社 2006 年 5 月版。

15. 卞建林、刘玫主编:《证据法学案例教程》,知识产权出版社 2003 年 6 月版。

16. 齐树洁、王振志主编:《证据法案例精解》,厦门大学出版社 2004 年 3 月版。

17. 樊崇义等著:《刑事证据法原理与适用》,中国人民公安大学出版社 2001 年 4 月版。

18. 本书编委会编:《刑事证据规则运用手册》,法律出版社 2011 年 9 月版。

19. 鲍雷、刘玉民主编:《刑事证据的收集、审查、认定》,人民法院出版社 2005 年 8 月版。

20. 张晓秦、刘玉民主编:《证据运用要点与技巧》,中国民主法制出版社 2009 年 1 月版。